Kroatische und das Serbische großenteils einen gemeinsamen Wortschatz.

Im Kroatischen wird die jekawische Variante verwendet, im Serbischen die ekawische. Die beiden Varianten unterscheiden sich dadurch, daß an bestimmten Stellen ekawisches langes **e** für das jekawische **ije**, und kurzes **e** für **je** steht und umgekehrt. Das Wörterbuch enthält nur die jekawische Variante.

Beispiele:

jekawisch	**ekawisch**
ȉje (cvȉjet)	**ȇ** (cvȇt)
ijè (rijèka)	**é** (réka)
jȅ (mjȅsto)	**ȅ** (mȅsto)
jè (bjèžati)	**è** (bèžati)

In nachtonigen Wortteilen entsprechen sich **ije** und **ē** bzw. **je** und **e.**

Vor **o** und **j** entspricht dem ekawischen **e** meist das jekawische **i: dȅo — dio, smèjati se — smìjati se.**

6. In dieses Wörterbuch wurde auch eine Anzahl wichtiger serbischer Wörter aufgenommen. Sie sind mit *(sb.)* gekennzeichnet.

7. Die Hinweise auf das Serbische sind in Lateinschrift gegeben. Auf Seite 8 ist eine Übersicht über das lateinische und kyrillische Alphabet zum Vergleichen zu finden.[1])

---

[1]) Die Reihenfolge der Buchstaben im kyrillischen Alphabet unterscheidet sich von der des lateinischen. Sie wurde hier nicht eingehalten, um dem Benutzer die Möglichkeit zu geben, gleichlautende Schriftzeichen vergleichen zu können.

8. **Aussprache.** Die Aussprache ist aus der Spalte „Lautwert" auf Seite 8 zu ersehen. Dazu noch einige Bemerkungen:

Konsonanten

p, t, k werden ohne Behauchung gesprochen, also wie im Französischen.

h ist kein Dehnungslaut und auch vor einem Konsonanten deutlich hörbar. Es klingt fast wie ein deutsches **ch** in Kra*ch*, doch hört man im Kroatischen nicht das Kratzgeräusch.

lj, nj dürfen **nicht** getrennt gesprochen werden wie in deutschen Wörtern Schul-jahr, Wein-jahr. Sie bezeichnen beide je **einen** Laut, wobei das **j** mit dem **l** oder **n** so eng verschmolzen ist, daß man es nur sehr wenig hört.

ć (tch) klingt wie *tch* in Hütchen, wenn man dieses Wort schnell spricht oder so teilt: Hü-tch-en.

đ (dj) ist eine enge Verbindung von **d** und einem etwas breitem **j.** Es ist die stimmhafte Entsprechung zu **ć** (tch).

r wird nur mit der Zungenspitze gesprochen und kräftig „gerollt". Es kann auch eine Silbe bilden: **kŕzno** *Pelz*, Aussprache etwa: krrsno.

ž (Ç) wird wie *j* in Journal oder Jalousie ausgesprochen. Vor **ž** kann auch **d** stehen (dž); diese Verbindung klingt wie *dsch* in Dschungel oder *j* in engl. John.

Am Ende einer Silbe werden im Deutschen stimmhafte Konsonanten stimmlos: Hand wird wie hant, ab wie ap gesprochen. Im Kroatischen werden **b, d, g, v** (w), **z** (s) und **ž** (Ç) auch am Ende eines Wortes deutlich wie *b, d, s* (wie in *s*agen) usw. ausgesprochen.

Vokale

a wie in das; **i** wie in Miete; **e** wie *ä* in Nässe, **o** wie in oft und **u** wie in Mut.

Die Vokale in den Diphthongen (Doppellauten) werden getrennt ausgesprochen: auto (a-uto), reuma (re-uma).

Das Kroatische kennt lange und kurze Vokale (wie im Deutschen) sowie fallende und steigende Tonbewegung. Zur Bezeichnung sowohl der Länge oder Kürze des Vokals als auch des fallenden oder steigenden Tonfalls wurden im Wörterbuch vier im Kroatischen übliche Akzentzeichen verwendet:

- ̑ = lang und fallend (dugosilazni)
- ̏ = kurz und fallend (kratkosilazni)
- ́ = lang und steigend (dugouzlazni)
- ̀ = kurz und steigend (kratkouzlazni)

Die Akzente stehen über den Vokalen oder dem silbenbildendem r. Die **unbetonten langen** Vokale sind mit einem Strich über dem Vokal gekennzeichnet: ā, ō usw.

Der langfallende Ton entspricht etwa einem doppeltem Vokal, dessen erster Teil betont wird: â = a̲a, z. B. **grȃd** = gra̲-ad; beim langsteigenden Ton ist dagegen der zweite Teil zu betonen: aa̲, z. B. **náda** = na-a̲da. Bei den kurzen Akzenten verringert sich die Silbenlänge um die Hälfte, während die Tonbewegung gleichbleibt.

Allgemeine Betonungsregel: ein Wort kann nie auf der letzten Silbe betont werden. Einsilbige Wörter haben stets fallende Intonation. Eine Reihe von Kurzwörtern lehnt sich in der Betonung an ein vorangegangenes (enklitische Betonung) oder nachfolgendes (proklitische Betonung) Wort an: kod mène, jâ sam. In einigen Fällen zieht die Präposition den Akzent des folgenden Wortes auf sich: kȍd kućē (statt kod kȕćē).

Das kroatische Alphabet mit serbischem Alphabet als Ergänzung

lateinisch		kyrillisch		Lautwert	lateinisch		kyrillisch		Lautwert
A	a	А	а	*a*	L	l	Л	л	*l*
B	b	Б	б	*b*	Lj	lj	Љ	љ	*lj*
C	c	Ц	ц	*z*	M	m	М	м	*m*
Č	č	Ч	ч	*tsch*	N	n	Н	н	*n*
Ć	ć	Ћ	ћ	*tch*	Nj	nj	Њ	њ	*nj*
D	d	Д	д	*d*	O	o	О	о	*o*
Dž	dž	Џ	џ	*d*Ģ	P	p	П	п	*p*
Đ	đ	Ђ	ђ	*dj*	R	r	Р	р	*r*
E	e	Е	е	*e, ä*	S	s	С	с	*ss, ß*
F	f	Ф	ф	*f*	Š	š	Ш	ш	*sch*
G	g	Г	г	*g*	T	t	Т	т	*t*
H	h	Х	х	*h, ch*	U	u	У	у	*u*
I	i	И	и	*i*	V	v	В	в	*w*
J	j	Ј	ј	*j*	Z	z	З	з	*s*
K	k	К	к	*k*	Ž	ž	Ж	ж	Ģ

Njemački alfabet

A, a (Ä, ä); B, b; C, c; D, d; E, e; F, f; G, g; H, h; I, i; J, j; K, k; L, l; M, m; N, n; O, o (Ö, ö); P, p; Q, q; R, r; S, s; T, t; U, u (Ü, ü); V, v; W, w; X, x; Y, y; Z, z.

Abkürzungen — *Kratice*

a.	*auch*, i, takođe(r)
adj.	*Adjektiv*, pridjev
adv.	*Umstandswort, Adverb*, prilog
Agr.	*Landwirtschaft*, poljoprivreda
allg.	*allgemein*, općenito
Anat.	*Anatomie*, anatomija
Arch.	*Baukunst*, arhitektura
Astr.	*Astronomie*, astronomija
Bgb.	*Bergbau*, rudarstvo
Bot.	*Botanik*, botanika
Chem.	*Chemie*, hemija, kemija
cj.	*Konjunktion, Bindewort*, svezica, veznik
č-a	*čega*, e-r Sache (*G*)
č-u	*čemu*, e-r Sache (*D*)
D	*Dativ*, dativ
e-e	*eine*, neka
El.	*Elektrotechnik*, elektrotehnika
e-m	*einem*, nekome
e-n	*einen*, neki, nekoga
enkl.	*enklitisch*, enklitično
e-r	*einer*, neki, nekoji
e-s	*eines*, nekoga
Esb.	*Eisenbahn*, željeznica
et.	*etwas*, nešto
f	*weiblich*, ženskog roda
fam.	*familiär*, u domaćem govoru
fig.	*figürlich, bildlich*, u prenesenom smislu
Flgw.	*Flugwesen*, vazduho-, zrakoplovstvo
Fot.	*Photographie*, fotografija
G	*Genitiv*, genitiv
Geogr.	*Geographie*, geografija
Geom.	*Geometrie*, geometrija
Ggs.	*Gegensatz*, suprotnost
Gr.	*Grammatik*, gramatika
h.	haben
Hdl.	*Handel*, trgovina
Hist.	*Geschichte*, (h)istorija
I	*Instrumental*, instrumental
impf.	*unvollendeter od. imperfektiver (Verbal-) Aspekt*, nesvršeni (glagolski) vid
indekl.	*undeklinierbar*, ne mijenja se
Int.	*Interjektion*, uzvik

j-m, *j-n*, *j-s* jemandem, jemanden, jemandes, nekome, nekoga, nečiji
jur. *Rechtswissenschaften*, pravosude
k-a *koga*, jemanden
Kfz. *Kraftfahrzeugwesen*, automobilizam
Kochk. *Kochkunst*, kulinarstvo
kr. *kroatisch*, hrvatski
k-u *komu*, jemandem
L *Lokativ*, lokativ
m *männlich*, muškog roda
m. machen
Mar. *Schiffahrt*, moreplovstvo
Mal. *Malerei*, slikarstvo
Math. *Mathematik*, matematika
Med. *Medizin*, medicina
Mil. *Militär*, vojništvo
mst *meist*, najčešće
Mus. *Musik*, muzika, glazba
n *sächlich*, srednjeg roda
od. *oder*, ili
öst. *österreichisch*, austrijski
Parl. *Parlament*, parlamentarizam
Pers. *Person*, osoba, lice
pf. *vollendeter od. perfektiver (Verbal-) Aspekt*, svršeni (glagolski) vid
Phys. *Physik*, fizika
pl. *Mehrzahl*, množina
Pol. *Politik*, politika
P *volkstümlich*, prostonarodno
Präs. *Präsens*, prezent
pron. *Pronomen*, zamjenica
prp. *Präposition*, prijedlog
Rdf. *Rundfunk*, radio
Rel. *Religion*, bogoslovlje
s. *siehe*, vidi
S. *Sache*, stvar
sb. *serbisch*, srpski
sg. *Einzahl*, jednina
Sp. *Sport*, sport
Su. *Substantiv*, imenica
Tech. *Technik*, tehnika
Telegr. *Telegraphie*, telegrafija
Telef. *Fernsprechwesen*, telefon
Thea. *Theater*, kazalište, pozorište
Typ. *Buchdruckerkunst*, štamparstvo
u. *und*, i
usw. *und so weiter*, i tako dalje
v. *von*, *vom*, od
V vulgär, vulgarno
va. *veraltet*, zastarjelo
v/i *intransitives Verb*, neprelazni glagol
v/r *reflexives Verb*, povratni glagol
v/t *transitives Verb*, prelazni glagol
w. werden
z.B. *zum Beispiel*, na primjer
Zo. *Zoologie*, zoologija
Zssg. *Zusammensetzung*, složenica

A

a aber, und; ~ **kȁmoli** geschweige denn
abecéda Abc *n*, Abece *n*
ȁbecēdnī alphabetisch
administrácija Verwaltung *f*
adrès|a Anschrift *f*; **~ār** Adreßbuch *n*; **~āt** Empfänger *m*
àdres|ovati, ~írati (*im*)*pf.* mit Anschrift versehen; *fig.* adressieren
àdūt Trumpf *m*
advòkāt Rechtsanwalt *m*
ȁerodrom Flug|platz *m*, [-hafen *m*
aféra Affäre *f*
àfrički afrikanisch
Afr|ikánac (**~ìkānka**) Afrikaner(in *f*) *m*; **≗ikānski** *s.* **àfrički**
agèncija Agentur *f*
agrèsija Aggression *f*
àjkula Hai(fisch) *m*
akadèmi|ja Akademie *f*; **~k** Akademiemitglied *n*
àkci|ja Aktion *f*; *Hdl.* Aktie *f*; **~ònār** Aktionär *m*; **~ònārskī** Aktien-
àko wenn; ~ **li** falls
akontácija Vorschuß *m*, Anzahlung *f*
àkord Akkord *m*; **ráditi u akòrdu** im Akkord arbeiten; **~nī** Akkord-
akredìtīv *Hdl.* Kreditbrief *m*
ȁkt¹ (*pl.* **ȁktovi**) Akt *m*
ȁkt² (*pl.* **ȁkta**) Akte *f*
ȁktīvan aktiv, tätig
ȁktuēlan aktuell
akùšēr Geburtshelfer *m*
ȁkvārij Aquarium *n*
àlāt Werkzeug *n*; **~ničār** Werkzeugmacher *m*
Albánac (**Ȁlbānka**) Alban(i)er(in *f*) *m*
àlbānski albanisch
àlem Edelstein *m*; Diamant *m*
alèrgičan allergisch
alfàbetskī alphabetisch
ȁli aber, (je)doch
alìskaf Tragflächenboot *n*
ȃlka: Sȋnjskā ~ *Reitturnier in Sinj*
ȁlkohōln|ī alkoholisch; **~ā píća** geistige Getränke
alpinìzam Bergsport *m*
àlpīnskī, ȃlpskī alpin, Alpen-
àlūzija Anspielung *f*
Ȁlžīr Algerien *n*
amàtēr Amateur *m*; Laie *m*
amb|aláža Verpackung *f*; **~asáda** *Pol.* Botschaft *f*; **~àsādor** Botschafter *m*
ambulàntnī, ȁmbulatōrnī ambulant

amèr|ičkī amerikanisch; **~ikánac** (**~ikānka**) Amerikaner(in *f*) *m*
âmo (hier)her; **tȁmo-~** hin und her
amortìzātor Stoßdämpfer *m*
ȁmpula Ampulle *f*
ȁnđeo Engel *m*
ankèta Umfrage *f*
antikvārnica Antiquariat *n*
apàrāt Apparat *m*, Gerät *n*
apàrtmān Appartement *n*
apètīt Appetit *m*
apotéka Apotheke *f*
àprīl April *m*
ȁpsolūtan absolut
ȁrak (*Papier-*)Bogen *m*
Ȁrap|in (**~kinja**) Araber(in *f*) *m*; **~skī** arabisch
Arbànas *s.* **Albánac**
ȁrbitrāžnī Schieds-; **~ sûd** Schiedsgericht *n*
arhi- *in Zssgn* Erz-; **~tektúra** Architektur *f*
àrhīv, arhíva Archiv *n*
árija Arie *f*; P Melodie *f*
àriš *Bot.* Lärche *f*
àrmija Armee *f*
Arnàut(in) *s.* **Albánac**
àrtik(a)l Artikel *m*
asìstent(kinja) Assistent(in *f*) *m*
àspida Viper *f*
atèljē *m* Atelier *n*
atèntāt Attentat *n*, Anschlag *m*; **~or** Attentäter *m*
aterírati *Flgw.* landen
átomskī atomar, Atom-
àugust August *m*
Ȁustr|ija Österreich *n*; **~ijánac** (**~ìjānka**) Österreicher(in *f*) *m*; **~ijskī** österreichisch
ȃut *Sp.* Aus *n*
àuto *m* Auto *n*, Kraftwagen *m*; **~bus** Omnibus *m*; **~gōl** *Sp.* Selbsttor *n*; **~-klûb** Automobilklub *m*; **~-kolòna** Auto|kolonne *f*, -schlange *f*
autòm|āt Automat *m*; Maschinenpistole *f*; **~atskī** automatisch
automòbīlskī Auto-, Kraftfahrzeug-
autònoman autonom
àuto-|pût, ~stráda Autobahn *f*; **~stȍp: putòvati ~stȍpom** per Anhalter reisen; **~škȍla** Fahrschule *f*
ȁvan Mörser *m*
ȁvan|gārda Vorhut *f*; **~túra** Abenteuer *n*
ȁv|ēt *f*, **~étin(j)a** Gespenst *n*
àvgust *s* **àugust**
avij|ácija Flugwesen *n*; Luftwaffe *f*; **~àtičār** Flieger *m*
aviȍn Flugzeug *n*; **~skī** Flug(zeug)-, Luft-; **~skā nèsreća** Flugzeugunglück *n*
ȁvlija Hof *m*
ȁzbuka (kyrillisches) Alphabet *n*
àzījskī asiatisch
àzīl Asyl *n*
àzōt Stickstoff *m*

B

bȁb|a (altes) Weib; **~ica** Hebamme *f*; **~inje** *f/pl.* Wochenbett *n*; **~ino** (*od.* **~ljē**) **ljȅto** Altweibersommer *m*
bȁc|āč Werfer *m* (*bsd. Sp.*); **~ati** [**báciti**] werfen, schleudern; (**u zrâk**) sprengen
bȁčva Faß *n*, Tonne *f*
bádem *Bot.* Mandel *f*
Bȁdnj|āk, ~ē vȅče Heiligabend *m*
bȁger Bagger *m*
bȁgrem Akazie *f*
bȃj|an zauber-, märchenhaft; **~ka** Märchen *n*
bajònētnī spȏj Bajonettfassung *f*
báka Großmutter *f*, F Oma *f*
bakàlār Kabeljau *m*, Dorsch *m*
bàkar Kupfer *n*
baklàva Baklawa *f* (*süßes Fettgebäck*)
bȁklja Fackel *f*
bakljáda Fackelzug *m*
bȁkr|en Kupfer-, kupfern; **~orēz** Kupferstich *m*
bàktērija Bakterie *f*
bàlēt Ballett *n*
Bàlkān Balkan(gebirge *n*) *m*; **~skō pȍluostrvo** Balkanhalbinsel *f*
bàlōn Ballon *m*
bȃlskī Ball-, Tanz-
Bàltičkō mȏre Ostsee *f*
bàlvan Balken *m*, Klotz *m* (*a. fig.*)
bȃn *hist.* Banus *m*
banána Banane *f*
bȃnčiti zechen
bȃnda Bande *f*
bandažírati (*im*)*pf.* bandagieren
bȁngalo *m* Bungalow *m*
bȃnka *Hdl.* Bank *f*; P Geldschein *m*; 10 Dinar
bànk|ār Bankier *m*; **~ovnī** Bank-
bȃnj|a Bade-, Kur|ort *m*; **~skī** Bade-, Kur-
bȃr[1] Bar *f*
bȁr[2] wenigstens, mindestens
bȁra Pfütze *f*; Tümpel *m*; Sumpf *m*
baràka Baracke *f*
bàrbūn Meerbarbe *f*
bàrjak Fahne *f*, Banner *n*
bȃrman Barkeeper *m*
bàromētar Barometer *n*
bȃrskā stòlica Barhocker *m*
bàršūn Samt *m*
bárut (*Schieß-*)Pulver *n*
bȃs Baß *m*; Baßgeige *f*
bȁsn|a Fabel *f*; **~oslōvan** fabelhaft
bȁš eben, gerade; **~ me brȉga!** meinetwegen!; **~ htjȅti** im Begriff sein
bȃš|ča, ~ta Garten *m*
bȁštin|a Erbe *n*; Erbschaft *f*; **~ik** Erbe *m*; **~iti** erben
bàtāk *Kochk.* Keule *f*
bàtērija Batterie *f*
bàtin|a Knüppel *m*, Prügel *m*; **~e** *pl.* Tracht Prügel *f*
batȉnati (ver)prügeln

bȁtok Stockfisch *m*
bȁviti se sich aufhalten; (*I*) sich beschäftigen (mit); *Sport usw.* treiben
báza Basis *f*; *Chem.* Base *f*; *Mil.* Stützpunkt *m*
bàzēn Becken *n*; ~ **za plīvānje** Schwimmbecken
bàždariti (*im*)*pf.* eichen
bdjȅti wachen
béba Baby *n*
Bȇč Wien *n*; **2kī** Wiener (*adj.*)
Bèčli|ja (~**ka**) Wiener(in *f*) *m*
bèdast blöd(sinnig)
bȅdēm Wall *m*; (*Festungs-*, *Stadt-*)Mauer *f*
bèdro Schenkel *m*; Hüfte *f*
bèkrija *m* Saufbold *m*
bèlgījskī belgisch
bènīgnī *Med.* gutartig
bènzīn Benzin *n*; ~**skī** Benzin-; ~**skā pȗmpa** (*od.* **stȁnica**) Tankstelle *f*
Beògrad Belgrad *n*
bérba (*Beeren-*, *Obst-*)Ernte *f*; (*Wein-*)Lese *f*
bèretka Baskenmütze *f*
bèrlīnskī Berliner (*adj.*)
bèsanica Schlaflosigkeit *f*
beskònačan unendlich
bès|korisnōst *f* Nutzlosigkeit *f*; ~**krājan** unendlich, endlos; ~**kȑvan** unblutig; blutlos; ~**mislica** Unsinn *m*; ~**mislen** sinnlos; ~**mrtan** unsterblich; ~**plānskī** planlos; ~**platan** unentgeltlich, Frei-; ~**plodan** unfruchtbar; ~**pomoćan** hilflos; ~**poslen** arbeitslos; untätig, müßig; ~**prāvan** rechtlos; widerrechtlich
bes|prékidan ununterbrochen; ~**prèstan** unaufhörlich; ~**prijèkōran** tadellos; ~**prímjeran** beispiellos
bès|rāman schamlos; ~**vjestan** besinnungslos
bèščastan ehrlos
bètōn Beton *m*
betònjara Betonmischer *m*
bȅz (*G*) ohne
bèz|alkohōlan alkoholfrei; ~**àtomskī** atomwaffenfrei
bezàz|len harm-, arg|los; ~**oran** schamlos; unverfroren
bèz|bōjan farblos; ~**brižan** sorglos; ~**brōj** Unmenge *f*; ~**brōjan** zahllos; unzählig; ~**djetan** kinderlos; ~**dušan** herzlos
bȅz|izglēdan aussichtslos; ~**izrāzan** ausdruckslos
bèz|ličan unpersönlich; ~**nādan** hoffnungslos
bez|òbrazan unverschämt; ~**obràzluk** Unverschämtheit *f*
bèz|obzīran rücksichtslos; ~**očan** ruchlos
bezòdvlačno *adv.* unverzüglich
bȅzuslōvan bedingungslos, unbedingt
bez|ùspješan erfolglos; ~**ù-vjetan** *s.* **bȅzuslovan**
bèz|vjerac Freidenker *m*; ~**vrijedan** wertlos; belanglos
bèžičan drahtlos

bìber Pfeffer *m*
bìblījskī biblisch, Bibel-
bibliotéka Bibliothek *f*
bicìkl Fahrrad *n*; **~ist(kinja)** Radfahrer(in *f*) *m*; **~ìstička stàza** Radfahrweg *m*; **~ìzam** Radsport *m*
bìč Peitsche *f*
bíće Wesen *n*
bìfē *m* Theke *f*; Imbißstube *f*; Büfett *n*
bìftek Beefsteak *n*
bijèda Elend *n*, Not *f*
bìjedan elend, armselig
bìjeg Flucht *f*
bìjel weiß, Weiß-; **~ō víno** Weißwein *m*
bijèlac Weiße(r) *m*; (*Pferd*) Schimmel *m*
bìjes Wut *f*
bijèsan wütend
bîk Stier *m*
bìkarbōnā *s.* **sóda**
bilìjār Billard *n*
bìlo Puls *m*; Pulsader *f*; Gebirgskamm *m*
bílo kòjī jeder beliebige
bîlje Pflanzen *f/pl.*, Kräuter *n/pl.*
bìlje|g Zeichen *n*, Mal *n*; Merkmal *n*; Stempel *m*; **~ška** Anmerkung *f*; Notiz *f*; Fußnote *f*; **~žiti [za-]** vermerken, notieren; **~žnica** Notizbuch *n*; **~žnīk** Notar *m*
bìljka Pflanze *f*
bìo *s.* **bìjel, bìti**
bìoskop *sb.* Kino *n*
bìrāč Wähler *m*; **~kī skûp** Wahlversammlung *f*; **~kō mjèsto** Wahllokal *n*
bírati *Pol.* wählen
bìro *m* Büro *n*, Amt *n*
bìser Perle *f*
bìsk|up Bischof *m*; **~ùpija** Bistum *n*
bìst|ar klar, hell; *fig.* schlau; **~rìna** Klarheit *f*; Schlauheit *f*
bìtan wesentlich
biti[1] (da) sein, vorhanden sein; stattfinden; **~ vòljan** wollen, wünschen; **~ za nèšto** taugen (zu)
bìt|i[2] schlagen; **~ka** Schlacht *f*
bìtisānje Dasein *n*, Existenz *f*
bìtnōst *f* Wesen *n*
bívati sein, zu sein pflegen
bîvšī früher, ehemalig
bizàntījskī byzantinisch
bjegúnac Flüchtling *m*
bjel|ánjak Eiweiß *n*; **~ànčevina** Eiweißstoff *m*
bjelìna Weiß *n*
bjelò- *in Zssgn* weiß-, Weiß-; **~gòrica** Laubwald *m*; **~uška** Natter *f*
bjèsn|ilo, ~òća Tollwut *f*; Tobsucht *f*; **~jeti** an Tollwut erkranken; wüten, toben
bjèžati [pòbjeći] fliehen, flüchten
blâg sanft, mild
blàgājn|a Kasse *f*; **~ica** Kassiererin *f*; **~ik** Kassierer *m*
blâgdān Feier-, Fest|tag *m*
blâgo Schatz *m*; Vieh *n*
blagonáklon wohlwollend; **~ōst** *f* Wohlwollen *n*

blȁgo|slōv Segen *m*; **~slòviti** segnen; **~stánje** Wohlstand *m*; **~vaònica** Speisezimmer *n*, -saal *m*
blȁt|an schmutzig, drekkig; **~o** Kot *m*, Schmutz *m*, P Dreck *m*; **~obran** Kotflügel *m*
blâž|en selig; **~iti** **[u-]** (ab)mildern, lindern
blȇnda *Fot.* Blende *f*
blȉc Blitzlicht *n*; **~-apàrāt** *Fot.* Blitzgerät *n*
blȉjed blaß, bleich, fahl
blȉjesak (Auf-)Blitzen *n*, Funkeln *n*, Schein *m*
blijèskati blitzen
blìnker Blinkleuchte *f*; Blinker *m*
blȉsnuti *pf.* *s.* **blijèskati**
blìsta|ti (se) glänzen, funkeln; **~v** glänzend, funkelnd
blȉtva Mangold *m*
blȉz|ak nah; **~ànac** Zwilling *m*; **~ìna** Nähe *f*
blízu *prp.* (*G*) nahe, neben; *adv.* nahe, in der Nähe
blìž|ē, ~ī näher
blìžnjī Nächste(r) *m*
blȍk Block *m*; Bon *m*; **~írati** (*im*)*pf.* blockieren
blûd|an unzüchtig; lasterhaft; **~nica** Dirne *f*, Hure *f*
blúza Bluse *f*, Kittel *m*
bljȅd|nuti blaß werden; verblassen; **~òća** Blässe *f*
bljȅskati se auf|leuchten, -blitzen, blinken
blj|ùnuti *s.* **~ùvati**; **~ȕtav** schal, fade; *fig.* abgeschmackt; **~ùvati [~ȕnuti]** (er)brechen, V kotzen; speien
bȍb Pferdebohne *f*
bóba, bòbica Beere *f*
bȍca Flasche *f*; (*Einmach-*) Glas *n*
bôd Stich *m*; *Sp.* Punkt *m*
bȍdar munter; rüstig
bòdež Dolch *m*
bòdljika Stachel *m*; **~v** stachelig; **~vā žȉca** Stacheldraht *m*
bòdovati nach Punkten bewerten
bôg Gott *m*
bȍgālj Krüppel *m*
bògat reich; **~stvo** Reichtum *m*
bògin|a Göttin *f*; **~e** *f*/*pl.* *Med.* Blattern *pl.*, Pocken *pl.*; **~ice** *f*/*pl.* Windpocken *pl.*
bogoslužénje Gottesdienst *m*
bôj Kampf *m*; Schlacht *f*
bòj|a Farbe *f*; **òlōvka u ~i** Farb-, Bunt|stift *m*; **~àdisati** färben
bòjati se (*G*) (be)fürchten (*A*), sich fürchten (vor *D*)
bȍjāzan *f* Angst *f*, Furcht *f*
bojàžljiv ängstlich; **~ōst** *f* Ängstlichkeit *f*
bȍjište Schlachtfeld *n*, Kampfplatz *m*
bòjiti [o-] *s.* **bojàdisati**
bôjnī Schlacht-, Kampf-
bôk *Anat.* Hüfte *f*; Seite *f*, Flanke *f*
bȍks *Sp.* Boxsport *m*; Box *f*

bòks|āč Boxer *m*; **bȍksati, ~írati** (se) boxen
bȍks-mȇč Boxkampf *m*
bȏl *f od. m* Schmerz *m*; **pȍrođājnī bólovi** Wehen *f/pl.*; **~an** schmerz|lich, -haft; krank
bolèsn|ica (**~īk**) Kranke(r *m*) *f*, Patient(in *f*) *m*; **~īčkī** Kranken-
bȍl|ēst *f* Krankheit *f*, Leiden *n*; **~estan** krank, leidend; **~èšljiv, ~ežljiv** kränklich
bólni|ca Krankenhaus *n*, Spital *n*; **~čār(ka)** Krankenpfleger *m*, -wärter *m*, (-schwester *f*)
bolòv|ānje Kranksein *n*; **bȉti na ~ānju** krankgeschrieben sein; **~ati** krank sein; leiden (**od** *G* / an *D*)
bȍlje *adv.* besser
bòljeti schmerzen; **bòlī me** es tut mir weh
bȍljī besser
bȏmba Bombe *f*; **rȕčnā ~** Handgranate *f*
bombàrd|ēr Bombenflugzeug *n*; **~man** Bombardierung *f*
bȏn Gutschein *m*; Kassen-[zettel *m*]
bȏr Föhre *f*, Kiefer *f*
bóra Runzel *f*, Falte *f*
bóra|c Kämpfer *m*; **~čkī** Kampf-
bòrav|ak Aufenthalt *m*; **~išnā tàksa** Kurtaxe *f*; **~ište** Aufenthalts-, Wohn|ort *m*; **~iti** (ver)weilen, sich aufhalten
bòr|ba Kampf *m*; **~ben** kampflustig; Kampf-; **~iti se** (be)kämpfen; **~nā kȍla** *n/pl.* Kampf-, Panzer|wagen *m*
bòrovnica Heidel-, Blau|-[beere *f*]
bȏs, ~ònog bar|fuß, -füßig
Bosánac (**Bòsānka**) Bosnier(in *f*) *m*
Bȍsna Bosnien *n*
bòstan Melonen|beet *n*, -feld *n*
bòsti [**iz-, u-**] stechen
bóza Maisbier *n*
božànstven göttlich; *fig.* großartig
bòžica Göttin *f*
Bòžić Weihnachten *pl.*; **~báta** *m* Weihnachtsmann *m*; **~nō dȓvce** Weihnachtsbaum *m*
bȍž(i)jī Gottes-, göttlich
brȃčnī ehelich, Ehe-; **~ pȃr** Ehepaar *n*
brȁća (Ge-)Brüder *pl.*; **~ i sèstre** Geschwister *pl.*
bráda Kinn *n*; (*Kinn-*)Bart *m*
bràd|at bärtig; **~avica** [Warze *f*]
brȃk Ehe *f*; **~orázvod** Ehescheidung *f*
brána Wehr *n*, Staudamm *m*; *Agr.* Egge *f*
brànī|č *Sp.* Verteidiger *m*; **~k** *Kfz.* Stoßstange *f*; *Esb.* (*Sperr-*)Schranke *f*
brànī|lac, ~telj Verteidiger *m* (*a. jur.*)
brániti [**o-**] (**se** sich) wehren, verteidigen, schützen
brànjevina (*Wald-*)Schonung *f*
brȁšnen Mehl-

brȁšno Mehl *n*
brȁ|t (*pl.* **~ća**) Bruder *m*
brȁti [**ù-**] pflücken; ernten
brȁt|ić Neffe *m*; **~skī** brüderlich
brȁv|a (*Tür-*)Schloß *n*; **~ār** Schlosser *m*
bràvārnica Schlosserei *f*
bràvetina Hammelfleisch *n*
brázd|a Furche *f*; *Mar.* Kielwasser *n*; **~iti** Furchen ziehen; *fig.* zerfurchen; *Wasser* (durch)pflügen; durchstreifen
bràzgotina Narbe *f*
br̄blj|ānje Geplauder *n*, Geschwätz *n*; **~ati** schwatzen, plaudern; **~av** schwatzhaft
br̀čići *m/pl.* Bärtchen *n*
br̄čkati se planschen
br̄d|o Berg *m*; **~òvit** bergig; **~skī** Gebirgs-, Berg-
br̄egastā osòvina Nockenwelle *f*
bregòvit hügelig
brȅme Bürde *f*, Last *f*; **~nita** *s.* **trúdna**
brȅncati klirren
brȅskva Pfirsich *m*
brȅz|a Birke *f*; **~ov** Birken-
brežúljak Hügel *m*, Anhöhe *f*
brȉd Kante *f*
brȉdak scharf, schneidend
brȉga Fürsorge *f*; Sorge *f*, Kummer *m*
brìj|āč Rasier|messer *n*, -apparat *m*; Friseur *m*; **elèktričnī ~āč** Elektrorasierer *m*; **~ati** [**o-**] (**se** sich) rasieren
brȉjeg Hügel *m*, Berg *m*
brȉnuti [**pò-**] **se** (**za** *A*) sich sorgen (um); sorgen (für), sich kümmern (um)
brìsāč *Kfz.* Scheibenwischer *m*
brȉsati [**iz-**] (ab)wischen; (aus)radieren, tilgen
brȉtva Rasiermesser *n*
brȉzgalica Spritze *f*
brȉžljiv sorg|sam, -fältig
br̀kati [**po-**] verwirren; verwechseln
br̄kovi *m/pl.* Schnurrbart *m*
br̀log Suhle *f*; (*Tier-*)Bau *m*, Höhle *f*
br̄njica Maulkorb *m*; Nasenring *m*
brȏd[1] Furt *f*, Untiefe *f*
brȏd[2] Schiff *n*; **na bródu** an Bord
bròd|ār Schiffer *m*; **~ārskī** Schiffs-; **~árstvo** Schifffahrt *f*; **~ić** kleines Schiff, Kutter *m*
brodogr|àdilište Schiffswerft *f*; **~ádnja** Schiffbau *m*
brȍdol|om Schiffbruch *m*; **~ómac** Schiffbrüchige(r)
brȏd-skȅla Fährschiff *n*
brȍdsk|ī Schiffs-; **~ā agèncija** Schiffsagentur *f*; **~ā ȍprema** Takelwerk *n*; **~ā pȍsada** Schiffsbesatzung *f*
brȏj Zahl *f*; Nummer *f*
bròjāč *Tech.* Zähler *m*
brȏjan zahlreich
broj|ànice *f/pl. Rel.* Rosenkranz *m*; **~čànīk** Zifferblatt *n*; Wählscheibe *f*
brȍj|čano *adv.* zahlenmä-

ßig; **~ēnje** Zählung *f*, Zählen *n*; **~ilo** *s.* **~āč**; **~iti** zählen
brôj|ka Ziffer *f*; **~nī** Zahlen-; **~nīk** *Math.* Zähler *m*
bronhitis *m* Bronchitis *f*
brȍš Brosche *f*
bȑšljan Efeu *m*
brújati brummen, surren
brȕka Lärm *m*; Skandal *m*
brȕndati brummen, knurren
brûs Schleifstein *m*; *fig.* Quatsch *m*
brùsāč Schleifer *m*
brúsiti **[iz-]** schleifen, wetzen; (ab)schmirgeln
brûto-|dòhodak Bruttoeinkommen *n*; **~težina** Bruttogewicht *n*
br̂v *f* (*Brücken-*)Steg *m*
bŕvno *s.* **bàlvan**
br̂z schnell, Schnell-; rasch; **~ī vlâk** (*od.* **vôz** *sb.*) Schnellzug *m*
bȑz|āk, ~ica Stromschnelle *f*; **~ìna** Geschwindigkeit *f*; *Kfz.* Gang *m*; **~inòmjer** *Kfz.* Tacho(meter) *m*
br̂zoj|āv Telegramm *n*; **~áviti** (**~ávljati**) telegraphieren
brzòteča *m* Eilbote *m*
br̂zovōzno *adv.* *Esb.* als Eilgut
br̂že schneller; **~-bȍlje** so schnell wie möglich
bȕba Käfer *m*
bûbanj Trommel *f*; Pauke *f*; (*Fisch-*)Reuse *f*
búbati trommeln, klopfen; *fig.* pauken

bûbnā ȍpna *Anat.* Trommelfell *n*
bùbnjati trommeln
bùbre|g Niere *f*; **~žnjāk** Nierenbraten *m*
bubùlji|ca Pustel *f*, Pickel *m*; **~čav** pick(e)lig
bȕča Kürbis *m*
bûčan lärmend, laut
búč|ati, ~iti lärmen, poltern
budàl|a Narr *m*, Dummkopf *m*; **~áština** Torheit *f*, Dummheit *f*
búdan wach, munter; wachsam
bȕdēm *s.* **bìti**[1]
bùdīlnīk Wecker *m*
búditi **[pro-]** (auf-, er-) wecken; **~ se** aufwachen, erwachen
bùdūć|ī (zu)künftig; **u ~e** in Zukunft; **~ī da** *cj.* da, weil
budúćnōst *f* Zukunft *f*
bȕđav verschimmelt
bùgačica Lösch|blatt *n*, -papier *n*
Bȕgar|in (**Bȕgārka**) Bulgare *m* (Bulgarin *f*); **~skā** Bulgarien *n*; **♀skī** bulgarisch
bùha *kr.* Floh *m*
bûjan üppig; ungestüm, stürmisch; heftig
bùj|ati *Pflanze*: wuchern; *fig.* sich schnell (*od.* stark) entwickeln; **~ica** Sturzbach *m*
bȕka Lärm *m*, Krawall *m*
búk|nuti (**~tjeti**) *Feuer*: (auf)lodern

bȕkva Buche *f*
bùljina Uhu *m*
búljiti an|starren, -glotzen (na *A*/*A*)
bȕmbār Hummel *f*
búna Auf|stand *m*, -ruhr *m*
bùnār Brunnen *m*
bȗnda Pelz(mantel) *m*
bùndeva Kürbis *m*
búniti [po-] aufwiegeln; ~ se sich empören
bùntōv|an, ~nički aufrührerisch; **~nīk** Aufrührer *m*, Meuterer *m*
bȕra Sturm(wind) *m*; Unwetter *n*
bȗran stürmisch
bȕre Faß *n*, Tonne *f*
bùrgija Bohrer *m*
bùrma Ehering *m*
bȕrza Börse *f*
bùržūj Bourgeois *m*
bȕši|lica Bohrmaschine *f*; **~ti** [pro-] (durch)bohren; (durch)lochen
bȕt (*Ober-*)Schenkel *m*; Keule *f*
bùva *sb.* Floh *m*

C

cȁr(ica) Kaiser(in *f*) *m*
cȁrin|a Zoll *m*; **~ār** Zollbeamte(r) *m*; **~ārnica** Zollamt *n*; **~iti** verzollen; **~jēnje** Zollabfertigung *f*
cȁrinsk|ī Zoll-; **~ā kontróla, ~ī prégled** Zollkontrolle *f*
cȃrs|kī kaiserlich; **~tvo** Kaiserreich *n*; *fig.* Reich *n*
cèdulja Zettel *m*
cȅh Zunft *f*, Innung *f*
cèler Sellerie *m od. f*
cèment Zement *m*; **~írati** zementieren
cȇnta Zentner *m*
cȅntar Zentrum *n*, Mitte *f*
cèntarfōr *Sp.* Mittelstürmer *m*
cèntimetar Zentimeter *n*
centrála Zentrale *f*
cèntrāl|an zentral; **~nō grìjānje** Zentralheizung *f*
cenzúra Zensur *f*
cȅriti se grinsen
cȅsta Landstraße *f*
cèstōvnī Straßen-
cȉfra Ziffer *f*
Cȉg|anin Zigeuner *m*; **~ānka** Zigeunerin *f*
cigár|a Zigarre *f*; **~èta** Zigarette *f*; **~luk** Zigarettenspitze *f*
cígl|a Ziegel *m*, Backstein *m*; **~āna** Ziegelei *f*
cijèditi seihen; [is-] auspressen; *Wäsche* auswringen
cȉjel ganz; *fig.* heil
cȉjen preiswert
cijèna Preis *m*
cijèp|ati [po-] spalten (se sich); *Holz* hacken; **~iti** impfen; **~ljēnje** Impfung *f*
cȉjev *f* Rohr *n*, Röhre *f*; **~ka** Röhrchen *n*
cȉka Kreischen *n*, Winseln *n*; Klirren *n*
cìkla *kr.* rote Rübe *f*

cìktati kreischen, winseln; *Schüsse*: krachen
cilìkati kreischen; klirren
cilìndar Zylinder *m*
cîlj Ziel *n*, Zweck *m*
cíljati zielen; anspielen auf[(*A*)]
cìnk Zink *n*
cio *s.* **cìjel**
cìpal Meeräsche *f*
cìpel|a Schuh *m*; **~ār** Schuhmacher *m*
cìrkus Zirkus *m*
cìt|āt Zitat *n*; **~írati** zitieren, anführen
cìvīl Zivil *n*; Zivilperson *f*; **~an**, **~skī** zivil
cjè|dilo Filter *m*; Sieb *n*; **~dīljka** *Kochk.* Durchschlag *m*; (*Tee*-)Sieb *n*
cjelìna Gesamtheit *f*
cjelòkup|an gesamt; **~nōst** *f* Gesamtheit *f*
cjènōvnīk Preisliste *f*
cjȅnjkati se feilschen
cjèpānica (*Holz*-)Scheit *n*
cjȅpīvo Impfstoff *m*
cjȅpka (*Holz*-)Span *m*; **~ti** *s.* **cijèpati**
cjevànica Schienbein *n*
crȉjep Dachziegel *m*; Scherbe *f*
crijèvo Darm *m*; **slijepō ~** Blinddarm; **gûznō ~** Mastdarm [pieren]
cȑknuti *pf.* verrecken, kre-
cȑkva Kirche *f*; **sábornā ~** Kathedrale *f*
cȑkven kirchlich; **~ī pȍrez** Kirchensteuer *f*
cȓn schwarz; **cŕnō víno** Rotwein *m*; **℞ā Gòra** Montenegro *n*
cŕn|ac Neger *m*; **~ìna** Schwärze *f*, Schwarz *n*; Trauerkleid *n*; **~iti [na-, po-, o-]** schwärzen
cȓnka Brünette *f*
cȑnkinja Negerin *f*
crnògorica Nadelwald *m*
cȑpka Pumpe *f*
cŕpsti [is-] (aus)schöpfen
cȑta Linie *f*, Strich *m*; *pl. a.* (*Gesichts*-)Züge *m/pl.*
cȑt|āč Zeichner *m*; **~aći** Zeichen-
cȑt|ati [na-] zeichnen; **~ānje** Zeichnen *n*
cŕtež Zeichnung *f*
cȓv Wurm *m*
cȑven rot
crvèni|lo Röte *f*; **~ti [po-]** rot färben; **~ti se** sich röten
crvè|nkast rötlich; **~njeti [po-]** *s.* **~niti se**; erröten
crvòtočan wurmstichig
cȕcla Sauger *m*, Schnuller
cȕpkati hüpfen; *Kind* wiegen
cúriti rinnen, rieseln
cvàsti blühen
cvât Blüte *f*; Blütenstand *m*
cvèkla *sb.* rote Rübe *f*
cvȉje|će Blumen *pl.*, Blüten *f/pl.*; **~t** Blume *f*; *fig.* Blüte *f*
cvíljeti wimmern, winseln
cvjè|ćara Blumengeschäft *n*; **~tača** Blumenkohl *m*; **~tati** blühen; **℞tnica** Palmsonntag *m* [klappern]
cvokòtati *mit den Zähnen*
cvŕča|k Grille *f*; Zikade *f*; **~ti** zirpen
cvrkùtati zwitschern

Č

čàbar Zuber *m*
čàčka|lica Zahnstocher *m*; **~ti** stochern
čàdor *s.* **šàtor**
čàđa Ruß *m*; **~v** rußig
čàhura (*Patronen-*)Hülse *f*; *Zo.* Kokon *m*
čàj (**rùskī** schwarzer) Tee *m*; **~nīk** Teekanne *f*
čäk sogar
čámac Boot *n*, Kahn *m*; **gùmenī ~** Schlauchboot; **mȍtornī ~** Motorboot; **vèslāčkī ~** Ruderboot
čámiti schmachten; sich langweilen
čangrìzav mürrisch
čankòliz Speichellecker *m*, Schmarotzer *m*
čȁplja Reiher *m*
čȃr Zauber *m*; *fig.* Reiz *m*
čàrapa Strumpf *m*; Socke *f*
čàrdāk Balkon *m*, Söller *m*; Obergeschoß *n*; Wachtturm *m*
čȃrka *Mil.* Scharmützel *n*
čàrōban zauberhaft, bezaubernd; Zauber-
čarò|bnjāk Zauberer *m*; **~lija** Zauberei *f*
čàršija Geschäftsviertel *n*; *fig.* öffentliche Meinung
čȃs *s.* **čásak**; Stunde *f*; **~ prȉje** gerade, eben erst
čásak Augenblick *m*, Moment *m*
čȁsn|ī: **~ā rȉječ** *f* Ehrenwort *n*; **~ā sèstra** Nonne *f*; Diakonisse *f*; **~īk** Offizier *m*; Amtsperson *f*
čàsopis Zeitschrift *f*
čàsōvn|ičār Uhrmacher *m*; **~īk** Uhr *f*
čȃst *f* Ehre *f*
čȁstan ehrlich; ehrenvoll; *s.* **čȁsnī**
čàst|iti [**po-**] ehren; bewirten; freihalten; **~oljùbiv** ehrgeizig
čàš|a (*Trink-*)Glas *n*, Becher *m*; **~ica** Gläschen *n*; Kniescheibe *f*; **~ica za jáje** Eierbecher *m*
čȁvao *m* Nagel *m*; Niet *m*
čȁvka Dohle *f*
čȁvlić (kleiner) Nagel *m*, Stift *m*
čȅd|an keusch, sittsam; **~o** Kind *n*
čèga: iz ~ woraus; **od ~** wovon; **zbog ~** weswegen
čegr̀t|āljka Klapper *f*, Rassel *f*; **~ati** klappern
Čȅh Tscheche *m*; **~oslòvačkā** Tschechoslowakei *f*
čȅk Scheck *m*; **ȍbračunskī ~** Verrechnungsscheck; **pȗtnī ~** Reisescheck
čèkaonica Wartezimmer *n*; *Esb.* Wartesaal *m*
čèkati [**prì-**] (ab-, er)warten; **~ u répu** (*od.* **u rédu**) Schlange stehen
čèkić Hammer *m*
čèkinja Borste *f*
čèkōvn|ī Scheck-; **~ā knjìžica** Scheckbuch *n*
čèkrk *Tech.* Winde *f*
čèli|čan stählern, Stahl-;

~čiti [o-] härten; *fig.* stählen; **~k** Stahl *m*
čêlnī *s.* **čēonī**
čělo[1] *Mus.* Cello *n*
čěl|o[2] Stirn *f*; **na ~u** an der Spitze
čěljūst *f* *Anat.* Kiefer *m*, Kinnlade *f*
čèmpres Zypresse *f*
čèmu: na ~ woran, worauf; **o ~** worüber, worum; **po ~** wonach; **u ~** worin
čēonī Stirn-; Spitzen-
čèp Pfropfen *m*, Stöpsel *m*, Zapfen *m*; Tampon *m*
čeprkati scharren
čèsati [po-] (se sich) kratzen
čèsma Brunnen *m*
čêst häufig; dicht
čěstica Teilchen *n*
čèst|it ehrenhaft; ehrbar, rechtschaffen; **~ítati** (*D*) beglückwünschen (*A*), gratulieren (*D*); **~ītka** Glückwunsch *m*
čêsto *adv.* oft, öfter(s)
čěšalj Kamm *m*
čěšati (se) *s.* **čèsati (se)**
čěšće *adv.* öfter(s)
čěšk|ī tschechisch; **~inja** Tschechin *f*
čèšljati [po-] kämmen, frisieren
čèšnjāk Knoblauch *m*
čěta *Mil.* Kompanie *f*; Schar *f*, Trupp *m*; Bande *f*
čètina Tannennadel *f*
čětka Bürste *f*; Pinsel *m*; **~ za cìpele** Schuhbürste; **~ti** bürsten
čětkica Bürste *f*; **~ za zûbe** Zahnbürste; **~ za brìjānje** Rasierpinsel *m*

četvér|ac *Sp.* Vierer *m* (*Boot*); **~ci, četvórci** *pl.* Vierlinge *m/pl.*
čètvōr|ka Vier *f*; **~nī mêtar** Quadratmeter *m*
čètvorokūt Viereck *n*
četvorò|kutan viereckig; **~struk** vierfach
čètvrt *f* Viertel *n*; **~ gȍdinē** Vierteljahr *n*; **~ sâta** Viertelstunde *f*
četvŕtak Donnerstag *m*; **Věliki ~** Gründonnerstag
čètvrt-finále *m* Viertelfinale *n*
četvrti|ca, ~na *s.* **čètvrt**
čèznuti sich sehnen (**za** *I* / nach *D*)
čéžnja Sehnsucht *f*
čìčak Klette *f*
čìgra Kreisel *m*
čìjī wessen
čìk (*Zigaretten-*)Stummel *m*
čìk|a *m*, **~o** *m* Onkel *m*
čìl rüstig; rege
čìm: s ~ womit; **~ prìje** *cj.* sobald; sobald als möglich
čímē womit, wodurch
čìn Tat *f*, Handlung *f*; *Thea.* Akt *m*
čini|lac Faktor *m*; **~ti [u-]** tun, machen; **~ti se** werden (zu *et.*); (er)scheinen
činōvn|ica Beamtin *f*; **~ik** Beamte(r) *m*
čìnjeni|ca Tatsache *f*; **~čkī, ~čnī** tatsächlich; **~čnō stánje** Tatbestand *m*
čìpka Spitze *f* (*Gewebe*)
čìr Geschwür *n*; **~ u stomáku** Magengeschwür

čȉst rein (*a. fig.*), sauber
čìst|āč, ~ilac (*Schuh-*)Putzer *m*; (*Straßen-*)Feger *m*; **~àčica** Reinemachefrau *f*; **~ìna** Lichtung *f*
čȉst|iti [pò-] reinigen, säubern; putzen; *Med.* abführen; **~òća** Reinheit *f*, Sauberkeit *f*; Reinlichkeit *f*
čìšćēnje (**kèmijskō** chemische) Reinigung *f*
čìtāč *s.* **čìtalac**
čȉtak leserlich; lesbar
čìt|alac Leser *m*; **~ānka** Lesebuch *n*; **~ati [pro-]** (durch)lesen
čȉtav ganz, gesamt, vollständig; *fig.* heil
čȉtljiv *s.* **čȉtak**
čȉzma Stiefel *m*; **jàhaćā ~** Reitstiefel
člân Mitglied *n*; Glied *n*; (*Gr.*, *Gesetz*) Artikel *m*
člán|ak *Anat.* Hand-, Fuß|gelenk *n*; Aufsatz *m*, (*Zeitungs-*)Artikel *m*; **~àrina** Mitgliedsbeitrag *m*
člânskī Mitglieds-
čmâr After *m*
čòban(in) Hirt(e) *m*
čokoláda Schokolade *f*
čȍpōr Rudel *n*; *fig.* Horde *f*
čórba Suppe *f*
čòvječ|an menschlich; **~ànskī** Menschheits-; menschlich; **~ànstvo** Menschheit *f*; **~nōst** *f* Menschlichkeit *f*
čòvjek Mensch *m*; Mann *m*; **~oljùbiv** menschenfreundlich
čúčati hocken, kauern [*m*]
čùdāk Sonderling *m*, Kauz

čȕd|an wunderlich, seltsam, merkwürdig; **~esan** wunder|bar, -voll; **~iti [zà-] se** sich (ver)wundern, staunen (*D* / über *A*); **~novāt** *s.* **~an**; **~o** Wunder *n*; **~otvōran** wundertätig; **~òvīšte** Ungeheuer *n*
čȕđēnje Verwunderung *f*
čȕjan hörbar
čȕlan sinnlich
čúlo Sinn(esorgan *n*) *m*
čȕn Nachen *m*, Kahn *m*
čȕnj Kegel *m*
čȕp Prise *f*; *s.* **čupérak**
čùpati [iš-] (heraus)reißen, (heraus)zupfen
čȕpav struppig, zottig; **~ac** P Pilzkopf *m*
čupérak Büschel *n*; Schopf *m*
čȕti hören, vernehmen; riechen; F *s.* **bdjȅti**
čùtura Feldflasche *f*
čùvār Wächter *m*; Wärter *m*; *fig.* Hüter *m*; **~ prúgē** Bahnwärter *m*
čúvati [sa-] (be)hüten; bewachen; schonen; be-, ver|wahren; **~ se** sich hüten (*G* / vor *D*)
čùven berühmt
čùvstven empfindsam; gefühlvoll; **~ōst** *f* Empfindsamkeit *f*
čvôr Knoten *m*
čvórak *Zo.* Star *m*
čvòr|ište Knotenpunkt *m*; **~uga** Beule *f*
čvȑst fest; gedrungen; **~òća** Festigkeit *f*

Ć

će 3. *Pers. sg. u. pl. Präs. v.* **htjȅti** (*enkl.*)
ćȅbe (*G* **~ta**) (*Woll-*)Decke *f*
ćȅla Glatze *f*; **~v** kahl(köpfig)
ćȅlija Zelle *f*
ćeš 2. *Pers. sg. Präs. v.* **htjȅti** (*enkl.*)
ćevàpčići *m/pl.* Tschewaptschitschi *pl.* (*Fleischklößchen v. Rost*)
ćilìbār Bernstein *m*
ćȉlim Teppich *m*
ćirìlica kyrillische Schrift
ćȍr|av einäugig; blind; **~sokāk** Sackgasse *f*
ćȍšak Ecke *f*, Winkel *m*
ću 1. *Pers. sg. Präs. v.* **htjȅti** (*enkl.*)
ćȗd *f* Gemüt *n*; Laune *f*
ćȗdljiv launisch
ćȕft|e *f/pl.*, **~éta** *n/pl. Art* Frikadellen *f/pl.*
ćȕp Topf *m*; Wäschepuff *m*
ćȕprija Brücke *f*
ćȕrān *sb.* Truthahn *m*
ćȗrka *sb.* Pute *f*
ćȕška Ohrfeige *f*
ćȕt|ati [**za-**] *sb.* (ver-)schweigen; **~ilo** Sinn(esorgan *n*) *m*; **~ljiv** schweigsam

D

dȁ ja; *cj.* daß, damit; **~ li** ob; **tȁko ~** so daß
dȁbar Biber *m*
dabò(g)me *s.* **dakàko**
dàdīlja Amme *f*
dȃh Hauch *m*; Atem *m*
dàhtati schnauben, keuchen
dàire *f/pl.* Tamburin *n*
dakàko freilich, allerdings
dȁkle also; demnach, folglich
daktilògrafkinja Stenotypistin *f*, Maschineschreiberin *f*
dàlek weit, fern
dalekò|vid(an) weitsichtig; **~zor** Fern|rohr *n*, -glas *n*
dȃlj|ī weiter, ferner; **i tȁko ~e** und so weiter; **~ìna** Entfernung *f*; Ferne *f*, Weite *f*; **~inòmjer** Entfernungsmesser *m*
dáma Dame *f*
dȃn Tag *m*; **svȁkī ~** täglich; **dȍbar ~!** guten Tag!
Dánac Däne *m*
dȁna|s heute; **~šnjī** heutig
dȃn-dȁnas heutzutage; **do ~** bis auf den heutigen Tag
dàngub|a Müßiggang *m*; Zeitverlust *m*; Faulpelz *m*; **~iti** faulenzen; Zeit vertrödeln
dȃnimicē *adv.* (tag)täglich; von Tag zu Tag; tagelang
Dȁnkinja Dänin *f*
danònoćno *adv.* Tag und Nacht
dànsing Tanzlokal *n*
Dȃnsk|ā Dänemark *n*; **2ī** dänisch

dânjī Tages-
dànju tags(über)
dâr Geschenk *n*, Gabe *f*; **~èžljiv** freigebig; **~ívati** *et.* (ver)schenken, spenden; *j-n* beschenken
dàrmar Durcheinander *n*
daròv|ati *s.* **darívati**; **~it** begabt
dàska Brett *n*, Planke *f*; **òdskočnā ~** Sprungbrett; **škòlskā ~** Schultafel *f*
dàšč|ara (*Bretter-*)Bude *f*, Baracke *f*; **~ica** Brettchen *n*
dàti (**dávati**) geben; lassen
dàtula Dattel *f*
dávati *s.* **dàti**
dáviti [**u-**, **za-**] (er)würgen, (er)drosseln; **~ se** erstikken; ertrinken
davnìna Vorzeit *f*
dávno *adv.* lange her, seit langem
dàžb|ina: bez ~īnā gebührenfrei
debelo- *in Zssgn* dick-, Dick-
dèbeo dick
déblo (*Baum-*)Stamm *m*
dèblj|ati [**u-**] **se** dick werden; **~ìna** Dicke *f*
dècēmbar Dezember *m*
dèci *m indekl.* Deziliter *m*, *n*; **~mālan: ~mālnī rázlomak** Dezimalbruch *m*
dèčko *m* Knabe *m*, Junge *m*; Bube *m* (*Karte*)
dèka[1] Decke *f*
dèka[2] Dekagramm *n*
de|lègāt Delegierte(r) *m*; **~likatèsa** Delikatesse *f*; **~mòkratski** demokratisch; **~montírati** abbauen
dèo *s.* **dìo**
deponírati deponieren, hinterlegen
dèr|an Bengel *m*, Range *f od. m*; **~ati** [**po-**] (zer)reißen; **~ati se** schreien, plärren; **~ište** *s.* **~an**
dè|sant (*Luft-*)Landung *f*; **~santnī** Lande-, Landungs-; **~sert** Dessert *n*, Nachtisch *m*
desè|tica Zehn *f*; Zehner *m*; **~tičnī** dezimal; **~tìna** Zehntel *n*
dèsētka *s.* **desètica**
dèsiti (**dešávati**) **se** passieren, zustoßen; geraten
dêsni[1] *f/pl.* Zahnfleisch *n*
dèsnī[2] rechte(r)
dèsni|ca Rechte *f*; **~čār** Rechtsextremist *m*; **~čārskī** *Pol.* rechts|stehend, -extremistisch
dèsno *adv.* rechts
dešávati se *s.* **dèsiti se**
dešifrírati entschlüsseln; entziffern
dèva Kamel *n*
devalvácija (*Geld-*)Abwertung *f*
devètica Neun *f*
devíze *f/pl.* Devisen *pl.*
dèž|ūran diensthabend, vom Dienst; **~úrati** Dienst haben; **~úrstvo** (**nōćnō** Nacht-)Dienst *m*, Bereitschaft *f*
dì|ći (**~zati**) heben; *v/r.* (**se**) sich erheben; aufstehen; **~ći u zrâk** (in die Luft)

sprengen; **~ći rûku na sèbe** sich et. antun
dìftērija Diphtherie *f*
dìgnuti *s.* **dìći**
di|jabètičār Diabetiker *m*; **~jàlek(a)t** Mundart *f*, Dialekt *m*; **~japòzitīv** Dia(positiv) *n*
dijèliti [po-] teilen; ver-, aus|teilen; trennen; *Karten* (aus)geben; **~ se** sich (*od.* miteinander) teilen
dijéta Diät *f*
dijète (*G* **djèteta**, *pl.* **djèca**) Kind *n*
dìktafōn Diktiergerät *n*
dìm Rauch *m*, Qualm *m*; Zug *m* (*b. Rauchen*); **~an** Rauch-; rauchig; **~iti (se)** rauchen, qualmen
dìmlije *f/pl.* Pluderhose *f*
dìm|njačār Schornsteinfeger *m*; **~njāk** Schornstein *m*
dìnār Dinar *m*; *fig.* Geld *n*
dìngāč (víno) Dingatsch *m* (*dalmat. Rotwein*)
dìnja Zuckermelone *f*
dìo *m* Teil *m*
diò|ba Teilung *f*; *Math.* Division *f*; **~ničār** Aktionär *m*
dìple *f/pl.* (*Hirten-*)Flöte *f*
dír|ati [~nuti] anrühren; (be)rühren
dìrek Pfosten *m*, Pfeiler *m*
dìrektan direkt; **~ vàgōn** Kurswagen *m*; **~ prijènos** Direktübertragung *f*
dìrkati necken
dìrljiv rührend
dírnuti *s.* **dírati**
dìsāj Atmung *f*; **~nī dìsaonī** Atmungs-
dísati atmen
dìsk Scheibe *f*, Diskus *m*; **bàcānje ~a** Diskuswerfen *n* [fernung *f*]
distànca Distanz *f*, Ent-
dìšnī *s.* **dìsājnī**
dìv Riese *m*
dìvan wunder|bar, -voll
díviti se bewundern
dìvljāč *f* Wild *n*
dìvlj|āk Wilde(r) *m*, **~ī** wild; **~ìna** Wildheit *f*; Wildnis *f*
dìvokoza Gemse *f*
dìv(ov)skī riesig, Riesen-
dìza|lica Kran *m*; **~lo** Lift *m*, Fahrstuhl *m*; **~ti** *s.* **dìći**
djè|ca *n/pl.* Kinder *pl.*; **~čāk** Junge *m*, Knabe *m*
djèčj|ī Kinder-; **~ē igralīšte** Kinderspielplatz *m*; **~ī vr̀tić** Kindergarten *m*
djȅd Großvater *m*; **~ica** *m*, **djédo** *m* Opa *m*
djèlat|an aktiv, tätig; **~nōst** *f* Tätigkeit *f*
djèlo Werk *n*, Leistung *f*; Tat *f*; **~krūg** Wirkungs|kreis *m*, -bereich *m*
djèlomicē teilweise
djèlo|tvōran wirksam; **~tvórnōst** *f* Wirksamkeit *f*; **~vati** wirken; **~vođa** *m s.* **pȍslovođa**
djèlja *f* Holzwolle *f*; **~ti** schnitzen [*m*, Zähler *m*]
djeljènīk *Math.* Dividend
djèljiv teilbar
djè|nuti[1] **[~sti]** *s.* **mètnuti, zatàknuti**

djè|nuti[2] **[~sti]** (auf-) schichten
djȅtao *m* Specht *m*
djètelina Klee *m*
djèt|ēnce Kleinkind *n*, Baby *n*; Kindchen *n*; **~i-njàrija** Kinderei *f*; **~injast** kindisch; **~inji** kindlich; **~īnjstvo** Kindheit *f*
djȅv|ēr Schwager *m*; Brautführer *m*; **~èruša** Brautjungfer *f*
djè|vica Jungfrau *f*; **~vičànskī** jungfräulich; **~vojačkī** Mädchen-; **~vòjčica** Mädchen *n*; **~vōjka** (*erwachsenes*) Mädchen *n*
dlà|čica Härchen *n*; **~ka** (*Körper-*)Haar *n*; **ùz ~ku** gegen den Strich; **~kav** haarig, behaart
dlȁn Hand(fläche) *f*
dlijèto Meißel *m*; Stemmeisen *n*
dnêvn|ī täglich; Tages-; **~ica** Tagegeld *n*; **~īk** Tagebuch *n*; Tageszeitung *f*
dn|ō (*Faß-*)Boden *m*, (*Meeres-*)Grund *m*; *fig.* Tiefe *f*; **bȅz ~a** bodenlos; **nȁ ~u** zuunterst
do (*G*) bis (zu *D*, an *A*); neben (*A*); *adv.* etwa
dôb *f* Alter *n*
dȍba *n* (*indekl.*) Zeit(alter *n*) *f*; **stārō ~** Altertum *n*
dȍbar gut; gütig
dòbav|iti (~ljati) besorgen; (an)liefern
dobàvljāč Lieferant *m*
dòbav|ljānje Beschaffung *f*; Lieferung *f*; **~ljati** *s.* **~iti**
dobíjati *s.* **dòbiti**
dȍbīt *f* Gewinn *m*, Verdienst *m*
dòb|iti (~íjati, ~ívati) bekommen, F kriegen; gewinnen; **~ītnīk** Gewinner *m*; **~ívati** *s.* **dòbiti**
dȏboš Trommel *f*
dobò|šār Trommler *m*; **~vati** trommeln
dobrȉčina *m* gutmütige(r) Kerl *m*
dòbro Gut *n*; Wohl *n*; *adv.* gut, wohl; **~čínstvo** Wohltat *f*; **~dòšao** willkommen; **~dòšlica** Willkommen(sgruß *m*) *n*
dobrò|dušan gutmütig; **~hotan** wohlwollend; **~ta** Güte *f*; **~námjeran** wohlgesinnt
dòbro|tvōran wohltätig; **~tvórnōst** *f* Wohltätigkeit *f*; **~vóljac** Freiwillige(r) *m*
dȍbrovōljan [zwanglos} freiwillig,}
dòckan *adv.* spät
dòček Empfang *m*, Begrüßung *f*; **~ati** *pf.* warten bis ...; erleben; empfangen
dočèpati se *pf.* sich bemächtigen (*G*)
dòčuti *pf.* vernehmen
dóći (dòlaziti) kommen; **~ po** (*A*) (ab)holen (*A*)
dodátak Zugabe *f*, Zuschlag *m*; **~ za tȅžī râd, za ùčinak** Erschwernis-, Leistungs|zulage *f*
dòd(áv)ati dazu|geben, -tun, hinzufügen
dòdija|lōst *f* Überdruß *m*;

~ti *pf.* überdrüssig sein (*G*), satt haben (*A*)
dódir Berührung *f*
dodirí|vanje Berühren *n*; **~vati [dodírnuti]** anrühren, berühren
dodúšē allerdings, zwar
dōgađāj Vorfall *m*; Ereignis *n*
dog|áđati se *s.* **~òditi se**
dōglēd Blickfeld *n*; *s.* **dalekòzor**; **~an** absehbar
dògodinē *adv.* nächstes Jahr
dog|òditi (**~áđati**) **se** geschehen, sich ereignen; vorkommen; **~orijèvati [~òrjeti]** aus-, ab|brennen (*v/i.*)
dogov|árati [~òriti] se (sich) verabreden, vereinbaren, abmachen
dōgovor Vereinbarung *f*, Abmachung *f*; Verabredung *f*; Besprechung *f*
dōgr|ada, ~ádnja Anbau *m*
dòhit|ati [~jeti] herbeieilen
dòhodak Einkommen *n*, Ertrag *m*
dōhvāt Reichweite *f*
dò|hvatiti *pf.* fassen, ergreifen; **~ista** wirklich, in der Tat; **~jaditi (se)** *pf.* zuwider werden, satt haben (*od.* sein)
dòjah|ati (**~ívati**) herbeireiten, angeritten kommen
dójam Eindruck *m*
dojèdriti *pf.* (her)ansegeln, (segelnd) ankommen
dòjēnče (*G* **~ta**) Säugling *m*
dòj|ilja Amme *f*; **~iti** *Kind* stillen; *Säugling*: saugen
dôjka Brustwarze *f*, Zitze *f*
dōk[1] *Mar.* Dock *n*
dōk[2] *cj.* solange, während; **~ ne** bis
dòkad(a) bis wann
dókaz Be-, Nach|weis *m*
dokáz(iv)ati be-, er|weisen; **~ krívnju** *Verbrecher* überführen
dōklē wie weit, bis wohin; wie lange; *cj.* solange
dò|kolica Muße *f*, Freizeit *f*; **~koljenica** Kniestrumpf *m*; Gamasche *f*
dōkōn müßig, untätig
dokònčati *pf.* beend(ig)en, zu Ende führen
dò|kraja vollends; **~krasti se** *pf.* heranschleichen, sich einschleichen; **~kúčiti** *pf.* ergründen, hinter *et.* kommen; **~kùčiv** leicht faßlich
dokum|entárac, ~èntarnī film Kultur-, Dokumentar|film *m*
dokvalificírati se *pf.* sich (beruflich) fortbilden
dōl *s.* **dolina**
dòlaz|ak Ankunft *f*; **~iti** *s.* **dóći**
dó|let (*Vögel, Flgw.*) Ankunft *f*; **~lètjeti** *pf.* (an-)geflogen kommen; zufliegen
dò|ličan passend; **~lijèvati** *s.* **~liti**
dólikovati (se) passen, sich schicken
dolìna Tal *n*

dòlînskā ùstava Talsperre *f*
dòli|ti (**~jèvati**) nach-, voll|gießen
dȍlje unten, drunten; **~!** nieder!
dôm Heim *n*, Haus *n*; **djèčjī ~** Kinderheim *n*; **stàračkī ~** Altersheim *n*
dòma (da)heim
dòmāć|ī (ein)heimisch; häuslich; Haus-; hausgemacht; **~ā hrána** Hausmannskost *f*; **~ā živòtinja** Haustier *n*
domàći|ca Hausfrau *f*; **~n** Haus|herr *m*, -wirt *m*
dom|ahívati [**~áhnuti**] herbeiwinken (*A*), zuwinken (*D*)
dòmašāj Reichweite *f*; Tragweite *f*; **~ hìca** Schußweite *f*
dòmašiti *pf.* erreichen, reichen bis
dòmet *s.* **dōmašāj**
domìšljat findig, pfiffig
domòći se *pf.* sich bemächtigen (*G*), an sich reißen (*A*)
domòrodac Eingeborene(r)
dòmovina Heimat *f*
dòneklē einigermaßen, bis zu e-m gewissen Grade; bis zu e-r gewissen Zeit
dònijeti (**donòsiti**) bringen, holen; überbringen; **~ sa sòbom** mitbringen
donòsi|lac Überbringer *m*; (Ein-)Zahler *m*; **~ti** *s.* **dònijeti**
dônjī untere(r); **2 dôm** *Pol.* Unterhaus *n*
dòpa|dati [**~sti**] **se** gefallen
dòp|irati *s.* **~rijeti**
dópis Zuschrift *f*; (*Zeitungs-*)Bericht *m*; **~nica** Postkarte *f*; **~nīk** Berichterstatter *m*; Korrespondent *m*
dopl|aćívati *s.* **~átiti**
dòplata Nachzahlung *f*; Nachnahme *f*
dòplatak Zuschlag *m*, Nachzahlung *f*; **djèčjī ~** Kindergeld *n*
doplá|titi (**~ćívati**) nachzahlen; zuzahlen
dò|pliv(áv)ati herbei-, heran|schwimmen; **~plòviti** *pf. Schiff, Boot*: ankommen, sich nähern; **~pratiti** *pf.* (hin)begleiten, bringen
doprém|ati [**~iti**] (heran-)schaffen
dòp|rijeti (**~irati**) gelangen; reichen, langen (**do** *G*/bis, zu)
doprínos Beitrag *m*
dôpuna Ergänzung *f*; *Mil.* Ersatz *m*
dòpu|niti (**~njívati**) ergänzen
dópus|nica Erlaubnis (-schein *m*) *f*; Passierschein *m*; **~t** Erlaubnis *f*; Urlaub *m*; **na ~tu** beurlaubt
dop|ùstiti (**~úštati**) erlauben
dòpušt|en statthaft, zulässig; **~énje** Erlaubnis *f*
dòrāstao fähig, *er- Sache* gewachsen
dorást(at)i heranwachsen,

auswachsen; ~ **zȁdaći** e-r Aufgabe gewachsen sein
dòratnī Vorkriegs-
dòruč|ak Frühstück *n*; **~kovati** (*im*)*pf.* frühstücken
dòsad(a¹) bisher, bis jetzt
dȍsada² Lang(e)weile *f*; **~n** langweilig, lästig
dosá|diti (**~đívati**) belästigen, langweilen
dosé|ći *pf.*, **~gnuti** (**~zati**) er-, hin|reichen
dóseg Reichweite *f*; ~ **slȕha** Hörweite *f*; ~ **vîda** Sichtweite *f*
dosé|gnuti *s.* **~ći**
dosè|liti (**~ljávati**) **se** einwandern, sich ansiedeln; **~ljènīk** Ansiedler *m*, Einwanderer *m*
dosé|zati *s.* **~ći**
dòsjetka Einfall *m*
dosjètljiv findig; witzig; **~ōst** *f* Witz(igkeit *f*) *m*
dòsk|očica Witz *m*, Schnurre *f*; Einfall *m*; **~òčiti** *pf.* herbeispringen; *fig.* fertig werden (*D* / mit)
doskòra bald, demnächst; bis vor kurzem
dòsl|ōvan *adj.*, **~òvcē** *adv.* wörtlich
dosljedan folgerichtig, konsequent
dosòliti *pf.* nachsalzen
dospijèvati [**dòspjeti**] gelangen, erreichen; geraten; Zeit haben
dȍsta genug; (*vor adv. od. adj.*) ziemlich
dòst(àj)ati genügen, (aus-)reichen
dȍstava Zustellung *f*, Lieferung *f*
dòstav|iti (**~ljati**) zustellen, abliefern; denunzieren
dòsti|ći *pf.*, **~gnuti** (**~zati**) einholen; erreichen; **~núće** Errungenschaft *f*
dòstōj|an würdig; **~ànstvo** Würde *f*
dotácija Zuschuß *m*, Beihilfe *f*
dotà|ći *pf.*, **~knuti** (**dòticati**) berühren, streifen
dȍticāj Berührung *f*
dòti|cati *s.* **dotàći**; **~čan** betreffend
dòtjer(ív)ati anfahren, bringen; *Schafe* (hin)treiben; in Ordnung bringen; *Uhr*: stellen; es zu et. bringen; ~ **se** sich zurechtmachen
dȍtlē bis dahin
dòt|ucati [**~úći**] Gnaden|schuß *m od.* -stoß *m* geben; zerschlagen
dòušnīk Angeber *m*, Zuträger *m*
dov|ēsti¹, *Präs.* **~èdēm** (**~òditi**) her|führen, -leiten, -bringen; führen (**u** *A*/ zu *D*); *Tech.* zuführen
dov|ēsti², *Präs.* **~èzēm** (**~òziti**) (her)anfahren (**se** *v/i.*)
dovík|ati [**~nuti**] (herbei-)rufen
dov|láčiti *s.* **~úći**
dȍvlē bis hierher
dòv|od *Tech.* Zufuhr *f*; **~òditi** *s.* **~ēsti¹**
dȍvōlj|an genügend, ausreichend; **~no** *adv.* genug

dóv|oz Anfuhr *f*, Zufuhr *f*; **⁓òziti** *s.* **⁓èsti²**
dòvrat|ak, ⁓nīk (*Tür-*) Pfosten *m*
dov|ršávati [⁓ŕšiti] be-, voll|enden, fertig|machen, -stellen; **⁓úći (⁓láčiti)** herbei|schleppen, -ziehen
dóza Dosis *f*; Dose *f*
dóziv Ruf *m*; *s.* **póziv**
dozívati *s.* **dòzvati**
dozn|áčiti (⁓ačívati) an-, zu|weisen; *Geld* überweisen
dòznačnica Überweisung(s-schein *m*) *f*
dȍznaka An-, Über|weisung *f*
dò|zn(áv)ati erfahren; **⁓zreti (⁓zrijèvati)** reifen; **⁓zvati (⁓zívati)** (herbei-) rufen; hinzuziehen
dȍzvola Erlaubnis *f*; **⁓ bòrāvka** Aufenthaltsgenehmigung *f*; **vòzāčkā ⁓** Führerschein *m*; **sàobraćājnā ⁓** *Kfz.* Zulassung *f*
dozvò|liti (⁓ljávati) erlauben, genehmigen
doživ|jeti (⁓ljávati) erleben
dȍži|vljāj Erlebnis *n*; **⁓votan** lebenslänglich
drȁč(a) Stechdorn *m*; Schlehdorn *m*; Distel *f*; *s.* **tȑn**
drâg lieb, teuer; **⁓ī kàmēn** Edelstein *m*; *s.* **dràgan(a)**
drȃga (kleine) Bucht *f*
dràgan(a) Geliebte(r *m*) *f*
drâgo: ⁓ mi je freut mich sehr
dragòcjen kostbar, wertvoll; **⁓ōst** *f* Kostbarkeit *f*
dràg|ūlj Edelstein *m*, Juwel *n*; **⁓ùljār** Juwelier *m*
drám|a Drama *n*; **⁓àtičan** dramatisch
drâž *f* Reiz *m* (*a. fig.*)
dràžba Versteigerung *f*
dražèja Dragée *n*
drȃžestan reiz|end, -voll
drážiti [raz-] (auf)reizen
drȅka Geschrei *n*, Geplärr *n*
drȇvan (ur)alt
dȑhta|ti zittern, beben; **⁓v** zitternd; zittrig; **⁓vica** Zittern *n*
drȉblati *Sp.* dribbeln
drijèmati [za-] (ent-) schlummern
dȑljača Egge *f*
dŕljati eggen; **[na-]** (be-) schmieren, klecksen
dȑmati [ùz-] rütteln, schütteln; **⁓ se** (sch)wanken; (er)zittern
drôb Eingeweide *n*
dròb|iti [raz-] zerkleinern; **⁓iti se** zerfallen; **⁓njāk** Schnittlauch *m*
dróg|a Droge *f*; **⁓èrija** Drogerie *f*
drȍlja Hure *f*; Schlampe *f*
drónj|ak Fetzen *m*, Lumpen *m*; **u ⁓cima = drȍnjav** zerlumpt
drȏzd *Zo.* Drossel *f*
drȍzga Schlacke *f*
dŕpati [dȑpiti] zerren, reißen; zwicken
dȑskōst *f* Dreistigkeit *f*
drûg Genosse *m*; Kamerad *m*, F Kumpel *m*; Gefährte

m; **škõlskī** ~ Schulkamerad [dere(r)]
drugàčij|e anders; **~ī** an-
drũgamo anderswohin
drugàrica Genossin *f*; Kameradin *f*
drũg|dje anderswo; anderweitig; **~ī** zweite(r); andere(r); **~o** zweitens; **~òjačiji** = **~àčijī**; **~orázredan** zweitklassig
drùkčij|e, **~ī** *s.* **drugàčijī**
drũm (*Land-*) Straße *f*; **~skī** Straßen-
drùštven gesellig; **~ā igra** Gesellschaftsspiel *n*; **~ō putòvānje** Gesellschaftsreise *f*; **~ōst** *f* Geselligkeit *f*
drúštvo Gesellschaft *f*; Verein *m*; Genossenschaft *f*; Körperschaft *f*; **pjèvāčkō** ~ Gesangverein
druželjùbiv gesellig
drùžina Schar *f*, Gefolge *n*; (*Freundes-*) Kreis *m*; Arbeits-, Haus|genossen *f/pl.*; *s.* **drúštvo**
dȓv|a *n/pl.* Brennholz *n*; **~ār** Holzfäller *m*
dȓv|en hölzern, Holz-; **~o** Baum *m*; Holz *n*; **~òdjeljac** Zimmermann *m*; **~orēd** Allee *f*; **~orēz** Holzschnitt *m*
dȑz|ak dreist, frech; anmaßend; **~nuti (se)** *pf.* wagen
dȑž|ak Griff *m*, Heft *n*, Schaft *m*; **~àlica** Federhalter *m*
dȑž|ānje Haltung *f*; **~ati** halten (**za** *od.* *I* / für *A*); *Waren* führen; **~ava** Staat *m*
dȑžavljan|in Staatsbürger *m*; **~stvo** Staatsbürgerschaft *f*
dȑžāvn|ī staatlich, Staats-; **~ā vlâst** *f* Staatsgewalt *f*; **~ik** Staatsmann *m*
dûb Eiche *f*
dubìna Tiefe *f*
dùb|īnskī Tiefen-; **~ok** tief
dùćān Laden *m*, Geschäft *n*
dũd Maulbeere *f*; Maulbeerbaum *m*
dũd(ic)a *s.* **cùcla**
dûg[1] Schuld *f*; *Hdl.* Debet *n*
dûg[2] lang
dúga Regenbogen *m*
dũgačak *s.* **dûg**
dùgme (*G* **~ta**) Knopf *m*
dûg|o *adv.* lange; **~ogòdišnjī** langjährig; **~òkos** langhaarig; **~òtrājan** anhaltend; langwierig
dugòvati schulden, schuldig sein
dûh Geist *m*
dùhāčkī òrkestar *kr.* Blaskapelle *f*
dùhān *kr.* Tabak *m*
dúhati *kr.* blasen; *Wind*: wehen
dùhōvan geistig; geistlich
Dûhovi *m/pl.* Pfingsten *pl.*
duhòvit geistreich, witzig
dùhōvn|ī geistig; geistlich; **~ik** Geistliche(r) *m*
dúljiti [pro-] verlängern
Dũnav Donau *f*
dũndo P *m* Onkel *m*
dũnja Quitte *f*

dupénce F Popo *m*
dúpkom: ~ pûn voll(gestopft)
dȕplī doppelt
dúp|lja (*Baum-*) Höhle *f*; **~sti [iz-]** (aus)meißeln, (aus)höhlen
dùrbīn Fernrohr *n*
dúša Seele *f*; **~k** Atemzug *m*; **na ~k** in e-m Zug
dùšek Matratze *f*; Polster *n*; **~ za nadúhānje** Luftmatratze
dȕšēvnī seelisch; geistig
dùš|īk Stickstoff *m*; **~nice** *f/pl.* Bronchien *f/pl.*
Dȕšnī dân Allerseelen *n*
dùš|nīk Luftröhre *f*; **~ògupka** *f* Gaskammer *f*
duva- *sb. s.* **duha-**
duž *prp.* längs (*G*); während (*G*)
dúžan schuldig; gebührend; verpflichtet *et. zu tun*
dužina Länge *f*
dùžnīk Schuldner *m*
dúžnōst *f* Pflicht *f*; **vŕšiti ~** seine Pflicht tun
dvá|put, ~red(a) zweimal
dvóboj Zweikampf *m*
dvò|bōjan zweifarbig; **~cijevka** Doppelflinte *f*; **~dijelan** zweiteilig; **~gòdišnjī** zweijährig
dvójac Zweier *m* (*Boot*)
dvȍjāk zweierlei, zweifach
dvòjben zweifelhaft
dvȍje: u ~ zu zweit; **~ djèce** zwei Kinder
dvȏj|ka Zwei *f*; **~nīk** Doppelgänger *m*
dvò|kolica zweirädriger Wagen (*od.* Karren) *m*; **~krevetnī** Zweibett-; **~ličan** heuchlerisch, falsch; **~pek** Zwieback *m*
dvȏr Hof *m*
dvór|ac *Arch.* Schloß *n*; **~àna** Saal *m*, Halle *f*
dvò|redan zweireihig; **~rezan** *s.* **~sjeklī**
dvȍrīšte (*Haus-*) Hof *m*; **škȍlskō ~** Schulhof *m*
dvòriti [po-] bedienen, warten
dvò|ručnī zweihändig; **~sjeklī** zweischneidig; **~smislen** zweideutig; **~soban** Zweizimmer-; **~stran** zweiseitig; **~struk** doppelt, zweifach
dvòumi|ca Bedenken *n*, Zweifel *m*; **~ti se** Bedenken (*od.* Zweifel) haben

Dž

džȁbe umsonst
džȁmija Moschee *f*
džbûn Strauch *m*
džèlāt Henker *m*
džȅm Marmelade *f*
džȅp Tasche *f*; **~ār** Taschendieb *m*; **~árac** Taschengeld *n*; **~nī sât** Taschenuhr *f*
džèrsej Jersey *n*
džȅz Jazz *m*
džȅzva *Kupferkännchen mit Stiel für den Türkisch-Mocca*

džìg|erica Leber *f*; **~ér-njača** Leberwurst *f*
džȉn Riese *m*; **~ovskī** riesenhaft
džȉp Jeep *m*
džȕdo *m* Judo *n*
džȕmbus Gerangel *n*, Herumtollen *n*; Rummel *m*
džȕngla Urwald *m*

Đ

đâk Schüler *m*; Student *m*
đȁvō *m* Teufel *m*
đavòlskī teuflisch, Teufels-
đéram Brunnenschwengel *m*; (*Kran-*) Ausleger *m*
Đèrdāp *Geogr.* das Eiserne Tor
đȍn Schuhsohle *f*
đȕbr|e Mist *m*, Dung *m*; **~ènica** Jauche *f*; **~ȉšte** Misthaufen *m*; **~iti** düngen; **~ȉvo** Dünger *m*
đurđévak, đȕrđica Maiglöckchen *n*
đurđína Georgine *f*
đȕveč Djuwetsch *m*, Reisfleisch *n*

E

ȅda *cj.* damit
èfektan efektvoll
ȅfikasan wirksam, wirkungsvoll
Ègipat Ägypten *n*; **ˆskī** ägyptisch
ègzaktan exakt
egzistèncija Existenz *f*
ékav|ac E-Sprecher *m*; **~skī** ekawisch; **~ština** E-Mundart *f*
ekìpa *Sp.* Mannschaft *f*
ekònom Ökonom *m*, Verwalter *m*; *s.* **ekonòmist(a)**
ekonòmi|ka Wirtschaft *f*; **~st(a** *m*) Wirtschaftswissenschaftler *m*
ekònomskī Wirtschafts-, wirtschaftlich
èkrān (*Film-*)Leinwand *f*; Bildschirm *m*
eksploat|ácija Ausbeutung *f*; **~írati** ausbeuten
èks|plōzija Explosion *f*; **~pònāt** Ausstellungsstück *n*; **~pozícija** *Fot.* Belichtung *f*
ȅkspozimetar Belichtungsmesser *m*
èkspres(-restòrān) Automatenrestaurant *n*, Schnellimbiß *m*
èkspresnī Schnell-, Eil-, Expreß-
èkvātor Äquator *m*
elàsti|čan elastisch; **~ka** Gummi *m*
elegàntan elegant
elektr|ána Elektrizitäts-, Kraft|werk *n*; **~icìtēt** Elektrizität *f*
elèktr|ičan elektrisch; **~i-čār** Elektriker *m*; **~ōnskī** elektronisch
elèmen(a)t Element *n*
emàljirānī Email-, emailliert
emìsija (*Rundfunk-*)Sendung *f*

ènèrgičan energisch
Ènglē|skā England *n*; **~skinja** Engländerin *f*; **~z** Engländer *m*
ȅno (sieh) dort, da
epidèmija Epidemie *f*
epòha Epoche *f*
ergèla Gestüt *n*
eròtič|an, ~kī erotisch
erùpcija (*Vulkan*-)Ausbruch *m*
èsesovac SS-Mann *m*
eskàlātor Rolltreppe *f*
èsnāf Innung *f*, Zunft *f*
éter Äther *m*
etikéta Etikett *n*; Etikette *f*
ȅto! sieh da!
evànđēlje Evangelium *n*
ȅventuālan eventuell
ȅvo! sieh da!; hier, da (ist, sind); **~ ga!** hier ist er!
èvrōpskī europäisch

F

fàbričkī Fabrik-
fàjer|amt, ~unt F Feierabend *m*
fàk(a)t Tatsache *f*
fàkīn Lümmel *m*, übler Bursche *m*
fàktičan tatsächlich
fakùltēt Fakultät *f*
fàliti fehlen (*A* / an *D*)
fàntāzija Phantasie *f*
fȁr *m Kfz.* Scheinwerfer *m*
fȁrmerice *f/pl.* Blue jeans
fȁul *Sp.* Foul *n*
fàzōn (Zu-)Schnitt *m*, Fasson *f*
fȅderatīvan föderativ, [Bundes-]
fȅn Fön *m*, Haartrockner *m*
fènjer Laterne *f*
ferijálac Urlauber *m*; Ferienkind *n*; **dôm ferìjālācā** Ferienheim *n*
fȇs Fez *m*
festìvāl Festspiele *n/pl.*
figùrant Strohmann *m*
fȉkus Gummibaum *m*
filȇ *m* Filet *n*
filéki *m/pl.* Kuttelflecke *m/pl.*
filijála Filiale *f*
fȉlm Film *m*; **~ u bòji** Farbfilm *m*; **~ovati** filmen; **~skī** Film-; **~skī glúmac** Filmschauspieler *m*
fìltar Filter *m*; **~-cigarèta** Filterzigarette *f*
fȉn fein
fināle *m* Finale *n*; *Sp. a.* Endspiel *n*
fȉniš (End-)Spurt *m*
finàncije *f/pl.* Finanzen *pl.*
finòća Feinheit *f*
fióka (*Schub*-)Lade *f*
fìtīlj Docht *m*; Lunte *f*
fìzičkī physikalisch; physisch
flȁša Flasche *f*
flȅrt Flirt *m*
flȅš *Fot.* Blitzlicht(gerät) *n*
foàjē *m* Foyer *n*
fȍrm|ālan formal; **~álnōst** *f* Formalität *f*
fȍrmula Formel *f*
fotogrà|fija Photographie *f*; **~fírati, ~fisati** photographieren
fotògrafskī Photo-, Foto-

frȃjer P Halbstarke(r) *m*; Gammler *m*
frȁnak Franc *m*; Franken *m*
Frȁncū|skā Frankreich *n*; **ȿskī** französisch; **~skinja** Französin *f*; **~z** Franzose *m*
fránjevac Franziskaner (-mönch) *m*
frȃtar Mönch *m*
fráza Phrase *f*, Redensart *f*
frȉšak F frisch
frìzēr Friseur *m*
frižìdēr *s.* **hlȁdnjāk**
frȍnt(a) Front *f*
frȕla Flöte *f*
fȕćkati pfeifen
fȕdb|al *sb.* Fußball *m*; **~àlēr** Fußballspieler *m*; **~alskā ùtakmica** Fußballspiel *n*
fȕnta Pfund *n*
fušáriti P pfuschen
fùtrōl, futróla Futteral *n*, Etui *n*

G

ga *enkl. G, A v.* **ȏn, ȍno**
gȁć|e *f/pl.* Unterhose *f*; **~ice** *f/pl.* kurze Hose; (*Damen-*)Schlüpfer *m*; *s.* **kùpaćī**
gȃd Unrat *m*, Schmutz *m*; Ungeziefer *n*; **~an** ekelhaft, abscheulich, scheußlich; **~iti se** sich ekeln; **~ī mi se** es widert mich an; **~ōst** *f* Abscheulichkeit *f*
gáđati zielen; schießen; werfen
gȁđēnje Ekel *m*
gȃj Hain *m*; **~de** *f/pl.* Dudelsack *m*
gájiti anbauen, züchten; [pflegen]
gájtan Schnur *f*; Litze *f*
gákati gackern, schnattern
galám|a Radau *m*, Krakeel *m*; **~iti** lärmen, Radau machen
galàntan galant
gȁlēb Möwe *f* [Rang *m*]
gàlērija Galerie *f*; *Thea.*
gȁmād *f* Ungeziefer *n*
ganúće Rührung *f*
gȁnūt gerührt
gànuti rühren
gàrantn|ī rȏk Garantiefrist *f*; **~ī lȉst, ~ō písmo** Garantieschein *m*
garáž|a Garage *f*; **~írati** *in d. Garage* parken
garderób|a Garderobe *f*; Gepäckaufbewahrung *f*; **~ijērka** Garderobenfrau *f*
gȃs *s.* **plȉn**
gásiti [u-] (aus)löschen; *Motor* abstellen; *Durst* stillen; **~ se** erlöschen
gȃt Graben *m*; Hafendamm *m*, Mole *f*; Wehr *n*; Schleuse *f*
gáta|lica Wahrsagerin *f*; **~ti** wahrsagen
gȁvrān Rabe *m*
gȃz[1] Furt *f*
gȃz[2] Gaze *f*
gȁzda(rica *f*) *m* (*Haus-*) Herr(in *f*) *m*, Wirt(in *f*) *m*
gȁziti [pò-] waten; (zer-) treten; stampfen
gdj|ȅ wo; wohin; **~ègdje**

hier und da; **~ègod** irgendwo

generalizírati verallgemeinern

geo|gràfija Geographie *f*; **~lògija** Geologie *f*; **~mètrija** Geometrie *f*

gèslo Schlagwort *n*, Losung *f*

gȉbak biegsam; gelenkig; geschmeidig, elastisch

gíb|ānje Bewegung *f*; **~ati** (se sich) bewegen

gimnàsti|čār Turner *m*; **~čkā dvoràna** Turnhalle *f*; **~ka** Gymnastik *f*, Turnen *n*

gȉnuti [pò-, ù-] umkommen; eingehen; **~ za** (*I*) schmachten nach (*D*)

gȉpkōst *f* Geschmeidigkeit *f*, Biegsamkeit *f*

glàča|lo Bügeleisen *n*; **~ti** glätten; plätten, bügeln

glȃd *f od. m* Hunger *m*

glȁdak glatt

gládan hungrig; **bȉti ~** Hunger haben

glȁditi [pò-] streicheln; glätten

gladòvati hungern

glágol Zeitwort *n*, Verb(um) *n*; **pȍmoćnī ~** Hilfszeitwort

glȃs Stimme *f*; *Gr.* Laut *m*; *fig.* Ruf *m*

glȁsan laut

glàs|ānje Abstimmung *f*; Stimmabgabe *f*; **~ati** (ab-) stimmen (**za** *A* / für); **~ina** Gerücht *n*; Ruf *m*

glásiti lauten, heißen

glȁs|nica Stimmband *n*; **~nīk** Bote *m*, Kurier *m*; **~òvati** *s.* **glàsati**; **~ovir** *kr.* Klavier *n*; **~òvit** berühmt, namhaft

glȁtko *adv.* glatt

gláv|a Kopf *m*, Haupt *n*; (*Zucker-*)Hut *m*; Kapitel *n*; **~ačkē** kopfüber

glàv|atica *Zo.* Donaulachs *m*; *Bot.* Kopfsalat *m*; **~ica** (*Kohl-*, *Nagel-*)Kopf *m*

glàvn|ī hauptsächlich; Haupt-; **~ā stvâr** *f*, **~o** Hauptsache *f*; **~ā ȕlica** Hauptstraße *f*; **u ~ōm(e)** in der Hauptsache; **~ica** Kapital *n*

glavòbolja Kopfschmerz(en *pl.*) *m*

glàzb|a *kr.* Musik *f*; **~en** musikalisch; **~enī závod** Konservatorium *n*; **~enīk** Musiker *m*

glȅ! sieh!, schau!

glȅčēr Gletscher *m*

glȅda|lac Zuschauer *m*; **~līšte** Zuschauerraum *m*; **~ti [pò-]** (an-, zu)schauen, sehen; **~ti na štȍ** achten auf et.

glȅd|īšte Gesichtspunkt *m*; **~nuti** *pf.* e-n Blick werfen

glȇđ *f* Glasur *f*

glȅžanj Knöchel *m*

glȋb Schlamm *m*, Kot *m*

glína Ton *m*, Lehm *m*

glísta Wurm *m*

glȍba Geldstrafe *f*, Buße *f*

glȍdalica Fräsmaschine *f*

glòd|alo Fräser *m* (*Werkzeug*); **~ānje** Fräsen *n*

glȍdār Nagetier *n*

glòdati [o-] (ab)nagen; fräsen
glȍdavac *s.* **glȍdār**
glȍg Weißdorn *m*
glûh *kr.* taub
glȕhonijem *kr.* taubstumm
gluhòta *kr.* Taubheit *f*
glúm|a Schauspiel(kunst *f*) *n*; **~ac** (**glùmica**) Schauspieler(in *f*) *m*; **~iti** spielen, darstellen
glûp dumm, blöd
glùp|āk Dummkopf *m*; **~àrija, glúpōst** *f* Dummheit *f*
glûv *sb.* taub
glȕvonijem *sb.* taubstumm
gluvòta *sb.* Taubheit *f*
glȉva Pilz *m*, Schwamm *m*
gmȉza|ti kriechen; **~vac** Kriechtier *n*, Reptil *n*
gnijèzdo Nest *n* [Mist *m*}
gnôj Eiter *m*; Dung *m*,}
gnòjiti düngen; **~ se** eitern
gnȍjivo Dünger *m*; **ùmjetnō ~** Kunstdünger *m*
gnȕsan scheußlich, abscheulich; schmutzig
gnȕš|ānje Abscheu *m*, Ekel *m*; **~ati se** (*G*) verabscheuen (*A*)
gnjât Unterschenkel *m*
gnjàv|ātor P Nervensäge *f*; **~áža** P langweilige Sache; Langeweile *f*
gnjáviti [za-] kneten; *fig.* auf die Nerven gehen (*D*), anöden (*A*)
gnjéčiti [z-] (zer)drücken, (zer)quetschen, kneten
gnjêv Zorn *m*, Ärger *m*; **~an** zornig
gnjíl|ež *f*, **~ōst** *f* Fäulnis *f*
gnjȉl|o faul, morsch; **~ti** faulen, verwesen
gnjúrac Taucher *m*
gnjùrāčki Taucher)
gnjúrati tauchen
gô *s.* **gȏl**[1]
gȍdin|a Jahr *n*; **~u dánā** ein Jahr (lang)
gòdišnj|āk Jahrbuch *n*; **~ī** (all)jährlich, Jahres-; **~ē dȍba** *n* Jahreszeit *f*; **~ica** Jahrestag *m*
gôjan gut genährt; gepflegt
gòjiti [u-] mästen; züchten
gȏl[1] nackt, bloß
gȏl[2] *Sp.* Tor(schuß *m*) *n*
gòlem groß, ungeheuer
golìcati kitzeln
golò|ruk unbewaffnet; **~tinja** Blöße *f*, Nacktheit *f*; *fig.* Armut *f*
gȍlūb Taube *f*
goljènica Schienbein *n*
gòmil|a Haufen *m*, Menge *f*; **~ama, na ~e** haufenweise
gomìlati [na-] (an)häufen (se sich)
gò|niti [pro-] (ver)treiben; verfolgen; jagen, hetzen; **~njēnje** Verfolgung *f*
gȍra Berg *m*; Gebirge *n*
górak[1] bitter
górak[2] Magenbitter *m*
gȏrd stolz
gȍre[1] oben; hoch, hinauf, herauf; **~-dòlje** auf und ab
gȍr|ē[2] *adv.*, **~ī** schlechter, schlimmer
gȍrivo Kraft-, Brenn|stoff *m*; Heizmaterial *n*

gòrjeti [po-, iz-] (ab-, aus)brennen
gȑko *adv.* bitter
gȏrnjī obere(r), Ober-
goròstas Riese *m*; **˷an** riesig
gòr|skī Gebirgs-, Berg-; **˷skī lánac** Bergkette *f*; **˷štāk** Gebirgsbewohner *m*
gorùšica Senf *m*
góspa *s.* **gȍspođa**
gospòd|a Herr(schaft)en *pl.*; **˷ār** Herr *m*, Gebieter *m*; **˷áriti** (be)herrschen; wirtschaften; **˷ārskī** wirtschaftlich; **˷árstvo** Herrschaft *f*; Wirtschaft *f*; **˷in** (*pl.* **˷a**) Herr *m*
gòspodskī herrschaftlich
gȍspođ|a Frau *f*, Dame *f*; **˷ica** Fräulein *n*
gȏst Gast *m*
gòsti|nskā sòba Gäste-, Fremden|zimmer *n*; **˷onica** Gast|haus *n*, -hof *m*; **˷oničār** Gastwirt *m*; **˷ti [po-]** bewirten
gosto|ljùbiv, ˷prìmljiv gast|frei, -freundlich; **˷ljùbivōst** *f*, **˷prímstvo** Gastfreundschaft *f*
gostòv|ānje Gastspiel *n*; **˷ati** zu Gast sein; gastieren
gȍšća Gast *m* (*weibl.*)
gòtov fertig, bereit; *Speise*: gar; **˷ nòvac** = **˷ina** Bargeld *n*; **˷o** *adv.* beinahe, fast; **u ˷u** in bar
gòved|ina Rindfleisch *n*; **˷o** Rind *n*
gòveđī Rinds-, Rinder-
góvno V Scheiße *f*
gȍvōr Sprache *f*, Rede *f*; Ansprache *f*; Mundart *f*
govòr|iti sprechen, reden; sagen; **˷ljiv** redselig
gòvōrn|ica Rednertribüne *f*; **jȃvnā** (*od.* **telèfōnskā**) **˷ica** öffentlicher Fernsprecher *m*, Telephonzelle *f*; **˷īk** Redner *m*
gòzba Gastmahl *n*, Festessen *n*
gráb|ež Raub *m*; **˷èžljiv** raub-, raff|gierig; **˷èžljivōst** *f* Raubgier *f*
grȁb Hain-, Weiß|buche *f*
grȁbiti [z-] rauben, (zusammen)raffen
grȁblj|ati rechen, harken; **˷e** *f/pl.* Rechen *m*, Harke *f*
gràbljivica: ptȉca ˷ Raubvogel *m*
grȃd[1] Stadt *f*; Burg *f*; **stȃrī ˷** Altstadt *f*; *s.* **stȇpen**
grȁd[2] Hagel *m*
gràd|ić Städtchen *n*; **˷ilište** Bau|platz *m*, -stelle *f*; **˷ina** Burgruine *f*; *s.* **vȑt**
gráditi [sa-] (er-, auf-) bauen; *Frieden* stiften
grȁdivo Baustoff *m*; Lehrstoff *m*
grád|nja Bau(en *n*) *m*; **˷onáčelnīk** Bürgermeister *m*
grȁdskī Stadt-, städtisch
grȃđa (*Bau-*)Material *n*; Materie *f*; *fig.* Baustein *m*
grȁđ|anin (˷ānka) Bürger (-in *f*) *m*; Städter(in *f*) *m*
grȁđansk|ī bürgerlich, Bürger-; **˷ī rȃt** Bürgerkrieg *m*; **˷ī brȃk** standesamtliche Ehe(schließung) *f*

gràđev|ina Bau(werk *n*) *m*, Gebäude *n*; **~inār** Bau|meister *m*, -unternehmer *m*; **~inárstvo** Bauwesen *n*; Baukunst *f*; **~inskī** Bau-; baulich
gràfičār Graphiker *m*
grầh Bohne(n *pl.*) *f*
grầm Gramm *n*
gramàtika Grammatik *f*
gramòfōn Plattenspieler *m*; **~skā plȍča** Schallplatte *f*
grána Ast *m*, Zweig *m* (*a. fig.*)
grầni|ca Grenze *f*; **~čār** Grenzer *m*, Grenzwächter *m*; **~čiti** (an)grenzen; **~čnī** Grenz-
grânje Geäst *n*; Reisig *n*
grášak Erbse(n *pl.*) *f*
gȓb Wappen *n*
gȓba Buckel *m*, Höcker *m*; **~v** buck(e)lig
gȑcati[1] schluchzen
gȑcati[2] waten; versinken
gȓč Krampf *m*; **~èvit** krampfhaft
Gȑčk|ā Griechenland *n*; **ℊī** griechisch
gȓd(an) häßlich; *s.* **gòlem**
gȑditi [po-] (be)schimpfen; verunstalten
grdò|ba Mißgestalt *f*; **~sija** Ungetüm *n*
grȅbēn Gebirgskamm *m*, Grat *m*; Klippe *f*
gréd|a Balken *m*; Felsen *m*; **~ovit** felsig
grèpsti [o-] (zer)kratzen, ritzen; abkratzen
grȅška Fehler *m*

grȅz|ati [~nuti] *im Schnee usw.* versinken
gȑg|ljati, ~otati gurgeln
grìjāč Heizgerät *n*; Tauchsieder *m*
grȉjal|ica, ~o Heizkörper *m*
grìj|ānje Heizung *f*, Heizen *n*; **~ati** (ein)heizen; (er)wärmen (**se** sich)
grȉjeh Sünde *f*
grijèšiti [po-] sündigen; fehlen, e-n Fehler machen, (sich) irren
grȉjnī Heiz-
grȋp(a) Grippe *f*
grȉs *s.* **grȋz**[1]
grȉsti [òd-, ù-, zà-] (ab-, ein-, an)beißen
grȋva Mähne *f*
grȋvna Armband *n*
grȋz[1] Grieß *m*
grȋz[2] Biß *m*; Bissen *m*
grȋža Kolik *f*; Durchfall *m*; **~ sàvjesti** Gewissensbisse *m/pl.*
Gȓk Grieche *m*; **~inja** Griechin *f*
gȑkljān Gurgel *f*
gȓl|iti [zà-] um den Hals fallen, umarmen; **~o** Hals *m*; Kehle *f*; Schlund *m*
gȓm Strauch *m*, Busch *m*
gȑmēnje Gebüsch *n*
gȓm|jeti donnern, grollen, krachen; **~ljavina** Donner *m*
gȓmlje Gebüsch *n*
gȓmnuti *pf. s.* **gȓmjeti**
grȍb Grab *n*
grȍblje Friedhof *m*
grȍbn|ī Grab(es)-; **~ica** Grabmal *n*; Gruft *f*
grȍf Graf *m*
gròfica Gräfin *f*

grȍh|ot schallendes Gelächter, Lachen *n*; **~òtati** schallend lachen
grôm Donner(schlag) *m*; Blitz(strahl) *m*
grȍmo|bran, ~vōd Blitzableiter *m*
grȍš Groschen *m*
gróza Schau(d)er *m*, Grauen *n*
grȍzan grauenvoll, schauderhaft
grôzd Traube *f*
gròziti se schaudern, erschauern
gròzni|ca Fieber *n*; **~čav** fiebrig; fieberhaft
grozò|ta Greuel *m*, Greueltat *f*; **~vit** grausig, schauerlich; **~vitī ròmān (film)** Schauerroman *m* (Horrorfilm *m*)
grȍžđanī Trauben-
grȍžđe (*Wein*-)Trauben *pl.*; **sûhō** *kr.* (**sûvō** *sb.*) **~** Rosinen *pl.*
grûb grob, derb
grȕda Klumpen *m*, Batzen *m*; (**~ snījega**) Schneeball *m*
grûd|i *f/pl.* Brust *f*; Busen *m*; **~nī** Brust-; **~njāk** Büstenhalter *m*
grúhati [grȕnuti] krachen, knallen
grȕpa Gruppe *f*
grùšati se gerinnen
grú|vati *s.* **~hati**
gȕba Aussatz *m*; Räude *f*; **~v** aussätzig; räudig
gȕbica Maul *n*, Schnauze *f*
gubítak Verlust *m*, Einbuße *f*; *Hdl.* Ausfall *m*
gùbiti [iz-] verlieren, einbüßen; **~ se** verschwinden
gùd|āč Geiger *m*; **~āčkī òrkestar** Streichorchester *n*; **~alo** (*Geigen*-)Bogen *m*
gùdura Schlucht *f*
gúja Schlange *f*
gȕka Auswuchs *m*, Wucherung *f*
gúkati *Kind*: lallen
gúliti [o-] (ab)schälen; *Haut* abziehen; *Med.* abschürfen; *fig.* schinden
gȕma Gummi *n*; *Kfz.* Reifen *m*; **rȁdijālnā ~** Gürtelreifen; **ùnutrašnjā ~** Schlauch *m*
gȕmb Knopf *m*
gùmen Gummi-; **~ā čizma** Gummistiefel *m*
gúrat|i [gȕrnuti] stoßen, schieben; anrempeln; **~i se** sich (durch)drängen
gúsak Gänserich *m*
gȕsār Seeräuber *m*
gȕsjeni|ca Raupe *f*; **tèglāč ~čār** Raupenschlepper *m*
gȕska Gans *f*
gȕsl|ār Guslaspieler *m*; **~e** *f/pl.* Gusla *f*
gûst dicht; zäh, dick(flüssig); **~ìna, ~òća** Dichte *f*; Dicke *f*
gȕša P Hals *m*, Kehle *f*; *a.* = **~vōst** *f Med.* Kropf *m*
gȕšč(i)jī Gänse-
gúšiti [u-, za-] würgen; ersticken (**se** *v/i.*)
gȕšter(ica) Eidechse *f*
gùtati [pro-] (ver)schlukken; *fig.* (ver)schlingen

gŭtljāj Schluck *m*
gûz (*Hinter-*)Backe *f*
gûžva Getümmel *n*, Gewimmel *n*
gùžvati [iz-] (zer)knittern, (zer)knautschen
gvȍzden eisern, Eisen-
gvȏžđe Eisen *n*

H

hàjde! los!; ~ **dē** meinetwegen
hàjdūk Räuber *m*
hâjka Hetz-, Treib|jagd *f*
haljétak Kittel *m*
hàljina Kleid *n*
hâm Pferdegeschirr *n*
hȁps F Kittchen *n*; *s.* **zátvor**; ~**iti [ù-]** verhaften, festnehmen
hȁpšenīk Häftling *m*
hàrati [pò-] verwüsten
hàrīnga Hering *m*
harmònika (Zieh-)Harmonika *f*
hàrtija Papier *n*
hàsura Matte *f*
hȁuba Trockenhaube *f*
helikòpter Hubschrauber *m* [*usw.*]
hèmija *usw. sb. s.* **kèmija**
hidro|aviōn Flugboot *n*; ~**centrála** Wasserkraftwerk *n*; ~**glìser** Gleitboot *n*
hȉhot Gekicher *n*
hìljad|ārka Tausender *m* (*Geldschein*); ~**ito** Tausendstel *n*
hìmb|a Hinterlist *f*, Verschlagenheit *f*; ~**en** hinterlistig
hìnīn *sb. s.* **kìnīn**
híniti heucheln
hîr Laune *f*
hiròvit launenhaft
hìrurg *sb. s.* **kìrurg**
hìstorija *kr. s.* **ìstorija**
hȉta|c Schuß *m*; Wurf *m*; ~**n** eilig, dringend; ~**r** flink, rasch, schnell; ~**ti** eilen; [**hȉtiti**] (weg)werfen
hítnja Eile *f*
hitròća Schnelligkeit *f*
hlȁče *f/pl.* Hose *f*
hlâd Schatten *m*; Kühle *f*
hládan kalt, kühl
hlàd|etina Sülze *f*; Gelee *n od. m*; ~**ionīk** Kühlschrank *m*
hláditi [o-, za-] (ab)kühlen (**se** sich)
hlâd|no *adv.* kalt, kühl; ~**nòća** Kälte *f*
hlâd|nokȑvan kaltblütig; ~**njāk** Kühl|anlage *f*, -schrank *m*; *Kfz.* Kühler *m*
hláđēnje Kühlung *f*
hljȅb, P ~**ac** *sb.* Brot *n*
hmȅlj Hopfen *m*
hȍbi *m* Hobby *n*
hòbotnica Krake *f*
hȏd Gang *m*; Marsch *m*
hódati gehen, marschieren; wandern
hȍdnīk Gang *m*, Korridor [*m*]
hodòčāšće Wallfahrt *f*
hȏr *sb.* Chor *m*
hȏrda Horde *f*
hòtel Hotel *n*
hòtēlskā sȍba Hotelzimmer [*n*]

hõtimi|cē *adv.*, **~čan** absichtlich
hráb|ar mutig, tapfer; **~riti** [o-] ermutigen; **~rōst** *f* Mut *m*, Tapferkeit *f*
hrâm Tempel *m*
hrámati hinken
hràmben Nahrungs-
hrán|a Nahrung *f*; Verpflegung *f*, Kost *f*; Speise *f*; **~àrina** Krankengeld *n*; Verpflegungs-, Kost|geld *n*; **~iti** [is-] (er)nähren; verpflegen; *Tiere* füttern
hrànljiv nahrhaft; **~ōst** *f* Nährwert *m*
hrâpav rauh; schroff
hrâst Eiche *f*
hȑbat Rücken *m*
hŕčak Hamster *m*
hrȅn Meerrettich *m*
hrènōvka (*Siede-*, *öst. Kren-*)Würstchen *n*
hrîd Felsen *m*, Klippe *f*
hrìdōvka Kreuzotter *f*
hrìpav *Stimme*: rauh, heiser
hrípavac Keuchhusten *m*
hrìšćanin *sb. usw. s.* **kȑšćanin** *usw.*
hŕkati schnarchen
hrȍm lahm, hinkend
hrònični chronisch
hȑpa Haufen *m*, Stapel *m*
hrptènica Rückgrat *n*
hȑskavica Knorpel *m*
hȑt Windhund *m*
hrûšt Maikäfer *m*
Hȑvāt (**Hrvàtica**) Kroat|e *m* (-in *f*); **~skā** Kroatien *n*; **ˇski** kroatisch
htjȅti wollen, mögen; (*Hilfsverb*) werden
hújati heulen, sausen, brausen
hȕlja Schuft *m*
hȕnjavica Schnupfen *m*
hȕškati [nà-] (auf)hetzen
hvála Lob *n*; Dank *m*; **~!** danke!; **~ Bȍgu** Gott sei Dank
hvàlisa|ti se prahlen; **~v** prahlerisch
hváliti [po-] loben, (an-)preisen; **~ se** (*I*) sich rühmen (*G*)
hvâstati se *s.* **hvàlisati se**
hvât Klafter *n*; Griff *m*
hvȁtati fassen, greifen; fangen

I

i und, auch; **i ... i ...** sowohl ... als auch ...
ìako obwohl; selbst wenn
ìći gehen; *Maschine*: laufen; **~ kȕći** heimgehen; **~ nàprijed** *od.* **nȁtrāg** *Uhr*: vor- *od.* nach|gehen; **~ po** (*A*) (ab)holen (*A*); **~ tàmo-âmo** hin- und hergehen
ideālan ideal
idéja Idee *f*
identìtēt: ustanòviti ~ Personalien feststellen
ìdol Götze *m*
idūći nächste(r), folgende(r)
ìgdje irgendwo
ìgla Nadel *f*; **plètaćā ~** Stricknadel *f*; **šìvaćā ~** Nähnadel *f*

ìgr|a Spiel *n*; *sb. a.* Tanz *m*; **~āč** Spieler *m*; *sb.* Tänzer *m*; **~àčica** Spielerin *f*; *sb.* Tänzerin *f*; **~āčka** Spielzeug *n*; **~ìlīšte** Spielplatz *m*; **~ānka** Ball *m*, Tanz(vergnügen *n*) *m*; **~ati** *sb.* tanzen; (*a.* se) spielen
ìkad(ā) je, jemals; irgendwann
ìkāko irgendwie
ìkona Heiligenbild *n*, Ikone *f*
ìkra (*Fisch-*)Rogen *m*; Kaviar *m*
ilegálac Untergrundkämpfer *m*
ìli oder; **~ ... ~ ...** entweder ... oder ...
ìlovača Lehm *m*
ìmā es gibt; **~nje** Habe *f*, Gut *n*; Landgut *n*
ìmati haben; halten; **~ na sèbi** an-, auf|haben; **~pri rúci** in Bereitschaft halten, bei der Hand haben; **~ svȑhu** bezwecken; **~ vȍljē** Lust haben
ìme (Vor-)Name *m*; **~nom** namens; **ù ~** im Namen; **~nica** *Gr.* Substantiv *n*
ìmela Mistel *f*
ìmen|dān Namenstag *m*; **~īk** Namensverzeichnis *n*; **telèfōnskī ~īk** Telephonbuch *n*; **~ito** *adv.* nämlich; gerade; **~ovānje** Ernennung *f*; **~ovati** (be)nennen; ernennen; **~jāk** Namensvetter *m*
imétak Habe *f*; Vermögen *n*
ìmovina Besitz *m*
ìmūćan begütert, wohlhabend
ìnāče andernfalls, sonst; **sàsvīm ~** ganz anders
ìnāt Trotz *m*; **za ~** zum Trotz
Indí|jac Inder *m*; **~jánac** Indianer *m*
ìndividuālan individuell; persönlich
inò|stran ausländisch, fremd, Auslands-; **~stránac** Ausländer *m*; **~strànstvo, ~zémstvo** Ausland *n*
instalàtēr Installateur *m*, Rohrleger *m*
ìnstruktor Ausbilder *m*; **vòzāč-~** Fahrlehrer *m*
instrùmen(a)t Instrument *n*
ìnteres Interesse *n*; *Hdl.* Zinsen *pl.*; **~àntan** interessant
intèrvjū *m* Interview *n*
invàlīd Invalide *m*; **rȁtnī ~** Kriegsversehrte(r)
inženjēr Ingenieur *m*
ìnje Rauhreif *m*
ìpāk doch, jedoch
isci|jèditi *pf.* auspressen; **~jèliti** *pf.* heilen; **~jèljeti** gesund werden
ìs|crpan ausführlich; **~cŕpsti** *pf.* erschöpfen (se sich); **~cúriti** *pf.* aus|fließen, -laufen
isè|liti (**~ljávati**) se auswandern; *Wohnung* räumen, ausziehen; **~ljènīk** Auswanderer *m*; **~ljénje** Auswanderung *f*
is|hláditi (se) *pf.* kalt wer-

den, sich abkühlen; **~hlápiti (se)** *pf.* ver|dampfen, -dunsten; **~hlàpljiv** flüchtig
ìshod Ausgang *m*; *fig.* Ergebnis *n*
ìshr|ana Ernährung *f*, Verpflegung *f*; **~ániti (~anjívati)** ernähren, verpflegen
isijècati *s.* **ìsjeći**
ìsis(áv)ati aussaugen
ìsje|čak Ausschnitt *m*; **~ći (isijècati)** aus-, zer|schneiden, zerstückeln
isk|ákati *s.* **~òčiti**
iská|piti *pf.* austrinken; **~šljati** *pf.* ab-, aus|husten
ìskati verlangen
ìskaz Aussage *f*
iskáz(ív)ati aussagen; *Achtung* erweisen; **~ se** sich ausweisen
ìskaznica Ausweis *m*; **lȉčnā ~** Personalausweis
iskípjeti *pf.* überkochen
isklíz|iti *pf.*, **~nuti** *pf.* aus-, ab|rutschen
isklj|učénje Ausschluß *m*; **~účiti (~učívati)** ausschließen; ab-, aus|schalten; **~ùčiv** ausschließlich
isk|òčiti (~ákati) abspringen; *Zug*: entgleisen; **~òp(áv)ati** (aus)graben; *Augen* auskratzen
ìskopina Ausgrabung *f*; Fossil *n*
iskor|ijèniti (~jenjívati) ausrotten
iskòri|stiti (~šćávati) aus|nutzen, -beuten; verwerten
ȉskra Funke(n) *m*
iskȑc(áv)ati aus-, ab-, ent|laden; *Mar.* löschen; *Fahrgäste* absetzen; **~ se** aussteigen; *Mar.* an Land gehen, sich ausschiffen
iskrcávānje Landung *f*
iskȑč|iti (~ívati) roden, abholzen
ȉskren aufrichtig, offen; **~ōst** *f* Aufrichtigkeit *f*, Offenheit *f*
ìskriti (se) funkeln
iskrív|iti (~ljávati) krümmen; *Gesicht* verziehen; *fig.* entstellen
ìskrīvljen krumm; verzerrt
iskrváriti *pf.* verbluten
ìskusan erfahren
iskú|siti (~šávati) erfahren, erproben; **~stvo** Erfahrung *f*
is|kváriti *pf.* verderben; **~mìj(áv)ati** auslachen
ìspa|d Ausfall *m*; **~dati** *s.* **~sti**
ispál|iti (~jívati) abfeuern; ausbrennen
isparénje Ausdünstung *f*
ìspa|riti (~rívati) verdunsten; **~sti (~dati)** (her-) ausfallen
ispávati se *pf.* ausschlafen
ispè|ći *pf.* (durch)braten; **~kotina** Verbrennung *f*, Brandwunde *f*
ispìrač Spülmaschine *f*
ispír|anje (Ab-, Aus-)Spülen *n*; **~ati [ìsprati]** spülen, auswaschen
ìsp|it Prüfung *f*; **~ít(ív)ati** aus-, be|fragen; prüfen; forschen; **~iti** *pf.* austrin-

ken; **~itìvāčkī** prüfend, forschend; **~itnī** Prüfungs-
ìsplat|a (Aus-)Zahlung *f*; **dân ~ē** Zahltag *m*
isplá|titi (**~ćívati**) (auo-) zahlen; entlohnen; **~titi se** sich lohnen
ìs|plaziti *pf*. *Zunge* herausstrecken; **~pljunuti** *pf*. ausspucken
ispod (*G*) unterhalb (*G*); unter ... (*D*) hervor
ispòlj|iti (**~ávati**) (**se** sich) äußern
isporúč|iti (**~ívati**) ausrichten; (aus)liefern; **~iv** lieferbar
ìsporuka (Aus-)Lieferung *f*, Zustellung *f*
ispòstav|iti (**~ljati**) *Dokument* ausstellen; *v/r*. sich herausstellen
ìspovij|ed *f* Beichte *f*; **~èditi** (**~èdati**) **se** beichten
ìspra|ćati [**-titi**] begleiten; absenden; **~ti** *s*. **ispírati**
ìsprava Urkunde *f*; Ausweis *m*
ìsprav|ak Berichtigung *f*; **~iti** (**~ljati**) gerademachen; berichtigen; **~iti se** sich aufrichten [korrekt}
ìsprāvan richtig, genau,}
isprá|zniti (**~žnjávati**) (aus)leeren; (aus)räumen; *Gewehr* entladen
ispré|ći *pf*., **~gnuti** *pf*. *Pferd* ausspannen
ispred (*G*) vor (*D*); statt (*G*)
ispríč(áv)ati erzählen; **~ se** sich entschuldigen; sich herausreden
ìspri|jeko (*G*) von drüben; von der anderen Seite (*G*); **~ka** Ausrede *f*; Entschuldigung *f*
io|prób(áv)ati erproben, ausprobieren; **~pròd(áv)ati** ausverkaufen
ìspružiti (**se** sich) ausstrecken
ìspuc|an rissig; **~(áv)ati**, **ìspući** *pf*. rissig werden; aufspringen; *Waffe*: feuern; *Pulver*, *Film* verschießen
ìspuh *Kfz*. Auspuff *m*
ìspūmpati *pf*. auspumpen
ìspu|niti (**~njávati**, **~njívati**) (**se** sich) erfüllen, verwirklichen
ìspupč|en (vor)gewölbt, (her)vorspringend; **~énje** Erhebung *f*, Wölbung *f*
isp|ùstiti (**~úštati**) (her-) auslassen; loslassen
ìspušn|ā cìjev *f* *Kfz*. Auspuffrohr *n*; **~ī plȉn** Auspuffgase *n/pl*.
istà|ći *pf*., **~knuti** (**ìsticati**[1]) betonen, hervorheben; *v/r*. sich abheben
ìstarskī Istrien-, aus Istrien
ìst|eći (**~icati**[2]) ausfließen, ablaufen (*a*. *fig*.); **~ek** Ablauf *m*
ìstī derselbe, der gleiche
ìst|icati *s*. **~àći** *u*. **~eći**
ìstin|a Wahrheit *f*; *adv*. allerdings, zwar; **~it** wahr, wirklich; **~itōst** *f* Richtigkeit *f*
ìstinskī wahr(haft)
ìstis|nuti (**~kívati**) hinaus-,

ver|drängen; (her)ausdrücken

ìst|jecati *s.* **~eći**; **~jerati** *pf.* ver|jagen, -treiben; ausweisen

ȉstoč|nī östlich, Ost-; **~nīk** *s.* **ìzvor**; = **~njāk** Ostwind *m*; Orientale *m*

istodòban gleichzeitig; *adv.* zugleich

istòimen gleichnamig

ȉstok Osten *m*; Orient *m*

istòpiti *pf.* (aus)schmelzen; *Butter* auslassen

ȉstōrija Geschichte *f*

istòrījskī geschichtlich

istòvar|iti (**~ívati**) ab-, aus|laden

istò|vetan identisch; **~vremen** gleichzeitig; **~vrijedan** gleichwertig; **~vrstan** gleichartig

Istra [i-] Istrien *n*

ȉstraga Untersuchung *f*; Ermittlung(en *pl.*) *f*

ȉstr|ājan ausdauernd; **~ájnōst** *f* Ausdauer *f*

istràžitelj *Jur.* Untersuchungs-, Ermittlungs|richter *m*

istráž|iti (**~ívati**) untersuchen, (er)forschen, ermitteln; **~ìvāč**, **~ìvalac** Forscher *m*; **~ìvānje** (Er-) Forschung *f*

ȉstražnī Untersuchungs-, Ermittlungs-; Forschungs-

istȑ|čati (**~čávati**) hinaus-, heraus|laufen; **~ebljívati** *s.* **~ijèbiti**

ìstr|gnuti (**~gati**) (her)ausreißen; **~ijèbiti** (**~ebljívati**) vertilgen, ausrotten; **~òšiti** *pf.* abnutzen; (se sich) verausgaben; **~úg(áv)ati** abkratzen

ìstup Austritt *m*; Exzeß *m*

istúp|ati [**~iti**] (her)austreten

ìstur|iti (**~ívati**) hervor-, hinaus|schieben, -strecken; hochheben

isúšiti *pf.* austrocknen (lassen)

išárati *pf.* färben; sprenkeln

iš|čašiti *pf.* aus-, ver|renken; **~četkati** *pf.* ausbürsten; **~čùp(áv)ati** ausreißen; **~ćuškati** *pf.* ohrfeigen

ȉšta irgend etwas, irgendwas

Ȉtālija Italien *n*

ȉ(t)ko (irgend)wer

Ȉvanjdān Johannistag *m*

ȉvēr Splitter *m*, Span *m*; Kniescheibe *f*

ivérak Splitter *m*; *Zo.* Flunder *f*

ȉverica Spanplatte *f*

ȉvi|ca Kante *f*, Rand *m*; **~čnī** Rand-

iz (*G*) aus (*D*); von (*D*)

iza (*G*) hinter ... (*D*) hervor; hinter (*D*); nach (*D*)

izàb(i)rati (aus)wählen, auslesen, aussuchen

izáći *s.* **izíći**

izàsla|nīk Abgesandte(r) *m*; **~ti** *pf.* aus|senden, -schicken

izàz(i)vati herausfordern; hervorrufen

izbác|iti (**~ívati**) heraus-, hinaus-, weg|werfen; ausstoßen
ìz|baviti *pf.* (er)retten, befreien (se sich); **~bèzumiti** *pf.* verrückt machen; **~bíjati** *s.* **~biti**; **~bìrljiv** wählerisch; **~biti** (**~bíjati**) (her)ausschlagen; durch-, aus|brechen; verprügeln; **~bjeći** (**~bjegávati**) (*G*) (ver)meiden (*A*); ausweichen (*D*); **~bjeglica** *m od. f* Flüchtling *m*
ȉzblīza aus der Nähe
ìz|bočen erhaben, gewölbt; **~bor** Wahl *f*; Auswahl *f*; **~bōrnī ȍkrūg** Wahlbezirk *m*; **~bōrnō právo** Wahlrecht *n*; **~brijati** *pf.* ausrasieren; **~brisati** *pf.* ab-, aus|wischen; ausradieren; auskratzen; **~brúsiti** *pf. s.* **brúsiti**; **~búljiti se** *pf.* starren, glotzen; **~dah** Ausatmung *f*; **~dàhnuti** (**~disati**) ausatmen
ȉzdaja Verrat *m*
ìz|dajica *m*, **~dājnīk** Verräter *m*; **~dalèka** von weitem; von weit her; **~danak** Sproß *m*; *Bot.* Schößling *m*, Trieb *m*; **~dánje** (*Buch*) Ausgabe *f*; Auflage *f*
ȉz|dāšan freigebig; ergiebig; **~dátak** (*Geld-*)Ausgabe *f*
ìzd|ati (**~ávati**) ausgeben; *Geheimnis* verraten; *Buch* herausgeben; *Urkunde* ausstellen; *Verordnung* erlassen
izdàvāč Herausgeber *m*; Verleger *m*; **~kī** Verlags-; **~kī závod** Verlagsanstalt *f*
izdávati *s.* **ìzdati**
ìzdi|ći *pf.*, **~gnuti** *pf.* (an-) heben; **~sati** *s.* **izdàhnuti**
izdȑž|ānje Unterhalt *m*; **~(áv)ati** aushalten; für den Unterhalt sorgen; *Probe* bestehen; **~ljivōst** *f* Ausdauer *f*; Haltbarkeit *f*; Festigkeit *f*
ìz|dubina Höhlung *f*, Vertiefung *f*; **~dūbljen** ausgehöhlt; eingedrückt, vertieft; **~dúpsti** *pf.* aushöhlen
izglàd|nio ausgehungert, hungrig; **~niti** (**~njívati**) aushungern
ȉz|glēd Aussehen *n*; Aussicht *f*; Anschein *m*; **~glédati** aussehen; scheinen, den Anschein haben; **~glòdati** *pf.* ab-, zer|nagen
izgnànīk Vertriebene(r) *m*
ìz|gnati (**~gòniti**) ausweisen, vertreiben; **~gon** Ausweisung *f*, Vertreibung *f*; **~gòrjeti** *pf.* abbrennen; verbrennen; **~govárati** aussprechen
ȉzgovōr Aussprache *f*; *s.* **ȉzlika**
izgrá|diti (**~đívati**) (auf-) bauen; **~dnja** Ausbau *m*; Aufbau *m*
ȉzgrēd Ausschreitung *f*, Exzeß *m*
ìzgr|isti (**~ízati**) zerkauen; zerfressen

izgùbiti *pf.* verlieren; **~ se** verlorengehen, abhandenkommen; verschwinden
iz|íći *pf.*, **~áći** (**ìzlaziti**) (hin)ausgehen; heraus|kommen, -treten; hervorgehen; *Sonne:* aufgehen; **~áći usúsret** entgegenkommen
izjá|sniti (**~šnjávati**) (**se** sich) erklären
ȉzjava Erklärung *f*, Äußerung *f*; Aussage *f*
izjáv|iti (**~ljívati**) (**se** sich) erklären, äußern
izjednáčiti *pf.* ausgleichen, gleichmachen
ìz|jesti (**~jédati**) aufessen; durch-, zer|fressen; **~làgāč** Aussteller *m*; **~lágati** *s.* **~lòžiti**; **~laz(ak)** Ausgang *m*; Ausweg *m*; (*Sonnen-*) Aufgang *m*; **~làziti** *s.* **~íći**
ȉzlēt Ausflug *m*, Wanderung *f*, Tour *f*
ìzlet|ište Ausflugs|ort *m*, -ziel *n*; **~nīčkī brȏd** Ausflugsdampfer *m*; **~nīk** Ausflügler *m*
izlijèčiti *pf.* heilen; **~ se** gesund werden
ìzli(jèva)ti ausgießen; abgießen (*a. Tech.*); **~ se** sich ergießen
ȉzlika Vorwand *m*, Aus|flucht *f*, -rede *f*
ìz|log Schaufenster *n*, Auslage *f*; **~lòmiti** *pf.* zerbrechen; **~ložba** Ausstellung *f*, Schau *f*; **~lòžiti** (**~lágati**) ausstellen; *Waren* auslegen; *der Gefahr usw.* (**se** sich) aussetzen; auseinandersetzen, darlegen
izlú|čiti (**~čívati**) ausscheiden, absondern; **~pati** *pf.* (durch)prügeln
izljèčiv heilbar
izmà|ći *pf.*, **~knuti** *pf.* ab-, weg|schieben; verschwinden; *aus der Hand* gleiten; *fig.* voraus sein
ìz|maglica Nieselregen *m*; **~mámiti** *pf.* ablisten; verlocken; entlocken; **~mazati** *pf.* beschmieren
između (*G*) unter, zwischen (*A, D*)
ìzmet Kot *m*; Abfälle *m/pl.*; *fig.* Abschaum *m*; *a.* = **~ine** *f/pl.* Ausscheidungen *f/pl.*, Exkremente *n/pl.*; **~nuti** *pf.* wegwerfen; *Kind* aussetzen
izmijè|niti (**izmnjnjívati**) (ver)ändern; (aus)wechseln; (um)tauschen; **~šati** *pf.* (ver)mischen; (um-) rühren
ìzmi|sliti (**~šljávati**) (**se** sich) ausdenken; **~ti** (**izmívati**) (ab)waschen
ȉzmjena (Ver-)Änderung *f*; Aus-, Um|tausch *m*; (*Wach-*)Ablösung *f*
ìzmje|ničan veränderlich; *s.* **strúja**; **~njívati** *s.* **izmijéniti**; **~riti** *pf.* ausmessen
ìzmo|ren, ~žden *s.* **ìznuren**
izmrcváriti *pf.* viele Wunden beibringen (*A / D*); zerfleischen

ìzmučiti *pf.* (**se** sich ab-) quälen, erschöpfen
iz|náći *pf.* (heraus)finden; **~nad** (*G*) über (*D*), oberhalb (*G*); **~nájmiti** (**~najmljívati**) (ver)mieten; **~nakáziti** *pf.* entstellen; **~nèmogao** erschöpft, entkräftet
ìzne|nādan plötzlich; **~náditi** *pf.* überraschen; **~nađénje** Überraschung *f*
ìzni|cati [**~ći**] keimen; sich entwickeln; **~jeti** (**iznòsiti**) hinaus|bringen, -tragen; heraufbringen; *Beweise* beibringen; *Bitte* vorbringen
ìznim|ka Ausnahme *f*; **~no** ausnahmsweise
ìz|nos Betrag *m*; **~nòsiti** *Summe*: betragen; *s.* **~nijeti**; **~nošen** abgetragen
ìznova von vorn; von neuem
ìznuda Erpressung *f*
ìznu|diti (**~đívati**) erpressen; **~đìvāč** Erpresser *m*
ìznur|en erschöpft, ermattet; **~iti** *pf.* erschöpfen, ermüden
iznútra von innen (her)
ìzobīlan reich (*I* / an *A*)
izòbīlje Überfluß *m*, Fülle *f*
ìzobrazba Ausbildung *f*
izòbra|ziti (**~žávati**) (aus-) bilden (**se** sich)
ìzokola rings(her)um
izol|ácija Isolation *f*, Isolierung *f*; **~írati** *kr.*, **ìzolovati** *sb.* (*im*)*pf.* isolieren
izopáč|iti (**~ívati**) ver|drehen, -fälschen
izòp|ćiti *kr.*, **~štiti** *sb. pf.* verstoßen
izòsta|(ja)ti aus-, weg|-bleiben; *fig.* zurückbleiben; **~viti** (**~vljati**) auslassen
izračùn(áv)ati aus-, be|-rechnen
ìz|rada (An-)Fertigung *f*, Herstellung *f*; Ausführung *f*; **~ráditi** (**~rađívati**) anfertigen; ausarbeiten; besorgen, erreichen; **~ràđevina** Erzeugnis *n*
Izra|élac (**~àēlka** *f*) *m* Israeli *m u. f*
izràēlskī israelisch, Israel-
ìz|raslina Auswuchs *m*, Gewächs *n*, Knoten *m*; **~rastan** großgewachsen; **~rāsti** *pf.* (aus)wachsen; **~ràvn(áv)ati** gerade|machen, -schneiden; ausgleichen
ìzrāz Ausdruck *m*
ìz|razit ausdrucksvoll; **~ráziti** (**~ražávati**) (**se** sich) ausdrücken; **~rèći** (**~rícati**) (aus)sprechen, sagen
ìz|reka (Aus-)Spruch *m*; **~rēz** (*Kleid*-)Ausschnitt *m*
ìzreza|k Scherenschnitt *m*; Ausschnitt *m*; **~ti** *pf.* zerschneiden; ausschneiden
izrícati *s.* **izrèći**
ìzrič|an, **~it** ausdrücklich
izrijetka ab und zu, hin und wieder

ìzr|iti (~ívati) auf-, durch|wühlen
ìzro|d, ~đénīk Ausgeburt *f*
izrò|jiti se *pf.* ausschwärmen; **~niti** *pf.* auftauchen
izrúč|iti (~ívati) entleeren; *Bomben* abwerfen; über|geben, -mitteln
ìzručnīk Überbringer *m*
izučáva|lac Lernende(r) *m*, Studierende(r) *m*; **~ti [izù-čiti]** (er)lernen; auslernen
ìzūm, izumjétak Erfindung *f*, Entdeckung *f*
izùm|jeti *pf.* erfinden, entdecken; **~ljiv** erfinderisch; **~rijeti (~irati)** aussterben
ìzuti (se) *pf.* Schuhe ausziehen
izuzétak Ausnahme *f*
ìzuzētan besonder, Sonder-, Ausnahme-
izùz|ēti (~imati) ausnehmen
ìzuzētno ausnahmsweise
ìzvad|ak Auszug *m*; **~iti** *pf.* heraus|ziehen, -nehmen; herausbekommen; *Zahn* ziehen
izváliti *pf.* um|werfen, -stürzen; *Augen* aufreißen; F herausplatzen (mit); **~ se** sich langlegen
izvan (*G*) außerhalb (*G*); außer (*D*)
ìzvana (von) außen
izvàn|redan außerordentlich; **~slùžben** außerdienstlich
izvèd(lj)iv ausführbar
izvè|driti se *pf.* sich aufhellen; **~sti¹** (*Präs.* **~dēm**) *pf.* heraus-, hin|führen; ableiten; ausführen; *aus d. Fassung* bringen; **~sti²** (*Präs.* **~zēm**) *pf.* (hin)aus-, weg|fahren, -bringen; *Waren* ausführen
ìzvid|jeti (izvíđati) erkunden; untersuchen; **~nī** Aufklärungs-; **~nica** Spähtrupp *m*; **~nīk** Aufklärer *m*; Kundschafter *m*
ìzviđāj Erkundung *f*; Ermittlung *f*
izv|ijāč Schraubenzieher *m*; **~ijèstiti** *pf.* informieren; berichten; **~ínuti** *pf.* verstauchen
ìz|virati hervor|sprudeln, -quellen; *Fluß*: entspringen; **~víždati** *pf.* auspfeifen; **~vjèsnōst** *f* Gewißheit *f*; **~vjestan** gewiß; ein gewisser; **~vjèstilac** Berichterstatter *m*; **~vješati** behängen
ìzvještāj Bericht *m*
ìzvje|triti (~trávati) auslüften; verdunsten; **~žb(á-v)ati** trainieren, (**se** sich) üben
izvláčiti *s.* **izvúći**
ìzvod Auszug *m*; Schluß (-folgerung *f*) *m*; **~nī** Ableitungs-
izvojèvati *pf.* erkämpfen
izvòl(i)te! bitte sehr!
ìz|vor Quelle *f*; **~vōran** Quellen-; Ur-; **~voz** Ausfuhr *f*, Export *m*; **~voznica** Ausfuhrgenehmigung *f*
ìzvrći *pf.*, **ìzvrg|nuti (~ávati)** ausstoßen; *Gewehr*:

feuern; (se sich) aussetzen (*D*)
izvŕnuti (**ìzvrtati**) um-, ver|drehen; umstoßen; **~ se** umkippen, umfallen
ìzvrstan außer|ordentlich, -gewöhnlich
izvŕšitelj: sȕdskī ~ Gerichtsvollzieher *m*
izvŕš|iti (**~ívati**) (**se** sich) erfüllen; vollstrecken, durchführen; *Mord* begehen
izv|úći (**~láčiti**) heraus-, herauf|ziehen; *Nutzen, Folgerung* ziehen; *Geständnis* entlocken
ižútjeti *pf.* vergilben

J

jâ ich
jȁblān Pappel *f*
jȁbu|čica Adamsapfel *m*; *s.* **jȁgodica**; **~čnī sȍk** Apfelsaft *m*; **~ka** Apfel(baum) *m*; **~kovača** Apfelwein *m*; Apfelschnaps *m*
jàč|ati [**o-**] *v/i.* erstarken; sich verstärken; [**po-**] *v/t.* verstärken; **~ina** Kraft *f*, Stärke *f*
jȁd Kummer *m*; **~an** elend, jämmerlich
jàd|ikovati jammern, klagen; **~nīk** armer Schlucker
Jàdrān Adria *f*; **⁓skī** adriatisch, Adria-
jàglac *Bot.* Primel *f*
jàgm|a Gedränge *n*; (reißender) Absatz *m*; **~iti se** sich reißen um
jȁgnje Lamm *n*
jȁgod|a Erdbeere *f*; **~ica** Backenknochen *m*, Wange *f*
jàhāč Reiter *m*; **~kī spȍrt** Reitsport *m*
jàhaći kȍnj Reitpferd *n*
jȁh|ānje Reiten *n*; **~aònica** Reitbahn *f*; **~ati** reiten
jàhta Jacht *f*
jáje Ei *n*; **~ na ȍko** Spiegelei *n*
jâjnī Ei(er)-; **~k** *Anat.* Eierstock *m*
jâk stark; **~o** *adv.* sehr, stark
jákōst *f* Stärke *f*
jálnōst *f* Neid *m*
jȁlov unfruchtbar
jȁma Grube *f*, Loch *n*, Höhle *f*
jȁmac Bürge *m*
jàmčevina Pfand *n*, Kaution *f*
jȁm|čiti bürgen; **~stvo** Bürgschaft *f*; Gewähr *f*
jȁntār Bernstein *m*
jȁnuār Januar *m*
jȁra Hitze *f*, Glut *f*
jȁrac Bock *m* (*a. Bier*)
jârak Graben *m*
járam Joch *n*
jârbol Mast *m*
jarèbica Rebhuhn *n*
jârkī glühend, heiß
jȁsan klar; hell
jȁsēn Esche *f*
jàsika Espe *f*
jȁsle *f/pl.* Krippe *f*
jasnòća Klarheit *f*

jȁstog Hummer *m*; Languste *f*
jȁstrēb Habicht *m*; *fig.* Geier *m*
jàstuk Kissen *n*, Polster *n*
jȁto Schwarm *m*
jȁūk Jammern *n*, Wehklagen *n*
jaùkati heulen, jammern
jáva Wirklichkeit *f*
jȃvan öffentlich
javàšluk Schlendrian *m*
jáv|iti (**~ljati**) ankündigen, melden; *v/r.* von sich hören lassen; **~nōst** *f* Öffentlichkeit *f*
jȁvōr Ahorn *m*
jȁz|avac Dachs *m*; **~āvčār** Dachshund *m*, Dackel *m*; **~bina** Erdloch *n*, Höhle *f*
jȅ *3. Pers. sg. v.* **bȉti**[1]
jȅcati schluchzen, wimmern
jèčam Gerste *f*
jéčati hallen; stöhnen
ječménac *Med.* Gerstenkorn *n*
jèdak ätzend; beißend, scharf; bissig
jèdan ein; **~ i pô(l)** anderthalb; **~ drȕgōga** einander; **~ do drȕgōga** an-, neben|einander; **~ protiv drȕgōga** gegeneinander; **~ za drȕgīm** auf-, nach-, hinter|einander
jedànput einmal; **na ~** auf einmal
jédar derb, kräftig
jedínac der einzige Sohn
jèdīnī einzig
jedìnica Einheit *f*; Eins *f*, Einer *m*; einzige Tochter
jedínstv|en einzig(artig); einheitlich; **~o** Einheit *f*
jednàčina, jèdnadžba Gleichung *f*
jèdnāk gleich; **bȉti ~** gleich(komm)en; **~o** *adv.* gleich(ermaßen)
jednákōst *f* Gleichheit *f*
jednò|bojan einfarbig; **~dnēvnī** eintägig; **~dušan** einmütig; **~glasan** einstimmig; **~gòdišnjī** einjährig; **~katan** *s.* **jednòspratan**; **~kratan** einmalig; **~ličan** ein-, gleich|förmig
jèdnōm *adv.* einmal, einst
jednopòrodičnā kȕća Einfamilienhaus *n*
jednò|red(an) einreihig; **~ruk** einarmig
jȅdnosmjērnā ȕlica Einbahnstraße *f*
jednòspratan einstöckig
jȅdnostāv|an einfach, schlicht; **~nōst** *f* Einfachheit *f*
jednò|stran einseitig; **~tračan** eingleisig, einspurig
jèdōvan giftig
jedrènjāk Segelschiff *n*
jèdrili|ca Segelboot *n*; Segelflugzeug *n*; **~čār** Segler *m*; **~čārskī** Segel-; **~čārstvo** Segeln *n*, Segelsport *n*
jèdr|iti segeln; **~o**[1] Segel *n*
jédro[2] Kern *m*
jèdva kaum
jȅftin billig, preiswert; **~óća** Billigkeit *f*

jègulja Aal *m*
jèjina Uhu *m*
jèka Echo *n*, Widerhall *m*
jéla Tanne *f*
jèlen Hirsch *m*
jèlēnsk|ī Hirsch-; **~ā kȍža** Wildleder *n*
jȅl|o Essen *n*, Gericht *n*, Speise *f*; **~ōvnīk** Speisekarte *f*
jèmatva *s.* **bérba**
jȅm|čiti, ~stvo *s.* **jȁmčiti** *usw.*
jénjati nachlassen; *Feuer*: ausgehen
jȅr denn, weil
jèsam *1. Pers. sg. Präs. v.* **bȉti**[1]
jȅsēn *f* Herbst *m*
jèsē|nskī, ~njī herbstlich, Herbst-
jès|i, ~mo *2. Pers. sg. u. 1. Pers. pl. Präs. v.* **bȉti**[1]
jȇst(e)[1] ja, jawohl
jèste[2] *2. Pers. pl. Präs. v.* **bȉti**[1]
jȇsti [**pò-**] (auf)essen; *Insekten*: beißen, stechen; *Rost*: (zer)fressen
jèstiv eßbar
jèsu *3. Pers. pl. Präs. v.* **bȉti**[1]
jȅtra *n/pl.* Leber *f*
jètr|enica Leberwurst *f*; **~òbolja** Leberleiden *n*
jȅvtin *usw. s.* **jȅftin**
jéza Schauder *m*; Gänsehaut *f*
jȅzero See *m*
jézgra Kern *m*
jèzič|ac Zünglein *n*; **~nō blȃgo** Wortschatz *m*
jèzik Zunge *f*; Sprache *f*; **strȃnī ~** Fremdsprache *f*; **~oslóvac** Sprachwissenschaftler *m*
jèz|iv, ~òvit schauderhaft, schauerlich
jȇž Igel *m*; **mȏrskī ~** Seeigel *m*
jéžiti [**na-**] **se** schaudern, erschauern
jȏdnā tinktúra Jodtinktur *f*
jȍdlati jodeln
jògunast eigensinnig, widerspenstig
jòrgan Steppdecke *f*
jorgòvān Flieder *m*
jȍš noch
jȕčē(r) gestern
jȕg Süden *m*; **~oìstok** Südost(en) *m*; **~oslàvēnskī** *kr.*, **~oslòvēnskī** *sb.* jugoslawisch, Jugoslawien-; **~ovina** Südwind *m*; Tauwetter *n*; **~ozápad** Südwest(en) *m*
júha Brühe *f*, Suppe *f*
jȗl|(i) Juli *m*; **~(ij)skī** Juli-
jun *s.* **jȗni**
jùnā|čkī Helden-; **~k** Held *m*; **~štvo** Heldentum *n*
jȗn|i Juni *m*; **~(ij)skī** Juni-
jȕr|iš *Mil.* Sturm *m*; **~ìšati** (be)stürmen; **~īšnī** Sturm-
júriti rasen, fliegen
jȕt|ārnjī morgendlich, Morgen-; **~ro** Morgen *m*; **~rōs** heute früh, heute morgen
jȕž|ni südlich, Süd-; **~njāk** Südländer *m*; Südwind *m*

K

k, ka (*D*) zu
kabànica Mantel *m*; **kìšnā** ~ Regenmantel
kàbao *m* Eimer *m*, Kübel *m*
kabína Kabine *f*; **pìlotskā** ~ *Flgw.* Cockpit *n*
kábl Kabel *n*
kàciga Helm *m*
kačkàvālj (*Schafs-*)Käse *m*
kȁd, kȁda[1] wann; wenn; sofern, als
káda[2] Wanne *f*; Badewanne *f*
kádar[1] fähig, imstande; **ne bȉti** ~ außerstande sein
kádar[2] Kader *m*; Filmausschnitt *m*
kȁdgod wann immer; jedesmal wenn
kadífa Samt *m*
kadikad(**a**) dann und wann; einst
káditi räuchern
kȁdli (und, doch) als
kȁf|a, ~àna *sb. s.* **kàva, kavàna**
kàiš Riemen *m*
kajàkāš *Sp.* Kanute *m*
kȃj|ānje Reue *f*; **~ati [pò-] se** bereuen
kȁjgana Rührei *n*, Eierspeise *f*
kajìta Kajüte *f*
kàjmak Rahm *m*, Sahne *f*
kájsija Aprikose *f*
kàkav was für (ein); wie (*beschaffen*); **~-tàkav** einigermaßen; **~god** was immer für ein; irgendein
kȁko wie; **~god** irgendwie; vielleicht
kàkv|a, ~o *s.* **kàkav**; **~òća** Beschaffenheit *f*; Qualität *f*, Güte *f*
kàlāj Zinn *n*
kalàjisati verzinnen
kȁldrma (*Kopfstein-*)Pflaster *n*
kàlem Spule *f*
kalèndār Kalender *m*
kȃlfa *m* Geselle *m*
kalíbar Kaliber *n*
kȃl|ij, ~ijum Kalium *n*
kàlionīčkī Härte-
káliti [**za-**] härten; stählen
kàluđer Mönch *m*; **~ica** Nonne *f*
kàlup (*Schuh-*)Leisten *m*; Gußform *f*; Gesenk *n*; Schablone *f*
kȃlj Kachel *f*
kȁlja *Kraut od. Kartoffeln mit Fleisch u. Zwiebeln*
kȃljav dreckig
kàlju|ga, ~ža Schlammloch *n*, Pfütze *f*
kȁmat|a Zins *m*; **~nā stòpa, ~njāk** Zinsfuß *m*
kȁmēn[1] Stein *m*
kȁmen[2] Stein-, aus Stein; **~ī ȕgalj** (*od.* **ȕgljēn**) Steinkohle *f*
kaménac (*Zahn-, Gallen-*) Stein *m*
kȁmen|ica Auster *f*; **~it** steinig; **~òlom** Steinbruch *m*
kàmēnje Steine *m/pl.*
kàmila Kamel *n*
kàmilica Kamille *f*
kamìon Last(kraft)wagen *m*

kȁmo wohin; **~li** geschweige denn
kàmperskā öprema *s.* **kȁmp-öprema**
kȁmp|ing *s.* **kȅmping**; **~írati** campen, zelten
kȁmp-|öprema Campingausrüstung *f*; **~tèrēn** Campingplatz *m*
kànādskī kanadisch, Kanada-
kanarínac Kanarienvogel *m*
kancelàrija Kanzlei *f*, Büro *n*
kandìdāt Kandidat *m*, Anwärter *m*; **~ za vozáča** Fahrschüler *m*
kȃndža Kralle *f*
kániti beabsichtigen, vorhaben
kȃnta Kanne *f*; Eimer *m*; **~ za bènzīn** Kanister *m*; **~ za smȅće** Mülleimer
kȁo wie; **~ da** als ob, als wenn
kaòtičan chaotisch
kȃp *f* Tropfen *m*; *Med.* Schlag *m*; **~ po ~** tropfenweise
kȁpa Kappe *f*, Mütze *f*; **~ za kúpānje** Badekappe
kàpak Fensterladen *m*; Deckel *m*; *Anat.* Augenlid *n*
kȁpara Anzahlung *f*
kȁpati tropfen; träufeln
kapéla Kapelle *f*
kàpēlnīk Kapellmeister *m*
kapètān Kapitän *m*; *Mil.* Hauptmann *m*
kȁpica Käppchen *n*; (*Schuh*-)Kappe *f*
kȁpija Tor *n*; Pforte *f*
kȁplja Tropfen *m*
kȁpula Zwiebel *f*
kapùljača Kapuze *f*
kàpūt Mantel *m*; Jacke *f*
karàktēr Charakter *m*
kàraktēr|an charaktervoll; **~ìstičan** charakteristisch
karàn|fil Nelke *f*; **~tēn**, **~tīn** Quarantäne *f*
kárati schelten, schimpfen
karà|ula Wachtturm *m*; Wachtposten *m*; Wachstube *f*; **~vān** Karawane *f*; Wohnwagen *m*
kàrbōn-pàpīr Kohlepapier *n*
kàrdānskō vràtilo Kardanwelle *f*
karfìōl Blumenkohl *m*
kàrika Kettenglied *n*; Ring *m*
kàrīrān kariert
kȃrta (*Eintritts-*, *Land-*, *Spiel-*)Karte *f*; **pòreskā ~** Lohnsteuerkarte *f*; **vȏznā ~** Fahrkarte *f*; **~ti se** Karten spielen
kàrt|ōn Karton *m*; (*Kartei-*)Karte *f*; **~otéka** Kartei *f*
kȃs Trab *m*
kȁsa Kasse *f*
kàsāčkē tȑke *f/pl.* Trabrennen *n*
kàsan spät
kàsapin *s.* **mèsār**
kàsārna Kaserne *f*
kàsnije *adv.* später
kàs|niti [**zà-**] sich verspäten; **~no** *adv.* spät
kȁša Brei *m*, Grütze *f*
kȁšalj Husten *m*

kàšika Löffel *m*
kàšljati husten
kȁt Stock(werk *n*) *m*, Geschoß *n*
kàt|anac Vorhängeschloß *n*; **~arka** Mast *m*
katedrála Kathedrale *f*
kategòrija *s.* **grȕpa, klȃsa, rázred**; **~ zȃradē** Lohngruppe *f*
kàtkad ab und zu, hin und wieder, manchmal
kàtolički katholisch
kàtran Teer *m*
kàv|a *kr.* Kaffee *m*; **~àna** *kr.* Café *n*; **~en** Kaffee-; kaffeebraun
kàvez Käfig *m*
kȃvga Zank *m*, Krach *m*
kàzališ|nī *kr.* Theater-; **~nī kòmād** Theaterstück *n*; **~te** *kr.* Theater *n*
kázalo Inhaltsverzeichnis *n*; Sachregister *n*
kàzāljka (Uhr-)Zeiger *m*
kàzan Kessel *m*
káz|ati (*im*)*pf.* sagen; **~ívati** (be)sagen; erzählen
kȃzna Strafe *f*
kàznen|ī Straf-; **~ī bȏd** Strafpunkt *m*; **~ō právo** Strafrecht *n*; **~ī próstor** *Sp.* Strafraum *m*; **~ī ùdarac** Strafstoß *m*; **~ī závod** Strafanstalt *f*; **~nī zákonik** Strafgesetzbuch *n*
kaznìonica Zuchthaus *n*
kȁ|zniti (**~žnjávati**) (bestrafen
kàžiprst Zeigefinger *m*
kažnj|ávati *s.* **kȁzniti**; **~ènīk** Sträfling *m*, Häftling *m*
kàžnjiv strafbar
kćérka, kćî *f* Tochter *f*
kêc As *n*
kècelja Schürze *f*
kèčiga Sterlet *m*
kèfa *s.* **čȅtka**
kêj Kai *m*
keleràba Kohlrabi *m*
kȅlj Wirsing *m*; **~ pùpčār** Rosenkohl *m*
kèmi|čār *kr.* Chemiker *m*; **~ja** Chemie *f*
kèmījskī *kr.* chemisch
kȅmping Camping *n*
kȅs|a Beutel *m*; Geldbeutel *m*; **~ica** Tüte *f*
kȅst|ēn Kastanie *f*; **~enjast** kastanienbraun
kȉčma Rückgrat *n*, Wirbelsäule *f*
kȉčica Pinsel *m*
kȉćēn geschmückt
kȉd|ati[1] [**pò-**] (zer)reißen; **~ati se** reißen (*v*/*i*.); **~ati**[2] [**~nuti**] ausreißen (*a. fig.*)
kȉfla *Kochk.* Hörnchen *n*
kíh|ati [**~nuti**], **kíjati** niesen
kȉjavica Schnupfen *m*
kȉl|a[1] *Med.* (*Leisten*-)Bruch *m*
kȉl|a[2], **~o** *m* Kilo(gramm) *n*; **~ometar** Kilometer *m*
kilòte *f*/*pl.*(*Damen*-)Schlüpfer *m*
kȉm|ati [**~nuti**] (**glávom** mit dem Kopf) nicken
kìn|ēskī chinesisch; **~īn** Chinin *n*
kino *n kr.* Kino *n*; **~-prȅdstava** Kinovorstellung *f*; **~-ùlaznica** Kinokarte *f*

kip Statue *f*
kìpār Bildhauer *m*
kíp|jeti kochen, sieden; schäumen; *v. Menschen* wimmeln; *Leben*: pulsieren; **~ūći** kochend
kìrija Miete *f*
kìrurg *kr.* Chirurg *m*
kiselìna Säure *f*
kìse|liti säuern, sauer machen; **~o** sauer; **~lī kùpus, ~lō zêlje** Sauerkraut *n*; **~lā vòda** Mineralwasser *n*
kiseònīk, kìsīk Sauerstoff *m*
kìsnuti [pò-] naß (*od.* durchnäßt) werden; sauer werden, gären
kìša Regen *m*; **~ pàdā** es regnet; **~n** Regen-; regnerisch
kišobrān Regenschirm *m*
kȉt[1] Wal(fisch) *m*
kȉt[2] (*Fenster-*)Kitt *m*
kìt|a Blumenstrauß *m*; Quaste *f*; **~iti [is-, nà-]** (aus)schmücken, (ver)zieren
klàckalica Wippe *f*
klàda Block *m*, Klotz *m*
klàdi|onica Wettbüro *n*; **~ti [ò(p)-] se** wetten
klàdīvo Hammer *m*
klánac Schlucht *f*; Engpaß *m*
klànjati se sich verneigen
kláonica Schlacht|haus *n*, -hof *m*
klâs Ähre *f*
klâs|a Klasse *f*; **~nī** Klassen-
klatáriti se sich herumtreiben
klàti [zà-] (ab)schlachten
klátno Pendel *n*
kléčati knien
klȅ|ći *pf.*, **~knuti** *pf.* niederknien
klȅk|a Wacholder *m*; **~ovača** Wacholder(schnaps) *m*
klȅp|ēt Geklapper *n*, Klappern *n*; **~ètati** klappern
klèsār Steinmetz *m*
kléti [pro-] (ver)fluchen
klêtva Fluch *m*
klȅ|veta Verleumdung *f*; **~vètati [o-]** verleumden
klȉca Keim *m*; *Bot. a.* Trieb *m*
klì|cati, ~jati keimen
klijȅšt|a *n*/*pl.*, **~e** *f*/*pl.* Zange *f*; (*Krebs-*)Schere *f*
klîk Ausruf *m*
klíma Klima *n*
klȉm|ati [~nuti] nicken (*I* / mit *D*); wackeln; **~av** wack(e)lig, schwankend
klȉn Keil *m*; **~ac** Nagel *m*, Stift *m*; F Steppke *m*
klȉnčić Nelke *f*
klȉp Kolben *m*; Knüppel *m*
klìpan Flegel *m*, Rüpel *m*
klìpnjača Kolbenstange *f*
klîs (*Dach-*)Schindel *f*
klìsura Schlucht *f*; Steilwand *f*
klìzāč Schlittschuh-, Eis|läufer *m*
klȉzak glatt, schlüpfrig
klȉz|alište Eisbahn *f*; **~āljka** Schlittschuh *m*; **~ānje** Schlittschuhlauf *m*; Gleiten *n*, Schlittern *n*; **~ānje tlȁ** Erdrutsch *m*; **~ati [~nuti]** gleiten, (ab)rut-

schen, schlittern; **~ati (se)** Schlittschuh laufen
klòbūk Qualle *f*
klòn|iti se (*G*) meiden (*A*); (*D*) sich *dem Ende* zuneigen; **~uo** niedergeschlagen, verzagt; **~uti** *pf.* **dùhom** den Mut verlieren
klȍpka Falle *f*
klopòtati klappern
klȗb Klub *m*
klúpa (*Sitz*-)Bank *f*
klȕpko Knäuel *m od. n*
kljȕcati picken
kljȗč Schlüssel *m*; **pod kljúčem** unter Verschluß
kljùč|anica¹ Schlüsselloch *n*; **~ànica²** *Anat.* Schlüsselbein *n*; **~ao** kochend; **~ati** *v/i.* kochen, sieden, sprudeln
kljȕkati se F sich vollstopfen
kljȗn Schnabel *m*; Tülle *f*; *Mar.* Bug *m*
kljúse Gaul *m*, Klepper *m*
knédl(a) Knödel *m*, Kloß *m*
knèginja Fürstin *f*
knêz Fürst *m*
knèževina Fürstentum *n*
knjȉ|ga Buch *n*; **~gòveža** *m* Buchbinder *m*; **~govòdstvo** Buch|führung *f*, -haltung *f*; **~govođa** *m* Buchhalter *m*; **~žār** Buchhändler *m*
knjiž|ara Buchhandlung *f*; **~ēvnī** Buch-, Bücher-
književn|īk Schriftsteller *m*, Literat *m*; **~ōst** *f* Literatur *f*, Schrifttum *n*
knjȉž|ica Büchlein *n*, Heft *n*; **~iti** buchen; **~nica** Bibliothek *f*, Bücherei *f*
kôb *f* Verhängnis *n*; Schicksal *n*; **~an** verhängnisvoll
kòbac Sperber *m*
kobàsica Wurst *f*
kòbila Stute *f*
kȍck|a Würfel *m*; **~ānje** Würfeln *n*; **~ati se** würfeln; *Glücksspiel* spielen
kòčānj Strunk *m*
kòčija Kutsche *f*
kóč|iti [pri-] (ab)bremsen; **~nica** Bremse *f*
kȍd (*G*) bei, neben (*D*); **~ kućē** zu Hause
koj|ekàko irgendwie; mit Mühe und Not; **~èšta** irgend etwas, dies und jenes
kòjī welch(er), (*a. relativ*) der
kȍkō|š Henne *f*, Huhn *n*
kokòš(i)jī Hühner-
kȍkōt Hahn *m*
kòksara Kokerei *f*
kȍkta Kolalimonade *f*
kȍla *n/pl.* Wagen *m*
kòlac Pfahl *m*
kòlāč Kuchen *m*
kólati kreisen, umlaufen
kolèb|ati se (sch)wanken, taumeln; **~ljiv** schwankend
kóleda Weihnachtslied *n*
kòlera Cholera *f*
koleràba *s.* **keleràba**
kòliba Hütte *f*
kolíca *n/pl.* Karren *m*; **dječjā ~** Kinderwagen *m*
kol|ičina Menge *f*; **~ičinski** *adv.* mengenmäßig
kòlijevka Wiege *f*
kolikī welch, wie groß

kȍliko wieviel; ~ **je sátī?** wie spät ist es?; **koliko gȍd** soviel auch immer, wenn auch noch so
kȏlnī Wagen-; Fahr-; ~**k** Fahr|bahn *f*, -weg *m*; Fahr|spur *f*, -streifen *m*
kȍlo Rad *n*; Runde *f*; Reigen(tanz) *m*; ~**dvor** *kr.* Bahnhof *m*; **glàvnī** ~**dvor** Hauptbahnhof *m*; ~**dvōrskī** Bahnhofs-
kolóna Kolonne *f*
kòlōnija Kolonie *f*
kòlōnjskā vòda Kölnisch Wasser *n*
kȍlo|sijek (*Rad*-)Spur *f*; *Esb.* Gleis(e *pl.*) *n*; ~**vođa** *m* Reigenführer *m*; Anführer *m*; Rädelsführer *m*
kolòvoz Radspur *f*; *sb.* Fahrbahn *f*; *kr.* August *m*
kȍlovrāt Spinnrad *n*
kȍl|ūt Scheibe *f*; Ring *m*; *s.* **kàrika**; ~**ùtati** drehen; kreisen [schlecht *n*
kòljeno Knie *n*; Ge-
kòmād Stück *n*
komàdić Stückchen *n*
kòm|ānda Kommando *n*; ~**àndīr** Kommandeur *m*
komárac Mücke *f*, Schnake *f*
kȍmb|ajn Mähdrescher *m*; ~**i(ć)** *m* Kombi(wagen) *m*; ~**inèzōn** Overall *m*; Unterrock *m*
kòmēdija Komödie *f*
komèntār Kommentar *m*
komèsār Kommissar *m*
komèšati se sich bewegen, wogen
kòmfōran komfortabel, Komfort-
kòmič|an komisch; ~**ār** Komiker *m*
komi|sija Ausschuß *m*, Kommission *f*; ~**siōn** Kommissionsgeschäft *n*; ~**tēt** Komitee *n*
kòmora Kammer *f*; **prìvrednā** (*od.* **tr̀govačkā**) ~ Handelskammer *f*
komòrač Fenchel *m*
kòmōrnā mùzika Kammermusik *f* [*m*
kòmovica Tresterschnaps
kompànija Gesellschaft *f*
kompòzitor Komponist *m*
kòmpres Kompresse *f*, Umschlag *m*
kòmš|ija *m* Nachbar *m*; ~**ìluk** Nachbarschaft *f*
komunìstičkī kommunistisch [Zwirn *m*
kònac[1] Faden *m*; Garn *n*,
kòna|c[2] Ende *n*; ~**čan** Schluß-; endgültig; endlich; ~**čište**, ~**k** Herberge *f*
kòn|cer(a)t Konzert *n*; ~**dùktēr** Schaffner *m*; ~**fèkcija** Konfektion *f*, Fertigkleidung *f*; ~**kurs** Wettbewerb *m*; Preisausschreiben *n*; *Hdl.* Konkurs *m*
kònobār *kr.* Kellner *m*
kònop Strick *m*, Seil *n*; ~**ac** Bindfaden *m*, Schnur *f*
kònoplja Hanf *m*
kȍntra- Konter-, Gegen-
kontròla Kontrolle *f*
kònzērva Konserve *f*
kȍnz|ul Konsul *m*; ~**ùlāt** Konsulat *n*

kȍnj Pferd *n*; (*Schach*) Springer *m*
kȍnjak Kognak *m*, Weinbrand *m*
kȍnjica Kavallerie *f*
kȍnjsk|i Pferde-; **~ā (ù)tr̂ka** Pferderennen *n*; **~ā snága** (*od.* **sȉla**) Pferdestärke *f*
kòp|āč Erdarbeiter *m*; **~ānje** Graben *n*; *Bgb.* Abbau *m*
kȍpar Dill *m*
kòpati graben; *Bgb.* abbauen
kȍpča Schnalle *f*, Spange *f*
kópija Kopie *f*; Durchschlag *m*; *Fot.* Abzug *m*
kòpit|a, ~o Huf *m*
kȍpkati graben, scharren
kȍplje Speer *m*, (*Wurf-*) Spieß *m*; Fahnenstange *f*
kòpnenī Land-; kontinental
kȍpno (*Fest-*)Land *n*
kòpnjeti [o-] tauen
kopr̀cati se strampeln, zappeln
kòpr|ena Schleier *m*; **~iva** Brennessel *f*; **~ȉvnica, ~ìvnjača** Nesselfieber *n*
kȍpūn Kapaun *m*
kȏr *kr.* Chor *m*; Korps *n*
kȍra Rinde *f*, Borke *f*; Schale *f*; Kruste *f*
korà|cati, ~čati schreiten
kòrāčnica *kr. Mus.* Marsch *m*
kȍrāk Schritt *m*
kòrālj Koralle *f*
kòrbāč Reitpeitsche *f*
kȍri|ca Kruste *f*; **~ce** *f/pl.* Futteral *n*; (*Säbel-*)Scheide *f*; (*Buch-*)Einband *m*; **~jen** Wurzel *f*
kȍrīst *f* Nutzen *m*; Vorteil *m*; **~an** nützlich, vorteilhaft
kòri|stiti nutzen, nützen; **~ti** tadeln, rügen; **~to** Trog *m*; Flußbett *n*; **~zma** Fastenzeit *f*
kormìlār Steuermann *m*
kòrmilo Steuer *n*
kȍrner *Sp.* Eckball *m*
kórnjača Schildkröte *f*
kòrota Trauer *f*
kórov Unkraut *n*
kórpa Korb *m*
kȏrskī Chor-
kȏs[1] Amsel *f*
kȍs[2] schief, schräg; *fig.* scheel
kòsa[1] (*Kopf-*)Haar *n*
kòsa[2] Sense *f*; **~c** Mäher *m*; **~ti** mähen
kòsi|lica Mähmaschine *f*; **~ter** Zinn *n*; **~ti [po-]** (ab)mähen
kòsmat haarig, behaart; zottig
kòsmičkī brȏd Raumschiff *n*
kȍso *adv. s.* **kȍs**[2]
kȏst *f* Knochen *m*; **rȉbljā ~** (*Fisch-*)Gräte *f*
kòstīm Kostüm *n*, Tracht *f*; Anzug *m*; **kùpaćī ~** Badeanzug *m*
kostò|bolja Gicht *f*; **~jed(ina)** Karies *f*
kostrijèšiti [na-] se *Haar:* sich sträuben
kȍstur Gerippe *n*
kȍš, kòšara Korb *m*

kòšārka Korbball *m*
kȍšnica Bienen|korb *m*; -stock *m*
kȍšt|an knöchern; **~ica** (*Obst*-)Kern *m*; **~ùnjav** knochig
kòšulja Hemd *n*; **nȍćnā ~** Nachthemd *n*
kò|šuta Hirschkuh *f*; Damhirsch *m*; **~tāč** *kr.* Rad *n*; **~tao** *m* Kessel *m*; **~tār** Bezirk *m*; **~titi [o-]** *Zo. Junge* werfen, setzen
kòt|let Kotelett *n*; **~lina** *Geogr.* (Tal-)Kessel *m*; **~r̀ljati** rollen (**se** *v/i.*)
kȍtūr Rolle *f*
kotùr|ača Flaschenzug *m*; **~āljke** *f/pl.* Rollschuhe *m/pl.*
kȍtva Anker *m*
kòvāč Schmied *m*; **~nica** Schmiede *f*
kȏvan schmiedbar; geschmiedet
kòv|ānje Schmieden *n*; **~ati [s-]** schmieden; prägen
kòvčē|g Koffer *m*; Truhe *f*; **~žić** Kästchen *n*
kȍvina Metall *n*
kòv|rčast lockig, kraus; **~r̀čati se** sich kräuseln
kòz|a Ziege *f*; **~lić** Zicklein *n*; *fig.*, *Sp.* Bock *m*
kȍž|a Haut *f*; Fell *n*; Leder *n*; **~ār** Gerber *m*; **~ica** Häutchen *n*; kleines Fell; **~nī** Haut-; Leder-; **~nā bȍlēst** *f* Hautkrankheit *f*
kràbulja Maske *f*
krȁćī kürzer
krȁdimicē *adv.* heimlich, verstohlen
kràdljivac Dieb *m*
krȁđa Diebstahl *m*
krai[1] *prp.* (*G*) neben, dicht an (*D*)
krȃj[2] Rand *m*, Saum *m*; Ende *n*; Gegend *f*; Land *n*
krȃjina Randgebiet *n*
krȃjnī *s.* **krȃjnjī**
kràjnīk *Anat.* Mandel *f*
krȃjnjī äußerst; End-
krȁjolik Landschaft *f*
krȃk Fuß *m*; (*Hebel-*, *Fluß-*)Arm *m*; (*Winkel-*) Schenkel *m*
krȃlj König *m*
králj|evina Königreich *n*; **~ica** Königin *f*
krȁnovođa *m* Kranführer *m*
krȁnjskī Krainer (*adj.*)
krȁs *s.* **kȑš**
krȃsan schön, herrlich
krásiti [u-] (ver)zieren, schmücken
krȁsta Kruste *f*; Schorf *m*
krȁstavac Gurke *f*; **kìselī ~** saure Gurke
krȁsti [ù-, ò-] (be)stehlen
krát|ak kurz; **~kīh rukávā** kurzärmelig
kràt|ica Abkürzung *f*; **~kòća** Kürze *f*; **~komètrāžnī film** Kurzfilm *m*; **~kosìlaznī** *Akzent*: kurzfallend
krȁt|kotrājan kurz, von kurzer Dauer; **~kòvid(an)** kurzsichtig
krȁva Kuh *f*
kravàta Krawatte *f*
kráviti *v/t.* schmelzen; **~se**

v/i. schmelzen, (*fig.* auf-) tauen
krȁvljī Kuh-
kȑcāt voll|gepfropft, -gestopft; (voll)beladen
kȑcati[1] knirschen, krachen
kȑcati[2] **[na-, o-]** auf-, be|-laden
kȑčāg Krug *m*
kȑč|ati *Magen*: knurren; *Räder*: dröhnen; **~iti** *s.* **iskȑčiti**
kȑčma Wirtshaus *n*
kȑdo Herde *f*; (*Fisch-*) Schwarm *m*
krȇč Kalk *m*; **~iti** tünchen; **~njāčkī** Kalk-; **~njāk** Kalkstein *m*
kréda Kreide *f*
krèdīt Kredit *m*
krekètati quaken
krêm Krem *f*, Creme *f*
krȅmēn Feuerstein *m*
kré|nuti (**~tati**) (**se** sich) bewegen; aufbrechen, losgehen; los-, ab|fahren; sich in Bewegung setzen
krȅpak rüstig
krȅpōst *f* Tugend *f*
krét|ānje Bewegung *f*; **~ati** (**se**) *s.* **krénuti** (**se**)
krèvet Bett *n*; **djȅčjī ~** Kinderbett; **~nī, ~skī** Bett-
krèzub zahnlos
kȑhak spröde, zerbrechlich
kȑhotina Splitter *m*
kríčati schreien
krígla Bier|krug *m*, -seidel *n*
krȉ|jes Johannisfeuer *n*; **~jèsnica** Glühwürmchen *n*
krijùm|čār Schmuggler *m*; **~čārēnje** Schmuggel *m*; **~čáriti** schmuggeln; **~čārskā rȏba** Schmuggelware *f*
krîk Schrei *m*
kríknuti *pf.* (auf)schreien
krílo Flügel *m*; Schoß *m* (*beim Sitzen*)
krȉminālan kriminell; Kriminal-
krînka Maske *f*
krîška Scheibe *f*, Schnitte *f*
krȉti **[pò-, sà-]** bedecken; verbergen (**se** sich)
krȉtič|an, ~kī kritisch
krîv krumm, schief; falsch; schuldig
krîvā *Math.* Kurve *f*
krív|ac Schuldige(r) *m*, Täter *m*; **~ìca** Schuld *f*; strafbare Handlung
krȉv|ičan *jur.* Straf-; **~ičnī pòstupak** Strafverfahren *n*; **~ìna** Krümmung *f*, Kurve *f*
krív|iti *s.* **is-, o|kríviti**; **~nja** *s.* **krivìca**; **~o** *adv.* *s.* **krîv**; **ìmati ~o** unrecht haben
krivo|klétstvo Meineid *m*; **~lóvac** Wilddieb *m*; **~tvòrina** Fälschung *f*; **~tvòriti** fälschen
krivùda|st geschlängelt, gekrümmt; **~ti** sich schlängeln, winden
krȉvulja Kurve *f*
kríza Krise *f*
krîž *kr.* Kreuz *n*; **Cȓvenī ~** Rotes Kreuz
križāljka *kr.* Kreuzworträtsel *n*
kríž|ānje Kreuzung *f*; **~á-**

riti *kr. Mar.* kreuzen; **~ati** (durch)kreuzen; **~ati se** sich bekreuzigen
krìžulja Griffel *m*
kȑkljati glucksen, blubbern; röcheln
kȑlētka Käfig *m*
kŕma[1] Futter *n*
kŕma[2] Heck *n*
kȑmača Sau *f*
kŕmak Eber *m*
kȓnj angeschlagen, beschädigt; unvoll|ständig, -kommen
kŕnjiti [o-] beschädigen; *fig.* schmälern, beeinträchtigen
krȏj (Zu-)Schnitt *m*
krȍj|āč (**~àčica**) Schneider(in *f*) *m*; **~iti** zuschneiden
kròmpīr *sb. s.* **krùmpīr**
krȍničan chronisch
krȍs Querfeldeinrennen *n*
krȍtak sanft, friedfertig
kròtiti *s.* **ukròtiti**
krȏv Dach *n*; **~opokrìvāč** Dachdecker *m*
krȍz (*A*) durch (*A*)
kȓp|a Fetzen *m*, Lappen *m*; **~a za pránje** Waschlappen; **~àrija** F Flickerei *f*; **~ati, ~iti** flicken, ausbessern
kȓs|nī Tauf-; Kreuz-; **~t** *sb.* Kreuz *n*; **~tàrica** Kreuzer *m*; **~táriti** *Mar.* kreuzen
kȑstiti taufen; **~ se** sich bekreuzigen; sich taufen lassen
krstòbolja Kreuzschmerzen *m/pl.*
kȓš Karst *m*; **~an** felsig; stämmig
kȑšć|anin *kr.* Christ *m*; **~ānstvo** Christentum *n*
kȑšiti brechen; *Hände* ringen
kȓšten getauft; Tauf-
kȑštēnje Taufe *f*
kȓt *s.* **kȓhak**
kȑti|ca Maulwurf *m*; **~čnjāk** Maulwurfshügel *m*
krûg Kreis *m*; Runde *f*; **~ zaòkretānja** *Kfz.* Wendekreis
krûh *kr.* Brot *n*; **bìjelī ~** [Weißbrot]
krùmpīr *kr.* Kartoffel *f*
krȗn|a Krone *f*; **~ica** Rosenkranz *m*
krùnisati, krȗniti[1] krönen
krúniti[2] (se ab)bröckeln
krúpan grob; groß; dick, beleibt
krùpica Grieß *m*
krȗšk|a Birne *f*; **~ovača** Birnenschnaps *m*
krût starr; steif; fest; streng
krȗž|an Kreis-, Ring-; kreisförmig; **~nā píla** (*od.* **testèra**) Kreissäge *f*; **~nī tôk sàobraćaja** Kreisverkehr *m*
krúžiti kreisen
krȗžnica *Math.* Kreislinie *f*
kȓv *f* Blut *n*
krvár|ēnje Blutung *f*; **~iti** bluten
kȓv|āv blutig; **~avica** Blutwurst *f*
kȓvn|ī Blut-; **~ā slika** Blutbild *n*; **~ī tlâk** (*od.* **prìtisak**) Blutdruck *m*
krvò|ločan blutrünstig; **~-**

prolíće Blutvergießen *n*; **~tok** (*Blut*-)Kreislauf *m*
křzn|ār Kürschner *m*; **~o** Pelz *m*; Fell *n*
kȑžljav verkrüppelt; **~ac** Krüppel *m*
kȕbe Kuppel *f*
kûbnī Kubik-
kùb|ūr, ~ura Pistole *f*
kȕcā|j, ~nje Klopfen *n*, Pochen *n*; **~j bȉla** Pulsschlag *m*
kȕc|ati [~nuti] (an)klopfen, pochen; tippen; *Uhr*: tikken; **~ati se** *mit d. Gläsern* anstoßen
kȕčka Hündin *f*
kȕć|a Haus *n*; **stàmbenā ~a** Wohnhaus *n*; **planìnārskā ~a** Berghütte *f*; **~i** nach Hause; **~anica** Hausfrau *f*; **~ānstvo** Haushalt *m*; **~èvlasnīk** Hausbesitzer *m*; **~ica** Häuschen *n*; *Tech.* Gehäuse *n*; **~nī** häuslich, Haus-; **~nī brôj** Hausnummer *f*; **~nī rêd** Hausordnung *f*; **~nā vráta** *n/pl.* Haustür *f*
kùdā wohin
kȕditi [pò-] tadeln
kùdelja Flachs *m*
kȕga Pest *f*
kúgla Kugel *f*
kuglàna Kegelbahn *f*
kȕglast kugelförmig
kùgl|ati se kegeln; **~ica** Kügelchen *n*; **~ičnī lèžāj** Kugellager *n*
kȕh|alo *kr.* Kocher *m*; **plînskō ~alo** Gaskocher; **~an** *kr.* gekocht, gar; **~ār** *kr.* Koch *m*; Kochbuch *n*; **~arica** Köchin *f*; **~ati** *kr.* kochen; gären; **~inja** *kr.*, **kûjna** *sb.* Küche *f*
kȕja *s.* **kȕčka**
kujùndžija *m* Goldschmied *m*
kȕk Hüfte *f*
kȕka Haken *m*; Widerhaken
kúkac Insekt *n*; Käfer *m*
kȕk|ast hakenförmig, Haken-; **~āvan** elend, erbärmlich; **~avica** Kuckuck *m*; Feigling *m*; **~ica** Häkchen *n*; Häkelnadel *f*; *fig.* Haken *m*
kukurijèkati krähen
kukùruz Mais *m*
kúla Turm *m*
kùlen Schwartenmagen *m*
kultúra Kultur *f*
kȕltūran Kultur-; kultiviert
kùltūrno-prȍsvjetnī Massenaufklärungs-
kûm Pate *m*; Trauzeuge *m*
kúm|a Patin *f*; Trauzeugin *f*; **~òvati** Pate stehen (*D* / bei *D*)
kúna Marder *m*
kùndak Gewehrkolben *m*
kùnić Kaninchen *n*
kȕpa *Math.* Kegel *m*
kúpac Käufer *m*, Abnehmer *m*
kùpāč Badegast *m*
kùpać|ē gàćice *f/pl.* Badehose *f*; *s.* **kòstīm**
kùpalīš|nī Bade-, Kur-; **~nā tàksa** Kurtaxe *f*; **~te** Frei-, Strand|bad *n*; Kur-, Bade|ort *m*; Badeanstalt *f*
kúpānje Bad(en) *n*
kupaònica Bad(ezimmer) *n*

kȕpast Kegel-, kegelförmig
kúpati (se) baden
kùpatilo s. **kupaònica, kúpānje**
kȕpē *m Esb.* Abteil *n*
kùpelj *f* Bad(ewasser) *n*
kùpina Brombeere *f*
kȕpīšte Halde *f*
kúp|iti¹ (**~òvati**) (ein-) kaufen, abnehmen
kȕpiti² sammeln; **~ se** sich an-, ver|sammeln
kȗpka Bad *n*
kúpnja (An-, Ein-)Kauf *m*
kupòvati s. **kúpiti**
kùpovina Kauf *m*
kùpus Kohl *m*, Kraut *n*
kúra Kur *f*; **~ mršávljēnja** Abmagerungskur
kùrjē ȍko Hühnerauge *n*
kȕrs Kurs *m*; Kursus *m*
kȗrva V Hure *f*
kurzírati verkehren
kȕsūr Rest(geld *n*) *m*
kȕšati kosten; probieren, versuchen
kȕšet-kȍla *n/pl. Esb.* Liegewagen *m*
kúšnja Probe *f*
kȗt Winkel *m*; Ecke *f*
kùtija Schachtel *f*, Dose *f*, Büchse *f*; **mjènjāčkā ~** *Kfz.* Getriebekasten *m*
kȗtnjāk Backenzahn *m*
kȗv|an, ~ār *sb.* s. **kȕhan, kȕhār** *usw.*
kȕžiti [**za-**] verpesten
kvȁ|čilo Kupplung *f*; **~ka** (*Tür*-)Klinke *f*
kvalìtētan Qualitäts-, Güte-
kvȃr Schaden *m*; *Tech. a.* Störung *f*; **~ na mȏtoru** Motorpanne *f*
kvár|an verdorben; **~iti** [**po-**] verderben (**se** *v/i.*)
kvȁrt Stadtteil *m*
kvásac Hefe *f*
kvȁsiti [**pò-**] naß machen; anfeuchten; einweichen
kvȍčka Glucke *f*
kvȑga Beule *f*, Knolle *f*

L

lȁbav locker, schlaff
lȁbūd Schwan *m*
lȁ|ćati s. **~titi**
lȁdica Schublade *f*
lȃđa Schiff *n* (*a. Arch.*)
làđār Schiffer *m*
lȁgan leicht
làgāno *adv.* langsam
làgati [**s-**] lügen; belügen (*A*)
lágodan behaglich, gemütlich
làik Laie *m*
lȁjati bellen
lȃjka Kleinbildkamera *f*
lȁk¹ leicht; **~u nȏć!** gute Nacht!; **~i mètāl** Leichtmetall *n*
lȁk² Lack *m*; **~ za kòsu** Haarspray *n*
lȃkat Ell(en)bogen *m*
lakírati s. **lȁkovati**
lakòća Leichtigkeit *f*
làkom gierig; habgierig; **~ōst** *f* Habgier *f*
lakò|uman leichtsinnig; **~ūmnōst** *f* Leichtsinn *m*

lȁkova|n lackiert; **~ti** lakkieren
lakòvjēran leichtgläubig
lakȑdija Posse *f*; Schabernack *m*
lála Tulpe *f*
lȃmpa Lampe *f*; **džȅpnā ~** Taschenlampe *f*; **~ za lȅmljēnje** Lötlampe *f*
lȃn Flachs *m*, Lein *m*
lánac Kette *f*
lànč|an Ketten-; **~ić** (*Uhr-*) Kette *f*
lȁne Rehkitz *n*
lȃni voriges Jahr
lansírati *Rakete, Torpedo* abschießen; *Satelliten* in die Umlaufbahn bringen
lànjskī vorjährig
lȁsica Wiesel *n*
lȁsk|ānje Schmeichelei *f*; **~ati [pò-]** schmeicheln; **~av** schmeichelhaft
lȁstavica Schwalbe *f*
làstik(a) F Gummiband *n*
lȁšti|lo Schuhwichse *f*; Politur *f*; **~ti** polieren
latìnica lateinische Schrift *f*
làtinskī lateinisch; (**~ jèzik**) Latein *n*
lȁtiti (lȁćati) ergreifen; **~ se** (*G*) in Angriff nehmen (*A*), herangehen (an *A*)
lȃv Löwe *m*; **~ica** Löwin *f*
láva Lava *f*
lávež Gebell *n*
làvōr Waschbecken *n*
lȃž *f* Lüge *f*, Unwahrheit *f*
lȁžac Lügner *m*
lȁžan falsch, unecht; Pseudo-
lȁž|ljiv lügnerisch; verlogen; **~ōv** Lügner *m*

lèbdjeti schweben
léća Linse *f*
lèćēnj|e: rȇd ~a Flugplan *m*; **vrijème ~a** Flugzeit *f*
lèći (lijègati) sich legen
lȇd Eis *n*
lȇd|en Eis-; eisig; eisgekühlt; **~ènica** Eiszapfen *m*; Eiskeller *m*; **~ènjāk** Eisberg *m*; Gletscher *m*
lèdište Gefrierpunkt *m*
ledolòmac Eisbrecher *m*
léđa *n/pl.* Rücken *m*
lȇđnī Rücken-
legitim|ácija Ausweis *m*; **~írati se** sich ausweisen
legúra Legierung *f*
léja *sb.* Beet *n*
lèmilo Lötkolben *m*
lȅm|iti [zà-] löten; **~ljēnje** Löten *n*
lènjīr Lineal *n*
lepéza Fächer *m*
lepȑšati flattern
lȅpt|īr Schmetterling *m*, Falter *m*; **~īr-màšna** Fliege *f*, Querschleife *f*; **~írastā nàvrtka** Flügelmutter *f*
lȇš, lèšina Leiche *f*; Aas *n*
lèšinār Aasgeier *m*
lȇt Flug *m*; **klíznī ~** Gleitflug *m*
lètāč Flieger *m*
létak Flugblatt *n*
lètimičan flüchtig
lètje|lica Flugkörper *m*; **~ti (lijètati)** fliegen
lȅtva Latte *f*
lȅžāj Bett(stelle *f*) *n*; Lager *n* (*a. Tech.*); **~nī** Lager-
lèž|āljka Liegestuhl *m*; **~ati** liegen; **~īšte** Lager *n*

li *nicht übersetzbare Fragepartikel*
lic|e Gesicht *n*; Person *f*; **~èmjer** Heuchler *m*; **~èmjērje** Heuchelei *f*
ličan persönlich; stattlich
ličilac Anstreicher *m*
ličinka Made *f*
líčiti **[na-]** anstreichen; (**na** *A*) ähneln (*D*)
ličn|o *adv.* persönlich; **~ōst** *f* Persönlichkeit *f*
lig|anj, **~nja** Tintenfisch *m*
lihv|a Wucher *m*; **~ārski** Wucher-
liječ|ēnje Kur *f*; Behandlung *f*; **~iti** (ärztlich) behandeln; **~iti se** sich behandeln lassen, in Behandlung sein
liječn|ica *kr.* Ärztin *f*; **~ičkī** *kr.* ärztlich; **~ik** *kr.* Arzt *m*
lijègati *s.* **lèći**
lijèha *kr.* Beet *n*
lijek Arznei *f*; **~ za čišćēnje** Abführmittel *n*
lij|en faul, träge; **~ènōst** *f* Faulheit *f*, Trägheit *f*; **~ènština** Faulenzer *m*
lijep schön, hübsch
lijèp|ak Leim *m*; *s.* **lijèpilo**; **~iti** **[na-]** kleben, leimen
lijes Sarg *m*
lijèska Haselnuß(strauch *m*) *f*
lijètati *s.* **lètjeti**
lijevak Trichter *m*
lijèvati *s.* **iz-, od-, u|lijèvati**
lijev|i linke(r); **~o** *adv.* links
lik Gestalt *f*
likēr Likör *m*
liko Bast *m*
lim Blech *n*; **~ār** Klempner *m*
lim|en blechern, Blech-; **~ēnka** Blech|dose *f*, -büchse *f*
limūn Zitrone *f*
limunáda Limonade *f*
línija Linie *f*
lipa Linde *f*
lipanj *kr.* Juni *m*
lipov čaj Lindenblütentee *m*
lisic|a Fuchs *m*; **~e** *f/pl.* Handschellen *f/pl.*
liskūn Glimmer *m*
lisni kalèndār Abreißkalender *m*
lisnica Brieftasche *f*
list Blatt *n*; Brief *m*; Schreiben *n*; Zeitung *f*; *Anat.* Wade *f*; *Zo.* Scholle *f*, Seezunge *f*
listati **[pro-]** (durch-)blättern
listopād *kr.* Oktober *m*
lišāj Flechte *f*
lišávati *s.* **lišiti**
lišće Laub *n*, Blätter *n/pl.*
liš|iti (**~ávati**) (**k-a** *G* / j-n *G*) berauben; (j-m *A*) entziehen, aberkennen
lit|ar, **~ra** Liter *m*
liti gießen
liv *Tech.* Guß *m*
liv|ac Gießer *m*; **~en** Guß-, gegossen
livada Wiese *f*
lívnica Gießerei *f*
lízati **[po-]** (ab)lecken
lôgor Lager *n*; **~ovati** lagern, zelten
lôj Talg *m*

lòkāl|an lokal, Orts-; **~nī saobraćāj** Nahverkehr *m*
lòkati saufen
lȍkot Vorhängeschloß *n*
lȍkva Lache *f*, Pfütze *f*
lȏm Bruch *m*; Bruchstelle *f*
lȏman brüchig; gebrechlich
lòmiti [s-] (zer)brechen; **~ se** krachen, splittern
lòmlj|ava Krachen *n*; **~iv** *s.* **kȑhak**
lòn|ac Topf *m*; **~čār** Töpfer *m*
lónčić Napf *m*, Töpfchen *n*
lòp|ata Schaufel *f*; Spaten *m*; **~àtār** Damhirsch *m*; **~atica** kleine Schaufel; Spatel *m*; *Anat.* Schulterblatt *n*
lópov Dieb *m*, Gauner *m*
lȏpta Ball *m*; Kugel *f*
losìōn za kòsu Haarwasser *n*
lòsos Lachs *m*
lȏš schlecht; übel, schlimm
lȍto *m* Lotto *n*
lȏv Jagd *f*; Fang *m*
lòvac Jäger *m*
lòvačk|ī avìōn Jagdflugzeug *n*; **~ī dȏm** Jagdhütte *f*
lòv|ište Jagdrevier *n*; **~iti** [u-] (er)jagen; fangen
lȍvōr Lorbeer *m*
lȍvostāj Schonzeit *f*
lòza Rebe *f*; Geschlecht *n*; *Tech.* Gewinde *n*
lȍznī Reben-; Gewinde-
lóža Loge *f*
lȍž|āč Heizer *m*; **~ēnje** Heizung *f*; **~īšte** Feuerung *f*; **~iti** (an)heizen
lùbanja Schädel *m*
lubènica (*Wasser-*)Melone *f*
lúč|ēnje Absondern *n*, Ausscheidung *f*; **~iti** *s.* **izlúčiti**
lȗč|kī, **~nī**[1] Hafen-; **~kā ȕprava** (*od.* **kapetànija**) Hafenamt *n*; **~nī**[2] Bogen-
lȗd verrückt, irre; töricht
lȗda *s.* **budàla**
lùdilo Irrsinn *m*; Wahn *m*
lúdnica Irrenhaus *n*
lùdōrija Torheit *f*
lȕdōst *f* Verrücktheit *f*; Unsinn *m*
lùđ|āk Irre(r) *m*; Narr *m*; **~àkinja** Irre *f*; Närrin *f*
lȗg Lauge *f*
lȕk[1] Zwiebel *f*; **bȉjelī ~** Knoblauch *m*
lȗk[2] Bogen *m*
lúka Hafen *m*
lȕkav schlau, listig; **~ōst** *f* List *f*; Schlauheit *f*, Verschlagenheit *f*
lȕla (*Tabaks-*)Pfeife *f*
lȕmp(ov)ati bummeln, zechen
lúnjati sich herumtreiben herumlungern
lúp|ānje Klopfen *n*, Schlagen *n*; **~ati** klopfen, schlagen; **~ež** Dieb *m*; Schurke *m*
lùpina Schale *f*, Hülse *f*
lȕpiti[1] *pf. s.* **lúpati, ùdariti**
lúpiti[2] aushülsen; aufschlagen
lútati herum|streifen, -irren
lȕtka Puppe *f*
lùtrija Lotterie *f*
lȕžina *s.* **lȗg**

Lj

lječiliš|nā tàksa Kurtaxe *f*; **~te** Kurort *m*; Heilanstalt *f*
ljè|kār *sb.* Arzt *m*; **~karna** Apotheke *f*; **~karnīk** Apotheker *m*; **~kārskī** ärztlich, Arzt-; **~kòvit** Heil-, heilsam
ljenčáriti faulenzen
ljèp|ēnka Pappe *f*; **~ilo** Klebstoff *m*; Kitt *m*; **~ljiv** klebrig
ljepòt|a Schönheit *f*; **~ica** [Schöne *f*]
ljȅstv|e *f/pl.* Leiter *f*; **~ica** Skala *f*; *Mus.* Tonleiter *f*
ljȅšnjāk Haselnuß *f*
ljȅt|ina Ernte *f*; **~njī** Sommer-, sommerlich; **~o** Sommer *m*; **~ovalište** Sommerfrische *f*, Ferienort *m*
ljè|vāk Linkshänder *m*; **~vica** Linke *f* (*a. Pol.*); **~vičārskī** links|gerichtet, -extremistisch
ljìljan Lilie *f*
ljȕb|ak anmutig, lieblich; **~ákati** flirten
ljúbav *f* Liebe *f*
ljùbāvn|ī Liebes-; **~ā vȅza** Liebschaft *f*; **~ica** Geliebte *f*; **~ik** Geliebte(r) *m*, Liebhaber *m*
ljȕbaz|an liebenswürdig; **~nōst** *f* Liebenswürdigkeit *f*
ljȕbi|ca Veilchen *n*; **~čast** violett
ljubímac Liebling *m*
ljùbitelj(ka) Liebhaber(in *f*) *m*
ljúb|iti lieben; küssen (**se** sich); **~òmora** Eifersucht *f*
ljȕbomōran eifersüchtig
ljȕdi *m/pl.* Leute *pl.*, Menschen *pl.*; Männer *pl.*
ljȕdskī menschlich
ljùljāška Schaukel *f*
ljúljati schaukeln, wiegen (se sich)
ljȕpkōst *f* Anmut *f*
ljȕska Schale *f*; Schuppe *f*
ljúštiti [o-] (ab)schälen (**se** sich)
ljȕštura Schneckengehäuse *n*; Muschelschale *f*
ljȗt zornig, ärgerlich; grimmig; *Geschmack*: scharf
ljùtičn|ā hàrtija, ~ī pàpīr Schmirgelpapier *n*
ljutìna Zorn *m*; Schärfe *f*; Sodbrennen *n*

M

mȁ aber; **~ kȁko, ~ nèmōj!** ach was!; **~ štȁ** was auch immer
máca (*Weiden-*)Kätzchen *n*
mȁč Schwert *n*; Degen *m*
máčak Kater *m*
mačèv|alac Fechter *m*; **~ānje** Fechtkunst *f*; **~ati** fechten
mȁč|jī Katzen-; **~ka** Katze *f*
mȁćeha Stiefmutter *f*
mà|ći *s.* **~knuti**

mȁćuhica *Bot.* Stiefmütterchen *n*
mȁda obwohl, wenngleich
mȁdež Muttermal *n*
Mȁdžār Ungar *m*; **~skā** Ungarn *n*; **²skī** ungarisch
mađiòničār Zauberkünstler *m*
màgar|ac Esel *m*; **~èćī** Esels-; **~èćī kȁšalj** Keuchhusten *m*
magazìnēr Lagerist *m*
magistrála Haupt-, Fern|verkehrsstraße *f*
màgl|a Nebel *m*; **~òvit** neblig
màgnēt Magnet *m*; **~skī** magnetisch, Magnet-; **~òfōn** Tonbandgerät *n*; **~òfōnskā trȁka** Tonband *n*
mȁh Schwung *m*; Hieb *m*; Stoß *m*; Augenblick *m*; **ùzēti ~a** Oberhand gewinnen
máh|ati [**~nuti**] schwingen; winken; *m.d. Schwanz* wedeln
màhnit wahnsinnig; toll; **~ōst** *f* Wahnsinn *m*; Tollheit *f*
máhnuti *s.* **máhati**; **~ se** lassen
mȁhom sofort; überwiegend
mȁhovina Moos *n*
màhun|a Hülse *f*, Schote *f*; **~e** *f/pl.* grüne Bohnen *pl.*
mȃj Mai *m*
mȃjč|inskī mütterlich; **~instvo** Mutterschaft *f*
mȁjica (*Sport-*)Trikot *n*
mȃjka Mutter *f*
màjmun Affe *m*
màjon|ēz, ~éza Mayonnaise *f*
mȃjskī Mai-
mȃjstor Meister *m*; **~skī** meister|haft, -lich; **~stvo** Meisterschaft *f*
mȁk Mohn *m*
màkar *s.* **mȁ, bȁr²**
màkaz|e *f/pl.*, **~ice** *f/pl.* Schere *f*
Makedónac Mazedonier *m*
Makèd|onija Mazedonien *n*; **~ōnka** Mazedonierin *f*; **²ōnskī** mazedonisch
mȁklja Schaber *m*
màknuti (**mīcati**) (**se** sich) bewegen, rühren; *fig.* beseitigen; *s. a.* **pomàći**
makóvnjača Mohnkuchen *m*
malàksa|lōst *f* Mattigkeit *f*, Erschöpfung *f*; **~o** erschöpft
màl|en klein, gering(fügig); **~énkōst** *f* Kleinigkeit *f*
mȃl|ī¹ *s.* **mȁlen**; **~ā vráta** *n/pl. fig.* Hintertür *f*; **~ī²** Kleine(r) *m*
màl|ina Himbeere *f*; **~ìnovac** Himbeersaft *m*
mȁlo *adv.* ein wenig, ein bißchen; **~ pȍslije** kurz danach; **~ prȉje, ~ čas** soeben, vorhin
malò|dušan verzagt; **~ljetan** minderjährig; **~pròdaja** Einzelhandel *m*
mȁlter Mörtel *m*
mȃlj Ramme *f*, Rammbock *m*
mám|ac Köder *m*; **~iti** [**na-, pri-**] ködern, (an-)locken

mâm|ūran F verkatert; **~ùrluk** F Katzenjammer *m*, Kater *m*
màmuze *f/pl.* Sporen *pl.*
mána Fehler *m*; Gebrechen *n*; Makel *m*
manèkēn(ka) (*Schaufenster-*)Puppe *f*; Mannequin *n*
mànēvarskā lokomotíva Rangierlok *f*
màngup Spitzbube *m*, Gauner *m*
manìkērka Maniküre *f*
mànljiv *s.* **mànjkav**
manšèta Manschette *f*
màntija Kutte *f*
mánjak Fehlbetrag *m*, Defizit *n*
mȁnj|e *adv.* weniger; **~e-više, više-~e** mehr oder weniger; **~ī** kleiner, geringer; **~ìna** Minderheit *f*
mànjkav fehler-, mangel|haft
mȁpa (*Schreib-*)Mappe *f*; Landkarte *f*
màram|a (*Kopf-*)Tuch *n*; **~ica** Taschentuch *n*; **plùćnā ~ica** Brustfell *n*
margàrīn Margarine *f*
marínac Marinesoldat *m*
máriti sich kümmern
mȁrk|a (*Brief-*, *Fabrik-*, *Stempel-*)Marke *f*; Mark *f* (*Währung*); Warenzeichen *n*; **rōba dȍbrē ~ē** Markenware *f*
màrljiv fleißig; **~ōst** *f* Fleiß *m*
mȁrš Marsch *m*
mȁrt März *m*
mȁrva Vieh *n*; **rògatā ~** Rinder *n/pl.*
màsa Masse *f*
masáža Massage *f*
masírati massieren
mȁsīvan massiv
mȁsk|a Maske *f*; **~írati** maskieren; tarnen
mȁslac Butter *f*
màslina Olive *f*; Olivenbaum *m*
másnica Strieme *f*
màsōvnī Massen-
mȁst *f* Fett *n*, Schmalz *n*; Salbe *f*; (*Schi-*, *Bohner-*) Wachs *n*
más|tan fett; fettig, ölig; **~nā bòja** Ölfarbe *f*
màstilo Tinte *f*
mástiti [za-] einfetten
mašín|a Maschine *f*; *s.* **strȍj**; **~ògrādnja** Maschinenbau *m*; **~òvođa** *m* Lokführer *m*
mȁšna Schleife *f*; Schlips *m*
mȁšta Phantasie *f*, Einbildung *f*
mȁt *indekl.* matt, glanzlos
mȁter|ica Gebärmutter *f*; **~(i)njī jèzik** Muttersprache *f*; **~inskī** mütterlich
mȁti *f* Mutter *f*; **~ca** Bienenkönigin *f*; Schraubenmutter *f*; Matrize *f*
matúra Abitur *n*, Reifeprüfung *f*
mȁza|lica Schmierbüchse *f*; **~ti [nà-]** (be)schmieren; *s.* **nàmazati**
màzga *Zo.* Maultier *n*
mȁzivo Schmiermittel *n*; Schmiere *f*

mȅč *Sp.* Spiel *n*, Kampf *m*
mèćava Schneetreiben *n*
mêd Honig *m*
mèdalja Medaille *f*
mȇdenī mjȅsēc Flitterwochen *f/pl.*
medúza Qualle *f*
mèdvjed Bär *m*
mèđ|a Grenze *f*; Rain *m*; **~ašnjī stûp** Grenzpfahl *m*
među *prp.* (*wohin? A / A*; *wo? I / D*) zwischen, unter
mȅđudio Zwischenstück *n*
međùgradskī interurban; **~rȁzgovōr** Ferngespräch *n*
mȅđuigra Zwischenspiel *n*
međù|kat Zwischengeschoß *n*; **~národnī** international; **~pàluba** Zwischendeck *n*; **~próstor** Zwischenraum *m*; **~soban** gegenseitig; **~tim** inzwischen, unterdessen; indessen; **~vrijème** Zwischenzeit *f*
mehà|ničār Mechaniker *m*; **~nika** Mechanik *f*; **~nìzam** Mechanismus *m*
mȅk, ~an weich; mürbe; *Ei*: weichgekocht
méka Köder *m*
mèlem Salbe *f*
mȅngele *f/pl.* Schraubstock *m*
mèni mir
mèsār Fleischer *m*, Metzger *m*; **~nica** Fleischerladen *m*
mésnī Fleisch-
mêso Fleisch *n*
mèsti [po-] kehren, fegen
mȅtak Kugel *f*; Schuß *m*
mètālan Metall-
mȇtar Meter(maß) *n*
mèt|ati *s.* **~nuti**
meteoròloškī ȉzvještāj Wetterbericht *m*
mèt|la Besen *m*; **~nuti** (**~ati**) (auf)setzen, (hin-)stellen, stecken; **~nuti nȁ strānu** weg|stellen, -tun; **~nuti u** (*A*) hineintun; **~nuti u džȅp** in die Tasche stecken, einstecken
mȅtv(ic)a Pfefferminze *f*
mi[1] wir
mi[2] *enkl.* (von) mir
mȉcati *s.* **màknuti**
mȉg Zwinkern *n*
mȉgnuti *pf.* zwinkern; (zu-)winken (*D*)
mȉjeh Blasebalg *m*
mijè|na Wechsel *m*; **~njati** (ab)ändern; wechseln; umtauschen; **~njati se** sich ändern; *Wetter*: umschlagen; **~siti** kneten; **~šalica** Mischmaschine *f*; **~šati [po-]** mischen; (um)rühren; *Tech.* legieren
mikrò|fōn Mikrophon *n*; **~skop** Mikroskop *n*
milìcija Polizei *f*
miliciòn|ār, ~ēr Polizist *m*
milì|jārda Milliarde *f*; **~jūn** Million *f*
milimetar Millimeter *n*, *m*
milìna Anmut *f*, Reiz *m*
miliōn *s.* **milìjūn**
milòsrdan barmherzig
mȉlōst *f* Gnade *f*, Gunst *f*
milo|stinja Almosen *n*; **~vati** liebkosen, streicheln
mȉlja Meile *f*

mìljenīk Liebling *m*
mìmo *prp.* (*A*) an (*D*) vorbei; neben, außer (*D*); *adv.* daneben
mimoì|ći (**~laziti**) vorbeigehen (an *D*); **~ći se** einander verfehlen
mìna Mine *f*
mìnđuša Ohrring *m* [um *n*]
ministàrstvo Ministeri-
mínuo vergangen
mìn|ūt, ~úta Minute *f*
mìo lieb, teuer
mîr Friede(n) *m*; Ruhe *f*
míran ruhig, gelassen
mìrāz Mitgift *f*
mìr|is Duft *m*, Geruch *m*; **~isan, ~ìsav** duftend, aromatisch; **~ìsati** duften, riechen; **~òdija** Gewürz *n*
miroljùbiv fried|lich, -liebend
mìrōvnī Friedens-; **~ ùgovōr** Friedensvertrag *m*
mìsa *Rel.* Messe *f*
mîsao *f* Gedanke *m*
mìsliti [pò-] denken; glauben, meinen
mìstrija (*Maurer-*)Kelle *f*
mìš Maus *f*; **~ica** *Anat.* Oberarm *m*; Muskel *m*; **~ić¹** Mäuschen *n*
mìšić² Muskel *m*
mìšljēnje Meinung *f*, Ansicht *f*; Gesinnung *f*; **strūčnō ~** Gutachten *n*
mišòlōvka Mausefalle *f*
mitràljēz Maschinengewehr *n*
mjèhūr Blase *f*
mjènica *Hdl.* Wechsel *m*
mjènjāč brzìnē (*od.* **ōbrtā-jā**) *Kfz.* (*Schalt-*)Getriebe *n*; **~nica** Wechselstube *f*
mjèr|a Maß *n*; Ausmaß *n*; Maßnahme *f*; **~a od ōka** Augenmaß *n*; **po ~i** nach Maß(gabe)
mjèr|āčkī, ~aćī Meß-; **~ilo** Maßstab *m*; Gradmesser *m*
mjèriti [pò-, ìz-] (ab-, aus)messen; (ab)wiegen
mjèrljiv meßbar
mjêrnīk Landmesser *m*
mjèrodāvan maßgeblich
mjȅsēc Monat *m*; *Astr.* Mond *m*; **mlâdī ~** Neumond *m*; **pȕnī ~** Vollmond *m*; **~ dánā** einen Monat (lang); **~ima** monatelang
mjȅsečn|ī monatlich, Monats-; **~ā ȍtplata** Monatsrate *f*; **~ā vôznā kârta** Monats(fahr)karte *f*
mjȅs|nī örtlich, Orts-; **~to¹** Ort *m*, Platz *m*, Stelle *f*; **~to bòrāvka** Aufenthaltsort; **~to ùdesa** Unfall|stelle, -ort; **~to za stàjānje** Stehplatz
mjȅsto² *prp.* (*G*) statt; **~ da** *cj.* anstatt zu
mjȅš|alo Mischmaschine *f*; **~ánac** Mischling *m*; **~avina** Mischung *f*, Gemisch *n*; **~òvit** vermischt, Misch-
mjȅštanin Ortseinwohner *m*, Einheimische(r) *m*
mláčan lau(warm)
mlàćenica Buttermilch *f*
mlâd jung
mlâd|e (*Tier-*)Junge(s) *n*; **~enačkī** jugendlich; **~ȅnci** *m/pl.* Brautleute *pl.*

mládež[1] *f* Jugend *f*, junge Leute
mlȁdež[2] *s.* **mȁdež**
mlàd|ica Schößling *m*, Trieb *m*; **~īć** Jüngling *m*
mlȁd|ōst *f* Jugend(zeit) *f*; **~ûnče** *s.* **mlȁde**
mlȁđī jünger (**od** *G* / als)
mlâk lau(warm)
mlàtati schlenkern, baumeln
mlàtilica Dreschmaschine *f*
mlátiti dreschen (*a. fig.*)
mlâz Strahl *m*; **~nī pógon** *Flgw.* Strahl-, Düsen|antrieb *m*
mlȁznica Düse *f*
mlȁžnjāk Düsenflugzeug *n*
Mlè|ci (*G* **~tákā**) *m/pl.* Venedig *n*
mlȉječ|an milchig; Milch-; **~nī bâr** Milchbar *f*; **~njāk** Milchzahn *m*
mlijèko Milch *f*
mlȉn Mühle *f*; **~ac** (*Kaffee-*) Mühle *f*; **~ār** Müller *m*
mlȉtav schlaff; schlapp; träge
mljàckati, mljȁskati schmatzen
mljèk|ara, ~ārna Milchladen *m*, Molkerei *f*
mljèti [**sà-**] mahlen
mljèven gemahlen
mnjénje Meinung *f*
mnȍg|ī manche(r); **~o** viel; *adv.* sehr; **~o pútā** viel-, mehr|mals; **~òbrōjan** zahlreich; **~òstran** vielseitig; **~òstruk** viel|fach, -fältig
mnòštvo Menge *f*, Vielzahl *f*
mnòž|ēnje Vermehrung *f*; **~ina** *Gr.* Mehrzahl *f*, Plural *m*; **~iti (se** sich) (ver-) mehren; *Math.* multiplizieren
mòč|iti [**na-**] benetzen, anfeuchten; *s.* **kvȁsiti**; **~vara** Sumpf *m*
môć *f* Macht *f*, Kraft *f*
mȍćan mächtig, machtvoll
mòći können, imstande sein; **ne ~** außerstande sein
mȍdar blau
mòd|ēl Modell *n*; **~èlār** Modellbauer *m*
mȍdēran modern
módla Backform *f*
môdnī Mode-; modisch
mòdrica blutunterlaufene Stelle, F blauer Fleck
mògūć, mȍgūćan möglich
mogúć|nōst *f*, **~stvo** Möglichkeit *f*
môj, mòja, mòje mein(e)
mȍkar naß
mòkr|aća Harn *m*, Urin *m*; **~aćnī** Harn-; **~iti** harnen, urinieren
mòl|ba Bitte *f*; *a.* = **~benica** Gesuch *n*, Antrag *m*; **~ilac** Antragsteller *m*; **~iti [za-]** bitten (**za** *A* / um *A*); **mȍlīm!** bitte!
mòlitv|a Gebet *n*; **~enīk** Gebetbuch *n*
móljac Motte *f*
mòmak Bursche *m*, Junge *m*; Kerl *m*
mȍmčād *f* Mannschaft *f*
mòment-snîmka Schnappschuß *m*
mont|áža Montage *f*; **~í-**

rati montieren, zusammenbauen
mórati müssen, sollen
môre Meer *n*, See *f*; **debèlo** ~ offene See, Hochsee *f*
morèuz Meerenge *f*
mòrfij Morphium *n*
mòrn|ār Seemann *m*; Matrose *m*; **~àrica** (**rātnā** Kriegs-, **tȑgovačkā** Handels-)Marine *f*
mòrsk|ī See-, Meer(es)-; **~ā bȍlēst** *f* Seekrankheit *f*; **~ō kùpalīšte** Seebad *n*
mȏsnī Brücken-
mȏst Brücke *f*; **kòmāndnī** ~ Kommandobrücke
mȍsto|brān (*Brücken-*)Eisbrecher *m*; *Mil.* Brückenkopf *m*; **~vnī** Brücken-
mȍšt Most *m*
mȍšti *f/pl.* Reliquien *f/pl.*
mòtati [**na-**] (auf)wickeln
mòtika Hacke *f*
mȍtka Stange *f*
motocìkl Motorrad *n*; **~ist(a** *m*) Motorradfahrer *m*
mȏtor Motor *m*; **prìvjesnī** (*od.* **spȍlnjī**) ~ Außenbordmotor; **~ìstika** Motorsport *m*; **~izácija** Motorisierung *f*
mòtōrnī Motor-
mòtriti [**po-**] betrachten, beobachten
mȍzak Hirn *n*, Gehirn *n*
mȍžda vielleicht
mòždina (*Knochen-*)Mark *n*
mráčan finster
mrâk Dunkelheit *f*; **hvàtā** **se** (*od.* **pȁdā**) ~ es wird dunkel
mrȁmōr Marmor *m*
mrâv Ameise *f*
mràvinjāk Ameisenhügel *m*
mrȃz Frost *m*; Rauhreif *m*; **~an, ~òvit** frostig
mrȅna *Med.* grauer Star *m*; *Zo.* Barbe *f*
mrȅža Netz *n*; ~ **za kupòvine** Einkaufsnetz
mréžnjača *Med.* Netzhaut *f*
mȑgoditi se schmollen, die Nase rümpfen
mrȉjest *f* Laich *m*
mrijèstiti se laichen
mȑk finster; **~ī ȕgalj** (*od.* **ȕgljēn**) Braunkohle *f*
mȑkv(ic)a Mohrrübe *f*
mȑlja Fleck *m*; Klecks *m*; Makel *m*
mŕljati [**u-**] beflecken
mȑmljati murmeln; brummen
mȑmot Murmeltier *n*
mȑšav mager, hager; **~iti** [**o-**] abmagern, abnehmen
mȑt|av tot; **~vac** Tote(r) *m*, Leichnam *m*; **~vačkī** Toten-, Leichen-; **~vāčnica** Leichenhalle *f*
mȑtvī *s.* **mȑtav**
mȑvi|ca Krümel *m*; ein bißchen; **~ce** *pl.* geriebene Semmeln *f/pl.*; **~ti se** abbröckeln, krümeln
mȑzak verhaßt
mŕziti hassen, verabscheuen
mȑz|lica Erfrierung *f*; **~nuti** frieren

mȑzovōljan mürrisch
mȑžnja Haß *m*, Groll *m*
mȕcati stottern
mȕč|an müh|sam, -selig; peinlich; **~enīk** Märtyrer *m*; **~iti [nà-]** quälen; foltern; plagen; **~iti se** sich quälen; sich ab|plagen, -mühen
múdar weise, klug
mȕdrōst *f* Weisheit *f*, Klugheit *f*
múdo Hode(n *m*) *f*
mùh|a *kr.* Fliege *f*; **~ara** Fliegenpilz *m*; **~òmor** Fliegengift *n*
mûk Schweigen *n*, Stille *f*
mȕk|a Qual *f*; Mühe *f*; Plage *f*; Strapaze *f*; Folter *f*; Übelkeit *f*; **~e** *pl. Rel.* Passion *f*; **bèz ~ē** mühelos
mȕkt|adžija *m* Schmarotzer *m*; **~e** *adv.* umsonst, gratis
mȕla Maultier *n*
mûlj Schlamm *m*
mùmlati murmeln
múnj|a Blitz *m*; **~èvit** blitzschnell
mûrva Maulbeere *f*
muslìmānskī mohammedanisch
mȕsti melken
mȕstra Muster *n*
mùšica Fliege *f*; (*Visier-*) Korn *n*
muškárac Mann *m*
mȕškī männlich; Herren-
muštèrija Kund|e *m*, -in *f*
mȕštikla Zigarettenspitze *f*
mút|an trübe, matt; unklar; **~nō stàklo** Mattscheibe *f*
mùva *sb.* Fliege *f*
mùzēj Museum *n*
mùzi|čār Musiker *m*; **~ka** Musik *f*
mûž (*Ehe-*)Mann *m*
mȕžār Mörser *m*
mȕževan mannhaft
mȕžjāk *Zo.* Männchen *n*

N

na *prp.* (*wohin? A / A; wo? L / D*) auf, an; **nà sreću** zum Glück; **nà poklōn** als Geschenk; **ići nà vodu** Wasser holen
nabác|iti (**~ívati**) überwerfen; *Frage* aufwerfen
nàbav|iti (**~ljati**) erwerben, anschaffen
nàbāvka Anschaffung *f*
nabíjati [nàbiti] vollstopfen, füllen; feststampfen
nábōj *El., Mil.* Ladung *f*
nábor Falte *f*
nàbōrān faltig, Falten-
nabrájati *s.* **nabròjiti**
nàbrān faltig, runzlig
nàbrēkao (auf)gequollen
nabr|òjiti (**~ájati**) aufzählen
nàbȑzo *adv.* schnell, F auf die Schnelle
nàbujāk *Kochk.* Auflauf *m*
nabùjati *pf.* (auf)quellen; *Teig*: aufgehen
nâcija Nation *f*
nácrt Skizze *f*; Plan *m*, Entwurf *m*

nàcrtati *pf.* entwerfen, skizzieren
náč|elan grundsätzlich; **~elnīk** Vorsteher *m*, Chef *m*; **~ólo** Grundsatz *m*
nàč|ēti (**~injati**) *Brot* anschneiden; *Flasche* anbrechen; anbeißen
náč|in Art *f*, Weise *f*; Methode *f*; **~ìniti** *pf.* anfertigen, machen; bereiten
náći (**nàlaziti**) finden; (an-)treffen; **~ se** sich befinden; sich treffen
nad (*wohin A* / *A*; *wo I* / *D*) [über]
nád|a Hoffnung *f*; **pūn ~ē** hoffnungsvoll
nadàh|nuti (**~njívati**) inspirieren; begeistern
nȁdalje weiter(hin)
nàdāren begabt; **~ōst** *f* Begabung *f*
nádati se (*D*) hoffen (auf *A*)
nȁdbiskup Erzbischof *m*
nàd|gled *s.* **nádzor**; **~gléd(áv)ati** beaufsichtigen, überwachen; **~glednīk** Aufseher *m*; **~grádnja** Überbau *m*; **~grobnī kȁmēn** Grabstein *m*; **~imak** Spitzname *m*
nà|dimānje Blähungen *f*/*pl.*; **~dímati se** sich (auf)blähen
nádlež|an zuständig; **~nōst** *f* Zuständigkeit *f*
nȁdljudskī übermenschlich
nadmáš|iti (**~ívati**) über|treffen, -ragen
nȁdmōć *f* Überlegenheit *f*
nàdmoć|an überlegen; **~nōst** *f* *s.* **nȁdmōć**
nadmúdr|iti (**~ívati**) überlisten
nadnáravan übernatürlich
nȁdni|ca (*Arbeits-*)Lohn *m*; **~čār** Tagelöhner *m*
na|dóći (**~dòlaziti**) ankommen; *Fluß*: steigen
nadòkna|diti (**~đívati**) ersetzen; nachholen; *s.* **nàknaditi**
nadòmje|stak Ersatz *m*; **~stiti** (**~štati**) *s.* **nadòknaditi**
nadovéz(ív)ati anknüpfen
nȁdražāj Reiz(ung *f*) *m*
nadúh(áv)ati *s.* **nàduti**
nȁdūt aufgeblasen
nàd|uti (**~úvati**) aufblasen; aufbauschen; **~ùven** *s.* **nȁdūt** [ragen]
nadvís|iti (**~ívati**) über-
nadvlád(áv)ati bezwingen, überwinden; die Oberhand gewinnen
nàd|vožnjāk *Esb.* Überführung *f*; **~zir(áv)ati** beaufsichtigen, überwachen
nádzor Aufsicht *f*, Überwachung *f*; Wartung *f*; **~nīk** Aufseher *m*; Inspektor *m*; **~nō vijèće** Aufsichtsrat *m*
nadžív|jeti (**~ljávati**) über|leben, -dauern
nȁfta Erdöl *n* [blank]
nȃg nackt, bloß; *Draht*:
nagáđati raten, mutmaßen
nȃgao hastig, jäh; heftig, hitzig
nágib Neigung *f*; Gefälle *n*; (Ab-)Hang *m*
nàginjati *s.* **nàgnuti**

nágl|asak Betonung *f*, Akzent *m*; **~ásiti** (**~ašávati, ~ašívati**) betonen

nâglo *adv.* jäh, plötzlich; **~ ohláditi** abschrecken

ná|gluh *kr.*, **~gluv** *sb.* schwerhörig

nâgnūt geneigt, gebeugt

nà|gnuti (**~ginjati**) **se** sich neigen, beugen; **~godba** Abkommen *n*; *jur.* Vergleich *m*; **~gòditi se** *pf.* sich vergleichen; **~gomìl(áv)ati** an-, auf|häufen; (auf)stapeln; (auf)speichern

nágon Trieb *m*; Antrieb *m*

nago|várati *s.* **~vòriti**; **~vijèstiti** (**~vijèštati, ~vješćívati**) andeuten (*A*), anspielen (auf *A*)

nâgo|vještāj Andeutung *f*; **~vor** Überredung *f*, Zureden *n*; **~vòriti** (**~várati**) überreden (*A*), zureden (*D*)

nâgrad|a Belohnung *f*; Preis *m*; Prämie *f*; **~nī nàtječāj** Preisausschreiben *n*

nagrá|diti (**~đívati**) belohnen, auszeichnen; entlohnen

ná|grda Mißgestalt *f*; **~gŕditi** *pf.* entstellen; beschimpfen

nàgr|isti (**~ízati**) anfressen; ätzen; **~izan** ätzend

nahrán|iti (**~njívati**) zu essen geben, füttern

nàhuškati *pf.* aufhetzen

na|ići (**~ìlaziti**) (**na** *A*) treffen (*A*), begegnen (*D*)

nàime nämlich

nâiskap *adv.* in einem (*od.* auf einen) Zug

nāìvan naiv

naizmjèncē *adv.* abwechselnd

naìzust auswendig

nájam Miete *f*; Pacht *f*; **dàti u ~** vermieten; verpachten; **~nā kȍla** *n/pl.* Mietwagen *m*

nàjamnik Söldner *m*

nâj|bliži nächste(r); **~bolje** am besten; **~boljī** beste(r), Best-; **~dubljī** tiefste(r); **~dulje** *kr.*, **~duže** *sb.* längstens, am längsten

najedànpūt auf einmal

nàjesti se *pf.* sich satt essen

nâj|gore am schlimmsten; **~gorī** schlechteste(r); **~gōrnjī** höchste(r), oberste(r); **~jačī** stärkste(r); **~kasnije** spätestens; **~kraćī** kürzeste(r); **~lakše** am leichtesten

nàj|lon Nylon *n*; **~lȍnke** F *f/pl.* Nylonstrümpfe *m/pl.*

nâjmanj|e mindestens; **~ī** kleinste(r), Mindest-

nájmiti mieten; vermieten

nâj|prije zuerst; **~ranije** frühestens; **~većī** größte(r); **~više** (zu)meist; höchstens; **~višī** höchste(r), Höchst-; **~voljeti** am liebsten haben, bevorzugen; **~zad** endlich, schließlich; zuletzt

ná|kana Absicht *f*, Vorhaben *n*; **~kániti (se)** *pf.* vorhaben, sich vornehmen;

\~kaza Mißbildung *f*, Scheusal *n*
nákit Schmuck *m*
nàkititi *pf.* (se sich) schmücken
nȁkjučē(r) vorvorgestern, vor drei Tagen
nȃklad|a Verlag *m*; **\~nīk** Verleger *m*
nákl|on Verbeugung *f*; **\~òniti se** *pf.* sich (ver-) neigen; **\~onōst** *f* Neigung *f*; Zuneigung *f*
nȁknada Ersatz *m*; Entschädigung *f*
nàkna|diti (**\~đívati**) entschädigen, vergüten
nȁknadno *adv.* nachträglich
nakon (*G*) nach; **\~ tòga** danach, darauf
nakòstr|iješen, \~ušen gesträubt; struppig
nȁk(o)sutra überübermorgen, in drei Tagen
nȃkōvanj Amboß *m*
nakraj *prp.* (*G*) am Ende, am Rande
nakȑc(áv)ati beladen, vollpacken
nà|kretān Kipp-; **\~kupòvati** *pf.* auf-, an-, ein|kaufen; **\~kvasiti** *pf. s.* **kvȁsiti**; **\~lágati** *s.* **\~lòžiti**
nàlaz|ak Fund *m*; *Med.* Befund *m*; **\~īšte** Fundort *m*; **\~iti** *s.* **náći**; **\~nī úred** Fundbüro *n*
nálič|iti *pf. s.* **líčiti**; **\~je** Kehrseite *f*
nalijè|piti *pf.* aufkleben; **\~tati** anfliegen; anstürmen
nálik ähnlich
nàliti *pf.* aufgießen
náliv Aufguß *m*; **\~-pèro** Füllfeder(halter *m*) *f*
nálog Auftrag *m*; **ȉsplatnī \~** Zahlungsauftrag *m*
nal|òžiti (**\~ágati**) beauftragen (**k-u** *A*/ j-n mit *D*); *Feuer* anmachen
nàma (*enkl.* **nam**) uns (*D*)
namámiti *pf. s.* **mámiti**
nàmazati *pf.* bestreichen; ein|fetten, -ölen
námet Abgabe *f*, Steuer *f*
namèt|ati *s.* **\~nuti**; **\~ljiv** auf-, zu|dringlich
nàmetn|īk Schmarotzer *m*; **\~uti** (**namètati**) auferlegen; aufzwingen
námira Quittung *f*
namír|iti (**\~ívati**) begleichen; befriedigen; *Vieh* füttern
námirnice *f/pl.* Nahrungs-, Lebens|mittel *pl.*
nȁmjena Bestimmung *f*
námjer|a Absicht *f*, Vorhaben *n*; **\~ávati** [**\~iti**] beabsichtigen, gedenken; *pf. a.* bestimmen; es abgesehen haben (auf *A*); **\~iti se** sich treffen; **\~no** *adv.* absichtlich, vorsätzlich
nàmj|estiti (**\~éštati**) (auf-) stellen; einsetzen; unterbringen; ordnen; *Bett* machen; *Tisch* decken; *Wohnung* einrichten; *Leute* anstellen [Möbel *pl.*]
nȁmještāj Einrichtung *f*,
nȁmješt|en *Zimmer*: möbliert; **\~ènica** Angestellte

f; **~ènīk** Angestellte(r) *m*; **~énje** Anstellung *f*
namòl|čiti (**~čívati**) anfeuchten; einweichen; **~tati** (**~távati**) auf|rollen, -wickeln
nà|mrštiti se finster blikken, die Stirn runzeln; **~mučiti se** *pf. s.* **mùčiti se**; **~nijeti** *pf. s.* **nanòsiti**; **~níz(áv)ati** auf|fädeln, -reihen
nános Anschwemmung *f*
nanòsiti [**nànijeti**] *Hieb* versetzen; *Leid* antun; *Schaden* zufügen
nânovo abermals
nànjušiti *pf.* wittern
naobláčiti se sich bewölken
nàobrazba Bildung *f*
nàoča|le *f/pl.*, **~ri** *m/pl.* Brille *f*
nà|okolo (rings)umher; **~opāk(o** *adv.*) verkehrt; umgekehrt; **~oružánje** Bewaffnung *f*, Rüstung *f*; **~orùž(áv)ati** bewaffnen (**se** sich)
ná|pad Angriff *m*; *Med.* Anfall *m*; **~pàdāč** Angreifer *m*; *Sp.* Stürmer *m*
nà|padati *s.* **~pasti**; **~pájati** *s.* **~pòjiti**; *Tech.* speisen
nāpamēt auswendig
nápast *f* Versuchung *f*
nàpa|sti (**~dati**) an|greifen, -fallen; belästigen
napèriti *pf. Waffe* richten
nāpēt gespannt, straff; spannend
nàp|ēti (**~injati**) (an)spannen
nāpētōst *f fig.* Spannung *f*
na|píjati zuprosten (*D*); **~písati** *pf. s.* **písati**
nāpīt (be)trunken
napítak Getränk *n*
nàpitōst *f* Trunkenheit *f*
napl|aćívati [**~átiti**] ent|gelten, -lohnen; kassieren; **~átiti se** vergelten (**k-u za** *A*/ j-m *A*)
náplatak (*Rad-*)Felge *f*
nà|plaviti *pf.* anschwemmen; **~pòjiti** (**~pájati**) tränken
nápōjnica Trinkgeld *n*
nāpo|kōn *adv.* endlich; **~la** halb, zur Hälfte; **~lje** hinaus, heraus; **~mena** An-, Be|merkung *f*
nápon Spannung *f*; **vìsokī ~** Hochspannung *f*
nápor Anstrengung *f*; **~an** anstrengend
nâprava Anlage *f*, Vorrichtung *f*
nàpraviti *pf.* machen, schaffen
napré|ći *pf. s.* **~gnuti**
nàpred|ak Fortschritt *m*; Erfolg *m*, Fortkommen *n*; **~an** fortschrittlich; **~ovati** fort-, voran|schreiten; vorrücken
napré|gnuti (**~zati**) (**se** sich) anstrengen; *Tech.* beanspruchen
nàprijed *adv.* vorwärts; voraus; **~!** herein!
nâprosto *adv.* einfach; **prôsto-~** schlechterdings

nàprotīv im Gegenteil, dagegen; andererseits
nà|prslina Riß *m*; **~prstak** Fingerhut *m*; **~prtiti** *pf.* aufladen; **~prtnjača** Rucksack *m*; **~pūčen** *s.* **~seljen**
nápuljskī neapolitanisch
nàpūmpati *pf.* aufpumpen
nàpun|iti (**~jávati, ~jívati**) (voll)füllen; (voll)stopfen; *Waffe, Akku* laden
napùstiti (**napúštati**) verlassen; preisgeben; **~ lúku** *Mar.* auslaufen
nàpušten *adj.* verlassen
nâr Granatapfel(baum) *m*
nàramnici *m/pl.* Hosenträger *pl.*
nàrān|ča, ~dža Apfelsine *f*
nàrandžast orange(farben)
narást(at)i (an)wachsen; steigen
nàraštāj Generation *f*
nárav *f* Natur *f*, Wesen *n*; Charakter *m*; **~an** natürlich; **~no, ~ski** *adv.* natürlich, selbstverständlich
ná|redan folgend, kommend; **~redba** Anordnung *f*, Befehl *m*; Verordnung *f*, Erlaß *m*; **~réditi** (**~ređívati**) befehlen, anordnen; **~rezak** Aufschnitt *m*; **~rječje** Mundart *f*, Dialekt *m*
narkóza Narkose *f*; **lòkālnā ~** örtliche Betäubung *f*
náročit besonder; **~o** besonders, eigens
národ Volk *n*; **~an, ~nī** national; volkstümlich; volkseigen; **~nā bânka** Nationalbank *f*; **~nā repùblika** Volksrepublik *f*; **~nā pjȅsma** Volkslied *n*; **~nī prâznīk** Nationalfeiertag *m*; **~nā prìvreda** Volkswirtschaft *f*; **~nooslobòdilačkā bôrba** Volksbefreiungskampf *m*; **~nōst** *f* Nationalität *f*
narúč|iti (**~ívati**) bestellen
nàrudžba Bestellung *f*
narúgati se (*D*) sich lustig machen (über *A*)
nàrukvica Armband *n*
nàrušiti *pf. Gesetz* verletzen; *Ordnung, Ruhe* stören
nâs (*enkl.* **nas**) uns (*A*); unser (*G*)
ná|sad Plantage *f*; **~sáditi** (**~sađívati**) anpflanzen
nȁsāmo allein; unter vier Augen
nàsaticē *adv.* hochkant
nasèl|iti (**~jávati, ~jívati**) *Land* besiedeln; *Leute* ansiedeln; **~iti se** sich niederlassen
náse|lje, ~obina Siedlung *f*
nàseljen bevölkert; seßhaft; **~ō mjȅsto** (bewohnte) Ortschaft *f*
naseljènīk Siedler *m*
násil|an gewaltsam; gewalttätig; **~no** *adv.* gewaltsam; zwangsweise
násīlje Gewalt *f*; Gewaltherrschaft *f*
násip Damm *m*, Deich *m*
nàsipati *pf.* aufschütten
nàsititi *pf.* sättigen; **~ se** satt werden

nàslada Genuß *m*, Vergnügen *n*, Behagen *n*
nâslaga Schicht *f*
nà|slanjati (se) *s.* **~slòniti (se)**; **~slijèditi (~sljeđívati)** erben; **~slikati** *pf. s.* **slìkati**
náslon Lehne *f*
naslòniti (nàslanjati) (se sich) (an)lehnen (**uz, na** *A*/ an *A*)
naslònjāč Lehnstuhl *m*
náslov Titel *m*; Überschrift *f*; Anrede *f*; Anschrift *f*; **~nīk** Adressat *m*
nàslje|dnica Erbin *f*; **~dnîk** Erbe *m*; Nachfolger *m*; **~dstvo** Erbe *n*, Erbschaft *f*; **~đívati** *s.* **naslijèditi**
nà|smjehnuti se *pf.* (**na** *A*) anlächeln (*A*), zulächeln (*D*); **~spávati se** *pf.* sich ausschlafen
nasȑtljiv angriffslustig; zudringlich; **~ac** Raufbold *m*
nàst|ajati[1] *s.* **~ati**; **~àjati**[2] *s.* **nástoj(áv)ati**; **~anak** Beginn *m*; **~ānjen** wohnhaft, ansässig; **~ati (~ajati)** entstehen; einsetzen; beginnen; *Nacht*: einbrechen
nâstava Unterricht *m*
nástavak Fortsetzung *f*, Folge *f*; *Gr.* Endung *f*
nàstav|iti (~ljati) fort|setzen, -führen (*A*), -fahren (mit)
nástavn|ī Unterrichts-; **~ica, ~īk** (*Oberschul-*)Lehrer(in *f*) *m*
nástoj|ānje Bestreben *n*, Bemühen *n*; **~(áv)ati** trachten, bestrebt sein; sich bemühen
nástōjnīk (**kūćē**) Hausmeister *m*
nàstran verschroben; ab-artig
nást|up (*Dienst-*)Antritt *m*; Auftreten *n*; *Med. s.* **nápad**; **~úpati [~úpiti]** *Amt* antreten; eintreten, kommen; auftreten; **~upnī** Antritts-
nasúkati se *pf. Schiff*: stranden, auflaufen
nàsumcē aufs Geratewohl
nasùprot (*D*) gegenüber; (*a. adv.*) entgegen
nȃš unser
natà|ći *pf.*, **~knuti (nàticati)** an-, auf|stecken; aufspießen
natápati *s.* **natòpiti**
nàtāroš Notar *m*
nàtašte auf nüchternen Magen
natèći *pf.* (an)schwellen
naté|gnuti (~zati) (an-) spannen, straff ziehen
nàticati *s.* **natàći, natèći**; **~ se** *s.* **nàtjecati se**
natjècatelj Bewerber *m*
nàtje|cati se sich bewerben (**za** *A*/ um *A*); wetteifern; **~čāj** Wettbewerb *m*; Ausschreibung *f*
nȁtkonobār Oberkellner *m*
natkrí|liti (~ljívati) überflügeln
na|tòpiti (~tápati) (durch-) tränken, imprägnieren
natòvar|en *adj.* beladen; **~iti (~ívati)** *Wagen* beladen; *Ware* aufladen; *fig.* aufbürden

nàtpis Auf-, Über|schrift *f*; Inschrift *f*; Schild *n*
nàtrāg zurück, rückwärts
natȑpati *pf.* voll|stopfen, -pfropfen
nàtuknica Stichwort *n*
nàturālan *s.* **prírodan**
nà|učan wissenschaftlich; **~ùčiti** *pf.* (er)lernen; lehren (**k-a** *D*/ j-m *A*); **~učnīk** Gelehrte(r) *m*, Wissenschaftler *m*; *kr.* Lehrling *m*
náuk Lehre *f*, Lehrzeit *f*
nàuka Wissenschaft *f*; Lehre *f*
naúljiti *pf.* (ein)ölen
nàušnica Ohrring *m*
nȁ|vala Andrang *m*; *Mil.* Angriff *m*; *Sp.* Sturm *m*; **~váliti** (**~valjívati**) sich drängen; angreifen, stürmen; bedrängen; **~večē(r)** am Abend, abends; **~vèsti** (**~vòditi**) anführen, angeben; veranlassen; verleiten; **~vìjāč** F *Sp.* Fan *m*, Anhänger *m* (*e-r Mannschaft*); **~víjati** *s.* **nàviti**
nàvik|a Gewohnheit *f*; **~ávati** [**~nuti**] (**se** sich) gewöhnen (**na** *A*/ an *A*)
nàviti (**navíjati**) *Uhr* aufziehen
nȁ|vlaka Bezug *m*; Überzug *m*; **~vòditi** *s.* **~vèsti**
návod|nī znâk, ~nica Anführungszeichen *n*; **~no** *adv.* angeblich
nȁvrtanj, nàvrtka Schraubenmutter *f*
nàz|ād zurück; **~adak** Rückschritt *m*; **~adan** rückschrittlich; rückläufig; **~adnjāk** Reaktionär *m*; **~adovati** zurückgehen
nàzdrav|iti (**~ljati**) zuprosten, (**u čìjē zdrâvlje** auf j-s Gesundheit) trinken
ná|zeb Erkältung *f*; Schnupfen *m*; **~zēbao** erkältet; **~zépsti** *pf.* sich erkälten; **~ziv** Name *m*, Bezeichnung *f*; Titel *m*; **~zívati** *s.* **nàzvati**; **~zivnīk** Nenner *m*
naznáč|iti (**~ívati**) bezeichnen; anmerken; bestimmen
nàzoč|an anwesend; *adv.* zugegen; **~nōst** *f* Anwesenheit *f*
názor Anschauung *f*; Ansicht *f*
nàz|vati (**~ívati**) nennen; bezeichnen; *s.* **zvȁti**
nȁžalōst leider
ne nein; nicht
nèbeskī himmlisch, Himmels-
nèbītan unwesentlich
nèbo Himmel *m*; **pod vȅdrīm ~m** unter freiem Himmel
nebòder Wolkenkratzer *m*
nèbriga Sorglosigkeit *f*
nèbrojen unzählig
nȅčijī irgend jemandes
nèčist[1] unrein, schmutzig
nȅčīst[2] *f*, **~òća** Schmutz *m*
nèčitak, nečìtljiv unleserlich
nȅ|čovječan unmenschlich; **~čūjan** unhörbar, geräuschlos; **~čùven** unerhört

nèćāk Neffe *m*
nećàkinja Nichte *f*
nééć|ati se ablehnen, sich weigern; **~u** ich will (*od.* mag, werde) nicht; **nêćeš, nêće** du willst (magst, wirst) nicht, er will (mag, wird) nicht
nèdaća Mißgeschick *n*
nè|daleko unweit, nicht weit; **~dāvno** vor kurzem, neulich
nèdjel|atan untätig; **~o** Untat *f*, Frevel *m*
nèdjelj|a Sonntag *m*; *sb. a.* Woche *f*; **za ~u dánā** in einer Woche
nedjèljiv unteilbar
nèdjēljnī wöchentlich, Wochen-; **~k** Wochenblatt *n*
nedò|kučan, ~kùčljiv unergründlich; **~ličan** ungehörig; **~pùstiv, ~pušten** unerlaubt, unzulässig; **~sljedan** inkonsequent; **~sta(ja)ti** (*G*) fehlen, mangeln (an *D*); ausgehen, alle werden (*od.* sein); **~státak** Mangel *m*; **~stižan, ~stìživ** unerreichbar
ne|dóstōjan unwürdig; würdelos; **~dòstupan** uner|reichbar, -schwinglich
nè|dovōljan ungenügend, unzulänglich; **~dòvŕšen** unfertig, unvollendet; **~druželjùbiv** ungesellig; **~dvòsmislen** unzweideutig
nègda *s.* **nèkada**; **~šnjī** früher, ehemalig
nè|gdje irgendwo; **~go** *cj.* sondern; (*nach Komparativ*) als
nègodovānje Unwille *m*
nèhā|j, ~t Fahrlässigkeit *f*; **~jan** fahrlässig
nèhoti(mi)cē *adv.* unwillkürlich
neìs|crpan, ~cŕpljiv unerschöpflich
nè|iskren unaufrichtig; **~ìskusan** unerfahren; **~ìspāvan** unausgeschlafen; **~ispùnljiv, ~ispùnjiv** unerfüllbar
nèistin|a Unwahrheit *f*; **~it** unwahr
neiz|bježan, ~bjèživ unvermeidlich; unabwendbar; **~dŕž(lj)iv** unerträglich; untragbar; **~ljèč(lj)iv** unheilbar
nè|izmjēran unermeßlich; **~ìzrāđen** unfertig; **~izrèciv** unaussprechlich, unsagbar; **~ìzučen** ungelernt; **~izved(lj)iv** unausführbar; **~izvjestan** ungewiß; **~ìzvježbān** ungeübt
nèjasan unklar, undeutlich, verschwommen
nè|jednāk ungleich; **~jèstiv** ungenießbar; **~kad(a)** einst, früher; **~kadašnjī** *s.* **nègdašnjī**; **~kakav** irgendein; ein gewisser; **~kāko** irgendwie; **~kamo** irgendwohin
nè|kažnjen nicht vorbestraft; **~kàžnjiv** nicht strafbar
nè|kī (irgend)ein, ein gewisser; **~kī dân** eines Tages; vor einigen Tagen; **~ko** *sb.* jemand; **~kōć** *s.*

nèkada; **~koliko** (*G*) einige, etliche, ein paar; **~korīstan** nutzlos, unnütz; **~kud(ā)** irgendwohin
nèku|hān *kr.*, **~vān** *sb.* ungekocht
nèlagod|an unbehaglich; unpäßlich; **~nōst** *f* Unbehagen *n*
nèljubazan unfreundlich
nêmā (*G*) es gibt nicht (*od.* kein), es fehlt, (es) ist nicht da; **~ nòvācā** es fehlt an Geld, es gibt kein Geld
nèmān *f* Ungeheuer *n*
nèmār Nachlässigkeit *f*; Vernachlässigung *f*; *s.* **nèhāj**; **~an** nachlässig, liederlich; sorglos, lässig
némati fehlen, mangeln; *vgl.* **nêmā**
nè|milosr̄dan unbarmherzig; **~mīr** Unruhe *f*; **~mīran** unruhig; **~mōć** *f* Schwäche *f*, Unvermögen *n*; **~moćan** schwach; machtlos; **~modēran** unmodern; **~mogūć(an)** unmöglich
nèmōj(te)! nicht!
nè|nādan unverhofft; **~nàdmašan** unübertroffen
nenado|knàdiv, **~mjèstiv** unersetzlich
ne|námjeran unabsichtlich; **~nàpūčen**, **~nàseljen** unbewohnt
nè|obavezno *adv.* unverbindlich; **~òbičan** un-, außer|gewöhnlich; **~objàšnjiv** unerklärlich; **~òbrāđen** unbearbeitet; *Feld*: unbebaut; **~òbrazovan** ungebildet; **~òbrijān** unrasiert; **~obuzdān** ungezügelt; unbändig; **~očèkīvan** unerwartet, unvermutet; **~òčišćen** ungereinigt; **~odgovōran** unverantwortlich; **~odlōžan** unverzüglich, unaufschiebbar; **~odlučan** unentschlossen; unentschieden; **~odòljiv** unwiderstehlich; **~òdrēđen** unbestimmt; **~odr̀živ** unhaltbar; **~odvòj(lj)iv** untrennbar; **~ogràničen** unbe|grenzt, -schränkt; **~opāsan** ungefährlich; **~òpažen** unbemerkt; **~ophōdan** unentbehrlich; **~òphōdno pòtreban** dringend nötig, **~ópisan**, **~opìsiv** unbeschreiblich; **~òplođen** unbefruchtet; **~oprān** ungewaschen; **~òprāvdan** ungerechtfertigt, unbegründet; **~oprēzan** unvorsichtig; **~opròstiv** unverzeihlich; **~osjètljiv** unempfindlich; **~osnovān** grundlos; *s.* **~òprāvdan**; **~ospōran** unbestreitbar; unbestritten; **~ostvàr(lj)iv** unausführbar; **~oštar** unscharf; **~òštećen** unbeschädigt; **~otrōvan** ungiftig; **~òvlāšten** unbefugt; **~òženjen** *Mann*: unverheiratet, ledig; **~pāran** ungerade
nepàž|ljiv unaufmerksam, unachtsam; **~nja** Unachtsamkeit *f*

nèpce Gaumen *m*
nè|pismen *adj.*, *Su.* Analphabet *m*; **~plāćen** unbezahlt; **~plìvāč** Nichtschwimmer *m*; **~plodan** unfruchtbar; unergiebig; **~pobjèd(lj)iv** unbesiegbar; unüberwindlich
nē|podesan ungeeignet; **~podmìtljiv** unbestechlich; **~podnòšljiv** unerträglich; **~podópština** Unfug *m*; **~pogrèš(lj)iv** unfehlbar; **~pokolèb(lj)iv** unbeugsam; unerschütterlich; **~pokrētan** regungslos; ungelenk(ig); **~pomičan** unbeweglich; feststehend; **~pòkvāren** unverdorben; **~popràv(lj)iv** unverbesserlich; **~popùstljiv** unnachgiebig
nēposlū|h Ungehorsam *m*; **~šan** ungehorsam [direkt]
nepòsredan unmittelbar,
nē|postojān unbeständig; **~pošten** unredlich; unfair; **~pòtpun** unvoll|ständig, -kommen; **~potreban** unnötig, unnütz; **~pouzdān** unzuverlässig; **~povjerénje** Mißtrauen *n*, Argwohn *m*; **~povōljan** ungünstig; nachteilig; **~pòvrijeđen** unver|letzt, -sehrt; **~poznāt** unbekannt; **~požēljan** unerwünscht
nèprāvda Unrecht *n*, Ungerechtigkeit *f*
nē|pravedan ungerecht; **~pravīlan** unregelmäßig; **~preglēdan** unübersichtlich; **~prékidan, ~prèkinut, ~prèstan** ununterbrochen, unaufhörlich, anhaltend; **~prihvàtljiv** unannehmbar; **~prijātan** unangenehm
nèprija|telj Feind *m*; **~tèljskī** feindlich, feindselig; **~téljstvo** Feindschaft *f*
neprìkladan ungeeignet; unpassend
nepríli|čan ärgerlich, mißlich; ungelegen; ungehörig; **~ka** Ungelegenheit *f*, Verlegenheit *f*, F Klemme *f*
nē|primjetan unmerklich; **~priprāvan** unvorbereitet; **~prírodan** gekünstelt, unnatürlich; **~prìsiljen** ungezwungen, zwanglos; **~prístōjan** unanständig, anstößig; **~prìstrastan** unparteiisch, unbefangen; **~prìstupačan** unzugänglich; **~pròbitačan** unvorteilhaft; **~próbōjan** undurchdringlich; **~procjènjiv** unschätzbar; **~prodān** unverkauft; **~prodōran** *s.* **~próbōjan**; **~pròhodan** unwegsam; **~prólazan** unvergänglich; unbefahrbar; **~pròmišljen** unüberlegt; *s.* **nèsmotren**; **~promjènjiv** unveränderlich; **~pròmočan** wasserdicht; **~própisan** vorschriftswidrig; **~propùst(lj)iv** undurchlässig; **~providan, ~prozīran** undurchsichtig; **~pùšāč** Nichtraucher *m*

nèrado ungern
neras|položen unpäßlich; verstimmt; **~tòp(lj)iv, ~tvòr(lj)iv** unlöslich
nè|rävan uneben, holprig; **~ravnomjēran** ungleichmäßig
neráz|borit unklug; **~drùž(lj)iv** unzertrennlich; **~jàšnjiv** unerklärlich; **~lùč(lj)iv** untrennbar; **~rješiv** unlösbar
nèra|zūman unvernünftig; **~zùmljiv** unverständlich, unbegreiflich
nerazvìjen un-, unter|entwickelt; **~ē zèmlje** *f/pl.* *Pol.* Entwicklungsländer *pl.*
nèrc Nerz *m*
nèrēd Unordnung *f*, Durcheinander *n*; **~i** *pl.* Wirren *pl.*; **u ~u** durcheinander
nèrijēšen ungelöst; *Sp.* unentschieden
nèrv Nerv *m*; **~írati** auf die Nerven gehen; **~óza** Nervosität *f*; **~ōzan** nervös
nè|samostālan unselbständig; **~sàvřšen** unvollkommen; **~sèbičan** uneigennützig; **~shvàtljiv** unbegreiflich; **~sigūran** unsicher; ungewiß; **~sigúrnōst** *f* Unsicherheit *f*; Ungewißheit *f*; **~sklād** Miß|klang *m*, -helligkeit *f*
nèsklon abgeneigt
nèslān ungesalzen; *fig.* abgeschmackt
nè|sloga Uneinigkeit *f*; Zwietracht *f*; **~slòm(lj)iv** unzerbrechlich; **~složan** uneinig, uneins; **~slòživ** unvereinbar; **~smētan** ungestört; **~smiljen** unbarmherzig; **~smišljen** unüberlegt, unbesonnen
nèsmotren unbedacht; **~o** *adv.* blindlings
nesmřžljiv frost-, kälte|beständig
nè|snosan unerträglich; **~solīdan** unsolid(e); **~sporazum** Mißverständnis *n*
nèsposoban unfähig; **~ za râd** arbeitsunfähig; **~ za vôjsku** *Mil.* untauglich
nesposóbnōst *f* Unfähigkeit *f*; Untauglichkeit *f*
nèspret|an ungeschickt, unbeholfen; **~nōst** *f* Ungeschicklichkeit *f*
nesprètnj|āk, ~áković P Trottel *m*, Toffel *m*
nesràvnjiv unvergleichlich
nesrázmjēr Mißverhältnis *n*
nèsre|ća Unglück *n*, Unheil *n*; Pech *n*, Mißgeschick *n*; Unfall *m*; **po ~ći** unglücklicherweise; **~ćan** *sb.*, **~tan** *kr.* unglücklich
nèsta(ja)ti (ver)schwinden; abhanden kommen
nèstālan unstet, unbeständig
nèsta|nak Verschwinden *n*, Verlust *m*; Fehlen *n*; **~o** verschwunden; vermißt
nèstāšan neckisch; mutwillig
nè|stašica Mangel *m*, Knappheit *f*; **~stàšluk** Schabernack *m*

nestȑpljiv ungeduldig; **~ōst** *f* Ungeduld *f*
nesùglas|an uneinig; **~ica** Unstimmigkeit *f*
nesù|mnjiv unzweifelhaft; **~mnjivo** *adv.* zweifellos; **~visao** unzusammenhängend
nȅsvijest *f* Ohnmacht *f*
nèsvjestan unbewußt
neškòdljiv unschädlich
nȅšto etwas
nètač|an ungenau; unpünktlich; **~nōst** *f* Ungenauigkeit *f*; Unpünktlichkeit *f*
nètaknūt unberührt
netàktičan taktlos
nȅtko *kr.* jemand
neùčtiv unhöflich
nȅudā|na, ~ta *Frau*: ledig, unverheiratet
neùdob|an unbequem; ungemütlich; **~nōst** *f* Unbequemlichkeit *f*
nȅ|uglēdan unscheinbar, unansehnlich; **~ùgodan** unangenehm, unbehaglich; peinlich; widrig; **~ukròt(lj)iv** unbezähmbar; **~ukūsan** geschmacklos; **~ùljudan** unartig, unhöflich; **~ùmjeren** unmäßig; **~ùmjestan** unangebracht, unpassend; **~umòljiv** unerbittlich; **~umōran** unermüdlich; **~uobìčājen** ungebräuchlich, unüblich; **~upàdljiv** unauffällig; **~upàkirān** *kr.*, **~ùpakovān** *sb.* lose, unverpackt; **~upàljiv** feuerfest; nicht brennbar; **~uporàb(lj)iv** unbrauchbar; **~uporèd(lj)iv** unvergleichlich; **~upotrèb(lj)iv** unbrauchbar; **~ùpūćen** uneingeweiht; unbewandert; **~ùredan** unordentlich, liederlich; **~ùsiljen** ungezwungen; **~uspjeh** Mißerfolg *m*, Fehlschlag *m*; **~ùspješan** erfolglos; unwirksam; **~ustràš(lj)iv** unerschrocken, furchtlos; **~ùtješan, ~utjèš(lj)iv** untröstlich
nȅutr|ālan neutral; **~álnōst** *f* Neutralität *f*
nevàlj|alac Taugenichts *m*, Lump *m*; **~ān, ~ao** schlecht, wertlos; ungezogen; *a.* = **neváženi** ungültig
nevìd(lj)iv unsichtbar
nȅvin unschuldig; schuldlos; **~ōst** *f* Unschuld *f*
nèvjera Untreue *f*; **~n** untreu, treulos; ungläubig
nevjerò|jatan *kr.*, **~vatan** *sb.* unwahrscheinlich, unglaublich
nè|vjesta Braut *f*; **~vješt** ungeschickt; unerfahren, ungeübt; **~volja** Not *f*, Elend *n*
nȅvōlj|an elend; **~no** unwillkürlich
nȅvrijeme Unwetter *n*
neza|borāvan unvergeßlich; **~dovōljan** unzufrieden; unbefriedigt; **~dovóljstvo** Unzufriedenheit *f*; **~dȑživ** unaufhaltsam; **~hvālan** undankbar
nezákonit ungesetzlich, ge-

setzwidrig; unrechtmäßig; *Kind*: unehelich
nezà|pažen unbemerkt; **~poslen** arbeits-, erwerbs|los; **~poslenōst** *f* Arbeitslosigkeit *f*; **~ptìven** undicht
nezásitan unersättlich
nezávis|an unabhängig; **~nōst** *f* Unabhängigkeit *f*
nèzdrav ungesund
nèzgoda Unfall *m*; Ungelegenheit *f*; **~n** unbequem; ungelegen; unpassend
nȅzgrāpan schwerfällig, plump
nè|znalica *m* Ignorant *m*, Nichtswisser *m*; **~znánac** Unbekannte(r) *m*; **~znatan** unbedeutend; unscheinbar; gering(fügig); **~zreo** unreif; **~ženja** *m* Junggeselle *m*
nì nicht einmal; **~ ... ~** weder ... noch; **~ jâ** ich auch nicht
nì|cati [~ći, ~knuti] keimen, aufgehen; **~gdje** nirgends, nirgendwo; **~jèdan** kein; niemand; **~jèkati** leugnen, abstreiten, verneinen; **~jem** stumm
Nijèmac Deutsche(r) *m*
nì|kad(ā) nie(mals); **~kakav** kein(erlei); **~kāko** gar nicht, keinesfalls; **~klovān** vernickelt; **~knuti** *s.* **~cati**; **~ko** *sb.* niemand; **~kud(a)** nirgendwohin
nìmalo nicht im geringsten
nì|otkud(ā) nirgendwoher; **~pošto** *s.* **~kāko**
nísam ich bin nicht (*od.* kein[e])
nìskī *s.* **nȉzak**
nìšan Zielscheibe *f*
nìšta nichts
ništàrija Nichtigkeit *f*
nìšt|āvan nichtig; nichtsnutzig; **~āv(n)ōst** *f* Nichtigkeit *f*
nìštica Null *f*; Niete *f*
nȉt *f* Faden *m*
nìti ... nìti weder ... noch
nìtko *kr.* niemand
nìtkōv Schuft *m*, Schurke *m*
nìvō *m* Niveau *n*, Stand *m*
nîz[1] Reihe *f*, Serie *f*
niz[2] *prp.* (*A*) ab(wärts), hin-, her|ab; **nȉz vodu** stromab(wärts)
nȉzak niedrig, nieder
nízati [na-] (auf)reihen
nìzbrdica Abhang *m*, Gefälle *n*
nȉzbrdo bergab
nizìna Niederung *f*, Tiefebene *f*
Nizòzemsk|ā Niederlande *pl.*; **2ī** holländisch, niederländisch
nȉzvodno fluß-, strom|-abwärts
nȉžī niedriger
nȍ[1] aber
nô[2] *s.* **nȅgo**
nôć *f* Nacht *f*
nòćas heute (*od.* morgen) nacht
nòć|ēnje Übernachtung *f*; **~ište** Nachtquartier *n*; **~iti [pre-]** übernachten
nȍćn|ī nächtlich, Nacht-; **~ā slùžba, ~ō dežúrstvo** Nachtdienst *m*; **~ā smjȅna**

Nachtschicht *f*; **~ī râd** Nachtarbeit *f*; **~ī stòlić** Nachttisch *m*
nòga Fuß *m*; Bein *n*
nȍgo|met Fußball *m*; **~mètāš** Fußballspieler *m*; **~metnī** Fußball-
nȏj *Zo.* Strauß *m*
nȍk|at Fingernagel *m*; **... za ~te** Nagel-
nôrma Norm *f*
nòrmīrān genormt, Norm-
Nòrvēšk|ā Norwegen *n*; **2ī** norwegisch
nôs Nase *f*
nòsāč Träger *m*
nòsēća schwanger; **~ površìna** Tragfläche *f*
nòsi|la *n/pl.* Trag(bahr)e *f*; **~ti** tragen; *Eier* legen; **~ sa sòbom** mitführen; **~vōst** *f* Tragfähigkeit *f*
nȍsnica Nasenloch *n*
nosòrog *Zo.* Nashorn *n*
nòšnja (**národnā** Volks-) Tracht *f*
nóta Note *f*
nȍv neu; **2ā gȍdina** Neujahr *n*; **~ō dȍba** *n*, **~ī vìjek** Neuzeit *f*
nòvac Geld *n*; **sìtan ~** Kleingeld; **kȍvanī ~** Hartgeld
novàjlija *m* Neuling *m*
nòvātor Neuerer *m*
nòvčan geldlich, Geld-; **~ā kâzna** Geldstrafe *f*
novčàn|ica Banknote *f*; **~ik** Geldbörse *f*
novèla Novelle *f*
nòvēmbar November *m*
nȍvin|ār Journalist *m*; **~e** *f/pl.* Zeitung *f*; **~skī** Zeitungs-; **~skī pàpīr** Zeitungspapier *n*
novò|gradnja Neubau *m*; **~rođenče** Neugeborene(s)
nȍvōst *f* Neuigkeit *f*; Neuheit *f*
nȍzdrva Nasenloch *n*; Nüstern *pl.*
nôž Messer *n*; **~ice** *f/pl.* Schere *f*
nòžić Feder-, Taschen|-messer *n*
nȍžn|ī Fuß-; **~ā kóčnica** Fußbremse *f*
nudìstičkā pláža Nacktbadestrand *m*
nȕditi [**pò-**] (an)bieten [*f*]
nudìzam Freikörperkultur
nȕs|proizvod Nebenprodukt *n*; **~prostorija** Nebenraum *m*
nȕzzârada Nebenverdienst *m*
nȕž|da Not *f*; **~dan** nötig; **~nik** Abort *m*

Nj

nj *A/sg.* (*enkl.*) *v.* **ȏn, òno** = **njèga** ihn, es
njȅdra *n/pl.* Busen *m*
njȅga Pflege *f*; **~ tìjela** Körperpflege
njègov sein; dessen
njȅgovati pflegen; *Maschine* warten
Njèmačk|ā Deutschland *n*; **2ī** deutsch

Njèm|ica, ~kinja Deutsche *f*
njên, njézin ihr, deren (*ihr gehörig*)
njȅž|an zart, zärtlich; **~nōst** *f* Zärtlichkeit *f*, Innigkeit *f*
njíh|alo Pendel *n*; **~āljka** Schaukel *f*; Wippe *f*; **~ati** (se) schaukeln, (sich) wiegen
njȉhov ihr, deren (*ihnen gehörig*)
njȉva Acker *m*
njȕh Geruch *m*
njúš|iti schnüffeln, schnuppern; **~ka** Schnauze *f*, Maul *n*

O

o *prp.* (*A*) an (*A*); (*L*) an (*D*); von (*D*), über (*A*); **~ tòmē** darüber, davon
ȍba *m*, *n*, **ȍbje** *f* beide
ȍbād Stechfliege *f*, Bremse *f*
ȍbadv|ā *m*, *n*, **~ije** *f*, **~oje** (*alle Geschlechter*) beide
ȍbal rundlich, oval
ȍbala Küste *f*, Ufer *n*
ȍbālnī Küsten-, Ufer-
obàmrijeti *pf*. erstarren
ȍbao *s.* **ȍbal**
obárati *s.* **obòriti**
obàrāč Abzug(shebel) *m*
obàs|ipati [~ūti] bestreuen; überschütten (*I*/ mit *D*)
ȍbavez|a Verpflichtung *f*, Pflicht *f*; **bez ~ē** ohne Verbindlichkeit; **~an** verbindlich, obligatorisch, Pflicht-
obav|éz(ív)ati (se sich) verpflichten; **~íjati** *s.* **obàviti**
ȍbav|ijest *f* Auskunft *f*; Benachrichtigung *f*; **~ijèstiti** (**~ještávati**) benachrichtigen, unterrichten, verständigen
obàv|iti¹ (**~íjati**) umschlingen
òbav|iti² (**~ljati**) erledigen, verrichten
òbav|ještājnā slùžba Nachrichtendienst *m*; **~ještávati** *s.* **~ijèstiti**
òbav|ljati *s.* **~iti²**
obàz|irati se sich um|sehen, -schauen; **~riv** nachsichtig
òbdanište: djȅčjē ~ Kindertagesstätte *f*
òbdāren begabt
obećánje Versprechen *n*, Zusicherung *f*
obèć(áv)ati versprechen, geloben
obeshrábr|iti (**~ívati**) entmutigen
obèšča|stiti (**~šćávati**) schänden, entehren
obèzbijeđen gesichert; Sicherheits-
ȍbičāj Gewohnheit *f*; Brauch *m*, Sitte *f*; **~an** üblich
ȍbič|an gewöhnlich; alltäglich; ordinär; **~ávati** (zu tun) pflegen
obíjati *s.* **òbiti**
ȍbijest *f* Übermut *m*; **~an** übermütig; ungehorsam

òbilan, obìlat reichhaltig, ausgiebig
obìlaz|ak Rundgang *m*; **~iti** herumgehen (um *A*), umgehen (*A*)
ȍbilaznī pût Umweg *m*
òbilovati (*I*) Überfluß haben (an), reich sein (an)
òbīlje Überfluß *m*, Fülle *f*
obìlјež|iti (**~ívati**) kennzeichnen, markieren
obìljēžje Kennzeichen *n*, Merkmal *n*
obítelj *f* Familie *f*
òbiti (**obíjati**) er-, auf|-brechen
objá|sniti (**~šnjávati**) erklären; **~šnjénje** Erklärung *f*
ȍbjava Ankündigung *f*; Ansage *f*; Ausweis *m*; *s.* **ȍglās**
objáv|iti (**~ljívati**) bekanntgeben; ansagen; verkünden
òbjed(ovati) *s.* **rúčak, rúč(áv)ati**
objelodá|niti (**~njívati**) veröffentlichen
òbjesiti *pf.* (auf)hängen; henken; **~ slȕšalicu** *Tel.* einhängen
ȍblāčan bewölkt
obláčiti *s.* **obúći**; **~ se** sich bewölken
oblágati *s.* **oblòžiti**
ȍbl|āk Wolke *f*, **~akòder** *sb.* Wolkenkratzer *m*; **~ȃst** *f* Gebiet *n*; Behörde *f*; **~ijèpiti** (**~jepljívati**) bekleben; **~īk** Gestalt *f*, Form *f*
òblikovati formen, gestalten
oblìna Rundung *f*
òblog *Med.* Umschlag *m*
ȍbl|oga Aus-, Ver|kleidung *f*; **~òžiti** (**~ágati**) *Kleid* füttern; aus-, ver|kleiden, auslegen (*I*/ mit *D*)
ȍb|ljepljívati *s.* **~lijèpiti**
òbljetnica Jahrestag *m*
ȍbljuba *s.* **snȍšāj**
òbljūbljen beliebt
ȍbmana Täuschung *f*
obmá|nuti (**~njívati**) täuschen
obnávlj|ānje Wiederaufnahme *f*; **~ati** *s.* **obnòviti**
ȍbn|ova Erneuerung *f*; **~òviti** (**~ávljati**) erneuern; wiederaufnehmen; überholen
ȍbōd (*Hut-*)Krempe *f*; *Tech.* Flansch *m*
obogać|ávati, ~ívati [obògatiti] (**se** sich) bereichern
obòlj|eti (**~évati**) erkranken, krank werden
òbor Viehhürde *f*
òborina Niederschlag *m*
obò|riti (**obárati**) fällen; (um)stürzen; niederschlagen; *Flugzeug* abschießen; **~stran** beiderseitig; **~žávati** anbeten, verehren
ȍbrač|ūn Abrechnung *f*; **~ùn(áv)ati** verrechnen; abrechnen (**se** s *I*/ mit *D*)
òbr|aćati (**se**) *s.* **~átiti** (**se**)
ȍbrada Bearbeitung *f*
obrá|diti (**~đívati**) bearbeiten; umarbeiten; *Feld* *a.* bestellen
òbradovati *pf.* erfreuen; **~ se** (*D*) sich freuen über (*A*)

obrađivati *s.* **obráditi**
òbramben Verteidigungs-
ȍbr|ana Verteidigung *f*, Abwehr *f*; **~àniti** *pf.* verteidigen
òbrāstao *adj.* bewachsen
ȍbrat|an umgekehrt; **~nōm pȍštōm** postwendend
obrátiti (**òbraćati**) **se** sich wenden (*D od.* **na** *A* / an *A*)
òbratnīk *Geogr.* Wendekreis *m*
òbraz Gesicht *n*; Wange *f*, Backe *f*; Ehre *f*
obrázac Muster *n*; Schema *n*; Formular *n*; Formel *f*
òbrazina Maske *f*
obrazl|ágati [**~òžiti**] begründen, motivieren
òbrazo|van gebildet; **~vā-nje** Bildung *f*; **~vati** bilden
òbris Umriß *m*; **~ati** *pf.* ab-, weg|wischen
òbr̄nut umgekehrt
obr̀nuti (**òbrtati**) umkehren; (um)wenden; (**se** sich) drehen
òbrok Mahlzeit *f*; Portion *f*; Rate *f*
òbronak (Ab-)Hang *m*
obrò|niti (**~njávati**) **se** *Erde*: abrutschen
ȍbr̄t *s.* **zànāt**; **ȍkrēt**; *Hdl.* Umsatz *m*
ȍbrtāj *Tech.* (Um-)Drehung *f*
òbrtati *s.* **obr̀nuti**
obr̀tljiv drehbar, Dreh-, Schwenk-
ȍbr̄tnī Dreh-; **~ pȍrez** Umsatzsteuer *f*
òbrtnīk *kr.* Handwerker *m*
obrúbiti *pf.* (um)säumen, einfassen
ȍbrūč Reif(en) *m*
ȍbrva (*Augen-*)Braue *f*
obùč|iti (**~ávati**) ausbilden, schulen
òbuć|a Schuhwerk *n*; **~ār** Schuhmacher *m*
obúći (**obláčiti**) (**se** sich) anziehen
obùhva|ćati, ~tati [**~titi**] umfassen, einschließen
ȍbuka Ausbildung *f*; Unterricht *m*
ȍbustava Einstellung *f*, Unterbrechung *f*
obùstav|iti (**~ljati**) einstellen, unterbrechen; abziehen
òbuti (**obúvati**) *Schuhe* anziehen
obùzd(áv)ati zügeln, bändigen
ȍb|veza(n) *s.* **ȍbaveza(n)**; **~véz(ív)ati** *s.* **obavéz(í-v)ati**
òbveznīk: vȏjnī ~ Wehrpflichtige(r)
ȍbzīr Rücksicht *f*; Schonung *f*; **bez ~a na** (*A*) abgesehen von (*D*); **s ~om na** (*A*) angesichts, in Anbetracht (*G*); **ùzēti u ~** in Betracht ziehen, berücksichtigen; **~an** rücksichtsvoll; aufmerksam
òbzirati se Rücksicht nehmen (**nȁ što** auf et.)
òbzor Horizont *m*; *fig.* Rundschau *f*
òcariniti *pf.* verzollen
òcat Essig *m*

ocèān Ozean *m*
ocijèniti (ocjenjívati) beurteilen; (ab)schätzen
ȍcje|na Beurteilung *f*; Wertung *f*; Note *f*, Zensur *f*; **~njívati** *s.* **ocijèniti**
ȍcrt(áv)ati umreißen, beschreiben; **~ se** sich abzeichnen
ȍčāj Verzweiflung *f*; **~an** verzweifelt
očàj(áv)ati verzweifeln
ȍčājnīčkī Verzweiflungs-, verzweifelt
očekív|anje Erwartung *f*; **~ati** erwarten, warten auf (*A*)
očèličiti *pf.* abhärten
Očènāš Vaterunser *n*
ȍčetkati *pf.* abbürsten
očevídac Augenzeuge *m*
očèvidan *s.* **očìgledan**
ȍčica Laufmasche *f*
očìgledan offensichtlich; anschaulich
ȍčīns|kī väterlich; **~tvo** Vaterschaft *f*
ȍči|stiti (~šćávati) säubern, reinigen
ȍčit offenkundig
ȍčitovati offenbaren
ȍčūh Stiefvater *m*
od (*G*) (*örtlich*) von; (*zeitlich*) von ... an, seit (*D*); (*Ursache*) vor; (*Material, Ursprung*) aus; (*nach Komparativ*) als; **~ tòga** davon
odabírati [odàbrati] auswählen [Atem holen]
odàhnuti *pf.* aufatmen,
ȍdaja Gemach *n*; *s.* **apàrtmān**
ȍdāklē woher, von wo
ȍdān ergeben; **~ōst** *f* Ergebenheit *f*
odàp|ēti (~injati) loshaken, lösen; *Waffe* abdrücken
ȍdar Totenbahre *f*; Sterbelager *n*
odašìljāč *Rdf.* Sender *m*
ȍd(áv)ati verraten; *Ehre* erweisen
ȍdā|tlē daher, von da; **~vdē**, **~vlē** von hier
odb|áciti (~acívati) wegwerfen; **~íjati** *s.* **ȍdbiti**; **~ítak** Abzug *m*; **~íjānje** (*Schlag-*)Abwehr *f*; (*Licht-*) Reflexion *f*
ȍdb|iti (~íjati) abschlagen; *Angriff* zurückschlagen; *Schlag* abwehren; ab-, zurück|stoßen; *Bitte, Angebot* ablehnen, zurückweisen; *Phys.* zurückwerfen, reflektieren; *vom Gehalt* abziehen; **~iti se** abprallen; **~ōjka** Volleyball *m*; **~ōjnīk** Puffer *m*; Prellstein *m*
ȍdbor Ausschuß *m*
ȍdbrana *s.* **ȍbrana**
odcijèp|iti (~ljívati) abspalten
odèrati *pf.* *Fell* abziehen; *Haut* abschürfen
odgá|đati *s.* **odgòditi**; **~jati** *s.* **odgòjiti**; **~jìvāč** Züchter *m*
ȍdg|oda Aufschub *m*; **~òditi (~áđati)** auf-, hinaus|schieben; ver|schieben, -tagen
ȍdgoj Erziehung *f*; **fìzičkī ~** Leibeserziehung

odgòjit|elj(ica) Erzieher(in *f*) *m*; **~i (odgájati)** erziehen; *Kind:* aufziehen
odgonét|ati [~nuti] ent|rätseln, -ziffern; *Rätsel* raten (*pf.* lösen)
ȍdgo|nētka (*Rätsel-*)Lösung *f*; **~nétnuti** *pf. s.* **~nétati**; **~várati** *s.* **~vòriti**; entsprechen; (**za** *A*) verantworten (*A*), Verantwortung tragen (für *A*); **~vōr** Antwort *f*, Erwiderung *f*; Bescheid *m*; **~vōran** verantwortlich; **~vòriti (~várati)** antworten, entgegnen; beantworten
òdgurnuti *pf.* zurückstoßen
odìgr(áv)ati se sich abspielen
odijè|liti *pf.* abtrennen, absondern; **~lo** Anzug *m*; **gòtovō ~lo** Konfektion *f*, Fertigkleidung *f*; **~vati (se** sich) anziehen, kleiden
òdio *m* Abteilung *f*; *Esb.* Abteil *n*; **~ za (ne)pušáče** (Nicht-)Raucherabteil
ȍdjava Abmeldung *f*
odjáv|iti (~ljívati) (se sich) abmelden; absagen
òdjāvnica Abmeldeschein *m*
òdjeća Kleidung *f*; **dȏnjā ~** Unterwäsche *f*
odjèdnōm auf einmal
odjèdriti *pf.* absegeln
òdjek Widerhall *m*, Echo *n*; **náći ~** Anklang finden; **~ívati [odjéknuti]** widerhallen
òdjel, òdjeljak *s.* **òdio**
odjelj|énje *s.* **òdio**; (*Krankenhaus-*)Station *f*; **~ívati** *s.* **odijèliti**
od|júriti *pf.* wegrennen, davonlaufen; *Fahrzeug a.* davonrasen; **~lágati** *s.* **~lòžiti**
òdlaz|ak Abfahrt *f*; Abgang *m* (*a. Esb.*); Abreise *f*; Aufbruch *m*; **~iti** *s.* **otíći**
od|lèditi (~leđívati) abtauen (**se** *v/i.*); **~lètjeti (~lijètati)** davon-, weg|fliegen; *Flgw.* abfliegen
odlèž(áv)ati *Strafe* absitzen
òdličan ausgezeichnet, hervorragend
odlijè|piti *pf.* *Geklebtes* ablösen; **~tati** *s.* **odlètjeti**; **~vati** *s.* **odliti**
ȍdlik|a Vorzug *m*; Abart *f*; **~ovánje** Auszeichnung *f*
òdli|kovati auszeichnen; **~ti (~jèvati)** abgießen; weggießen; **~v(ak)** Abguß *m*
òdlomak Bruchstück *n*; (*Buch-*)Abschnitt *m*
odlò|miti *pf.* abbrechen (**se** *v/i.*); **~žiti (odlágati)** ab-, weg|legen; aufschieben
òdlučan entscheidend; entschlossen
odlúč|iti (~ívati) entscheiden, beschließen; **~iti se** sich entschließen
òdlučnōst *f* Entschlossenheit *f*
ȍd|luka Entschluß *m*; Beschluß *m*; **~màći** *pf. s.*

òdmicati; **~māh** (so-)gleich, sofort; **~mámiti** (**~mamljívati**) weg-, fort|locken; **~màralište** Erholungsheim *n*; **~márati se** *s.* **~mòriti se**; **~mazda** Vergeltung *f*
òdmetn|īk Abtrünnige(r) *m*, Rebell *m*; **~uti se** *pf.* abfallen, sich lossagen
òd|micati [**~màći**] weg-, ab|rücken; **~mijèniti** (**~mjenjívati**) *Wache* ablösen
ȍdmjena (*Wach*-)Ablösung *f*
òdmjer|iti (**~ávati**) abmessen; abwiegen
òdm|or Erholung(spause) *f*; (*Thea.*, *Schule*) Pause *f*; Feierabend *m*; **gòdišnī ~or** Erholungs-, Jahres|urlaub *m*; **~òriti** (**~árati**) **se** sich ausruhen, sich erholen
odmòt(áv)ati aufrollen, abwickeln
òdnek|lē, **~ud(ā)** irgendwoher
òd|nijeti (**~nòsiti**) wegbringen; wegnehmen
òdnos Verhältnis *n*; Beziehung *f*; **u ~u na** (*A*) in Bezug auf (*A*); **u ~u prema** (*L*) im Verhältnis zu (*D*); **~an** relativ, bezüglich
odnòsiti *s.* **òdnijeti**; **~ se** sich beziehen (**na** *A*/ auf *A*); sich verhalten (**prema** *L*/ zu *D*)
òdnosno *adv.* beziehungsweise
odobr|ávānje Billigung *f*, Beifall *m*; **~ávati** [**odòbriti**] billigen (*A*), zustimmen (*D*); genehmigen; bewilligen; **ne ~ávati** mißbilligen; **~énje** Genehmigung *f*; Bewilligung *f*
òdojak Ferkel *n*
odolijèvati [**odòljeti**] widerstehen [*n*]
ȍdora Uniform *f*; Gewand
odòzgō(r) von oben herab
òdrāstao erwachsen
ȍdrāz *s.* **òdsjev**; Spiegelbild *n*
odrá|ziti (**~zívati**, **~žávati**) widerspiegeln; zurückstrahlen
òdrečan verneinend, negativ
odrèći (**odrícati**) absagen; (ver)leugnen; **~ se** (*G*) entsagen (*D*), aufgeben (*A*); abdanken; verzichten (auf *A*)
òdred *Mil.* Abteilung *f*, Kommando *n*; **~ba** Bestimmung *f*, Verfügung *f*; **~īšte** Bestimmungsort *m*
odré|diti (**~đívati**) bestimmen; verfügen
ȍdrēđen bestimmt
ȍdreka Verzicht *m*
òdrez|ak Abschnitt *m*; *Kochk.* Schnitzel *n*; **~(ív)ati** abschneiden
odr|ícati (se) *s.* **~èći (se)**; **~iješiti** (**~ješívati**) losbinden; *Knoten* lösen; *jur.* freisprechen
òdro|n, **~njak** Geröll(halde *f*) *n*

odronjávānje: ~ **bȑda** Bergrutsch *m*; ~ **kàmēnja** Steinschlag *m*
òdrpān zerlumpt, schäbig
odrúb|iti (~**ljívati**) abhakken
održávānje Erhaltung *f*; Wartung *f*
odŕž(**áv**)**ati** (er)halten; *Ruhe* bewahren; *Sitzung* abhalten; ~ **se** sich behaupten; stattfinden
òdsad(**ā**) von nun an
odsè|liti (~**ljávati**) **se** fortziehen; auswandern
òd|sjeći *pf.* ab|hauen, -schneiden; ~**sjédati** *s.* ~**sjesti**; ~**sjek** Abschnitt *m*; Abteilung *f*; ~**sjesti** (~**sjédati**) absteigen, einkehren; ~**sjev** Abglanz *m*, Widerschein *m*
odsk|ákati [~**òčiti**] abspringen; zurückprallen
òdsko|čnā dàska, ~**čnica** Sprungbrett *n*; ~**k** Absprung *m*; Rückprall *m*
ȍdstō vom Hundert
odstojánje Abstand *m*
òdstrāg(**a**) von hinten; (da)hinten
odstrá|niti (~**njívati**) beseitigen
òdstup Rücktritt *m*; *Mil.* Rückzug *m*
odstúp|ānje *s.* **òdstup**; ~**ati** [~**iti**] zurücktreten; *Mil.* sich zurückziehen; *j-m et.* abtreten
òdsu|stvo Urlaub *m*; ~**tan** abwesend; ~**tnōst** *f* Abwesenheit *f*
odšaráf|iti (~**ljívati**) abschrauben
odštećívati *s.* **òdštetiti**
ȍdšteta Entschädigung *f*
òdšte|titi (~**ćívati**) entschädigen
odučávati [**odùčiti**] (**se** *od. G*/ sich *A*) abgewöhnen
odùdar|ati [~**iti**] abstechen, sich abheben (**od** *G*/ von *D*)
odùp|irati [~**rijeti**] (**se** sich) (entgegen)stemmen, standhalten; (sich) stützen
odušèv|iti (~**ljávati**) begeistern (**se** sich); ~**ljénje** Begeisterung *f*
odùz|ēti (~**imati**) wegnehmen; *Recht* entziehen
odv|ájati (**se**) *s.* ~**òjiti** (**se**)
ȍdvāžan mutig
odváž|iti (~**ívati**) **se** wagen; sich entschließen
odv|èsti[1] (*Präs.* ~**èdēm**; ~**òditi**) ab-, weg-, fort|führen; ableiten; ~**èsti**[2] (*Präs.* ~**èzēm**; ~**òziti**) *v/t.* ab-, weg|fahren, fortbringen; ~**èsti** (~**òziti**) **se** weg-, fort|fahren (*v/i.*); ~**éz**(**í-v**)**ati** losbinden; ~**íjāč** Schraubenzieher *m*
òdv|iti (~**íjati**) abwickeln; *s.* ~**ŕnuti**
òdvjetnīk *kr.* (Rechts-) Anwalt *m*
odv|òditi *s.* ~**èsti**[1]
òdvodn|i Ableitungs-, Abfluß-; ~**ā cȉjev** *f* Abflußrohr *n*
odv|òjiti (~**ájati**) ausscheiden; abtrennen (**se** sich),

absondern; **~òj(lj)iv** trennbar
òdv|oz Abfuhr *f*; **~oz smèća** Müllabfuhr *f*; **~ò-zili** (se) s. **~rātiti** (se); **~raćati** s. **~rátiti**; **~ratan** widerlich; s. **gȁdan**; **~rátiti** (**~raćati**) abwenden (se sich); ablenken; lenken; (**k-a od** *G*) abbringen (j-n von *D*), abraten (j-m von *D*); entgegnen; **~ratnōst** *f* Abscheu *m*; **~ŕnuti** (**~rtati**) ab-, heraus|schrauben, -drehen; **~r̀tāč** Schraubenzieher *m*
odvúći *pf.* abschleppen
òdž|ačār Schornsteinfeger *m*; **~āk** Schornstein *m*
ofanzíva Offensive *f*
òfsajd *Sp.* Abseits *n*
ȍgl|ās Anschlag *m*, Bekanntmachung *f*; Anzeige *f*; **~ásiti** (**~ašávati**) (öffentlich) bekanntgeben; e-e Anzeige aufgeben, annoncieren; erklären (**za**/ für)
ȍglasn|ā plȍča Anschlagbrett *n*; **~ī stȗp** (*od.* **stȗb**) Litfaßsäule *f*
ogl|ašávati *s.* **~ásiti**
ȍgl|ed Versuch *m*, Probe *f*; **na ~ed** zur Ansicht; **~èdalo** Spiegel *m*; **~éd(áv)ati se** sich umsehen; sich anschauen; sich spiegeln; **~ednī** Versuchs-, Probe-
oglòdati *pf.* abnagen
ȍgnjište *fig.* Herd *m*
ogorč|ávati *s.* **ogórčiti**; **~énje** Erbitterung *f*; Verbitterung *f*
ogórč|iti (**~ávati**) (v)erbittern
ogovár|ānje Klatsch *m*; **~rati** verleumden, lästern (über *A*); klatschen
ȍgrad|a Umzäunung *f*, Zaun *m*; Geländer *n*; **žīvā ~a** Hecke *f*; **bez ~ē** ohne Vorbehalt
ográ|diti (**~đívati**) um-, ein|zäunen; **~diti se** sich verwahren (**od** *G*/ gegen *A*)
ògranak Abzweigung *f*; *fig.* Zweig *m*
ogrànič|en beschränkt; **~iti** (**~ívati**) begrenzen; beschränken
ogrèbotina (*Haut-*)Abschürfung *f*
ogrijèšiti se *pf.* (**o** *A*) sich vergehen (an *D*), verstoßen (gegen *A*)
ògrjev Heizmaterial *n*
ògrlica Hals|kette *f*, -schmuck *m* [*n*]
ogȑljāk (*Hunde-*)Halsband
ogŕnuti (**ògrtati**) umhüllen; *Mantel* überwerfen
ògrōman ungeheuer, riesig
ògrozd Stachelbeere *f*
ogr̀tāč Mantel *m*, Überzieher *m*; **kùpaćī ~** Bademantel; **kìšnī ~** Regenmantel; **râdnī ~** Arbeitskittel *m*
ògrtati *s.* **ogŕnuti**
ogúliti *pf.* abschälen; *Haut* abschürfen
ohláditi (**ohlađívati**) (ab-) kühlen; **~ se** sich abkühlen, kalt werden
òhol stolz, hochmütig

ȍholȏst *f* Stolz *m*, Hochmut *m*
ohrábr|iti (**~ívati**) ermutigen
ojàčati *pf.* erstarken, stark werden
ȍkajānje Sühne *f*
ȍkamenjen versteinert
ȍkce Wabe *f*; Masche *f*; (*Würfel-*)Auge *n*
okèān *s.* **ocèān**
okìdāč *Fot.* Auslöser *m*; *s.* **obàrāč**
ȍklada Wette *f*
ȍkladiti se *pf.* wetten
oklijèvati zaudern, zögern
ȍklop Panzer *m*, Rüstung *f*
oklòpiti *pf.* zudecken; panzern
ȍklop|ljen gepanzert; **~nī** Panzer-; **~nā kȍla** *n/pl.* Panzerwagen *m*
ȍkno Fensterscheibe *f*; *Bgb.* Schacht *m*
oko[1] *prp.* (*G*) um (*A* ... herum); *adv.* etwa, ungefähr
ȍko[2] (*pl.* **ȍči**) Auge *n*; (*pl.* **ȍka**) *s.* **ȍkce**
okolìna Umgebung *f*
okolíšēnj|e: bez ~a unumwunden; ohne Umstände
ȍkōlnī umliegend
okólnōst *f* Umstand *m*
ȍkolo *adv.* herum, umher; *prp.* (*G*) rings um (*A*); **~-nàokolo** rundherum
ȍkomi|čan, ~t senk-, lot|recht
ȍkov Beschlag *m*; Fessel *f*; Fassung *f*
okòvati *pf.* fesseln; (ein-) fassen
okòvratnīk Kragen *m*; **brȏj ~a** Kragenweite *f*
okrájak Zipfel *m*; Saum *m*; Brotkanten *m*, F Ranft *m*
ȍkrasti *pf.* bestehlen
okrénuti (**ȍkretati**) (um-) drehen, (um)wenden; **~ se** kehrtmachen; sich abwenden; *Wind*: umschlagen
ȍkrēt, ~āj Wendung *f*; Drehung *f*
ȍkrētan Dreh-; gewandt, flink
ȍkr|etati *s.* **~énuti**
ȍkrēt|nica Drehscheibe *f*; **~nōst** *f* Gewandtheit *f*
okrijèpiti (**se** sich) stärken; erfrischen
ȍkrīlje Schutz *m*; Schirmherrschaft *f*
okrív|iti *pf.* beschuldigen; **~ljènīk** Beschuldigte(r) *m*
okŕnjiti *pf.* beeinträchtigen; *Rechte* schmälern
ȍkršāj Gefecht *n*
ȍkrūg Kreis *m*, Bezirk *m*
ȍkrūgao rund, Rund-
okrùglica Knödel *m*, Kloß *m*
okrúniti *pf.* krönen
ȍkrut|an grausam, brutal; **~nōst** *f* Grausamkeit *f*, Brutalität *f*
okrúž|iti (**~ívati**) einkreisen; umrunden
ȍkrūžnī grâd Kreisstadt *f*
ȍkružnica Rundschreiben *n*
ȍktōbar Oktober *m*
ȍkuka Biegung *f*
ȍkupiti (**okúpljati**) versammeln
ȍkūs Geschmack *m*

òku|siti (**~šati**) kosten, versuchen; *Kräfte* messen
òkvīr Rahmen *m*
òlabaviti *pf.* lockern
ōlako *adv.* leicht(hin)
olàkš(áv)ati erleichtern, mildern
Olìmpījskē ìgre *f/pl.* Olympische Spiele *n/pl.*
ōlovan bleiern, Blei-
òlōvka Bleistift *m*; **h- *od.* k|èmījskā ~** Kugelschreiber *m*
ōlovo Blei *n*
òltār Altar *m*
olúja Gewitter *n*, Sturm *m*
òluk (*Dach-*)Rinne *f*; Mulde *f*
òlupine *f/pl.* Wrack *n*
omalov|ažávati [**~ážiti**] herabsetzen, unterschätzen
òmama Betäubung *f*
omám|iti (**~ljívati**) betäuben; verlocken
òmāmnō srèdstvo Betäubungsmittel *n*
ōmaška Versehen *n*; Fehlleistung *f*
ômča Schlinge *f*; Öse *f*
omeđávati (**omèđiti**) be-, ab|grenzen
omèkš|(áv)ati auf-, er|weichen; weich werden; **~ìvāč vòdē** Wasserenthärter *m*
òmiljen beliebt; **~ōst** *f* Beliebtheit *f*
ōmladin|a Jugend *f*; **škōlskā ~a** Schuljugend; **~skī** Jugend-
omog|ućávati (**~úćiti**) ermöglichen
omòrika Fichte *f*
òmot Hülle *f*; Verpackung *f*; (*Brief-*)Umschlag *m*; Packung *f*
òmražen verhaßt
ôn er, **òna** sie, **òno** es
òn|āj, ~ā, ~ō jener; derjenige (, der); **~amo** (dort-) hin
ondulácija: trâjnā ~ Dauerwelle *f*
onemog|ućávati [**~úćiti**] vereiteln, unmöglich machen
onesposòbiti *pf.*: **~ za bòrbu** kampfunfähig machen; **~ za râd** arbeitsunfähig machen
onesv|ijèstiti (**~ješćívati, ~ještávati**) **se** in Ohnmacht fallen
òno *s.* **ôn, ònō** *s.* **ònāj**
òpad|ānje Abnahme *f*, Rückgang *m*, Abfall *m*; **~ati** [**òpasti**] abnehmen, abfallen
ōpāk böse; bösartig
opáliti *pf.* versengen; feuern
òpalō vòće Fallobst *n*
opamétiti *pf.* zur Vernunft bringen; **~ se** Vernunft annehmen
òpanak Opanke *f*
opárati *pf.* (auf)trennen
òpariti *pf.* (ab)brühen; **~ se** sich verbrühen
ōpāsan gefährlich; **~ po žīvot** lebensgefährlich
ōpaska Anmerkung *f*, Fußnote *f*
opásnōst *f* Gefahr *f*

òpa|sti hinfallen; *s.* **~dati**
ȍpāt Abt *m*
opàtija Abtei *f*
òpa|ziti (~žati) erblicken, sichten; beobachten; **~žānje** Beobachtung *f*; Wahrnehmung *f*
opć- *kr. in Zssgn* = **opšt-** *sb.*
općènit allgemein; **~ōst** *f* Allgemeinheit *f*
òpćēnje *kr.* Umgang *m*, Verkehr *m*
ȍpć|ī *kr.* allgemein; **~ē dòbro** Gemeinwohl *n*
ȍpćin|a *kr.* Gemeinde *f*; **~skī** Gemeinde-; **~skō vijèće** Gemeinderat *m*
òpćiti *kr.* umgehen, verkehren
ȍpeka Ziegel(stein) *m*
òpeklina, opèkotina Brandwunde *f*, Verbrennung *f*; **sunčànā ~** Sonnenbrand *m*
ȍpera Oper *f*
operèta Operette *f*
operírati *kr.*, **opèrisati** *sb.* operieren
òpēt wieder; (je)doch
òpetovano *adv.* wiederholt
òphod Umzug *m*, Festzug *m*; Rundgang *m*, Runde *f*
ȍpica Affe *m*
opíjati se *s.* **òpiti se**
ȍpijum *m* Opium *n*
òpīljci *m/pl.* (*Feil-*)Späne *m/pl.*
òpip(áv)ati be|tasten, -fühlen
opìpljiv fühl-, tast|bar
ópis Beschreibung *f*
opís(ív)ati beschreiben, schildern
òpiti (opíjati) berauschen; **~ se** sich betrinken
ȍpklada, òpkladiti se *s.* **ȍklada** *usw.*
opkò|liti (~ljávati) einkreisen, um|ringen, -zingeln
òplak(ív)ati[1] be|weinen, -klagen
oplák|ati[2] **[~nuti]** (ab-) spülen
oplème|niti (~njívati) veredeln
oplódnja, ȍplođāj Befruchtung *f*
òpljačkati berauben
òpna Haut *f*, Membrane *f*
ȍpōjan berauschend, Rausch-
ȍpom|ena Mahnung *f*; Warnung *f*; Verwarnung *f*; **~énuti (opòminjati)** (er-) mahnen; warnen
oponášati nachahmen
ȍpor herb
opòrav|ak Erholung *f*; **~iti (~ljati) se** sich erholen, genesen
opòrezovati besteuern
ȍporuka Testament *n*; Vermächtnis *n*
opòz|iv Widerruf *m*; Abberufung *f*; **~(ív)ati** widerrufen, zurücknehmen; abberufen
opr|ášiti *pf.* abstauben; **~áštati (se)** *s.* **~òstiti (se)**
òpr|ati *pf.* (rein)waschen; **~avak** *s.* **pòpravak**; **~āv-**

dān berechtigt; **~avdánje** Rechtfertigung *f*; **~ȁvdati** (**~avdávati**) (**se** sich) rechtfertigen
ȍprema Ausstattung *f*, Ausrüstung *f*
oprém|ati [**~iti**] ausrüsten
ȍprēz Vorsicht *f*; Umsicht *f*; **bȉti na oprézu** sich vorsehen; **~an** vorsichtig; wachsam; umsichtig
opréznōst *f s.* **ȍprēz**
ȍprōbān bewährt
opròstiti (**opráštati**) verzeihen; **~ se** sich verabschieden
ȍproštāj Abschied *m*; **~nī** Abschieds-
ȍpruga Feder *f*
òprūžan federnd, elastisch
ȍp|sada Belagerung *f*; **~sēg** Umfang *m*; **~sēžan** umfangreich; **~sjédati** belagern; **~skrba** Verpflegung *f*
opskŕb|iti (**~ljívati**) versorgen, ausstatten (*I*/ mit *D*)
opslúž|iti (**~ívati**) bedienen; **~ívanje** Bedienung *f*
òpstanak Bestand *m*, Dasein *n*
ȍpširan ausführlich
òp|šiti (**~šívati**) (*Kleid*) besetzen, umsäumen
opšt- *sb. in Zssgn* = **opć-** *kr.*
òpštēnje *s.* **òpćēnje**
ȍpšt|ī *sb.*, **~ina, òpštiti** *s.* **ȍpćī** *usw.*
optereć|énje Belastung *f*; **~ívati** [**optèretiti**] belasten
ȍpticāj Umlauf *m*; **bȉti u ~u** im Umlauf sein
òptičār Optiker *m*
òpt|užba Anklage *f*; **~ūžen** angeklagt; **~užènīk** Angeklagte(r) *m*; **~úžiti** (**~užívati**) anklagen, beschuldigen; **~užnica** Anklageschrift *f*
opunom|oćènīk Beauftragte(r) *m*, Bevollmächtigte(r) *m*; **~òćiti** (**~oćívati**) bevollmächtigen
opùstošiti *pf.* verwüsten
òpušak (*Zigaretten-*)Stummel *m*
òrah Nuß *f*
oránica Acker *m*
oranžáda Orangeade *f*
òrao *m* Adler *m*
òrati pflügen
organìz|ovati *sb.*, **~írati** *kr.* organisieren
òrgānskī organisch
òrgulje *f/pl.* Orgel *f*
òriti se hallen, (er)schallen
òrkestar (**za plȇs** Tanz-) Orchester *n*
òrmān *sb.*, **òrmār** *kr.* Schrank *m*; Kommode *f*; **zȉdnī ~, ùgrāđenī ~** Wand-, Einbau|schrank
orònuo gebrechlich, schwach
òrūđe Werkzeug *n*, Gerät *n*; *Mil.* Geschütz *n*
ȍružān bewaffnet
oružánje Bewaffnung *f*
orùžati [**na-**] (**se** sich) bewaffnen

òrūžj|e Waffe *f*; **vātrenō** **~e** Schußwaffe
ôs *f* Achse *f*
òsa Wespe *f*
osàkaćen ver|krüppelt, -stümmelt
òsama *s.* **òsāmljenōst**
òsāmljen einsam; **~ōst** *f* Einsamkeit *f*
osèdl(áv)ati satteln
ōseka Ebbe *f*
osigùr|āč Sicherung *f*; **~ànīk** Versicherte(r) *m*; **~ánje** Versicherung *f*; **žìvotnō ~ánje** Lebensversicherung; **~ánje za slūčāj nèsreće** Unfallversicherung; **~(áv)ati** sichern; versichern (**se** sich); **~ávajūćī** Versicherungs-
ōsim (*G*) außer (*D od. A*), ausgenommen (*A*); **~ štō** außer daß; **~ tòga** außerdem, überdies
òsip (*Haut-*)Ausschlag *m*
ōsjećāj, osjećánje Empfindung *f*, Gefühl *n*; Sinn *m*
òsje|ćati [**~titi**] empfinden, fühlen, spüren; **~tan** fühl-, spür|bar
osjèt|ilo Sinn(esorgan *n*) *m*; **~ljiv** empfindlich
òskoruša Eberesche *f*
òskud|an kärglich; **~ica** Mangel *m*; Not *f*; **~ijèvati** Mangel leiden, entbehren
oskvŕ|nuti (**~njívati**) schänden
òslab|iti (**~ljívati**) schwächen
oslá|diti (**~đávati**) (ver-) [süßen]
òsl|anjati se *s.* **~òniti se**; **~ijèpjeti** *pf.* erblinden
oslob|áđati [**~òditi**] befreien, entbinden (*G*/ von *D*); **~òditi krìvicē** (*od.* **ōptužbē**) freisprechen; **~òdilačkī** Befreiungs-
oslòbođ|en befreit; **~en cārinē** zollfrei; **~énje** Befreiung *f*; Freilassung *f*; Freispruch *m*
òsl|onac Stütze *f*; Stützpunkt *m*; **~òniti** (**~anjati**) se sich stützen
oslòv|iti (**~ljávati**) anreden
osluškívati horchen, lauschen; belauschen
osmàtrāčnica: lòvačkā ~ Hochsitz *m*
osm|érac *Sp.* Achter *m* (*Boot*); **~ìna** Achtel *n*
ôsnī Achs(en)-, axial
osn|ívānje Gründung *f*; Stiftung *f*; **~ìvāč** Gründer *m*; **~ívati** *s.* **~òvati**
òsn|ova Grundlage *f*, Basis *f*; Plan *m*; *Gr.* Stamm *m*; **~òvati** (**~ívati**) (be)gründen; stiften; **~ovica** *Math.* Grundlinie *f*; **~ōvnī** Grund-
osnútak Gründung *f*
òsob|a Person *f*; **~en** eigenartig; besonder; **~ina** Eigenschaft *f*; **~it** besonder; **~ito** besonders
òsōblje Personal *n*
òsobn|ī Personen-; **~ā kòla** *n*/*pl.* Personenwagen *m*
osòvin|a Achse *f*, Achswelle *f*; **~skī** Achs(en)-
ōspice *f*/*pl.* Masern *pl.*

ospòr|iti (**~ávati**) bestreiten
òsta(ja)ti bleiben
ostátak (Über-)Rest *m*; Rückstand *m*; Überbleibsel *n*
òstav|iti (**~ljati**) zurücklassen; verlassen
ostávština Nachlaß *m*
òstriga Auster *f*
òstruga Sporn *m*
ȍstrvo *sb.* Insel *f*
ostvár|iti (**~ívati**) verwirklichen, realisieren
ȍstve *f/pl.* Harpune *f*
ȍsuda Urteil *n*; Verurteilung *f*
osú|diti (**~đívati**) ver-, ab|-urteilen; **~jećívati** [**~jétiti**] vereiteln; **~šiti** *pf.* ab-, aus|trocknen; **~šiti se** vertrocknen
osv|ájati *s.* **~òjiti**; **~ećívati** *s.* **~étiti**
ȍsv|eta Rache *f*; **~étiti** (**~ećívati**) (se sich) rächen; **~ètljiv** rachsüchtig; **~ijètliti** (**~jetljávati**) beleuchten; *Fot.* belichten; **~ȉt** Morgendämmerung *f*
osvje|dočívati [**~dòčiti**] bezeugen; **~tljávati** *s.* **osvijètiti**; **~žénje** Erfrischung *f*; **~žívati** [**òsvježiti**] erfrischen; auffrischen
osv|òjiti (**~ájati**) erobern
ȍsvȓt Rückblick *m*
ȍštar scharf; spitz; *Ton*: grell, schrill; *Med.* akut
òšte|ćen schadhaft; **~ćívati** [**~titi**] beschädigen; schädigen
ȍšteta Beschädigung *f*
òštr|ica Schneide *f*; Klinge *f*; **~ina** Schärfe *f*; **~iti** [**na-**] schärfen; *Bleistift* spitzen
oštròum|an scharfsinnig; **~nōst** *f* Scharfsinn *m*
ošúriti *s.* **òpariti**
òtac Vater *m*
òtad(a) seit|dem, -her
òtadžbina Vaterland *n*
otèći (**òtjecati**) anschwellen; abfließen
òteklina Schwellung *f*; Ödem *n*
òtēti (**òtimati**) entreißen, wegnehmen; rauben; **~ se** entschlüpfen
otézati verzögern
otežávajūćī *jur.* belastend, erschwerend
otèž(áv)ati erschweren
otíći (**òdlaziti**) fort-, weg|-gehen; abfahren; *Zug a.*: abgehen; *Mil. a.* abziehen
otimàčina Raub *m*
òtimati *s.* **òtēti**
òtipkati *pf.* abtippen
otìrāč Fußmatte *f*; Wischlappen *m*
òtirati *s.* **òtrti**
ȍtīsak Abdruck *m*, Abzug *m*
otiskívati [**òtisnuti**] (hin-) ab-, weg|stoßen; abdrukken; **~ se** *Boot*: ablegen (*v/i.*)
òtje|cati *s.* **otèći**; **~rati** *pf.* ver|treiben, -scheuchen
òtkač|iti (**~ívati**) ab|hängen, -koppeln
òtkaz Kündigung *f*; Absage *f*

otkáz(iv)ati kündigen; absagen; ~ **nàrudžbu** abbestellen
òtkaznī rȍk Kündigungsfrist *f*
ot|kídati [òtkinuti] abreißen (se *v/i.*); ~**ključ(áv)ati** aufschließen; ~**kòpč(áv)ati** abknöpfen; ~**kriće** Entdeckung *f*
òtkr|iti (~**ívati**) ent-, auf|decken; entblößen
òtkuc(áv)ati *s.* **òtipkati**; *Uhr*: schlagen
òtkup Loskauf *m*; *Hdl.* Ablösung *f*
otkúp|iti (~**ljívati**) ab-, ein|lösen; loskaufen; ~**nina** Lösegeld *n*
ȍtmica Raub *m*; Entführung *f*
ȍtmjen vornehm
òtōčje Inselgruppe *f*, Archipel *m*
ȍtōk Insel *f*; *s.* **òteklina**
otòpiti *pf.* ab-, auf|tauen (se *v/i.*); ~ **se** *Schnee*: schmelzen
òtpa|d Abfall *m* (*a. fig.*); ~**dak** Abfall *m*; ~**ci** *pl.* Abfälle *m/pl.*, Reste *m/pl.*; ~**dati** [~**sti**] ab-, weg|fallen; entfallen
ot|píliti *pf.* absägen; ~**pìrāč** Dietrich *m*; ~**pís(iv)ati** abschreiben; ~**plaćívati** *s.* ~**plátiti**
ȍtplat|a Abzahlung *f*; ~**ama** in Raten; **na** ~**u** auf Raten
otplá|titi (~**ćívati**) abzahlen
otplòviti *pf. Schiff*: ab|fahren, -legen
òtpor Widerstand *m*
òtpōran widerstandsfähig
ȍt|pōrnīk *El.* Widerstand *m*; ~**pórnōst** *f* Widerstands|kraft *f*, -fähigkeit *f*
ȍt|poruka Antwort *f*, Bescheid *m*; ~**prava** *s.* ~**prema**
òtprav|iti (~**ljati**) *s.* **otprémati**
òtprāvn|ik Agent *m*, Vertreter *m*; Fahrdienstleiter *m*; ~**ištvo** Vertretung *f*
òtprema Beförderung *f*, Versand *m*; (*Zug-*, *Gepäck-*) Abfertigung *f*
otprém|ati [~**iti**] ab-, ver|senden, befördern
òtpremn|ī Versand-, Fracht-; ~**ik** Spediteur *m*; Absender *m*; ~**ina** Frachtgebühr *f*; ~**ištvo** Spedition(sfirma) *f*
otprílikē *adv.* ungefähr, etwa
òtpust Entlassung *f*
otpú|stiti (~**štati**) entlassen; vergeben; nachlassen; ~**tòvati** *pf.* ab-, fort|fahren; ab-, ver|reisen
òtr̄cān schäbig, abgerissen
otrés(a)ti abschütteln
òtrgnuti *pf.* ab-, weg|reißen
òtrov Gift *n*
ȍt|rōvan[1] giftig; ~**rovān**[2] vergiftet
otròv|ānje Vergiftung *f*; ~**ati** *pf.* vergiften

òtrti (**òtirati**) abwischen; abreiben
ȍtud(ā) dorther, von dort
otúđ|iti (**~ívati**) entfremden
otúp|iti *pf.* stumpf machen; **~jeti** stumpf werden; *fig.* abstumpfen
otvàrāč (*Büchsen-*, *Flaschen-*)Öffner *m*
otvár|ānje (Er-)Öffnung *f*; Öffnen *n*; **~ati** *s.* **otvòriti**
ȍtvor Öffnung *f*; **~en** offen; *fig. a.* freimütig
otv|òriti (**~árati**) öffnen, aufmachen; *Sitzung*, *Konto*, *Geschäft* eröffnen; *Augen*, *Buch* aufschlagen; *Licht*, *Radio* andrehen; *Schirm* aufspannen; **~òriti se** sich öffnen, aufgehen
ȍtvrdnuti *pf.* hart werden
ȍvāj (**òvā**, **òvō**) dieser, der hier; **~ pût** diesmal
ovàk|av ein solcher, solch ein(er); **~o** so
ȍvāmo hierher
ȍvan (*Schaf-*)Bock *m*, Widder *m*; Hammel *m*
óvca Schaf *n*
ȍvč|ār Schäfer *m*; Schäferhund *m*; **~etina** Schaf-, Hammel|fleisch *n*
ȍvdašnjī hiesig
óvdje hier
ovíjati *s.* **òviti**
ȍvis|an abhängig; **~iti** abhängen, abhängig sein (o *L*/ von *D*); **~nōst** *f* Abhängigkeit *f*

òviti (**ovíjati**) umwinden, umwickeln; umranken
ȍvjer|iti (**~ávati**), **~òviti** (**~ovljívati**) beglaubigen
ovlá|stiti (**~šćívati**) bevollmächtigen
ȍvlažiti *pf.* anfeuchten
ȍvō *s.* **ȍvāj**
ȍvratnīk Kragen *m*
ovùd(ā) hierher
ȍz|biljan ernst(haft), ernstlich; **~bíljnōst** *f* Ernst *m*
ȍzdrav|iti (**~ljati**) *v/t.* heilen, gesund machen; *v/i.* genesen, gesund werden; **~ljénje** Genesung *f*
ȍzīb *s.* **pòluga**
ozlijèditi *pf.* verletzen
ozloglá|siti (**~šávati**, **~šívati**) in Verruf bringen
ozlòvoljen verstimmt, mißgelaunt
ȍzlje|da Verletzung *f*; **~đènīk** Verletzte(r) *m*
označávati [**oznáčiti**] bezeichnen; kennzeichnen; **~ brȍjevima** numerieren
ȍznaka Kennzeichen *n*, Merkmal *n*
ozráč|iti (**~ívati**) bestrahlen
ožalòstiti *pf.* betrüben
ožàlošćen traurig, betrübt
ožèniti *pf.* *Mann* verheiraten; **~ se** heiraten, sich verheiraten
ȍženjen *Mann*: verheiratet
ȍžiljak Narbe *f*
ožíviti (**oživljávati**) *v/t.* beleben, beseelen; **~ se** *v/i.* aufleben, sich beleben
ȍžujak *kr.* März *m*
ȍžūjskō pȋvo Märzenbier *n*

P

pa dann, aber; ~ **dâ!** natürlich!; ~ **ìpāk** jedoch; ~ **ȍndā** danach
pacìjent(kinja) Patient(in *f*) *m*
pácōv Ratte *f*
pàčati se sich einmischen
pȁče sogar; vielmehr
pâd Fall *m*, (Ab-)Sturz *m*; Gefälle *n*
pàdati [pȁsti] (*Präs.* **pàdnēm**) (hin)fallen, stürzen; abstürzen; *bei d. Prüfung* durchfallen
pádež *Gr.* Kasus *m*, Fall *m*
pàdina (*Berg*-)Hang *m*
pàdobr|ān Fallschirm *m*; **~ánac** Fallschirmspringer *m*
pahùljic|a (*Schnee*-)Flocke *f*; **~e** *pl.* Flaum *m*
pâk dann; aber, jedoch
pàkao *m* Hölle *f*
pàker Packer *m*
pàkēt Paket *n*
pakètić Päckchen *n*
pàklenī höllisch, Höllen-
pȁk|ōst *f* Bosheit *f*; **~ostan** boshaft, gehässig
pȁkovati [s-, ù-] (ver-, ein)packen
pȁlac Daumen *m*; große [Zehe *f*]
pàla|ča Palast *m*; **~čínka** Eierkuchen *m*; **~načkī** provinziell; **~ta** *s.* **~ča**
pàlica Stock *m*, Stab *m*; ~ **za hòkēj** Hockeyschläger *m*
pàlija Brechstange *f*; *s.* **pòluga**
pàlikuća *m* Brandstifter *m*
páliti brennen, sengen; schießen, feuern; *Med.* ätzen
pâlma Palme *f*
pàluba *Mar.* Deck *n*
páljēnje Zündung *f*; **za** ~ *Kfz.* Zünd-
páljiv brennbar
pâmćēnje Gedächtnis *n*
pȁmēt *f* Verstand *m*, Vernunft *f*
pȁmetan klug, gescheit; [vernünftig]
pâmtiti [zà-] denken an (*A*); sich merken
pàmu|čan Baumwoll-; **~k** Baumwolle *f*
pândža Kralle *f*, Pranke *f*
pansìōn *s.* **penziōn**
pantalóne *f/pl. sb.* Hose *f*
pânj Klotz *m*, Block *m*; (*Baum*-)Stumpf *m*
pȁoma *s.* **pȁlma**
pápa *m* Papst *m*
pápak Klaue *f*
pàpar Pfeffer *m*
pàpiga Papagei *m*
pàpīr Papier *n*; ~ **za pàkovānje** Packpapier *n*
papìrnat, pàpīrnī papieren, Papier-
pàpīrnica Papierhandlung *f*
pȁprāt *f* Farn(kraut *n*) *m*
pȁpr|en scharf, gepfeffert; **~iti [pò-]** pfeffern
pàprika Paprika(schote *f*) *m*
pàpuč|a Pantoffel *m*; *Tech.* Schuh *m*; **~ār** Pantoffelheld *m*

pâr Paar *n*
pàra[1] Para *m*; **pâre** *pl.* Geld *n*
pȁr|a[2] Dampf *m*, Dunst *m*; **pȕnōm ~ōm** mit Volldampf
paràdajz Tomate *f*
paràlelan parallel
párati [ras-] (auf)trennen; aufschlitzen
párcōv Ratte *f*
pàrfēm Parfüm *n*
parkírānj|e Parken *n*; **zâbrana ~a** Parkverbot *n*
parkíra|līšte Parkplatz *m*; Parkhaus *n*; **~ti** parken
pàrkometar Parkuhr *f*
pârnī[1] *Zahl*: gerade
pârn|ī[2] Dampf-; **~ō grìjānje** Dampfheizung *f*
párnica (*Gerichts-*)Prozeß *m*
pȁro|brōd Dampfer *m*; **~strōj** Dampfmaschine *f*
pàrt|ija Partei *f*; Partie *f*; **~íjac** P Parteigenosse *m*
partìzān Partisan *m*; **~skī** Partisanen-
pȁs[1] Hund *m*; **mòrskī ~** Hai *m*
pȃs[2] Gurt *m*, Gürtel *m*; *s.* **pōjās**
pàsati [ò-] [-schnallen] um|gürten, [-schnallen]
pȁsjī Hunde-
pàsmina Rasse *f*, Zucht *f*
pâsoš (*Reise-*)Paß *m*; **kontróla ~ā** Paßkontrolle *f*; **~kī** Paß-; **~kā slȉka** Paßbild *n*
pȁsti[1] *s.* **pȁdati**
pȁsti[2] (*Präs.* **pásēm**) weiden, äsen
pàstīr Hirt(e) *m*
pȁstōrče (*G* **~ta**) Stiefkind *n*
pȁstr̄|m(k)a, ~v(k)a Forelle *f*
pàstū|h *kr.*, **~v** *sb.* Hengst *m*
pàsūlj *sb.* (weiße) Bohne *f*; **sȑpskī ~** serbische Bohnensuppe *f*
pȁš|a Weide *f*; **~njāk** Weide(platz *m*)*f*; **gòrskī ~njāk** Alm *f*
paštéta Pastete *f*
pȁtiti leiden
pȁtka Ente *f*
patlìdžān: mòdrī, cȑnī ~ Aubergine *f*
pàtnja Leid(en) *n*, Qual *f*
pàtos *sb. s.* **pȍd**[2]
patróna Patrone *f*
patúljak Zwerg *m*
pàtvor|en nachgemacht, unecht; *Wein*: gepanscht; *Spiritus*: vergällt; **~iti** verfälschen; pantschen
pȁučina Spinn(en)gewebe *n*
pȁūk Spinne *f*
pàun Pfau *m*
pàzār Markt *m*; **~nī dân** Markttag *m*
pàzikuća *m* Hausmeister *m*
pȁziti (na *A*) acht(geb)en, aufpassen (auf *A*), beachten (*A*); **~ se** sich hüten; **pȁzi!** Achtung!, Vorsicht!
pȁzuh(o) Achselhöhle *f*
pàž|ljiv acht-, aufmerk|sam; **~nja** Aufmerksamkeit *f*; **~nja!** Achtung!
pčèl|a Biene *f*; **~ār** Imker *m*; **~árstvo** Bienenzucht *f*; **~in** Bienen-; **~injāk** Bienenstock *m*; **~injī** *s.* **~in**

pěc|ati [**ù-**] angeln; *s.* **~nuti**; **~ivo** Gebäck *n*, Backware *f*; **~nuti** *pf.* stechen, zwicken
pèčālbār, râdnīk **~** Gastarbeiter *m*
pèčat Siegel *n*; Stempel *m*; **~iti** [**za-**] (ver)siegeln; **~nī vȍsak** Siegellack *m*
pèč|en gebraten, Brat-; gebacken, Back-; *Tech.* gebrannt; *fig.* **dòbro ~en** gewieft; **~ēnje**[1] Backen *n*; Braten *n*; *Tech., Med.* Brennen *n*; **~énje**[2] (**gòveđē, svìnjskō, tèlećē** Rinder-, Schweine-, Kalbs-)Braten *m*; **~ūrka** Pilz *m*; Champignon *m*
pêć *f* Ofen *m*; **vìsokā ~** [Hochofen]
pèći *v/t.* backen; braten; *Schnaps, Tech.* brennen; *v/i. Wunde*: brennen; *Sonne a.*: stechen
pèćina Höhle *f*
pěćnica Brat|ofen *m*, -röhre *f*
pèdāl Pedal *n*
pégla Bügeleisen *n*; **~ti** bügeln, plätten
pèhār Becher *m*
pěkār Bäcker *m*
pèkar|(n)a, ~nica Bäckerei *f*; Bäckerladen *m*
pèkmez Marmelade *f*; **~ od šljìvā** Pflaumenmus *n*
pèlen *Bot.* Wermut *m*
pělen(ic)a Windel *f*
pelínkovac Wermut(wein) *m*
pelìvān Seiltänzer *m*, Akrobat *m*
pènāl *Sp.* Elfmeter *m*
pèndrek (*Polizei-*)Schlagstock *m*
pénzija Rente *f*, Pension *f*; **~ za slȗčāj ùdesa** Unfallrente
penziōn Pension *f* (*Kost u. Unterkunft, Fremdenheim*); Pensionat *n*
pènziōnī Renten-, Pensions-
pěnjalice *f/pl.* Steigeisen *n/pl.*
pènjati [**pòpēti**] **se** (hinauf)klettern, steigen
pepèlnica Aschermittwoch *m*
pepèlj|ara Aschenbecher *m*; **~ast** (asch)grau; **~avā stàza** Aschenbahn *f*; **~uga** Aschen|brödel *n*, -puttel *n*
pěpeo *m* Asche *f*
pèrāč: **~ vjětrobrāna** *Kfz.* Scheibenwaschanlage *f*
pèrād *f* Geflügel *n*
peráj|a Flosse *f*; **gùmenē ~e** Schwimmflossen
pèr|ēc, ~éca Brezel *f*
pèrika Perücke *f*
pěrina Federbett *n*
perióda Periode *f*
pèrionica *s.* **pràonica**
pèrivōj Garten *m*, Park *m*
pêrje Gefieder *n*
perkutírati *Med.* abklopfen
pèro Feder *f*
pèrōn Bahnsteig *m*; **~skā kârta** Bahnsteigkarte *f*
péršun Petersilie *f*
pèrūt Schuppe *f*
pésnica, pêst *f* Faust *f*
pèškir *sb.* Handtuch *n*

péta Ferse *f*; (*Schuh-*)Absatz *m*
pétak Freitag *m*; **Vëlikī ~** Karfreitag
péti se *s.* **popéti se**
pètina Fünftel *n*
pètēljka Stiel *m*, Stengel *m*
pètica Fünf *f*, Fünfer *m* (*Ziffer*, *Note*)
pètlja Masche *f*; Schlinge *f*; Schleife *f*
pêtnī Fersen-
petò|boj Fünfkampf *m*; **~krakā (zvijèzda)** (fünfzackiger) Stern *m*
petròlēj Petroleum *n*; Rohöl *n*
píće Getränk *n*; Trank *m*
pidžáma Schlafanzug *m*
pìjaca Marktplatz *m*
pij|aći *s.* **pītak**; **~an** betrunken; **~ánac, ~àndura, ~anica** *m* Trinker *m*, Säufer *m*; **~ānka** (*Trink-*)Gelage *n*; **~ánstvo** Trunksucht *f*; Trunkenheit *f*; **~avica** Blutegel *m*
pijèsak Sand *m*
pijè|tao *m*, **~vac** Hahn *m*
pijùckati nippen
pījūk Spitzhacke *f*; **planìnārskī ~** Eispickel *m*
pijúkati piep(s)en
pīkavac *s.* **òpušak**
pìktije *f/pl.* Sülze *f*
píl|a Säge *f*; **~àna** Sägewerk *n*
pìlāv Reisfleisch *n*
pīle (*G* **~ta**) Küken *n*; Huhn *n*
pìle|ćī Hühner-; **~tina** Hühnerfleisch *n*
píliti sägen; feilen
pìlot *Mar.* Lotse *m*; Pilot *m*
pìlotina Sägemehl *n*
pìlula Pille *f*; **~ za sprječávānje začéća** Antibabypille
píljiti (an)starren
pīōn (*Schach-*)Bauer *m*
pípa (*Wasser-*)Hahn *m*
pīpati tasten, (be)fühlen
pīpav: ~ pòsao *m* mühselige Kleinarbeit
pîr Hochzeit(sschmaus *m*) *f*
pìrē *m* Püree *n*
pìrinač Reis *m*
pìrjānō pečénje Schmorbraten *m*
písac Verfasser *m*; Schriftsteller *m*; Schreiber *m*
pìsāć|ī Schreib-; **~ā mašína, ~ī strôj** Schreibmaschine *f*; **~ī stô(l)** *m* Schreibtisch *m*
pîsak Mundstück *n*
pì|sâljka (*Blei-*)Stift *m*; **~sānka** Schreibheft *n*; **~sānje** Schreiben *n*
písati [na-] schreiben
pīska Piepsen *n*, Quieken *n*; **~v** schrill
pīsmen schriftlich; **bīti ~** lesen (und schreiben) können
písmo Brief *m*, Schreiben *n*; Schrift *f*; **Svêtō ~** Heilige Schrift
pīsta Piste *f*; *Flgw. a.* Rollbahn *f*
pīst|ać, ~ak Pistazie *f*
pìšati V pissen
pìšljiv *fig.* wertlos
pìštati kreischen, quietschen; pfeifen, zischen

pištōlj Pistole *f*; ~ **za pŕskānje** Spritzpistole
pìta *Art* Blätterteigkuchen *m*, Pitte *f*
pȉt|ak trinkbar; ~**ā vòda** Trinkwasser *n*; ~**alica** (*Kinder*-)Milchflasche *f*
pít|ānje Frage *f*; ~**ati (se)** [fragen]
pȉti trinken
pìtom zahm; ~**ī kèstēn** Edelkastanie *f*
pitómac Zögling *m*
pitùljica (Berliner) Pfannkuchen *m*
pìvara Brauerei *f*
pívnica Bier|keller *m*, -bar *f*
pȋvo Bier *n*
pivòvara *kr. s.* **pìvara**
pjȅga Fleck *m*; Sommersprosse *f*; ~**v** gefleckt; sommersprossig
pjȅn|a Schaum *m*; ~**ast** schaumig; ~**iti se** schäumen
pjenùšav schaumig; ~**ō víno** Schaumwein *m*
pjȅs|ma Lied *n*; Gedicht *n*; ~**màrica** Liederbuch *n*; ~**nīk** Dichter *m*
pješáč|ēnje Wandern *n*; Fußmarsch *m*; ~**iti** wandern; zu Fuß gehen
pjèš|āčkī prijèlaz Fußgängerüberweg *m*; ~**àdija** *Mil.* Infanterie *f*; ~**šāk** Fußgänger *m*; (*Schach*-) Bauer *m*
pjèšč|an sandig; ~**anā ȗra** Sanduhr *f*; ~**ār** Sandstein *m*
pjȅš|icē, ~**kē** *adv.* zu Fuß
pjèv|āč (~**ačica**) Sänger(in *f*) *m*; ~**āčkī** Gesang-
pjȅv|ānje Gesang *m*; ~**ati** singen; dichten; ~**ùckati** vor sich hinsingen
plȃč Weinen *n*
plá|ća *kr.* Lohn *m*; Gehalt *n*; ~**ćānje** Zahlung *f*; ~**ćati** *s.* ~**titi**
plȃćenīk Söldner *m*
plȁdanj *Kochk.* Platte *f*
plȃh, ~**òvit** jäh, heftig
plȁhta (*Bett*-)Laken *n*
plàkāt Plakat *n*
plȁkati[1] weinen
plákati[2] spülen
plȁmēn Flamme *f*
plȁmnīk Brenner *m*
plàmtjeti lodern
plȃn Plan *m*; **bez** ~**a** planlos; ~ **grȃda** Stadtplan *m*; **pȓvi** ~ Vordergrund *m*
planìn|a Gebirge *n*; ~**ār** Bergsteiger *m*; *Mil.* Gebirgsjäger *m*; ~**árēnje** Bergsteigen *n*; ~**árstvo** Bergsport *m*
planírati planen
plȃnsk|ī Plan-; ~**ā prȉvreda** Planwirtschaft *f*
plàsmān Plazierung *f*
plàstič|an, ~**kī** plastisch; Plastik-; ~**nā kèsica** Plastikbeutel *m*
plȁšiti [ù-] schrecken, ängstigen; ~ **se** sich fürchten (*G*/ vor *D*)
plȁšljiv ängstlich
plȃšt môtora Motorhaube *f*
plá|ta *s.* ~**ća**; ~**težan** Zahlungs-; ~**titi** (~**ćati**) (be-) zahlen; *fig.* büßen
plàtiv zahlbar

plátno Leinwand *f*, Leinen *n*
plâv blau; *Haar*: blond
plávac Bimsstein *m*; *dalmatinischer Rotwein*
plâviti überschwemmen
pláža (*Bade-*)Strand *m*
plèća *n/pl.*, **pleći** *f/pl.* Schultern *pl.*
plêh Blech *n*
plêm|e (*G* **~na**) (*Volks-*)Stamm *m*; **~enit** edel; adlig; **~ić** Adelige(r) *m*
plèmstvo Adel *m*
plês Tanz *m*; Ball *m*
plès|āč (**~àčica**) Tänzer(in *f*) *m*; **~ati** tanzen
plè|sti flechten; stricken; häkeln; **~taćā ìgla** Stricknadel *f*; **~taćī strôj** Strickmaschine *f*; **~ten** gestrickt, Strick-; geflochten; **~tènica** Zopf *m*; **~ter** Geflecht *n*, Flechtwerk *n*; Flechtzaun *m* [Strickwolle *f*]
plètivo Strickerei *f*;
pličina Untiefe *f*, Furt *f*
plî|jen Beute *f*; **~jèniti** [**za-**] plündern, erbeuten
plîjesan *f* Schimmel *m*
plijèviti jäten
plîk (*Haut-*)Blase *f*
plîma Flut *f*
plîn Gas *n*
plìnara Gaswerk *n*
plînomjēr Gasuhr *f*
plînsk|i Gas-; **~ā pípa** Gashahn *m*; **~ī štêdnjāk** Gasherd *m*; **~ō grìjānje** Gasheizung *f*
plítak seicht; **plîtkā cìpela** Halbschuh *m*
plìv|āč Schwimmer *m*; **~alìšte** Schwimmbad *n*
plìv|ānje Schwimmen *n*; **za ~ānje** Schwimm-; **~aonica** *s.* **plìvalīšte**; **~ati** schwimmen
plȍč|a Platte *f*, Tafel *f*; **rázvodnā ~a** Schalttafel; **~ica** Fliese *f*, Kachel *f*; (*Dame-*)Stein *m*; **~nīk** Bürgersteig *m*, Gehweg *m*
plôd Frucht *f*
plȍdan fruchtbar
plòditi se sich vermehren
plȍha Fläche *f*
plômb|a Plombe *f*; **~írati** plombieren
plȍsnat platt, flach
plôt Zaun *m*
plóvak *Tech.*, *Angel* Schwimmer *m*
plôvan schiffbar
plòvi|dba Schiffahrt *f*; **~ti** schwimmen, treiben; segeln; *Mar.* fahren
plûća *n/pl.* Lunge *f*
plûg Pflug *m*
plùta|ča Boje *f*; **~ti** *im Wasser* treiben
plȕto Kork *m*
pljȁčka Plünderung *f*; **~ti** [**ò-**] (aus)plündern
pljȅs|ak Beifall *m*; **~kati** klatschen; **~kavica** Hackbraten *m* vom Rost
pljȇsniv schimmelig, muffig
pljȕnuti *s.* **pljùvati**
pljûsak Platzregen *m*, (*Regen-*)Guß *m*
pljȕs|ka Ohrfeige *f*; **~kati**[1] [**~nuti**] ohrfeigen; *Regen*: peitschen

pljúskati² plätschern [m]
pljûskavica Wellenschlag
pljûv|āčka Speichel *m*, Spucke *f*; **~aonica** Spucknapf *m*; **~ati** [**pljûnuti**] (aus)spucken, speien
pneumàtičnī čèkić Preßlufthammer *m*
po¹ (*A*) nach (*D*), um (zu); (*vor Zahlen*) je; (*L*) *örtlich*: auf (*A*, *D*), durch (*A*), über (*D*); *zeitlich*: nach (*D*); **ìći po** (*A*) holen; **pò kiši** im Regen
pô² *s.* **pōl(a)** [treibung *f*]
pòbačāj Fehlgeburt *f*; Ab-
po|bíjati *s.* **pòbiti**; **~bijèditi** (**~bjeđívati**) siegen; besiegen; **~bírati** *s.* **pòbrati**
pò|biti (**~bíjati**) ein|schlagen, -rammen; widerlegen, bestreiten; *Preis* drücken; **~bjeći** *pf.* (ent)fliehen, flüchten
pôbjeda Sieg *m*
pòbje|dnīk Sieger *m*; **~dònosan** siegreich; **~đívati** *s.* **pobijèditi**
poblijèdjeti *pf.* erblassen, bleich werden
pôboč|an seitlich; **~nā ȕlica** Nebenstraße *f*
pobolšá(vā)nje (Ver-)Besserung *f*
pobòljš(áv)ati verbessern
pòbōrnīk Verfechter *m*; Vorkämpfer *m*
pôbožan fromm; andächtig
pò|brati (**~bírati**) (ab-)pflücken; einsammeln; *Steuern* eintreiben; **~bratim** Blutsbruder *m*; **~brinuti se** *pf.* sorgen (**za** *A*/ für *A*); **~bròjiti** *pf.* auf-, aus|zählen
pô|buda Antrieb *m*, Impuls *m*; Motiv *n*; **~búditi** (**~buđívati**) anregen; *Tech.* erregen; **~buna** Revolte *f*; Meuterei *f*; **~búniti** (**~bunjívati**) **se** sich empören, meutern; **~cŕnjeti** *pf.* *von der Sonne* braun werden
pôčasnī Ehren-; **~ člân** Ehrenmitglied *n*; **~ grâđanin** Ehrenbürger *m*
pôčāst *f* Ehre *f*; Ehrenbezeigung *f* [beehren]
počàstiti *pf.* bewirten;
počélo Element *n*; *fig.* Anfangsgründe *pl.*
počét|ak Anfang *m*, Beginn *m*; **iz** (*od.* **s**) **~ka** von vorn, von Anfang an; **na ~ku** zu Anfang
pòč|ēti (**~injati**) anfangen, beginnen; eintreten
pòčetn|ī anfänglich; Anfangs-; **~ō slòvo** Anfangsbuchstabe *m*
pòčetn|ica Anfängerin *f*; **~ik** Anfänger *m*
pòčēv(ši) od (*G*) seit (*D*)
pòčinak Ruhe *f*, Rast *f*
počìni|telj Täter *m*; **~ti** (**počínjati**) begehen
pò|činuti (**~čívati**) (aus-)ruhen, rasten; **~čínjati** *s.* **~činiti**; **~činjati** *s.* **~čēti**; **~čistiti** *pf.* *s.* **čìstiti**; **~čìvāljka** Liege *f*; **~čívati** *s.* **~činuti**; **~čivka** (*Ruhe-*)Pause *f*

póći (pòlaziti) (ab-, los-) gehen, sich begeben; **~ po** (*A*) (ab)holen
pod[1] (*wohin?* *A*/*A*; *wo?* *I*/*D*) unter
pȍd[2] Fußboden *m*
pȍdao niederträchtig
podá|tak Angabe *f*, Information *f*; **~ci** *pl.* Daten *pl.*
pòd(áv)ati se sich er-, hin|-geben
podb|ádati (~òsti) anspornen
pòdbradak Kinn *n*
pȍ|derān *Kleidung*: abgerissen; **~dèrati** *pf.* zerreißen; *Schuhe* durchlaufen; **~desan** passend, geeignet; zweckmäßig
pòde|siti (~šávati) an-, ein|passen; einstellen, regeln
pòdgrij(áv)ati anwärmen
pòdi|ći *pf.*, **~gnuti (~zati)** (er-, auf)heben; er-, auf|richten; *Damm* aufwerfen; *Geld* abheben; *Staub* aufwirbeln (*a. fig.*)
pod|ijèliti (~jeljívati) (ein-, ver-, aus)teilen; *Math.* dividieren
pòdizati *s.* **pòdići**
podjárm|iti (~ljívati) unterjochen, knechten
pȍdje|la Verteilung *f*; Einteilung *f*; **~ljívati** *s.* **podijèliti**
pòd|laktica Unterarm *m*; **~lèći** *pf.*, **~legnuti (~lijègati)** unterliegen
pȍdloga Unterlage *f*
pȍdlōst *f* Niedertracht *f*
pòd|maz(ív)ati ölen, schmieren; *Auto* abschmieren; **~mètāč** (*Schreib-*, *Gummi-*)Unterlage *f*; (**za pȋvo**) Bierdeckel *m*; **~mètati [~metnuti]** unter|legen, -schieben, -stellen; **~mićívati** *s.* **~mítiti**; **~míriti (~mirívati)** begleichen; *Bedarf* decken; **~mítiti (~mićívati)** bestechen; **~mìtljiv** bestechlich; **~mladak** Nachwuchs *m*; **~mladiti (~mlađívati)** *s.* **pomláditi**; **~mōrnica** Unterseeboot *n*; **~morskī** unterseeisch, Unterwasser-; **~mūkao** (heim)tückisch
pȍdnā ȍplata Fußbodenbelag *m*
pódne (*G* **~va**) Mittag *m*; **pȍslije ~** am Nachmittag; **prȉje ~** am Vormittag
pòd|nijeti (~nòsiti) ertragen, aushalten; *Antrag* unterbreiten, einreichen; **~nos** Tablett *n*; **~nòsilac** Antragsteller *m*; **~nòsiti** *s.* **~nijeti**; **~nòšljiv** erträglich, leidlich; **~nōžje** (*Berg-*)Fuß *m*; **~očnjāk** Augenring *m*; **~réditi (~ređívati)** unterordnen; **~rez(ív)ati** *Baum*, *Gefieder* stutzen; **~rigívati [~rignuti]** rülpsen, aufstoßen; **~rijètlo** Ursprung *m*; Abstammung *f*
pòdr|ška Unterstützung *f*; **~tina** Riß *m*; Wrack *n*
pòd|rūčje Bereich *m*, Ge-

biet *n*; **~rúg(iv)ati se** verspotten, verhöhnen (*D*/*A*); **~rùgljiv** spöttisch
pȍdrum Keller *m*
pòdružnica Zweigstelle *f*, Filiale *f*
podstà|ći *pf.*, **~knuti** (**pòdsticati**) anregen, anspornen (**na** *A*/ zu *D*); aufhetzen (**prȍtīv** *G*/ gegen *A*); *Feuer* anfachen, schüren
pȍdstava (*Kleider*-)Futter *n*; Bezug *m*
pòdstav|iti (**~ljati**) *Kleid* füttern
pȍd|sticāj Anregung *f*, Anstoß *m*; **~strēk** Ansporn *m*; Anreiz *m*; **~svijest** *f* Unterbewußtsein *n*; **~svjestan** unterbewußt; **~ùdarati se** übereinstimmen, sich decken; **~ùhvat** Unterfangen *n*
podùnāvskī an der Donau gelegen
pod|upìrāč Stütze *f*, Strebe *f*; (*Fahrrad*-)Kippständer *m*; **~ùpirati** [**~ùprijeti**] (unter)stützen; begünstigen
poduzéće *kr.* Unternehmen *n*, Betrieb *m*
pȍduzetan unternehmungslustig
podùz|ēti (**~imati**) *kr.* unternehmen
pòduzetnīk *kr.* Unternehmer *m*
pȍd|vala Unterstellung *f*; **~váliti** (**~valjívati**) unterstellen; prellen (*D*/*A*)
pòdvarak Braten mit Sauerkraut
pȍd|vez(ic)a Strumpfband *n*; **~véz(iv)ati** *Ader* abbinden; **~vláčiti** *s.* **~vúći**
pòdvodnī rībolōv Unterwasserfischerei *f*
podvò|stručiti *pf.* verdoppeln; **~žnjāk** Unterführung *f*
pòdvr|ći *pf.*, **~gávati** [**~gnuti**] unter|stellen, -ordnen (**se** sich); unterwerfen
podv|úći (**~láčiti**) unterstreichen (*fig.*)
pòdzemn|ī unterirdisch; **~ā žèljeznica** Untergrundbahn *f*, U-Bahn *f*
pòēn *Sp.* Punkt *m*
pò|gač(ic)a Fladen *m*, Kuchen *m*; **~gáđati** *s.* **~gòditi**; **~gan** schmutzig; schlimm; **~ganin** Heide *m*; **~gaziti** *pf.* zertreten; **pȍgībao** *f*, **~gibelj** *f* Gefahr *f*; Katastrophe *f*
pòginuti *pf. s.* **gīnuti**; **~ od glâdi** verhungern; **~ od žêđi** verdursten
pò|glavica *m* Oberhaupt *n*; Häuptling *m*; **~glāvlje** Kapitel *n*
pȍgl|ēd Blick *m*; Anblick *m*; Aussicht *f*; Ansicht *f*; **u ~édu na** hinsichtlich (*G*)
pògledati *pf.* e-n Blick werfen; (sich) ansehen; nachsehen; *im Buch* nachschlagen; *s.* **glèdati**
pȍgodan *s.* **pȍvōljan**
pò|godba Bedingung *f*; Übereinkommen *n*; **~gòditi** (**~gáđati**) treffen; (er-)raten

pógon Antrieb *m*; Getriebe *n*; Betrieb *m*; **stàviti u ~** in Betrieb nehmen; **~skā sīla** (*od.* **snága**) Triebkraft *f*; **~skī rèmēn** Treibriemen *m*; **~skō srèdstvo** Treibstoff *m*
po|górš(áv)ati ver|schlechtern, -schlimmern (**se** sich); **~gòstiti** *pf.* bewirten; **~-gràničnī** Grenz-
pȍgrda Schimpf *m*, Beschimpfung *f*; **~n** schimpflich; *Gr.* pejorativ
pògreb Beerdigung *f*, Begräbnis *n*
pògreš|an falsch, fehlerhaft; **~ka** Fehler *m*
pogrijèšiti *pf.* einen Fehler machen
pȍguba Verderben *n*; **~n** verderblich
pogùbiti *pf.* umbringen; hinrichten
pò|habān abgenutzt; *Kleidung*: abgetragen; **~háđati** *s.* **~hòditi**; **~hān** *Kochk.* paniert; **~harati** *pf.* verheeren
pȍhlēpan (be)gierig
poh|òditi (**~áđati**) besuchen
pȍhota Lüsternheit *f*; Gier *f*; **~n** lüstern, P geil
pohrá|niti (**~njívati**) be-, ver|wahren
pȍhv|ala Lob *n*; **~ālan** lobenswert
pòhvālnica Belobigung(s-urkunde) *f*
poimèncē *adv.* namentlich
po|jačánje Verstärkung *f*; **~jačàvāč** *Rdf.* Verstärker *m*; **~jàč(áv)ati** verstärken
pój|am Begriff *m*, **némati ~ma** keine Ahnung haben
pȍjās Gürtel *m*, Gurt *m*; Zone *f*; **~ za spasávānje** Rettungsring *m*
pȍjava Erscheinung *f*, Phänomen *n*; *Thea.* Auftritt *m*
pojáv|iti (**~ljívati**) **se** erscheinen, auftauchen
poje|dínac Einzelne(r) *m*, Individuum *n*; **~dìnačan** einzeln; **~dìncē** *adv.* einzeln, im einzelnen
pojèd|inī einzeln, vereinzelt; **~ínōst** *f* Einzelheit *f*; **~ljiv** gefräßig
pojednostáv|niti (**~njívati**) vereinfachen
pojeftí|niti (**~njívati**) ver-billigen
pò|jesti *pf.* verzehren, aufessen; **~jevtíniti** *pf.* *s.* **pojeftíniti**; **~jilo, ~jìšte** Tränke *f*; **~jiti** [**na-**] tränken
pójmiti begreifen
pòjmljiv begreiflich
pòkajati *pf.* büßen
pokazìvāč *Tech.* Anzeiger *m*
pokáz(ív)ati zeigen; **~ se** sich zeigen; sich erweisen; **~ se vrȉjednīm** sich bewähren
pȍkćērka Adoptivtochter *f*
pò|klade *f/pl.* Fastnacht *f*, Karneval *m*; **~klanjati** *s.* **~klòniti**
pȍklī|č, ~k Ruf *m*; Zuruf *m*
poklìsār *s.* **pòslānīk**
pòkliznuti (se) *pf.* ausrutschen

pöklön Geschenk *n*, Gabe *f*; Verbeugung *f*
poklòniti (**pòklanjati**) (ver)schenken; verehren; **~ se** sich verneigen
pòklopac Deckel *m*; **~ mötora** Motorhaube *f*
pòkōjnī verstorben, selig; **~k** Verstorbene(r) *m*
pokoljénje Generation *f*
pò|kop *s.* **~greb**; **~kòp(áv)ati** beerdigen, begraben
pö|kora Buße *f*; Reue *f*; **~kōran** unterwürfig; **~korávati** [**~kòriti**] **se** sich unterwerfen, sich fügen; **~kraćívati** *s.* **~krátiti**; **~kraj** (*G*) neben, bei (*D*)
pòkrajina Landschaft *f*; Provinz *f*, Land *n*
pokrá|titi (**~ćívati**) (ver-) kürzen
pokré|nuti (**~tati**) bewegen (*a. fig.*); ankurbeln; *Motor* anlassen; *Tech.* antreiben
pökrēt Bewegung *f*
pökret|an beweglich, verstellbar; **~nā stòlica** Drehstuhl *m*; **~nī môst** Drehbrücke *f*
po|krétati *s.* **~krénuti**; **~krètljiv** beweglich; **~kríće** (Be-)Deckung *f*
pòkr|iti (**~ívati**) be-, zu|decken; *Karte* stechen; **~ìvāč** Decke *f*; **~ìvāč krövōvā** Dachdecker *m*; *s. a.* **pòklopac**; **~ívati** *s.* **pòkriti**
pokròvitelj Gönner *m*, Beschützer *m*; **~stvo** Protektion *f*, Schutz *m*
pokućànstvo, pòkućstvo Möbel *n/pl.*, Einrichtung *f*
pò|kuditi *pf.* tadeln; **~künjen** niedergeschlagen; **~kupiti** *pf.* auf|lesen, -sammeln; **~kupòvati** *pf.* aufkaufen
pòkus Versuch *m*, Probe *f*; **~nī** Versuchs-; **~nā vòžnja** Probefahrt *f*
pökušāj *s.* **pòkus**; **~ ubístva** Mordversuch *m*
pòkuš(áv)ati versuchen; (**nà srēću**) wagen
pòkv|aren verdorben, schlecht; schadhaft, F kaputt; **~arènjāk** verdorbene(r) Kerl *m*; **~áriti** *pf. s.* **kváriti**; **~asiti** *pf. s.* **kvä-siti**
pôl¹ Pol *m*
pôl² *sb.* Geschlecht *n*
pöla halb
po|lágāno *adv.* langsam; **~lágati** *s.* **~lòžiti**; *Eid* leisten; *Prüfung* ablegen; **~lágati na nëšto** Rücksicht nehmen auf (*A*); Wert legen auf (*A*)
pölako *adv.* langsam; leicht, sachte
pòlār|an polar; **²nā Zvijèzda** Polarstern *m*; **~nīk** Polarkreis *m*
pòlaz|ak Abreise *f*; Abfahrt *f*, Abgang *m*; Aufbruch *m*; **~iti** *s.* **póći**; **~nā täčka** Ausgangspunkt *m*
pòledica Glatteis *n*
pölēt Schwung *m*, Elan *m*; **~an** schwungvoll
polica¹ (*Versicherungs-*)Police *f*

pòlica² Regal *n*
polìc|āj, ~ājac Polizist *m*; **~ija** Polizei *f*
polìgōn *Mil.* Truppenübungsplatz *m*
polijèvati [pòliti] (be)gießen, (be)sprengen
polìti|čār Politiker *m*; **~čkī** politisch; **~ka** Politik *f*
pôlnī *sb.* Geschlechts-
pölovan gebraucht
polòvi|ca, ~na Hälfte *f*
pȍ|ložāj Lage *f*, Stellung *f*; **~ložājnī** Lage-, Stellungs-; *Tech.* Stell-; **~lòžen** gelegen; **~lòžiti** (**~lágati**) (hin-, nieder)legen; hinterlegen; (*nur pf.*) *Prüfung* bestehen; *Rechenschaft* ablegen; *Waffen* strecken
poluautòmatskī halbautomatisch
polùbrat Stiefbruder *m*
pȍlu|cipela Halbschuh *m*; **~dnēvnī râd** Halbtagsarbeit *f*
pȍluga Hebel *m*; (*Gold-*) Barren *m*; **ùklopnā ~** Schalthebel; **~ za montírānje gûmē** Montiereisen *n*
pȍlu|krūg Halbkreis *m*; **~krūžan** halbrund; **~kúgla** Halbkugel *f*; **~mjēr** Halbmesser *m*, Radius *m*; **~mjesēc** Halbmond *m*; **~òkrūgao** halbrund; **~ostrvo** *sb.*, **~otok** *kr.* Halbinsel *f*; **~prāzan** halbleer; **~prijeċnik** *s.* **~mjēr**; **~prikolica** Sattelschlepperanhänger *m*; **~proizvod** Halbfabrikat *n*; **~san** Halbschlaf *m*; **~sèstra** Stiefschwester *f*
polùtār Äquator *m*
pòlutka Halbkugel *f*; *Sp.* **dèsnā, lìjevā ~** Halb|rechte(r) *m*, -linke(r) *m*
pȍlu|tōn *Mus.* Halbton *m*; **~vrijeme** *Sp.* Halbzeit *f*; **~vuna** Mischwolle *f*
Pòlj|āk Pole *m*; **~àkinja** Polin *f*
poljàna *s.* **pȍlje**; Ebene *f*
pȍlje Feld *n*; Acker *m*; *fig.* Gebiet *n*
poljèpš(áv)ati verschönern
poljodjél|ac Landwirt *m*, Bauer *m*; **~stvo** Ackerbau *m*
poljoprìvreda Landwirtschaft *f*
Pȍljsk|ā Polen *n*; **⁀ī¹** polnisch
pȍljskī² Feld-; **~ pût** Feldweg *m*
pò|ljubac Kuß *m*; **~ljúbiti** *pf.* küssen; **~màći** *pf.*, **~màknuti** *pf.* (ver)rücken; **~màgāč** Helfer *m*; *Sp.* Läufer *m*; **~màgalo** Hilfsmittel *n*; **~mágānje** *Jur.* Beihilfe *f*; **~mágati** *s.* **~mòći**; **~manjkánje** Mangel *m*, Fehlen *n*; **~mèsti** *pf.* aus|kehren, -fegen
pòmfrit Pommes frites *pl.*
pò|micati *s.* **~màći**
pòmič|an beweglich, verstellbar; **~nī krôv** Schiebedach *n*
pò|milovati *pf.* begnadigen; liebkosen; **~míriti** *pf.* versöhnen (**se** sich); **~mi-**

sliti (**~mišljati**) denken; **~mladak** *s.* **pòdmladak**
pomláditi (**pomlađívati**) verjüngen; **~ se** jünger aussehen
pòmnjiv aufmerksam, sorgfältig
pȍmōć *f* Hilfe *f*, Beistand *m*; **ù ~!** (zu) Hilfe!
pomòć|i (**pomágati**) helfen; **~nī** behelfsmäßig, Not-, Hilfs-; **~nica** Gehilfin *f*; Assistentin *f*; **~nīk** Gehilfe *m*, Helfer *m*
pȍmoću (*G*) *adv.* mittels (*G*), mit Hilfe von (*D*)
pȍm|ōl: na ~olu in Sicht
pòmor|ac Seemann *m*; **~skī** See-
pomórstvo Seewesen *n*
pȍmrčina sȗnca Sonnenfinsternis *f*
pomŕsiti *pf.* verwirren
pònāj|prije zu allererst; **~više** größtenteils
ponáš|ānje Benehmen *n*; Verhalten *n*; **~ati se** sich benehmen; sich verhalten
ponávlj|ānje Wiederholung *f*; **~ati** *s.* **ponòviti**
ponèdjelj|ak, ~nik Montag *m*
pònijeti *pf.* mitnehmen; (hin)bringen; schwanger werden
pòništ|iti (**~ávati**) für nichtig (*od.* ungültig) erklären, annullieren
pȍnīzan demütig
poníz|iti (**~ívati**) erniedrigen, demütigen (**se** sich)
pȍniznōst *f* Demut *f*
poniženje Demütigung *f*
pónoć *f* Mitternacht *f*
pònor Abgrund *m*; Schlund *m*
pónornica unterirdischer [Fluß]
pònos Stolz *m*; **~an** stolz
pon|òviti (**~ávljati**) wiederholen
pȍn|ōvnī Wieder-, nochmalig; **~ovo** *adv.* abermals, wieder
pȍnuda Angebot *n*; Antrag *m*
pònu|diti (**~đívati**) anbieten (**se** sich)
poòštriti *pf.* verschärfen
pȍp Pope *m*, Priester *m*
popáliti *pf.* abbrennen, einäschern
popàrtist Pop-Künstler *m*
pòpečak Rostbraten *m*
pòpēti se *pf.* (hinauf)steigen; besteigen (**na** *A* / *A*)
pópis Verzeichnis *n*, Liste *f*; **~ stànovnīštva** Volkszählung *f*
pȍplava Hochwasser *n*, Überschwemmung *f*
pòplav|iti *pf.* über|schwemmen, -fluten; **~ljènīk** Hochwassergeschädigte(r)
pòplēn Popeline *f*
poplòčati *pf.* pflastern
pȍplūn (*Bett-*)Decke *f*
popódne (*G* **~va**) Nachmittag *m*
pòpravak Ausbesserung *f*, Reparatur *f*; Verbesserung *f*
pòpraviti (**pòpravljati**) ausbessern, reparieren; (ver)bessern; *Gesundheit* wiederherstellen; **~ se** sich

bessern; *an Gewicht* zunehmen
pȍpreč|an quer-, Quer-; **~nā ȕlica** Querstraße *f*
pȍprijeko *adv.* quer
pòpr̄sje Brustbild *n*, Büste *f*
popŕs|kati [~nuti] bespritzen
pȍpulāran populär
pòpu|niti (~njávati) auffüllen, ergänzen
pópust Nachlaß *m*, Ermäßigung *f*, Rabatt *m*
popùst|iti (popúštati) *v/t.* lockern; *v/i.* nachlassen; nachgeben; **~ljiv** nachgiebig
pòraba Gebrauch *m*
pòramenice *f/pl.* Hosenträger *pl.*
pȍrāst Wachstum *n*; Zuwachs *m*, Steigerung *f*
porásti *pf.* (empor)wachsen; aufwachsen
pòratnō dȍba *n* Nachkriegszeit *f*
poràvn(áv)ati gerade|biegen, -richten; ausgleichen; *jur.* e-n Vergleich herbeiführen; **~ se** sich vergleichen
poráv|niti (~njívati) (ein-) ebnen, planieren, glätten
pȍrāz Niederlage *f*; **~an** niederschmetternd
porazdijèliti *pf.* verteilen
pòrcija Portion *f*
porcùlān Porzellan *n*
pòrebrica Rippenfell *n*
po|rèći (~rícati) leugnen, abstreiten
pored (*G*) neben; trotz; **~ òstālōg** unter anderem
pòredak Ordnung *f*
porédati *pf.* ordnen
pòre|diti (~đívati) vergleichen
pȍremećāj Störung *f*
porèmetiti *pf.* stören; *Gesundheit* zerrütten; *Geist* verwirren
pòresk|ī Steuer-; **~ā katègòrija** Steuergruppe *f*; **~ā ȕprava** Finanzamt *n*
pȍrez Steuer *f*; **~ na zȅmljište** Grundsteuer
pòrez|nīk Steuerbeamte(r) *m*; **~ōvnīk** Steuerzahler *m*
po|rícati *s.* **porèći**; **~rijèklo** *s.* **podrijètlo**
pòriluk Porree *m*
porinúće Stapellauf *m*
pòriv *s.* **pòlēt, zános**
pòrodi|ca Familie *f*; **~čan, ~čkī** Familien- [dung *f*]
pȍrođāj Geburt *f*, Entbin-
pòrok Laster *n*
pȍrot|a, ~nī sȗd Schwurgericht *n*; Schöffengericht *n*; **~nīk** Geschworene(r) *m*; Schöffe *m*
pòrtīr Portier *m*
pòrtrēt Porträt *n*
pòrub Saum *m*, Kante *f*
porúč|iti (~ívati) bestellen
pòručnīk Leutnant *m*
pȍruga Hohn *m*
porùgljiv höhnisch
pȍsad|a Besatzung *f*; **bez ~ē** unbemannt
pòs|ao *m* Geschäft *n*, Arbeit *f*; Angelegenheit *f*; **ìmati pȕno ~la** viel zu tun haben

pòseb|an speziell, besonder, Spezial-; **~nō izdánje** Sonderausgabe *f*; **~icē** *adv.* besonders; für sich; **~no** *adv.* eigens
posé|ći *pf.*, **~gnuti (pòsezati)** greifen, langen (**za** *I*/ nach *D*)
posijèdjeti *pf.* ergrauen
pò|sinak Adoptivsohn *m*; **~síniti** *pf.* adoptieren
pòsip Puder *m*; **~ati** *s.* **pòsuti**
pò|sjećen besucht, belebt; **~sjeći** *pf.* fällen; abhauen; *Wald* abholzen; **~sjećívati** *s.* **~sjetiti**
pòsjed Besitz(ung *f*) *m*; **~nīk** Besitzer *m*; Gutsbesitzer *m*; **~ovati** besitzen
pòsjekotina Schnittwunde *f*
pòsjet, pōsjeta Besuch *m*
posjètilac Besucher *m*
pòsje|titi (**~ćívati**) be-, auf|suchen; **~tnica** Visitenkarte *f*
pōskup ziemlich teuer
poskúp|iti (**~ljívati**[1]) *v/t.* verteuern; **~jeti** (**~ljívati**[2]) *v/i.* sich verteuern, im Preis steigen
pòslān|īk Gesandte(r) *m*; Botschafter *m*; **národnī ~ik** Abgeordnete(r) *m*; **~stvo** Gesandtschaft *f*; Botschaft *f*
pòslasti|ca Süßigkeit *f*, Leckerei *f*; **~čārnica** Konditorei *f*
pòslati *pf.* (über-, ab-, ver-) senden, schicken; **~ po** (*A*) (ab)holen lassen
pōslije *prp.* (*G*) nach (*D*); *adv.* später, danach; **~ pódne** am Nachmittag
poslo|dávac Arbeitgeber *m*; **~prímac** Arbeitnehmer *m*
pōslov|an geschäftlich; **~nī prijatelj** Geschäftsfreund *m*; **~nō písmo** Geschäftsbrief *m*
poslòvati Geschäfte führen; Geschäfte machen; tätig sein
pòslovi|ca Sprichwort *n*; **~čan** sprichwörtlich
pòslōvn|ica Geschäftsstelle *f*; **~īk** Geschäftsordnung *f*
pō|slovođa *m* Geschäftsführer *m*; Betriebsleiter *m*; **~sluga** Bedienung *f*; **~slūšan** gehorsam, folgsam
pòslušati *pf.* (*A*) gehorchen, folgen (*D*)
poslúšnōst *f* Gehorsam *m*
poslùžavnīk Servierbrett *n*, Tablett *n*
poslúž|iti (**~ívati**) bedienen, abfertigen; dienen (**za** *A*/ zu, für); **~iti se** sich bedienen
pòsljed|ica Folge *f*, Nachwirkung *f*; **~njī** letzte(r)
pòsmrtn|ī post(h)um; **~ō slōvo** Leichenrede *f*
posòliti *pf.* (ein)salzen
pōsp|an schläfrig; **~ánac, ~ánko** *m* Schlafmütze *f*
pòspješ|iti (**~ívati**) beschleunigen
posprém|iti *pf.*, **~ati** *pf.*

aufräumen; *Tisch* abräumen
pòsrati V *pf.* scheißen
posr|ebrávati [~èbriti] versilbern
pòsred|an mittelbar; Zwischen-; **~nīk** Vermittler *m*; **~ovānje** Vermittlung *f*; **~ovati** vermitteln
posŕnuti (pòsrtati) stolpern; wanken
pôst Fasten(zeit *f*) *pl.*
pȍstaja Station *f*, Haltestelle *f*
pòsta|(ja)ti werden, entstehen; **~nak** Entstehung *f*
pȍstariji ältlich
pȍstava *s.* **pȍdstava**
pòstāvka Voraussetzung *f*; Ausgangspunkt *m*
pòstelj|a Bett *n*; **~ina** Bettzeug *n*
pòstepen allmählich
pòsti|ći *pf.*, **~gnuti (~závati)** erlangen, erzielen; *Rekord* aufstellen; *Unglück*: treffen, heimsuchen; **~gnúće** Errungenschaft *f*
pòsti|ti fasten; **~závati** *s.* **~ći**
pȍstō vom Hundert, Prozent
pȍstojān beständig; standhaft; **~ nà mrazu** frostbeständig; **~ ù vatri** feuerfest
postòj|ānje Dasein *n*, Sein *n*; **~ati** bestehen, da sein; **~ēćī** bestehend
postòlār Schuhmacher *m*
pòstōlje Gestell *n*, Ständer *m*
pòstotak Prozentsatz *m*
postrádati *pf.* zu Schaden kommen, verunglücken
pȍstrestānt postlagernd
pòstupak Vorgehen *n*, Handlungsweise *f*; Behandlung *f*; *jur.*, *Tech.* Verfahren *n*
postúp|ati [~iti] verfahren, vorgehen; behandeln
pȍsuda Gefäß *n*, Behälter *m*
posú|diti (~dívati) (aus-, ent)leihen
pò|suđe Geschirr *n*; **~suđívati** *s.* **~súditi**; **~súmnjati** *pf.* Verdacht schöpfen; zweifeln (**na** *A*, **o** *L*/ an *D*); **~súšiti** *pf.* v/t. trocknen; **~suti (~sipati)** bestreuen, überschütten (*I*/ mit *D*); **~sve** durchaus; ganz und gar; **~svećívati** *s.* **~svétiti**
pȍsveta Widmung *f*
posvé|titi (~ćívati) widmen; (ein)weihen
posvjedòč|iti (~ívati) bezeugen; beglaubigen
pȍšāst *f* Seuche *f*
pošilj|āč, ~alac Absender *m*
pòšīljka (*Post*-)Sendung *f*
poškròpiti *pf.* besprengen
pȍšt|a Post *f*; Postamt *n*; **ȍbratnōm ~ōm** postwendend
pȍštansk|ī postalisch, Post-; **~ā štèdionica** Postsparkasse *f*; **~ī čèkōvnī ràčūn** Postscheckkonto *n*; **~ī činōvnīk** Postbeamte(r) *m*; **~ī prètinac** Postfach *n*; **~ī sànduk** Briefkasten *m*; **~ī ùrēd** Postamt *n*

pŏšt|ār Postbote *m*; **~àrina** Porto *n*
pŏšted|a: dòbiti ~u krankgeschrieben werden
pošté|djeti (**~dívati**) verschonen
pŏšt|en ehrlich, redlich; ehrenhaft, rechtschaffen; **~énje** Ehrlichkeit *f*; Rechtschaffenheit *f*; **~ívati** *s.* **~òvati** [wie teuer?]
pŏšto *cj.* nachdem; da; **~?**
poštòv|alac Verehrer *m*; **~an** geachtet, verehrt; **mnŏgo ~anī ...!** sehr geehrter ...!; **~ánje** (Hoch-) Achtung *f*, Verehrung *f*; **s ~ánjem** hochachtungsvoll; **~ati** verehren, achten, schätzen [forsten]
pòšum|iti (**~ljávati**) auf-
potà|ći *pf.*, **~knuti** (**pòticati**) anregen, anspornen
pŏ|tājan heimlich; **~támniti** *pf.* verdunkeln; **~tàmnjeti** *pf.* dunkel werden; **~tápati** *s.* **~tòpiti**
pot|cijèniti (**~cjenjívati**) unterschätzen
pòtčinjenī Untergebene(r)
poté|gnuti (**~zati**) *v/t.* (an-) spannen; zücken; *Schraube* anziehen; *v/i.* einen Zug tun
potèn|cija *Math.* Potenz *f*; **~tan** potent
pŏ|tez Strich *m*; (*Schach-*, *Feder-*)Zug *m*; (*Schwert-*) Hieb *m*; **~tézati** *s.* **~tégnuti**
pŏthvāt *s.* **podùhvat**
pŏticāj *s.* **pŏdsticāj**
pò|ticati *s.* **~tàći**; **~tiljak** Hinterkopf *m*; **~tiskívati** [**~tisnuti**] zurück-, ver|drängen; **~tištiti** *pf.* *s.* **pòtlačiti**; **~tjecati** (ab-) stammen, herrühren
pŏtjera Verfolgung *f*
pò|tjer(ív)ati vertreiben; **~tjĕrnica** Steckbrief *m*
pot|káz(ív)ati denunzieren; **~kívati** *s.* **~kòvati**; **~kòljenke** *f/pl.* Kniestrümpfe *pl.*; **~kòp(áv)ati** untergraben
pòt|kova Hufeisen *n*; **~kòvati** *pf.* *Pferd* beschlagen; **~kovičast** hufeisenförmig; **~kožnī** unter der (*od.* die) Haut, subkutan; **~krepljívati** [**~krijèpiti**] stärken, stützen; **~krōvlje** Dachgeschoß *n*
pòtlač|iti (**~ívati**) unterdrücken
pòto|čnica Vergißmeinnicht *n*; **~čić**, **~k** Bach *m*
potóm|ak Nachkomme *m*; **~stvo** Nachkommenschaft *f*
potònuti *pf.* versinken, untergehen
pò|tonjī letztere(r); kommende(r); **~top** Überschwemmung *f*; Sintflut *f*; **~tòpiti** (**~tápati**) versenken; **~topiti se** *s.* **potònuti**
pòt|petica (*Schuh-*)Absatz *m*; **~pis** Unterschrift *f*; (*Film-*)Untertitel *m*; **~pís(iv)ati** unterschreiben; **~plat** (*Schuh-*)Sohle *f*

potpom|ágati [**~òći**] unterstützen
pȍt|pora (Rück-)Halt *m*; Stütze *f*; Unterstützung *f*; **~pōranj** Strebe *f*; **~pōrnī** Stütz-; Unterstützungs-; **~predsjednīk** Vizepräsident *m*; **~pukōvnīk** Oberstleutnant *m*
pòtpun vollständig; völlig, vollkommen
pȍtraga Verfolgung *f*; Suche *f*
potrȁž|iti (**~ívati**) *s.* **trážiti**; **~ivānje** (*Geld*-)Forderung *f*; Anspruch *m*; **~nja** Nachfrage *f*
pȍtreb|a Notwendigkeit *f*; Bedürfnis *n*; **po ~i** nach Bedarf; **~an** notwendig, erforderlich; **~it** bedürftig
potrépština Bedarf(sartikel) *m*
pòtr|es Erdbeben *n*; Erschütterung *f* (*a. Med.*); **~és(a)ti** erschüttern
potròstruč|iti (**~ívati**) verdreifachen
potròšāč Verbraucher *m*; **~kā zȃdruga** Konsumgenossenschaft *f*
pòtr|ošak (*Geld*-)Ausgabe *f*; *s.* **~óšnja**; **~òšiti** *pf.* verbrauchen; *Geld* ausgeben; **~óšnja** Verbrauch *m*; **šìrokā ~óšnja** Massenbedarf *m*
potúći *pf. s.* **túći**
pȍtvrda Bestätigung *f*; Bescheinigung *f*
potvŕ|diti (**~đívati**) bestätigen
pȍuč|an lehrreich; **~ávati** [**poùčiti**] lehren, unterrichten
poùčljiv gelehrig
pȍuka Lehre *f*, Belehrung *f*
pȍuzd|ān zuverlässig; **~ànīk** Vertraute(r) *m*; *s.* **povjerènīk**; **~ānōst** *f* Zuverlässigkeit *f*
pòuzd|ānje Zuversicht *f*, Vertrauen *n*; **~ati se** sich verlassen (**u** *A*/ auf *A*), vertrauen (*D*)
pouzéće(**m** per) Nachnahme *f*
povèć|alo Vergrößerungsglas *n*; **~ánje** Vergrößerung *f*; *s.* **povišénje**; **~(áv)ati** vergrößern; *Lohn* erhöhen
pòvelja Urkunde *f*
povèsti (**povòditi**): **~ sa sòbom** mit|führen, -nehmen; **~ se** sich richten (**za** *I*/ nach *D*)
povéz(ív)ati binden
povíjati *s.* **pòviti**
pȍvijest *f* Geschichte *f*
povìjuša Schlingpflanze *f*
pȍvīk Ruf *m*; Schrei *m*
poví|siti (**~sívati**, **~šávati**, **~šívati**) erhöhen; steigern; **~šénje** Erhöhung *f*; Steigerung *f*; Zunahme *f*, Anstieg *m*
pò|višica (*Gehalts*-)Zulage *f*; **~viti** (**~víjati**) wickeln
povjer|ávati [**pòvjeriti**] anvertrauen (se sich); **~ènīk** Vertrauensmann *m*; *Sp.* Betreuer *m*; **~énje** Vertrauen *n*

povjèrljiv vertraulich
povjetárac (leichte) Brise *f*
povlá|čēnje Rückzug *m*; **~čiti** *s.* **povúći**; **~diti** (**~đívati**) Beifall zollen
pòvlastica Vorrecht *n*, Vergünstigung *f*
pòvod Anlaß *m*; **~ac** Hundeleine *f*; **~anj** *s.* **pȍplava**
povòditi *s.* **povèsti**
póvōj Binde *f*; Windel *f*
pòvōjče Wickelkind *n*
pȍvōljan günstig
pòvōrka (*Fest-*, *Trauer-*) Zug *m*
pòvra|ćati *s.* **povrátiti**; brechen, sich erbrechen; **~ćā mi se** ich habe Brechreiz; **~tak** Rück|fahrt *f*, -kehr *f*; Rückgabe *f*; *Med.* Rückfall *m*; **~tak kȕći** Heim|kehr *f*, -reise *f*; **u ~tku** auf dem Rückweg
pòvrat|an rück-, Rück-; *Med.* Rückfall-; *Gr.* reflexiv; **~nā kârta** *Esb.* Rückfahrkarte *f*; **~nī lêt** Rückflug *m*
povrátiti (**pòvraćati**) zurückgeben; zurückzahlen; **~ se** zurück|kommen, -kehren, -fahren; zu sich kommen
pòvrć|e Gemüse *n*; **júha od ~a** Gemüsesuppe *f*
pȍvreda Verletzung *f*; *fig. a.* Bruch *m*
pòvrh (*G*) oberhalb (*G*), über (*D*)
povrijèditi *pf.* verletzen
pòvrijeđen verletzt; **~ī** *Su.* Verletzte(r) *m*
pȍvrš|an oberflächlich, flüchtig; **~ìna** Oberfläche *f*; Fläche *f*; (*Meeres-*)Spiegel *m*; **stàmbenā ~ìna** Wohnfläche *f*
pòvršinskī Flächen-
pòvrtnjāk Gemüsegarten *m*
po|vúčen zurückgezogen; **~vúći** (**~vláčiti**) ziehen; schleppen; zerren (**za** *A*/an *D*); herausziehen; *Antrag*, *Truppen* zurückziehen; *Befehl*, *Zusage* zurücknehmen; **~vúći se** sich zurückziehen
pòzadina Hintergrund *m*
pòzajmica Darlehen *n*; Entlehnung *f*
pozájm|iti (**~ljívati**) leihen, borgen; entlehnen
pȍzdrāv Gruß *m*, Begrüßung *f*
pòzdrav|iti (**~ljati**) (be-)grüßen; grüßen lassen
pȍzitīvan positiv
póziv Einladung *f*; Ruf *m*; Aufforderung *f*; Vorladung *f*; Einberufung *f*; Berufung *f*; (*Telefon-*)Anruf *m*
po|zívati *s.* **pòzvati**; **~zlaćívati** [**~zlátiti**] vergolden
pòzli|ti *pf.*: **~lo mu je** ihm ist übel (schlecht) geworden
pȍznan|ica, ~īk Bekannte(r *m*) *f*
poznánstvo Bekanntschaft *f*
pȍznat bekannt; **ȍpće ~** all(gemein)bekannt
pòzn|(áv)ati kennen (se

sich); erkennen; **~àvalac** Kenner *m*
poznávānje (ljúdī, mjèsta Menschen-, Orts-)Kenntnis *f*; Erkennen *n*; **~ rȍbē** Warenkunde *f*
pȍzno *adv.* spät
pòzor Achtung *f*, Aufmerksamkeit *f*; **~!** Achtung!
pózor|īšnī *sb.* Bühnen-, Theater-; **~īšnī dȍglēd** Opernglas *n*; **~īšte** *sb.* Theater *n*; **~nica** Bühne *f*; Schauplatz *m*
pòzvati *pf.* einladen; auffordern; vorladen; *Mil.* einberufen; (**~ telefónom**) anrufen; **~ nȃ rēd** zur Ordnung rufen; **~ se** sich berufen auf (*A*)
pȍžār Brand *m*; **~nī** Brand-, Feuer-
požděrati *pf.* auffressen
pȍ|žěljan wünschenswert; **~žrtvōvan** opferbereit, aufopfernd; **~žuda** Begierde *f*; **~žudan** (be)gierig; lüstern; **~žúriti** *pf. s.* **žúriti**
požútjeti *pf.* gelb werden, vergilben
pra- *in Zssgn* Ur-
prȁ|baba, ~bāka Urgroßmutter *f*
prȁćka Schleuder *f*
prȁdjed Urgroßvater *m*
prȃg Schwelle *f*
prȃh Staub *m*; Pulver *n*; Puder *m*; **jája, mlijèko u práhu** Ei-, Milch|pulver
prȁizvedba Uraufführung *f*

prȁksa Praxis *f*
pràktičan praktisch
pràmac *Mar.* Bug *m*
prȁmēn Büschel *n*; (*Haar-*) Strähne *f*
pránje Waschen *n*, Wäsche *f*
pràonica Wäscherei *f*; Waschküche *f*
prȁporac (*Kuh-*)Schelle *f*
pràs *s.* **pòriluk**
prásac Ferkel *n*
prȃsak Knall *m*
prȃse (*G* **-ta**) *s.* **prásac**
prȁsk|ati knallen; prasseln; knistern; **~av** explosiv
práša|k Pulver *n*; **~n** staubig; pulverig
pràšina Staub *m*
práštati verzeihen
prȁšuma Urwald *m*
prȁti [**ò-**] (se sich) waschen
pràtilac Begleiter *m*
prȁtiti [**is-**] begleiten; mitkommen (*A*/ mit *D*); *fig.* verfolgen
pràtnja Begleitung *f*; Gefolge *n*
prȃv gerade; recht; eigentlich; **~a** Gerade *f*
právac Richtung *f*
prȃv|an rechtlich; Rechts-; **~nā nàuka** Rechtswissenschaft *f*; **~nō srèdstvo** Rechtsmittel *n*
prȃvda Gerechtigkeit *f*; Recht *n*
prȁved|an gerecht; **~nōst** *f* Gerechtigkeit *f*
prȃvī *s.* **prȃv**; echt
prȁvil|an regelmäßig; **~o** Regel *f*; *fig.* Richtschnur *f*; **~a** *pl.* Satzung *f*; **~nik**

(*Dienst-*)Ordnung *f*, Vorschrift(en *pl.*) *f*
prȁviti [nà-] machen, bilden; *Gesellschaft* leisten; *s.* **proizvòditi**
prȃvnīk Jurist *m*
právo¹ Recht *n*; Berechtigung *f*, Anspruch *m*; **ìmati ~** recht haben
prȁvo² *adv.* gerade
pravòdobno *adv.* rechtzeitig
pravòkut|an rechteckig; rechtwinklig; **~nīk** Rechteck *n*
pravòmoćan rechtsgültig
prȁvo|pīs Rechtschreibung *f*; **~slȃvnī** orthodox
pravò|sūđe Justiz *f*; **~ūglast** *s.* **~kutan**; **~valjan** *s.* **~moćan**; **~vremen** rechtzeitig
prázan leer; **~ hȏd** Leerlauf *m*
prȃznī|k Feiertag *m*; **~ci** *pl.* Ferien *pl.*
praznìna Leere *f*; Lücke *f*
prázniti [is-] (**se** sich) leeren
prȁznovjēr|an abergläubisch; **~je** Aberglaube *m*
prčkàrija V Pfuscherei *f*
pȑčkati [s-] P (ver)pfuschen
pŕdjeti [pȑdnuti] V furzen
prȇ- (*vor adj. u. adv.*) höchst, überaus, zu
prebác|iti (**~ívati**) (hin-) überwerfen; *über den Fluß* übersetzen, transportieren; *Norm, Plan* übererfüllen; *j-m et.* vorwerfen; **~iti se** sich hinüberschwingen; übersetzen (*v/i.*); **~iti se preko grànicē** über die Grenzen flüchten
pre|bírati sichten, auslesen; **~bìvalīšte** Wohn|sitz *m*, -ort *m*; **~bívati** weilen, wohnen
prèbje|ći *pf.*, **~gnuti** (**~gávati**) überlaufen; **~g** Überläufer *m*
pre|brájati [~bròjiti] nachzählen; **~búјati** *pf.* überströmen; **~cijèniti** (**~cjenjívati**) überschätzen
prȅciziōnī Präzisions-, Fein-
prè|crt(áv)ati aus-, durch|-streichen; (durch)pausen; **~cvasti** *pf.* verblühen; **~čaga** Leitersprosse *f*; *Anat.* Zwerchfell *n*
prȅčka *Sp.* Reck *n*; (*Tor-*) Querlatte *f*
prèčuti *pf.* überhören
préći (prèlaziti) *Weg* zurücklegen; *Land, Straße* überqueren, kreuzen; *Esb. usw.* umsteigen; hinüber|-gehen, -fahren; *fig.* übergehen (zu *D*); überbieten
pred (*wohin? A*/*A*; *wo? I*/*D*) vor
prȅdaja Übergabe *f*; Überlieferung *f*
prè|dati *pf. s.* **~davati**; **~dàvāč** Vortragende(r) *m*; Lektor *m*; **~dávānje** Vor|-lesung *f*, -trag *m*
prèd(áv)ati ab-, über|geben; (hin)überreichen; *Post* aufgeben; **~ se** sich ergeben (*D*)

predbác|iti (**~ívati**) vorwerfen
prêdgovōr Vorwort *n*
prèdgrāđe Vorstadt *f*
prêdigra Vorspiel *n*
prèd|io, ~jel Landschaft *f*, Gegend *f*
prêdjelo Vorspeise *f*
pred|làgāč Antragsteller *m*; **~lágati** *s.* **~lòžiti**
préd|log Vorschlag *m*, Antrag *m*; *Gr.* Präposition *f*; **~lòžiti** (**~lágati**) vorschlagen; beantragen
prèdmet Gegenstand *m*, Objekt *n*; Thema *n*; (*Unterrichts-*)Fach *n*
prêdnōst *f* Vor|zug *m*, -rang *m*; Vorfahrt(srecht *n*) *f*; **dàti ~** bevorzugen
prednjáčiti vorangehen, (an)führen
prêdnj|ī vorder-, vorstehend; **~ā strána** Vorderseite *f*; **~ī kòtāč** *kr.* (**tòčak** *sb.*) Vorderrad *n*; **~ī pógon** Frontantrieb *m*
pred|očávati [**~òčiti**] veranschaulichen, vergegenwärtigen
prèdodžba Vorstellung *f*
prêdohrana Vorbeugung *f*
predòm|isliti (**~íšljati**) **se** sich (anders) besinnen
prêd|račūn *s.* **prōračūn**; **~rāsuda** Vorurteil *n*
prèd|ratnī Vorkriegs-; **~sjednīk** Vorsitzende(r) *m*, Präsident *m*; **~sōblje** Vorzimmer *n*; Diele *f*, Halle *f*
prêdstava Vorstellung *f*
prèdst|aviti (**~avljati**) (**se** sich) vorstellen; **~āvnīk** Vertreter *m*; **~āvnīštvo** Vertretung *f*; **~òjati** bevorstehen; **~ōjnīk** Vorsteher *m*
prêd|ujam Vorschuß *m*; **~umišljāj** *jur.* Vorsatz *m*; **~úvjet** Vorbedingung *f*; **~uzéće** *sb.* Unternehmen *n*; **~ùzēti** (**~ùzimati**) *sb.* unternehmen; **~ùzetnīk**, **~uzìmāč** *sb.* Unternehmer *m*; **~ùzimati** *s.* **~ùzēti**; **~večērje** Vorabend *m*
prèdv|idjeti (**~íđati**) vor-(aus)sehen
prèdvōrje Vorhalle *f*
prêđa Garn *n*
prè|frigan durchtrieben; **~gača** Schürze *f*; **~gaziti** *pf.* überfahren; durchwaten; **~gíbati** um-, ver|biegen
prégled Über|blick *m*, -sicht *f*; Durchsicht *f*, Kontrolle *f*; Untersuchung *f*; **~an** übersichtlich
pregléd(áv)ati¹ besichtigen; durchsehen, sichten; untersuchen; **~ se** untersucht werden
prè|gledati² *pf.* übersehen; **~govàrāč** Unterhändler *m*; **~govárati** verhandeln
prê|govōri *m/pl.* Verhandlungen *f/pl.*; **~grada** Schranke *f*; Trennwand *f*; *Mar.* Schott(e *f*) *n*
prè|gradak Fach *n*, Abteil *n*; **~gráditi** (**~građívati**) abteilen; umbauen; versperren

prȅ|gr̄št *f* Handvoll *f*; **\~hlada** Erkältung *f*; **\~hláditi** (**\~hlađívati**) **se** sich erkälten

prèhrambenī Nahrungs-, Lebensmittel-

prȅhr|ana Ernährung *f*; **\~ániti** (**\~anjívati**) ernähren

preináč|iti (**\~ívati**) umgestalten, umformen

prȅkasno *adv.* zu spät

prȅ|kīd Unterbrechung *f*; Abbruch *m*; **\~kīd (râda) za rúčak** Mittagspause *f*; **\~kìdāč** *El.* Schalter *m*; *Kfz.* Unterbrecher *m*; **\~kídati [prèkinuti]** unterbrechen; abbrechen; ab-, zer|reißen; *El.* ausschalten; **prèkinuti se** (ab)reißen (*v/i.*); **\~kípjeti** *pf.* über|-kochen, -laufen

prȅkjučē(r) vorgestern

prekl|ápati [\~òpiti] zusammen|klappen, -legen; (**se** sich) überlappen

prèklopn|ā stòlica Klappstuhl *m*; **\~ī čámac** Faltboot *n*; **\~ī krôv** Klappverdeck *n*; **\~īk** (Um-)Schalter *m*

prȅko (*G*) über (*A*); **\~ dāna** tagsüber; **\~ púta** gegenüber; **\~ rēda** außer der Reihe

prȅko|brōjan überzählig; **\~mjēran** übermäßig; schrankenlos

prȅk(o)jučē(r) vorgestern

prekò|morskī, \~ocèānskī Übersee-, überseeisch; **\~p(áv)ati** umgraben; **\~ráčiti** (**\~račívati**) überschreiten; **\~rávati [prekòrjeti]** tadeln, Vorwürfe machen

prȅkosutra übermorgen

prekòvremen: \~ī râd Überstunden *f*/*pl.*

prekr̀c(áv)ati umladen; **\~ se** umsteigen

prèkretnica Wendepunkt *m*

prèkr|iti (**\~ívati**) über|ziehen, -decken

prekrížiti *pf.* (durch)kreuzen; (**se** sich) bekreuzigen

prekȑ|stiti (**\~štávati, \~šćívati**) durchkreuzen; umtaufen; (**se** sich) bekreuzigen

prȅkršāj Vergehen *n*, Übertretung *f*; *Sp.* Foul *n*, Regelverstoß *m*

prekȑš|ilac (*Gesetzes-*) Übertreter *m*; **\~iti** (**\~ívati**) übertreten (*A*), zuwiderhandeln (*D*)

prȅks(j)utra *s.* **prȅkosutra**

prélaz Übergang *m*; Furt *f*; **\~ prȅko prúgē** Bahnübergang; **\~an** *Gr.* transitiv; **\~nā kârta** Umsteigekarte *f*; **\~nō dȍba** *n* Übergangszeit *f*

prè|laziti *s.* **préći**; **\~lètjeti** (**\~lijètati**) überfliegen; **\~lijèvati se** schillern; **\~lòmiti** *pf.* zer-, entzwei|-brechen

prȅljūb Ehebruch *m*

prema (*L*) gegen (*A*), gegenüber (*D*); gemäß, ent-

sprechend (*D*); **~ tȍmē** demzufolge
prèmac (Mit-)Bewerber *m*
prèmalo zuwenig
prémaz Anstrich *m*
prèmaz(ív)ati an-, über|-streichen; **~ lȁkom** lakkieren
prȅmda obwohl, wenn auch
prȅ|mēt Purzelbaum *m*; **~metàčina** Durch-, Haus|-suchung *f*; **~mètati** durchsuchen
prêmija Prämie *f*
premínuti *pf.* sterben
prè|misliti (**~míšljati**) überlegen, bedenken; **~mjerávati** [**~mjèriti**] nachmessen; nachwiegen; **~mjestiti** *pf. s.* **~mjéštati**
prȅ|mještāj Versetzung *f*; **~mjéštati** [**prèmjestiti**] versetzen; **~mlátiti** *pf.* durchprügeln; **~mōć** *f* Übermacht *f*
prèmorenōst *f* Übermüdung *f*
premò|stiti (**~šćívati**) überbrücken; **~st(lj)iv** überbrückbar
prȅnāgao überstürzt, übereilt [überstürzen
prenág|liti (**~ljívati**) **se**
prenàpūčen übervölkert
prè|nijeti (**~nòsiti**) übertragen; überbringen; befördern; **~noćište** Nachtquartier *n*; **~nòćiti** (**~noćívati**) übernachten
pré|nos Transport *m*, Beförderung *f*; *Rdf.*, *Tech.* Übertragung *f*; **~nòsiti** *s.* **prènijeti**; **~nòšljiv** tragbar [*n*
prénosnica *Tech.* Getriebe
prȅ|nuti se *pf.* aufwachen; **~obláčiti** [**~obúći**] (**se** sich) umziehen; **~obražāj** Umgestaltung *f*; **~okrēt** Umschwung *m*; **~okupácija** Voreingenommenheit *f*; **~opterećénje** Überlastung *f*; **~opterećívati** [**~optèretiti**] überlasten
preòst|a(ja)ti übrigbleiben, übrig sein; **~alī** übrig, Rest-; **~átak** Über|rest *m*, -bleibsel *n*
prèpa|dati [**~sti**] (**se** *v/i.*) (er)schrecken
prepečènica Doppel|-branntwein *m*, -korn *m*
prè|pelica Wachtel *f*; **~píliti** *pf.* durchsägen; **~pirati se** sich zanken
pré|pīrka Streit *m*; **~pis** Abschrift *f*; Kopie *f*; Durchschlag *m*; **~pís(ív)ati** abschreiben; *Arznei* verschreiben
prè|piska Briefwechsel *m*; **~plànuo** sonnengebräunt, verbrannt; **~plivati** *pf.* durchschwimmen; **~plòviti** *pf.* *Schiff*: durchfahren
prepolòv|iti (**~ljívati**) halbieren
prȅpona Hindernis *n*; *Sp.* Hürde *f*; *Anat.* Leiste(nbeuge) *f*
prepòrūčen eingeschrieben; **~ō!** Einschreiben!
preporúč|iti (**~ívati**) emp-

fehlen; *Brief* einschreiben; **~(lj)iv** empfehlenswert
prè|poruka Empfehlung *f*; **~pòzn(áv)ati** (wieder)erkennen; **~prečívati** *s.* **~priječiti**
prèpreden pfiffig, gerissen
prè|preka Hindernis *n*; Sperre *f*; **~prijèčiti** (**~prečívati**) hindern; versperren; **~prodaja** Wiederverkauf *m*; **~pun** übervoll; **~pùstiti** (**~púštati**) überlassen, anheimstellen; **~račùn(áv)ati** umrechnen; **~rada, prèradba** Umarbeitung *f*; Bearbeitung *f*; **~ráditi** (**~rađívati**) um-, über|arbeiten; bearbeiten
prèran verfrüht, vorzeitig
prèsa Presse *f*; Kelter *f*
prèsāč Presser *m*
presá|diti (**~đívati**) um-, ver|pflanzen
presàhnuti *pf.* versiegen
presè|liti (**~ljávati**) **se** umziehen, übersiedeln; **~ljenīk** Umsiedler *m*
presijècati *s.* **prèsjeći**
prè|sipati *s.* **~sūti**; **~sječnī** Schnitt-; **~sjeći** (**~sijècati**) durch|schneiden, -trennen; *Wort, Weg* abschneiden; *Karten* abheben; **~sjek** Querschnitt *m*; **~skákati** [**~skòčiti**] überspringen; **~slušānje** Verhör *n*; **~sluš(áv)ati** ver|hören, -nehmen; **~sòliti** *pf.* versalzen; **~sp(áv)ati** verschlafen; durchschlafen; **~sta(ja)ti** aufhören, enden; **~stanak: bez ~stānka** ohne Unterlaß, ununterbrochen
prèsti spinnen; *Katze:* schnurren
prèsti|ći *pf.*, **~gnuti** (**~zati**) überholen (*A*); zuvorkommen (*D*)
prestròjiti *pf. Kfz.*: **~ vòzilo** sich einordnen
prèstraš|iti (**~ívati**) (**se** *v/i.*) erschrecken
prèsuda Urteil *n*
prè|sudan entscheidend; **~súditi** (**~suđívati**) aburteilen; **~sūti** (**~sipati**) umschütten; **~svláčiti** [**~svúći**] **se** sich umziehen
prèša Presse *f*; Kelter *f*
prè|štāmpati *pf.* nachdrucken; **~šućívati** [**~šútjeti**] verschweigen; **~tákati** *s.* **~tòčiti**; **~teći**[1] (**~tjecati**) überholen (*A*); zuvorkommen (*D*); **~téći**[2] *pf.*, **~tégnuti** (**~tézati**) überwiegen
prè|tēg, ~tega Übergewicht *n*; **~tégnuti** *s.* **~téći**[2]
prètek Überfluß *m*; **na ~** im Überfluß
pretézati *s.* **pretéći**[2]
prètežan vor-, über|wiegend
prèt|hodan vorläufig; **~hodnī rádovi** *m/pl.* Vorarbeiten *f/pl.*; **~hòditi** voran-, voraus|gehen; **~hodnica** Vorhut *f*; **~hodnīk** Vorgänger *m*
prèti|cati *s.* **prèteći**[1]; **~nac** Fach *n*; **pōštanskī ~nac**

Postfach; **~o** fett, dick; **~sk(áv)ati** nachdrucken
prètjec|ānje Überholen *n*; **~ati** *s.* **prèteći**[1]
prètjer|an übertrieben; **~(iv)ati** übertreiben
pret|òčiti (**~ákati**) um|gießen, -füllen; **~ovárati** [**~òvariti**] umladen; **~placívati** *s.* **~plátiti**
prët|plata Abonnement *n*; **~plátiti**(**~plaćívati**) abonnieren; **~pòsljednjī** vorletzte(r)
prëtpostāvka Voraussetzung *f*; Annahme *f*
pretpòstav|ljati [**~iti**] voraussetzen; annehmen
pretráž|iti (**~ívati**) durch|suchen, -stöbern
prëtprodaja Vorverkauf *m*
prè|tres Durchsuchung *f*; (*Gerichts*-)Verhandlung *f*; **~trés(a)ti** besprechen, erörtern; durchsuchen; **~tŕpjeti** *pf.* er|leiden, -dulden
pretvárati [**pretvòriti**] um-, ver|wandeln; **~ se** sich verstellen, heucheln
preùd(áv)ati se *Frau*: wieder heiraten
preùde|siti (**~šávati**) umwandeln; anders machen
preùraniti *pf.* zu früh aufstehen, kommen, beginnen *usw.* [**preùdesiti**] *s.*
preuré|diti (**~đívati**) *s.*
preustr|ojávati [**~òjiti**] reorganisieren; reformieren; **~ójstvo** Reorganisation *f*
preùz|ēti (**~imati**) übernehmen

prëvaga Übergewicht *n*
prevá|gnuti *pf.* überwiegen; **~liti** (**~ljívati**) um|stoßen, -stürzen; *Strecke* zurücklegen
prëvara Betrug *m*
prèvar|iti (**~ívati**) betrügen, beschwindeln; übervorteilen
prevèntiv, prëventīvnō srèdstvo Verhütungsmittel *n*
prevè|sti[1] (*Präs.* **~dēm**; **prevòditi**) überführen; über|setzen, -tragen
prevè|sti[2] (*Präs.* **~zēm**; **prevòziti**) befördern; *mit d. Fähre* übersetzen; **~sti se** sich übersetzen lassen
prè|vidjeti (**~víđati**) übersehen; **~víjati** *s.* **~viti**; **~vínuti** *pf.* umbiegen; aus-, ver|renken
prëviše zuviel, (all)zusehr
prè|viti (**~víjati**) *Med.* verbinden; **~vlád(áv)ati** Überhand gewinnen; vorherrschen
prëvlaka Überzug *m*; Bezug *m*; *Geogr.* Landenge *f*
pré|vod Übersetzung *f*; **~vòdilac** Übersetzer *m*; **~vòditi** *s.* **~vèsti**[1]; **~voz** Überfahrt *f*; Transport *m*; **~vòziti** *s.* **~vèsti**[2]; **~voznō srèdstvo** Transport-, Verkehrs|mittel *n*
prëvrāt Umsturz *m*
prevŕnuti (**prèvrtati**) umdrehen; **~ se** um|stürzen, -kippen; *Boot*: kentern
prèzime Zuname *m*

prȅzīr Verachtung *f*; **~an** verächtlich, geringschätzig
prè|zirati [~zreti] verachten; verschmähen; **~źívjeti (~življávati)** überleben
pri (*L*) bei (*D*)
pri|ánjati [~ònuti] haften (**za** *A*/ an *D*); anliegen; **~bàdača** Stecknadel *f*
prìbav|iti (~ljati) ver-, herbei|schaffen [geln]
pribíjati [prìbiti] (an)na-
prìbilješka Notiz *f*
pribìlježiti (~ívati) notieren, vermerken
prìbliž|an annähernd; **~ávānje** Annäherung *f*; **~ávati** *s.* **~ívati**
priblíž|iti (~ívati) (se sich) nähern
príbor Zubehör *n*, Utensilien *pl.*; **~ za jȅlo** Eßbesteck *n*; **~ za pránje** Waschzeug *n*
pribr|ájati [~òjiti] hinzu|zählen, -rechnen
prȉča Erzählung *f*; Sage *f*
príčati [is-] erzählen
prìček(iv)ati (ab)warten
príčest *f* Kommunion *f*, Abendmahl *n*
prȉčuva Vorrat *m*, Reserve *f*
pričvŕ|stiti (~šćívati) befestigen, anheften
príći (prìlaziti) heran-, hinzu|kommen
prìd(áv)ati (hin)zu|fügen, -geben
prídjev Adjektiv *n*
pridrúž|iti (~ívati) se (*D*) sich anschließen (*D*, an *A*)
pridȑž(áv)ati halten, stützen; **~ se** sich halten (**za** *A*/ an *D*; *fig. G*/ an *A*)
prȉgod|a Gelegenheit *f*; **~ōm** anläßlich; **~an** gelegentlich; **~nā kupòvina** Gelegenheitskauf *m*; **~nā mârka** Sonder-, Gedenk|-(brief)marke *f*
prigò|toviti (~tovljávati) vor-, zu|bereiten; **~várati** *s.* **~vòriti**
prȉgovōr Einwand *m*; Einspruch *m*
prigov|òriti (~árati) einwenden; Einspruch erheben; beanstanden
prigúš|iti (~ívati) dämpfen; *Tech. a.* drosseln; **~ìvāč** (*Schall-*, *Stoß-*) Dämpfer *m*
príhod Einkommen *n*; Ertrag *m*, Erlös *m*
prìhva|ćati, ~tati [~titi] (er)greifen; *Antrag*, *Wechsel* annehmen; **~titi se** zugreifen
prihvàtljiv annehmbar
prȉjat|an angenehm; freundlich; **~no!** guten Appetit!; **~elj** Freund *m*; **~èljica** Freundin *f*; **~èljski** freundschaftlich; **~éljstvo** Freundschaft *f*
prȉjati *v/i.* zusagen, bekommen (*D*); *Essen*: schmecken
prȉjava Anmeldung *f*; Anzeige *f*; **pȍreskā ~** Steuererklärung *f*
príjav|iti (~ljívati) anmelden; *Diebstahl* anzeigen

prìjavnī ùred Meldeamt *n*
prìjāvnica (An-)Meldeformular *n*
prȉjāzan freundlich
prȉje *prp.* (*G*) vor (*D*); *adv.* früher, eher; zuvor; **~ nègo** *cj.* bevor, ehe; **mȁlo ~** vorhin; **štȍ ~** baldigst
prijèčiti (be)hindern, hemmen
prȉ|ječnica Querbalken *m*; Sperre *f*; **~jèći** *s.* **préći**; **~jèdlog** *s.* **prédlog**; **~jeko** *adv.* drüben, gegenüber; **~jèkor** Tadel *m*; **~jèlaz** *s.* **prélaz**; **~jèlom** Bruch *m*; **~jem** Empfang *m*; Aufnahme *f*; **~jemnī** Empfangs-; Aufnahme-; **~jēmnīk** *Rdf.* Empfänger *m*; **~jènos** *s.* **prénos**; **~jèpad** Überfall *m*; Handstreich *m*; **~jèpis** *s.* **prépis**; **~pódne** Vormittag *m*; **~jèporan** strittig, streitig; **~jeratnī** *s.* **prèdratnī**; **~jèsan** roh, ungekocht
prijèstō(l) *m* Thron *m*; **~nica** Hauptstadt *f*
prijè|stupnā gȍdina Schaltjahr *n*; **~tēćī** drohend, Droh-; **~titi** drohen; **~tnja** Drohung *f*; **~vara** *s.* **prȅvara**; **~vod** *s.* **prévod**; **~vōj** (*Gebirgs*-)Paß *m*; **~voz(nō srèdstvo)** *s.* **prévoz(nō srèdstvo)**
prìkač|iti (**~ívati**) *s.* **prikòpč(áv)ati**
prikáz(iv)ati (vor)zeigen; darstellen; *Thea.* aufführen; **~ se** erscheinen
prìkladan geeignet, passend
prìključak Anschluß *m*; *El. a.* Stecker *m*
prikljúč|iti (**~ívati**) anschließen
príključnica Steckdose *f*
príkolica Anhänger *m*; Beiwagen *m*; **stàmbenā ~** Wohnwagen *m*
pri|kòpč(áv)ati an|heften, -stecken, befestigen; **~kraćívati** [**~krátiti**] *Zeit* vertreiben
prìkr|iti (**~ívati**) verdecken
pri|lágati *s.* **~lòžiti**
prilagò|diti (**~đávati, ~đívati**) anpassen
prílaz Zugang *m*
prìlaziti *s.* **príći**
príličan ziemlich; leidlich
prilijèpiti (**priljepljívati**) auf-, an|kleben; **~ se** kleben, haften (an *D*)
prílik|a *s.* **prȉgoda**; **~e** *pl.* Verhältnisse *n/pl.*; **u tàkvīm ~ama** unter diesen Umständen
prílog Anlage *f*; Beilage *f*; Beitrag *m*; *Gr.* Adverb *n*; **u ~** (*D*) zugunsten (*G*); **u ~u** anbei
prȉ|ložen bei-, in|liegend; **~lòžiti** (**~lágati**) bei|legen, -fügen; **~lježan** fleißig, emsig
priljúb|iti (**~ljívati**) se sich anschmiegen
prímac *s.* **prìmalac**
primà|ći *pf.*, **~knuti** (**prìmicati**) heran-, näher|rücken

prì|malac Empfänger *m*, Adressat *m*; **~mālja** Hebamme *f*
prímānj|e Empfang *m*, Annahme *f*; *Phys.* Aufnahme *f*; **sât ~a** Sprechstunde *f*
prímati *s.* **prímiti**
prì|micati *s.* **~màći**; **~mijèniti** (**~mjenjívati**) anwenden; **~mijèsiti** (**~miješati**) bei|mengen, -mischen; **~mijètiti** (**~mjećívati**) bemerken
prímīrje Waffenstillstand *m*
prìmīsao *f* Hintergedanke *m*
primítak Empfang *m*, Annahme *f*
prím|iti (**~ati**) erhalten, bekommen; *j-n* empfangen; auf-, an|nehmen; *Gehalt* beziehen; *Essen* fassen; *Arznei* einnehmen; **~iti na znánje** zur Kenntnis nehmen
prìmitīvan primitiv
pri|mjećívati *s.* **~mijètiti**
prìmjedba An-, Be|merkung *f*; Fußnote *f*
prì|mjena Anwendung *f*; **~mjenjívati** *s.* **~mijèniti**; **~mjèn(l)jiv** anwendbar
prímjer Beispiel *n*; Muster *n*; **na ~** zum Beispiel; **~ak** Exemplar *n*; **~an** beispielhaft; **~ávati** *s.* **prìmjeriti**; **~icē** *adv.* beispielsweise
prìmjer|iti (**~ávati**) an|passen, -messen
prì|mjesa Beimischung *f*; **~moprēdaja** Übernahme *f*, Übergabe *f*
prì|morac Küstenbewohner *m*; **~mór(áv)ati** nötigen, zwingen; **~mōrje** Küste(nland *n*) *f*; **~morskī** See-, Küsten-; **~nijeti** (**~nòsiti**) bei|tragen, -steuern
prínos Beitrag *m*
prìnuda Zwang *m*
prìnu|diti (**~đávati**, **~đívati**) nötigen; **~đen** Zwangs-
priònuti *pf.* (**za** *A*) kleben, haften (an *D*); sich anschließen (*D*); *an die Arbeit* herangehen, sich heranmachen
priòp|ćiti (**~ćívati**) *kr.*, **~štávati** [**~štiti**] *sb.* mitteilen
prìpa|dati [**~sti**] (dazu)gehören; *Recht*: gebühren, zukommen; zuteil werden; **~dnīk** Angehörige(r); **~s(í-v)ati** umschnallen; *Schürze* umbinden; **~sti** *s.* **~dati**; **~ziti** *pf.* aufpassen (**na** *A*/ auf *A*)
pripís(ív)ati zuschreiben
prìpīt angetrunken
pripitòm|iti (**~ljívati**) zähmen
prí|pjev Kehrreim *m*, Refrain *m*; **~pojávati** [**~pòjiti**] einverleiben; **~pomágati** *s.* **~pomòći**
prìpo|mōć *f* Beihilfe *f*, Unterstützung *f*; **~mòći** (**~mágati**) unterstützen; (aus)helfen
pripòslati *pf.* zu-, über|senden, schicken
prìpovi|jed *f* Erzählung *f*;

˷jèdati *s.* **pripòvjediti**; **˷jest** *f*, **jetka** Erzählung *f*, Geschichte *f*
prìpovjèdāč Erzähler *m*
pripòv|jediti (**˷ijèdati**) erzählen
prìprāv|an *s.* **prìprēman**; Vorbereitungs-; **˷nōst** *f* Bereitschaft *f*
prì|prema Vorbereitung *f*; *Tech.* Vorbehandlung *f*; **˷prēman** bereit, vorbereitet; **˷prém|ati** [**˷prémiti**] (vor-, zu)bereiten; **˷prost** schlicht; einfältig; **˷pùstiti** (**˷púštati**) zulassen
prìraslica Verwachsung *f*
prìrāst Zuwachs *m*
prì|redba Veranstaltung *f*; **˷réditi** (**˷ređívati**) veranstalten; *Feier* ausrichten; anrichten; **˷ređìvāč** Veranstalter *m*
prírod|a Natur *f*; **mȑtvā ˷a** Stilleben *n*; **˷an** natürlich, Natur-; **˷njāk** Naturforscher *m*
prirodò|pis Naturgeschichte *f*; **˷slóvac** Naturforscher *m*
prìrođen angeboren
prírok *Gr.* Satzaussage *f*, Prädikat *n*
prìručnīk Handbuch *n*
priseb|an geistesgegenwärtig; schlagfertig; **˷nōst** *f* Geistesgegenwart *f*; Schlagfertigkeit *f*
prisé|ći *s.* **˷gnuti**
prìsega Eid *m*, Schwur *m*; **kȓivā ˷** Meineid *m*
prisé|gnuti (**˷zati**) schwören, beeiden
prisí|liti (**˷ljávati**) zwingen; **˷lan** Zwangs-; **˷lnō spúštānje** Notlandung *f*
priskȑb|iti (**˷ljívati**) verschaffen, besorgen
prìsl|anjati [**˷òniti**] (**se** sich, **na** *A*/ an *A*) anlehnen (**uz** *A*/ an *A*); **˷uškívati** lauschen, horchen; *Telefon* abhören; **˷ušnīk** Lauscher *m*, Horcher *m*
prìsnī innig; *Freund*: intim; *Verwandter*: nah
prispijèvati [**prìspjeti**] ankommen; zurechtkommen, rechtzeitig kommen; *Obst*: reifen
prìspo|doba Gleichnis *n*; **˷dòbiti** (**˷dobljívati**) vergleichen
prìsta|(ja)ti zustimmen (**na** *A*, **uz** *G*/*D*); *Kleid*: sitzen, passen; gut stehen (*D*); *Mar.* anlegen; *Flgw.* landen; **˷lica** *m s.* **prìstaša**; **˷nak** Zustimmung *f*, Einwilligung *f*; **˷nīšte** Landungsplatz *m*, Anlegestelle *f*; Hafen *m*; **˷o** hübsch, nett
prìstaša *m* Anhänger *m*, Parteigänger *m*
prìsta|ti *s.* **˷jati**
prí|stojan schicklich; anständig; **˷stòjati se** sich (ge)ziemen, sich schicken
prìstojba Gebühr *f*
prístojnōst *f* Anstand *m*, Anständigkeit *f*
prìstra|(sta)n parteiisch,

voreingenommen; **~(s)nōst** *f* Parteilichkeit *f*
prìstup Zugang *m*; Zutritt *m*; Einlaß *m*; Beitritt *m*; **~ačan** zugänglich
pristúp|ati [**~iti**] herantreten; beitreten (**u** *A* / *D*)
prìsu|stvo Anwesenheit *f*; Gegenwart *f*, Beisein *n*; **~stvovati** beiwohnen, zugegen sein; **~tan** anwesend; **~tnōst** *f s.* **~stvo**
prisv|ájati [**~òjiti**] sich aneignen
prísvojnī *Gr.* besitzanzeigend, possessiv
prišaráf|iti (**~ljívati**) anschrauben
prìš|iti (**~ívati**) annähen
prîšt Hautgeschwür *n*; **~àjiv** pickelig
prišté|djeti (**~đívati**) ersparen
prìštić (*Haut-*)Pickel *m*
prì|tega *Mar.* Ballast *m*; **~tégnuti** (**~tézati**) *Schraube* anziehen
prìtis|ak Druck *m*; **~kívati** [**~nuti**] (nieder)drücken; *fig.* be-, unter|drücken; **~nī** Druck-; **~nō dùgme** Druckknopf *m*
prítok, prìtoka Neben-, Zu|fluß *m*
prìtužba Beschwerde *f*, [Klage *f*]
prí|tvor (*Untersuchungs-*) Haft *f*; **~uščívati** [**~úštiti**] gönnen
prìvāt|an privat; **~nā sȍba** Privatzimmer *n*
privéz(iv)ati an-, fest|binden
prìvi|ći *pf.*, **~knuti** (**~kávati**) (se sich) gewöhnen (**na** *A* / an *A*)
prívid|an scheinbar, Schein-; **~no** *adv. a.* zum Schein; **~nōst** *f* Schein *m*
privikávati, prìviknuti *s.* **prìvići**
prìvjes|ak (*Halsketten-*)Anhänger *m*; **~iti** *pf.* anhängen
prìvlāč|an anziehend; **~nā sila** (*od.* **snága**) Anziehungskraft *f*
pri|vláčiti *s.* **~vúći**; **~vlàč(lj)iv** zugkräftig; anziehend; **~vlàč(lj)ivōst** *f* Anziehung *f*; Zugkraft *f* (*fig.*); **~volijèvati** [**~vòljeti**] *j-n* bewegen, überreden (**na** *A* / zu *D*)
prìvr|eda Wirtschaft *f*; Erwerb *m*; **~edan** gewerblich, wirtschaftlich; **~eđívati** *s.* **~ijèditi**
prì|vremen zeitweilig, vorläufig, einstweilig; **~vrijèditi** (**~vređívati**) erwerben, erwirtschaften; **~vržen** anhänglich; ergeben, zugetan; **~vúći** (**~vláčiti**) anziehen; **~zēmlje** Erdgeschoß *n*; **~znanica** Quittung *f*; **~znánje** (Ein-)Geständnis *n*, Bekenntnis *n*; Anerkennung *f*
prìznāt anerkannt
prìzn(áv)ati (ein-, zu-) gestehen, zugeben, bekennen; anerkennen
prízor Schauspiel *n*; *Thea.* Auftritt *m*, Szene *f*

prìzvūk Neben|ton *m*, -geräusch *n*
pȑkos Trotz *m*
pȑkosan trotzig
pȑkositi trotzen
pȑljav schmutzig, dreckig
prljávština Schmutz *m*
próba Probe *f*
pro|bádati *s.* **~bòsti**
próbati proben; (an)probieren
prȍbava Verdauung *f*
prò|baviti (**~bavljati**) verdauen; **~bàvljiv** verdaulich; **~bíjati** *s.* **~biti**; **~bisvijet** Abenteurer *m*; **~bitačan** vorteilhaft, nutzbringend; **~bítak** Vorteil *m*; **~biti** (**~bíjati, ~bívati**) durch|brechen, -stoßen; (se sich) durchschlagen; **~blijèditi** *pf.* blaß werden
prȏbnī Probe-, Versuchs-
pròbojac Locher *m*; *Tech.* Lochstahl *m*
pró|bojan undicht, durchlässig; **~bòsti** (**~bádati**) durch|bohren, -stechen, -stoßen; **~búditi** (**~buđívati**) (auf)wecken; **~búditi se** auf-, er|wachen, wach werden; **~búšiti** *pf.* durchlöchern; durchbohren; lochen
pròcen(a)t Prozentsatz *m*
pròces Prozeß *m*
proc|ijèditi (**~jeđívati**) (durch)seihen; filtern; **~ijèniti** (**~jenjívati**) (ein-, ab-) schätzen; würdigen; **~jeđívati** *s.* **~ijèditi**
prȍ|cjena Schätzung *f*, Bewertung *f*; **~cjenjívati** *s.* **~cijèniti**; **~cvàsti** (**~cvjètati**) aufblühen
pròčēlje Front *f*, Fassade *f*
pročìt(áv)ati durch-, aus-, vor|lesen
pròču|ti hören, erfahren; **~lo se** es verlautet(e)
próći (**pròlaziti**) vorbei-, vorüber|gehen (*od.* -fahren), passieren; *Zeit*: ver|fließen, -gehen, ablaufen
prȍdaj|a Verkauf *m*; Vertrieb *m*; **na ~u** zu verkaufen
prò|d(áv)ati ver|kaufen, -äußern; *Ware* absetzen; feilbieten; **~dàvāč** Verkäufer *m*; **~davàčica** Verkäuferin *f*; **~dàvaonica** Verkaufsstelle *f*, Laden *m*; **~dávati** *s.* **~dati**; **~dèrati** *pf.* zerreißen; **~dīran** durchdringend; **~dirati** [**~drijeti**] vordringen; durch-, ein|dringen; **~dúb|iti** (**~dubljívati**) vertiefen; ergründen; **~ducírati** *kr.* produzieren; **~dúh(áv)ati** *kr.* *v/t.* durchblasen; *v/i.* durchwehen; **~dukovati** *sb.* produzieren; **~dúljiti** (**~duljívati**) *kr.* verlängern; **~dúv(áv)ati** *sb. s.* **~dúh(áv)ati**; **~dužétak** Verlängerung(sstück *n*) *f*; **~dúžiti** (**~duživati**) *sb.* verlängern
prȍđa *Hdl.* Absatz *m*
profesiònāl *Sp.* Profi *m*
pròfesor Professor *m*
pro|gánjati *s.* **~gòniti**

proglá|siti (**~šávati, ~šívati**) *v/t.* ausrufen
prò|gnanīk Verbannte(r); **~gnati** *pf.* ver|bannen, -treiben; **~gon** Verfolgung *f*, **~gònilac** Verfolger *m*; **~gòniti** (**~gánjati**) verfolgen; **~gónstvo** Verfolgung *f*; Verbannung *f*, Exil *n*
prògram Programm *n*
prò|gristi (**~grízati**) durchbeißen; **~gúrati** *pf.* durch|-schieben, -drücken; **~gúrati se** sich durchdrängen; **~gùtati** *pf.* verschlingen, hinunterschlucken; **~hodan** gangbar; **~hódati** *Kind*: zu laufen beginnen; **~htijèvati** [**~htjeti**] **se** Lust bekommen, Lust haben; **~htjev** Lust *f*, Verlangen *n*; Gelüst *n*
proiz|áći *pf.*, **~íći** (**proìzlaziti**) hervorgehen, sich ergeben, folgen aus; **~vèsti** (**~vòditi**) erzeugen, herstellen
proìzvod Erzeugnis *n*, Produkt *n*; **~an** Produktions-, Herstellungs-; *Gr.* abgeleitet; **~nī trȍškovi** *m/pl.* Gestehungs-, Herstellungs|kosten *pl.*; **~nōst** *f* Produktivität *f*
proiz|vódnja Erzeugung *f*; Herstellung *f*, Produktion *f*; **~vòđāč** Erzeuger *m*, Produzent *m*
pròjektor Projektor *m*
pròkl|ēti (**~injati**) ver|-fluchen, -dammen; **~étstvo** Fluch *m*

pro|kòp(áv)ati durchgraben; *Kanal* durchstechen; **~kŕčiti** (**~krčívati**) *Wald* lichten; *Weg* bahnen; *fig.* sich durcharbeiten; **~krijumčáriti** *pf.* durchschmuggeln
prólaz Durch|gang *m*, -fahrt *f*
pròla|zak: na ~sku auf der Durchreise
prólaz|an vergänglich; **~nī sȁobraćāj** Durchgangsverkehr *m*
pròlaz|iti *s.* **próći**; **~nīk** Passant *m*
pro|lijèvati *s.* **pròliti**; **~listati** *pf.* durchblättern
pròli|ti (**~jèvati**) ver|-schütten; -gießen
próliv *s.* **próljev**
pròlom Durchbruch *m*; **~ oblákā** Wolkenbruch *m*
pròljeće Früh|ling *m*, -jahr *n*
próljev *Med.* Durchfall *m*
promà|ći *pf.*, **~knuti** (**pròmicati**) befördern; fördern
prȍma|ha, ~ja Luftzug *m*; Zugluft *f*
promà|knuti *s.* **~ći**
prȍmašāj Fehl|schuß *m*, -wurf *m*; *fig.* Fehlschlag *m*
pròmaš|iti (**~ívati**) danebenschießen, verfehlen (*a. fig.*)
promàtrāčnica Warte *f*
promátrati beobachten
pròmećūran geschäftig
pròmet Verkehr *m*; Umsatz *m*; (*Waren-*)Umschlag

m; ~ **strânācā** Fremdenverkehr; **rȍbnī** ~ Güterverkehr; **~nī** Verkehrs-; Umsatz-
prò|micati *s.* **~màći**; **~mijèniti** (**~mjenjívati**) (ab-, um-, ver)ändern, um-, ver|wandeln; *Geld* wechseln; **~mil** Promille *n*
prȍmīsao *m* Vorsehung *f*
pròmi|sliti (**promíšljati**) überlegen, bedenken, erwägen; **~šljen** bedächtig, besonnen; durchdacht, überlegt
prȍ|mjena (Ver-)Änderung *f*, Wandel *m*; Verwandlung *f*; **~mjènljiv** veränderlich, wandelbar; **~mjenjívati** *s.* **~mijèniti**
prómjer Durchmesser *m*
promòčiv undicht, wasserdurchlässig
prò|mūkao heiser; **~muklōst** *f* Heiserkeit *f*; **~náći** (**~nàlaziti**) auffinden, ausfindig machen; erfinden; **~nalàzāč** Erfinder *m*; **~nàlazak** Erfindung *f*
prȍnevjera Veruntreuung *f*, Unterschlagung *f*
pronèvjer|iti (**~ávati**) veruntreuen, unterschlagen
prò|nicati *s.* **~nići**; **~nìcav**, **~nicljiv** scharfsinnig; **~nìcavōst** *f*, **~nìcljivōst** *f* Scharfsinn *m*; **~nići** *pf.*, **~niknuti** (**~nicati**) *v/i.* (auf)keimen; *v/t.* durch|schauen, -blicken
pròpa|dānje Verfall *m*; **~dati** [**~sti**] ver-, ein|sinken, durchfallen (*a. fig.*); verfallen; zugrunde gehen, untergehen; verderben (*v/i.*); **~lica** *m od. f* verkommene(r) Mensch, Asoziale(r)
pròpān Propangas *n*
pròpao verkommen, heruntergekommen
prȍpāst *f* Untergang *m*, Verderben *n*
pró|pis Vorschrift *f*; **~pisan** vorschriftsmäßig; **~pís(ív)ati** vorschreiben; **~pít(ív)ati se** sich erkundigen, nachfragen (**za** *A*, **o** *L*/ nach *D*)
prȍplanak Lichtung *f*
prȍpov|ijed *f* Predigt *f*; **~ijèdati** *s.* **propòvjediti**; **~jèdaonica** Kanzel *f*
propòv|jediti (**~ijèdati**) predigen; **~jèdnīk** Prediger *m*
pròpuh *s.* **prȍmaha**
pró|pusnica Passierschein *m*; **~pust** Versäumnis *n*; Unterlassung *f*; **~pùstiti** (**~púštati**) durchlassen, vorbei(gehen) lassen; unterlassen; versäumen, verpassen; **~putòvati** *pf.* durchreisen
prȍrač|ūn (*Kosten-*)Voranschlag *m*; **~unān**, **~unāt** berechnend; **~ùn(áv)ati** berechnen, überschlagen
pro|rèći (**~rícati**) voraus-, vorher|sagen, prophezeien
pró|rez Riß *m*; Schlitz *m*; **~rícati** *s.* **~rèći**; **~ročan-**

stvo Prophezeiung *f*, Weissagung *f*
próro|k Prophet *m*; **~kovati** prophezeien
prò|sac Freier *m*; **~sinac** *kr.* Dezember *m*; **~sipati** *s.* **~sūti**; **~sìti [is-, za-]** werben (*A*/ um *A*); **~sjáčiti** betteln; **~sjāk** Bettler *m*; **~sjakati** *s.* **~sjáčiti**
pròsje|čan durchschnittlich; Mittel-; **~ći** *pf.* durch|schneiden, -hauen; **~k** Durchschnitt *m*
prȍskur(ic)a *Rel.* Weih-, Abendmahlbrot *n*, Hostie *f*
prȍslava Feier *f*
pròslav|iti (~ljati) feiern
prȍso Hirse *f*
pròspek(a)t Prospekt *m*
prȍst einfach; schlicht; gemein, ordinär
pròst|āk Grobian *m*, Flegel *m*; **~àkluk, ~áštvo** Flegelei *f*, Gemeinheit *f*; **~ìrāč** Matte *f*; (*Bett-*)Vorleger *m*; **~irati** *s.* **~rijeti**
prostitūtka Prostituierte *f*
prȍsto *adv. s.* **prȍst**
prostò|dušan treu-, offen|herzig; **~národan** volkstümlich
próst|or Raum *m*; **~òrija** Raum *m*, Zimmer *n*
prostòta Einfachheit *f*; Einfalt *f*; Flegel-, Lümmel|haftigkeit *f*
pròst|ran geräumig; weit, ausgedehnt; **~rijeti (~irati)** ausbreiten; *Tisch* decken; **~irati se** sich ausdehnen

prosú|diti (~đívati) beurteilen
prò|sūti (~sipati) verschütten; **~svijètiti (~svjećivati)** aufklären; bilden; **~svjećénje** Aufklärung *f*
pròsvjed *kr.* Verwahrung *f*; Protest *m*; **~ovati** *kr.* protestieren; Verwahrung einlegen
prȍsvjet|a Bildung *f*; Aufklärung *f*; **ministárstvo ~ē** Kultusministerium *n*
prošétati se *pf.* spazierengehen, e-n Spaziergang machen
proší r|iti (~ívati) verbreitern, erweitern; verbreiten
prȍšl|ī vergangen, verflossen; *adv.* vorbei, vorüber; **~ōst** *f* Vergangenheit *f*
prošténje Verzeihung *f*; Wallfahrt *f*
pròt|eći (~icati) durchfließen; verlaufen
pròtest|ovati *sb.*, **~írati** *kr.* protestieren
protéza Prothese *f*
pròtis|kati [~nuti] durch|pressen, -drücken
prȍtīv (*G*) gegen, wider (*A*), entgegen (*D*); **némati nìšta ~** nichts dagegen haben; **~an** entgegengesetzt; widrig; **~an vjȅtar** Gegenwind *m*; **~nā strȁnka** Gegenpartei *f*
protiv|aviȍnskā zȁštita Luftschutz *m*; **~djéjstvo** Gegenwirkung *f*
protíviti se [us-] sich widersetzen

prȍtiv|lijek Gegenmittel *n*; **~mjèra** Gegenmaßnahme *f*; **~nápad** Gegenangriff *m*
pròtīvnīk Gegner *m*
protivòtrov Gegengift *n*
protìvrječ|an widersprüchlich; **~iti** widersprechen; **~nōst** *f* Widerspruch *m*
protiv|téža Gegengewicht *n*; **~ùdar(ac)** Gegenschlag *m*; **~uvrijèdnōst** *f* Gegenwert *m*; **~zákonit** gesetzwidrig
prò|tjer(áv)ati vertreiben, verjagen; **~tȑč(áv)ati** durch|laufen, -rennen
protu- *s.* **protiv(u)-**
pro|učávati[~ùčiti] durch|studieren, -arbeiten
proùzroč|iti (**~ívati**) verursachen, bewirken
prȍval|a Einbruch *m*; Durchbruch *m*; (*Feindes-*) Einfall *m*; (*Vulkan-*)Ausbruch *m*; **~ija** Abgrund *m*, Kluft *f*
provál|iti (**~ljívati**) einbrechen (*v/i.*)
prò|vālnīk Einbrecher *m*; **~valjívati** *s.* **~váliti**; **~vèsti** (**~vòditi**) durchführen; *Zeit* verbringen; (*nur impf.*) *El.* leiten
prȍvid|an durchsichtig; **~nōst** *f* Vorsehung *f*
prȍvjera (Über-)Prüfung *f*; *Tech. a.* Probe *f*, Test *m*
provjerávati [**pròvjeriti**] (nach-, über)prüfen
provjètr|iti(~ívati) (durch-) lüften
pro|vòditi *s.* **~vèsti**; **~vokácija** Provokation *f*
prò|zīran *s.* **prȍzračan**; **~zirati** *s.* **~zreti**; **~z(í)vati** aufrufen; **~zor** Fenster *n*
prozòrč|e, ~ić Fensterchen *n*, Luke *f*
prȍzrāčan durch|scheinend, -sichtig
prò|zreti (**~zirati**) durch|schauen, -blicken; **~zvati** *s.* **~zívati**; **~ždȑljiv** gefräßig
prȍžēt durchdrungen
pȑs|a *n/pl.*, **~i** *f/pl.* Brust *f*; Busen *m*
pŕs|kalica Brause *f*; Zerstäuber *m*; **~kati** [**~nuti**] spritzen
pȑsluče Büstenhalter *m*
pȑsluk Weste *f*
pȑsnī kȍš Brustkorb *m*
pŕs|nuti *s.* **~kati**
pȑst Finger *m*; **nȏžnī ~** Zehe *f*; **srȅdnjī ~** Mittelfinger *m*
pȑst|ēn Ring *m*; **~enast** ringförmig, Ring-; **~ènīk, ~ènjāk** Ring-, Gold|finger *m*
pȑšut(a) Dörr-, Rauch|-fleisch *n*
pȑtlj|āg, ~ága Gepäck *n*; **~ati** pfuschen, stümpern; **~āžnā kȍla** *n/pl.* Gepäckwagen *m*; **~āžnī próstor, ~āžnīk** Gepäckraum *m*; Kofferraum *m*
prȗd Sandbank *f*
prúga Streifen *m*; Strecke *f* (*a. Esb.*)
prȕga|st, ~v gestreift
Prȕs|kā Preußen *n*; **≗kī** preußisch

prût Rute *f*, Gerte *f*
prùtilo Angelrute *f*
prúžati [prùžiti] reichen, anbieten; *Hilfe* leisten; (se sich) (aus)dehnen, er-, aus|strecken [Meister *m*]
pȑvāk Anführer *m*; *Sp.*}
prvénstvo Vorrang *m*; *Sp.* Meisterschaft *f*; **~ prólaza** Vorfahrt(srecht *n*) *f*
pȑv|ī erste(r); **~ā pȍmōć** *f* erste Hilfe; **~ī pût** zum ersten Mal; **~ōg rázreda** erster Klasse; **~o** *adv.* zuerst; erstens
prvò|bitan ursprünglich; **~klasan, ~rázredan** erstklassig
pȑž|enica Röstbrot *n*, Toast *m*; **~ilica** (*Brot-*)Röster *m*; **~iti** rösten, braten; backen
pȑžolica Karbonade *f*
psèćī dâni *m/pl.* Hundstage *pl.*
psȅt|ānce, ~āšce Hündchen *n*; **~o** Hund *m*
psòvati [o-] (be)schimpfen, schmähen; schelten; lästern
psôvka Fluch *m*, Schimpfwort *n*, Schmähung *f*; Lästerung *f*
pšènica Weizen *m*
ptȉca Vogel *m*; **~ sȅlica** Zugvogel *m*; **~ pjèvica** Singvogel *m*; **nȏćnā ~** *fig.* Nachtschwärmer *m*
pȕc|ati *s.* **pùći**; **~e** (*G* **~eta**) Knopf *m*; **~kètati** knallen, klatschen; schnalzen; *Feuer*: knistern
pùcnjava Schießerei *f*
pȕčina hohe (*od.* offene) See *f* [**škōla** Volksschule *f*]
pûčk|ī volkstümlich; **~ā**}
pù|ći *pf.*, **~knuti** (**~cati**) schießen, knallen; bersten; *Glas*: springen, platzen
púhati blasen, F pusten; schnaufen; *Wind*: wehen
pûk Volk *n*; Regiment *n*
pûk|ī rein; **~ā ȉstina** reine Wahrheit *f*; **~ī slȕčāj** reine(r) Zufall *m*
pȕknuti *s.* **pùći**
pùkotina Sprung *m*, Riß *m*; Spalt *m*, Ritze *f*
pùkōvnīk Oberst *m*
pûmpa Pumpe *f*; **~ti** pumpen [Vollmond *m*]
pûn voll; völlig; **~ mjȅsēc**}
pûnica Schwiegermutter *f*
pȕniti [nà-, ìs-, pò-] (aus-, auf)füllen; *El.*, *Mil.* laden; *Pfeife* stopfen
pȕno viel, sehr; **~brōjan** vollzählig [jährig]
punòljetan voll-, groß|-}
pȕno|mastan *Käse*: vollfett; **~mōć** *f* Vollmacht *f*; *Hdl.* Prokura *f*
punò|moćnīk, ~vlasnīk Bevollmächtigte(r)
pȕp|ak Nabel *m*; **~čànica** Nabelschnur *f*; **~čār** *s.* **kȅlj**
púpiti sprossen, knospen
pȕpoljak Knospe *f*
pùrān Truthahn *m*, Puter *m*
pȕr(ic)a Truthenne *f*, Pute *f*
pûst[1] öde, leer; einsam
pûst[2] *f* Filz *m*
pústinj|a Wüste *f*; Einöde *f*; **~āk** Einsiedler *m*

pùstiti (**púštati**) lassen; geschehen lassen; loslassen; ~ **na slobòdu** freilassen; ~ **u pógon** in Betrieb setzen; ~ **vȍdu** harnen, urinieren
pustòlovina Abenteuer *n*
pȗstōš *f* Öde *f*, Wildnis *f*
pùstošiti [**o-**] verwüsten, verheeren
pùšāč Raucher *m*; ~**kī** [Raucher-]
pȗš|enje Rauchen *n*; ~**iti** [**pò-, zà-**] rauchen
pȕšk|a Gewehr *n*, Flinte *f*; ~**òmet** Gewehrschuß *m*; **na** ~**òmet** auf Schußweite
púštati *s.* **pùstiti**
pȗt[1] (*pl.* **pútevi**) Weg *m*; Straße *f*; Bahn *f*; (*pl.* **pútovi**) Reise *f*, Fahrt *f*
pȗt[2] Mal *n*; **òvāj** ~ diesmal; **kòjī** (*od.* **nȇkī**) ~ manchmal; **više pútā** mehrmals
pȕt[3] *f* Haut *f*; *Rel.* Fleisch *n*
putànja Laufbahn *f*; *Astr.* Umlaufbahn *f*
pȗten sinnlich, fleischlich
pȗtn|ī Reise-; Weg-; ~**ā kârta** Fahrkarte *f*; ~**ā ìsprava** Reisepaß *m*
pȗtnīčk|ī Reise-; ~**ā tórba** Reisetasche *f*; ~**ī ùred** Reisebüro *n*; ~**ī vlâk** *kr.* (**vȏz** *sb.*) Personenzug *m*
pȗtnīk Reisende(r) *m*; Fahr-, Flug|gast *m*; Wanderer *m*; **tȑgovačkī** ~ Handlungsreisende(r)
pùto|kāz Wegweiser *m*; ~**pīs** Reisebeschreibung *f*
putòv|ānje Reise *f*; Wanderung *f*; ~**ati** reisen, fahren; wandern
pȕza|ti kriechen; ~**vac** Kriechtier *n*; ~**vica** Schling-, Kletter|pflanze *f*
pȗž Schnecke *f*
púžnī *Tech.* Schnecken-

R

ràbīn Rabbiner *m*
rábiti gebrauchen
rȁčić Krabbe *f*
ràčūn Rechnung *f*; (*Bank-*) Konto *n*; (*Gasthaus-*)Zeche *f*; Berechnung *f*; Rechenschaft *f*
račùn|alo, ~**ār** Rechner *m*, Rechengerät *n*; ~**ati, račúniti** [**pro-**] (be)rechnen; ~**ica** *fig.* Rechnung *f*; ~**ovòdstvo** Rechnungsführung *f*
ràčūnsk|ī Rechen-; ~**ā** (**pò**)**grȅška** Rechenfehler *m*; ~**ā mašína** Rechenmaschine *f*
rȁč|va Gabel(zinke) *f*; ~**vānje** Gabelung *f*
rȁčvati se sich gabeln
râd[1] Arbeit *f*; Werk *n*
râd[2]: ~ **bih** ich würde (*od.* möchte) gern
ràden *s.* **râdin**
râdi (*G*) wegen, um ... willen; infolge; ~ **mène** meinetwegen
radìjātor Heizkörper *m*
ràdijē lieber
ràdilica Kurbelwelle *f*

rȃdin arbeitsam; geschäftig, aktiv; fleißig
rȃdio *m* Radio *n*; Rundfunk *m*; **~-dráma** Hörspiel *n*; **~-emìsija** Rundfunksendung *f*; **~-mehànīčār** Rundfunkmechaniker *m*
ràdionica Werkstatt *f*
rȃdio|-prījemnīk Rundfunkempfänger *m*; **~-prijènos** Rundfunkübertragung *f*; **~-stȁnica** Rundfunksender *m*
ràdist(a) Funker *m*
ráditi [u-] arbeiten; wirken, schaffen, handeln; tun, machen; **~ se** sich handeln (o *L*/ um *A*)
ràdljiv *s.* **rȃdin**
rȃdn|ī Arbeits-; Betriebs-; **~ā sòba** Arbeitszimmer *n*; **~ī dȃn** Werk-, Arbeits|tag *m*; **~ō vrijème** Arbeitszeit *f*; Geschäftszeit *f*; **~ica** Arbeiterin *f*; **~ičkī** Arbeiter-; **~īk** Arbeiter *m*
rádnja Handlung *f*; Tätigkeit *f*
rȁd|o *adv.* gern(e); **~ōst** *f* Freude *f*; **~ostan** freudig, fröhlich; froh (**zbog** *G*/ über *A*)
rȁdovati [òb-] **se** sich [(er-)freuen]
radòzna|lōst *f* Neugier(de) *f*; **~o** neugierig
rȁđa *s.* **rája**
ráđati *s.* **ròditi**
rája *Zo.* Rochen *m*
rȃjčica Tomate *f*
rȃjnskī Rhein-
rȃk Krebs *m*; **mòrskī ~** Hummer *m*
rȁka Grab *n*
ràkēt *s.* **rēket**
rakéta Rakete *f*
ràkija Branntwein *m*, Schnaps *m*
rȁkljast gegabelt, Gabel-
rȁkovica Meerspinne *f*
rȃk-rȃna Krebswunde *f*; *fig.* Krebsschaden *m*
rȃme Schulter *f*, Achsel *f*
rȃna Wunde *f*
ránac Ranzen *m*
rȃnī früh; vorzeitig
ràniji früher
rȃniti[1] verwunden
rȃniti[2] [ù-], *a.* **rȃno ~** früh aufstehen
rȃno *adv.* früh; **~būdnīk**, **~rȃnilac** Frühaufsteher *m*
rȃnjenīk Verwundete(r) *m*
rȃsa Rasse *f*
rásсjep *fig.* Riß *m*, Bruch *m*
ràscjepka Splint *m*
ràshlādan Kühl-, Kälte-
rashlá|diti (**~đívati**) abkühlen (**se** sich)
ráshod Ausgabe *f*
rasijècati [**ràsjeći**] zer|hauen, -hacken
rásipan verschwenderisch
ràs|ipati *s.* **ràsūti**; **~jeći** *pf. s.* **rasijècati**; **~kàlāšenōst** *f* Zügellosigkeit *f*; Unzucht *f*; **~kídati** [**~kinuti**] zerreißen; *Vertrag* lösen; **~klápati** [**~klòpiti**] ab-, de|montieren; zerlegen; *Schirm* aufspannen; *Buch* aufschlagen
ràsklim(at)ān wack(e)lig
ràs|klop Zerlegung *f*, Demontage *f*; **~klòpiti** *pf.*

s. **~klápati**; **~klòpljiv** zerlegbar; **~kol** (*Kirchen-*) Spaltung *f*; **~komàdati** *pf.* zerstückeln, in Stücke schneiden; **~kòpč(áv)ati** aufknöpfen; **~korāk** ungleiche(r) Schritt

ráskoš Luxus *m*, Pracht *f*; Aufwand *m*; **~an** luxuriös, Luxus-, Pracht-

ràskrsnica, ráskr̄šće Straßenkreuzung *f*; Scheideweg *m*

ràskuž|iti (**~ívati**) desinfizieren

ráso̅(l) Beize *f*

ràsp|ačān vergriffen (*Buch*); **~àč(áv)ati** absetzen, verkaufen

ráspad Zerfall *m*; Verfall *m*

ràspa|dati se *s.* **~sti se**; **~kírati, ~kovati** *pf.* auspacken

raspá|liti (**~ljívati**) entfachen, entflammen; **~liti se** *fig.* sich erhitzen; **~r(á-v)ati** zerreißen

ràspa|sti (**~dati**) **se** zer-, auseinander|fallen

raspé|će, ~lo Kruzifix *n*

ràs|pēti (**~pinjati**) kreuzigen; *s.* **razàpēti**; **~pís(í-v)ati** ausschreiben; *Preis, Belohnung* aussetzen; *Anleihe* auflegen; **~pít(ív)ati se** nachforschen, Erkundigungen einziehen; **~plinuti** (**~plinjívati**) **se** zer|-fließen, -rinnen; **~plìnjāč** *Kfz.* Vergaser *m*; **~plinjívati se** *s.* **~plinuti se**

rásp|od Zucht *f*; **~òditi** (**~ođívati**) (**se** sich) fortpflanzen, vermehren

rásplodnī Zucht-; **~ bîk** Zuchtbulle *m*

rasplođív|anje Fortpflanzung *f*; **~ati** *s.* **rasplòditi**

raspo|lágati verfügen, bestimmen (*I*/ über *A*); **~lòviti** (**~lovljívati**) halbieren

raspòlož|en (gut) aufgelegt, gelaunt; **zlȍ** (*od.* **lȍše**) **~en** schlecht gelaunt, mißgestimmt; **~énje** Laune *f*, Stimmung *f*

raspolòživ verfügbar

ráspon Spannweite *f*

ráspop Expriester *m*

rȁspo|rēd Plan *m*, Einteilung *f*; Verteilung *f*, Anordnung *f*; **~réditi** (**~ređívati**) ver-, ein|teilen

raspò|slati (**~šiljati**) ver|-schicken, -senden

rȃspra Streit *m*, Zwist *m*

raspráš|iti (**~ívati**) (ver-) sprühen; **~ívāč** Sprühdose *f*

rȁsprava Debatte *f*, Erörterung *f*; *Jur.* Verhandlung *f*; Abhandlung *f*

ràsprav|iti (**~ljati**) erörtern, besprechen

rasprém|ati [**~iti**] aufräumen; *Bett* machen

rȁsprodaja Ausverkauf *m*; **ljȇtnjā, zîmskā ~** Sommer-, Winter|schlußverkauf *m*

rasprò|d(áv)ati ausverkaufen; **~stirati** [**~strijeti**] ausbreiten; **~straniti** (**~-**

stranjívati) verbreiten (**se** sich)
raspròstranjen verbreitet; **~ōst** *f* Verbreitung *f*
rasprskávati [**ràsprsnuti**] **se** platzen, explodieren; zersplittern
raspŕš|iti (**~ívati**) zerstreuen (**se** sich); zerstäuben; **~ìvāč** Zerstäuber *m*
ràspucān rissig
ràspu|cati (se) *s.* **~ći**; **~čiti** *pf.* aufknöpfen, losheften; **~ći** *pf.*, **~knuti** (**~cati**) (zer)platzen; explodieren
rasp|ùstiti (**~úštati**) auflösen; *Schule*: freigeben
ràspušt|en lose; ungezogen; **~ènīk** (**~ènica** *f*) Geschiedene(r *m*) *f*
rasŕditi *pf.* (**se** sich) erzürnen
râst Wuchs *m*; Wachstum *n*; **visòkōg ~a** hochgewachsen
ràs|tajati se *s.* **~tati se**; **~táliti** *pf.* schmelzen; **~tanak** Abschied *m*, Trennung *f*; **~tápati se** *s.* **~tòpiti se**; **~ta(ja)ti se** sich trennen
ràstava Trennung *f*; **~ brâka** (*Ehe-*)Scheidung *f*; **~n** trenn-, zerleg|bar
ràstav|ić Schachtelhalm *m*; **~iti** (**~ljati**) trennen (**se** sich); *Ehe* scheiden; zerlegen; **~ljen** getrennt; geschieden
ras|tègljiv dehnbar; **~tégnuti** (**~tézati**) (aus)dehnen; **~tèretiti** *pf.* entlasten; **~tézati** *s.* **~tégnuti**
rásti [**na-**] wachsen; zunehmen
ràs|tjer(ív)ati auseinander|treiben, -jagen; verscheuchen; **~tojánje** Entfernung *f*, Abstand *m*; **~topina** Schmelze *f*; **~tòpiti** (**~tápati**) schmelzen (**se** *v/i.*); (auf)lösen (**se** sich); **~trésen** zerstreut; **~trésenōst** *f* Zerstreutheit *f*; **~trgati** [**~trgnuti**] zer|reißen, -fetzen; **~trojávati** [**~tròjiti**] zerrütten; **~túrati** [**~turiti**] ver-, zer|streuen; *Flugblätter* verteilen; *Gerücht* verbreiten, ausstreuen; *Versammlung* auflösen; sprengen; **~tvárati** [**~tvòriti**] (**se** sich) auflösen; zersetzen
rástvor *Chem.* Lösung *f*
rásudan vernünftig
rasúlo Zerfall *m*, Zerrüttung *f*
ràs|ūti (**~ipati**) aus-, ver|streuen; verschwenden
rasv|ijètliti (**~jetljívati**) beleuchten, erhellen; *Fot.* belichten
ràsvjeta Beleuchtung *f*
raščlá|niti (**~njívati**) (zer-) gliedern
rašír|iti (**~ívati**) erweitern; weiten, verbreitern; *Arme* ausbreiten; *Beine* spreizen; verbreiten (**se** sich)
ràšiti *pf.* *Naht* trennen
ràšlje *f/pl.* Gabel *f*
rât Krieg *m*; **~ār** Bauer *m*;

~arstvo Ackerbau *m*; **~ište** Kriegsschauplatz *m*; **~nī** Kriegs-; **~nā mornàrica** Kriegsmarine *f*; **~nī invàlīd** Kriegsinvalid(e) *m*; **~nīk** Krieger *m*; **~obōran** kriegerisch, kriegslüstern
ràudi *m* Rowdy *m*
râvan[1] *f* Ebene *f*; **strmā ~** schiefe Ebene
ráv|an[2] eben, flach; geradlinig; gleich; **némā mu ~na** er hat nicht seinesgleichen
ràvna|lo Richtschnur *f*; Lineal *n*; **~telj** Direktor *m*; *Mus.* Dirigent *m*; **~ti** geraderichten; ebnen; **~ti se** sich richten (**po** *L*/ nach *D*)
ravnì|ca Ebene *f*, Flachland *n*; **~na** *Geom.* Ebene *f*
rávn|o *adv.* gerade(aus); **~òdušan** gleichgültig
râvno|mjēran gleichmäßig; **~prāvan** gleichberechtigt; **~téža** Gleichgewicht *n*
razàbrati (**razbírati**) unterscheiden; verstehen
râzan verschieden
razà|pēti (**~pinjati**) (auf-) spannen; *Zelt* aufschlagen; **~rāč** *Mar.* Zerstörer *m*; **~rati** *s.* **razòriti**; **~slati** (**~šiljati**) ver|schicken, -senden; **~zn(áv)ati** erkennen; verstehen
raz|bàrūšen *Haar*: zer|zaust, -rauft; **~baštìniti** *pf.* enterben; **~bíjati** *s.* **ràzbiti**; *Geld* wechseln; **~bírati** *s.* **~àbrati**
ràz|biti (**~bíjati**) *v/t.* zerbrechen; zerschlagen; *Fenster* einschlagen; *Pläne* vereiteln; *v/r.* (**se**) zerbrechen; zerschellen; **~blážiti** (**~blažívati**) verdünnen; lindern
ráz|bōj Webstuhl *m*; **~bōjnīk** Räuber *m*, Bandit *m*; **~bolijèvati** [**~bòljeti**] **se** erkranken; **~bor** Besonnenheit *f*, Klugheit *f*
ràzborit besonnen, klug
râz|daljina Abstand *m*, Entfernung *f*; **~dèrati** *pf.* zer-, durch|reißen; **~dijèliti** (**~djeljívati**) (zer)teilen; aufteilen; aus-, ver|teilen; **~dioba** Teilung *f*; Einteilung *f*; Verteilung *f*
ráz|djeljak (*Haar-*)Scheitel *m*; **~djèljiv** teilbar; **~djeljívati** *s.* **~dijèliti**
ráz|doblje Zeit|abschnitt *m*, -raum *m*, Epoche *f*; **~dor** Zwietracht *f*; Spaltung *f*; **~drážiti** (**~dražívati**) (auf)reizen; aufhetzen; **~dràž(lj)iv** reizbar; **~dròbiti** *pf.* *s.* **dròbiti**; **~dvájati** [**~dvòjiti**] entzweien; **~glásiti** (**~glašávati**) bekannt|geben, -machen; ausposaunen; **~gléd(áv)ati** besichtigen; **~glednica** Ansichtskarte *f*; **~golíti** *pf.* entblößen; **~govárati** sprechen, reden (**s** *I*/ mit *D*); *v/r.* (**se**) sich unterhalten
râzgovijetan deutlich, klar
râzgov|ōr Gespräch *n*,

Unterhaltung *f*; **~ōran, ~òrljiv** gesprächig; **~ōrnī jèzik** Umgangssprache *f*
razgrà|n(áv)ati se sich verzweigen; **~ničávati [~ničiti]** abgrenzen
ràz|gristi (~grízati) zerbeißen; **~íći (~ìlaziti) se** auseinandergehen; **~jāren** erbost, erzürnt, wütend; **~járiti** *pf.* erbosen, in Wut bringen; **~jásniti (~jašnjávati)** klarmachen, erklären; aufklären (*A*/ über *A*); **~jàšnjiv** erklär|lich, -bar; **~lágānje** Darlegung *f*; Auslegung *f*; *Chem.* Zerlegung *f*; **~lágati** *s.* **~lòžiti**; **~líčak** Kornblume *f*
rázlič|an, ~it verschieden; **~nōst** *f* Verschiedenheit *f*
razli|jègati se hallen; **~jèvati se** *s.* **ràzliti se**
rázlik|a Unterschied *m*; Verschiedenheit *f*; **~ovati** unterscheiden; **~ovati se** abweichen (von *D*)
ràzli|ti (~jèvati) se zerfließen; überfließen; über die Ufer treten
rázlog Grund *m*; **bez ~a** grundlos
ráz|lomak *Math.* Bruch *m*; **~lòžiti (~lágati)** auseinandersetzen, darlegen; auseinandernehmen, zerlegen; **~lúpati** *pf.* zerschlagen; **~mah** Schwung *m*
ràz|mak Abstand *m*, Zwischenraum *m*; (*Zeit-*)Spanne *f*; **~màtrāč** Beobachter *m*; **~mátrati** *s.* **~mòtriti**; **~máziti** *pf.* ver|zärteln, -wöhnen; **~mètati [ràzmetnuti]** auseinanderwerfen, verstreuen; *Säge* schränken; verschwenden; **~mijèniti (~mjenjívati)** (um)wechseln, umtauschen; **~mirica** Zwist *m*, Fehde *f*; **~misliti (~mišljávati)** nachdenken, überlegen; abwägen; **~míšljānje** Überlegung *f*
ràzmje|na (Aus-, Um-) Tausch *m*; **~njívati** *s.* **razmijèniti**
rázmjer Verhältnis *n*; Maßstab *m*; **~an** verhältnismäßig
raz|mjèstiti (~mjéštati) verteilen, aufstellen; staffeln; **~mòt(áv)ati** auswickeln; entrollen; *fig.* entwirren; **~mòtriti (~mátrati)** betrachten; prüfen
ràzn|ijeti (~òsiti) aus(einander)tragen; verstreuen; *Krankheit* verschleppen; *Gerücht* verbreiten
raznò|lik, ~rodan verschiedenartig, mannigfaltig; **~sāč, ~silac** Austräger *m*, Bote *m*; **~siti** *s.* **ràznijeti**
razočār|(áv)ati enttäuschen; *v/r.* **(se)** enttäuscht werden; **~énje** Enttäuschung *f*
ràzonoda Zerstreuung *f*, Zeitvertreib *m*
rázor|an zerstörend; **~nā snága** Sprengkraft *f*
raz|òriti (~árati) zerstö-

ren; **~oružánje** Abrüstung *f*; **~orùž(áv)ati** abrüsten; entwaffnen
ȑazrada Ausarbeitung *f*; Durcharbeitung *f*
rázred Klasse *f*; **~nī** Klassen-; **~nica** Klassenlehrerin *f*; **~nīk** Klassenlehrer *m*
ȑazrez Schlitz *m*
ràz|rez(ív)ati zerschneiden; aufschneiden; **~rijèditi** (**~rjeđívati**) verdünnen; **~rijèšiti** (**~rješívati**) lösen; entheben, entbinden (*G*/ von *D*)
rázrok schielend
ràzrušiti *pf*. zerstören
ȑazūm Vernunft *f*, Verstand *m*; **zdrȁv ~** gesunde(r) Menschenverstand *m*; **~an** vernünftig, verständig; **~ijèvānje** Verständnis *n*, Verstehen *n*
razùm|jeti (**~ijèvati**) verstehen, begreifen; **~ijē se!** selbstverständlich!
ȑazuzdān zügellos; **~ōst** *f* Zügel-, Zucht|losigkeit *f*
ȑaz|valine *f*/*pl*. Ruine *f*, Trümmer *pl*.; **~váliti** (**~valjívati**) zer|stören, -trümmern; **~vèden** geschieden; **~vedrávati** [**~vèdriti**] **se** sich aufheitern, sich aufklären; **~vesèliti** (**~veseljávati**) erheitern; aufheitern, froh stimmen; *v*/*r*. (**se**) sich erheitern; fröhlich werden; **~vèsti** (**~vòditi**) **se** sich trennen; *Ehepaar*: sich scheiden lassen;
~vijāč *Fot*. Entwickler *m*; **~víjati** [**ràzviti**] entwickeln (*a*. *Fot*.), entfalten (**se** sich); **~vítak** Entwicklung *f*, Entfaltung *f*; **~vláčiti** *s*. **~vúći**
ráz|vod (**brȃka** Ehe-) Scheidung *f*; **~vòditi se** *s*. **~vèsti se**; **~vodnī**: **~vodnā plȍča** Schalttafel *f*; **~vodnica** Platzanweiserin *f*; **~vodnīk páljēnja** Zündverteiler *m*
razvòd|niti (**~njávati**, **~njívati**) ver|dünnen, -wässern
rázvoj Entwicklung *f*; **zèmlja u ~u** Entwicklungsland *n*; **~nī** Entwicklungs-
ȑazvr|āt Sittenlosigkeit *f*, Unzucht *f*, Laster *n*; **~atan** ausschweifend, sittenlos
ràz|vratnīk Wüstling *m*; **~vȑst(áv)ati** sortieren, gliedern; **~vúći** (**~vláčiti**) *Gummi*, *Feder* ausdehnen; *Gesicht* verzerren; *Prozeß* verschleppen, hinziehen
ȓāž *f* Roggen *m*
ražalò|stiti (**~šćávati**) betrüben; *v*/*r*. (**se**) traurig (*od*. betrübt) werden
ráž|anj (*Brat*-)Spieß *m*; **na ~nju** am Spieß
ràžen Roggen-
ràžnjići *m*/*pl*. *Kochk*. Fleischspießchen *n*/*pl*., Schaschlik *m*
ȑbina Scherbe *f*
ȑđa Rost *m*; **~ti** [**za-**] (ver-) rosten; **~v** rostig; schlecht, übel

ȑđāvština Schlechtigkeit *f*, Gemeinheit *f*
rèaktīv|an: ~nī pógon Strahl-, Düsen|antrieb *m*
rèālka F Realschule *f*
rèbro Rippe *f*
rècept Rezept *n*
rèč|en genannt, erwähnt; **~ènica** *Gr.* Satz *m*
rèći *pf.* sagen
rêd Reihe *f*; Reihenfolge *f*; Rang *m*; Ordnung *f*; *Rel.* Orden *m*; **na rédu** an der Reihe; **po rédu** der Reihe nach; **u rédu** in Ordnung; *s.* **lètēnje, vòžnja**
rédak Zeile *f*
rèdār Schutzmann *m*
rèdatelj Regisseur *m*
rêdnī brôj Ordnungszahl *f*; laufende Nummer
rẽdoslijed Reihenfolge *f*
rèdōv *Mil.* Gemeine(r) *m*; **~an** ordentlich; regelmäßig; *Esb.* fahrplanmäßig
redòv|it regelmäßig; **~nīčkī** Ordens-, Kloster-; **~nīk** Mönch *m*
réđati reihen, ordnen
refèrent Sachbearbeiter *m*
rèflektor Scheinwerfer *m*
règistarsk|ī: ~ā tàblica *Kfz.* Kennzeichenschild *n*
regùlātor Regler *m*
rẽket (*Tennis*-)Schläger *m*
rèmek-djẽlo Meisterwerk *n*
rẽmēn Riemen *m*; Gürtel [*m*; Schnürsenkel *m*]
remòrkēr Schlepp(dampf-f)er *m*
rénde Hobel *m*
rèndes F Stelldichein *n*

rèn|disati hobeln; **~dìsāljka** Hobelmaschine *f*
rèndgensk|ī Röntgen-; **~ī prẽglēd** Röntgenuntersuchung *f*
rêp Schwanz *m*, Schweif *m*; F **stàjati u répu** Schlange stehen
rẽpa Rübe *f*; **šèćērnā ~** [Zuckerrübe *f*]
rèpatica, zvijèzda ~ Komet *m*
repùblika Republik *f*
résa Franse *f*; *Anat.* Zäpfchen *n*; *Bot.* Kätzchen *n*
rèsica Ohrläppchen *n*
résiti [u-] (aus)schmücken, (ver)zieren
rẽstati rösten, braten
restòrān Restaurant *n*; **~ na àuto-pútu** (*Autobahn*-)Raststätte *f*
rè|šētka Gitter *n*; (*Feuer*-)Rost *m*; **~šèto** Sieb *n*; **~šō** *m* (*Elektro*-, *Gas*-)Kocher *m*
retrovìzēr Rückspiegel *m*
rèum|a Rheuma *n*; **~àtičan** rheumatisch
rèvan eifrig, strebsam
rèvija Revue *f*; **mȏdnā ~** Mode(n)schau *f*
révn|ōst *f* Eifer *m*; **~os(t)an** *s.* **rèvan**
rêz Schnitt *m*
rẽzak prickelnd, beißend; *Wein*: herb
rezánci *pl.* Nudeln *f/pl.*
rẽzati [nà-, òd-] (an-, ab-)schneiden; schnitzen
rèzb|ār Holzschnitzer *m*; Kupferstecher *m*; **~àrija** Schnitzerei *f*; **~arskā píla** (*od.* **testèra**) Laubsäge *f*

rezervòār Becken *n*, Behälter *m*; *Kfz.* Tank *m*
rèzotina Schnitt(wunde *f*) *m*
rêžanj (*Wurst-*)Scheibe *f*
réžati knurren
rèž|ija Regie *f*; **~ījskī troškovi** *m/pl.* Verwaltungs-, Werbungs|kosten *pl.*
rȉb|a Fisch *m*; **~ār** Fischer *m*; **~ārnica** Fischhalle *f*; **~ārskī čámac** Fischerboot *n*; **~ati**¹ fischen
ríbati² scheuern, schrubben
rȉbič Angler *m*
rȉbiz(la) Johannisbeere *f*
rȉblj|ī Fisch-; **~ā čórba** Fischsuppe *f*; **~ē ûlje** Lebertran *m*
rȉb|njāk Fischteich *m*; **~olōv** Fischerei *f*, Fischfang *m*; **~olóvac** Fischdampfer *m*
rîđ *s.* **~òkos**; *Pferd*: falb; **~òkos** rothaarig
rȉječ *f* Wort *n*; **o čemu je ~?** worum geht es?
rijèdak selten, rar; dünn (-flüssig); *Haar*: schütter
rijèk|a Fluß *m*; **nȉz ~u** flußabwärts; **ȕz ~u** flußaufwärts
rijèšiti (**rješávati**) entscheiden; (auf)lösen; erledigen; entbinden (**koga** *G*/ j-n von *D*); **~ se** sich entscheiden; (*G*) loswerden (*A*)
rijètk|o kȁd selten (einmal); **~ōst** *f* Seltenheit *f*
rîf Elle *f*

rȉgati [**rȉgnuti**] rülpsen
ríka|ti brüllen; **~vac** Keuchhusten *m*
rȉlo Rüssel *m*
Rîm Rom *n*
ríma Reim *m*
rȉmskī römisch
rȉng *Sp.* Ring *m*
rȉntati sich abrackern
rȉnuti stoßen; *Schiff* vom Stapel laufen lassen
rȉs Luchs *m*
rȉsati zeichnen
rît¹ V *f* Hintern *m*, Arsch *m*
rît² *m* Ried *n*
rȉtam Rhythmus *m*
rít|ati [**~nuti**] **se** *Pferd*: ausschlagen
rȉvati *s.* **gúrati**
rȉzi|čan riskant; **~k** Risiko *n*
rȉznica Schatzkammer *f*; *fig.* Hort *m*
ríža Reis *m*
rjèč|it beredt; **~nī** Fluß-; **~nā plòvidba** Binnenschiffahrt *f*; **~nīk** Wörterbuch *n*; Wortschatz *m*
rješ|ávati *s.* **rijèšiti**; **~énje** Lösung *f*; Entscheidung *f*
rjèš(lj)iv lösbar
rȍb Sklave *m*
rȍba Ware *f*; *Hdl.* Artikel *m*
ròb|ija Zuchthaus *n*; Zwangsarbeit *f*; **~ìjāš** Zuchthäusler *m*
rȍbinja Sklavin *f*
rȍbn|ī Waren-, Güter-; **~ā kȕća** Kauf-, Waren|haus *n*
rôd Geschlecht *n*, Sippe *f*; Stamm *m*; Gattung *f*
róda Storch *m*
rȍdan fruchtbar

ròdbin|a Verwandtschaft *f*; **\~skī** verwandtschaftlich
rȍdica Verwandte *f*
ròdi|lište Entbindungsheim *n*; **\~telj** Vater *m*, Erzeuger *m*; **\~telji** *pl.* Eltern *pl.*; **\~ti** (**rádati**) gebären, zur Welt bringen; Früchte tragen; **\~ti se** geboren werden
rȍdn|ī Geburts-; Gattungs-; **\~ī lȉst** Geburtsurkunde *f*; **\~ō mjȅsto** Geburtsort *m*
ròdolj|ub Patriot *m*; **\~ùbiv** patriotisch
rȍdom gebürtig (**iz** *G*/ aus *D*)
ròdoslōvlje Stammbaum *m*
rȍđ|āk Verwandte(r) *m*; **\~aka, \~àkinja** Verwandte *f*; **\~en** geboren; **\~endan** Geburtstag *m*
ròđen|ī eigen; lieb, teuer; **\~ō ȉme** Mädchenname *m*
rođénje Geburt *f*
rȏg Horn *n*
rògat gehörnt
rògožina (*Schilf-*)Matte *f*
rȏj Schwarm *m*
ròjiti se schwärmen
rȏk Frist *f*, Termin *m*; **u ròku od** binnen, innerhalb; **prȉje rȍka** vorfristig
ròktati grunzen
ròmān Roman *m*
ròndati poltern
ròni|lac Taucher *m*; **\~laštvo** Tauchsport *m*; **\~lačkī** Taucher-; **\~ti [za-]** (unter)tauchen; **[u-]** *Tränen* vergießen
ropotàrija Gerümpel *n*, Plunder *m*
rȍpskī sklavisch
ròpstvo Sklaverei *f*, Knechtschaft *f*
ròsa Tau *m*
ròštīlj Rost *m*, Grill *m*
rȍtkv|a Rettich *m*; **\~ica** Radieschen *n*
rȏv Graben *m*; Stollen *m*
ròvati wühlen
rȍvit *Ei*: weich(gekocht)
ròžić Hörnchen *n*
rȍzbif Roastbeef *n*
róžnjača *Anat.* Hornhaut *f*
r̄t Kap *n*
rûb Saum *m*, Rand *m*, Bord *m*; Einfassung *f*
rúbac Taschentuch *n*
rûblje Wäsche *f*
rúč|ak Mittagessen *n*; **\~ávānje: kola** *n/pl.* **za \~ávānje** Speisewagen *m*; **\~(áv)ati** speisen, zu Mittag essen
rùčica Griff *m*, Stiel *m*; Kurbel *f*
rȕč|ka Henkel *m*; **\~nī** Hand-; **\~nā kóčnica** Handbremse *f*; **\~nā kolíca** *n/pl.* Hand-, Schub|karren *m*; **\~nā prtljága** Handgepäck *n*; **\~nī rȃd** Handarbeit *f*; **\~nī sȃt** Armbanduhr *f*; **\~nā tòrbica** Handtasche *f*
rȕčnīk Handtuch *n*
rúda Erz *n*
rùd|ār Bergmann *m*; **\~árstvo** Bergbau *m*
rûdnīk Bergwerk *n*, Grube *f*
rûdo Deichsel *f*
rúg|ati se (*D*) verspotten, auslachen (*A*); **\~lo** Spott *m*, Gespött *n*

rugòba Häßlichkeit *f*; Scheusal *n*
rûho Gewand *n*
rûjan *kr.* September *m*
rúka Hand *f*; Arm *m*; **ìći nà rūku** zur Hand gehen
rùk|āv Ärmel *m*; **krátkīh ~ávā** kurzärmelig; **~àvica** Handschuh *m*
rûko|ljūb Handkuß *m*; **~met** Handball *m*; **~pīs** Handschrift *f*; Manuskript *n*; **~pisnī** handschriftlich
rukò|tvorina Handarbeit *f*; **~vati** handhaben; *v/r.* **(se)** sich die Hand geben (*od.* schütteln)
rukovòd|ilac Leiter *m*; Führer *m*; (*Spitzen-*)Funktionär *m*; **~iti** leiten, führen; **~iti se** (*I*) sich leiten lassen (von *D*); **~stvo** Leitung *f*, Führung *f*
rûlja Haufen *m*, Horde *f*
rùmen[1] *Wange*: rot, rosig
rûmēn[2] *f* Röte *f*; **vèčērnjā ~** Abendrot *n*; **jùtarnjā ~** Morgenrot *n*
rûpa Loch *n*; (*Schiffs-*) Leck *n*
Rùmūn|ija Rumänien *n*; **2(j)skī** rumänisch
Rûs Russe *m*; **2kī** russisch; **~kinja** Russin *f*
rûšē|nje Einsturz *m*; *Tech.* Abbruch *m*; **~van** baufällig
rùševina Trümmer *pl.* [Schutt *m*]
rúši|lac Zerstörer *m*; **~lačkī** zerstörerisch, destruktiv; **~ti [ràz-, pò-]** zerstören; ab-, nieder|-reißen, abbrechen; *fig.* untergraben; **~ti [s-] se** ein-, zusammen|stürzen, -brechen
rûtvica *Bot.* Raute *f*
rúža Rose *f*; **~n** häßlich, garstig
rûžičast rosig; rosa(rot)
rúžiti schmähen, schimpfen
ȑvā|č Ring(kämpf)er *m*; **~nje** Ringen *n*, Ringkampf *m*
ȑvati se ringen
ȑzati wiehern

S

s, sa *prp.* (*I*) mit (*D*); (*G*) von (... heraus), aus (*D*); **s počétka** von Anfang an; **sa čèga** wodurch
sabíj|ati *s.* **sàbiti**; **~en** Druck-, Preß-
sa|bìrāč Sammler *m*; **~bírati** *s.* **~brati**; **~bīrnī** Sammel-
sà|biti (~bíjati) verdichten, komprimieren
sàblā|st *f* Gespenst *n*, Spuk *m*; **~zan** *f* Ärgernis *n*, Skandal *m*
sablá|zniti (**~žnjávati**) Anstoß erregen
sablàžnjiv anstößig
sâblja Säbel *m*
sàbōj Gedränge *n*
sábor Volksvertretung *f*, Parlament *n*; *Rel.* Konzil *n*; Synode *f*; **~nī** *s.* **cȓkva**

sàbrān gefaßt; **~ā djēla** *n/pl.* gesammelte Werke *pl.*
sàb|rati (**~írati**) (ver)sammeln (**se** sich)
sàčma Schrot *n*
sačúvati *pf.* (be-, ver)wahren, erhalten
sȁd(a) jetzt, nun
sàdašnj|ī gegenwärtig; **~ica, ~ōst** *f* Gegenwart *f*
sáditi pflanzen, anbauen
sȁdr|a Gips *m*; **~en** Gips-
sàdržāj Inhalt *m*, Gehalt *m*; Inhaltsverzeichnis *n*
sadr̀ž(áv)ati enthalten; in sich schließen
sàdržina Gehalt *m*
sàfīr Saphir *m*
sâg Teppich *m*
sàg|injati se *s.* **~nuti se**
sàglas|an einverstanden; **~nōst** *f* Einverständnis *n*
sàg|nuti (**~injati**) **se** sich ducken
sagrá|diti (**~đívati**) (er-,[auf)bauen]
sàhr|ana Beerdigung *f*, Beisetzung *f*; **~àniti** (**~anjívati**) beerdigen, beisetzen
sájam Jahrmarkt *m*; Kirmes *f*; *Hdl.* Messe *f*
sàjmište Marktplatz *m*; Messegelände *n*
sàkat verkrüppelt; Krüp-[pel *m*]
sàkō *m* Sakko *m*
sàkriti *pf.* ver|bergen, -stecken
sàksija Blumentopf *m*
saláma (*Salami-*)Wurst *f*
saláta Salat *m*
salijèvati [**sàliti**] (hin)eingießen; *Tech.* (ab)gießen

sàlitra Salpeter *m*
sȁlo Fett *n*; (*Schweine-*) Schmalz *n*
sâm selbst; lauter; allein
sámac Alleinstehende(r) *m*
sàmcāt: sâm ~ mutterseelenallein
sàmica Einzelzelle *f*; Alleinstehende *f*
sȁmo nur, bloß
samò|ća Einsamkeit *f*; Alleinsein *n*; **~glasnīk** *Gr.* Selbstlaut *m*, Vokal *m*; **~hvála** Eigenlob *n*; **~krìtičan** selbstkritisch; **~okìdāč** Selbstauslöser *m*; **~opredjeljénje** Selbstbestimmung *f*; **~posluživānje** Selbstbedienung *f*; **~pouzdánje** Selbstvertrauen *n*
sȁmo|stālan selbständig; **~stān** Kloster *n*; **~tan** einsam; **~ubíca** *m sb.*, **~ùbojica** *m kr.* Selbstmörder *m*; **~ubístvo** *sb.*, **~ubójstvo** *kr.* Selbstmord *m*
samò|uk Autodidakt *m*; **~uprava** Selbstverwaltung *f*; **~volja** Willkür *f*
sȁn Schlaf *m*; Traum *m*
sànduk Kiste *f*, Kasten *m*; Truhe *f*; **mr̀tvačkī ~** Sarg *m*; **pȍštanskī ~** Briefkasten *m*
sânta: ~ lȅda Eisscholle *f*
sánja|lačkī träumerisch; **~ti** träumen
sânjk|ati se Schlitten fahren, rodeln; **~e** *f/pl.* Schlitten *m*

sȁobraćlāj Verkehr *m*; **~á-jac** Verkehrspolizist *m*
sȁobraćājn|ī Verkehrs-; **~ā nȅzgoda** (*od.* **nèsreća**) Verkehrsunfall *m*; **~ī znȃk** Verkehrszeichen *n*; **~ō srèdstvo** Verkehrsmittel *n*; **~ica** Verkehrsader *f*
saònice *f/pl.* Schlitten *m*
saop|ćávati *s.* **saòpćiti**; **~ćénje** *kr.* Mitteilung *f*
saòp|ćiti (**~ćávati**) *kr.* mitteilen; **~štávati** *s.* **~štiti**; **~šténje** *sb. s.* **~ćénje**; **~štiti** (**~štávati**) *sb.* mitteilen
sȁosjećāj Mitgefühl *n*
sapòtpis Gegenzeichnung *f*
sàp|ūn Seife *f*; **~ùnica** Seifenwasser *n*; Seifenblase *f*
sà|putnīk Mitreisende(r) *m*; **~rādnīk** Mitarbeiter *m*; **~rádnja** Mit-, Zusammen|arbeit *f*
sàrma Sauerkohl-*od.* Weinblätter|rouladen *f/pl.*
sàsluš(áv)ati anhören
sàsma *s.* **sàsvīm**
sàsta|jati se *s.* **~ti se**; **~nak** Zusammenkunft *f*, Treffen *n*; Rendezvous *n*; Treffpunkt *m*; **~ti** (**~jati**) **se** zusammen|treffen, -kommen; sich versammeln
sȃstav Zusammensetzung *f*, Gefüge *n*; (*Schul*-)Aufsatz *m*
sàstav|iti (**~ljati**) zusammensetzen, an(einander)-fügen; verfassen
sȃstavnī dìo *m*, **sástojak** Bestandteil *m*
sastòjati se bestehen, sich zusammensetzen (**iz** *G*/ aus *D*)
sàsvīm ganz, völlig; **~ mȁlo** ganz wenig
sàš|iti (**~ívati**) (zusammen-)nähen
sȃt (*pl.* **sátovi**) Uhr *f*; (*pl.* **~i**) Stunde *f*; **~nī** Uhr-; Stunden-; **~nica** Stundenplan *m*
sátnina Stundenlohn *m*
sȁučēšće Beileid *n*, Anteilnahme *f*
sȁv ganz; *pl.* **svȉ** alle
sávez Bund *m*, Union *f*; Verband *m*; Bündnis *n*; **~nī** Bundes-; Verbands-; **~nā repùblika** Bundesrepublik *f*; **~nīk** Bundesgenosse *m*
sav|ijača *Kochk.* Strudel *m*; **~íjati** *s.* **sàviti**; **~ìjen** gebogen
sȁv|iti (**~íjati**) (**se** sich) biegen, krümmen; falten; winden; wölben; zusammenrollen; **~ìtljiv** biegsam, flexibel
sávjest *f* Gewissen *n*; **~an** gewissenhaft
sávjet Rat *m*; **~nīk** Rat *m* (*Titel*); **~odávac** Ratgeber *m*; **~ovati** (be)raten
savlá|d(áv)ati (**~đívati**) be|wältigen, -zwingen
sà|vršen voll|kommen, -endet; **~vršénstvo** Voll|-kommenheit *f*, -endung *f*; **~zívati** *s.* **~zvati**; **~znánje** *sb.* Erkenntnis *f*; **~zrijè-vati** [**~zreti**] reif werden;

~zvati (**~zívati**) be-, zusammen|rufen; *Parlament* einberufen; **~žaliti** (**~žaljévati**) bemitleiden; **~žaljénje** Mitleid *n*
sàžēt [kurz] zusammenfassend,
scēna Szene *f*
se (*Reflexivpron.*) sich; man
sèbičan selbstsüchtig, egoistisch
sȅdam sieben
sèdef Perlmutter *f*
sèdl|ār Sattler *m*; **~ati** satteln; **~o** Sattel *m*
sȇdmī siebente(r)
sèdmi|ca Woche *f*; (*Ziffer*) Sieben *f*; **~čnī** wöchentlich; Wochen-
sekrètār Sekretär *m*
sȅksuālan sexuell
sèli|dba Umzug *m*; Auswanderung *f*; **~ti** [**i-**] **se** (aus)ziehen; auswandern; [**pre-**] umziehen (v/i.)
sèlo Dorf *n*; Land *n* (*Ggs. zu Stadt*)
sèljā|čkī bäuerlich, Bauern-; **~čkā kúća** Bauernhaus *n*; **~k** Bauer *m*, Landmann *m*
seljàkinja, sèljānka Bäuerin *f*
sȇm *s.* **ȍsim**
semàfōr Eisenbahnsignal *n*; Verkehrsampel *f*
sèndvič belegtes Brot, Sandwich *n*
senzácija Sensation *f*, Aufsehen *n*
seòba Umzug *m*, Umsiedlung *f*; **~ nárōdā** Völkerwanderung *f*
sȅoskī ländlich
sèptēmbar September *m*
sér|ija Serie *f*; **~ijskī** Serien-
sèrvīs Service *m od. n*, Kundendienst *m*; (*Tennis*) Aufschlag *m*
sèrvīz (*Tafel-*)Service *n*
sèstra Schwester *f*
sȇstri|čna Nichte *f*; **~ć** Neffe *m*
sȇzati reichen, langen; *fig.* hochnehmen
sezóna Saison *f*
shéma Schema *n*; Schaltplan *m*
shȍdan zweckmäßig
shvâ|ćānje Auffassung *f*; **~ćati, ~tati** [**~titi**] begreifen, erfassen
shvàtljiv begreiflich; verständig
síći (**sìlaziti**) hinab-, herab-, ab|steigen, hinab|gehen, -fahren; *Fahrgast*: aussteigen
sìćūšan winzig
sìdr|ište Ankerplatz *m*; **~o** Anker *m*
sìfōn Siphon *m*
sìgūr|an sicher; **~no** *adv. a.* gewiß
sigúrn|osnī Sicherheits-; **~ōst** *f* Sicherheit *f*
sìjalica *sb.* Glühbirne *f*
sijáset Unmenge *f*, Masse *f*
sìjati[1] strahlen; *Sonne*: scheinen
sìjati[2] säen
sìječanj *kr.* Januar *m*
sìjed grau(haarig)
sijèdjeti grau werden

sȉjeno Heu *n*
sijèv|ati blitzen; wetterleuchten; funkeln; **~nuti** *pf.* auf|blitzen, -leuchten
sȉka Klippe *f*, Riff *n*
sȉl|a Kraft *f*; Macht *f*; Wucht *f*; Gewalt *f*, Zwang *m*; F Unzahl *f*; **nìje ~ē** es hat keine Eile; **~an** mächtig, gewaltig
sìlaz|ak Abstieg *m*; **~an** fallend; **~iti** *s.* **síći**
sȉledžija *m* Gewalttäter *m*; Halbstarke(r) *m*
sȉl|iti [prì-] zwingen, nötigen; **~ōm** unter Zwang; **~ovānje** Vergewaltigung *f*, Notzucht *f*; **~ovati** vergewaltigen
simbòličan symbolisch
simètričan symmetrisch
sȋn Sohn *m*
sȉnd|ikālan gewerkschaftlich, Gewerkschafts-; **~ìkāt** Gewerkschaft *f*
sȉnōć gestern abend
sinòvac Neffe *m*
sintètič|an, ~kī synthetisch, Kunst-
sínuti *pf.* aufleuchten; *Blitz*: zucken
sȋnj *Zo.* Brachsen *m*, Blei *m*
sȉpa Tintenfisch *m*
sȉpati [pò-] streuen, schütten
sípnja Asthma *n*
sȉr Käse *m*; **krȃvljī ~** Quark *m*
sìrće Essig *m*
sȋrnica Käsekuchen *m*
siròma|h Arme(r) *m*; **~šan** arm, bedürftig; **~šnōst** *f*, **~štvo** Armut *f*, Elend *n*
siròta Waise *f*
sȉrotište Waisenhaus *n*
sȉr|ov roh, Roh-; **~òvina** Rohstoff *m*
sȉsa (*Frauen-*)Brust *f*; Zitze *f*
sìsāljka (*Saug-*)Pumpe *f*
sȉs|ār Säugetier *n*; **~ati [ù-]** (ein)saugen; **~avac** *s.* **~ār**
sȉt satt
sȉtan klein, winzig; fein (-körnig), Fein-; **~ nòvac** Kleingeld *n*
sȉtiti [zà-] sättigen
sitnìca Kleinigkeit *f*
sìtn|iti [i-] zerkleinern; **~iž** Kleinzeug *n*; Kleingeld *n*; **~òzrn(ast)** feinkörnig
sȉto Sieb *n*
sȉv grau, Grau-
sjȃj Glanz *m*; Schimmer *m*; Pracht *f*, Prunk *m*
sjájan glänzend; blank; prächtig
sjȃti *s.* **sìjati**[1]
sjȅ|cište Schnittpunkt *m*; **~ckati** schnitzeln, häckseln; *Fleisch* hacken; **~ćati se** *s.* **~titi se**; **~ći [pò-]** hauen, fällen; **~dati** *s.* **~sti**; **~dalica, ~dalo** Sitz(platz) *m*
sjedí|niti (**~njávati**) vereinigen
Sjèdīnjenē Amèričkē Dȑžave *f/pl.* Vereinigte Staaten von Amerika
sjȅdište Sitz *m* (*a. fig.*)
sjèditi sitzen
sjȅdnica Sitzung *f*
sjèkira Axt *f*, Beil *n*
sjȅme Same *m*; **~nī** Samen-

sjèmē|nka Samenkorn *n*; **~nje** Sämerei *f*, Saatgut *n*
sjȅn|a Schatten *m*; **~ica**[1] (*Garten*-)Laube *f*
sjènica[2] *Zo.* Meise *f*
sjènīk Heuboden *m*
sjȇnka *s.* **sjȅna**
sjenòko|s, **~ša** Heuernte *f*
sjenòvit schattig
sjȅ|sti (**~dati**) sich (nieder-) setzen
sjȅta Wehmut *f*, Trauer *f*; **~n** traurig, wehmütig
sjȅ|titi (**~ćati**) **se** sich erinnern, sich entsinnen, gedenken (*G*)
sjȅvēr Norden *m*; **~nī** nördlich, Nord-; **~nī pôl** Nordpol *m* [Nordländer *m*]
sjevèrnjāk Nordwind *m*;
sjevero|ìstok Nordost(en) *m*; **~západ** Nordwest(en) [*m*]
sjȕtra *s.* **sȕtra**
skàk|āč *Sp.* Springer *m*; **~aònica** Sprungturm *m*; Sprungschanze *f*
skákati *s.* **skòčiti**
skȁ|kavac Heuschrecke *f*; **~kùtati** hüpfen; **~meniti** *pf.* versteinern; **~p(áv)ati** umkommen
skȅl|a Fähre *f*; **~e** *f/pl.* (*Bau*-)Gerüst *n*; **~edžija** *m* Fährmann *m*
skȅpsa Skepsis *f*
skȉca Skizze *f*
skídati *s.* **skȉnuti**
skȉja Schi *m*, Ski *m*
skíjānje Schisport *m*; Schilaufen *n*
skì|jāš Schiläufer *m*; **~jati se** Schi laufen
skȉnuti (**skídati**) ab|streifen, -ziehen; herunternehmen; *Deckel, Hut* abnehmen; *Kleider* ausziehen; *Fahrgast* absetzen; **~ se** sich ausziehen
skít|alica *m* Landstreicher *m*, Stromer *m*; **~ati se** herumstrolchen, sich herumtreiben; **~nica** *m* *s.* **~alica**
sklȁd Ein|klang *m*, -tracht *f*; *Mus.* Akkord *m*
sklàd|atelj *kr.* Komponist *m*; **~ati** komponieren; **~ba** Komposition *f*
skl|ȁdište Lager(raum *m*) *n*; **~ápati** *s.* **~òpiti**; **~ízati** [**~ȉznuti**] ab|gleiten, -rutschen
sklȍ|n geneigt (*D*/ zu *D*); **~nīšte** Zuflucht(sort *m*) *f*; **~nōst** *f* Neigung *f*; Vorliebe *f*
skl|ȍp Gefüge *n*, Struktur *f*; **~òpiti** (**~ápati**) *Vertrag* (ab)schließen, eingehen; *Bekanntschaft*, *Augen* schließen; *Hände* falten; *Tech.* montieren, zusammenbauen; **~ȍpka** *El.* Schalter *m*
skȍba Klammer *f*
skòčiti (**skákati**) springen
skȍk Sprung *m*, Satz *m*; **~ (s) mȍtkōm** Stabhochsprung *m*
skòpč(áv)ati koppeln, verbinden; P kapieren
skòro bald; fast, beinahe; unlängst [ling *m*]
skȍrojević Emporkömm-

skörūp Sahne *f*, Rahm *m*
skrać|ènica Abkürzung *f*; **˷ívati [skrátiti]** (ab-, ver)kürzen [für *A*)]
skȑbiti (se) sorgen (**za** *A*)
skȑbnīk Vormund *m*
skré|nuti (˷tati) *v/t.* ablenken; lenken auf (*A*); *v/i.* ab|biegen, -weichen; **˷tnica** *Esb.* Weiche *f*; **˷tničār** Weichensteller *m*
skr|īti (˷ívati) ver|bergen, -stecken (**se** sich); verhehlen
skrìv|āč: igrati (se) ˷áče Versteck(en) spielen
skr|ívati *s.* **skrīti**; **˷ìven** verborgen, versteckt
skrōb Stärke(mehl *n*) *f*
skròjiti *pf.* zuschneiden
skrōm|an bescheiden; *Preis*: mäßig; **˷nōst** *f* Bescheidenheit *f*
skrōv|īšte Versteck *n*; Schlupfwinkel *m*; **˷it** *s.* **skrìven**
skrôz hindurch; durch und durch
skrûšen zerknirscht
skûhati *kr. pf.* (ab)kochen
skûp[1] teuer, kostspielig
skûp[2] Versammlung *f*; Gruppe *f*; Inbegriff *m*; **tèōria ˷ōvā** *Math.* Mengenlehre *f*; **˷a** zu-, bei|sammen, miteinander
skûpi|na Gruppe *f*, Menge *f*; **˷ti (skúpljati)** (ver-) sammeln, zusammenziehen (**se** sich); zusammenfassen; *v/r.* (**se**)schrumpfen; *Stoff*: eingehen
skùpljāč Sammler *m*
skúpljati *s.* **skûpiti**
skupò|cjen kostbar; **˷ća** Teuerung *f*
skûpštin|a Versammlung *f*; Parlament *n*; **Národnā ˷a** Volksversammlung *f*; **˷skī** Parlaments-
skûša Makrele *f*
skût Saum *m*; (*Rock*-)Schoß *m*; Schleppe *f*
skûter Motorroller *m*
skûvati *sb. s.* **skûhati**
slâb schwach; gebrechlich, siech; schlecht, F mies
slàbīć Schwächling *m*
slabìna *Anat.* Leiste *f*
slâb|iti [ò-] schwächen; **˷òkȓvan** blutarm; **˷ōst** *f* Schwäche *f*; **˷òuman** schwachsinnig
slàčica Senf *m*
slâd Malz *n*
slȁdak süß
sláditi [za-] (ver)süßen; **˷okúsac** Feinschmecker *m*; **˷òkusan** naschhaft
slȁdoled (*Speise*-)Eis *n*
slàg|āč, ˷ār (*Schrift*-)Setzer *m*
slág|ānje Übereinstimmung *f*; **˷ati**[1] *s.* **slòžiti**
slàgati[2] *pf.* (be)lügen; *Waffe*: versagen
slâma Stroh *n*
slâm|čica, ˷ka Strohhalm *m*
slâm|nat Stroh-; **˷natī krôv** Strohdach *n*; **˷natī šèšir** Strohhut *m*; **˷njača** Strohsack *m*
slân salzig; *fig.* gesalzen
slána (*Rauh*-)Reif *m*

slànīk Salzfaß *n*
slànina Speck *m*
slâp Wasserfall *m*
slâst *f* Wonne *f*, Genuß *m*; Wollust *f*
slàstičār Konditor *m*, Zukkerbäcker *m*; **~n(ic)a** *s.* **pòslastičārnica**
slâti [pò-] (ab-, ver)schikken, -senden; **~ po** (*A*) (ab)holen lassen
slàt|kiš Süßigkeit *f*, Konfekt *n*; **~kòvodnī** Süßwasser-
slâva Ruhm *m*; *Rel.* (*orthodoxes*) Hauspatronsfest *n*
slâvan berühmt, ruhmreich
Slàvēn|(ka) *kr.* Slaw|e (-in *f*) *m*; **♀skī** *kr.* slawisch
slàvina (*Wasser-*)Hahn *m*
slâv|iti rühmen, preisen; verherrlichen; **[prò-]** *Fest* feiern, begehen; **~ljenīk** Jubilar *m*; **~òhlepan** ehrgeizig, ruhmbegierig; **~olūk** Triumphbogen *m*
slàvūj Nachtigall *f*
slèći *pf.*, **slègnuti (slijegàti)**: **~ ramènima** mit den Achseln zucken
slêđ Hering *m*; **dīmljenī ~** Bückling *m*
slīč|an ähnlich; **~nōst** *f* Ähnlichkeit *f*
slìjed Spur *f*; Folge *f*
slijèd|ēći folgend, nächst; **~iti** folgen; nachfolgen; **òdātlē ~ī** daraus folgt
slijègati *s.* **slèći**
slìjep blind; **~ī mīš** Fledermaus *f*
slijèp|ac Blinde(r) *m*; **~ilo** Blindheit *f*
slijèpiti *pf.* zusammen|kleben, -kitten
slìjepo blind(lings)
slìjeva *adv.* von links
slijèvati [slīti] abgießen; **~ se** zusammenfließen
slîk Reim *m*
slīk|a Bild *n*; Abbildung *f*; Gemälde *n*; Porträt *n*; **~ār** Maler *m*; **~àrija** (*abwertend*) Malerei *f*; Gemälde *n*; **~ārka** Malerin *f*; **~ārstvo** Malerei *f*; **~ati** malen; abbilden; photographieren, knipsen; **~òvit** malerisch; bildlich
slìkōvnica Bilderbuch *n*
slìna Speichel *m*; Schleim *m*, V Rotz *m*; **~v** *Nase*: schmutzig, verschleimt; **~vac** V Rotz|junge *m*, -nase *f*
slīti *pf. s.* **slijèvati**; **~na** [Legierung *f*]
slîv Zusammenfluß *m*; (*Fluß-*)Einzugsgebiet *n*
slobòda Freiheit *f*; Spielraum *m*
slȍbod|an frei, Frei-; **~nī ùdarac** Freistoß *m*; **~nō vrijème** Freizeit *f*
slobòdārskī freiheitlich
slȍg Silbe *f*; *Typ.* Satz *m*
slȍga Eintracht *f*, Übereinstimmung *f*
slôj Schicht *f*; **~èvit** geschichtet, schichtweise
slȍm Zusammenbruch *m*; **~ žìvācā** Nervenzusammenbruch
slòmiti *pf.* (zer)brechen,

zerschlagen; (auf)knacken; *Tür* aufbrechen
slȍn Elefant *m*
slònov|a kôst *f*, **~ača** Elfenbein *n*
Slòv|ēn *sb.* Slawe *m*; **~énac** Slowene *m*; **ᘓenačkī** *sb.* slowenisch; **~ēnija** Slowenien *n*; **~ēnka** Slowenin *f*; *sb. a.* Slawin *f*; **ᘓēnskī** *sb.* slawisch; *kr.* slowenisch
slȍvo Buchstabe *m*; **~slàgāč** *s.* **slàgāč**
slȍž|an einig, einträchtig; **~en** zusammengesetzt; kompliziert; **~ènica** zusammengesetztes Wort
slòžiti (**slágati**) zurechtlegen, ordnen; aufschichten; zusammensetzen; (ver)einigen; *Typ.* setzen; **~ se** übereinkommen, sich einigen
slȕč|āj Fall *m*, Vorfall *m*; Zufall *m*; **u svȁkōm ~áju** in jedem Fall; **u ~áju da** falls; **~ājan** zufällig
slúga *m* Diener *m*; Knecht *m*
slûh Gehör *n*
slùšāč Hörer *m*, Student *m*
slùša|lac (*Zu-, Rundfunk-*) Hörer *m*; **~lica** (*Telefon-*) Hörer *m*; *Med.* Stethoskop *n*; *pl.* **~lice** Kopfhörer *m*; **~onica** Hörsaal *m*; **~telj** *s.* **~lac**
slȕšati (an)hören; [**pò-**] befolgen; gehorchen (*G*/*D*)
slùškinja Dienstmädchen *n*
slȕšnī: ~ apàrāt Hörgerät *n*
slút|iti [**na-**] ahnen; **~nja** (Vor-)Ahnung *f*

slûz Schleim *m*
slùza|n, ~v schleimig
slúznica Schleimhaut *f*
slȕž|āvka Dienstmädchen *n*, Magd *f*; **~ba** Dienst *m*; **~ba bȍžjā** Gottesdienst *m*; **~ben** dienstlich; amtlich; **~benō putòvānje** Dienstreise *f*; **~benica** Bedienstete *f*, Angestellte *f*; **~benīk** Bedienstete(r) *m*, Angestellte(r) *m*
slȕžinčād *f* Dienerschaft *f*
slúžiti dienen; gereichen; **~ vójsku** Wehrdienst ableisten; **~ se** (*I*) sich bedienen (*G*), benutzen (*A*)
sljȅme Dachfirst *m*; (*Berg-*) Grat *m*
sljè|pilo Blindheit *f*; **~pòočica** Schläfe *f*; **~pòća, ~pòta** Blindheit *f*
smaknúće Hinrichtung *f*
smàknuti *pf.* hinrichten
smánj|iti (**~ívati**) ver|kleinern, -mindern, -ringern (**se** sich)
smátrati (**za** *A*) ansehen, halten (für *A*); **~ se** gelten (als)
smèćara Mülltonne *f*
smȅće Müll *m*, Kehricht *m*
smȇđ braun
smésti *pf.* verwirren
smȇt(āj) Schneewehe *f*
smét|ati stören, belästigen; (be)hindern; genieren; **~en** verwirrt; verlegen
smètljār Straßenkehrer *m*
smétnja Störung *f*, Belästigung *f*; Hemmung *f*
smȉcalica Kniff *m*, Trick *m*

smìjati se lachen
smìjeh Lachen *n*, Gelächter *n*
smijèš|ak Lächeln *n*; **~an** lächerlich; komisch, drollig; **~iti se** lächeln
smìo(nōst *f*) *s.* **smjȅl(ōst)**
smîren gesetzt, ruhig
smîsao *m* Sinn *m*, Bedeutung *f*
smjȅl|(an) kühn, verwegen; **~ōst** *f* Kühnheit *f*, Verwegenheit *f*
smjȇna Ablösung *f*; (*Arbeits-*)Schicht *f*
smjȇr Richtung *f*
smjȇran *s.* **smîren**
smjérnica Richtlinie *f*
smjȅ|sa Mischung *f*, Gemisch *n*; **~stiti (smjéštati)** unterbringen; **~stiti se** unterkommen; **~štāj** Unterbringung *f*; Unterkunft *f*; **~ti** dürfen; **nȅ smijȇ se** man darf nicht
smòčiti *pf.* durchnässen
smȍčnica Speisekammer *f*
smȍk|ovača Feigenschnaps *m*; **~va** Feige *f*
smòla Pech *n*, Harz *n*
smòt(áv)ati zusammenrollen; (ein)wickeln
smȍtr|a Parade *f*; Schau *f*; **~en** umsichtig
smráč|iti (~ívati) se *s.* **smȑcati se**
smrâd Gestank *m*
smȑ|cati [~ći] se dunkel werden, sich verfinstern
smȓč, smȑča *s.* **smrȅka**
smṙdjeti stinken
smrȅka Fichte *f*; *s.* **klȅka**
smrkávati [smȑknuti] se *s.* **smȑcati se**
smŕskati *pf.* zer|malmen, -trümmern
smȑšavjeti *pf.* *v/i.* abmagern
smȓt *f* Tod *m*; **~an** sterblich, Todes-; **~nā kâzna** Todesstrafe *f*; **~nā opásnōst** *f* (*od.* **pògibelj** *f*) Todesgefahr *f*; **~nī lîst** Sterbeurkunde *f*; **~ònosan** tödlich
smȑviti *pf.* zermalmen
smȓz|ao gefroren; **~ávati [smȑznuti] se** gefrieren; erfrieren
smúčānje Schilauf(en *n*) *m*
smùč|ār (~àrica) Schiläufer(in *f*) *m*; **~árstvo** Schisport *m*
smúčati (se) Schi laufen
smȕčka Schi *m*, Ski *m*
smȕđ *Zo.* Zander *m*
smùtljivac Ränkeschmied *m*, Störenfried *m*
smútnj|a Intrigen *pl.*; **kȁmēn ~ē** Stein *m* des Anstoßes
snabdijèv|ānje Versorgung *f*; **~ati [snàbdjeti] (se** sich) ver|sorgen, -sehen (*I*/ mit *D*)
snáći (snàlaziti) se sich zurechtfinden
snága Kraft *f*, Stärke *f*; Wucht *f*; *Tech. a.* Leistung *f*
snàha Schwiegertochter *f*
snàlaziti se *s.* **snáći se**
snážan stark, kräftig; wuchtig

snìjeg Schnee *m*; **pàdā ~** es schneit
snijèti (snòsiti) *Eier* legen; *Kosten, Folgen* tragen
snîm|ak Aufnahme *f*, Photo *n*; **~ānje** (*Film-*)Aufnahme *f*; (*Ton-*)Aufzeichnung *f*; **~ati [~iti]** aufnehmen; *Film a.* drehen; *Ton a.* aufzeichnen
snîmka *s.* **snîmak**
snî|ziti (~žávati) herabsetzen, senken; *Preis a.* ermäßigen; **~žēnje** Herabsetzung *f*; Abnahme *f*, Rückgang *m*; **~žēnje cijènā** Preissenkung *f*
snŏp Garbe *f*; Bündel *n*
snòsiti *s.* **snijèti**
snŏšāj Geschlechtsakt *m*, Beischlaf *m*
snòšljiv erträglich, leidlich
snòvati planen, sinnen (auf *A*)
snûžd|en bekümmert; **~iti se** traurig werden
snjè|gović Schneemann *m*; **♀gùljica, ♀žana** Schneewittchen *n*
sô *f s.* **sôl**
sôb Rentier *n*
sòba Zimmer *n*, Stube *f*; **dnêvnā ~** Wohnzimmer *n*; **~rica** Zimmermädchen *n*
sŏb|nī Zimmer-; **~oslikār** Anstreicher *m*, Maler *m*
sŏci|jālan Sozial-; **~jalìzam** Sozialismus *m*
sŏčan saftig
sŏčivo *Phys.* Linse *f*
sóda Soda *f*; **~ bìkarbōna** Natron *n*

sôj Zucht *f*, Rasse *f*; **stàra ~a** von altem Schlage
sôk Saft *m*; **vŏćnī ~** Fruchtsaft *m*
sòkāk Gasse *f*
sòkna Socke *f*
sòkō(l) Falke *m*
sô(l) *f* Salz *n*
solàna Saline *f*
sòl|ēnka Salzfaß *n*; **~iti [po-]** salzen
sôln|ī Salz-; **~ā kiselìna** Salzsäure *f*
Sòlūn Saloniki *n*
sŏm *Zo.* Wels *m*
sônī *s.* **sôlnī**
sòpstven eigen; **~ā kùća** Eigenheim *n*; **~īk** Eigentümer *m*
sôs *s.* **ùmāk**
sŏva Eule *f*
Sóvjetskī Sávez Sowjetunion *f*
spàdati (u *A*) fallen (in *A*); gehören (zu *D*)
spája|lica Büroklammer *f*; **~ti** *s.* **spòjiti**
spaljívānje (*Toten-*)Verbrennung *f*
spànāć *sb.* Spinat *m*
spâran schwül
sparìna Schwüle *f*
spâs Rettung *f*, Heil *n*
spasáv|ānje Rettung *f*, Bergung *f*; **čámac za ~ānje** Rettungsboot *n*; **~ati** *s.* **spásiti**
spàsi|lac Retter *m*; **~lačkī** Rettungs-; **♀telj** Heiland *m*
spás|iti (~ávati) (er)retten; bergen; erlösen; **~ònosan** heilsam

Spȁsov|dān, ~o *Rel.* Himmelfahrt(stag *m*) *f*
spàti *s.* **spávati**
spàvać|ī Schlaf-; **~ā kȍla** *n/pl.* Schlafwagen *m*; **~ā sȍba** Schlafzimmer *n*
spavàćica Nachthemd *n*
spáv|ānje Schlafen *n*; **vrȅća za ~ānje** Schlafsack *m*; **~aònica** Schlaf|zimmer *n*, -raum *m*
spávati schlafen
specijà|list(a *m*) *s.* **strȕčnjāk**; Facharzt *m*; **~lìtēt** Spezialität *f*
spiker(ica) (*Rundfunk-*) Sprecher(in *f*) *m*
spìlja Höhle *f*
spȉs Aktenstück *n*; *pl.* **~i** Akten *f/pl.*; Schriften *f/pl.*
spìsak Liste *f*, Verzeichnis *n*
spl|âv Floß *n*; **~àvār** Flößer *m*; **~èsti** *pf.* ver|flechten, -stricken; **~ētka** Intrige *f*, Machenschaften *f/pl.*; **~ètkār** Intrigant *m*
spljôšten abgeflacht; platt
spȏj Verbindung *f*; Kontakt *m*; Lötstelle *f*; **krâtkī ~** Kurzschluß *m*
spòjiti (spájati) verbinden; zusammenfügen; koppeln; verknüpfen; (zusammen-) löten; **~ se** sich zusammenschließen
spȏj|ka Verbindungsstück *n*; *Kfz.* Kupplung *f*; *Sp.* Innen-, Verbindungsstürmer *m*; **~nī** Verbindungs-
spójnica *Tech.* Kupplung *f*; Muffe *f*; *Anat.* Band *n*
spȏl Geschlecht *n*; **~nī** geschlechtlich, Geschlechts-; **~òvilo** Geschlechtsteil *n*
spȍlja (von) außen; *Med.* äußerlich
spòljašnj|ī äußere(r), äußerlich; **~ā gȕma** *Kfz.* Reifen *m*; (*Fahrrad-*)Mantel *m*; **~ōst** *f* Äußere(s) *n*
spȍljnī äußere(r), Außen-
spoménak Vergißmeinnicht *n*
spȍm|ēn-dân Gedenktag *m*; **~enīk** Denkmal *n*; **~ēn-plȍča** Gedenktafel *f*
spòm|ēnut erwähnt; **~énuti (~injati)** erwähnen
spȍna Klammer *f*, Krampe *f*; **~ upravljáča** *Kfz.* Lenkstange *f*
spȍr[1] langsam
spȍr[2] Streit *m*
spȍran strittig
spȍraz|ūm Verständigung *f*; Übereinkunft *f*, Abkommen *n*; Einverständnis *n*; **~ūman** einverstanden (**bȉti** sein); **~umijèvati [~ùmjeti] se** sich verständigen, übereinkommen
spȍred|an nebensächlich; Neben-; **~nā rečènica** *Gr.* Nebensatz *m*; **~nā stvâr** *f* Nebensache *f*; **~nā ȕlica** Neben-, Seiten|straße *f*; **~nō zanímānje** Nebenbeschäftigung *f*
spȍrt|āš, ~ist(a *m*) Sportler *m*; **~àšica, ~istkinja** Sportlerin *f*
spȍrtsk|ī sportlich; Sport-; **~ō drúštvo** Sportverein *m*
spòsob|an geeignet, fähig,

tauglich; **~an za râd** arbeitsfähig; **~nōst** *f* Fähigkeit *f*
spotà|ći *pf.*, **~knuti (spòticati) se** stolpern
sprâm(a) (*G*) *s.* **prema**
sprât Stock(werk *n*) *m*
sprâv|a Gerät *n*, Vorrichtung *f*; **~iti (~ljati)** vor-, zu|bereiten [schen
sprčkati F *pf.* (ver)pfu-
sprdnja Hohn *m*
sprečávati *s.* **sprijèčiti**
sprēma (*Fach*-)Kenntnisse *pl.*; **~n** bereit, fertig; **~n za pût** reisefertig
sprém|ati [~iti] (vor)bereiten, bereit-, fertig|machen (**se** sich); herrichten; (auf)bewahren; sich versehen (mit *D*)
sprè|mište Lager *n*, Speicher *m*; Behälter *m*; **~mnōst** *f* Bereitschaft *f*; **~tan** gewandt, geschickt; handlich; **~tnōst** *f* Geschicklichkeit *f*
spri|jatèljiti se *pf.* sich an-, be|freunden; **~jèčiti (sprečávati)** verhindern, verhüten; hemmen
sprijed(a) (von) vorn
sprov|èsti (~òditi) geleiten; *Zeit* ver|bringen, -leben; *Plan, Gesetz* durchführen; **~èsti u djèlo** in die Tat umsetzen
spróv|od Geleit *n*; Leichenzug *m*; **~òditi** *s.* **~èsti**; **~odnī** Begleit-; **~odnica** Paketkarte *f*; **~odnik** *El.*, *Phys.* Leiter *m*
sprûd Sandbank *f*
spùstiti (spúštati) herablassen; senken; *Segel* streichen; **~ se** sinken, niedergehen; *Nacht*: hereinbrechen; *Flgw.* landen
spúšt|ānje Senkung *f*; *Flgw.* Landung *f*; **~ati** *s.* **spùstiti**
spût(áv)ati fesseln; **~ se** befangen sein
spûžva Schwamm *m*; **~st** schwammig
sràćka V Dünnschiß *m*
srâm Scham *f*; **~èžljiv** schamhaft, verschämt
srám|iti se sich schämen; **~òta** Schande *f*, Schmach *f*
srâm|otan schmachvoll, schändlich; **~òtiti [o-]** schänden
srâti [pò-] V scheißen
sràvnati *pf.* (ein)ebnen
sráv|niti (~njívati) vergleichen; **~njénje** Vergleich *m*
srázmjer Verhältnis *n*; **~an** verhältnismäßig
Srb|ija Serbien *n*; **~ijánac** Serbe *m*; **~ìjānka** Serbin *f*
Srbin Serbe *m*
srce Herz *n*
srcòbolja Herzleiden *n*
srčan Herz-; **~ī mìšić** Herzmuskel *m*; **~ī nápad** Herzanfall *m*; **~ā kâp** *f* Herzschlag *m*
srdač|an herzlich; **~nōst** *f* Herzlichkeit *f*
srdit böse, zornig
srditi se (na *A*) sich ärgern

(über *A*); zürnen (*D*); grollen
sȑdjela Sardelle *f*
sȑdžba Zorn *m*
srèbrn silbern, Silber-; **~ik** Silbermünze *f*
srèbro Silber *n*; **žîvō ~** Quecksilber *n*
srèć|a Glück *n*; **nà ~u** auf gut Glück; **~an** *sb.* glücklich; **~ka** (*Lotterie-*)Los *n*; **~ōm** glücklicherweise
sredìna Mitte *f*; Milieu *n*
srêd|išnjī Zentral-; **~ište** Mittelpunkt *m*, Zentrum *n*
sré|diti (**~đívati**) ordnen, in Ordnung bringen
srēdnj|ī mittel; **~ā škòla** Ober-, *öst.* Mittel|schule *f*; **~ī pȓst** Mittelfinger *m*; **~ī vìjek** Mittelalter *n*; **~oškólac** (**~òškōlka**) Ober-, *od.* Mittel|schüler(in *f*) *m*; **~ovjèkōvan** mittelalterlich
Sredòzemnō môre Mittelmeer *n*
srèdstvo Mittel *n*; **~ za spávānje** Schlafmittel *n*
sređívati *s.* **sréditi**
srē|sti (**~tati**) (an)treffen, begegnen (*D*); **~tan** *kr.* glücklich
srícati buchstabieren
srijèda Mittwoch *m*; **Čìstā ~** Aschermittwoch *m*
Srìjem Syrmien *n*
sŕkati schlürfen
sŕna Reh *n*
sȑn|dāć Rehbock *m*; **~eći** Reh-
srȍdan verwandt
srôk Reim *m*
sróz(áv)ati se hinabrollen, (her)abgleiten; *fig.* auf abschüssige Bahn geraten, verkommen
sȓp Sichel *f*; **~anj** *kr.* Juli *m*
Sȓp|kinja Serbin *f*; **⁹skī** serbisch; **~skohr̀vātskī** serbokroatisch
srȕšiti *pf.* um|stürzen, -stoßen; *s.* **rȕšiti**
stáblo Baum *m*; Stamm *m*
stàbljika Stengel *m*
stâdion Stadion *n*
stâdo Herde *f*
stāja Stall *m*
stàj|alīšte Haltestelle *f*; Stand *m*; **~ānje** Stillstand *m*; **mjȅsto za ~ānje** Stehplatz *m*; **~ati**[1] (*Präs.* **stòjīm**) stehen; halten (*v/i.*); kosten
stājati[2] *s.* **stâti**
stàkl|ār Glaser *m*; **~àrija** Glaswaren(handlung *f*) *f/pl.*; **~ēn** gläsern, Glas-; **~enā vȕna** Glaswolle *f*; **~ènīk** Gewächshaus *n*; **~ēnka** Flasche *f*; **~o** Glas *n*; **~orézac** Glaser *m*
stálak Gestell *n*, Ständer *m*; Stativ *n*; **slìkārskī ~** Staffelei *f*
stâlan (be)ständig; stetig, (gleich)bleibend, konstant; fest, dauerhaft; beharrlich; *adv.* stets; **~ gôst** Stammgast *m*
stálež Stand *m*
stálnōst *f* Beständigkeit *f*, Stabilität *f*; Stetigkeit *f*
stáložiti se *pf.* sich (ab)setzen; sich beruhigen

stàmben|ī Wohn(ungs)-; **~ā zgrâda** Wohnhaus *n*
stân Wohnung *f*; Sennhütte *f*; Webstuhl *m*; **glàvnī ~** Hauptquartier *n*
stàn|ār Mieter *m*; **~àrina** Miete *f*; Wohngeld(zuschuß *m*) *n*
stàndardan genormt, Norm-
stàni|ca Haltestelle *f*; *sb. a.* Station *f*; Bahnhof *m*; *Bot.*, *Zo.* Zelle *f*; **~čnī** Stations-; Zellen-
stânka Pause *f*
stan|odávac (*Wohnungs-*) Vermieter *m*; **~òvati** (be-)wohnen
stàn|ovīšte Stand(punkt) *m*; **~òvit** beständig; bestimmt
stànōvn|īk Ein-, Be|wohner *m*; **~īštvo** Bevölkerung *f*
stánj|e (Zu-)Stand *m*, Lage *f*; Bestand *m*; Verfassung *f*; (**bīti**) **u ~u** imstande, in der Lage (sein); **u drūgōm ~u** in anderen Umständen
stápati *s.* **stòpiti**
stâr alt, Alt-; **~ac** Greis *m*; **~ačkī** Greisen-, Alten-, Alters-
stàra|lac, ~telj Vormund *m*
stârati [pò-] se (**o** *L*) bemüht sein (um *A*), sorgen (für *A*); trachten, bestrebt sein
stárež *f* Trödel *m*
stârī *m* Alte(r) *m*; *s.* **stâr**
stàrica Greisin *f*
starìn|a Altertum *n*; **~ār** Antiquitätenhändler *m*; **~ārnica** Antiquitätenhandlung *f*; **~skī** altertümlich
stàr|ijī älter; **~ješina** *m* Vorgesetzte(r) *m*; Älteste(r) *m*
stâr|jeti [ò-] altern; **~omōdan** altmodisch; **~ōst** *f* Alter *n*
stârt Start *m*; **~er** Anlasser *m*
stâs Gestalt *f*, Figur *f*
stàsit stattlich
stâ|ti (**~jati**) stehenbleiben; (an)halten (*v/i.*); *Regen*: aufhören; treten (auf *A*); *zu reden* beginnen
stâv Stellung *f*; Standpunkt *m*; (*Text-*)Absatz *m*; **~ak** *Mus.* Satz *m*; **~iti** (**~ljati**) (hin)stellen, setzen, (an-, auf)legen; **~iti u pógon** (*od.* **pòkrēt**) in Betrieb (*od.* Bewegung) setzen
stâvka Absatz *m*; *Hdl.* Posten *m*
stâv|ljati *s.* **~iti**
stàza Pfad *m*, Steg *m*; *Sp.* Bahn *f*; **biciklìstičkā ~** Radfahrweg *m*
stèčāj Konkurs *m*, Bankrott *m*; **pod ~em** bankrott
stèći (**stīcati, stjècati**) erwerben
stēga Zwinge *f*; Zucht *f*, Disziplin *f*
stègno Schenkel *m*
sté|gnuti (**~zati**) zusammen|ziehen, -pressen; zuschnüren; **~zati** *fig.* einschränken (**se** sich)

stènjati stöhnen, ächzen
stȇpen Stufe *f*; Grad *m*; *Math.* Potenz *f*; Sprosse *f*; **~ica** Treppenstufe *f*; **~ice** *f/pl.* Treppe *f*; **~ište** Treppenhaus *n*
stèpsti *pf.* zucken (*I*/ mit); schlagen; **~ se** abhanden kommen
stereoemìsija Stereosendung *f*
stȇreoploča Stereo(schall)-platte *f*
stéz|āljka *El.* Klemme *f*; **~ānje sȑca** Herzbeklemmung *f*; **~ati** *s.* **stégnuti**
stȇznīk Mieder *n*
stì|cānje Erwerb *m*; **~cati** *s.* **stèći**; **~ći** (**~zati**) *j-n* einholen; ankommen, eintreffen; gelangen; erreichen; *Post*: eingehen; *Unglück*: heimsuchen, ereilen
stȋd Scham *f*
stídjeti se sich schämen
stìdljiv verschämt, schamhaft; schüchtern; **~ōst** *f* Schüchternheit *f*
stȉgnuti *pf.* *s.* **stȉći**
stȋh Vers *m*
stìhija Element(arkraft *f*) *n*
stijèna Fels(wand *f*) *m*
stijènjak Docht *m*, Lunte *f*
stȋl Stil *m*
stȉpsa Alaun *m*
stȉsak (**rúkē** Hände-)Druck *m*
stȉska Gedränge *n*; Be-[drängnis *f*]
stísk(iv)ati [**stȉsnuti**] zusammen|drücken, -pressen; zusammendrängen (**se** sich); *s.* **skȕpiti se**
stȉzati *s.* **stȉći**
stjȅcati *s.* **stìcati**
stjènica Wanze *f*
stȏ[1] hundert
stȏ[2] *m* *s.* **stȏl**
stȍč|an, **~nī** Vieh-; **~nā hrána** (*Vieh-*)Futter *n*; **~nī sájam** Viehmarkt *m*; **~ārstvo** Viehzucht *f*
stȏg (*Heu-*)Schober *m*
stȍga des|wegen, -halb, darum
stȍka Vieh *n*
stȏ(l) *m* Tisch *m*; **za stòlom** am (*od.* bei) Tisch
stòlac Stuhl *m*
stȍl|ār Tischler *m*, Schreiner *m*
stòl|ārski Tischler-; **~ica** *s.* **~ac**; **~ić** Tischchen *n*
stȏln|ī Tisch-; **~ā cȑkva** Dom *m*, Kathedrale *f*; **~ī tènis** Tischtennis *n*; **~ō pòsūđe** Tisch-, Tafel|-geschirr *n*; **~otenìsāč** Tischtennisspieler *m*
stȏlnjāk Tisch|tuch *n*, -decke *f*
stòljeće Jahrhundert *n*
stòmāk Magen *m*
stȏnī *s.* **stȏlnī**
stònoga Tausendfüßler *m*, Assel *f*
stòpa (*Maß*; *Vers-*)Fuß *m*; **~lo** Fuß *m*
stòpiti (**stápati**) (ver-)schmelzen (**se** *v/i.*)
stȍtin|a Hundert *n*; **~ārka** Hundertdinarschein *m*
stòvar|ište Lager(platz *m*) *n*; **~iti** (**~ívati**) ab-, ent|-laden; einlagern

stòžac Kegel *m*
stöžēr Pol *m*; Angelpunkt *m*; *Mil.* Stab *m*
strádati [na-] (er)leiden; verunglücken
strâga hinten
strâh Angst *f*, Furcht *f*
strahopo|čitánje, ~što-vánje Ehrfurcht *f*
strahò|ta Schrecken *m*, Entsetzen *n*; **~vati** befürchten (**od** *G*/*A*); fürchten (**za** *A*/ um *A*); **~vit** schrecklich, entsetzlich
stranputic|a: póći ~ōm auf Abwege geraten
strân fremd, ausländisch
strán|a Seite *f*; **s jèdnē ~ē ... s drûgē ~ē** einerseits ... andererseits; **s onē ~ē** jenseits; **na (po) ~i** beiseite; **sa svîh ~ā** all(er)-seits; **~ac** Fremde(r) *m*, Ausländer *m*; *s.* **pròmet**
strân|ačkī Fremden-; Partei(en)-; **~ka** Partei *f*; **~kinja** Fremde *f*, Ausländerin *f*
str|âst *f* Leidenschaft *f*; **~ästan, ~àstven** leidenschaftlich; **~ášan** fürchterlich, schrecklich
strâši|lo Vogelscheuche *f*; Schreckbild *n*; **~ti [ù-]** ängstigen, Angst einjagen, erschrecken; **~ti se** sich fürchten
stràš(lj)iv ängstlich
strätište Schafott *n*
strâža Wache *f*
stràž|ār Wächter *m*, Wachmann *m*; **~áriti** Wache stehen; **~ārnica** Schilderhaus *n*
strâžnj|ī hinter(st); **~ā strána** Rückseite *f*; **~ē sjèdalo** Rücksitz *m*; **~ī môtor** Heckmotor *m*; **~ica** Gesäß *n*, P Hintern *m*
strē|ha Vordach *n*; **~lište, ~ljàna** Schieß|stand *m*, -platz *m*
strèmēn Steigbügel *m*
strés(a)ti abschütteln
strîc Onkel *m*, Oheim *m*
stríčak Distel *f*
strìći scheren
strijè|la Pfeil *m*; **~lac** Schütze *m*; **~ljati [u-]**(er)-schießen
strîna Tante *f*
strȉka Auflauf *m*
strm, ~enit steil, abschüssig; **~ìna** Abhang *m*, Böschung *f*
strnište Stoppelfeld *n*
strōg streng; **~ōst** *f* Strenge *f*
strôj Maschine *f*; Triebwerk *n*; (*Uhr-*)Werk *n*; *Mil.* Linie *f*
stròj|ār Maschinist *m*; Gerber *m*; **~iti** gerben
strōjnica Maschinenpistole *f*
strōjo|bravar Maschinenschlosser *m*; **~grádnja** Maschinenbau *m*; **~pīs** Typoskript *n*; **~slàgār** *Typ.* (*Maschinen-*)Setzer *m*
strōp (*Zimmer-*)Decke *f*
strp|jeti (se) sich gedulden; **~ljénje** Geduld *f*
strpljiv geduldig; **~ōst** *f* Geduld *f*

stȑšiti vorstehen, hervorragen; sich sträuben
stȑšljēn Hornisse *f*
strȕč|an sachkundig, Fach-; **~njāk** Fachmann *m*; Sachverständige(r) *m*; **~njāčkī** fachmännisch
strûg Hobel *m*; Drehbank *f*
strùgār Dreher *m*; **~skī** Dreh-
strúgati hobeln; schaben; *auf der Drehbank* drehen
strúja Strom *m*; Strömung *f*; **ìzmjeničnā ~** Wechselstrom; **jȅdnosmjērnā** (*od.* **istòsmjērnā**) **~** Gleichstrom
strûk Stengel *m*, Stiel *m*; Taille *f*
strȕka Fach *n*
strȕna Saite *f*
stȓv, stȑvina Aas *n*
stûb Säule *f*, Pfeiler *m*
stúbac (*Zeitungs-*)Spalte *f*, Kolumne *f*
stȕb|e *f*/*pl.* Treppe *f*, Stiege *f*; **~īšte** Treppenhaus *n*
stúći *pf.* zerstampfen
stȕdēn[1] *f* Kälte *f*
stùden[2] kalt; **~ī** *kr.* November *m*
stùdent Student *m*; **~ica, ~kinja** Studentin *f*; **~skī** Studenten-
stȕd|ij, ~ije *f*/*pl.* Studium *n*; **~írati** studieren
stûp *s.* **stûb**
stȕpa (*Holz-*)Mörser *m*
stúpac *s.* **stúbac**
stȕpanj Grad *m*; Stufe *f*
stúp|ati [**~iti**] schreiten; (ein)treten (**u** *A*/ in *A*)
stupnjèvit Stufen-, stufenweise
stv|âr *f* Sache *f*, Ding *n*; Angelegenheit *f*; **~àralac** Schöpfer *m*; **~âran** wirklich, tatsächlich; **~árati** *s.* **~òriti**; **~árnōst** *f* Wirklichkeit *f*; **~ȍr** Geschöpf *n*
stvòrit|elj Schöpfer *m*; **~i** (**stvárati**) (er)schaffen; **~i se** werden, entstehen; (plötzlich) auftauchen
sùbota Sonnabend *m*, Samstag *m*
sȕćut *f* Mitgefühl *n*
sûd[1] Urteil *n*; Gericht *n*
sûd[2] Gefäß *n*
súdac Richter *m*; *Sp.* Schiedsrichter *m*
sȕdār Zusammenstoß *m*
sùdar|ati [**~iti**] **se** zusammenstoßen, aufeinanderprallen
sȕdben|ī Gerichts-; **~ā râsprava** Gerichtsverhandlung *f*
sudb|ina Schicksal *n*; **~ònosan** verhängnisvoll
sùdija *m s.* **súdac**
súditi [**o-**] (ver)urteilen
sùdjelov|ānje Teilnahme *f*; **~ati** teilnehmen, sich beteiligen; mitwirken
súdnica Gerichtssaal *m*; Gerichtsgebäude *n*
sudòpera Spülbecken *n*
sȕdskī gerichtlich, Gerichts-
sȕđe Geschirr *n*
sûh *kr.* trocken; dürr, hager; *Haut*: spröde; *Gold*: gediegen

sȕhopāran *kr.* trocken, langweilig
sujèvjēran abergläubisch
súkno Tuch *n*
sȕknja (*Damen-*)Rock *m*; **dȏnjā ~** Unterrock *m*
súkob Zusammenstoß *m*, Kollision *f*
sukòb|iti (~ljávati) se zusammenstoßen, aufeinanderprallen
sȕlica Lanze *f*, Speer *m*
sùlud närrisch, verrückt
súmnja Zweifel *m*; Verdacht *m*, Argwohn *m*; **~ti** zweifeln (**u** *A*/ an *D*)
sùmnji|čav mißtrauisch, argwöhnisch; **~v** verdächtig; zweifelhaft
sȗmpor Schwefel *m*; **~an** Schwefel-; **~nā kiselìna** Schwefelsäure *f*
sȕmrāk Dämmerung *f*; Zwielicht *n*
sȗnce Sonne *f*
sȗnco|bran Sonnenschirm *m*; **~krēt** Sonnenblume *f*
sùnčan sonnig
sunčàn|ī Sonnen-; **~ī sât** Sonnenuhr *f*; **~ica** Sonnenstich *m*, Hitzschlag *m*; **~īk** Sonnenuhr *f*
sȗnč|ānje Sonnenbad *n*; **~ati se** sich sonnen
sùnđer Schwamm *m*
suoč|ávati [suòčiti] gegenüberstellen; **~énje** Gegenüberstellung *f*
sȕosjećāj *s.* **sȁosjećāj**
sȕpa Suppe *f*
sù|pārnīk Nebenbuhler *m*, Rivale *m*; **~pòtpis** *s.* **sapòtpis**
sȕprot|an entgegengesetzt; **~nōst** *f* Gegensatz *m*
supròtstav|iti (~ljati) gegenüberstellen; **~iti se** sich entgegenstellen, entgegentreten
sùpru|g Gatte *m*; **~ga** Gattin *f*; **~zi** *m/pl.* Ehe|leute *pl.*, -paar *n*
sù|putnīk *s.* **sàputnīk**; **~rādnīk** *s.* **sàrādnīk**; **~rádnja** *s.* **sarádnja**; **~rađívati** *s.* **sarađívati**
sȗrla Rüssel *m*
sȗrov roh, grob
sȕsjed|(a) Nachbar(in *f*) *m*; **~nī** benachbart, angrenzend
sùsjedstvo Nachbarschaft *f*
sùsre|sti (~tati) begegnen
súsret Begegnung *f*; **u ~** entgegen
sȕstanār Nebenmieter *m*
sùstav *kr.* System *n*
sȕša¹ *s.* **šȕpa**
sȗš|a² Dürre *f*; **~en** getrocknet, Trocken-
sùšica (*Lungen-*)Schwindsucht *f*
súšiti [o-, po-] (ab)trocknen; dörren; **~ se** trocknen (*v/i.*)
suštìna Wesen *n*; Wesentliche(s) *n*
sutlìjāš Milchreis *m*
súton (*Abend-*)Dämmerung *f*
sȕtra morgen; **~dān** am nächsten (*od.* folgenden) Tag; **~šnjī** morgig
sùtrašnjica Morgen *m*

sȗv *sb. s.* **sȗh**
sȗvo- *sb. s.* **sȗho-**
sùvis|ao zusammenhängend; **~lōst** *f* Zusammen|hang *m*, -halt *m*
sȗviš|an über|schüssig, -flüssig; **~e** zuviel; (*vor adj. u. adv.*) zu
sùvremen *kr.* zeit|gemäß, -genössisch; modern; **~ik** Zeitgenosse *m*
sùza Träne *f*
sȗzavac Tränengas *n*
suzbíjati [sùzbiti] zurückschlagen, bekämpfen, *Aufstand* niederschlagen
súziti[1] *pf.* ver-, ein|engen, enger machen
sȗziti[2] tränen
svȁdb|a Hochzeit *f*; **~enī dân** Hochzeitstag *m*; **~enō putòvānje** Hochzeitsreise *f*
svȁ|diti (~đati) se sich [(zer)streiten]
svàdljiv streitsüchtig
svȁ|đa Zank *m*, Streit *m*; **~đati se** *s.* **~diti se**; **~gda** stets; **~gda(š)njī** alltäglich; **~gdje** überall; **~kāko** jedenfalls; **~kī** jeder; **~kī pȗt** jedesmal; **~kō vȅčē** allabendlich; **~kìdašnjī, ~kòdnēvnī** alltäglich, Alltags-; **~kojāk** aller|lei, -hand, mancherlei
svá|liti (~ljívati) abwälzen
svanúće Tagesanbruch *m*
svà|nuti (~njívati) *Tag*: anbrechen
svár|iti (~ívati) verdauen; *Tech.* (ver)schweißen
svàstika[1] Schwägerin *f*
svàstika[2] Hakenkreuz *n*
svât Hochzeitsgast *m*
svȁ(t)ko jeder(mann)
svȅ alles; **~ bȍlje** immer besser
svèčan feierlich, festlich; **~ōst** *f* Feier *f*, Fest *n*
svèćenīk *kr.* Geistliche(r) *m*, Priester *m*
svejèdno einerlei, gleich-[gültig]
svȅk|ar Schwiegervater *m*; **~rva** Schwiegermutter *f*
svȅmīr Weltall *n*, All *n*; **~skī brȏd** Raumschiff *n*
svȅska Band *m*; Heft *n*
svȅštenīk *sb. s.* **svèćenīk**
svêt heilig; **Sō písmo** *Rel.* Heilige Schrift *f*
svét|ac Heilige(r) *m*; **~inja, svȇtīšte** Heiligtum *n*
svȅtkov|ati feiern; *Fest* begehen; **~ina** Feiertag *m*
sveùčilīšte *kr.* Universität *f*
svȅza Verbindung *f*, Zusammenhang *m*; *Gr.* Bindewort *n*; **~k** *s.* **svȅska**
svézati *pf.* zusammenbinden, verschnüren; *fig.* verbinden, verknüpfen
svȅžanj Bündel *n*, Bund *n*
svȉ alle
svȋbanj *kr.* Mai *m*
svȉdjeti (svíđati) se gefallen; **ne ~** mißfallen
svijèća Kerze *f*
svȉ|jećnjāk Leuchter *m*; **~jest** *f* Bewußtsein *n*, Sinn *m*; **~jet** Welt *f*; Menschen *pl.*, Leute *pl.*; **živòtinjskī ~jet** Tierreich *n*; **~jetao** hell, licht
svijètl|iti leuchten, schei-

nen; **~o...** (*bei Farben*) hell-; **~opläv** hellblau
svíla Seide *f*; **vjȅštāčkā ~** Kunstseide *f*
svȉl|en seiden, Seiden-; **~enā bȕba** Seidenraupe *f*; **~ènkast** seidig
svȋnut gebogen, krumm
svínuti *pf.* (um)biegen
svȉnj|a Schwein *n*; **~ac** Schweinestall *m*; **~àrija** Schweinerei *f*
svìnj|etina Schweinefleisch *n*; **~skī** schweinisch; Schweine-, Schweins-
svȉr|āč Musikant *m*; **~ala, ~āljka** Pfeife *f*, Flöte *f*
svírati *Mus.* spielen (na *L*/*A*); *Wind, Kugel*: pfeifen
Svȉsvēti *m*/*pl.* Allerheiligen *n*
svítak Rolle *f*
svȉtati *Tag*: anbrechen; *Morgen*: dämmern; tagen
svízac Murmeltier *n*
svjèćica (*Zünd*-)Kerze *f*
svje|dočànstvo Zeugnis *n*; **~dòčiti** [o-] (be)zeugen
svjèd|odžba Zeugnis *n*; **~ok** Zeuge *m*; **~òkinja** Zeugin *f*
svjȅ|sno *adv.*, **~stan** bewußt
svjèt|iljka Lampe *f*, Leuchte *f*; Laterne *f*; **~iljka za parkíranje** Parkleuchte; **~ina** Menge *f*, Pöbel *m*; **~ionīk** Leuchtturm *m*; **~lo, svjȅtlōst** *f* Licht *n*; Schein *m*; Helligkeit *f*; **~lùcati** funkeln, glitzern
svjètōv|nī weltlich; **~njāk** *Rel.* Laie *m*
svjètsk|ī weltlich, Welt-; **~ā ìzložba** Weltausstellung *f*; **~ā sila** Weltmacht *f*; **~ī grâd** Weltstadt *f*; **~ī rât** Weltkrieg *m*; **~ō prvénstvo** *Sp.* Weltmeisterschaft *f*
svjȅž frisch; **~ìna** Frische *f*, Kühle *f*
svlá|čiti (se) *s.* **svúći** (se); **~d(áv)ati** über|winden, -wältigen, bezwingen; *v*/*r.* (se) sich beherrschen
svȍd Gewölbe *n*; Bogen *m*
svȍdnica Kupplerin *f*
svȏj sein, eigen; **svòjōm rúkōm** eigenhändig
svȍjevōljan eigenwillig; freiwillig
svòjstven eigen(tümlich)
svójstvo Eigenschaft *f*
svȏjta Verwandtschaft *f*, Sippe *f*
svȍta Summe *f*
svrâb Juckreiz *m*; Krätze *f*
svr|àćati *s.* **~átiti**
svràka Elster *f*
svr|àtīšte Gasthof *m*; **~átiti** (**~àćati**) *Aufmerksamkeit* lenken; einkehren
svȑbjeti jucken
svȑći *pf.* absetzen, stürzen
svȑd|ao *m*, **~lo** Bohrer *m*
svȑ|gnuti *s.* **~ći**; **~gnúće** Absetzung *f*; **~ha** Zweck *m*, Ziel *n*
svȓsishodan zweckmäßig
svȓšen *Gr.* vollendet
svršétak Ende *n*, Schluß *m*
svȑš|iti (**~ávati**) *v*/*t.* beenden, (ab-, be)schließen; *v*/*r.* (se) enden, aufhören
svúći (**svláčiti**) (se sich) ausziehen
svȕdā überall

Š

šȁh Schach(spiel) *n*
šàhist(a *m*) Schachspieler *m*
šȁka Faust *f*; Handvoll *f*
šàkāč Boxer *m*
šȃl Schal *m*
šála Scherz *m*, Spaß *m*; [Witz *m*]
šàlica *kr.* Tasse *f*
šàliti se scherzen
šȁlter (*Kassen-*)Schalter *m*
šàlj|iv scherzhaft; **~ivac, ~ìvčina** *m* Spaßvogel *m*
šàmār Ohrfeige *f*
šampánjac Champagner *m*, Sekt *m*
šampìōn *Sp.* Meister *m*
šȁnac Schanze *f*
šápa Pfote *f*, Tatze *f*
šȁpāt Flüstern *n*
šàp|nuti (**~tati, ~ùtati**) flüstern; vorsagen
šárac Schecke *m*
šàrāf Schraube *f*
šàran Karpfen *m*
šȁr|en bunt, farbig; gefleckt; **~ènilo** buntes Durcheinander *n*
šargarépa Mohrrübe *f*
šȃrka Scharnier *n*; Türangel *f*
šàrlah Scharlach *m*
šàsija Chassis *n*, Fahrgestell *n*
šàt|or Zelt *n*; **~òr(oval)ište** Zeltplatz *m*; **~orovati** zelten
šȁtrovački (jèzik) Gaunersprache *f*
šȃv Naht *f*
ščvȑ|snuti (**~šćívati) se** erstarren, hart werden
šćàpiti schnappen
Šćip(e)tār *s.* **Šìptār**
šèćer Zucker *m*; **~ u kòckama** Würfelzucker; **~àna** Zuckerfabrik *f*; **~iti** zuckern; **~nī** Zucker-; **~nā bȍlēst** Zuckerkrankheit *f*; **~nā rȇpa** Zuckerrübe *f*; **~nā tȑska** Zuckerrohr *n*
šȇf Chef *m*
šègrt Lehrling *m*
šènūt verrückt
šépati humpeln, hinken
šȇpav lahm
šȇst sechs; **~ī** sechste(r)
šȅstār Zirkel *m*
šèsti|ca Sechs *f*; **~lo** Zirkel *m*; **~na** Sechstel *n*
šestòstran Sechskant-
šèšīr Hut *m*
šètāč Spaziergänger *m*
šéta|lište Promenade *f*; **~ti** [**pro-**] (se) spazieren(gehen), bummeln, schlendern
šétnja Spaziergang *m*, Bummel *m*
šéva Lerche *f*
šìb|a Rute *f*, Gerte *f*; **~ati** peitschen; **~ica** Streich-, Zünd|holz *n*
šìja Nacken *m*, Genick *n*
šìkara Gestrüpp *n*
šìling Schilling *m*
šìlo Ahle *f*; Pfriem *m*
šìljast spitz
šíljiti [**za-**] (an)spitzen
šìpka Stange *f*; Stab *m*; (*Gold-*)Barren *m*
Šìptār Albaner *m*
šìr|ēnje Verbreitung *f*;

(Aus-)Dehnung *f*; **~ìna** Breite *f*; **~iti [pro-, ra-]** (**se** sich) ausbreiten; (aus-) dehnen; erweitern; verbreiten
šìrok breit, weit
šíšānje Haarschneiden *n*
šišàrica (*Tannen-*)Zapfen *m*
šíšati [po-] scheren; *Haare* schneiden
šìšćevāp Lammfleisch [am Spieß] *n*
šìšk|a (*Haar-*)Tolle *f*; **~e** *pl.* Ponyfrisur *f*
šìšmiš Fledermaus *f*
šìti, šìvati nähen
šìvać|ī Näh-; **~ā ìgla** Nähnadel *f*; **~ī strôj** Nähmaschine *f*
šìvati *s.* **šìti**
škàkljati kitzeln
škāre *f/pl.* Schere *f*
škârt Ausschuß *m*; Ladenhüter *m*
škēmbíći *m/pl. sb.* Kuttelflecke *m/pl.*
škíljiti schielen
škōd|a Schaden *m*; **~an** schädlich; **~iti** schaden
škōl|a Schule *f*; **~ovān** geschult; gebildet; **~ovati** schulen; **~skī** schulisch, Schul-
škôljka Muschel *f*
škòp|ac Hammel *m*; **~iti** kastrieren
škōtskī schottisch
škȑb(in)a Scharte *f*
škȑga Kieme *f*
škrgútati knirschen
škríljac Schiefer *m* (*Mineral*)
škrȉnja Kasten *m*, Truhe *f*
škrìp|ac *fig.* Klemme *f*; **~ati, ~iti [škrȉpnuti]** knarren; knirschen
škrōb Stärke(mehl *n*) *f*
škròpiti [po-] (be)sprengen
škȑp|ina, ~oč, ~ūn Kofferfisch *m*
škȑt geizig; **škȑtac, ~avac** Geizhals *m*; **~ōst** *f* Geiz *m*
šlēp Schleppe *f*; Schleppkahn *m*; **~ati** (ab)schleppen
šljàka Schlacke *f*
šljȇm Helm *m*
šljìv|a Pflaume *f*; **~ovica** Slibowitz *m*
šljóka Flitter *m*
šljūka Schnepfe *f*
šljún|ak Kies *m*; Schotter *m*; **~kòvit** Kies-
šmȋnka Schminke *f*; **~ti** schminken
šmȓk Pumpe *f*; (*Feuerwehr-*) Spritze *f*
šmūgnuti (durch)schlüpfen, huschen
šnìcla *s.* **òdrezak**
šòfēr Fahrer *m*, Chauffeur *m*
šóg|or, ~òrica *s.* **šùrjāk(inja)**
šòk *Med.* Schock *m*
šólja *sb.* Tasse *f*
Špá|nac, ~njólac Spanier *m*
Špânija, Špànjōlskā Spanien *n*
špânskī, špànjōlskī spanisch
špàr|g(l)a, ~oga Spargel *m*
špèrploča Sperrholz(platte *f*) *n*
špìjūn Spion *m*
špìnāt Spinat *m*
špȉritusnī Spiritus-

šprìcer gesprizter Wein, Schorle *f*
štâ was
štàfetn|ī: **~ā tȑka** Staffellauf *m*
štágalj Scheune *f*
štȁ|ka Krücke *f*; Stelze *f*; **~kor** Ratte *f*; **~la** *s.* **stȁja**
štâmp|a (*Buch-*)Druck *m*; Presse *f*; **~ān** gedruckt; **~ānā stvâr** Drucksache *f*
štàmp|ār *Typ.* Drucker *m*; **~àrija** Druckerei *f*; **~ārskī** *Typ.* Druck-
štâmpati drucken
štâp Stab *m*, Stock *m*
štèdi|onica Sparkasse *f*; **~ša** *m* Sparer *m*
štédjeti [u-] (er)sparen
štèdljiv sparsam
štêdn|ī Spar-; **~ā knjìžica** Sparbuch *n*
stêdnjak Herd *m*
štène Welpe *m*
štèt|a Schaden *m*; Nachteil *m*; **~an** schädlich; nachteilig; **~an po zdrâvlje** gesundheitsschädlich; **~očina** Schädling *m*
štićenīk Schützling *m*, Mündel *m od. n*
štìpāljka (*Wäsche-*)Klammer *f*; (*Krebs-*)Schere *f*
štípati [štìpnuti] kneifen, zwicken
štìrka *s.* **škrȍb**; **~ti** *Wäsche* stärken
štît Schild *m*
štítiti (be)schützen, (be-)schirmen
štítnjača, štìtulja Schilddrüse *f*

štȍ was; *cj.* daß; weil; *adv.* so ... wie möglich
štògod (irgend) etwas
štȍperica Stoppuhr *f*
štȍšta mancherlei
štrȁjk Streik *m*
štràjkāš Streikende(r) *m*
štrȁjk(ov)ati streiken
štȑcāljka Spritze *f*
štȑcati spritzen
štrȍpot Getöse *n*
štȕc|ati (**~nuti**) aufstoßen; **~avica** Schluckauf *m*
štùka Hecht *m*
šùbara Pelzmütze *f*
šȕgav räudig
šùljati se schleichen, schlüpfen
šúljevi *m/pl.* Hämorrhoiden *f/pl.*
šûm Geräusch *n*
šûm|a Wald *m*, Forst *m*; **~ār** Förster *m*; **~árak** Gehölz *n*
šumàrija Försterei *f*; Forsthaus *n*
šúmiti rauschen; brausen, sausen
šûmskī Wald-
šûnka Schinken *m*
šȕpa Schuppen *m*
šúpalj hohl
šùplj|ikav löcherig, porös; **~ina** Hohlraum *m*; *Med.* Höhle *f*
šùrjāk Schwager *m*; **~inja** Schwägerin *f*
šȕška|ti rascheln; **~vac** Nylonmantel *m*
šúštānje Geräusch *n*
šût *Sp.* (*Tor-*)Schuß *m*
šút|jeti schweigen; **~nja** Schweigen *n*

šváb a (*Küchen-*)Schabe *f*; ♀ Schwabe *m*; P Deutsche(r)
Švajcárac Schweizer *m*
Švàjcārsk|ā Schweiz *f*; ♀ī schweizerisch, Schweizer
švȃpskī P deutsch
Švȅdsk|ā Schweden *n*; ♀ī schwedisch
Švéđanin Schwede *m*
švȅlja Näherin *f*
Švìcārskā *usw.* s. **Švàjcārskā** *usw.*

T

tȃ doch
tàbak (*Papier-*)Bogen *m*
tàban Fußsohle *f*
tábla Tafel *f*
tablèta Tablette *f*
tȁblica Tabelle *f*
tȃbor Lager *n*
tȁč|an genau, pünktlich; richtig; treffend; Präzisions-; **~ka** Punkt *m*; **~ke** *f/pl.* Schubkarre(n *m*) *f*; **~nōst** *f* Genauigkeit *f*; Pünktlichkeit *f*; Sorgfalt *f*
tàći *pf. s.* **tàknuti**
tȁd, tàda damals, da
tàda(š)njī damalig
tȃj dieser, der da
tajànstven geheimnisvoll
tájiti verheimlichen, geheimhalten
tȃjn|a Geheimnis *n*; **~ī** geheim; heimlich; **~ik** *kr.* Sekretär *m*; **~ištvo** Sekretariat *n*
tȃk Billardstock *m*
tàkav solch, derart(ig)
tàkm|ac, ~ičār Nebenbuhler *m*; Mitbewerber *m*, (*Wettbewerbs-*)Teilnehmer *m*; **~ičēnje** *Sp.* Wettbewerb *m*; **~ičiti se** wetteifern, sich messen
tàknuti (ticati) an-, be|rühren; *fig.* rühren
tàko so, derart; **~ da** so daß; **~ rèći** sozusagen, gewissermaßen
takóđe(r) auch, eben-, [gleich|falls]
takòzvānī sogenannt
tȁks|a Gebühr *f*; **~enā mȁrka** Gebührenmarke *f*; **~i** *m* Taxi *n*
tàktičan taktisch; taktvoll
tȁlac Geisel *m od. f*
tȁl|ās Welle *f*; **~àsānje** Wellengang *m*; **~asast** wellig, Well-; **~àsati se** wogen; **~asnī** Wellen-
Talìjān|(ka) Italiener(in *f*) *m*; ♀**skī** italienisch
tàlionica Hüttenwerk *n*
tàlište Schmelzpunkt *m*
táliti schmelzen (*v/t.*)
tálo|g (*Kaffee-, Boden-*) Satz *m*; **~žiti** (aus)fällen; *Fluß*: *Sand* ablagern; *v/r.* (**se**) sich niederschlagen, sich setzen
tàljige *f/pl.* (*Leiter-*)Wagen *m*, Karren *m*
tàljiv schmelzbar
táma Dunkel(heit *f*) *n*; **~n**[1] dunkel, finster
tàmān[2] *adv.* eben, gerade
tàmburica Mandoline *f*

tàmjan Weihrauch *m*
tàmnica Kerker *m*, Gefängnis *n*
tâmno *adv.* dunkel; *in Zssgn* dunkel-, Dunkel-
tȁmo dort; dort-, da|hin; **~-âmo** hin und her
tȁnak dünn, fein; schmächtig
táne Kugel *f*, Geschoß *n*
tȁnk Tank *m*; *s.* **tȅnk**
tànjir Teller *m*
tanjìr|če, ~ić Untertasse *f*
tánjiti dünn machen, verdünnen
tànjūr Teller *m*
tàp|ēt Tapete *f*; **~ètār** Tapezierer *m*
tapírati *Haare* toupieren
tȁpkati *mit dem Fuß* stampfen, trampeln
tarífa Tarif *m*
tárnice *f/pl.* (*Pferde-*)Lastwagen *m*
tâst Schwiegervater *m*
tȁška, tàšna (*Akten-, Hand-*)Tasche *f*
tȁšt eitel; nüchtern (*Magen*); **~ina** Eitelkeit *f*
tât Dieb *m*
tàta F *m* Papa *m*, Vati *m*
tàtica Diebin *f*
tàv|a (*Brat-*)Pfanne *f*; **~an** (*Dach-*)Boden *m*; **~ànica** (*Zimmer-*)Decke *f*
tȅ *cj.* und, sowie, so daß
tȅčāj Kurs(us) *m*; Verlauf *m*
téčan[1] schmackhaft
tȅč|an[2] flüssig; fließend; **~nōst** *f* Flüssigkeit *f*
tèći fließen; undicht sein, laufen
têg Zug *m*
tȅgliti schleppen, ziehen
tègljļāč Schlepper *m*; **~ènica** Schleppkahn *m*; **~ènik** Schlepptau *n*, Abschleppseil *n*
tegòba Mühe *f*, Schwere *f*
tȅgo|ban, ~tan beschwerlich
tèhni|čār Techniker *m*; **~čkī** technisch; **~ka** Technik *f*
tȅk[1] kaum, erst, nur
têk[2] Appetit *m*; Geschmack *m*; **dȍbar ~!** guten Appetit!
tȅkst Text *m*
tȅkstīlnā rȍba Textilien *pl.*
tèkūć|ī fließend; laufend; **~ā vȑpca** Fließband *n*; **~ī ràčūn** Kontokorrent *n*
tekùćina Flüssigkeit *f*
tèle Kalb *n*
teledráma Fernsehspiel *n*
telè|fōn Telephon *n*; **~fonírati** *kr.*, **~fònisati** *sb.* telephonieren; **~fōnskī** telephonisch, Fernsprech-
telè|gram Telegramm *n*; **~grafírati** *kr.*, **~gràfisati** *sb.* telegraphieren; **~grafskī** telegraphisch, Telegramm-; **~prìnter, tȅletajp** Fernschreiber *m*
tèletina Kalbfleisch *n*
telèvīz|ija Fernsehen *n*; **~ija u bòji** Farbfernsehen; **~ijskī** Fernseh-; **~or** Fernsehgerät *n*
téma Thema *n*
tèmelj Grund *m*; Grundlage *f*; Fundament *n*; **na ~u** auf Grund, kraft (*G*)
teméljac: kàmēn ~ Grundstein *m*

temèljit gründlich; **~i [u-]** (se sich) gründen; **~ōst** *f* Gründlichkeit *f*
tempera|mèntan temperamentvoll; **~túra** Temperatur *f*
tenisāč Tennisspieler *m*
tȇnk Panzer(kampfwagen) *m*
teòr|etskī, ~ijskī theoretisch
tȇp Abhörgerät *n*
tȇpati lallen
tèpih Teppich *m*
tèpsija (*Kupfer-*)Bratpfanne *f*
terázije *f/pl.* (*Balken-*)[Waage *f*]
tèrēn Gelände *n*
tèret Last *f*; **na ~** zu Lasten; **~iti [op-]** belasten; **~nī** Last-, Fracht-; **~nī vlâk** *kr.* (**vôz** *sb.*) Güterzug *m*; **~nī čámac** Lastkahn *m*
terètnjāk Lastwagen *m*; Fracht(dampf)er *m*; Güterzug *m*
terèvēnka (*Sauf-*)Gelage *n*
tȅritorijālan Territorial-
termòfōr Wärmflasche *f*
tȅrmos|(-bōca), F **~ica** Thermosflasche *f*
terorìstičkī terroristisch, Terror-
tès|āč, ~ār Zimmermann *m*; **~ati** behauen
testèra *sb.* Säge *f*; **~ti** sägen
tèstija (*Wasser-*)Krug *m*
teškòća Schwierigkeit *f*
téta Tante *f*; **~k** Onkel *m*
tetíva Sehne *f*
tȅtka *s.* **téta**
tȅtrijeb Auerhahn *m*; **mâlī ~** Birkhahn *m*
tetùrati taumeln, schwanken
téza These *f*; **dȍktorskā ~** (Doktor-)Dissertation *f*
tȅzga Bank *f*; Theke *f*; F Nebenbeschäftigung *f*
tèzulja Waagschale *f*
tȇža, sȉla ~ Schwerkraft *f*
tèžāk[1] Landarbeiter *m*; Tagelöhner *m*
téžak[2] schwer, schwierig
težȉna Gewicht *n*, Schwere *f*
tȅžīšte Schwerpunkt *m*
téžiti[1] streben, trachten (**za** *I*/ nach *D*)
téžiti[2] wiegen (*v/i.*)
tȉ du
tícati *s.* **tàknuti**; **~ se** betreffen; angehen; **štȍ se ...**
tȉčē (*G*) was ... anbelangt
tȉfus Typhus *m*
tȉgānj Tiegel *m*; Pfanne *f*
tȉgar Tiger *m*
tȉh still, leise; ruhig
tȉjek *s.* **tȏk**
tȉjelo Körper *m*; Körperschaft *f*; **2vo** Fronleichnam(sfest *n*) *m*
tȉjesak Kelter *f*, Presse *f*
tijèsan eng, knapp
tȉjesto Teig *m*
tȉk *adv.* dicht, ganz knapp
tíkati duzen
tȉkva Kürbis *m*
tìkvān Tölpel *m*
tȉm (*a.* **tíme**) da-, hier|-durch; (*vor Komparativ*) umso, desto; **~ vȉše** umsomehr
tȉne(j)džer Teenager *m*
tȉnta Tinte *f*
tȉnjati glimmen

tîp Typ *m*
tìpičan typisch
tìpk|a Taste *f*; **~àčica** Maschineschreiberin *f*, Stenokontoristin *f*; **~ati** tippen, maschineschreiben
tìpovati *im Lotto usw.* tippen [Presse *f*]
tîsak (*Buch-*)Druck *m*;
tìsk|anica *kr.* Drucksache *f*; Formular *n*; **~ār** *kr.* Drucker *m*; **~ara** *kr.* Druckerei *f*
tìskati [tìsnuti] pressen; drücken; *nur impf. kr.* drucken; **~se** sich drängen
tìsuć|a *kr.* tausend; **~ina** Tausendstel *n*
tišìna Stille *f*, Ruhe *f*
tíšt|ati, ~iti drücken; lasten
tjêd|an *kr.* Woche *f*; **~an dánā** eine Woche (lang); **~nī** *kr.* wöchentlich; **~nīk** *kr.* Wochenblatt *n*
tjè|lesnī körperlich; **~lohrànitelj** Leibwächter *m*
tjëlovježba Leibesübung *f*
tjëme Scheitel *m*
tjèra|lica Steckbrief *m*; **~ti** (an)treiben; verjagen; scheuchen; *v/i. Harn, Schweiß* treiben; **~ti bicìkl** radfahren
tjeskòba Enge *f*; Niedergeschlagenheit *f*; Angstgefühl *n*
tjèsnac Schlucht *f*, Klamm *f*; Engpaß *m*; Meerenge *f*
tjestenìne *f/pl.* Teigwaren *f/pl.*
tjēšiti [ù-] trösten
tkâč, tkálac Weber *m*
tkâ|nina Gewebe *n*, Stoff *m*; **~ti** weben
tkîvo *Anat.* Gewebe *n*
tkö *kr.* wer; **~ gôd** wer auch immer
tlâč|enica Preßkopf *m*; **~iti [pò-]** drücken; *fig.* unterdrücken; **~nī** *Tech.* Druck-
tlâk Druck *m*; **vìsokī ~** Hochdruck
tlàkomjēr Manometer *n*
tlë, tlö (*Erd-*)Boden *m*
tmì|ca. ~na Finsternis *f*, Dunkel *n*
tmúran finster, düster
tô das, es; (*vor Komparativ*) umso, desto; **~ jëst** das ist, das heißt
toalèta Toilette *f*
tòbdžija *m* Kanonier *m*
tòbolac Köcher *m*; Kapsel *f*
tòbož|e *adv.*, **~njī** *adj.* angeblich
töčak *sb.* Rad *n*
tòči|lo Rutsche *f*, Förderrinne *f*; **~ti [is-]** *Getränke* ausschenken
tôk (Ver-)Lauf *m*, Gang *m*; **~ mísli** Gedankengang *m*; **u tóku** im Gange
tòkār *Tech.* Dreher *m*; **~skī** Dreh-
tôkom im Laufe (*G*)
tolìk|ī so groß; **~o** *adv.* so viel; **~o púta** so viele Male, sovielmal
tóljaga Knüppel *m*
tôn Ton *m*
tôn|a Tonne *f*; **~áža** Tonnage *f*
tônsk|ī Ton-; **~ā gláva**

Tonabnehmer *m*; Tonkopf *m*
tònuti (ver)sinken
tȍp Geschütz *n*, Kanone *f*; **protiv(u)aviȍnskī ~** Flakgeschütz
tȍpao warm
tòp|ionica Hütte(nwerk *n*) *f*; **~iti [ras-]** aus-, zer|lassen; schmelzen; *Chem.* auflösen; **~iti se** schmelzen (*v/i.*); zerfließen; **~lice** *f/pl.* Thermalbad *n*; **~lìna** Wärme *f*; **~lomjēr** Thermometer *n*; **~lòta** *s.* **~lìna**
tȍplotnī Wärme-
tòpljiv schmelzbar
topòla Pappel *f*
topòtati trampeln, stampfen
tȏr Hürde *f*, Pferch *m*
tóranj Turm *m*
tórba Tasche *f*, Mappe *f*; Ranzen *m*
tòrb|ār Hausierer *m*; **~áriti** hausieren
torpéd|njača Torpedoboot *n*; **~o** *m* Torpedo *n*; (*Fahrrad-*)Freilauf *m*
torpìljārka *s.* **torpédnjača**
tȏrta Torte *f*
tȏv (*Schweine-*)Mast *f*
tòvar Fracht *f*, Ladung *f*; Last *f*; **~iti [na-]** aufladen; beladen
tòviti [u-] mästen
tráčnic|a Schiene *f*; **~e** *pl.* Gleis *n*, Geleise *n*
tràfika Tabaksladen *m*, Kiosk *m*
trȃg (*Fuß-*)Spur *f*; Fährte *f*
tràgati nachspüren (**za** *I/D*)
tràgēdija Tragödie *f*
trȃjan dauerhaft; haltbar; anhaltend; bleibend; *s.* **ondulácija**
trȃj|ānje Dauer *f*; **~ati** (an-, fort)dauern; *Lebensmittel*: sich halten
tràjekt Fähre *f*, Fährschiff *n*
trájnōst *f* Dauerhaftigkeit *f*; Haltbarkeit *f*
trȃk Band *n*; Streifen *m*; (*Licht-*)Strahl *m*
tràka *s.* **trȃk**; **~st** gestreift; Band-; **~vica** Bandwurm *m*
tramínac Traminer(wein) *m*
trȃmvaj Straßenbahn *f*
trànzītnā víza Durchreisevisum *n*
trȃp: stàjnī ~ *Flgw.* Fahrwerk *n*
tràtina Rasen *m*
tráv|a Gras *n*; **~e** *pl.* Kräuter *pl.*
trȃvanj *kr.* April *m*
travàrica Kräuterschnaps *m*
trȃvnīk Rasen *m*
trážiti [po-] suchen, nachforschen; ersuchen; verlangen, fordern
tȑbu|h Bauch *m*; **~šnī** Bauch-
tȑčati rennen, laufen; **~ za** (*I*) *j-m* nach|rennen, -laufen
trȇb|ati brauchen, benötigen; sollen, müssen; **~ā** man muß; **~ovati** benötigen; anfordern
trȅć|ī dritte(r); **~ìna** Drittel *n*

trȇf Kreuz *n*, Treff *n*
trèn|ēr Trainer *m*; **~írati** trainieren; **~īrka** Trainingsanzug *m*
tren|ùtačan augenblicklich; **~útak** Augenblick *m*, Moment *m*
trȇnūtan *s.* **trenùtačan**
trénje Reibung *f*
trȇpavica Wimper *f*
trepèr|ēnje *s.* **trȇptāj**; Flimmern *n*; **~iti** schwingen, vibrieren; flimmern
trȇ|pēt Zittern *n*, Beben *n*; **~pètati** zittern, beben
trȇptāj Schwingung *f*; **~nī** Schwingungs-
trèptati zwinkern, blinzeln; flimmern
trȇsēt Torf *m*
trȇska *s.* **bakàlār**
trȇsnuti *pf.* hauen, (nieder)schlagen; *Tür* zuschlagen; *v/i.* (krachend) hinschlagen
trésti schütteln; **~ se** sich schütteln; *Erde*: beben
trȇšnj|a (*Süß*-)Kirsche *f*; **~evača, ~ovača, ~ovica** Kirschwasser *n*
tretírati behandeln
trètmān Behandlung *f*
trȇzven nüchtern
tȑg Markt(platz) *m*
tȑgnuti (**tȑzati**) (aus)reißen; zurück|zucken, -prallen; *Wort usw.* zurück|-nehmen, -ziehen; *v/i. Wasser*: zurückgehen, fallen; **~ se** (zusammen)zucken; sich plötzlich besinnen
tȑgova|c Kaufmann *m*, Händler *m*; **~čkī** kaufmännisch, Handels-, Geschäfts-; **~čkī cèntar** Geschäfts-, Einkaufs|zentrum *n*; **~čkī pûtnīk** (Handlungs-)Reisende(r) *m*; **~čkō zástupnīštvo** Handelsvertretung *f*
trgòvati Handel treiben, handeln
tȑgovin|a Handel *m*; Geschäft *n*, Handlung *f*; **~skī** Handels-; **~skī ȗgovōr** Handelsabkommen *n*
trȋ drei
tribína Tribüne *f*
trȉce *f/pl. fig.* Zeug *n*, Plunder *m*; *s. a.* **tričàrija**
tricìkl Dreirad *n*
tričàrija Kleinigkeit *f*, Lappalie *f*
trȉjem (*Haus*-)Flur *m*, Diele *f*; Vorhalle *f*
trijèska Span *m*, Splitter *m*
trijèz|an nüchtern; **~nōst** *f* Nüchternheit *f*
trȉk Trick *m*
trȉ|kō *m* Trikot *m od. n*; **~kotáža** Wirkware *f*
tȑka Rennen *n*, Lauf *m*
tȑk|āč *Sp.* Läufer *m*; **~àčica** *Sp.* Läuferin *f*
tȑkačk|ī, tȑkać|i: ~ā kōla *n/pl.* Rennwagen *m*; **~ī kȍnj** Rennpferd *n*
tȑkalīšte Rennbahn *f*
tȑke *f/pl. s.* **tȑka**
tŕljati (ab-, ein)reiben
tȓn Dorn *m*, Stachel *m*; **~òkop** Rodehacke *f*; Spitzhacke *f*; **~òvit** dornig
tȓnje Gestrüpp *n*

tròbōj|an dreifarbig; **~ka, ~nica** Trikolore *f*
trȍj|āk dreierlei; **~ica: Svètā ~ica** Hl. Dreifaltigkeit *f*
trȏj|ka Drei *f*; Dreigespann *n*; **~nī** dreifach
trójstvo: Svètō ~ *s.* **trȍjica**
trȍkūt Dreieck *n*; **~an** dreieckig
tròlējbus Obus *m*
trȍm schwerfällig, träge
tròmjesēčje Vierteljahr *n*
trȍmōst *f* Trägheit *f*
trò|skok *Sp.* Dreisprung *m*; **~sobnī stân** Dreizimmerwohnung *f*; **~struk** dreifach
trȍš|ak Ausgabe *f*, Aufwand *m*; *s. a.* **tròškovi**; **~an** baufällig; hinfällig
tròš|iti [po-] verbrauchen; abnutzen; *Geld* ausgeben; **~kovi** *m/pl.* (Un-)Kosten *pl.*, Spesen *pl.*; **nábavnī ~kovi** Anschaffungskosten; **proìzvodnī ~kovi** Herstellungs-, Gestehungs|kosten
trotòār Bürgersteig *m*
tròug|ao *m* Dreieck *n*; **~last** dreieckig
tròvati [o-] vergiften
tȑpak herb
tȑpati [na-] (voll)stopfen
trpèljiv duldsam
tȑpez|a Tisch *m*; **~àrija** Eßzimmer *n*; Speisesaal *m*
tŕpjeti (er)dulden, ertragen; leiden; **ne ~** nicht leiden können
tȑska Schilf *n*; (*Zucker-*) Rohr *n*
Tȑst Triest *n*
tȑti *s.* **tŕljati**
trúb|a Trompete *f*; *Kfz.* Hupe *f*; **~iti** trompeten; Trompete blasen; *Kfz.* hupen
trȗd[1] Zunder *m*
trȗd[2] Mühe *f*; **~an**[1] mühsam, mühevoll
trúd|an[2]**: ~nā** schwanger; **~iti [po-]** bemühen; **~iti se** sich ab-, be|mühen
trȗdn|ica Schwangere *f*; **~òća** Schwangerschaft *f*
trúdovi *m/pl.* Wehen *pl.*
trúlež Fäulnis *f*
trȗlī *s.* **trȗo**
trȗn, trúnak Splitter *m*; *fig.* Funken *m*, ein bißchen
trȕ|nuti ver|wesen, -modern; **~o** morsch, faul
trȗp Rumpf *m*; Klotz *m*
tȑz|āj Zuckung *f*; **~ati** *s.* **tȑgnuti**
tȑžište Markt *m*; Marktplatz *m*
tȑžnica Markthalle *f*
tȗ hier, da
tùc|e Dutzend *n*; **na ~èta** dutzendweise
tȕča Hagel *m*
tȕčak Stößel *m*
tȕčnjava Schlägerei *f*
túći schlagen; hauen, prügeln (se sich)
tȗđ fremd
tùđ|ica Fremdwort *n*; **~ìna** Fremde *f*, Ausland *n*; **~ínac** Fremde(r) *m*; Ausländer *m*
túg|a Trauer *f*; Leid *n*, Kummer *m*; **~òvati** trauern

tulìpān Tulpe *f*
tùljan Seehund *m*
tùm|āč Dolmetscher *m*; **~áčēnje** Deutung *f*, Erklärung *f*; **~áčiti** deuten, auslegen; dolmetschen
tumàrati herumirren; [bummeln
tùnēl Tunnel *m*
tùnina Thunfisch(fleisch *n*) *m*
tûnj(a) Thunfisch *m*
tùnj(ev)ina *s.* **tùnina**
tûp stumpf; blöd(e)
túpōst *f* Stumpfheit *f*
tûr *Zo.* Wisent *n*; Hosenlatz *m*; *fig.* Gesäß *n*
túra Tour *f*
túrati stoßen, schieben; (hinein)stecken
Tùrčin (*pl.* **Tûrci**) Türke *m*
tùrist(a *m*) Tourist *m*
turìstičk|ī touristisch, Reise-; **~ā víza** Touristenvisum *n*; **~ī bìrō** *m* Reisebüro *n*
tùristkinja Touristin *f*
tūriti *s.* **túrati**
turìzam Tourismus *m*, Fremdenverkehr *m*
Tûrkinja Türkin *f*
turnéja Tournee *f*; Rundreise *f*
tùrpija Feile *f*; Raspel *f*
Tûrsk|ā Türkei *f*; **2ī** türkisch
tùršija eingelegtes Gemüse *od.* Obst [polter *n*
tûtanj Gedröhn(e) *n*; Ge-
tûžan traurig; kläglich
tùž|ba Klage *f*; **~ilac, ~itelj** (An-)Kläger *m*; **(jâvnī)** Staatsanwalt *m*
túžiti[1] beklagen **(za** *I*/*A*)
túžiti[2] **[op-]** verklagen; anklagen; **~ se** sich beklagen, sich beschweren **(na** *A*/ über *A*; *D*/ bei *D*)
tvâr *f* Stoff *m*, Materie *f*
tvôj dein
tvôr *Zo.* Iltis *m*
tvórac Schöpfer *m*
tvòr|ba Schöpfung *f*, Bildung *f*; **~evina** Schöpfung *f*, Werk *n*
tvórni|ca Fabrik *f*, Werk *n*; **~čkī** Fabrik- [zäh(e)
tvȓd hart; steif; *Fleisch:*
tvȑdica *m od. f* Geizhals *m*
tvȑd|iti behaupten; **~nja** Behauptung *f*
tvrdò|ća Härte *f*; **~glav** starrsinnig, dickköpfig; **~kōran** hartnäckig; hartherzig
tvȑđava Festung *f*
tvȑtka *kr.* (*Handels-*)Firma *f*

U

u (*wohin?* *A*) in (*A*), zu, nach (*D*); (*zeitl.*) an (*D*); (*wo?* *L*) in (*D*); (*G*) bei (*D*); **~ kòga je** wer hat
ubác|iti (**~ívati**) (hin)einwerfen
ubádati *s.* **ubòsti**
ubí|ca *m sb.* Mörder *m*; **~jati** *s.* **ùbiti**; **~(j)stvo** *sb.* Mord *m*, Totschlag *m*; **~rati**[1] *s.* **ùbrati**
ùbi|rati[2] ein|treiben, -zie-

hen; *Steuern* erheben; **~ti** (**ubíjati**) (er)morden, töten
ubláž|iti (**~ívati**) mildern, lindern; mäßigen
ùbod Stich *m*
ùbog arm, dürftig
ùbojica *m kr.* Mörder *m*
ubójstvo *kr. s.* **ubístvo**
ubòsti *pf.* stechen
ubr|ájati [**~òjiti**] einrechnen, mitzählen
ùbrati (**ubírati**) pflücken
ùbrizg(áv)ati einspritzen
ubrzánje Beschleunigung *f*
ubȑz(áv)ati, ubŕziti *pf.* beschleunigen
ȕcje|na Erpressung *f*; **~njìvāč** Erpresser *m*
ȕčen gelehrt; **~īk** (**~ica**) Schüler(in *f*) *m*
učènjāk Gelehrte(r) *m*
ùčēnj|e Lehre *f*; **vrijème ~a** Lehrzeit *f*
ùčesn|īk (**~ica**) Teilnehmer(in *f*) *m*
ȕčestān häufig, wiederholt
ùčestvovati teilnehmen, sich beteiligen (**u** *L*/ an *D*)
ùčēšće Teilnahme *f*; Zutun *n*
ùčilište Lehranstalt *f*
ȕčin(ak) Wirkung *f*; Leistung *f*
učìniti *pf.* machen, tun
ùči|onica Lehrsaal *m*; Schulzimmer *n*; **~telj(ica)** Lehrer(in *f*) *m*; **~ti** [**na-**] lehren, unterrichten; (*a.* **se**) (er)lernen, studieren
učvŕ|stiti (**~šćívati**) befestigen
úći (**ùlaziti**) hereinkommen, hineingehen, eintreten; einsteigen
ȗd Glied *n*; (**s**)**pôlnī údovi** Geschlechtsorgane *n/pl.*
ȕdaja Heirat *f* (*der Frau*)
ȕdālj: skôk ~ *Sp.* Weitsprung *m*
ȕdāljen entfernt, abgelegen; **~ōst** *f* Entfernung *f*
událj|iti (**~ívati**) entfernen (se sich)
ȕdār Schlag *m*, Stoß *m*; **dȑžāvnī ~** Staatsstreich *m*
ùdar|ac Schlag *m*, Hieb *m*, Stoß *m*; **~ati** [**~iti**] schlagen, hauen; *Blitz*: einschlagen; *Geschoß*: treffen, einschlagen; *nur pf.* beginnen zu (+ *Inf.*)
udàrāljka Schlagzeug *n*
ȕdar|iti *s.* **~ati**
ȕdārnī Schlag-, Stoß-
ȕdāta *Frau*: verheiratet
Ȕdba = **Ȕprava dȑžāvnē bèzbjednosti** Staatssicherheitsdienst *m*
ùdes Schicksal *n*; Unfall *m*
udè|siti (**~šávati**) einrichten; *s.* **pòdesiti**
ȕdica Angel *f*
ud|ijèliti (**~jeljívati**) gewähren, erteilen; spenden
ùdilo Angelrute *f*
ùdio *m* Anteil *m*
ùdisati *pf.* einatmen
ùdjel *s.* **ùdio**
ùdob|an bequem; gemütlich; **~nōst** *f* Bequemlichkeit *f*
udost|ojávati [**~òjiti**] würdigen
udòv|ac Witwer *m*; **~ica** Witwe *f*

udovòljiti *pf.* befriedigen
udružénje Verein(igung *f*)
ùdubina Vertiefung *f* [*m*]
udúb|iti (**~ljívati**) vertiefen (se sich)
udvàrāč Verehrer *m*, Freier *m*
ȕdvoje zu zweit
udvòstručiti *pf.* verdoppeln
ȕfati se hoffen
ugáđati *s.* **ugòditi**
ȕgalj Kohle *f*
ȕgao *m* Ecke *f*; Winkel *m*; **~nī** Winkel-; Eck-
ȕgār Brachfeld *n*
Ȕgarsk|ā Ungarn *n*; **♀ī** ungarisch
ugásiti *pf.* (aus)löschen; *Durst* stillen; **~ se** (v)erlöschen
ùgaziti *pf.* (fest)treten
ùgla|diti *pf.* glätten, polieren; **~đen** geglättet; gesittet
ȕglast eckig, kantig
ugláv|iti (**~ljívati**) befestigen; abmachen, vereinbaren
uglàvnōm in der Hauptsache, hauptsächlich
ȕglēd Ansehen *n*; **~an** angesehen
ùgledati *pf.* erblicken, bemerken
ùglj|ār Köhler *m*; **~ara** Meiler *m*; Kohlenhandlung *f*
ȕglj|ēn Kohle *f*; **dȑvenī ~ēn** Holzkohle *f*; **~enī** Kohlen-; **~ènīk** Kohlenbergwerk *n*
ùgljičn|i Kohlen-; **~ā kiselìna** Kohlensäure *f*
ùgljīk Kohlenstoff *m*
ugnjetá|vānje Unterdrückung *f*; **~vati** unterdrükken, knechten
ùgodan angenehm; bequem
ugò|diti (**ugáđati**) es *j-m* recht machen; **~jiti** *pf.* mästen; **~jiti se** fett werden; **~stiteljskī** Beherbergungs-, Gaststätten-; **~várati** [**~vòriti**] ver|abreden, -einbaren
ȕgovōr Vertrag *m*, Pakt *m*
ùgri|jati *pf.* erwärmen; **~sti** *pf.* (an)beißen; **~z(ak)** Biß *m*; (*Insekten*-)Stich *m*
ugrò|ziti (**~závati**) (be-)drohen; gefährden
ugúš|iti (**~ívati**) erwürgen, ersticken (*a. fig.*)
uháđati *s.* **uhòditi**
ùhap|siti *pf.* verhaften, festnehmen; **~šènīk** Verhaftete(r) *m*
ȕho *kr.* (*pl.* **ȕši**) Ohr *n*; (*Nadel*-)Öhr *n*
ȕhoda *m* Spion *m*
uhòditi (**uháđati**) spionieren, auskundschaften (**za** *I*/*A*)
ùhvatiti *pf.* (er)greifen; (auf)fangen; ertappen; **~ se** (**za** *A*) sich halten (an *D*); haften (an *D*)
ȕjāk Onkel *m* (*mütterlicherseits*)
ùjed *s.* **ùgriz**
ujédati *s.* **ùjesti**
ujedí|niti (**~njávati**) (ver-)einigen

Ujèdīnjenī národi *Pol.* Vereinte Nationen *pl.*
ujedinjénje (Ver-)Einigung *f*
ujèdljiv beißend, bissig
ujednáč|iti (*~ávati*) vereinheitlichen; ausgleichen
ȕjedno zusammen, zugleich
ùjesti (**ujédati**) beißen
ȕjna Tante *f*
ȕjutro morgens, am Morgen
ukáz(ív)ati zeigen; *Ehre* erweisen; *Hilfe* leisten
ukídati [**ùkinuti**] abschaffen; aufheben; für ungültig erklären
ùkis|eliti *pf.* einsäuern; **~nuti** *pf.* sauer werden
ùklanjati [**uklòniti**] beseitigen, entfernen; *Gefahr* abwenden; **~ se** ausweichen
ukl|ápati [**~òpiti**] ein|fügen, -setzen, -schieben; einschalten (in *A*)
ukljúč|iti (**~ívati**) ein|-schließen, -beziehen; einschalten
uključìvo, ùključno einschließlich
ùkōčen steif, starr
ukóčiti *pf.* lähmen; **~ se** erstarren
ukolìko (in)sofern
ukò|načiti *pf.* einquartieren; **~p(áv)ati** eingraben; begraben
úkor Tadel *m*, Verweis *m*, Rüge *f*; Vorwurf *m*
ukorávati [**ukòriti**] tadeln, rügen
ukòtviti *pf.* (ver)ankern
ùkosnica Haarnadel *f*
ȕkrās Schmuck *m*, Verzierung *f*
ùkrasti *pf. s.* **krȁsti**
ukr̀c(áv)ati verladen; **~ se** an Bord gehen, sich einschiffen
ukròtiti *pf.* zähmen, bändigen
ukr̀stiti *pf.* kreuzen (**se** sich)
ukŕštānje *sb.* Kreuzung *f*
ùkršten gekreuzt, Kreuz-; **~ē rȉječi** *f/pl.*, **~ica** *sb.* Kreuzworträtsel *n*
ùku|ćanin Hausgenosse *m*; **~h(áv)ati** *kr.* ein|machen, -kochen; **~pnī** gesamt, sämtlich; **~pno** insgesamt
ȕkūs Geschmack *m*
ȕkusan schmackhaft; geschmackvoll
ùku|v(áv)ati *sb. s.* **~h(á-[v)ati]**
ulágati *s.* **ulòžiti**
ulàg(ív)ati se sich einschmeicheln
ùlaz Eingang *m*; Einfahrt *f*; Eintrittsöffnung *f*; **~ak** Eintritt *m*, Einlaß *m*; Einzug *m*; Einreise *f*; **~iti** *s.* **úći**; **~nī** Eingangs-; Einlaß-; Einreise-; **~nica** Eintrittskarte *f*; **~nina** Eintrittsgeld *n*
ȕli|ca Straße *f*; Gasse *f*; **glȁvnā ~ca** Hauptstraße *f*; **~čnī** Straßen-; **~čnī pròmet** (*od.* **sȁobraćāj**) Straßenverkehr *m*
ulijèvati [**ȕliti**] eingießen; *fig.* eintrichtern; *Furcht* einflößen

úlog (*Spiel*-)Einsatz *m*; (*Spar*-)Einlage *f*
ȕloga *Thea.*, *fig.* Rolle *f*
ulòviti *pf.* *s.* **lòviti**
úlozi *m/pl.* Gicht *f*
ȕložak Einlage *f*
ulòžiti (**ulágati**) ein|legen, -setzen; *Geld* anlegen; *im Spiel* setzen
ȕltrakrātkī tālās (*od.* **vâl**) Ultrakurzwelle *f*
ulúpiti *pf.* einbeulen
uljà|nī Öl-; **~nā bòja** Ölfarbe *f*; **~rica** Ölkanne *f*
ȕljast ölig
ȕlje Öl *n*; **màslinovo ~** Olivenöl
uljèpš(áv)ati (aus)schmükken
ùljud|an höflich, artig; **~nōst** *f* Höflichkeit *f*
ȕm Verstand *m*, Geist *m*; Vernunft *f*
umà|ći (**ùmicati**) ent|wischen, -weichen
ȕmāk Tunke *f*, Sauce *f*
umákati *s.* **umòčiti**
umà|knuti *pf.* *s.* **~ći**
ùmalo beinahe, fast
ȕman vernünftig, gescheit; geistig
umánj|iti (**~ívati**) verkleinern; ver|mindern, -ringern (**se** sich)
umárati *s.* **umòriti**
umèkšati *pf.* auf-, er|weichen; weich werden
ùmetak Einsatz *m*
umètati [**ùmetnuti**] ein|setzen, -legen, -schieben
ùmi|cati *s.* **umàći**; **~jèšati** (**umješívati**) **se** sich einmischen; **~ljat** lieblich; **~rati** im Sterben liegen; *s.* **ùmrijeti**
umí|riti (**~rívati**) beruhigen, besänftigen
umíšlj(áv)ati nachdenken; **~ se** sich einbilden
ùmišljen eingebildet; **~ōst** *f* Einbildung *f*
ùmiti (**umívati**) **se** sich waschen
umìvaon|ica Waschraum *m*; *a.* = **~ik** Waschbecken *n*
ùmjeren gemäßigt, maßvoll; **~ōst** *f* Mäßigkeit *f*
ȕmjes(t)an passend, angebracht
ùmjet|an künstlich; **~i** können, verstehen; **~nica** Künstlerin *f*; **~ničkī** künstlerisch, Kunst-; **~ničkō djȅlo** Kunstwerk *n*; **~nīk** Künstler *m*; **~nina** Kunstgegenstand *m*; **~nōst** *f* Kunst *f*
umnòž|iti (**~ávati**) vermehren; vervielfältigen
ȕmobōlan geisteskrank
umòčiti (**umákati**) ein|tauchen, -tunken
ùmor Müdigkeit *f*, Ermüdung *f*
ȕmōran müde, abgespannt
umòriti (**umárati**) ermüden (**se** *v/i.*); (*nur pf.*) ermorden, töten
umórstvo Mord *m*
ùmrijeti (**ùmirati**) sterben; **~ od glâdi** verhungern; **~ od žêđi** verdursten
ùmrlī verstorben; Verstorbene(r) *m*

ûmrlica Sterbeurkunde *f*
umȑt|viti (**~ljávati**) töten
ùmu|ći *pf.*, **~knuti** *pf.* verstummen
unàkaziti *pf.* verunstalten; unkenntlich machen
unákrsnī gekreuzt, Kreuz-
unàpr|edan Vorwärts-; Voraus-; **~eđénje** Beförderung *f*; **~eđívati** *s.* **~ijèditi**; **~ijed** im voraus, Voraus-; **~ijèditi** (**~eđívati**) fördern; befördern
unátoč (*D*) trotz (*G*)
ùnatrāg, unàzād im nachhinein, rückwirkend
unàzad|an rückläufig, Rückwärts-; **~nī hôd** Rückwärtsgang *m*
ùni|jeti (**unòsiti**) eintragen, vermerken; **~šténje** Vernichtung *f*; **~štiti** (**~štávati**) vernichten, zerstören
univèrz|a, ~ìtēt Universität *f*
únosan einträglich, ergiebig
unòsiti *s.* **ùnijeti**
ùnučād *f* Enkel(kinder) *pl.*
ùnuk(a) Enkel(in *f*) *m*
unútar *prp.* innerhalb (*G*)
ùnut|arnjī, ~rašnjī innere, Innen-; **~rašnjōst** *f* Innere(s) *n*; Landesinnere *n*, Provinz *f*
uobìčājen üblich, herkömmlich
uobr|àzīlja Einbildungskraft *f*; **~áziti** (**~ažávati**) sich einbilden
uòbrāžen(ōst *f*) *s.* **ùmišljen(ōst)**
uočávati *s.* **uòčiti**
ûoči (*G*) am Tage vor (*D*)
uòč|iti (**~ávati**) erblicken
ùop|će *kr.*, **~šte** *sb.* überhaupt
ùpad Einfall *m*; **~ati** *s.* **ùpasti**; **~ica** Zwischenruf *m*
upàdljiv auf|fallend, -fällig
ûpala *Med.* Entzündung *f*; **~ plúćā** Lungenentzündung
upáliti (**upaljívati**) an|brennen, -zünden, entzünden (**se** sich)
upàlj|āč Feuerzeug *n*; Zünder *m*; **~iv** brennbar, entzündlich; **~ívati** *s.* **upáliti**
ùpa|sti (**~dati**) (her)einfallen; eindringen
upíjati *s.* **ùpiti**
ùpirati *s.* **ùprijeti**
úpis Eintragung *f*; Immatrikulation *f*
upís(iv)ati ein|schreiben, -tragen; immatrikulieren (**se** sich)
ùpisnica Studienbuch *n*
ùpit Anfrage *f*
upítati *pf.* (an)fragen; **~ se** sich erkundigen
ùpiti (**upíjati**) aufsaugen, absorbieren
ùpitnīk Fragebogen *m*; Fragezeichen *n*
uplaćívati *s.* **uplátiti**
ùplašiti *pf.* erschrecken (**se** *v/i.*)
ûplata Einzahlung *f*
uplá|titi (**~ćívati**) einzahlen
uplèsti (**ùpletati**) einflechten

ùpliv Einfluß *m*
ùpljesnjiviti *pf.* verschimmeln [*usw.*]
ûpo|raba *usw.* *s.* **~treba**
ûpōran hartnäckig
ûporedan parallel
upò|rediti (**~ređívati**) vergleichen, gegenüberstellen; **~rište** Stützpunkt *m*; Anhaltspunkt *m*; **~slen** beschäftigt, tätig
ûpotr|eba Gebrauch *m*, An-, Ver|wendung *f*; Benutzung *f*; **~ebljávati** *s.* **~ijèbiti**; **~èbljiv** brauchbar, verwendbar, gebrauchsfähig; **~ijèbiti** (**~ebljávati, ~ebljívati**) gebrauchen, an-, ver|wenden; benutzen
upòzn(áv)ati bekannt machen (se sich); **~ se** *a.* kennenlernen
upozor|ávati *s.* **upòzoriti**; **~énje** Warnung *f*
upòzor|iti (**~ávati**) aufmerksam machen; warnen
ûprava Verwaltung *f*
ûprāvan senkrecht; direkt
upràvitelj Verwalter *m*; Leiter *m*, Direktor *m*
ùprav|iti (**~ljati**) (*A*) leiten, lenken; *Blick* richten; (*I*) verwalten; *Fahrzeug* steuern
upràvljāč *s.* **vòlān**
ùprav|ljati *s.* **~iti**
ûprāvn|ī Verwaltungs-; **~ī òdbor** Verwaltungsausschuß *m*; *s.* **ûprāvan**
ûprāvnīk Vorsteher *m*; Direktor *m*
ûprāvo gerade, eben
uprégnuti *pf.* einspannen; *Kräfte* anspannen
ùprijeti (**ùpirati**) (se sich) stemmen; *Blick* heften
ùpr̄ljān be-, ver|schmutzt
upŕljati *pf.* beschmutzen
upropá|stiti (**~šćívati**) zugrunde richten, zerrütten
ùprtiti *pf.* (sich) aufladen
ûprtnjača Rucksack *m*
ùpūćen angewiesen
upućívati *s.* **upútiti**
ûputa (An-)Weisung *f*, Anleitung *f*; Hinweis *m*
upú|titi (**~ćívati**) (ver)weisen (*D*/ an *A*); an|weisen, -leiten; absenden; **~titi se** sich begeben
ùput|nica Postanweisung *f*; **bolèsnīčkā ~nica** Krankenschein *m*; **~stvo** Gebrauchsanweisung *f*; **~stvo za rukòvānje** Bedienungsanleitung *f*
ûra Uhr *f*; Stunde *f*
uračùn|(áv)ati an-, ver|-rechnen; **~ljiv** zurechnungsfähig
uráditi *pf.* *s.* **ráditi**
ùranak Frühaufstehen *n*
ùrār Uhrmacher *m*
uravnotéž|iti (**~ívati**) aus|-balancieren, -gleichen; *Tech.* auswuchten
urazúm|iti (**~ljívati**) zur Vernunft bringen
ùred Amt *n*; **~an** ordentlich; **~ba** (An-, Ver-) Ordnung *f*
uré|diti (**~đívati**) regeln; ordnen, einrichten

ùrednī|k Redakteur *m*; **~štvo** Redaktion *f*
ûređ|āj Einrichtung *f*, Anlage *f*; **~énje** Ordnung *f*, Regelung *f*; **~ívati** *s.* **uréditi**
ûrēs Schmuck *m*; Zierde *f*
urésiti *pf.* schmücken, zieren
ùrez(ív)ati ein|schneiden, -kerben; eingravieren
ùrīn Urin *m*, Harn *m*
ùrl|ati, **~íkati** heulen
ùrođ|en angeboren; **~è-nīčkī** Eingeborenen-; **~è-nīk** Eingeborene(r) *m*
ûrota Verschwörung *f*
ùrotnīk Verschwörer *m*
urúč|iti (**~ívati**) aushändigen, übergeben
usá|diti (**~đívati**) einpflanzen
usàhnuti *pf.* ver|trocknen, -dorren [vollkommnen
usav|ršávati [**~ŕšiti**] ver-
usè|liti (**~ljávati**, **~ljívati**) **se** einziehen, *Wohnung* beziehen
ùshićen entzückt; **~ōst** *f*, **ushićénje** Entzücken *n*
usìdjelica alte Jungfer *f*
ùsidriti se *pf.* Anker werfen, vor Anker gehen
ùsijān glühend
ùsiljen gezwungen
ùsiriti se *pf.* gerinnen
usisàvāč Staubsauger *m*
ùsjev Saat *f*
ùskī *s.* **ûzak**; **~ film** Schmalfilm *m*
usklàdišt|iti (**~ávati**) (ein-)lagern, (auf)speichern
ùskla|diti (**~đívati**) abstimmen, in Einklang bringen
ûsklīk Ausruf *m*
ùskličnīk Ausrufungszeichen *n*
uskòtrāč|an: **~nā prúga** Schmalspurbahn *f*
uskr|aćívati [**~átiti**] ver|sagen, -weigern, vorenthalten; *j-m et.* entziehen
Ùskr|s Ostern *n od. pl.*; **♀snúće** Auferstehung *f*; **♀snuti** *pf.* auferstehen; **♀šnjāk** Osterei *n*; Ostergebäck *n*
ûslijed (*G*) infolge
ùslov Bedingung *f*; **~an** bedingt
uslòv|iti (**~ljávati**) sich (*D*) ausbedingen, zur Bedingung machen
ûslu|ga Gefallen *m*, Dienst *m*; **učìniti ~gu** e-n Dienst erweisen; **~žan** gefällig
ûsmen mündlich
ûsn|a Lippe *f*; **~ī** Mund-
ùsnuti *pf.* einschlafen
usòliti *pf.* (ein)pökeln
ùsoljen eingepökelt; **~ō mêso** Pökelfleisch *n*
ûsōv Lawine *f*
ùsp|ēti (**~injati**) **se** be-, er|steigen
uspijèvati *s.* **ùspjeti**
uspìnjača (*Stand-*, *Schienen-*)Seilbahn *f*
ùsp|injati *s.* **~ēti**
ùspje|h Erfolg *m*; **~šan** erfolgreich; **~ti** (**uspijèvati**) gelingen, geraten; gedeihen
ûspomen|a Erinnerung *f*;

Andenken *n*; **za** (*od.* **u**) **~u** zum Andenken (**na** *A*/ an *A*) [*m*}
úspon Steigung *f*; Aufstieg}
usporávati [uspòriti] ver|-langsamen, -zögern
ȕsporedan, uspòre|diti (**~đívati**) *s.* **ȕporedan, upòrediti**
uspòstav|iti (**~ljati**) wiederherstellen; *Beziehungen* (wieder)aufnehmen
ȕsprāvan aufrecht; Vertikal-
ùsprav|iti (**~ljati**) (**se** sich) aufrichten
u(s)pȑkos (*D*) trotz (*G*)
usprotíviti se *pf. s.* **protíviti se**
ȕspūt unterwegs; nebenbei
usred (*G*) inmitten (*G*), mitten (in *A*)
ústa *n*/*pl.* Mund *m*
ùstan|ak Aufstand *m*; **~īk** Aufständische(r) *m*
ȕstanova Einrichtung *f*, Anstalt *f*
ustanòv|iti (**~ljívati**) feststellen; ermitteln
ùst|aš, ~āša *m* Aufrührer *m*; Mitglied *n* der Ustascha-Organisation
ùstav Verfassung *f*
ȕstava Staudamm *m*; Wehr *n*, Schleuse *f*
ȕstāv|an verfassungsmäßig, Verfassungs-; **~nī sȗd** Verfassungsgericht *n*
usté|gnuti (**~zati**) an-, straff|ziehen; beherrschen (se sich)
ȕstrajan ausdauernd
ùstr|ajati *pf.* aus|harren, -halten; **~ájnōst** *f* Ausdauer *f*; **~ijèliti** *pf.* er-, nieder|schießen; *Wild* abschießen; **~učávati se** sich genieren [*n*}
ùstuk Gegen|mittel *n*, -gift}
ùstupak Zugeständnis *n*
ustúp|ati [**~iti**] abtreten; einräumen, zugestehen
usú|diti (**~đívati**) **se** sich getrauen
ȗš *f* Laus *f*
ȕšće Mündung *f*
ùšic|a, ~e *f*/*pl.* (*Nadel-*) Öhr *n*
ȗš|ka *s.* **ùšica**; Öse *f*; **~nī** Ohr(en)-
ùštap Vollmond *m*
ȗšt|eda Ersparnis(se *pl.*) *f*; **~édjeti** *pf.* ersparen; **~ínuti** *pf.* kneifen, zwicken
ȕšt|ipak Krapfen *m*; **~rb** Nachteil *m*; **~rc(áv)ati** einspritzen
ušùlj(áv)ati se sich einschleichen
ùtāboriti se *pf.* das Lager aufschlagen
ȕtaja Unterschlagung *f*
utáj|iti (**~ívati**) unterschlagen
ùtakmica Wett|bewerb *m*, -kampf *m*; **nȍgometnā** (*od.* **fȕdbalskā**) **~** Fußballspiel *n*
ùtažiti *pf. Durst* stillen; *Schmerz* lindern
utèći (**ùticati, ùtjecati**) flüchten, (ent)fliehen
utemèlj|āč, ~itelj Gründer *m*; **~iti** *pf.* (be)gründen

ūtēz Gewicht *n*
ūticāj Einfluß *m*
ùticati beeinflussen, einwirken; *s.* **utèći**
utìkāč *El.* Stecker *m*
ùtirati *s.* **ùtrti**
ūtisak Eindruck *m*
utiskívati [**ùtisnuti**] ein-, auf|prägen; *Stempel* aufdrücken
utìš(áv)ati dämpfen; lindern; beschwichtigen; ~ **se** *Wind*: sich legen
ūtjecāj Einfluß *m*
ùtjecati *s.* **ùteći, ùticati**
ūtjeha Trost *m*
utjelòv|iti (~**ljívati**) verkörpern
ùtje|r(ív)ati *Geld* eintreiben, einziehen; ~**šiti** *pf.* trösten
ùtō *adv.* da, dann
ùtočīšte Zuflucht *f*; Asyl *n*
utòpiti se *pf.* ertrinken
útorak, ùtōrnīk Dienstag *m*
utòvar|iti (~**ívati**) ein-, ver|laden
ūtrka (*Wett*-)Rennen *n*
utŕnuti *pf.* erstarren; *Bein*: einschlafen
ūtroba Eingeweide *n*
utròšiti *pf.* *Geld* auf-, ver|wenden
ùtrti (**ùtirati**) *Weg* bahnen
ùtržak Erlös *m*, Einnahme *f*
ūtuviti *pf.* *im Gedächtnis* einprägen
ūtva Wildente *f*
ūtvara Trugbild *n*
ūtv|rda Befestigung *f*; Bollwerk *n*; ~**ŕditi** (~**rđívati**) befestigen; *fig.* festsetzen; bestärken
ūveče(r) abends, am Abend
ùve|nuti *pf.* *s.* **vènuti**; ~**o** welk
uvèsti[1] (**uvòditi**) einführen; *Licht usw.* legen; ~[2] (**uvòziti**) (her)einfahren; *Ware* einführen, importieren
ùvez (*Buch*-)Einband *m*
uvéz(ív)ati einbinden
úvid Einblick *m*; Durchsicht *f*
ùvidjeti (**uvíđati**) einsehen
ūviđāvan einsichtig
uvíjati *s.* **ùviti**
ūvijek immer, stets
ūvīs: **skôk** ~ *Sp.* Hochsprung *m*
ùviti (**uvíjati**) einwickeln; einrollen
uvjerávati *s.* **ùvjeriti**
ùvjer|en überzeugt; ~**énje** Überzeugung *f*; Zeugnis *n*; ~**iti** (~**ávati**) überzeugen (**se** sich)
ùvjet Bedingung *f*; ~**an** bedingt; ~**ovati** bedingen
ūvo *sb.* (*pl.* **ūši**) Ohr *n*; (*Nadel*-)Öhr *n*
úvod Einführung *f*
uvòditi *s.* **uvèsti**[1]
ùvodnīk Leitartikel *m*
ùvoj|ak Locke *f*; ~**it** spiralförmig, Spiral-; Wendel-
ùvoz Einfuhr *f*, Import *m*
uvòziti *s.* **uvèsti**[2]
ùvoznī Einfuhr-, Import-; ~**k** Importeur *m*
ūvreda Beleidigung *f*, Kränkung *f*
uvrèdljiv beleidigend

uvrijèditi *pf.* beleidigen, kränken; ~ **se** beleidigt sein
uvŕnuti (**ùvrtati**) ein|-schrauben, -drehen
uvŕ|stiti (~**šćívati**) ein|-reihen, -ordnen; zuteilen
ùvrtati *s.* **uvŕnuti**
uz (*A*) neben, bei (*D*); **ùz vodu** stromaufwärts; *s.* **dlȁka**
ùzajamn|ī gegen-, wechsel|seitig; ~**ōst** *f* Gegenseitigkeit *f*
uzájm|iti (~**ljívati**) (aus-) leihen, borgen
ȕzak eng, schmal
ùzalūd *adv.* vergebens, umsonst; ~**an** vergeblich
ȕzao *m* Knoten *m*
uzastòpcē hintereinander
uzbú|diti (~**đívati**) erregen; aufregen
uzbù|dljiv aufregend; ~**đénje** Erregung *f*; Aufregung *f*
ȕzbuna Alarm *m*
uzbú|niti (~**njívati**) aufrühren; alarmieren
uzbunjìvača Warn-, Alarm|vorrichtung *f*
ùzburkān *See*: bewegt, stürmisch
ùzda Zaum *m*, Zügel *m*
ȕzd|āh Seufzer *m*; ~**àhnuti** (**ùzdisati**) seufzen
ùzdārje Gegengeschenk *n*
ȕzdati se *pf.* (**u** *A*) vertrauen (*D*), bauen (auf *A*)
ùzdi|ći *pf.*, ~**gnuti** (~**zati**) erheben (**se** sich); ~**sati** *s.* **uzdàhnuti**; ~**zati** *s.* ~**ći**
ùzdrmati *pf.* erschüttern
uzdŕž(áv)ati er-, unter|-halten; ~ **se** sich enthalten (**od** *G*/*G*)
ȕzdūh Windhauch *m*; *kr.* Luft *f*
ȕzdūž (*G*) längs, entlang; ~**nī** Längs-
uzèmljiti *pf.* *El.*, *Rdf.* [erden]
ȕzēt gelähmt
ùzēti (**ùzimati**) (ab-, ent-) nehmen; *Platz* einnehmen; nehmen, kaufen; *Fahrkarte* lösen; *Frau* heiraten; ~ **pod nájam** mieten; **ùzmimo da** ... angenommen, daß ...; ~ **se** gelähmt werden
ȕzētōst *f* Lähmung *f*
uzg|ájati *s.* ~**òjiti**
ùzglāvlje Kopfkissen *n*
uzg|òjiti (~**ájati**) groß-, auf|ziehen
ȕzgrēd nebenbei; ~**an** nebensächlich; unwesentlich, unwichtig; ~**nā stvâr** *f* Nebensache *f*
ȕzica Schnur *f*, Bindfaden *m*; Leine *f*
uzíći (**uzlaziti**) (hinauf-) steigen, hinauf|gehen, -fahren; heraufkommen
ùzimati *s.* **ùzēti**
ùzlaz, ~**ak** Aufstieg *m*
uzlètjeti (**uzlijètati**) hoch-, auf|fliegen; *Flgw.* aufsteigen, starten
ùzletīšte Flugplatz *m*
ȕzma *s.* **ȕzētōst**
uzmà|ći *pf.*, ~**knuti** (**ùzmicati**) zurück-, aus|weichen; zurück|schieben, -setzen

uznemír|iti (**~ívati**) beunruhigen; stören
ûz|ničār Gefängniswärter *m*; **~nīk** Häftling *m*
ùzor Vorbild *n*, Muster *n*; **~ak** *Hdl.* Muster *n*; **~an** vorbildlich, musterhaft
ûzr|āst Wuchs *m*; **~ásti** *pf.* (auf)wachsen
ùzrok Ursache *f*
ûzrujān aufgeregt, erregt; **~ōst** *f* Aufregung *f*
uzrúj(áv)ati (se sich) aufregen
ùzvanīk (geladener) Gast *m*
ûzvīk Ausruf *m*
ùzvišen erhaben; **~ōst** *f* Erhabenheit *f*
ùzvišica Erhebung *f*
ùzvr|aćati [**~átiti**] erwidern; vergelten; *Ärmel* hochkrempeln
ùžāren glühend
ûžās Schreck(en) *m*, Entsetzen *n*; **~an** schrecklich, entsetzlich
užasávati [**užásnuti**] mit Schrecken erfüllen
ùže Seil *n*, Strick *m*; Tau *n*
užègnūt, užèžen ranzig
ûžina Vesper *f*, Jause *f*
užî|tak Genuß *m*, Wonne *f*; **~vati** genießen (**u** *L*/*A*)
užív|jeti (**~ljávati**) **se** sich einleben
ûžurbān rührig; hastig

V

vábiti [pri-] (an)locken
vàdičep Korkenzieher *m*
vâ|diti *s.* **ìzvaditi**; **~đēnje** (*Kohle-*)Gewinnung *f*
vága Waage *f*; **~ti** wiegen
vàgōn (*Eisenbahn-*)Wagen *m*, Waggon *m*
vàjār Bildhauer *m*
vâjkada: od ~ seit jeher
vâl Welle *f*; **~òvit** wellig; Wellen-
valútak Kiesel(stein) *m*
váljak Walze *f*; Zylinder *m*; (*Seil-*)Trommel *f*
vàlj|ān brav, tüchtig; gültig; **~ánōst** *f* Tüchtigkeit *f*; Geltung *f*; **~ati**[1] taugen, wert sein; gelten
váljati[2] walzen; *Wäsche* rollen; *Mar.* schlingern
vàljčan zylindrisch, Walzen-
vàljda vielleicht, vermutlich
vâlj|kast, ~kòvast, ~kòvit *s.* **vàljčan**
vàljusak Kloß *m*, *öst.* Nokkerl *n*
vâm(a) euch; ♀ Ihnen
vân (*G*) außer(halb) (*G*); *adv.* hinaus; **~brâčan** un-, außer|ehelich
vâni draußen
vânredan außerordentlich
vânjsk|i äußere, äußerlich; auswärtig; **~ā polìtika** Außenpolitik *f*; **~ā tȑgovina** Außenhandel *m*
vànjština Äußere(s) *n*
vápāj (Auf-)Schrei *m*
vápiti schreien; zetern

vápno Kalk *m*
vâra|lica Betrüger *m*, Schwindler *m*; **~ti [prè-]** betrügen, (be)schwindeln
varènīk Glühwein *m*; Weinsuppe *f*
vârilac *Tech.* Schweißer *m*
váriti brauen; kochen; *Tech.* schweißen
vârīvo Gemüse *n*, Beilage *f*
vârka Trug *m*, Täuschung *f*
várnica Funke *m*
város Stadt *f*
vàroš|anin (~ānka) Städter(in *f*) *m*
vâs euch; ♀ Sie
vaspìt|āč *sb.* Erzieher *m*; **~anik** *sb.* Zögling *m*
vaspít|ānje *sb.* Erziehung *f*; **~(áv)ati** *sb.* erziehen
vāš[1] euer; ♀ Ihr
vâš[2] *f sb.* Laus *f*
vášar Jahrmarkt *m*
vâška *s.* **vâš**[2]
vâta Watte *f*
vâterpolo *m Sp.* Wasserball *m*
vâtr|a Feuer *n*; **~en** feurig; Feuer-; **~ogásac** Feuerwehrmann *m*; *pl.* Feuerwehr *f*; **~ògasnā strâža** Feuerwehrwache *f*; **~omet** Feuerwerk *n*; **~ostālan** feuerfest
váza (*Blumen-*)Vase *f*
vâzda immer
vâzdūh *sb.* Luft *f*; **~oplóvstvo** Luftfahrt *f*
vâzdūšnī *sb.* Luft-; *s.* **zrâčnī**
váž|an wichtig; **~iti** gelten; **~nōst** *f* Wichtigkeit *f*, Bedeutung *f*

vȅčē *n*, **~r** *f od. m* Abend *m*; **dòbro ~!, dȍbar ~r!** guten Abend!
vèč|era Abendessen *n*; **~èras** heute abend; **~er(á-v)ati** zu Abend essen; **♀ērnjača** *Astr.* Abendstern *m*
vèčērnj|ī abendlich, Abend-; **~ī list, ~ē nȍvine** *f/pl.* Abendzeitung *f*
vȅčerom abends
vȅć *adv.* schon, bereits; *cj.* sondern
vȅć|i größer; **~im dijèlom** größtenteils; **~ìna** Mehrheit *f*; **~ìnōm** meist(ens); größtenteils
vȅd|ar heiter, klar; **~ìna** Heiterkeit *f*
vèdriti se *s.* **razvedrávati se**
vèdro Eimer *m*
vegetarìjānskī vegetarisch
vȅle|grād Großstadt *f*; **~izdaja** Hochverrat *m*; **~sila** Großmacht *f*; **~tȓgovina** Großhandel *m*
veličànstv|en majestätisch; großartig; **~o** Majestät *f*
velìč|ati verherrlichen; **~ìna** Größe *f*; Weite *f*
vȅlik groß
velìkān Riese *m*
velikòdūšan großmütig
vèljača *kr.* Februar *m*
véna Vene *f*
venèrič|an: ~nā bȍlēst Geschlechtskrankheit *f*
vèn|tīl Ventil *n*; **~tìlātor** Ventilator *m*
vȇnuti [pò-, ù-] (ver)welken

vȅo *m* Schleier *m*
veòma sehr, höchst, äußerst
vȅpar Eber *m*; **dìvljī** ~ Keiler *m*
verèsija Kredit *m*, F Pump[kasten] *m*
vȅrgl Drehorgel *f*, Leier[kasten] *m*
vèriga Kette *f*
vesè|liti (**se** sich) (er)freuen; **~ljāk** Spaßvogel *m*, Stimmungsmacher *m*
vesélje Freude *f*; Fröhlichkeit *f*; **národnō** ~ Volksfest *n*
vȅse|o fröhlich, lustig, vergnügt; **~lā ìgra** Lustspiel *n*
vȅsl|āč Ruderer *m*; **~āčkī** Ruder-; **~ānje** Rudern *n*; **~ati** rudern; **~o** Ruder *n*, Riemen *m*
vésti (*Präs.* **vézēm**) sticken
veterìnār Tierarzt *m*
vȅza Verbindung *f*; Beziehung *f*; Band *n*
vézati (ver)binden; (ver-)schnüren; *Buch* einbinden
vȅziv|an: ~nō tkȋvo Bindegewebe *n*; **~o** Stickerei *f*; *Tech.* Bindemittel *n*
vȇznīk Bindewort *n*, Konjunktion *f*
véža Torweg *m*
vèžnjača *Anat.* Bindehaut *f*
vȋd Sehvermögen *n*, Augenlicht *n*; Art *f*; Form *f*; Vorwand *m*; *Gr.* Aspekt *m*; **ìmati u vídu** im Auge behalten; **~an** Seh-, Gesichts-
vìdīk Horizont *m*
vȉdje|lo: izíći na ~lo zum Vorschein kommen; **~ti** sehen
vìdljiv sichtbar; **~ōst** *f* Sicht(weite) *f*
víđati öfter sehen
vìđ|ēnje: ìz ~ēnja vom Sehen; **do ~énja!** auf Wiedersehen!
vȋhor Wirbelwind *m*
víjak (*Schiffs-*)Schraube *f*, Propeller *m*
vijèć|ati (sich) beraten; **~e** Rat *m*; **ȉzvršnō ~e** *Pol.* Exekutivrat *m* (*a. Bezeichnung für jugosl. Regierung*)
vijećnica Rathaus *n*
vȉjek Jahrhundert *n*; Leben(sdauer *f*) *n*; **stȃrī** ~ Altertum *n*
vijènac Kranz *m*
vȉjest *f* Nachricht *f*, Botschaft *f*; *pl. Rdf.* Nachrichten *pl.*
vijùgati se sich schlängeln, winden
vȉjugav gewunden
vȉka Geschrei *n*
vík|ati [**~nuti**] schreien; rufen
víla[1] Fee *f*
vȉla[2] Villa *f*
vilájet (*in Bosnien*) (*Heimat-*)Land *n*
vȉl|e *f*/*pl.* (*Heu-*)Gabel *f*; **~ica** *Anat.* Kiefer *m*; *s.* **vȉljuška**
vȉljuška (*Eß-*)Gabel *f*; *Tech. a.* Bügel *m*
vȉme Euter *n*
vìnara Weinstube *f*; Weinhandlung *f*
víno Wein *m*
vìnogr|ād Weinberg *m*; **~àdār** Winzer *m*; **~adárstvo** Weinbau *m*

vìnova lòza Weinrebe *f*
vînskī Wein-; ~ **pȍdrum** Weinkeller *m*
vîr (*Wasser-*)Strudel *m*
vísak (*Senk-*)Lot *n*
vìsēćī hängend, Hänge-; ~ **môst** Hängebrücke *f*
vìsibaba Schneeglöckchen *n*
visìna Höhe *f*
vìsinskī Höhen-
vȉsiti *v/i.* hängen
vìsok hoch; groß (gewachsen); *s.* **pêć**
visokovrijèdnosnī hochwertig
vȉsorāvan *f* Hochebene *f*
víšak Überschuß *m*; ~ **râda** Mehrarbeit *f*
vȉše *prp.* (*G*) über (*D*); *adv.* höher; mehr; **ùtoliko** ~ um so mehr; ~ **pútā** mehrmals; *s. a.* **mȁnje**
višè|struk mehrfach; ~**značan** mehrdeutig
vȉš|ī höher; ~**ā** **škȍla** Hochschule *f*
vȉšnja Weichsel-, Sauer|kirsche *f*
vȉšnjī höchst
vìtak schlank
vìtao *m Tech.* Winde *f*
vìtē|škī ritterlich; ~**z** Ritter *m*
vìti winden; ~ **se** sich ranken
vìtlati schwingen
vitòperiti se *Holz*: sich werfen, sich verziehen
víza Visum *n*
vizàntījskī *sb.* byzantinisch
vjȅč|an ewig; ~**nōst** *f* Ewigkeit *f*
vjȅđa (*Augen-*)Lid *n*
vjȅnčān verheiratet
vjènčānī: ~ **kûm** Trauzeuge *m*; ~ **pȑstēn** Trauring *m*
vjenčànica Trauschein *m*, Heiratsurkunde *f*
vjènč|ānje Trauung *f*; Vermählung *f*; ~**ati** *v/t.* trauen; ~**ati se** heiraten, sich vermählen
vjȅra Glaube(n) *m*
vjȇran treu
vjȅren|ica Braut *f*, Verlobte *f*; ~**ik** Bräutigam *m*, Verlobte(r) *m*
vjèridba Verlobung *f*
vjȅriti (se) sich verloben
vjȇrnīk *Rel.* Gläubige(r)
vjér|nōst *f* Treue *f*; ~**odóstōjan** glaubwürdig
vjeroìspovije|d *f*, ~**st** *f* Glaubensbekenntnis *n*, Konfession *f*
vjeròjatan *kr.* wahrscheinlich
vjȅr|olōman treubrüchig; ~**òvatan** *sb.* wahrscheinlich; ~**ovati** glauben (**u** *A*/ an *A*); ~**òvnīk** Gläubiger *m*
vjȇsnīk Bote *m*, Kurier *m*
vjȅša|la Galgen *m*; ~**lica** Kleider|bügel *m*, -haken *m*; *Kochk.* Kotelett *n* vom Rost; ~**ti** (auf)hängen
vjȇšt geschickt; bewandert, (sach)kundig (*D*/ in *D*)
vjȅštā|čkī künstlich, Kunst-; ~**k** Sachverständige(r) *m*
vjȅštica Hexe *f*
vjeʹština Geschicklichkeit *f*, Fertigkeit *f*

vjèt|ar Wind *m*; Windstoß *m*; **~renjača** Windmühle *f*; **~riti** verdunsten; **~robrãn** Windschutzscheibe *f*; **~ròvit** windig
vjètrõvka Windjacke *f*
vjȅverica Eichhörnchen *n*
vjȅžba Übung *f*; Praktikum *n*; **~lište** Übungsplatz *m*; **~onica** Übungsraum *m*; **~ti** (se) üben; turnen
vlád|a Regierung *f*; **~ãnje** Regieren *n*; Betragen *n*, Verhalten *n*
vlàdãr Herrscher *m*
vládati (*I*) herrschen (über *A*), regieren (*A*); beherrschen (*A*); **~ se** sich betragen, sich verhalten
vlàdika *m* Bischof *m*
vlȁga Feuchtigkeit *f*
vlâk *kr. Esb.* Zug *m*; **ȕbrzãnī ~** Eilzug *m*
vlȁknast faserig; sehnig
vlákno Faser *f*
vlȁkovođa *m kr.* Zugführer *m*
vlâs *f* Haar *n*
vlásac Schnittlauch *m*
vlȁsnī|k Besitzer *m*, Eigentümer *m*; Inhaber *m*; **~štvo** Eigentum *n*
vlâst *f* (*Staats-*)Macht *f*; Obrigkeit *f*, Behörde *f*; **~an** befugt
vlastèla Adel *m*
vlàstit eigen, Eigen-
vlasto|dȑžac Machthaber *m*; **~hlepan, ~ljùbiv** herrschsüchtig
vlàsulja Perücke *f*
vlât *f od. m* Halm *m*
vlȃžan feucht
vô *m s.* **vôl**
vȍć|ãr Obsthändler *m*; Obstzüchter *m*; **~e** Obst *n*; **~nī** Obst-; **~njãk** Obstgarten *m*
vȍd *Mil.* Zug *m*; *El.* Leitung *f*
vòda Wasser *n*; *pl. a.* Gewässer *pl.*; **mòrskā ~** Meerwasser
vodèn|ī Wasser-; **~ā bȉljka** Wasserpflanze *f*; **~ī znâk** Wasserzeichen *n*; **~ica** Mühle *f*
vòd|ič Führer *m*; (**turìstičkī**) Reise-, Fremden|führer *m*; **~ìk** Wasserstoff *m*; **~iti** führen
vȍd|nī Wasser-; wäßrig; **~nīk** *Mil.* Zugführer *m*
vododȑžljiv wasserdicht
vodònīk *s.* **vòdīk**
vȍdo|pād Wasserfall *m*; **~rãvan** horizontal; **~skok** Springbrunnen *m*; **~stãj** Wasserstand *m*; **~vod** Wasserleitung *f*; **~vodnā vòda** Leitungswasser *n*
vòdstvo Führung *f*; Leitung *f*
vȍđ(a *m*) (An-)Führer *m*
vòjārna Kaserne *f*
vȍjnī Kriegs-, Militär-
vòjnī|čkī soldatisch, Soldaten-; **~k** Soldat *m*
vójsk|a Heer *n*; **~òvođa** *m* Feldherr *m*
vȍjvo|da *m* Herzog *m*; **~dina** Herzogtum *n*
vôl Ochse *m*
vòlān *Kfz.* Lenkrad *n*

vòlj|a Wille(n) *m*; **po ~i** nach Belieben; **~an** willig, bereit
vòljeti lieben, mögen, gern haben (*od.* tun)
vònjati riechen
vȍsak Wachs *n*
vòštan wächsern, Wachs-
vôz *sb. Esb.* Zug *m*; *s.* **vlâk**
vòzāč (Kraft-)Fahrer *m*; **~ki** Fahrer-, Führer-; **~kō oglèdalo** *Kfz.* Rückspiegel *m*
vozàrina Fahr|geld *n*, -preis *m*; Fracht *f*
vòzi|lo Fahrzeug *n*; **~ti (se** *v/i.*) fahren
vôznī Fahr-; **~ rêd** Fahrplan *m*
vòžnj|a Fahrt *f*; **rêd ~ē** Fahrplan *m*
vrábac Sperling *m*, Spatz *m*
vràčara Wahrsagerin *f*
vráčati wahrsagen
vrȁćati *s.* **vrátiti**
vrâg Teufel *m*; **~òlast** schalkhaft, schelmisch; **~òlije** *f/pl.* Schabernack *m*
vrȁna Krähe *f*
vránac Rappe *m*
vrât Hals *m*
vráta *n/pl.* Tür *f*; Tor *n*; **kȕćnā ~** Haustür
vràtār Pförtner *m*, Portier *m*; *Sp.* Torwart *m*
vràtilo *Tech.* Welle *f*
vrátiti (**vrȁćati**) zurückgeben; zurück|erstatten, -zahlen; speien, (er)brechen; **~ se** zurück|kehren, -kommen; wiederkommen
vrȁž(i)jī teuflisch
vŕba *Bot.* Weide *f*
vȑcati *Funken* sprühen
vȑč Krug *m*
vrébati (auf)lauern, abpassen
vrȅć|a Sack *m*; **~ica** Tüte *f*
vrèlīšte Siedepunkt *m*
vrȅlo Quelle *f*
vrȅmenskī zeitlich, Zeit-; Wetter-
vrèmēšan bejahrt
vrénje Gärung *f*
vretèno Spindel *f*
vrȅti sieden; wallen; gären
vrȅva Gewimmel *n*, Gedränge *n*; Lärm *m*
vȑgānj Steinpilz *m*
vȓh Gipfel *m*; (*Baum-*) Wipfel *m*; Spitze *f*
vȑhnje Rahm *m*, Sahne *f*; **túčenō ~** Schlagsahne
vȑhōvn|ī oberste(r); **~ā kòmānda** Oberkommando *n*
vrhúnac Höhepunkt *m*, Gipfel *m*
vrhunáravan übernatürlich
vrijèd|an wertvoll; wert; **spȍmēna ~an** erwähnenswert; **~iti** wert sein; gelten; taugen
vrijèdnosn|ī pàpīr Wertpapier *n*; **~ō písmo** Wertbrief *m*
vrijèdnōst *f* Wert *m*; Geltung *f*
vrijèđati *s.* **uvrijèditi**
vrijème Zeit *f*; Wetter *n*; **za ~** während (*G*); **prȉje vrȅmena** vor|zeitig, -fristig

vȑlēt *f* Steilwand *f*; **~an** felsig; schroff, steil
vrlìna Tugend *f*
vȑlo sehr; **~ rȁdo!** sehr gern!, mit Vergnügen!
vȑpca Band *n*; **mȁgnetofōnskā ~** Tonband
vȑsnīk *s.* **vȑšnjāk**
vȓst *f*, **vŕsta** Art *f*; Sorte *f*; Gattung *f*
vŕstan gediegen, trefflich
vŕšak Spitze *f*
vȑšēnje Ausübung *f*; *Agr.* Dreschen *n*, Drusch *m*
vȑšilac: **~ dúžnosti** kommissarisch eingesetzte (Amts-)Person *f*, Stellvertreter *m*
vŕšiti ausüben; *Amt* bekleiden; *Pflicht* tun; *Dienst* versehen; *Arbeit* verrichten; *Agr.* dreschen
vȑšnjāk Altersgenosse *m*
vȓšnī Gipfel-, Spitzen-
vȓt Garten *m*; **~nī** Garten-
vȑtjeti (se sich) drehen
vȑtlār Gärtner *m*; **~stvo** Gartenbau *m*
vȑtlog Wirbel *m*
vrtòglavica Schwindel(gefühl *n*) *m*
vrtúljak Karussel *n*
vrȗć heiß; **~ìna** Hitze *f*
vŕvjeti wimmeln
vȕča *Tech.* Zug *m*
vúčac *Med.* Brand *m*
vúčēnje Ziehen *n*; *Kfz.* Abschleppen *n*; (*Lotterie-*) Ziehung *f*
vȕčnī *Tech.* Zug-
vúći ziehen; zerren; (ab-) schleppen
vȗk Wolf *m*
vȕn|a Wolle *f*; **~en** wollen

Z

za (*A*) für (*A*), zu (*D*); um (*A*); (*örtlich*) auf (*A*), an (*A*), nach (*D*); (*zeitlich*) in (*D*); (*G*) während (*G*); (*I*) hinter, nach (*D*)
zà|bāčen abgelegen; verwahrlost; **~bádati** *s.* **~bòsti**; sticheln; **~badàvā** umsonst; **~bàsati** *pf.* *s.* **zalútati**
zábat Giebel *m*
zábava Unterhaltung *f*, Zeitvertreib *m*; (*Tanz-*) Vergnügen *n*
zàbav|an unterhaltsam; **~iti** (**~ljati**) (se sich) unterhalten, vergnügen
zabèzēknūt verdutzt
zabíjati *s.* **zàbiti**
zȁbilje|ška Notiz *f*, Vermerk *m*; Anmerkung *f*; **~žávati [zabìlježiti]** notieren; an|merken, -streichen
zȁbitan *s.* **zàbāčen**
zà|biti (**~bíjati**) (hin)ein|-schlagen, -treiben; **~blistati** *pf.* *s.* **blistati**
zȃbluda Irrtum *m*; **~n** irrtümlich, irrig
zȁ|borāv Vergessen(heit *f*) *n*; **~bòraviti** (**~borávljati**) vergessen; **~boràvljiv** vergeßlich; **~bòsti** (**~bádati**)

(hin)einstechen; **~brájati se** *s.* **~bròjiti se**
zábran (*Wald-*)Schonung *f*
zâbrana Verbot *n*, Sperre *f*; (dinglicher) Arrest *m*
zabrá|niti (**~njívati**) verbieten, untersagen; sperren
zà|brānjēn verboten; **~brdskī** auf (*od.* von) der anderen Seite des Gebirges; **~brinut** besorgt; **~brìnjavājūćī** besorgniserregend; **~bròjiti** (**~brájati**) **se** sich verzählen
zâbun|a Versehen *n*, Verwechslung *f*; **~ōm** aus Versehen
zabúniti (**zabunjívati**) verblüffen; verwirren; **~ se** in Verlegenheit geraten, verwirrt sein
za|cijèlo gewiß, sicher (-lich); **~cijèliti** *pf.* (aus-, ver)heilen; **~čár(áv)ati** verzaubern; **~čéće** Empfängnis *f*
začèp|iti (**~ljávati**) verstopfen; zukorken
zàčēti *pf. Kind* empfangen; *s.* **pòčēti**
zá|čin Gewürz *n*; **~čìniti** (**~činjávati**) würzen
zàču|diti (**~đívati**) in Staunen versetzen; *v/r. s.* **čūditi se**
záći (**zàlaziti**) umgehen; abbiegen (*v/i.*); *Sonne*: untergehen
zàdaća Aufgabe *f*
zàdāh Gestank *m*; **~ iz ústā** Mundgeruch *m*
zadátak Aufgabe *f*
zàd(áv)ati (auf)geben; *Sorge, Mühe* machen; *Wunde* beibringen; *Schlag* versetzen
zà|desiti *pf.* treffen (*A*), zustoßen, widerfahren (*D*); **~dīhān** atemlos; **~dijèvati** necken; **~dimljen** verraucht, rauchig; **~dirkívati** necken, ärgern; **~díviti** (**~divljívati**) **se** *s.* **čūditi se**
zādnj|ī letzt-; **~ica** Hintern *m*
zadòb|iti (**~íjati, ~ívati**) gewinnen; erlangen
zādov|ōljan zufrieden; **~òljāvājūćī** befriedigend; **~oljávati** [**~òljiti**] befriedigen; zufriedenstellen; *v/r.* (se) sich begnügen; **~óljstvo** Zufriedenheit *f*; Behagen *n*; Befriedigung *f*; *a.* = **~óljština** Genugtuung *f*
zádru|ga Genossenschaft *f*; **~žan** genossenschaftlich
zadřž(áv)ati zurückhalten; behalten; anhalten (*v/t.*); *Rechte* vorbehalten; **~ se** sich aufhalten, (ver)weilen
zadú|biti, ~psti se *pf.* sich vertiefen
zà|dužbina Stiftung *f*; **~dūženōst** *f* Verschuldung *f*; **~dužnica** Schuldschein *m*; **~gađívānje** (*Umwelt-*) Verschmutzung *f*; **~gledati** *pf.* e-n Blick (hinein-) werfen, hineinsehen; **~glúšiti** (**~glušívati**) betäuben; **~gnjúriti** *pf.* ein-, unter|tauchen

zȁgonēt|an rätselhaft; **~ka** Rätsel *n*
zagòrio angebrannt
zȁgrada Einzäunung *f*; Klammer *f*
zagrá|diti (~đívati) einzäunen; verbauen; einklammern
zàgr|isti (~ízati) anbeißen
zàgrliti *pf.* umarmen
zȁgrljāj Umarmung *f*
zá|hod Abort *m*, Toilette *f*; **~htijèvati** verlangen, fordern; beanspruchen, erfordern; **~htjev** (An-)Forderung *f*, Verlangen *n*; Anspruch *m*
zàhva|ćati *s.* **~tati**
zȁhv|ala Dank *m*; Lob *n*; **~ālan** dankbar; **~áliti (~aljívati)** danken; *v/r.* **(se)** sich bedanken (**na** *L*/ für *A*); **~àljujūći** dank
zȁhvāt Eingriff *m*
zàhva|tati, ~ćati [~titi] (er)greifen; fangen
zàista wahrhaft(ig)
zájam Anleihe *f*, Darlehn *n*
zajèdljiv *fig.* bissig
zȁjedn|ica Gemeinschaft *f*; **~ički** gemeinsam; **~o** zusammen, miteinander
zakàčāljka Wäscheklammer *f*
zàka|čiti *pf.* anhängen, ankoppeln; **~sniti (~šnjávati)** sich verspäten; *Esb.* Verspätung haben; **~šnjénje** Verspätung *f*
zá|kivak *Tech.* Niet *m*; **~kívati [~kòvati]** (ver)nieten; (an-, ver)nageln
zàkl|ada *s.* **zàdužbina**; **~ati** *pf.* (ab)schlachten; **~ēti (~ìnjati)** vereidigen; **~ēti (~ìnjati) se** (be-) schwören, beeiden
zákletva Schwur *m*, Eid *m*; **krívā ~** Meineid *m*
zàklinjati se *s.* **zàkleti se**
zàkl|on Schirm *m*; Obdach *n*, Zuflucht *f*; *Mil.* Dekkung *f*; **~òniti** *pf.* schützen, abschirmen; verbergen
zàklopac Deckel *m*, [Klappe *f*]
zàključ|ak Abschluß *m*; Schluß *m*; Folgerung *f*; **~an** abschließend, (Ab-) Schluß-
zakljùč(áv)ati ver-, zu|- schließen, sperren
zakljúč|iti (~ívati) folgern, schließen; *Vertrag* abschließen
zákon Gesetz *n*; **~ik** Gesetzbuch *n*; **~it** gesetz|lich, -mäßig; *Kind*: ehelich; **~odávstvo** Gesetzgebung *f*; **~ski** gesetzlich, Gesetzes-
zakòp|(áv)ati ein-, ver|- graben; be|graben, -erdigen; **~č(áv)ati** zuknöpfen; zuschnallen
zakòvati *pf.* *s.* **zakívati**
zȁkovica *s.* **zákivak**
zakŕč|iti (~ívati) verrammeln, (ver)sperren
zakrénuti (zàkretati) ab|- biegen, -drehen (*v/i.*)
zàkr|pa Flicken *m*, Fleck *m*; **~žlj(áv)ati** verkümmern

zákup Pacht *f*; **~ac** Pächter *m*
zakúp|iti (**~ljívati**) pachten
zàkupn|ī Pacht-; **~ìna** Pachtzins *m*
zákuska Imbiß *m*
zà|kvačiti *pf.* einhaken; *Tech.* einrücken; einkuppeln; **~làgaonica** Pfand-, Leih|haus *n*; **~lágati** *s.* **~lòžiti**; **~lajati** *pf. Hund*: anschlagen; anbellen (**na** *A*/*A*); **~lazak** (*Sonnen-*) Untergang *m*; **~laziti** *s.* **záći**; **~leđenō mêso** Gefrierfleisch *n*; **~lemiti** (**~lemljávati**) ver-, zu|löten
záli|ha Vorrat *m*; **~jèpiti** (**zaljepljívati**) zukleben; ankleben; verkitten; **~jèvati** *s.* **zàliti**
zàlisci *m*/*pl.* Backenbart *m*
zálišan überflüssig; vorrätig
zàli|ti (**~jèvati**) begießen; *Tech.* (*I*) aus-, ver|gießen (mit *D*)
záliv Meerbusen *m*, Bucht *f*
zálog Pfand *n* [*m*
zălogāj Bissen *m*, Brocken
za|lòžiti (**~lágati**) ver|pfänden, -setzen
zá|ložnica Pfandschein *m*; **~lútati** *pf.* sich ver|irren, -laufen; *fig.* abirren; **~ljepljívati** *s.* **zalijèpiti**; **~ljev** *s.* **~liv**
zaljúb|iti (**~ljívati**) **se** sich verlieben
zà|ljūbljen verliebt; **~mah** Schwung *m*; Schwungkraft *f*; **~mahívati** [**~máhnuti**] *zum Schlag* ausholen; schwingen; **~majac** Schwungrad *n*; **~malo** fast, beinahe
zamám|iti (**~ljívati**) ver|locken, -führen
zamàmljiv verlockend
zamárati *s.* **zamòriti**
zà|mazati (**~mazívati**) beschmieren, verunreinigen; **~metak** Embryo *m*; **~mètati** [**~metnuti**] *Gespräch* anknüpfen; *Streit* anzetteln; *Brille usw.* verlegen; **~mijèniti** (**~mjenjívati**) ver|tauschen, -wechseln; aus|tauschen, -wechseln
zàmīsao *f* Gedanke *m*, Einfall *m*
zàmišljen nachdenklich
zâmje|nica *Gr.* Fürwort *n*, Pronomen *n*; **~nīk** Stellvertreter *m*; **~njívati** *s.* **zamijèniti**
zamjerávati [**zàmjeriti**] übelnehmen; mißbilligen
zâmka Falle *f*, Schlinge *f*
zá|mor Ermüdung *f*; **~mòriti** (**~márati**) (**se** *v*/*i.*) ermüden
zá|mōrče Meerschweinchen *n*; **~motak** Paket *n*; Bündel *n*; **~mòt(áv)ati** einwickeln, ein-, ver|packen; umhüllen; **~mráčiti** (**~mračívati**) verdunkeln; **~mŕsiti** *pf.* verwirren
zà|mŕšen verwickelt; **~mrzávati** [**~mrznuti**] **se** zufrieren; **~nāt** Handwerk

n, Gewerbe *n*; **~nàtlija** *m* Handwerker *m*
zanemár|iti (**~ívati**) vernachlässigen
za|nèsen hingerissen, entzückt; **~nijèkati** *pf.* verneinen
zànijeti (**zanòsiti**) hinreißen, entzücken; **~ se** schwärmen (*I*/ für *A*)
zaním|ānje Beschäftigung *f*; Beruf *m*; **~ati** (**se** sich) beschäftigen; interessieren
zanìmljiv interessant
zános Begeisterung *f*, Schwärmerei *f*; **~an** hinreißend, entzückend
zanòsiti *s.* **zànijeti**
zäo böse, schlecht, schlimm, übel
zaob|íći (**~ìlaziti**) um|gehen, -fahren; **~ìlazak** Umleitung *f*; Umweg *m*
zaò|bliti *pf.* abrunden; **~kretati** [**~krénuti**] wenden, umkehren (*v/i.*)
zaokrúž|iti (**~ívati**) abrunden
zaòsta|o rückständig; **~(ja)ti** zurückbleiben; *Uhr*: nachgehen
za|ostátak Rückstand *m*; **~oštrávati** [**~òštriti**] zu-, an|spitzen
zäpād West(en) *m*
zàpa|dati *s.* **~sti**
zäpad|nī westlich, West-; **~njāk** Abendländer *m*; Westwind *m*
zapá|liti (**~ljívati**) an-, ent|zünden; **~liti se** in Brand geraten; **~ljénje** *Med.* Entzündung *f*; **~ljívati** *s.* **~lipi**; **~njiti** *pf.* bestürzen, erstaunen; **~njiti se** stutzen
zàpa|priti *pf.* *s.* **pàpriti**; **~sti** (**~dati**) untergehen, sinken
zápek (*Stuhl-*) Verstop-[fung *f*]
zà|pēti (**~pinjati**) (an-) spannen; steckenbleiben; stocken; **~pís(ív)ati** aufschreiben; einschreiben; verschreiben
zápisnīk Protokoll *n*
zà|pjevati *pf.* *Lied* anstimmen; **~plakati** *pf.* (beginnen zu) weinen; **~plèsti** (**~pletati**) (**se** sich) ver|wickeln, -schlingen
záplet Verwicklung *f*
zà|pletati *s.* **~plèsti**; **~plijèniti** *pf.* erbeuten; beschlagnahmen; **~pòčēti** (**~pòčinjati**) beginnen, anfangen (*A*/ mit *D*); **~pomágānje** Hilferuf *m*
zá|por Riegel *m*; **~posjédati** [**~pòsjednuti**] besetzen
zàposlen beschäftigt; **~ōst** *f* Beschäftigung *f*
zapò|sliti (**~šljávati**) beschäftigen; **~staviti** (**~stavljati**) zurücksetzen, benachteiligen
zäpovij|ed *f*, **~est** *f* Befehl *m*; Gebot *n*; Kommando *n*; **~èdati** *s.* **zapòvjediti**
zapòv|jediti (**~ijèdati**) befehlen, gebieten; **~jèdnīk** Befehlshaber *m*; **~jedníštvo** Kommando *n*

zȁprāvo eigentlich
zȃ|prega Gespann *n*; **~preka** Hindernis *n*, Hemmnis *n*; **~prémati** [**~prémiti**] *Raum, Platz* einnehmen; *Wasser* verdrängen; **~premina** Rauminhalt *m*; *Mar.* (*Wasser-*) Verdrängung *f*
zaprepá|stiti (**~šćívati**) bestürzen; **~šćénje** Bestürzung *f*
zapròsiti *pf.* werben, anhalten (*A*/ um *A*)
zȃprška Einbrenne *f*, Mehlschwitze *f*
zȁpt|iti (**~ívati**) (ab)dichten, verstopfen; **~ivka** *Tech.* Dichtung *f*
zȁ|pučak Knopfloch *n*; **~pùstiti** (**~púštati**) vernachlässigen; **~pušiti** *pf.* (an)rauchen; *s.* **začèpiti**; **~pušten** verwahrlost
zȃr? etwa?; **~ nȇ?** nicht wahr?
zaračùn(áv)ati anrechnen; **~ se** sich verrechnen
zȁ|rada (*Arbeits-*)Verdienst *m*, Lohn *m*; Gewinn *m*; **~ráditi** (**~rađívati**) verdienen; **~rásti** *pf.* zuwachsen; *Gras*: bedecken, bewachsen (*I*/ mit, von *D*)
zȃraza Ansteckung *f*; **~n** ansteckend
zará|ziti (**~žávati**) anstekken, infizieren
zȁrđ|ān, ~ao verrostet
zaŕđati *pf.* verrosten
zárez Kerbe *f*; *Gr.* Komma *n*
zȁ|rezati *pf.* einkerben, anschneiden; **~ríbati (se)** *pf.* sich einfressen
zaròb|iti (**~ljávati**) gefangennehmen; **~ljènīk** Gefangene(r) *m*; **~ljeníštvo** Gefangenschaft *f*
zaròniti *pf.* untertauchen
zarúč|iti (**~ívati**) (**se** sich) verloben
zȁru|čnica Verlobte *f*; **~čnīk** Verlobte(r) *m*; **~ka, ~ke** *f/pl.* Verlobung *f*
zȁsad(a) vorläufig
záse|ban besonder, getrennt; **~lak** Weiler *m*, Gehöft *n*
zȁsi|pati *s.* **zȁsūti**; **~titi** *pf.* sättigen
zȃsjeda Hinterhalt *m*
zȁ|sjedānje Tagung *f*, Sitzung *f*; **~sjéd(áv)ati** tagen; **~sláditi** *pf.* versüßen; **~slijèpiti** *pf.* blenden
zá|slon (*Lampen-, Mützen-*) Schirm *m*; **~slòniti** *pf.* abschirmen, schützen; abblenden
zȃsluga Verdienst *n*
zásluž̄an verdient
zaslúž|iti (**~ívati**) verdienen
zasn|ívati [**~òvati**] (be-) gründen
zȁ|spati *pf.* einschlafen; **~stajati**[1] [**~stati**] (an)treffen; **~stàjati**[2] [**~stati**] *v/i.* haltmachen; stocken
zȁsta|rio veraltet; **~rjelōst** *f* Verjährung *f*; **~rjeti** *pf.* veralten; verjähren; **~ti** *s.* **zȁstajati**[1] *u.* **zastàjati**[2]

zâstav|a Fahne *f*, Flagge *f*; **~ica** Wimpel *m*
zastídjeti *pf.* beschämen
zàst|irati *s.* **~rijeti**
zást|ōj Stockung *f*; *Hdl.* Stagnation *f*; **~or** Vorhang *m*; Gardine *f*; **~ràniti** (**~ranjívati**) abschweifen
zàstraš|iti (**~ívati**) einschüchtern; (ab)schrecken
zàst|rijeti (**~irati**) ausbreiten; ver|hüllen, -schleiern; **~úpati** [**~úpiti**] vertreten
zástupn|īk Vertreter *m*; **~īštvo** Vertretung *f*
zasúk(ív)ati *Ärmel* hochkrempeln
zásun Riegel *m*; Schieber *m*
zà|sūti (**~sipati**) zu-, ver|schütten; **~šaráfiti** *pf.* an-, fest|schrauben; **~šèćeriti** *pf.* (ver)zuckern; **~šíljiti** (**~šiljívati**) anspitzen; **~šiti** *pf.* zunähen; **~štèđevina** Ersparnis(se *pl.*) *f*; **~štićívati** *s.* **~štítiti**
zâštita Schutz *m*
zaští|titi (**~ćívati**) schützen
zâštitn|ī Schutz-; **~ē nàočāre** *f/pl.* Schutzbrille *f*; **~ō odijèlo** Schutzanzug *m*
záštitnīk Beschützer *m*; Schutzherr *m*
zâšto? warum?, weshalb?; wozu?, wofür?; **~ nē?** warum nicht?
zatà|ći *s.* **~knuti**
zatáj|iti (**~ívati**) verheimlichen; verbergen; *v/i. Gerät, Waffe*: versagen
zatà|knuti *pf.*, **~ći** (**zàticati**[1]) (ein)stecken; an|stecken, -heften
zatèći (**zàticati**[2]) (an)treffen; erwischen (**na** *L*/ bei *D*)
zaté|gnuti (**~zati**) (an-) spannen, festziehen; *impf. a.* verzögern, hinausschieben
zà|ticati *s.* **~tàknuti**, **~tèći**; **~tiljak** Genick *n*, Nakken *m*; **~tīm** dann, darauf, danach; nachher, hinterher
zátīšje Windstille *f*
zàtō darum, deshalb; **~ štō** weil
za|trážiti *pf.* nachsuchen (*A*/ um *A*); **~tvàrāč** Verschluß *m*; **~tvárati** *s.* **~tvòriti** [*s.* **zápek**]
zátvor Gefängnis *n*; *Med.*
zàtv|oren geschlossen; eingesperrt, verhaftet; **~orènīk** Häftling *m*; **~òriti** (**~árati**) (ab-, ver)schließen, zumachen; einsperren, verhaften; (ver)sperren; *Hahn* zudrehen; abstellen, ausschalten; *s.* **[u]gásiti**, **zaùstaviti**; **~òriti se** sich (ein)schließen
zaùstav|iti (**~ljati**) anhalten, stoppen; aufhalten; *Blut* stillen; *Maschine* abstellen; **~iti se** stehenbleiben, halten
zà|uške *f/pl. Med.* Mumps *m*; **~ušnica** Ohrfeige *f*; **~ùzd(áv)ati** zäumen; **~uzéće** Eroberung *f*, Einnahme *f*
zâ|uzēt besetzt; beschäftigt; **~ùzēti** (**~ùzimati**) einneh-

men; erobern; besetzen; **~váriti** (**~varívati**) *Tech.* (ver)schweißen; **~varìvāč** Schweißer *m*; **~vèsti,** *Präs.* **~vèdēm** (**~vòditi**) (hin-) führen; *Mädchen* verführen; irreführen; **~véz(ī-v)ati** ver-, zu|binden
zàvičāj Heimat *f*; **~an** heimatlich
závid|an neidisch; beneidenswert; **~jeti** (**zavíđati**) beneiden (**na** *L*, **za** *A*/ um *A*)
za|vìjāč Wickelgamasche *f*; **~víjati** heulen; *s.* **zàviti**
závis|an abhängig; **~iti** abhängen (**od** *G*/ von *D*)
závist *f* Neid *m*
zàv|iti (**~ìjati**) (ein)wickeln; *Wunde* verbinden; *Zigarette* drehen; *um die Ecke* biegen; zuschrauben
závje|ra Verschwörung *f*; **~rènīk** Verschwörer *m*; **~s(a)** Vorhang *m*; Gardine *f*; **~t** Gelübde *n*; **Novī** (**Starī**) **~t** *Rel.* Neues (Altes) Testament *n*; **~tovati se** geloben
zav|láčiti *s.* **~úći**
záv|od Anstalt *f*; **~òditi** *s.* **~èsti**; **~òdljiv** verführerisch; **~odnīk** Verführer *m*; **~odskī** Anstalts-
závoj Kurve *f*, Windung *f*; *Med.* Verband *m*, Binde *f*; **~ak** (*Schrauben-*)Gang *m*; Windung *f*
zavojèvati *pf.* erobern; **~ na** (*A*) e-n Krieg beginnen (mit)
závoj|ica Serpentine *f*; **~t** kurvenreich; Spiral-
závōjn|ī: **~ī materìjāl** Verbandzeug *n*; **~ica** Spirale *f*
zàvōranj Bolzen *m*, Stift *m*
za|vŕnuti (**zàvrtati**) an-, fest|schrauben; zuschrauben; **~vršétak** Schluß *m*; *Gr.* Endung *f*; **~vŕšiti** *pf.* be-, voll|enden
zàvr̄tanj Schraube *f*
zà|vrtati *s.* **~vŕnuti**; **~vrtnjànī** Schrauben-; **~vúći** (**~vláčiti**) hin(ein)ziehen; *v/r.* (**se**) hineinkriechen, sich verkriechen; **~zídati** (**~ziđívati**) vermauern; **~zirati** [**~zreti**] (sich) scheuen; **~z(í)vati** auffordern
zázor Scheu *f*; Schande *f*; **~an** anstößig, schimpflich; **~ljiv** scheu
zà|zreti *s.* **~zirati**; **~zvati** *s.* **zazívati**; **~zubica** Zahngeschwür *n*
zbác|iti (**~ívati**) (her)ab-, herunter|werfen; abschütteln
zbíjati *s.* **zbìti**
zbìjen dicht, kompakt, gedrungen
zbìlja Wirklichkeit *f*; Ernst *m*; *adv.* wirklich
zbîr Inbegriff *m*; *s.* **zbrôj**; **~ka** Sammlung *f*
zbìti (**zbíjati**) zusammenschlagen; *s.* **sàbiti**; **~ se** geschehen, vor sich gehen
zbȍg (*G*) wegen, um ... willen
zbȍgom! Lebe wohl!; **rèći ~** Lebewohl sagen

zbôr Versammlung *f*; *Mus.* Chor *m*; **~an: ~nō mjësto** Treffpunkt *m*; **~ište** Versammlungsort *m*; **~nīk** Sammelband *m*, Sammlung *f*

zbrájati *s.* **zbròjiti**

zbȑka Wirrwarr *m*, Durcheinander *n*

zbr|ôj Summe *f*; **~òjiti** (**~ájati**) zusammen|zählen, -rechnen

zbú|niti (**~njívati**) verwirren, verblüffen; irreführen; *v/r.* (se) in Verlegenheit geraten

zbûnjen ver|legen, -wirrt

zdénac Brunnen *m*

zdèpast plump

zdjël|a Schüssel *f*; **~ica** Schale *f*, Tasse *f*

zdrȁv gesund; **~ica** Trinkspruch *m*, Toast *m*

zdrâvlje Gesundheit *f*; Befinden *n*; **nà ~!** Prost!, auf Ihr Wohl!

zdrȁvo *adv.* gesund; *Int.* **~!** Servus!

zdràvstven gesundheitlich; **~ō stánje** Gesundheitszustand *m*

zdrúžiti *pf.* (se sich) vereinigen, zusammentun

zȅba Fink *m*

zêc Hase *m*

zȅč(i)jī Hasen-

zéjtin *sb.* Öl *n*

zȅlēn[1] *f* Suppengrün *n*

zèl|en[2] grün; **~ènāš** Wucherer *m*; **~ènilo** Grün *n*; **~ènjeti** grün werden, grünen

zêlje Kraut *n*, Kohl *m*

zemàljskī irdisch, Erd-; Landes-

zèmička Semmel *f*

zèmlj|a Erde *f*; Land *n*; Boden *m*; **~āk** Landsmann *m*; **~an** irden; Erd-

zȅmlj|īšte Grund(stück *n*) *m*; Gelände *n*; **~odjélac** Landwirt *m*; **~omjēr** Landmesser *m*; **~opis** Erdkunde *f*; **~òrādnīk** Landarbeiter *m*; **~otrēs** Erdbeben *n*

zȅmnī irdisch; Erd-

zépsti frieren

zȅt Schwiegersohn *m*

zgȁziti *pf.* zer|treten, -trampeln

zglȁvak, zglȍb Gelenk *n*

zglȍbnī Gelenk-

zgnjéčiti *pf.* zer|drücken, -quetschen

zgȍd|a Begebenheit *f*; Gelegenheit *f*; **~an** passend, gelegen; *fig.* nett, hübsch; **~ítak** Treffer *m*, Gewinn *m*

zgòtoviti *pf.* (zu)bereiten; anfertigen

zgrȁ|biti *pf.* packen, schnappen; **~da** Gebäude *n*, Bau *m*; **~žávati se** *s.* **zgròziti se**

zgȑčiti se *pf.* sich zusammenziehen; schrumpfen; sich zusammenkrümmen

zgr|ijati *pf.* (se sich) erwärmen; **~òziti** (**~ažávati**) **se** schaudern; **~ùš(áv)ati se** gerinnen; *Milch*: sauer werden

zgûra Schlacke *f*

zgȕsnuti *pf.* ver|dichten, -dicken

zgùžvati *pf. s.* **gùžvati**
zîd Mauer *f*; Wand *f*
zìdār Maurer *m*; **slȍbodnī** ~ Freimaurer
zídati mauern
zìdine *f/pl.* Gemäuer *n*, Mauerwerk *n*
zîdnī òrmār Wandschrank *m*
zȉjev Gähnen *n*
zijèvati gähnen
zím|a Winter *m*; Kälte *f*; **~a mi je** ich friere; **~òvati** überwintern
zîmskī winterlich; ~ **kàpūt** Wintermantel *m*; ~ **spȏrt** Wintersport *m*
zjápiti, zjȁti klaffen
zjȅnica Pupille *f*
zlâ *s.* **zȁo**
zlâćen vergoldet
zlátan golden; goldig; **zlâtnā rȉbica** Goldfisch *m*; **zlâtnī pȋr** goldene Hochzeit *f*
zlàtār Goldschmied *m*
zlȁtnīk Goldstück *n*
zlâto Gold *n*
zlî *s.* **zȁo**
zlíkovac Bösewicht *m*
zlȍ Übel *n*; Böse(s) *n*; *s.* **zȁo**
zlòba Bosheit *f* [*s.* **zȁo**]
zlȍban boshaft; böswillig; [*s.* **zȁo**]
zlò|čest schlimm; übel, böse; **~čin** Verbrechen *n*; **~čínac** Verbrecher *m*; **rȁtnī ~čínac** Kriegsverbrecher *m*; **~ća** Schlechtigkeit *f*; *s.* **zlòba**; **~ćudan** bösartig; **~glasan** berüchtigt
zlȍkōban unheilvoll
zlòsre|ćan *sb.*, **~tan** *kr.* unglücklich, Unglücks-
zlòstav|iti (**~ljati**) mißhandeln
zlòupotr|eba Mißbrauch *m*; **~ebljávati** [**~ijèbiti**] mißbrauchen
zlùrad schadenfroh; **~ōst** *f* Schadenfreude *f*
zmâj Drache *m*; (*Papier-*) Drachen *m*
zmìj|a Schlange *f*; **~ùlica** *Zo.* Neunauge *n*
znȁčāj Bedeutung *f*; Wesen *n*, Charakter *m*; **~an** bedeutsam; bezeichnend
znáč|ēnje Bedeutung *f*; **~iti** bedeuten
znȁčka Abzeichen *n*
znâk Zeichen *n*; Anzeichen *n*; Merkmal *n*; *Hdl.* Marke *f*
znȁmenit bedeutend, berühmt; denkwürdig; **~ōst** *f* Berühmtheit *f*; *pl.* Sehenswürdigkeiten *pl.*
znân bekannt
znȁn|ac, ~ica *s.* **pȍznan|ica, ~ik**; **~ōst** *f* Wissenschaft *f*
znánje Wissen *n*, Kenntnis *f*
znȁtan erheblich, bedeutend; namhaft
znȁti kennen; können; wissen
znàtižēlja *s.* **radòznalōst**
znȏj Schweiß *m*
znȍjav verschwitzt
znòjiti se schwitzen
zȏb *f* Hafer *m*
zóna Zone *f*
zoȍloškī vȑt zoologischer Garten *m*, F Zoo *m*

zòra Morgenröte *f*; Tagesanbruch *m*
zôran anschaulich
zôv Ruf *m*
zrâčn|ī *sb.* Strahl(ungs)-; *kr.* Luft-; **~ā enèrgija** Strahlungsenergie *f*; **~ī sȁobraćāj** Luftverkehr *m*; **~ī próstor** Luftraum *m*
zráčiti strahlen; lüften
zrâk *sb.* Strahl *m*; *kr.* Luft *f*
zrȁk|a Strahl *m*; **~oplóvstvo** *kr.* Luftfahrt *f*
zȑcalo Spiegel *m*
zrȅ|lōst *f* Reife *f*; **~o** reif; **~ti [zà-]** reifen, reif werden
zȑn|at körnig; **~o** Korn *n*; (*Gewehr-*)Kugel *f*
zûb Zahn *m* [*Tech.*Zahn *m*
zúbac Zinke *f*, Zacke *f*;]
zùb|alo Gebiß *n*; **~ār** Zahnarzt *m*; **~atac** Zahnbrasse *f*
zûbn|ī kaménac Zahnstein *m*; **~ō mêso** Zahnfleisch *n*
zubò|bolja Zahnschmerzen *pl.*; **~tèhničār** Zahntechniker *m*
zújati summen, surren; *Wind*: rauschen
zùmbul Hyazinthe *f*
zùpč|an Zahn-; **~ànīk** Zahnrad *n*
zûpčast gezahnt; Zahn-
zûrla Gaffer *m*
zvàničan amtlich, offiziell
zvánje Beruf *m*
zvàti [nà-] rufen; nennen; **~ telfónom** anrufen; **~ se** heißen [klimpern
zvéčati klirren, rasseln;]
zvȅčka Klapper *f*, Rassel *f*
zvekètati *s.* **zvéčati**
zvȉjer *f* Raubtier *n*
zvijèzda Stern *m*; **~ pȁdalica** Sternschnuppe *f*; **fȉlmskā ~** Filmstar *m*
zvȉždāljka Pfeife *f*
zvíždati pfeifen
zvȉždūk Pfiff *m*
zvjèr|skī tierisch; **~stvo** Bestialität *f*
zvjèzd|an¹ gestirnt; **~anō nȅbo** Sternhimmel *m*; **~an²** Aster *f*; **~ara, ~ārnica** Sternwarte *f*
zvònār Glöckner *m*
zvónce Klingel *f*; Glöckchen *n*, Schelle *f*
zvòn|īk Glockenturm *m*; **~iti [po-]** läuten, klingeln
zvȍno Glocke *f*
zvònjava Geläut(e) *n*
zvȑk (*Brumm-*)Kreisel *m*
zvûč|an tönend, klingend; Schall-, Ton-
zvúčati klingen, tönen
zvû|čnīk Lautsprecher *m*; **~k** Schall *m*; Ton *m*, Klang *m*

Ž

žȁb|a Frosch *m*; **~a kràstača** Kröte *f*; **~ljī** Frosch-
žâgor Stimmengewirr *n*
žàkēt Jackett *n*
žâl Strand *m*, Ufer *n*
žàlac Stachel *m*
žàlba Beschwerde *f*
žàliti bedauern, beklagen;

trauern (**za** *I*/ um *A*); **~ se** sich beklagen; sich beschweren
žàl|ōst *f* Trauer *f*; Traurigkeit *f*; Leid *n*; **~ostan** traurig; bedauerlich
žalòstiti [o-] betrüben; **~ se** sich grämen
žā|lovati *s.* **~liti**; **~ljēnje** Bedauern *n*
žâmor Gemurmel *n*; Rauschen *n*
žão *adv.* leid; **~ mi je** [es tut mir leid]
žàoka Stachel *m*
žâr Glut *f*, Feuer *n*; Eifer *m*
žàra Urne *f*
žár|īšte Brennpunkt *m*; *fig.* Zentrum *n*, Herd *m*; **~iti** erhitzen, glühend machen; **~iti se** glühen (*v/i.*)
žârkī glühend, heiß; feurig
žàrulja *kr.* Glühbirne *f*
žbȉca Speiche *f*
žbùka (Ver-)Putz *m*
ždèrati [po-] (auf)fressen
ždrâl Kranich *m*
ždrȉjeb Los *n*; **~e** Fohlen *n*, Füllen *n*
ždrijèlo Rachen *m*, Schlund *m*
žédan durstig
žêđ(a) *f* Durst *m*
želàt|īn, ~ína Gelatine *f*
žèlē *m* Gelee *n od. m*
žèlu|čanī Magen-; **~dac** Magen *m*
žèlja Wunsch *m*; Drang *m*
žèljān begierig
žèljeti [za-] wünschen
žèljezan *kr.* eisern, Eisen-
željèz|ara Eisenhütte *f*; **~nàrija** Eisenwaren *pl.*
žèljeznī|ca Eisenbahn *f*; **~čār** Eisenbahner *m*; **~čkī** (Eisen-)Bahn-; **~čkā prúga** Eisenbahn|linie *f*; -strecke *f*; **~čkā nèsreća** Eisenbahnunglück *n*
žèljezo *kr.* Eisen *n*
žèmička Semmel *f*
žèna Frau *f*
žèni|dba Heirat *f*; **~ti [o-] se** *Mann*: heiraten
žênka *Zo.* Weibchen *n*
žènsk|ā Frau *f*; **~ī** weiblich; Frauen-, Damen-
žèr|avica, ~āvka Glut *f*
žèsta Spiritus *m*, Alkohol *m*
žestìna Heftigkeit *f*
žèstok heftig, stürmisch
žèt|i *Getreide* mähen, ernten; **~va** (*Getreide*-)Ernte *f*
žèzlo Zepter *n*
žgánci *m/pl.* Sterz *m*; Polenta *f*
žgàravica Sodbrennen *n*
žȉca Draht *m*; Saite *f*
žȉčan Draht-; **~ō ùže** Drahtseil *n*
žičara Drahtseilbahn *f*
žídak dick-, zäh|flüssig
Žȉdov Jude *m*; **♀skī** jüdisch
žȉg Stempel *m*; Schandmal *n*; **ùdariti ~** abstempeln
žȉgica *s.* **šȉbica**
žȉgosati brandmarken; abstempeln
žȉla Ader *f*; Sehne *f*; **~ kùcavica** Schlagader *f*; **~v** sehnig; *fig.*, *Fleisch*: zäh
žìlēt Rasierapparat *m*; Rasierklinge *f*
žȉr *Bot.* Eichel *f*
žiráfa Giraffe *f*

žirō-ràčūn Girokonto *n*
žit|arice *f/pl. s.* **~o**; **~nī** Getreide-, Korn-; **~nica** Speicher *m*; *fig.* Kornkammer *f*; **~o** Getreide *n*, Korn *n*
žîv lebendig; *fig.* lebhaft; **~ō bíće** Lebewesen *n*
žîva Quecksilber *n*
žívac Nerv *m*
žîv|ād *f* Geflügel *n*; **~ahan** lebhaft, belebt; **~ahnōst** *f* Lebhaftigkeit *f*
žîvčanī nervlich, Nerven-
živežnē námirnice *f/pl.* Lebensmittel *pl.*
živì|ca Hecke *f*; **~na** *s.* **žîvād**; **~nskī** tierisch
žív|jeti leben; **~ljēnje** Lebensweise *f*
žîv|ōst *f s.* **~ahnōst**
žîvot Leben *n*, Dasein *n*; **~áriti** (dahin)vegetieren, sein Leben fristen
živòt|inja Tier *n*; **~injskī** tierisch, Tier-
žîvot|nī Lebens-; **~nā snága** Lebenskraft *f*; **~òpis** Biographie *f*
žižnā daljìna Brennweite *f*
žlî|ca (*Eß*-)Löffel *m*; **~čica** Tee- (*od.* Kaffee-)Löffel *m*
žlìjeb Rille *f*; Rinne *f*; Rinnstein *m*; *Tech. a.* Nut *f*
žlijèzda Drüse *f*
žmárci *m/pl.* Gänsehaut *f*
žmîgavac *Kfz.* Blinker *m*
žmíriti zwinkern, blinzeln
žȑtv|a Opfer *n*; **~ovati** (se sich auf)opfern
žȑvanj Mühlstein *m*
žȕboriti plätschern, rauschen
žȗč *f* Galle *f*
žȗčan Gallen-; *fig.* gallig
žùkovina Ginster *m*
žȗlj Schwiele *f*; Hühnerauge *n*
žúljiti drücken, reiben
žumánjak Eigelb *n*
žȕpnīk Pfarrer *m*
žȗran eilig, dringend
žùrba Eile *f*, Hast *f*
žúriti [po-] zur Eile mahnen, drängen; **~ se** sich beeilen, es eilig haben
žȗt gelb
žùti|ca *Med.* Gelbsucht *f*; **~lica** *s.* **žùkovina**
žutokljúnac Grünschnabel *m*
žvákati kauen
žvàl|e *f/pl.* Trense *f*; **~o** Rachen *m*

A

Aal *m* jègulja

ab *Ort*: od (*G*); *Zeit*: pòčēvši od (*G*); òtkinut; **~ und zu** kàtkada

abändern mijènjati [promijèniti]

Abart *f* pȍdvrsta, ȍdlika; **≗ig** nàstran

Abbau *m* *Bgb.* kòpānje; (*Personal≗*) otpúštānje; (*Preis≗*) sniženje; *Tech.* rasklápānje, demontáža; **≗en** kòpati, vȃditi, dobívati; otp|ùstiti (-úštati); snì|ziti (-žávati); demontírati

abbeißen òdgr|isti (-ízati)

abberuf|en opòz(í)vati; **≗ung** *f* opóziv

ab|bestellen otkáz(ív)ati nàrudžbu; **~biegen** s-, za|krénuti (-krétati); **~bilden** [nà]slikati; **≗bildung** *f* slika, ilustrácija; **~binden** *v/t.* odvéz(ív)ati; *Ader*: podvéz(ív)ati

abblend|en zàsl|anjati [-òniti] svjètlo; **≗licht** *n* *Kfz.* ȍborenā svjètla *n/pl.*

ab|brechen odlòmiti (se *v/i.*) *pf.*; òtk|inuti (-ídati); *Beziehungen*, *Reise*: prèk|inuti (-ídati); *Haus*: [s]rȕšiti; *Lager*: dìći *pf.*, dìgnuti *pf.*; **~brennen** *v/i.* izg|òrjeti (-árati); *v/t.* opá|liti (-ljívati); **~bröckeln** *v/i.* *Putz*: òpa|dati [-sti], mȑviti se

Abbruch *m* *Tech.* rȕšēnje; *fig.* prékid

abbürsten [ò]čētkati

Abc *n* abecéda; (*kyrillisch*) ázbuka

ab|decken òtkr|iti (-ívati); *s.* **abräumen; ~drehen** *Wasser*, *Radio*: zatv|òriti (-árati)

Abdruck *m* ȍtisak; **≗en** òdštamp(áv)ati

abdrücken òtis|nuti (-kívati); F [zà]gȑliti

Abend *m* vȅčē, vȅčēr *f od. m*; **guten ~!** dòbro vȅčē!, dȍbar vȅčēr!; **am ~** *s.* **abends; am ~ vor** *cj.* ȕoči (*G*); **gestern ≗** sìnōć; **heute ≗** večèras; **morgen ≗** sȕtra nȁvečē(r); **~brot** *n*, **~essen** *n* vèčera; **≗lich** vèčērnjī; **~mahl** *n* *Rel.* príčest *f*; **≗s** nȁvečē(r); **~stern** *m* Večérnjača; **~zeitung** *f* vèčērnjē nȍvine *f/pl.*

Abenteuer *n* pustòlovina, avantúra

aber ȁli, nȍ, a

Aber|glaube *m* praznò-, sûje|vĕrje; **⁓gläubisch** praznò-, sûje|vjeran; **⁓mals** pō-, nā|novo
abfahr|en *v/i.* kré|nuti (-tati), otíći (òdlaziti), otputòvati *pf.*; *v/t. Müll:* odv|òziti [-èsti]; **⁓t** *f* òdlazak; **⁓tslauf** *m Sp.* spûst
Abfall *m* òtpad; *fig.* òpadānje; (*Reste*) òtpaci *m/pl.*; **⁓en** òtpa|sti (-dati); *fig.* òdm|etnuti (-ètati) se
ab|fangen [u]lòviti; zaùstav|iti (-ljati); **⁓färben** púštati bòju; **⁓fassen** sàstav|iti (-ljati); **⁓fertigen** otprém|iti (-ati); *Kunden:* poslúž|iti (-ívati); **⁓fertigung** *f* (*Gepäck⁓, Post⁓*) ōtprema, ōtprava; **⁓feuern** isp|áliti (-ljívati)
abfind|en namír|iti (-ívati); **sich ⁓en mit** *et.* pomíriti se *pf.* s(a) (*I*); **⁓ungssumme** *f* nàgodbina
ab|fliegen odl|ètjeti (-ijètati); **⁓fließen** otèći (òtjecati)
Abflug *m* polijètānje; **⁓zeit** *f* vrijème polijétānja
Abfluß *m* òtjecānje; òdvod; **⁓rohr** *n* òdvodnā cijev
abführ|en odv|èsti (-òditi); **⁓mittel** *n* lijek za čišćēnje
ab|füllen pret|òčiti (-ákati); **⁓gabe** *f* prēdaja; dáća, pristòjba; **⁓gang** *m* òdlazak; *Hdl.* prôđa; **⁓gase** *n/pl.* iz-, òd|lazni plin
abgeben prèd(áv)ati; **sich ⁓ mit** bàviti se (*I*)
abge|brochen òdlomljen; *fig.* prèkinut; **⁓droschen** òtřcān; **⁓härtet** očèličen
abgehen otíći (òdlaziti); *Sohle, Knopf:* òtk|inuti (-idati) se, òtpa|sti (-dati); *Geklebtes:* odlijèpiti se *pf.*; *Seitenweg:* odv|òjiti (-ájati) se; *fig.* **⁓ von** odùsta(ja)ti od (*G*)
abgekocht: ⁓es Wasser pròkuhanā vòda
abgelegen ùdāljen, zàbāčen
abgemacht dògovoren; **⁓!** vážī!
abgeneigt: ⁓ sein biti nèsklon
Abge|ordnete(r) *m* (národni) pòslānīk; **⁓rissen** òtrgnūt; (*schäbig*) pōderān, òtřcān; **⁓sandte(r)** *m* izàslanīk; **⁓schieden** òsāmljen; **⁓schmackt** bljûtav
abgesehen: ⁓ von bez ōbzira na (tō, da)
abge|spannt ìscřpljen, izmòren; **⁓standen** ȕstajān
abgewöhn|en odùč|iti (-ávati), òdvik|nuti (-ávati) (**j-m et.** k-a od); **sich ⁓en** òdvik|nuti (-ávati) se (*A*/od)
ab|gießen òd|liti (-lijèvati); **⁓glanz** *m* òdbljesak, òdraz, òdsjev; **⁓gleiten** sklíziti [sklȉznuti (se)]; **⁓grenzen** omèđ|iti (-ávati); razgràmič|iti (-ávati)
Abgrund *m* pònor, provàlija
ab|hacken òds|jeći (-ijècati); **⁓halten** (*von et.*) zadř-

ž(áv)ati; *Sitzung*: odr̀ž(áv)ati
abhanden: ~ **kommen** nèsta(ja)ti, [iz]gùbiti se
Abhandlung *f* rȃsprava
Abhang *m* òbronak, nìzbrdica
abhäng|en (*abkoppeln*) òtkač|iti (-ívati); *fig.* (**von** *D*) òvisiti o (*L*), závisiti od (*G*); **~ig** závisan; **⁀igkeit** *f* ò-, zá|visnōst *f*
ab|härten òtvrd|nuti (-njávati); *fig.* [o]čèličiti; **~hauen** *s.* **abhacken;** F (*fliehen*) kȉd|nuti (-ati); **~heben** (*a. Geld*) pòdi|ći *pf.*, pòdi|gnuti (-zati); **sich ~heben von** ìsticati se; odùdarati od (*G*); **~helfen** pom|óći (-ágati)
Abhilfe *f*: ~ **schaffen** náći pòmoći
abholen ìći [dóći, póći] po (*A*); ~ **lassen** [pò]slȃti po (*A*)
ab|holzen [is]kŕčiti; **~hören** *Telefon usw.*: prisluškívati
Abitur *n* vēlikā matúra
ab|kaufen ot|kúpiti (-kupljívati); **~klopfen** *Staub*: otrés(a)ti; *Med.* perkutírati; **~knöpfen** otkòpč(á-v)ati; **~kochen** *kr.* [s]kȕhati, *sb.* [s]kȕvati
abkommen *v. Weg, Thema*: skré|nuti (-tati) s (*G*); ~ **von** odùsta(ja)ti od (*G*); ~ **können** biti slȍbodan; **⁀** *n* nàgodba, spȍrazūm
Abkömmling *m* potómak
ab|kratzen [z]grèpsti; istrúg(áv)ati; V (*sterben*) cȑk|nuti (-ávati); **~kühlen** rashlá|diti (-đívati) (**sich** se); **⁀kühlung** *f* rashlađívānje
abkürz|en skr|átiti (-ćívati); **⁀ung** *f* skraćívānje; (*Wort*) *kr.* kràtica, *sb.* skraćènica
ab|laden istòvar(ív)ati; **~lassen** *v/t.* isp|ùstiti (-úštati), (*abgießen*) òdl|iti (-ívati); *v/i.* odùsta(ja)ti (**von** od)
Ablauf *m* (*Verlauf*) hȏd, tȏk; (*Zeit⁀*) ìzmak, ìstek; **nach** ~ nákon (*G*), po ìsteku (*G*); **⁀en** istèći (ìstjecati); *Schuhe*: [iz]dèrati
ablecken [o]lízati
ablegen *Kleidung*: sk|ȉnuti (-ídati); *Akten*: odl|òžiti (-ágati); *Prüfung*: polágati; **Rechenschaft** ~ odgovárati; **Zeugnis** ~ svjedòčiti; *v/i.* (*Schiff*) òtis|nuti (-kívati) se
ab|lehnen òdb|iti (-íjati); **~lehnend** nȅgativan, òdrečan; **~leiten** odv|ësti (-òditi); *Gr., Math.* izv|òditi (-èsti); **~lenken** òdvr|aćati [-átiti]; **~lesen** [pro]čítati
abliefer|n prèd(áv)ati; dòstav|iti (-ljati); **⁀ung** *f* prȅdaja, dȍstava
ablös|en od|rijèšiti (-rješívati); *Geklebtes*: od|lijèpiti (-ljepljívati); *Wache usw.*: od-, s|mijèniti (-mjenjí-

vati); **≈ung** *f* ōd-, s|mjēna; *Hdl.* òtkup
abmach|en *s.* **ablösen;** (*vereinbaren*) dogov|òriti (-árati) se (*A* / o *I*); **≈ung** *f* dōgovōr
abmager|n [o]mršáviti; **≈ungskur** *f* kúra mršávljēnja
Abmarsch *m* pòlazak; **≈ieren** kré|nuti (-tati), póći (pòlaziti)
abmeld|en odjáv|iti (-ljívati); **≈ung** *f* òdjava
abmessen [iz]mjēriti
abmühen: sich ~ [nà]mūčiti se
Abnahme *f* odùzimānje; òpadānje
abnehm|en *v/t.* (*wegnehmen*) òtēti (odùzimati); *Deckel, Hut*: sk|īnuti (-ídati); *v/i.* òpadati; *Hdl.* kúp|iti (-òvati); *s.* **abmagern; ≈er** *m* kúpac
Abneigung *f* nèsklonōst *f*
abnutzen [is]tròšiti, [iz]lízati (**sich** se)
Abon|nement *n* prētplata; **~nent** *m* prètplatnīk; **≈nieren** pretplá|titi (-ćívati)
Abordnung *f* izaslánstvo
Abort *m* záhod, nūžnik
abplagen: sich ~ [nà]mūčiti se
ab|prallen òdb|iti (-íjati) se; **~rasieren** òbrijati *pf.*; **~raten** òdvr|aćati [-átiti] (*j-m* **von** *D* / k-a od *G*); **~räumen** uklòniti (ùklanjati); *Tisch*: posprém|iti (-ati)
abrechn|en obračùn(áv)ati; **≈ung** *f* ōbračūn
abreib|en òtrti (òtirati); **≈ung** *f* òtirānje; *fig.* bàtine *f/pl.*
Abreise *f* òd-, pò|lazak; **≈n** otputòvati *pf.*
abreiß|en *v/t.* òtk|inuti (-ídati), òtr|gnuti (-zati) (*v/i.* se); *Haus*: [ràz-, pò-]rūšiti; **≈kalender** *m* lìsnī kalèndār
abrichten *Tiere*: obùč|iti (-ávati)
Abriß *m* nácrt; prégled; *s.* **Abbruch**
ab|rücken *v/t.* òd|micati [-màći]; *s.* **abmarschieren; ~runden** zaokrúž|iti (-ívati), zaòb|liti (-ljávati)
abrüst|en razorùž(áv)ati; **≈ung** *f* razoružánje
abrutschen skl|īznuti (-ízati)
Absage *f* òtkaz; **≈n** otkáz(iv)ati
absägen otpíliti *pf.*, otestèriti *pf.*
Absatz *m* (*Pause*) prékid; (*Schuh≈*) pòtpetica, péta; (*im Text*) nōvī rēd; *Hdl.* prōđa; **~gebiet** *n*, **~markt** *m* tržište
abschaff|en ùk|inuti (-ídati); **≈ung** *f* ukídānje
ab|schälen [o]gúliti; **~schalten** *s.* **abstellen; ~schätzen** pro-, o|cijèniti (-cjenjívati)
Abscheu *m* òdvratnōst *f*,

gnúšānje; **⁀lich** ȍdvratan, gȁdan
ab|schicken [pò]slȃti, otprém|iti (-ati); **~schieben** *s.* **abrücken;** (*deportieren*) pròtjer(ív)ati
Abschied *m* ȍproštāj; **~ nehmen** opròstiti se *pf.*
abschießen *Tier*: ustrijèliti *pf.*; *Flgw.* ob|òriti (-árati); *Rakete*: lansírati
Abschlag *m* odbítak; (*Nachlaß*) pópust; *Sp.* bàcānje; **⁀en** òdb|iti (-ijati); **~szahlung** *f* ȍtplata; (*Vorschuß*) predújam
abschlägig ȍdrečan
abschlepp|en [ò]tȇgliti, [od]vúći; **⁀seil** *n* tegljènīk; **⁀wagen** *m* tegljàčica
ab|schließen *Tür*: zakljúč(ív)ati; (*beenden*) dovŕš|iti (-ávati); *Vertrag*: skl|òpiti (-ápati); **⁀schluß** *m* za-, s|vršétak; zàključak; sklápānje; **~schmieren** *Auto*: pòdmaz(ív)ati; **~schneiden** ȍdrez(ív)ati, odrúb|iti (-ljívati); **⁀schnitt** *m* òdrezak; òdsjek; (*Buch⁀*) òdlomak; **~schrauben** odšaráf|iti (-ljívati), òdv|iti (-ijati)
abschreck|en zàstraš|iti (-ívati); **⁀ung** *f* zastrašívānje
ab|schreiben prepís(ív)ati; *Hdl.* otpís(ív)ati; **⁀schrift** *f* prijèpis, prépis; **⁀schürfung** *f* ogrèbotina, gúljēnje; **~schüssig** str̀m(enit); **~schütteln** o-, s|trésti *pf.*; *Verfolger*: òstaviti *pf.* za sȍbōm; **~schweifen** zastrá|niti (-njívati); událj|iti (-ívati) se
absehbar dȍglēdan
abseits postràncē; **⁀** *n Sp.* ȍfsajd
absende|n [pò]slȃti, otprém|iti (-ati); **⁀r** *m* pošiljȃč, pošiljalac
absetzen *Last*: mèt|nuti (-ati) dȍlje, [pò]stȃviti; *Fahrgast*: iskr̀c(áv)ati; (*entlassen*) otp|ùstiti (-úštati); *s.* **verkaufen; sich ~** [s]táložiti se
Absicht *f* námjera, nákana; **⁀lich** námjeran; *adv.* hȍtimicē [v)ati
absitzen F *Strafe*: odlèž(á-
absolut àpsolutan
absolvieren *Schule*: za-, s|vŕšiti (-vršávati); *Prüfung*: *s.* **ablegen**
absonder|n od|ijèliti (-jeljívati); *Flüssigkeit*: [iz]lúčiti; *v/r.* **sich ~n** o-, iz|-dvòjiti (-dvájati) se; **⁀ung** *f* lúčēnje
abspenstig: ~ machen odvrátiti (òdvraćati)
absperr|en zatv|òriti (-árati); *Straße*: blokírati; **⁀ung** *f* zatvárānje; zȃbrana
abspielen *Platte*: odsvírati *pf.*; **sich ~** odìgr(áv)ati se
ab|springen is-, od|skòčiti (-skákati); **⁀sprung** *m* (òd)skȍk; **~spülen** ìsplak(iv)ati
abstamm|en pòtjecati; **⁀ung** *f* podrijètlo, porijèklo

Abstand *m* ràzmak, od-, ra|stojánje; **~ nehmen** odùsta(ja)ti
abstäuben is-, o|prášiti *pf.*
Abstecher *m* (mâlī) izlēt; **e-n ~ machen** skôknuti *pf.*
ab|stecken [o]bìlježiti (čiodōm, kôljem); **~steigen** òdsj|esti (-édati); **~stellen** *Maschine*: zaùstav|iti (-ljati); *Radio*: zatv|òriti (-árati); *Motor, Licht*: [u]gásiti; *Mängel*: ùkl|anjati [-òniti]; **~stempeln** bìljegovati, žìgosati
Abstieg *m* sìlazak
abstimm|en *v/t.* ùskla|diti (-đívati); *v/i. Pol.* glàs(ò-v)ati; **Ꞩung** *f* glàsānje
ab|stoßen òdb|iti (-íjati); **~streifen** sk|ìnuti (-ídati); *Haut*: odèrati *pf.*; **~streiten** ospòr|iti (-ávati); **Ꞩstrich** *m Med.* rázmaz; **~stumpfen** *v/i.* otúpjeti *pf.*
Ab|sturz *m* pâd; *Flgw.* rūšēnje; **Ꞩstürzen** pā|sti (-dati), [s]rūšiti se; **Ꞩsuchen** pretráž|iti (-ívati)
Abt *m* ōpāt
abtauen *v/t.* otòpiti (se) [*v/i.*) *pf.*
Abteil *n Esb.* òdjeljak, kùpē *m*; **Ꞩen** raz-, o|dijèliti (-djeljívati); **~ung** *f* òdio *m*, òdjel; òdsjek; *Mil.* òdred
ab|tippen òtkuc(áv)ati, [ò]tipkati; **~tragen** *Mauer*: [pò]rūšiti; *Kleid*: izn|òsiti (-āšati); **Ꞩtreibung** *f Med.* pōbačāj; **~trennen** odijèliti (odjeljívati); *Angenähtes*: otpárati *pf.*; **~treten** od-, u|stúpiti (-stúpati); *Schuhe*: òt|rti (-irati); **Ꞩtreter** *m* (*FußꞨ*) otìrāč; **~trocknen** *v/t.* [o]súšiti (se *v/i.*); **~urteilen** presú|diti (-đívati); **~wälzen** svá|liti (-ljívati); **~warten** prìček(ív)ati; **~wärts** nànižē; nìzbrdo; **~waschen** [ò]prāti
Abwässer *n/pl.* přljavā vòda, zàgađenē vȍde
abwechs|eln *v/t.* mijènjati; *v/r.* **sich** (*od.* **einander**) **~eln** smijèniti (smjenjívati) se; **~elnd** naizmjènìčan; *adv.* naizmjèncē; **Ꞩlung** *f* prȍmjena; **~lungsreich** raznòlik
Abwehr *f* ȍbrana; **Ꞩen** òdb|iti (-íjati), parírati
ab|weichen *v. der Regel*: odstúp|iti (-ati); *v. Kurs, Weg*: skrénuti (skrētati); rázlikovati se; **~weisen** òdb|iti (-íjati); **~wenden** òdvr|aćati [-átiti] (**sich** se); *Unglück*: òtkl|anjati [-òniti]; **~werfen** zbác|iti (-ívati)
Abwertung *f* devalvácija
abwesen|d òdsutan; **Ꞩheit** *f* òdsu|stvo, -tnōst *f*
ab|wickeln odmòt(áv)ati; òd|viti (-víjati); **~wiegen** òdmjer|iti (-ávati); **~wischen** òt|rti (-irati), [ò]brīsati; **~zahlen** otplá|titi (-ćivati); **~zählen** odbròj|iti (-ávati)
Abzeich|en *n* znāčka; **Ꞩnen** prècrt(áv)ati; **sich Ꞩnen** òcrt(áv)ati se

Abzieh|bild *n* prevàđuša; **≈en** *v/t. Haut*: odèrati *pf.*; *Math.* òdb|iti (-ījati); *Typ.* òtisnuti *pf.*; *Messer*: brúsiti; *Schlüssel*: izvaditi *pf.*; *v/i.* otići (òdlaziti); (*Rauch*) izlaziti
Ab|zug *m* odbítak; *Fot.* kópija; *Typ.* ōtisak; (*an Schußwaffen*) obàrāč; **~züge** *pl.* (*Lohn≈*) ōbustave (od plátē); **~zweigung** *f* ògranak, grána
Achse *f* ôs *f*, osòvina; *Math.* òsa
Achsel|(höhle) *f* pāzuh(o); **~zucken** *n* slijègānje ramènima
Achsenbruch *m* prélom osòvinē
acht¹ ōsam; **in (vor) ~ Tagen** za (pred) nèdjelju (*kr.* tjèdan) dánā; **≈**² *f* òsmica
Acht³ *f*: **sich in ≈ nehmen** čúvati se (**vor** / *G*); **außer ≈ lassen** gùbiti iz vida
achte(r) ôsmī
Achtel *n* osmìna
acht|en (*schätzen*) pōštovati, cijèniti; (*achtgeben*) pāziti (**auf** *A* / na *A*); (*beachten*) òbraćati pàžnju; **~geben, ~haben** *s.* **achten; ~los** nepàžljiv, nèmāran; **~sam** pàžljiv
Acht|er *m* (*Boot*) osmérac; **≈mal** ōsam pútā; **≈stündig** osmòsātnī
Achtung *f* pōštovānje; pòzor; **~!** pòzor!, pāzi!; **≈svoll** pūn pōštovānja
ächzen jěcati, stènjati
Acker *m* njiva, pōlje; **~boden** *m* zèmlja; **~land** *n* oránica, zírātnā zèmlja
addieren *sb.* sàb(i)rati, *kr.* zbr|òjati (-ájati)
Adel *m* plèmstvo, vlastèla; **≈ig** plēmićkī, vlàsteoskī
Ader *f* žila
Adler *m* òrao *m*
adlig *s.* **adelig**
adoptieren posvòj|iti (-ávati), posí|niti (-njávati)
Adreßbuch *n* adrèsār
Adress|e *f* adrèsa; **≈ieren** àdres|ovati, *kr.* -írati
Adria *f* Jādrān
Affäre *f* aféra
Affe *m* màjmun, ōpica
Afrikan|er *m* Afrikánac, Afrìčanin; **≈isch** àfrički, afrikānski
After *m Anat.* čmār
Agent *m* àgent; **~ur** *f* agèncija
Aggression *f* agrèsija
Agram *n* Zágreb
Ägypt|en Ègipat; **≈isch** ègipatskī
Ahn|(e) *m* prāotac; **~en** *pl.* prēci *m/pl.*
ähneln líčiti (*D* / na *A*)
ahnen [na]slútiti
ähnlich nálik, sličan; **≈keit** *f* sličnōst *f*
Ahnung *f* slútnja; **≈slos** nīšta ne slûtēći
Ahorn *m* jàvōr
Ähre *f* klâs
Akademie *f* akadémija; **~mitglied** *n* akadèmik
Akademi|ker *m* akadèmi-

čār, čòvjek s fakùltētskōm sprēmōm; ♀sch akàdēmskī
Akazie *f* bàgrem
Akkord *m Mus.* sklâd; **im ~ arbeiten** ráditi u akórdu; **~arbeit** *f* àkordnī rād
Akt *m* (*Tat*) djēlo; *Thea.* čīn; (*Bild*) ākt (*pl.* āktovi); **~e** *f*, **~enstück** *n* spîs, ākt (*pl.* ākta); **~entasche** *f* àktōvka
Aktie *f* àkcija, diònica; **~ngesellschaft** *f* akciònārskō (*od.* dìoničārskō) drúštvo
Aktion *f* djēlovānje, àkcija; kampànja
Aktionär *m* akciònār, dìoničār
aktiv āktīvan, djèlatan; ♀**ität** *f* aktívnōst *f*
aktuell āktuēlan
akut *Med.* àkūtan, ōštar
Akzent *m* náglasak, àkcen(a)t
Alarm *m* ūzbuna; ♀**ieren** uzbú|niti (-njívati); **~vorrichtung** *f* àlarmnī ūređāj
Alaun *m* stīpsa
Alban|ien *n* Àlbānija; **~ier** (**-in** *f*) *m* Albànac (Àlbānka); ♀**isch** àlbānskī, arbànaškī
albern būdalast, bēdast, šāšav
Album *n* ālbum
Alge *f* ālga, ōkrēk, drêzga
Alkohol *m* àlkohol; ♀**frei** bèzalkohōlnī; ♀**isch** àlkohōlnī; **~spiegel** *m* koncentrácija ālkohola u kr̀vi; **~test** *m* utvrđívānje ālkohola u kr̀vi
All *n* svēmīr, *sb.* vasìona
all sāv (svā *f*, svē *n*); **in ~er Frühe** jūtrom na ùrānku; **vor ~em** prije svèga; **~abendlich** svākō vēčē; **~bekannt** ōpće (*sb.* ōpšte) pōznat; **~e** *pl.* svī
Allee *f* aléja, dr̀vorēd
allein sâm; *adv.* nàsāmo; **~ig** jèdinī; **~stehend** (*unverheiratet*) *Mann*: neòženjen, sámac; *Frau*: nèudāta
allenfalls svākako
aller|dings dodúšē, īstina; **~hand** svakojākī; svāšta; ♀**heiligen** *n* Svisvēti *m/pl.*; **~lei** *s.* **allerhand;** ♀**seelen** *n* Dùšnī dân, Zàdušnice *f/pl.*; **~seits** sa svīh stránā
alles svē; **~ Gute!** svē nâjbolјē!; **~ mögliche** svē što je mōgūćē
allgemein *kr.* ōpćī, *sb.* ōpštī; **im ~en** *kr.* ùopće, *sb.* ùopšte; ♀**bildung** *f* ōpćē (ōpštē) òbrazovānje; ♀**heit** *f* općènitōst *f*; zājednica; **~verständlich** shvàtljiv, dokùčljiv
all|jährlich (svako)gòdišnjī; **~mächtig** svēmoćan; **~mählich** pòstepen; **~monatlich** mjèsečnī; **~täglich** dnêvnī, svak|idašnjī, -òdnēvnī; **~zuviel, ~zusehr** prē-, sū|više
Alm *f* gòrskī pàšnjāk
Alphabet *n s.* **Abc;** ♀**isch** abecèdan
Almosen *n* mīlostinja
Alpen *pl.* Ālpe *f/pl.*

alpin àlpīnskī, ȃlpskī
als (*zeitlich*) kȁd, kàda; (*nach Komparativ*) nȇgo, od (*G*); *cj.* nȇgo što; (*wie*) kȁo; **~ ob** kȁo da
also dȁkle
alt stȃr, stȃrī; **wie ~ ist er?** kȍliko mu je (*od.* ìmā) gȍdīnā?
Altar *m* òltār
Alter *n* dȏb *f*; (*Lebensabend*) stȃrōst *f*
älter stàrijī
alter|n [ò]stārjeti; **Ꞩsgenosse** *m* vȑšnjāk, vȑsnīk; **Ꞩtum** *n* starìna; (*Antike*) stȃrō dȍba *n*; **~tümlich** starìnskī; (*veraltet*) zàstario
ältlich pȍstarijī
alt|modisch stȃromōdan; **Ꞩstadt** *f* stȃrī grȃd
am = **an dem**
Amateur *m* amàtēr
Amboß *m* nȃkōvanj
ambulant ambulàntan; *Med.* ȁmbulatōran
Ameise *f* mrȃv; **~nhügel** *m* mràvinjāk
Amerika|ner(in *f*) *m* Amer|ikánac (-ikānka); **Ꞩnisch** amèričkī
Amme *f* dòjilja; dàdīlja
Ampel *f* (vìsēćā) lȃmpa; (*Verkehrs*Ꞩ) semàfōr
Ampulle *f* ȁmpula
amputieren amputírati
Amsel *f* kȏs
Amt *n* ùred; (*Dienst*) slùžba; **Ꞩlich** slùžben; zvàničan; **~s-** slùžbenī
amüsieren zabàvljati (**sich** se)

an (*wo?*) na (*L*), o (*L*); za (*I*); (*wohin?*) k (*D*), na (*A*); **am Fenster** kod pròzora; **am Sonntag** nèdjeljōm; **am Tage** po dánu, dànjōm; **ich leide ~ ...** pȁtīm od ... (*G*); **von ... ~** od ... (*G*); **~ Sie** zà Vās; **~ der Hand** zȁ rūku
Analphabet *m* nèpismen
Anbau *m Arch.* (na)dográdnja, dȍgrada; *Agr.* obrađívānje; (*das Pflanzen*) sáđēnje; **Ꞩen** obrá|diti (-đívati), sáditi; (na)dográ|diti (-đívati), prigrá|diti (-đívati); **~fläche** *f* sjȇtvenā pòvršina
anbeißen zàgr-, nàgr|isti (-ízati)
anbet|en obožávati; **Ꞩer** *m* obožàvalac
Anbetracht: in ~ s ȍbzīrom (*G* / na *A*)
an|bieten [pò]nȕditi; **~binden** privéz(iv)ati
Anblick *m* pògled; (*Aussehen*) ìzglēd; (*sich bietendes Bild*) prízor; **Ꞩen** [pò]glȇdati (*A* / na *A*)
an|braten (lȁko) ispèći *pf.*, òpržiti *pf.*; **~brechen** nàč|ēti (-injati); *Tag*: svà|nuti (-njívati), svìtati
anbrennen *v/i.* (*Essen*) pri-, za|gòrjeti (-gorijèvati); **~ lassen** nagòrjeti *pf.*, prèžgati *pf.*
Anbruch *m s.* **Tagesanbruch;** *fig.* počétak; **bei ~ der Nacht** kad pȁdnē mrȃk

Andacht *f* (*Gebet*) mòlitva; **mit ~** s pobóžnōšću
andächtig pȍbožan
andauern trȃjati; **~d** trȃjan, neprèstan; *adv.* trȃjno
Andenken *n* ȕspomena; **zum ~ an ...** za ȕspomenu na (*A*)
ander- drȕgī; drugàčijī, drùkčijī; **ein ~es Mal** drȕgī pȗt, drȕgda; **unter ~em** među òstālīm; **~erseits** s drȕgē strànē
ändern mijènjati, prom|ijèniti (-jenjívati); *Kleid*: prekr|òjiti (-ájati)
andernfalls ȉnāče, u prȍtīvnōm slučáju
anders drugàčije, drùkčije; **jemand ~** nē(t)ko drȕgī; **ganz ~** sàsvīm ȉnāče; **~wo** drȕgdje; **~wohin** drȕgamo
anderthalb jèdan i pȏ(l)
Änderung *f* prȍmjena
anderweitig drȕgdje
andeut|en nagovijè|stiti (-štati); **ℒung** *f* nȃgovještāj
Andrang *m* nȃvala
andrerseits *s.* **andererseits**
aneignen: sich ~ prisv|òjiti (-ájati)
aneinander jèdan do drȕgōga, jèdno do drȕgo; **~fügen** sàstav|iti (-ljati), spòjiti *pf.*
anekeln: es ekelt mich an gȁdī mi se
anerkannt prȉznat
anerkenn|en prìzn(áv)ati; **~enswert** vrijèdan priznánja; **ℒung** *f* priznánje
anfahren (*her~*) dov|èsti (-òziti); *Kfz.* **j-n ~** najúriti *pf.* na k-a; *fig.* òbrec|nuti (-ívati) na k-a; *v/i.* (*losfahren*) kré|nuti (-tati)
Anfall *m Med.* nȃpadāj, nápad; **ℒen** nàpa|sti (-dati)
anfällig osjètliv (**gegen** / na *A*)
Anfang *m* počétak; **von ~ an** iz počétka; **zu ~** u počétku; **ℒen** pòč|ēti (-injati)
Anfäng|er(in *f*) *m* pòčetnīk (-nica); **ℒlich** pòčetnī
anfangs u počétku; **ℒbuchstabe** *m* pòčetnō slȍvo
an|fassen tícati [dotàci (se)], dírati; (*ergreifen*) uhvá|titi (-ćívati), [z]grȁbiti; **~fechten** ospòr|iti (-ávati); **~fertigen** nàprav|iti (-ljati), izrá|diti (-đívati); **~feuchten** namòč|iti (-ívati); **~feuern** ohrábriti *pf.*, obòdr|iti (-ávati); **~fliegen** *Flgw.* dol|ètjeti (-ijètati); **ℒflug** *m Flgw.* dolijètānje; *fig.* málko, mȃlo
anforder|n trážiti; **ℒung** *f* záhtjev [u]pítati; **ℒen**
Anfrag|e *f* ùpit; [u]pítati
anfreunden: sich ~ sprijatèljiti se *pf.* (**mit** / s *I*)
anführ|en (*leiten*) vòditi; *Reigen*: pov|èsti (-òditi); (*erwähnen*) nav|èsti (-òditi); (*irreführen*) nasá|diti (-đívati); **ℒer** *m* vȍđ(a *m*); kȍlovođa *m*; **ℒungszeichen** *n*/*pl.* nȃvodnī znȁci

Angabe *f*: **genaue (nähere) ~n** pòdrobnijī podáci
angeb|en nav|èsti (-òditi); prijáv|iti (-ljívati); *fig.* prâviti se vážan; **2er** F *m* (*Prahler*) hvàlisavac; **~lich** tòbožnjī; *adv.* tòbože, návodno
ange|boren prì-, ù|rođen; **2bot** *n* pȍnuda; **~bracht** ȕmjestan; **~brannt** *Kochk.* prèžgān; **~heitert** F prìpit
angehen *v/i.* pòč|ēti (-injati); *v/t.* (*betreffen*) tícati se (*G*)
angehör|en prìpadati; **2ige(r)** *m* prìpadnīk; (*Verwandter*) rȍđāk
Angeklagte(r) *m* optužè-[nīk]
Angel *f* ȕdica
Angelegenheit *f* pòsao *m*, stvâr *f*
angel|n [ù]pècati; **2rute** *f* prùtilo, ùdilo; **2schnur** *f* strûk ȕdicā
ange|messen pȍdesan, odgovárajūćī; **~nehm** ùgodan, prìjatan; **~nehm!** drâgo mi je!; **~sehen** ȕglēdan; **~spannt** nàpēt, zàtēgnut
Angestellte *f* namještènica; **~(r)** *m* namještènīk
ange|strengt *Arbeit*: nàporan; **~trunken** podnàpīt; **~wiesen** ùpūćen (**auf** *A* / na *A*); **~wöhnen** nàvik|-nuti (-ávati) (**sich** *A* / se na *A*); **2wohnheit** *f* nâvika
Angler *m* rìbič, pècāroš
angreife|n nàpa|sti (-dati); **2r** *m* napàdāč
angrenzen gràničiti (**an** *A* / s *I*)
Angriff *m* nápad, nȁvala
Angst *f* strâh, bȍjāzan *f*, tjeskòba; **~ haben** bòjati se (**vor** *D* / *G*)
ängstigen [ù]strášiti
ängstlich bojàžljiv, plàšljiv; **2keit** *f* bojàžljivōst *f*
anhaben *Kleid*: ìmati na sèbi
anhaften priánjati (*D* / za *A*)
anhalt|en *v/t.* zaùstav|iti (-ljati); (*ermahnen*) nàtjer(áv)ati; *Atem*: zadŕž(áv)ati; *v/i.* zaùstav|iti (-ljati) se, stâ(ja)ti; **~end** trâjan, dugòtrājan; **2er: per 2er fahren** putòvati àutostȍpom; **2spunkt** *m* ùporište
Anhang *m* dodátak; (*Gefolge*) prìstalice *f/pl.*
anhäng|en prìvjesiti *pf.*; ò-, zà|kačiti (-kačívati); **2er** *m* prìstaša *m*, prìstalica *m*; (*Schmuck*) prìvjesak; *Kfz.* príkolica; **~lich** prìvržen
an|häufen nagomìl(áv)ati; **~heften** prikòpč(áv)ati, prikač|iti (-ívati); *s.* **anstecken; ~heizen** potpá|liti (-ljívati); **~heuern** nájmiti (nàimati)
Anhieb: auf ~ smjȇsta
An|höhe *f* uzvisìna, ùzvišica; **2hören** [sà]slȕšati, čȕti; **~kauf** *m* kupòvina, kúpnja
Anker *m* sìdro, kȍtva; **vor ~ gehen** ùsidr|iti (-ávati)

se, ùkotv|iti (-ljávati) se; **vor ~ liegen** = **2n** bîti ùsidren, sîdrati; **~platz** *m* sîdrīšte, kȍtvīšte
Anklage *f* òptužba; **2n** optúž|iti (-ívati)
Ankläger *m* tùžilac
Anklageschrift *f* òptužnica
an|kleben pri-, za|lijèpiti (-ljepljívati); **~kleiden** ob|úći (-láčiti); **~knüpfen** nadovéz(iv)ati; **~kommen** nadòlaziti, sti|ći (-zati); (**auf** *A*) závisiti (od *G*); **~koppeln** *s.* **anhängen**
an|kündigen jáv|iti (-ljati); **2kunft** *f* dòlazak; **2lage** *f* prílog; *Tech.* nâprava, ûređāj, postrojénje; (*Begabung*) dâr; (*Park*) pȁrk, pẽrivōj; **2laß** *m* pòvod
anlass|en *Kleidung*: òstav|iti (-ljati) na sèbi; *Tech.* pokré|nuti (-tati), stȁv|iti (-ljati) u pȍkrēt; **2er** *m* stȁrter
anläßlich pòvodom (*G*)
Anlauf *m* zálet, zâtrka; **2en** *Hafen*: prìsta(ja)ti (u); *Spiegel*: orò|siti (-šávati) se; *Sp.* zatr̀č(áv)ati
anlege|n *v/t.* (*dazulegen*) pri|lòžiti (-lágati); *s.* **anlehnen;** *Garten*: zasá|diti (-đívati); *Verband*: mèt|nuti (-ati); *Geld*: ulòžiti (ulágati); *s. a.* **anziehen, errichten;** *v/i. Mar.* prìsta(ja)ti; **2stelle** *f* prìstanīšte
anlehnen nà-, prì|slanjati [-slòniti] (**an** *A* / uz *A*; **sich** **an** *A* / na *A*); *Tür*: pritv|òriti (-árati)
Anleihe *f* zájam
anleimen *s.* **ankleben**
anleit|en upú|titi (-ćívati); **2ung** *f* ùputa, ùputstvo
Anliegen *n* mòlba; **2d** súsjedan; *adv.* u prílogu
an|locken [pri]vábiti, [na-] mámiti; **~lügen** slàgati *pf.*; **~machen** (*befestigen*) prìčvr̄|stiti (-šćívati); *Feuer*: potpá|liti (-ljívati); *Licht*: upá|liti (-ljívati)
anmaß|en: sich ~en prisv|òjiti (-ájati) sèbi, usú|diti (-đívati); **~end** nȁdūt
anmeld|en prijáv|iti (-ljívati) (**sich** se); **2eschein** *m* prijȁvnica; **2ung** *f* prìjava
anmerk|en prim|ijètiti (-jećívati); **2ung** *f* nȁpomena, ȍpaska
Anmut *f* čâr, drâž *f*; ljȗpkōst *f*; **2ig** ljȗbak, drȁžestan
an|nageln prìb|iti (-íjati); **~nähen** priš|iti (-ívati)
annäher|nd prìbližan; **2ung** *f* približávānje
Annahme *f* prijēm; (*Vermutung*) prētpostȃvka
annehm|bar prihvàtljiv; **~en** prím|iti (-ati); *fig.* prìhva|titi (-ćati, -tati); **2lichkeit** *f* prijátnōst *f*, ùgodnōst *f*
Annonce *f* ȍglās
annullieren pòništ|iti (-ávati)
Anorak *m* ȁnorak, vjètrōvka
anordn|en uré|diti (-đívati); (*befehlen*) naré|diti

(-đívati); **2ung** *f* rāsporēd; náredba, naređénje
an|packen [z]grābiti; **~passen** *Kleid*: prìmjer|iti (-ávati); *fig.* prilagò|diti (-đávati, -đívati) (**sich** se); **~pflanzen** [na]sáditi
An|prall *m* sūdār; **2preisen** hváliti; **~probe** *f* próba; **2probieren** próbati (odijèlo); **2rauchen** *Zigarette*: zàpušiti *pf.*; **2rechnen** uračùn(áv)ati
Anrecht *n* právo
Anrede *f* náslov; oslovljávānje; **2n** oslòv|iti (-ljávati)
anreg|en potà|ći, -knuti (pòticati), pobú|diti (-đívati); **2ung** *f* pōbuda, pō(ds)ticāj; **2ungsmittel** *n* nadràžujūćē srēdstvo
Anreiz *m* pōdstrēk
anrichten *Essen*: pòstav|iti (-ljati); *Unheil*: stvòriti *pf.*
Anruf *m* (telèfōnskī) póziv; **2en** [nà]zvāti, pòz(í)vati (telefónom)
anrühren dírati, tàći, tàknuti (tícati)
Ansage *f* nā-, ōb|java; **2n** na-, ob|jáviti (-javljívati); **~r(in** *f*) *m Rdf.* spiker(ica)
ansässig nàstānjen
anschaff|en nàbav|iti (-ljati); **2ung** *f* nàbāvka
anschau|en ogléd(áv)ati (**sich** se); **~lich** zôran, očìgledan; **2ung** *f* názor
Anschein *m* izglēd; **den ~ haben** izglédati; **2end** prìvidan; *adv.* izglēdā
Anschlag *m* ùdarac; (*Plakat*) ōglās; (*Mord2*) atèntāt, pōkušāj ubístva; **~brett** *n* ōglasnā plōča; **2en** ùdar|iti (-ati); *s.* **annageln, ankleben;** *Glocke*: zvòniti; *v/i. Hund*: [zà]lājati; **~säule** *f* ōglasnī stûb (*od.* stûp)
anschließen priključ|iti (-ívati), prip|òjiti (-ájati); **sich ~** pridrúž|iti (-ívati) se; **~d** ōdmāh pòtom
Anschluß *m* prìključak; *Esb. a.* vēza
anschmiegen: sich ~ prilјúb|iti (-ljívati) se
an|schnallen prikòpč(á-v)ati; **~schneiden** zàrez(í-v)ati; nàč|ēti (-injati); **~schrauben** prišaráf|iti (-ljívati), zavŕnuti (zàvrtati)
Anschrift *f* adrèsa
an|schweißen svár|iti (-ívati); **~schwellen** o-, na|tèći (ò-, nà|tjecati); *Fluß*: nabùj(áv)ati; **~schwemmen** nàplaviti *pf.*; **2schwemmung** *f* nános, náplav(ak)
anseh|en *s.* **anschauen;** smátrati (**für** *A* / za *I*); **2en** *n* ūglēd; **~nlich** znātan
anseilen privéz(ív)ati (**sich** se) úžetom
Ansicht *f* pōglēd; (*Meinung*) názor; **zur ~** na ōglēd; **~skarte** *f* rázglednica
anspannen zàp|ēti (-injati), zaté|gnuti (-zati); *Pferde*: upré|gnuti (-zati)
anspiel|en nagov|ijèstiti

(-ješćívati), aludírati; **2ung** *f* àlūzija
anspitzen zašílj|iti -ívati)
Ansporn *m* pōstrēk; **2en** podb|òsti (-ádati)
Ansprache *f* gȍvōr
ansprechen *s.* **anreden;** (*gefallen*) svíđati se; **~d** ùgodan
anspringen *Motor*: páliti se *pf.*, krénuti *pf.*
Anspruch *m* právo, záhtjev; **in ~ nehmen** poslúž|iti (-ívati) se (*I*); *Zeit*: *s.* **beanspruchen, brauchen; 2slos** skrȍman; **2svoll** nēskroman
An|stalt *f* závod; **~stand** *m* prístojnōst *f*; (*Jagd*) zâsjeda; **2ständig** prístojan; *fig.* príličan
anstands|halber *adv.* rêda radi; **~los** bez dâljnjēga
anstarren búljiti (*A* / u *A*)
anstatt (ù)mjēsto (*G*); **~ zu** (ù)mjēsto da
ansteck|en (*befestigen*) pri|bòsti (-bádati); *Ring usw.*: na-, za|tàći, -tàknuti (na-, za|ticati); (*anzünden*) zapá|liti (-ljívati); *Med.* zará|ziti (-žávati) (**sich** se); **~end** zârazan; **2ung** *f* zâraza
an|stehen (*warten*) čèkati u répu; **~steigen** pènjati se
anstell|en nàmje|stiti (-štati); *s.* **einschalten;** F *fig.* uráditi *pf.*; **sich ~en** stàti u rêp; *fig.* [nà]prâviti se; **2ung** *f* namještḗnje
Anstieg *m* pènjānje
anstift|en nagov|òriti (-árati); **2er** *m* nagovàrāč, podstrèkāč
Anstoß *m* pȍ(ds)ticāj, pȍdstrēk; (*Ärgernis*) smétnja; *Sp.* pȍčetnī ùdarac; **~ erregen** izàz(í)vati sāblāzan; **2en** ùdar|iti (-ati) (**an** *et.* / o *A*); (*mit d. Gläsern*) kȕc|nuti (-ati) se (**mit** / *I*); *s.* (**an**)**grenzen; 2end** súsjedan
anstößig sablàžnjiv
anstreich|en [na]líčiti, prèmaz(ív)ati; **2er** *m* ličilac, *sb.* mōler
anstreng|en napré|gnuti (-zati) (**sich** se); **~end** náporan; **2ung** *f* nápor
Anstrich *m* prémaz
anstückeln nàstav|iti (-ljati), prodúlj|iti (-ívati)
Ansturm *m* nāvala
Anteil *m* ùdio *m*, ùdjel; **~nahme** *f* sā-, sū|osjećāj, sàučēšće
Antenne *f* antèna
Antibabypille *f* pilula za sprječávānje začéća
Antiquariat *n* antikv|ārnica, -arìjāt
Antrag *m* pr(ij)èdlog; *s.* **Gesuch; ~steller** *m* predlàgāč; (*Petent*) podnòsilac
an|treffen zatèći (zàticati), zàst(aj)ati; **~treiben** *Tech.* pokrétati; *fig.* nàtjer(ív)ati; **~treten** *v/t. Reise*: póći (pòlaziti); *Amt*: nastúp|iti (-ati); *v/i. Mil.* postròj|iti (-ávati) se; **2trieb** *m* pȍbuda; *Tech.* pógon; **2tritt** *m* nástup; **~tun** *Leid*: nà|-

nijeti (-nòsiti); *Zwang*: [u]činiti; **sich** et. **~tun** dići *pf.* rûku na sèbe
Antwort *f* ȍdgovōr; **2en** odgov|òriti (-árati)
an|vertrauen pòvjer|iti (-ávati); **~wachsen** prirást(at)i; (*zunehmen*) narást(at)i; **2walt** *m* advòkāt, *kr.* òdvjetnīk; **~wärmen** pòdgrij(áv)ati; **2wärter** *m* kandìdāt, prìprāvnīk
anweis|en upú|titi (-ćívati); *Geld*: doznáč|iti (-ívati); **2ung** *f* ȕputa; *Hdl.* dȍznaka
anwend|en prim|ijèniti (-jenjívati); **2ung** *f* prìmjena
anwesen|d prìsutan, nàzočan; **2heit** *f* prìsu|stvo, -tnōst *f*; nàzočnōst *f*
anwidern *s.* **anekeln**
Anzahl *f* brȏj; **2en** dāti kȃparu; **~ung** *f* kȃpara
Anzeichen *n* (prēd)znȃk
Anzeige *f* ȍglās; (*Straf2*) prìjava; **2n** *Stunde usw.*: pokáz(iv)ati; *Diebstahl*: prijáv|iti (-ljívati)
anzieh|en priv|úći (-láčiti); *Kleider*: obúći (obláčiti); *Schuhe*: òbuti (obúvati); *Schraube*: prité|gnuti (-zati); *v/r.* obúći (obláčiti) se; **~end** prìvlāčan; **2ungskraft** *f* prìvlāčnā sila (*od.* snága)
Anzug *m* odijèlo
anzüglich uvrèdljiv; dvòsmislen; **2keit** *f* dvòsmislenōst *f*
anzünden u-, za|páliti (-paljívati)
Apartment *n* apàrtmān
Apfel|(**baum** *m*) *m* jȁbuka; **~saft** *m* sȏk od jȁbūkā; **~sine** *f* nàrān|ča, -dža; **~wein** *m* jȁbukovača
Apotheke *f* ljèkarna; **~r** *m* apotèkār, ljèkārnīk
Apparat *m* sprȃva, apàrāt
Appetit *m* apètīt, *kr.* têk; **guten ~!** prijatno!, dȍbar têk!; **2lich** ȕkusan, téčan
Aprikose *f* kájsija
April *m* àpril, *kr.* trȃvanj
Aqua|rell *n* akvàrel; **~rium** *n* àkvārij
Arab|er *m* Àrapin; **2isch** àrapski
Arbeit *f* rȃd; pòsao *m*; **2en** ráditi; **~er(in** *f*) *m* rȃdn|īk (-ica); **~er-** rȃdnički; **~geber** *m* poslodávac; **~nehmer** *m* posloprímac; **~s-** rȃdnī; **2sam** ràden, ràdljiv
Arbeits|amt *n* bȕrza rȃda; **2fähig** spòsoban za rȃd; **2los** nezàposlen; **~lose(r)** *m* nezàposlenī; **~losigkeit** *f* nezàposlenōst *f*; **~niederlegung** *f* ȍbustava rȃda; **~platz** *m* rȃdnō mjȇsto; **~tag** *m* rȃdnī dȃn; **2unfähig** nèsposoban za rȃd; **~zeit** *f* rȃdnō vrijème; **~zimmer** *n* rȃdnā sòba
Archäologe *m* arheòlog
Archipel *m* arhipèlāg, ȍstrvlje, ȍtōčje
Architekt *m* arhìtekt; **~ur** *f* arhitektúra

Archiv *n* àrhīv, arhíva
Ärger *m* sȑdžba, ljutìna; (*Unannehmlichkeiten*) neprílike *f/pl.*; **2lich** ljût, sȑdit; **~nis** *n* sāblāzan *f*, brȗka
Arg|wohn *m* sùmnjičavōst *f*; **2wöhnisch** sùmnjičav
Arie *f* ȃrija
arm siròmašan, ùbog
Arm *m* rúka
Armband *n* nàrukvica, grȋvna; **~uhr** *f* rȗčnī sȃt
Armee *f* àrmija
Ärmel *m* rùkāv
ärmlich siròmašan, bijedan
armselig jȃdan, bijedan
Armut *f* siròmaštvo
Aroma *n* mìrīs
Art *f* náčin; (*Gattung*) vȓst *f*, vŕsta; **aller ~** svăkē vŕstē
Arterie *f* àrtērija, žila kȕcavica
artig vàljān; (*brav*) dȍbar
Artikel *m Hdl.* àrtik(a)l, rȏba; (*Zeitungs2*) člának; *Gr.* člȃn
Arz(e)nei *f* lijek
Arzt *m kr.* liječnīk, *sb.* ljèkār
Ärzt|in *f kr.* liječnica, *sb.* ljèkārka; **2lich** liječnički, ljèkārskī
As *n* kȇc; *fig.* ȁs
Asche *f* pȅpeo *m*; **~nbahn** *f* pepèljavā stàza; **~nbecher** *m* pepèljara; **~nbrödel** *n*, **~nputtel** *n* pepèljuga; **~rmittwoch** *m* pepèlnica
aschgrau pepèljast
Asien *n* Ázija
Asphalt *m* àsfalt
Assistent *m* asistent
Ast *m* grána
Aster *f* zvjèzdan
Asthma *n* sípnja, àstma
astronomisch astrònomskī
Asyl *n* ùtočište
Atelier *n* atèljē *m*
Atem *m* dȃh; **~ holen** dísati; predàhnuti; **2los** zàdīhān; **~not** *f* tȇškō dísānje; **~zug** *m* dísāj
Äther *m* éter
Athlet *m* àtlēt
atm|en dísati; **2ung** *f* dísānje; **2ungs-** dísajnī
Atom *n* àtōm; **~-** *in Zssgn* átomskī; **~bombe** *f* átomskā bȏmba; **~kraftwerk** *n* átomskā centrála
Atten|tat *n* atèntāt; **~täter** *m* atèntātor
Attest *n* pȍtvrda, svjèdodžba
ätzen [nà-, ìz]grīsti; *Med.* ispá|liti (-ljívati); **~d** nágrizan
Aubergine *f* (mòdrī, cȓnī) patlìdžān
auch i, takóđe(r)
Auerhahn *m* tètrijeb
auf na (*wohin? A*; *wo? L*); (*örtlich*: in) u; (*offen*) òtvoren; **~!** nà noge!; **~ und ab** gȍre-dȍlje; **~ daß** da
aufatmen odàhnuti *pf.*
Aufbau *m* izgrádnja; (*Struktur*) ùstroj; **2en** sa-, iz|gráditi (-građívati)
aufbauschen nàd|uti (-úvati)
aufbewahr|en [sa]čúvati; **2ung** *f* čúvānje; *Esb.* garderóba
auf|binden razvéz(iv)ati,

ràs|pletati [-plèsti]; **~blasen** nadú|hati, -vati *pf.*; **~bleiben** (*offen bleiben*) ȍsta(ja)ti ȍtvoren; (*wachen*) bȉti búdan; **~blühen** procv|àsti (-jètati); **~brausen** *fig.* plànuti; **~brechen** *v/t.* ȍbiti (obíjati); *Brief*: raspečà|titi (-ćávati); *v/i.* kré|nuti (-tati); **~bringen** *s.* **aufmachen, beschaffen;** *fig.* razljútiti *pf.*

Aufbruch *m* òd-, pò|lazak

auf|brühen *Tee*: zàkuh(áv)ati, [pò]pāriti; **~decken** ȍtkr|iti (-ívati) (*a. fig.*); **~drehen** ȍdv|iti (-íjati), odvŕnuti (ȍdvrtati); **~dringlich** namètljiv

Aufdruck *m* nátpis

aufeinander jèdan na drȕgōm; (*hintereinander*) jèdan za drȕgīm; **~folgen** slijèditi jèdan za drȕgīm; **~stoßen** sùdar|iti (-ati) se, sukòb|iti (-ljávati) se

Aufenthalt *m* bòravak; *Esb.* zadržávānje; **~sgenehmigung** *f* dȍzvola za bòravak; **~s·ort** *m* mjȇsto bòrāvka, bòravīšte; **~sraum** *m* drùštvenā prostòrija

auf|erlegen nàm|etnuti (-ètati); **~essen** pòjesti *pf.*; **~fädeln** naníz(áv)ati; **²fahrt** *f* ùlazak; râmpa; **~fallen** *fig.* pȁ|sti (-dati) u ȍči; **~fallend, ~fällig** upàdljiv; **~fangen** uhvá|titi (-ćívati); **~fassen** shvȁ|titi (-ćati, -tati); **²fassung** *f* shvȁćānje; *s.* **Ansicht; ~fordern** pò-, zà|z(i)vati; (*bitten*) [za]mòliti; **~fressen** požděrati *pf.*, pòždrijeti *pf.*; **~frischen** ȍsvjež|iti (-ívati) (*a. fig.*)

aufführ|en *s.* **anführen, aufzählen;** *Thea.* prikáz(ív)ati; *Mus.* izv|èsti (-òditi); *v/r.* **sich ~en** ponášati se; **²ung** *f Thea.* prȇdstava; *Mus.* ȉzvedba

auffüllen pòpu|niti (-njávati)

Auf|gabe *f* zàdaća, zadátak; (*Verzicht*) napúštānje; **~gang** *m* ùzlaz; *Astr.* ìzlazak

aufge|ben (*verzichten*) nàp|ustiti (-úštati); *Aufgabe*: zàd(áv)ati; *Post*: prèd(áv)ati; **²bot** *n* (*Ehe²*) oglašávānje brȃka; **~hen** *Astr.* ìzlaziti [izíći]; (*sich öffnen*) otv|òriti (-árati) se; *Naht*: ràš|iti (-ívati) se; **~legt** raspòložen; **~regt** ȕzrujān; **~weckt** čio, bȉstar

Aufguß *m* náliv

aufhalten (*zurückhalten*) zadŕž(áv)ati; *Tür*: dȑžati ȍtvoreno; *v/r.* **sich ~** bòraviti, zadržávati se

auf|hängen ȍbjesiti *pf.*, vješati; **~heben** pòdi|ći, -gnuti (-zati); (*bewahren*) [sa]čúvati; (*abschaffen*) ùk|inuti (-ídati); **~heitern** [raz]vèdriti (**sich** se); **~hetzen** [na]hùškati; **~hören** prèsta(ja)ti; **~kaufen** na-, po|kupòvati *pf.*; **~klappen** *s.* **aufmachen;** rasklòpiti *pf.*

aufklär|en prosv|ijètiti (-jećívati); razjà|sniti (-šnjávati) (**über** *A* / *A*); *Verbrechen*: òtkr|iti (-ívati) (zlòčin); **sich ~en** (*Wetter*) *s.* **aufheitern; ~ung** *f* prõsvjeta; razjašnj|ávãnje, -énje
auf|kleben na-, pri|lijèpiti *pf.*; **~knöpfen** raskòpč(áv)ati, raspúč(áv)ati; **~kommen** (*entstehen*) pojáv|iti (-ljívati) se; (*für Schaden*) nàkn|aditi (-ađívati); (*bezahlen*) [na]plátiti; **~laden** nàprtiti *pf.*; *El.* nàpunitipf.
Auflage *f* nálog, námet; *Typ.* tìrãž, tiráža; *s.* **Ausgabe**
Auflauf *m* stȑka; *Kochk.* nãbujãk; **~en** *Schiff*: nasúkati se *pf.*
auf|leben oživ|jeti (-ljávati); **~legen** pol|òžiti (-ágati) [niti se]
auflehnen: sich ~ *fig.* bú-]
auf|lesen pòkupiti *pf.*; [na]pàbirčiti; **~leuchten** sínuti *pf.*; **~lodern** plànuti *pf.*; **~lösen** *s.* **lösen, aufbinden;** *Versammlung*: rasp|ùstiti (-úštati); (*in e-r Flüssigkeit*) rastv|òriti (-árati); **~machen** otv|òriti (-árati)
aufmerksam pàžljiv, pòmnjiv; **~ machen** upòzor|iti (-ávati); **~keit** *f* pàžnja
Auf|nahme *f* *Fot.* snímak; (*das Aufnehmen*) snímãnje (*a. Film~, Ton~*); (*Empfang*) prijem; prímãnje; **~nehmen** prím|iti (-ati); *Fot.*, *Mus.*, *Rdf.* sním|iti (-ati); *Protokoll*: sàstav|iti (-ljati); *s.* **beginnen; ~passen** [pri]pãziti (**auf** *A* / na *A*); **~prallen** ùdar|iti (-ati) (**auf, gegen** *A* / na, o *A*); **~preis** *m* dodátak, pòvišenã cijèna; **~pumpen** nàpũmpati *pf.*; **~räumen** po-, ra|sprémiti (sprémati)
aufrecht ũsprãvan; **~erhalten** odȑž(áv)ati
aufreg|en uzbú|diti (-đívati), uzrúj(áv)ati (**sich** se); **~end** uzbùdljiv; **~ung** *f* uzbuđénje
auf|reiben *Haut*: odèrati *pf.*; **~reihen** naníz(áv)ati; **~reißen** *Verpackung*: ràs|-kinuti (-kídati); *Straße*: raskòp(áv)ati; *Tür*: otvòriti *pf.* širõm; **~richten** ùsprav|iti (-ljati) (**sich** se); pòdi|ći, -gnuti (-zati)
aufrichtig iskren; **~keit** *f* iskrenõst *f*
auf|rollen namòt(áv)ati; (*entrollen*) odmòt(áv)ati; **~rücken** nàpredovati
Aufruf *m* póziv; (*Namens~*) próziv; **~en** pròz(i)vati; (*zu et.*) pòz(i)vati
Auf|ruhr *m* búna, ùstanak; **~rührerisch** bùntõvnički; **~rüsten** põnovo naorùž(áv)ati; **~satz** *m* sástavak, sãstav; člának; **~saugen** ùpiti (upíjati); **~schieben** odg|òditi (-ađati)
Aufschlag *m* (*Aufprall*) ùdarac; *Sp.* (*Tennis*) sèrvis;

(*Preis*2) povišénje; 2**en** *s.* **aufprallen;** *Augen, Buch*: otv|òriti (-árati); *Zelt, Lager*: pòdi|ći, -gnuti *pf.*
auf|schließen otkljùč(áv)ati; 2**schluß** *m fig.* ob-, raz|jašnjénje; **~schneiden** prò-, ràz|rez(ív)ati; F *fig.* hvàlisati se, hvȁstati se; 2**schnitt** *m Kochk.* nárezak; 2**schrei** *m* vȃpāj; **~schreiben** [na]písati, zapís(ív)ati; 2**schrift** *f* nàtpis; 2**schub** *m* ȍdgoda; **~schütten** nàsipati *pf.*; 2**schwung** *m fig.* pòriv, pȍlēt
Aufseh|en *n* bùka, senzácija; **~er** *m* nádzornīk, nàdglednīk
aufsetzen *Brille, Hut*: mèt|nuti (-ati); (*abfassen*) sàstav|iti (-ljati); *v/i. Flgw.* dodirívati zȇmlju
Aufsicht *f* nádzor; **~srat** *m* nádzornō vijèće
auf|spannen razàp|ēti (-injati); **~springen** poskòčiti *pf.*; (*platzen*) [ràs]pȕcati; 2**stand** *m* ùstanak; 2**ständische(r)** *m* ùstanīk; **~stehen** ùsta(ja)ti; **~steigen** pènjati [pòpēti] se; dìzati [pòdi|ći, -gnuti] se; *Flgw.* polètjeti *pf.*; *vgl.* **aufrücken; ~stellen** pòstav|iti (-ljati) (**sich** se)
Aufstieg *m* (*Weg*) ùzlaz; (*Aufsteigen*) ùzlazak
auf|stoßen *Tür*: gȕrnuti *pf.*; *v/i.* (*rülpsen*) podrigívati se, štùc|ati [-nuti]; **~suchen** [po]trážiti; *vgl.* **besuchen; ~tanken** [nà-]pȕniti tȃnk; **~tauchen** izrò|niti (-njávati); *fig.* pojáv|iti (-ljívati) se; **~tauen** *v/i.* otòpiti se *pf.*; ràzmrz|nuti (-ávati) se
Auftrag *m* nálog; *Hdl.* nàrudžb(in)a; **im ~e** po nálogu; 2**en** *Farben usw.*: na|bàciti (-bácati); *Essen*: dònijeti *pf.* na stȏ(l)
auf|trennen [o-, ras-]párati; **~treten** [nà]gȁziti; *fig.* nastúp|iti (-ati); *Thea.* istúp|iti (-ati); 2**tritt** *m Thea.* scéna; **~tun** *s.* **aufmachen; ~wachen** [pro-]búditi se; **~wachsen** uzrásti *pf.*; 2**wand** *m* trȍšak; (*Luxus*) ráskoš
aufwärts ȕvis
auf|wecken [pro]búditi; **~wenden** [u]trȍšiti; 2**wertung** *f* (*Geld*2) revalorizácija, revalvácija; **~wickeln** namòt(áv)ati; *s.* **auspakken; ~wiegeln** [po]búniti; **~wirbeln** uzvìtl(áv)ati; **~wischen** [ò-, pò]brisati; **~zählen** nabr|òjiti (-ájati); **~zeichnen** nàcrt(áv)ati; (*notieren*) [za]bìljež|iti; *Ton*: snìm|iti (-ati); 2**zeichnung** *f* zȃbilješka; snìmānje; **~ziehen** *Kind, Pflanze*: uzg|òjiti (-ájati); *Uhr*: nàv|iti (-íjati); F (*necken*) zafrkávati; 2**zug** *m Thea.* čȋn; (*Fahrstuhl*) dìzalo, dìzalica
Auge *n* ȍko (*pl.* ȍči)

Augen|arzt *m* ōčnī lìječnīk (*sb.* ljèkār), okùlist(a *m*); **~blick** *m* trenútak, ćásak, čās; **2blicklich** trēn|utan, -ùtačan; **~braue** *f* ōbrva; **~lid** *n* vjēđa, kàpak; **~maß** *n* mjēra od ōka; **~zeuge** *m* očevídac

August *m* àugust, àvgust, *kr.* kolòvoz

Auktion *f* dràžba, licitácija

aus *prp.* iz (*G*); **~!** gòtovo!, svŕšeno!

Aus *n* *Sp.* āut, àut

aus|arbeiten izrá|diti (-đívati), razrá|diti (-đívati); **~arten** izròditi se *pf.*; **~atmen** ìzd|isati [-àhnuti]

Ausbau *m* izgrádnja; **2en** izgrá|diti (-đívati)

ausbesser|n pòprav|iti (-ljati); **2ung** *f* pòpravak

Ausbeut|e *f* dobítak, kōrīst *f*; **2en** iskòri|stiti (-šćávati); *Pol.* eksploatírati; **~ung** *f* iskorišćávānje; eksploatácija

ausbild|en izobrá|ziti (-žávati) **(sich** se); (*schulen*) škōlovati, obùč|iti (-ávati); **2er** *m* instruktor; **2ung** *f* òbrazovānje, izòbrazba; obučávānje, škōlovānje; *Mil.* ōbuka

aus|bleiben izòsta(ja)ti; **2blick** *m* pōglēd; perspektíva; **~brechen** *v/t.* izl|òmiti (-ámati); *v/i. Feuer*: búknuti *pf.*; *Krieg*: izb|iti (-íjati); *Häftling*: pòbje|ći, -gnuti *pf.*; **2brecher** *m* bjegúnac; **~breiten** [pro-ra]šíriti **(sich** se); (*entfalten*) ràst|rijeti (-irati); **2bruch** *m* izbíjānje; (*Flucht*) pòbjeg; **~bürsten** iščetkati *pf.*

Ausdauer *f* istrájnōst *f*, izdŕžljivōst *f*; **2nd** istrājan, izdŕžljiv

ausdehn|en rasté|gnuti (-zati) **(sich** se); **sich ~en** (*erstrecken*) pròst|rijeti (-irati) se; **2ung** *f* protézanje; *Math.* dimènzija

ausdenken ìzm|isliti (-íšljati)

Ausdruck *m* ìzrāz

ausdrück|en ìstis|nuti (-kívati); *fig.* izrá|ziti (-žávati); **~lich** ìzrazit, ìzričit

ausdrucks|los bēzizrāzan; **~voll** izražājan, ìzrazit

Ausdünstung *f* isparénje

auseinander|bringen ràstav|iti (-ljati); **~fallen** ràspa|sti (-dati); **~gehen** raz|íći (-ilaziti) se; **~nehmen** razl|òžiti (-ágati), ras|klòpiti (-klápati); **~setzen** objá|sniti (-šnjávati) **(sich** se); **2setzung** *f* (*Streit*) svađa; **~treiben** ràstjer(iv)ati; **~ziehen** raz|vúći (-vláčiti)

auserlesen iz-, ōd|abrān

Ausfahrt *f* izlaz

Ausfall *m* *Hdl.* gubítak; *Mil.*, *Sp.* ìspad; **2en** ìspa|sti (-dati); *Maschine*: zatáj(iv)ati, otkáz(iv)ati; (*nicht stattfinden*) ne òbaviti *pf.* se, ne odŕž(áv)ati se; **2end** *fig.* nasŕtljiv

aus|fegen pomèsti *pf.*; **~fließen** istèći (ìsticati); **2flucht** *f* ìzlika, ìzgovõr; **2flug** *m* ìzlēt; **2flügler** *m* ìzletnīk
Ausflugs|dampfer *m* ìzletničkī brȏd; **~ort** *m*, **~ziel** *n* ìzletište
Aus|fluß *m* ìzliv; **2forschen** istrāž|iti (-ívati), ispít(iv)ati; **~fragen** ispít(iv)ati
Ausfuhr *f* ìzvoz
ausführ|en izv|èsti (-òditi), ìspun|iti (-njávati); *Waren*: izv|èsti (-òziti); *s.* (**sich**) **äußern**; **~lich** ȍpširan, ìscrpan; **2ung** *f* ìzvedba; (*Erörterung*) iz-, raz|lágānje
Ausfuhr|verbot *n* zȃbrana ìzvoza; **~zoll** *m* ìzvoznā cārina
ausfüllen pòpu|niti (-njávati)
Ausgabe *f* (*Verteilung*) izdávānje; (*Geld2*) izdátak; trȍšak; (*Buch*) izdánje
Ausgang *m* ìzlaz; ìzlazak; (*Ende*) svršétak; **~spunkt** *m* pòlaznā tȁčka
aus|geben izd(áv)ati (**sich für** *A* / sebe za *A*); *Geld*: [po]trȍšiti; **~gedehnt** ràstēgnut; širok; (*lang*) dȗg; **~gehen** ìzlaziti [izáći]; *Feuer, Licht*: [u]gásiti se; *Vorrat*: nèsta(ja)ti
ausge|höhlt ìzdubljen; **~lassen** vragòlast; **~nommen** (*außer*) izùzēv; **~zeichnet** òdličan
ausgiebig (*reichlich*) òbilan, obilat; *adv.* òbilno
ausgießen ìzl|iti (-ívati)
Ausgleich *m* spȍrazūm; **2en** poráv|niti (-njívati), izjednáčiti *pf.*; **~sgetriebe** *n* diferencijāl
ausgleiten pòkliznuti (se) *pf.*, pòpuznuti *pf.*
ausgrab|en iskòp(áv)ati; **2ung** *f* ìskopina
Ausguß *m* slijevak, slìvnīk
aus|halten izdŕž(áv)ati; **~heilen** *v/t.* izlijèčiti *pf.*; *v/i. Wunde*: zacijèljeti *pf.*
Aushilf|e *f* pripomõć *f*; (*Person*) pomòćn|īk (-ica); **2sweise** *adv.* privremeno
aus|höhlen izdúpsti *pf.*; **~holen** zamáh|nuti (-ívati); **~hungern** izglàd|niti (-njívati); **~kehren** pomesti *pf.*
auskennen: sich ~ snàlaziti se
aus|kleiden *s.* **auslegen; ~klopfen** ispràšiti *pf.*; izlúpati *pf.*; **~kommen** izíći (izlaziti) na krȃj (**mit** *D* / s *I*); **~kundschaften** uh|òditi (-áđati) (*A* / za *I*); **2kunft** *f* infòrmácija, obavješténje; **~lachen** ismìj(á-v)ati; **~laden** istòvar|iti (-ívati), ìskrc(áv)ati; **2lage** *f* ìzlog; (*Ausgabe*) trȍšak
Ausland *n* inostrànstvo, inozémstvo
Ausländ|er *m* (ino)strȁnac, inozémac; **~erin** *f* strȁnkinja, inò|strȁnka, -zēmka; **2isch** (inò)strȁn, inòzēmskī

Auslandsreise *f* putòvānje u inozémstvo
aus|lassen izòstav|iti (-ljati); *Fett*: istòpiti *pf.*; **~laufen** iscúriti *pf.*; *Schiff*: kré|nuti (-tati); **~leeren** isprá|zniti (-žnjávati); **~legen** *Geld*: pozájm|iti (-ljívati); (*auskleiden*) obl|òžiti (-ágati); (*deuten*) [pro]tumáčiti; **~leihen** uzájm|iti (-ljívati), posú|diti (-đívati); **~lernen** izùčiti *pf.*
Auslese *f* ìzbor; **2n** iz-, od|àb(i)rati; *Buch*: pročítati *pf.*
aus|liefern isporúč|iti (-ívati); **~losen** odlúč|iti (-ívati) ždrijebom; **~lösen** (*verursachen*) izàz(i)vati; **2löser** *m Fot.* okìdāč; **~machen** *Licht*, *Radio*: zatv|òriti (-árati); (*betragen*) iznòsiti; *fig.* čìniti; **~malen** opís(iv)ati, prikáz(iv)ati; **2maß** *n* (ráz)mjēra; **~merzen** iskor|ijèniti (-jenjávati); **~messen** izmjeriti *pf.*
Ausnahm|e *f* izuzétak, iznīmka; **ohne ~e** = **2slos** bez izuzétka; **2sweise** *adv.* ìzuzētno, ìznīmno
ausnehmen izùz|ēti (-imati); *Fische*: [ò]čistiti; **~d** ìzuzētan, ìznīman
aus|nutzen iskòri|stiti (-šćívati); **~packen** ràspak|ovati, *kr.* -írati; **~pfeifen** izvíždati *pf.*; **~plaudern** izbr̀bljati *pf.*; **~pressen** iscijèditi *pf.*, istrijèšiti *pf.*; **~probieren** ispròb(áv)ati
Auspuff *m Kfz.* ìspuh; **~rohr** *n* ìspušnā cijev *f*
aus|pumpen ìspūmpati *pf.*; **~punkten** *Sp.* *s.* **Punkt; ~radieren** [iz]brìsati; **~rangieren** F uklòniti *pf.* iz ùpotrebē; **~räumen** isprá|zniti (-žnjávati); **~rechnen** izračùnati *pf.*
Ausrede *f* ìzgovōr, ìzlika, ìsprika; **2n** razùvjer|iti (-ávati) (**j-m** *A* / k-a u *L*)
ausreichen dòstajati, biti dȍvōljan; **~d** dȍvōljan
Ausreise *f* otputòvānje, òdlazak; **2n** otputòvati (*mst* preko grànicē); **~visum** *n* víza za ìzlaz
aus|reißen tr̀gati [istrgnuti], [i]šćùpati; *v/i.* F kìd|ati [-nuti]; **~renken** iščašiti *pf.*; **~richten** izrúč|iti (-ívati); (*erreichen*) učìniti *pf.*; **~rotten** iskor|ijèniti (-jenjívati)
Ausruf *m* ùsklīk, ùzvīk; **2en** *v/i.* klì|knuti (-cati); *v/t.* proglá|siti (-šávati, -šívati); **~ungszeichen** *n* ùskličnīk, ùzvičnīk
ausruhen: sich ~ odm|òriti (-árati) se
ausrüst|en oprém|iti (-ati); **2ung** *f* ȍprema
ausrutschen òkliznuti se *pf.*
Aussaat *f* sjētva
Aussage *f* ìskaz; ìzjava; **2n** iskáz(iv)ati; izjáv|iti (-ljívati)

Aus|satz *m Med.* gûba; **2-sätzig** gûbav; **2saugen** ìsisati *pf.*; **2schachten** iskòp(áv)ati; **2schalten** isključ|iti (-ívati)

ausscheid|en *v/t.* izlúč|iti (-ívati), odv|òjiti (-ájati); *v/i.* (*aus e-m Amt*) istúp|iti (-ati); **2ung** *f Chem., Med.* izlučívānje; *Sp.* kvalifikácija; **2ungs-** *Sp.* kvalifikácijskī, kvālifikaciōnī

ausschlafen (*a.* **sich ~**) i-, na|spávati se *pf.*

Ausschlag *m* (*Zeiger2*) skrētāj; *Med.* òsip; **2en** *v/t.* (*her~*) ìzb|iti (-íjati); *s.* **auslegen, ablehnen;** *v/i. Pferd*: rítati se; *Phys.* skré|nuti (-tati); *Bot.* klì|cati, -jati; **2gebend** òdlučan

ausschließ|en isključ|iti (-ívati); **~lich** isključiv

Aus|schluß *m* isključénje; **2schneiden** ìsjeći (isijècati), ìzrez(iv)ati; **~schnitt** *m* ìzrezak (*a. Mode*); ìsječak (*a. Zeitungs2*); **2schreiben** raspís(ív)ati; **~schreitung** *f* ìzgrēd; **~schuß** *m* òdbor, komìsija; (*Abfall*) òtpaci *m/pl.*; **2schütten** ìsipati [izàsūti]; *Wasser, fig.*: ìzl|iti (-íjati); **2schweifend** rāzvratan

aussehen izglédati; **2** *n* ìzglēd

außen spōlja, vàni; **von ~** ìzvana; **2-** *in Zssgn* spòljašnjī, spōljnī, vānjskī; **2bordmotor** *m* prìvjesnī môtor, F āusbord; **2handel** *m* spōljnā (*od.* vānjskā) tr̀govina; **2ministerium** *n* ministārstvo spōljnih (*od.* vānjskīh) pòslōvā; **2politik** *f* spōljnā (*od.* vānjskā) politika; **2seite** *f* spòljašnjā (*od.* vānjskā) strána; **2seiter** *m* àutsajder (*mst Sp.*); **2-stände** *pl. Hdl.* potraživānja *n/pl.*

außer ōsim (*G*), *sb. a.* sèm (*G*); **~ daß, ~ wenn** ōsim što; **~ Betrieb** nè rādi; **~ der Reihe** prēko rēda; **~dem** ōsim tòga

äußere spòljašnjī, spōljnī, vānjskī; **2(s)** spòljašnjōst *f*, vànjština

außer|gewöhnlich neòbičan; **~halb** ìzvan (*G*)

äußerlich spòljašnjī, vānjskī; *adv. Med.* spōlja; **2-keit** *f* spòljašnōst *f*; *fig.* formálnōst *f*

äußern ispòlj|iti (-ávati) (**sich** se); (*aussagen*) izjáv|iti (-ljívati), izrá|ziti (-žávati)

außerordentlich (iz)vànredan

äußerst krâjnjī; *adv.* veòma, vr̀lo

außerstande: ~ sein ne biti u stánju

Äußerung *f* ìzjava

aussetzen *v/t. Boot*: spùstiti *pf.* nà vodu; *Belohnung*: raspísati *pf.*; *der Gefahr usw.*: ìzl|òžiti (-ágati) (**sich** se); *v/i.* prèsta(ja)ti; *Motor*: zaùstav|iti (-ljati) se; **et. auszusetzen ha-**

ben zamjèr|iti (-àvati) (**an** *D* / *A*)
Aussicht *f* ìzglēd, pȍglēd; **$\sim$slos** bèzizglēdan; **$\sim$sturm** *m* osmàtrāčnica
aus|söhnen iz-, po|míriti (-mirívati) (**sich** se); **$\sim$spannen** *v/t.* ràsp|ēti (-injati); *Pferd*: [ìz]vâditi; *v/i.* odm|òriti (-árati) se; **$\sim$sperren** isključ́|iti (-ívati); *Arbeiter*: otp|ùstiti (-úštati); **$\sim$sprache** *f* ìzgovōr; *fig.* râzgovōr; **$\sim$sprechen** izgov|òriti (-árati); izr|èći (-ícati); **$\sim$spruch** *m* ìzreka; **$\sim$spülen** isplák|nuti (-ati); **$\sim$stand** *m* štrâjk
ausstatt|en oprém|iti (-ati); **$\sim$ung** *f* ȍprema; *Thea.* dekorácija
aus|steigen síći (sìlaziti), iskŕc(áv)ati se; **$\sim$stellen** iz|lòžiti (-lágati); *Bescheinigung*: ispòstav|iti (-ljati)
Ausstell|er *m* izlàgāč; *Hdl.* izdàvāč; **$\sim$ung** *f* ìzložba; **$\sim$ungsstück** *n* ekspònāt
aus|sterben izùm|rijeti (-irati); **$\sim$steuer** *f* mìrāz, pŕćija; **$\sim$stieg** *m* ìzlaz; **$\sim$stopfen** ìspu|niti (-njívati), nà|biti (-bíjati) (**mit** / *I*); **$\sim$stoßen** (*verjagen*) ìstjer(ív)ati; *Gr.*, *Tech.* izbác(iv)ati; **$\sim$strahlen** zráčiti; *Wärme*: žáriti (se); **$\sim$strecken** prúžati [ìspružiti] (**sich** se); **$\sim$strömen** ìstjecati; **$\sim$suchen** iz-, od|àb(i)rati

Austausch *m* ìz-, râz|mjena; **$\sim$en** mijènjati, iz-, raz|mijèniti (-mjenjívati)
austeilen [po]dijèliti
Auster *f* òstriga, kamènica
aus|tragen ràzn|ijeti (-òsiti); *Sp. Spiel* odìgr(áv)ati; **$\sim$träger** *m* raznòs|āč, -ilac
Australien *n* Àustrālija
aus|treiben ìstjer(ív)ati, iz|àgnati (-gòniti); **$\sim$treten** *v/t.* ìzgaziti *pf.*; *v/i.* istúp|iti (-ati); F izíći *pf.* nȁpolje; **$\sim$trinken** ìspiti *pf.*, iskápiti *pf.*; **$\sim$tritt** *m* ìstup; **$\sim$trocknen** isúšiti *pf.*; **$\sim$üben** *Amt*: vŕšiti
Ausverkauf *m* râsprodaja; **$\sim$t** râsprodān
Aus|wahl *f* ìzbor; **$\sim$wählen** izàb(i)rati
Auswander|er *m* iseljènīk; **$\sim$n** isè|liti (-ljávati) se; **$\sim$ung** *f* iseljénje
auswärt|ig spòljašnjī, vànjskī; **$\sim$s** nȁpolju; ìzvan grâda; **von $\sim$s** sa stránē, ìzvana
aus|waschen ìsp(i)rati; **$\sim$wechseln** iz|mijèniti (-mjenjívati)
Ausweg *m* ìzlaz
Ausweich- *in Zssgn* rèzērvnī; **$\sim$en** ìzbje|ći (-gávati), ùkl|anjati [-òniti] se
Ausweis *m* ìsprava, ìskaznica, legitimácija; **$\sim$en** (*aus e-m Land*) pròtjer(ív)ati, iz|àgnati (-gòniti); *v/r.* **sich $\sim$en** legitimírati se; **$\sim$ung** *f* ìzgon
aus|weiten proširi|iti (-á-

vati); **~wendig** nâpamēt, naìzust; **~werfen** izbác|iti (-ívati); **~werten** iskòri|stiti (-šćívati); **~wickeln** od-, raz|mòt(áv)ati; **~wischen** ìzbrisati *pf.*; **ˆwuchs** *m Med.* kvȓga; **ˆwurf** *m* ìzbačāj; *Med.* ispljuvak
auszahl|en isplá|titi (-ćívati) (**sich** se); **ˆung** *f* ìsplata
auszeichn|en òdlikovati (**sich** se); **ˆung** *f* odlikovánje
ausziehen *v/t.* (*her~*) [iz-]vâditi; *Kleider*: sv|úći (-láčiti); *Schuhe*: ìz|uti (-úvati); *v/i.* [i]sèliti se; *v/r.* **sich ~** sv|úći (-láčiti) se
Auszug *m* òdlazak; iseljénje; (*Buchˆ, Kontoˆ*) ìzvadak
Auto *n* àuto *m*, automòbīl; **~-** *in Zssgn* automòbīlski; **~bahn** *f* àuto-pût, àuto-strāda
Autobus *m* àutobus; **~haltestelle** *f* àutobusn|ā stānica; **~ō** stàjalište
Auto|didakt *m* samòuk; **~fähre** *f* tràjekt; **~fahrer** *m* šòfēr, vòzāč, automobìlist(a *m*)
Automa|tikgetriebe *n* autòmatski prijènosnīk; **~tisation** *f* automatizácija; **ˆtisch** autòmatskī, automàtičan
autonom autònoman
Autor *m* písac, àutor
Autoreparaturwerkstatt *f* ràdionica za òpravku automobíla
autori|tativ, ~tär âutoritativan, âutoritāran
Auto|verkehr *m* àuto-prómet, automòbīlskī sàobraćāj; **~vermietung** *f* iznajmlјívānje automobílā; **~zubehör** *n* automòbīlskā ōprema
Axt *f* sjèkira
Azalee *f* slȇč

B

Baby *n* djètēnce, béba
Bach *m* pòtok
Backe *f* òbraz
backen pèći; *in der Pfanne*: pȑžiti
Backen|bart *m* zàlisci *m/pl.*; **~knochen** *m* jàgodičnā kôst; **~zahn** *m* kûtnjāk
Bäcke|r *m* pèkār; **~rei** *f* pèkārnica
Back|hähnchen *n* pečènō pile; **~obst** *n* sûšenō vȍće; **~ofen** *m* pȇćnica; **~pulver** *n* prášak za pèčēnje; **~ware** *f*, **~werk** *n* pècivo
Bad *n* kúpānje, kûpka; (*Ort*) *kr.* tòplice *f/pl.*, *sb.* bānja; *s. a.* **Badezimmer**
Bade|anstalt *f* kùpalīšte; **~anzug** *m* kùpaći kòstīm; **~gast** *m* kùpāč; **~hose** *f* kùpaćē gāćice *f/pl.*; **~kappe** *f* kāpa za kúpānje; **~kur** *f* kùpalīšnō lijèčēnje; **~mantel** *m* kùpaći ogȑtāč; **~-**

meister *m* kùpališnī nádzornīk
baden kúpati (*v/i.* se)
Bade|ort *m s.* **Bad;** (*Seebad*) mòrskō kùpalište; **˜strand** *m* pláža; **˜wanne** *f* káda (za kúpānje); **˜zimmer** *n* kùpaonica, kùpatilo
Bagger *m* bâger
Bahn *f* pût; (*Eisen*2) žèljeznica; *Astr.* òrbita; **˜damm** *m* žèleznički násip
bahnen *Weg:* ùt|rti (-irati)
Bahn|hof *m kr.* kōlodvor, *sb.* žèljeznīčkā stānica; **˜steig** *m* pèrōn; **˜steigkarte** *f* pèrōnskā kârta; **˜übergang** *m* prijèlaz prēko prúgē; **˜verbindung** *f* žèljeznīčkā vèza; **˜wärter** *m* čùvār prúgē
Bahre *f* nòsila *n/pl.*, nòsiljka; (*Toten*2) òdar
Bajonettfassung *f* bajònētnī spôj
Bakterie *f* bàktērija
bald skòro, doskòra; **˜igst** što prije
Baldrian *m* bāldrijān, valerijána
Balken *m* gréda, bàlvan, bŕvno
Ball *m* lōpta; (*Tanz*) *sb.* igrānka, *kr.* plês
Ballast *m* prìtega, bàlast
Ballen *m* (*Waren*2) bāla
ballen: die Faust ˜ stìsnuti (*od.* zgŕčiti) *pf.* pésnicu
Ballett *n* bàlēt
Ballon *m* bàlōn
Bambus *m* bàmbus
Banane *f* banána
Band[1] *n* vȑpca, trāka; *fig.* vèza
Band[2] *m* (*Buch*) svèska, svèzak
bandagieren bandažírati, prè|viti (-víjati) závōj
Bande *f* čēta, bânda
bändigen [u]kròtiti
Band|maß *n* mjèrnā trāka (*od.* vȑpca); **˜wurm** *m* trākavica
Bank *f* klúpa; tèzga; *Hdl.* bânka; **˜beamte(r)** *m* bànkovnī čìnōvnīk; **˜konto** *n* bànkovnī ràčūn; **˜note** *f* novčànica
bar: in ˜, gegen ˜ u gòtovu
Bar *f* bâr
Bär *m* mèdvjed
Baracke *f* dàščara, baràka
Barbe *f* (*Fisch*) mrēna
bar|fuß, -füßig bôs, bosònog
Bargeld *n* gòtov nòvac, gotovìna; 2**los** bez pláćānja u gòtovu
Bar|hocker *m* bârskā stòlica; **˜keeper** *m* bârman
barmherzig milòsrdan; 2**keit** *f* milòsrđe
Barometer *n* bàromētar
Barren *m* (*Gold*2) šipka; *Sp.* rázbōj
barsch nàprasit, òsōran
Barsch *m* *Zo.* gȑgeč
Barschaft *f* gotovìna
Bart *m* bráda
Bärt|chen *n* bȑčići *m/pl.*; 2**ig** bràdat
Barzahlung *f* pláćānje u gòtovu

Baskenmütze *f* bèretka
Basketball *m* kòšārka; **~spieler** *m* košàrkāš
Baß *m* bȁs
Bast *m* liko, lika
basteln ráditi amàtērski; F čeprkati, prčkati
Bastkorb *m* kòšara òd likē
Batterie *f* bàtērija
Bau *m* grádnja; gràđevina; **~-** *in Zssgn* gràđevīnskī; **~arbeiten** *f/pl.* gràđevīnskī rȃdovi; (*Straßen*2) rȃdovi nà cesti; **~art** *f* konstrùkcija
Bauch *m* trbuh; **~fellentzündung** *f* ȕpala potrbušnicē
bauen [sa]gráditi
Bauer[1] *m* sèljāk, rātār
Bauer[2] *n* (*Vogel*2) kàvez, krlētka
Bäuer|in *f* seljàkinja, sèljānka; **2lich** sèljāčkī
Bauern|haus *n* sèljāčkā kúća; **~hof** *m* sèljāčkō imánje
bau|fällig trȍšan, rȕševan; **2gerüst** *n* skȇle *f/pl.*; **2kasten** *m* kùtija s kȍckama (za djēcu); **2kunst** *f* građevinárstvo
Baum *m* stáblo, dȑvo
Bau|material *n* gràđevīnskī materìjāl, grȃđa; **~meister** *m* gràđevīnār
Baum|stamm *m* stáblo; **~wolle** *f* pàmuk
Bau|platz *m* gràdilište; **~stein** *m* gràđevīnskī kāmēn; *fig.* grȃđa; **~stelle** *f* s. **Bauplatz**

Bayer *m* Bavárac; **~n** *n* Bàvārskā
beabsichtigen namjerá-[vati, kániti]
beacht|en pàziti na (*A*), vòditi računa o (*L*); **~enswert, ~lich** znȁtan; **2ung** *f* zapážānje
Beamt|e(r) *m* čìnōvnīk; **~in** *f* čìnōvnica
bean|spruchen trážiti, zahtijèvati; **~standen** zàmjer|iti (-ávati), prigov|òriti (-árati); **2standung** *f* reklamácija; **~tragen** ìzn|ijeti (-òsiti) prijèdlog (*od.* mòlbu) (*A* / za *A*); **~worten** odgov|òriti (-árati)
bearbeit|en obrá|diti (-đívati); **2ung** *f* ȍbrada
beauf|sichtigen nadglé-d(áv)ati, nàdzir(áv)ati; **~tragen** nal|òžiti (-ágati) (**mit** / *A*)
bebauen *Land*: obrá|diti (-đívati); *Arch.* [sa]gráditi
beben dȑhtati
Becher *m* pèhār, čȃša; (*Humpen*) kȗpa
Becken *n* plìtica, kȃrlica (*a. Anat.*); *Geogr.* kòtlina; *Mus.* tȃsovi *m/pl.*; (*Wasch*2) umìvaonica, umìvaonīk
bedächtig prȍmišljen
Bedarf *m* pȍtreba; potrépština; **nach ~** po pȍtrebi; **~shaltestelle** *f* stȃnica po pȍtrebi
bedauer|lich žȃlostan; **~n** žȃliti, žȃlovati; **2n** *n* žȃljēnje
bedeck|en pòkr|iti (-ívati); **~t** *Himmel*: ȍblāčan

bedenken prè-, ràz|misliti (-mišljati); **♀** *n* (*mst pl.*) dvòumica; **♀ haben** dvòumiti se
bedeut|en znáčiti; **~end, ~sam** znȁčajan, znȁmenit; **♀ung** *f* znáčēnje, znȁčāj; **~ungslos** bȅznačājan
bedien|en poslúž|iti (-ívati); opslúž|iti (-ívati); *v/r.* **sich ~en** slúžiti se, poslúž|iti (-ívati) se (*G/I*); **♀ung** *f* pȍsluga, sèrvīs; posluživānje; **♀ungs·anleitung** *f* ùputstvo za rukòvānje (*od.* opsluživānje)
bedingt ùslovan, ùvjetan
Bedingung *f* ùslov, ùvjet; **♀slos** bȅzuslovan, bezùvjetan
bedroh|en ugrò|ziti (-žávati); **~lich** prijètēći, ȍpāsan
bedrück|en [pò]tlȁčiti; (*seelisch*) tíštati [potíštiti]; **~end** mȕčan, téžak
Bedürfnis *n* pȍtreba; **~anstalt** *f* záhod, nȕžnīk
bedürftig òskudan, pȍtrebit
Beefsteak *n* biftek
beeilen: sich ~ [po]žúriti (se)
beein|flussen ùticati, ùtjecati na (*A*); **~trächtigen** okŕnj|iti (-ívati)
beend|(ig)en do-, s-, za|vŕšiti (-vršávati); **♀igung** *f* do-, za|vršávānje; svršétak
beerdig|en sahrá|niti (-njívati), pokòp(áv)ati; **♀ung** *f* sȁhrana, pògreb
Beere *f* bóba, bòbica
Beet *n* léja, *kr. a.* lijèha; **~e** *f s.* **Bete**
Befähigung *f* kvalifikácija
befangen zbûnjen; *s.* **voreingenommen**
Befehl *m* zȃpov|ijed *f*, -ijest *f*, naređénje, nȃredba; **♀en** zapòv|jediti (-ijèdati), naré|diti (-đívati)
befestigen pričvŕ|stiti (-šćívati) ugláv|iti (-ljívati)
befind|en: sich ~en nàlaziti se, bȉti; **♀en** *n* zdrȃvlje
be|flecken [u]mŕljati, [o]kàljati; **~folgen** [pò]slȕšati; pridržávati se (*G*); **~fördern** otprém|iti (-ati); prèn|ijeti (-òsiti); *im Amt:* unapré|diti (-đívati)
Beförderung *f* prévoz, ȍtprema; unapređénje; **~smittel** *n* prévoznō srèdstvo
befrei|en oslob|òditi (-áđati); **♀ung** *f* oslobođénje; **♀ungskrieg** *m* oslobòdilačkī rȃt
befreunden: sich ~ sprijà-[teljiti se *pf.*]
befriedig|en za-, u|dovòljiti (-dovoljávati); **~end** zadovòljavājūći; **♀ung** *f* zadovóljstvo
befristet na òdrēđenī rôk, tèrmīnskī; **~ bis** vrijèdī do
Befruchtung *f* oplódnja, ȍplođaj [òvlašćen]
Befug|nis *f* ovlašćénje; **♀t**
Befund *m* nálaz
befürcht|en strahòvati (*A* / od *G*); **♀ung** *f* bȍjāzan *f*
befürworten govòriti u prílog
begab|t darȍvit, nà-, òb|-

dāren; **∼ung** *f* dâr, ná-, òb|dārenōst *f*
Begebenheit *f* dōgađāj
begegn|en(*j-m*) srē|sti (-tati) (k-a), naíći (nailaziti) (na *A*); **∼ung** *f* súsret
begehen *Fest*: [prò]slâviti; *Verbrechen, Fehler*: poč|initi (-ínjati)
begehren trážiti; [za]žèljeti; **∼swert** pōžēljan
begeister|n (sich) odušèv|iti (-ljávati) (se); zàn|ijeti (-òsiti) (se); **∼ung** *f* oduševljénje, zános
Begier|de *f* pōžuda; **∼ig** žěljan; pōžudan
begießen pòl|iti (-ívati)
Beginn *m* počétak; **∼en** pòč|ēti (-ínjati)
beglaubig|en òvjer|iti (-ávati), ovjeròv|iti (-ljívati); **∼ung** *f* ȍvjera
begleichen na-, pod|míriti (-mirívati)
begleit|en [is]prâtiti; **∼er** *m* pràtilac; **∼ung** *f* pràtnja (*a. Mus.*)
beglückwünschen čestítati
begnadigen pòmilovati *pf.*
begnügen: sich ∼ mit zadovoljávati se (*I*)
be|graben po-, u-, za|kòp(áv)ati; **∼gräbnis** *n* pòkop, sprővod
begreif|en shvā|titi (-ćati, -tati), pójmiti (pòimati); **∼lich** shvàtljiv, pòjmljiv; **∼lich machen** objá|sniti (-šnjávati)
begrenz|en ogrànič|iti (-ávati); **∼ung** *f* ograničénje
Begriff *m* pójam; **im ∼ sein** bāš htjēti
begründ|en zasn|ívati [-òvati]; *fig.* obraz|lòžiti (-lágati); **∼ung** *f* zasnívānje; obrazložénje
begrüß|en pòzdrav|iti (-ljati); **∼ung** *f* pōzdrāv
be|günstigen pomágati, ìći nā rūku; štítiti; **∼gutachten** dāti (dávati) mišlēnje
Behag|en *n* nāslada; **∼lich** lágodan; **∼lichkeit** *f* lágodnōst *f*
behalten zadřž(áv)ati
Behälter *m* pričuva, pōsuda
behand|eln postúpati (*A* / s *I*); *Thema*: obrá|diti (-đívati); *Med.* lijèčiti; **∼lung** *f* pòstupak; lijèčēnje, teràpija
beharr|en ùstraj(áv)ati; **∼lich** ūstrājan
behaupt|en tvŕditi; *v/r.* **sich ∼en** odřž(áv)ati se; **∼ung** *f* tvŕdnja
be|heben *Schaden usw.*: òprav|iti (-ljati); **∼helfsmäßig** pōmoćan, prȍvizōran
beherrschen vládati, gospodáriti; *v/r.* **sich ∼** vládati sōbōm [k sŕcu
beherzigen prím|iti (-ati)
behilflich: ∼ sein *s.* **helfen**
behindern smétati
Behörde *f* vlâst *f*
behüten [sa]čúvati
behutsam obàzriv
bei kod (*G*), pri (*L*), u (*G*); **∼ Gelegenheit** príликōm; **∼ Nacht** nȍću; **∼behalten**

zadr̀ž(áv)ati; **~bringen** *Wunde*: zàd(áv)ati; (*lehren*) [na]ùčiti (**j-m** *A* / k-a *D*)
Beicht|e *f* ispovijed *f*; **2en** ispovijèd|iti (-ati) se
beide *m* ȍba(dvā), *f* ȍb(advi)je; *alle Geschlechter*: ȍboje
beiderseitig obòstran
Bei|fahrer *m* sùvozāč; **~fall** *m* pljȇsak, pljȇskānje; (*Billigung*) odobrávānje; **2fügen** pril|òžiti (-ágati); **~gabe** *f s.* **Beilage**
beige bȇž
Beihilfe *f* prìpomōć *f*; *Jur.* pomágānje
Beil *n* sjèkira
Bei|lage *f* dodátak; *Kochk.* prílog; **2läufig** ȕzgrēdan; *adv.* ȕzgrēd(om); **2legen** pril|òžiti (-ágati); *Streit*: izràvn(áv)ati; **~leid** *n* sȁučēšće; **2liegend** priložen; **2mengen** primijè|siti (-šati); **~mischung** *f* prìmjesa
Bein *n* nòga; (*Knochen*) kȏst *f*
beinahe skȍro, gòtovo, [ùmalo]
Beiname *m* nàdimak
Beinprothese *f* protéza nȍgē
bei|sammen skùpa, zȁjedno; **2schlaf** *m* snȍšāj; **2sein** *n* prìsustvo; **~seite** nȁ strānu
Beispiel *n* prímjer; **zum ~** (**z. B.**) na prímjer (napr.); **2haft** prímjeran; **2sweise** *adv.* prímjericē
beißen [òd-, ù-, zà]grìsti, ùjesti (ujédati); **~d** ujèdljiv
Bei|stand *m* pȍmōć *f*; **2stehen** potpom|ágati [-òći]; **~trag** *m* doprínos; **2treten** pristúp|iti (-ati) (*D* / u *A*); pridrúž|iti (-ívati) se (*D*); **~tritt** *m* prístup; **~wagen** *m* príkolica; **2wohnen** prìsustvovati
Beize *f* rásō(l) *m*
bejahen potvŕ|diti (-đívati); **~d** pȍtvrdan
bejahrt vrȅmešan
bekämpfen bòriti se (*A* / protiv *G*)
bekannt pȍznat; **~ machen** upòzn(áv)ati; **2e** *f* (pȍ)znȁnica; **2e(r)** *m* pȍznanik, znȁnac; **~lich** *adv.* kȁo (štȍ) je pȍznato; **~machen** o-, raz|glásiti (-glašávati); **2machung** *f* objavljívānje; *s.* **Anschlag**; **2schaft** *f* poznánstvo; (*Bekannte*) pȍzna|nik (-nīci *pl.*)
bekehren obrátiti (òbraćati)
bekenn|en (*gestehen*) prìzn(áv)ati; *Rel.* ispovijèdati; **2tnis** *n* priznánje; *Rel.* vjeròispovijest *f*
beklagen [ò]žȁliti; **sich ~** žȁliti se
bekleben oblijèpiti (oblijepljívati)
bekleid|en *Amt*: vŕšiti; **2ung** *f* òdjeća
be|kommen dòb|iti (-íjati, -ívati), prím|iti (-ati); **~kömmlich** kȍrīstan, zdrȃv; **~köstigen** hrániti; **~kräftigen** potvŕ|diti (-đívati); **~kümmert** snȕždēn;

⁓kunden izjáv|iti (-ljívati); **⁓laden** *v/t.* nàkrc(áv)ati, natòvar|iti (-ívati); *adj.* natòvaren
Belag *m* prȅvlaka, nȃvlaka
belagern opsjédati
belang|en *(j-n)* pòzvati *pf.* na odgovórnōst; **⁓los** bȅznačājan
belasten optère|titi (-ćívati)
belästig|en dosá|diti (-đívati), smétati; **&ung** *f* dosađívānje, smétnja
Belastung *f* opterećénje; tèret
belaufen: sich ⁓ auf iznòsiti [(-škívati)
belauschen prìslu|hnuti
beleb|en oživ|iti (-ljávati); **⁓end** osvjèžujūćī; **⁓t** žȋv, žȉvahan
Beleg *m* dókaz; **&en** *Platz*: zaùz|ēti (-imati); *(beweisen)* dokáz(ív)ati; *Vorlesung*: upís(iv)ati se za *(A)*; **⁓schaft** *f* čitavō òsōblje; **&t** *Platz*: zàuzēt; *Stimme*: pròmukao; **&tes Brot, Brötchen** *n* sèndvič
belehr|en poùč|iti (-ávati); **&ung** *f* pȍuka
beleibt dèbeo, krúpan
beleidig|en uvrijèditi (vrijèđati); **⁓end** uvrèdljiv; **⁓t** uvrijèđen; **⁓t sein** vrijèđati se; **&ung** *f* ȕvreda
beleucht|en o-, ra|svijètliti (-svjetljívati); **&ung** *f* o-, ra|svjetljénje, *kr. mst* rȁsvjeta
Belgi|en *n* Bèlgija; **&sch** bèlgījskī
Belgrad *n* Beògrad
belicht|en *Fot.* osv|ijètliti (-jetljívati); **&ung** *f* osvjetljénje; *(Zeit)* ekspozícija; **&ungsmesser** *m* ȅkspozimetar
Belieb|en *n*: **nach ⁓en** = **&ig** po vȍlji; **jeder &ige** bílo kòjī
beliebt òmiljen, òbljūbljen; **&heit** *f* òmiljenōst *f*
bellen [zà]lājati
belohn|en nagrá|diti (-đívati); **&ung** *f* nȃgrada
Belüftung *f* ventilácija
be|lügen [s]làgati; **⁓lustigend** zábavan; **⁓malen** [nà]slikati; **⁓mängeln** zàm|jeriti (-jérati, -jerávati); **⁓mannt** ȍprēmljen pȍsadōm
bemerk|bar prìmjetan, uòčljiv; **sich ⁓bar machen** pokáz(ív)ati se; **⁓en** prim|ijètiti (-jećívati), ò-, zà|paziti (-pážati); **⁓enswert** znȁmenit, znȁčājan; **&ung** *f* prìmjedba, nȃpomena
bemitleiden sàža|liti (-ljévati)
bemüh|en [po]trúditi **(sich um** *A* / se za *A*); **&ung** *f* nástojānje, trȗd
benachbart súsjedan
benachrichtig|en obav|ijèstiti (-vješćívati); **&ung** *f* ȍbavijest *f*, obavješténje
benachteiligen *(A)* òšte|titi (-ćívati) *(D)*
benehm|en: sich ⁓en ponášati se, vládati se; **&en** *n* ponášanje, vládānje

beneiden (*A*) záv|idjeti (-íđati) (*D*); **~swert** závidan
Bengel *m* dèran, klìpan
be|nommen òmāmljen, pòmūćen; **~nötigen** trēbati, pòtrebovati
benutz|en upotr|ijèbiti (-ebljávati) (*A*), kòristiti se (*I*); **2ung** *f* ȕpotreba, kòrišćēnje; **2ungsgebühr** *f* prìstojba za kòrišćēnje
Benzin *n* bènzīn; **~kanister** *m* bènzīnskā kȃnta; **~zufuhr** *f* dòtok benzína
beobacht|en posmátrati, òpa|ziti (-žati); **2er** *m* posmàtrāč; **2ung** *f* òpažānje
bequem ùdoban; **2lichkeit** *f* ùdobnōst *f*
berat|en *v/t.* sávjetovati; *v/i.* (*a.* **sich ~en**) vijèćati; **2er** *m* sávjetnīk; **2ung** *f* sávjetovānje, vijèćānje; **2ungsstelle** *f* konzultácija
berauben òpljačkati *pf.*
berausch|en: sich ~en ò-, nà|piti (-píjati) se; **~t** opìljen; F pìjan, nāpīt
berechnen proračùn(áv)ati
berechtig|t òprāvdān; *s. a.* **befugt; 2ung** *f* právo, ovlašténje
Be|redsamkeit *f* rječìtōst *f*; **~reich** *m* (*Gebiet*) pòdrūčje; (*Reichweite*) dōmašāj, dòmet, dòmak; **2reichern** obòga|titi (-ćávati, -ćívati) (**sich** se); **~reifung** *f* *Kfz.* (àuto-)gȕme *f/pl.*; **2reisen** putòvati po (*L*)
bereit sprēman, prī|pre-man, -prāvan; **~en** s-, prī|prémiti (-prémati)
bereits vȇć
Bereitschaft *f* sprēmnōst *f*, prīprēmnōst *f*; **~sdienst** *m* dežúrstvo
bereitwillig (drāgo)vôljan
bereuen kājati se
Berg *m* bȑdo, gōra; **2ab** nìzbrdo; **2an, 2auf** ȕzbrdo; **~bau** *m* rudárstvo
bergen (*retten*) ìzbav|iti (-ljati), spȁs|iti (-ávati); *Fahrzeug*: izvláčiti *pf.*
Berg|führer *m* planinārskī vòdīč; **~hütte** *f* planìnārskā kȕća; **2ig** brdòvit; **~mann** *m* rùdār; **~rutsch** *m* odronjávānje bȑda; **~sport** *m* planinárēnje; **~steiger** *m* planìnār; **~tour** *f* plànīnskā túra, īzlēt u plȁninu
Bergung *f* spasávānje; evakuácija
Bergwerk *n* rûdnīk
Bericht *m* īzvještāj; **2en** izvijèstiti (izvje|šćívati, -štávati); **~erstatter** *m* dópisnīk
berichtig|en ìsprav|iti (-ljati); **2ung** *f* ìspravak, ìsprāvka
Berliner *m* Berlínac
Bernstein *m* jȁntār, ćìlibār
bersten pȕ|knuti, -ći (-cati)
berüchtigt zlòglasan
berücksichtigen ùz|ēti (-imati) u ȍbzīr
Beruf *m* póziv, zanímānje, profèsija; **von ~** po pózivu
berufen pòz(i)vati; **sich ~ auf** pozívati se na (*A*)

Berufs- strūčan, prōfesiōnālnī; **~schule** *f* strūčnā škōla; **2tätig** zàposlen
Berufung *f* póziv; *jur.* príziv
beruhig|en s-, u|míriti (-mirívati) (**sich** se); **2ung** *f* umirénje; **2ungsmittel** *n* srèdstvo za umirénje
berühmt čùven, slâvan, glasòvit
berühr|en dodír|nuti (-ívati), dotà|ći, -knuti (dòticati); **2ung** *f* dódir, dōticāj; **2ungspunkt** *m* dódirnā tāčka
Besatz *m* pòrub; **~er** *m Mil.* okùpātor; **~ung** *f Flgw., Mar.* pōsada; *Mil.* garnizōn; **~ungsmacht** *f* ōkupaciōnā snága; **~ungszone** *f* ōkupaciōnā zóna
beschädig|en òšte|titi (-ćívati); **2ung** *f* ōšteta, kvâr
beschaff|en *v/t.* nàbav|iti (-ljati), dò|biti (-bíjati); **2enheit** *f* kakvòća, karàkter; sástav; **2ung** *f* nàbava, nábāvka
beschäftig|en zapò|sliti (-šljávati); *v/r.* **sich ~en** bāviti se (**mit** / *I*); **~t** zàposlen; **2ung** *f* zanímānje; zàposlenōst *f*
beschämen zastídjeti *pf.*; **~d** srāmotan, stídan
beschatten (*j-n*) prātiti, mòtriti
Bescheid *m* ōdgovōr; ōdluka, rješénje; **~ geben** odgov|òriti (-árati)
bescheiden skrōman; **2heit** *f* skrōmnōst *f*
bescheinig|en potvŕ|diti (-đívati); **2ung** *f* pōtvrda
beschimpfen [o]psòvati, [na]gŕditi
Beschlag *m* òkov; **2en** *v/t. Pferd:* [pot]kòvati; *v/i. Fenster:* orò|siti (-šávati) se; *adj. fig.* (*kundig*) ùpūćen; **~nahme** *f* zâpljena; **2nahmen** zaplijèniti *pf.*
beschleunig|en ubȑz(áv)ati; pòspješ|iti (-ívati); **2ung** *f* ubrzánje
be|schließen (*beenden*) zavŕš|iti (-ávati); (*entscheiden*) odlúč|iti (-ívati); **2schluß** *m* ōdluka, rezolúcija; **~schmieren** [nà]māzati; **~schmutzen** [u]pŕljati; **~schneiden** òps|jeći (-ijècati); *fig. Rechte:* [s]krèsati, okŕnj|iti (-ívati); **~schönigen** uljèpš(áv)ati
beschränk|en ogrànič|iti (-ívati); **~t** ogràničen
beschreib|en opís(ív)ati; **2ung** *f* ópis
beschuldig|en okrív|iti- (-ljívati); **2te(r)** *m* okrivljènīk; **2ung** *f jur.* òptužba
beschützen [za]štítiti
Beschwer|de *f* žàlba, prìtužba; *pl.* tegòbe *f/pl.*; **2en: sich 2en** [pò]žāliti se (**über** / na *A*); **2lich** tēgo|ban, -tan
be|schwichtigen *s.* **beruhigen; ~schwindeln** *s.* **belügen; ~schwipst** F *s.* **angetrunken; ~schwören**

zàkl|ēti (-injati) se; (*bitten*) mòliti; **~seitigen** odstrá|niti (-njívati), ùkl|anjati [-òniti]
Besen *m* mètla
besetz|en zaùz|ēti (-imati); *Mil.* zapòsjed|nuti (-ati), okupírati; **Ꝯtzeichen** *n* sìgnāl zāuzētosti; **Ꝯung** *f Mil.* okupácija
besichtig|en razgléd(áv)ati; **Ꝯung** *f* razgledávānje
besiegen pob|ijèditi (-jeđívati)
besinnen: sich ~ auf (*A*) sjē|titi (-ćati) se (*G*); **sich e-s anderen ~** predòm|isliti (-íšljati) se
Besinnung *f* svȉjest *f*; *fig.* razmíšljānje; **Ꝯslos** bez svȉjesti
Besitz *m* pòsjed; imánje, ìmovina; **Ꝯanzeigend** *Gr.* prísvojnī; **Ꝯen** pòsjedovati, ìmati; **~er** *m* pòsjednīk, vlȃsnīk; **~tum** *n s.* **Besitz**
besohlen ùdar|iti (-ati) pòtplate
Besoldung *f kr.* pláća, *sb.* pláta; **~sgruppe** *f* plȃtnā kategòrija
besonder- náročit, pòseban, òsobit; **~s** náročito, òsobito
besonnen ràzborit; **Ꝯheit** *f* rázbor
besorg|en dò-, nà|baviti (-bavljati); **Ꝯnis** *f* brīga; **Ꝯniserregend** zabrìnjavājūćī; **~t** zàbrinut
Besorgung *f*: **~en machen** [iz]vŕšiti nábavke
besprech|en govòriti o (*L*); *Buch*: prikáz(iv)ati; **Ꝯung** *f* rȁzgovōr; (*Rezension*) príkaz
bespritzen popŕs|kati [-nuti]
besser bȍljī; **um so ~** ùtolikō bȍlje; **~n** pobòljš(á-v)ati (**sich** se); **Ꝯung** *f* poboljšávānje; *Med.* opòravak
best- nȃjboljī; **am ~en** nȃjbolje
Bestand *m* (*Sein*) òpstanak; (*Dauer*) trȃjānje; (*Anzahl*) stánje
beständig pȍstojān; (*ständig*) stȁlan; **Ꝯkeit** *f* pȍstojānōst *f*, stálnōst *f*
Bestandteil *m* sȃstavnī dìo *m*, sástojak
bestärken utvŕ|diti (-đívati)
bestätig|en potvŕ|diti (-đívati); **Ꝯung** *f* pȍtvrda
bestatt|en sahrá|niti (-njívati); **Ꝯung** *f* sȁhrana
bestech|en podmí|titi (-ćívati); **~lich** podmìtljiv
Besteck *n* príbor za jȅlo
bestehen *v/i.* postòjati, bȉti; *v/t. Prüfung*: polòžiti *pf.*; **~ auf** (*D*) òsta(ja)ti pri (*L*); **~ aus** (*D*) sastòjati se iz (*G*)
be|stehlen [ò]krȁsti; **~steigen** ùsp|ēti (-injati) se na (*A*)
bestell|en na-, po|rúčiti (-ručívati); *Feld*: obrá|diti (-đívati); **Ꝯung** *f* nàrudžb(in)a; **Ꝯzettel** *m* nà-, pò|rudžbenica
bestens nikad bȍlie

besteuern opòrezovati
bestimm|en odré|diti (-đívati); **~t** òdrēđen; *adv.* sigūrno; **2ung** *f* određívānje; (*Vorschrift*) òdredba; (*Aufgabe*) nàmjena; **2ungsort** *m* òdredište
bestraf|en kà|zniti (-žnjávati); **2ung** *f* kažnjávānje; kâzna
bestrahl|en ozráč|iti (-ívati); **2ung** *f* zráčēnje
Be|streben *n* nástojānje; **2streichen** nàmazati *pf.*; **2streiten** ospòr|iti (-ávati); **2streuen** pòs|uti (-ipati)
bestürz|t zàpānjen; **2ung** *f* zàpānjenōst *f*
Besuch *m* pòsjet, pōsjeta; (*Person*) gôst; **2en** pòsje|titi (-ćívati); *Schule*: poháđati; **~er** *m* posjètilac; **2t** pòsjećen
betasten òpip(áv)ati
betätig|en stāv|iti (-ljati) u pōkrēt; **sich ~en (als)** ráditi (kāo); **2ung** *f s.* **Arbeit, Beruf**
betäub|en omám|iti (-ljívati); (*akustisch*) zaglúš|iti (-ívati); *Schmerz*: umíriti *pf.*; **2ung** *f* òmama; *Med.* narkóza; **2ungsmittel** *n* òmāmnō (*od.* ōpōjnō) srèdstvo
Bete *f*: **rote ~** *kr.* cìkla, *sb.* cvèkla
beteilig|en: sich ~en ùčestvovati (**an** *D* / u *L*); **2ung** *f* ùčestvovānje
beten mòliti se (**zu** *D* / *D*)
Beton *m* bètōn; **~-** *in Zssgn* bètōnskī
beton|en naglá|siti (-šávati); *fig.* istà|ći, -knuti (ìsticati); **2ung** *f* naglašávānje; (*Akzent*) náglasak
Betracht *m*: **in ~ ziehen** ùz|ēti (-imati) u ōbzīr; **2en** [po-, raz]mòtriti
be|trächtlich znātan; **2trachtung** *f* promátrānje; *fig.* razmíšljānje; **2trag** *m* iznos; **~tragen** *Summe*: iznòsiti; *v/r., Su. s.* **benehmen**
betreff|en tícati se (*G*), odnòsiti se na (*A*); **was ... betrifft** štō se ... tìčē; **~end** dòtičan
be|treten *v/t.* stúp|iti (-ati) u (*A*); *adj.* zbûnjen; **~treuen** zbri|nuti (-njávati); brìnuti se o (*L*)
Betrieb *m* pógon, râd; (*Verkehr*) pròmet; (*Fabrik*) preduzéće; tvôrnica; **in ~ sein** ráditi
Betriebs|leiter *m* pòslovođa *m*; **~rat** *m* sávjet râdnīčkīh zàstupnīkā
betrinken: sich ~ nà-, ò|piti (-píjati) se
betroffen sméten, zbûnjen
betrübt tûžan
Betrug *m* prēvara
betrüg|en [prè]vārati; **2er (-in** *f*) *m* vāralica *m*/*f*; **~erisch** prēvaran
betrunken pìjan, nāpīt
Bett *n* krèvet, pòstelja; **~decke** *f* pòplūn
betteln prosj|áčiti, -ákati

bettlägerig: ~ **sein** čúvati krèvet, lèžati
Bettlaken *n sb.* čàršav, *kr.* plȁhta
Bettler *m* pròsjāk
Bett|ruhe *f* krèvetskī rèžīm, miròvānje; ~**stelle** *f* krèvet, lȇžāj; ~**vorleger** *m* sȃg, prostìrāč (pred krèvetom); ~**wäsche** *f*, ~**zeug** *n* pòsteljina
beugen sàv|iti (-íjati) (**sich** se); *Gr.* mijènjati, sklȁnjati
Beule *f* kvȑga, čvòruga; (*Delle*) ùdubak (od ùdārca)
beunruhigen uznemír|iti (-ívati); ~**d** uznemirūjūći
beurlaubt na dópustu
beurteil|en prosú|diti (-đívati), ocijèniti (ocjenjívati); 2**ung** *f* ȍcjena
Beute *f* plijen; tròfēj
Beutel *m* kȇsa, kȇsica
Bevölkerung *f* stànōvnīštvo
bevollmächtig|en ovlá|stiti (-šćívati), opunomòć|iti (-ívati); 2**te(r)** punòmoćnīk, opunomoćènīk
bevor *cj.* prije n(ȇg)o štō; ~**stehen** predstòjati; ~**stehend** blìzak; ~**zugen** pretpòstav|iti (-ljati), vòljeti
bewach|en čúvati, stražáriti (*A* / nad *I*); 2**ung** *f* strȃža
bewaffn|en [na]orùžati (**sich** se); 2**ung** *f* naoružánje
bewahren [sa]čúvati
bewähr|en pokáz(iv)ati (**sich** se) vrijednīm; ~**t** òprōbān; 2**ung** *f*: *jur.* **mit** 2**ung** ùslovno
bewältigen savlád(áv)ati
bewandert ùpūćen, vjȇšt
bewässer|n navòd|niti (-njávati); 2**ung** *f* navodnjávānje
beweg|en (sich) màknuti (mìcati) (se), kré|nūti (-tati) (se), pokré|nuti (-tati) (se); (*körperlich*) gíbati (se); **j-n zu et.** ~**en** privò|ljeti (-lijèvati) k-a na (*A*); ~**lich** pokrètljiv, pȍkrētan; ~**t** (*gerührt*) dȋrnut; *See*: ùzburkān; 2**ung** *f* krétānje, gíbānje; pȍkrēt (*a. fig.*); ~**ungslos** nȇpomičan, nȇpokrētan
Beweis *m* dókaz; 2**en** dokáz(iv)ati
bewerb|en: sich ~**en** nàtjecati se; 2**er** *m* natjècatelj; 2**ung** *f* nàtjecānje
be|werten pro|cijèniti (-cjenjívati); ~**willigen** odòbr|iti (-ávati); ~**wirken** [u]čìniti, proùzro|čiti (-kovati)
bewirt|en *Gäste*: [po]gòstiti, [po]čàstiti; 2**ung** *f* čàšćēnje
bewohn|en stanòvati; 2**er** *m* stànōvnīk, žítelj
bewölk|en: sich ~**en** [na-] obláčiti se; ~**t** ȍblāčan; 2**ung** *f* nàoblaka, ȍblāčnōst *f*
bewunder|n díviti se (*D*); ~**nswert** dȋvan; 2**ung** *f* dívljēnje
bewußt svjȇstan; *adv.* svjè-

sno; (*erwähnt*) ìzvjestan, nèki; **~los** bèsvjestan; **2sein** *n* svìjest *f*
bezahl|en plá|titi (-ćati); **2ung** *f* nàplata; ìsplata
bezaubernd bȃjan, drȃžes(t)an
bezeichn|en na-, o|znáčiti (-značívati); **~end** znȁčājan; **2ung** *f* ȍznaka; (*Name*) náziv
bezeugen posvjedȍč|iti (-ívati)
bezieh|en *Wohnung*: usè|liti (-ljávati) se u (*A*); *Waren*: dòbav|iti (-ljati); *Gehalt*: prímati; *Möbel*: presv|úći (-láčiti); *v/r.* **sich ~en** odnòsiti se (**auf** / na *A*); **2ung** *f* òdnos; *pl.* F vȅze *f/pl.*; **in jeder 2ung** u svȁkōm pogléđu
beziffern: sich ~ auf iznòsiti
Bezirk *m* kòtār, ȍkrūg
Bezug *m* (*Überzug*) prȅ-, nȁ|vlaka; (*Waren2*) nàbavljānje, nábāvka; **Bezüge** *pl.* pláća, pláta; **in 2 auf** (*A*) u vȅzi (*G od.* sa *I*), u òdnosu na (*A*); *vgl.* **sich beziehen**
be|zwecken ìmati svȑhu; **~zweifeln** súmnjati u (*A*); **~zwingen** s(a)vlád(áv)ati
Bibel *f* biblija
Biber *m Zo.* dȁbar
Bibliothek *f* knjìžnica, bibliotéka; **~ar** *m* knjìžničār, bibliotèkār
biblisch biblijski
bieg|en (sich) sàv|iti (-íjati) (se), sàg|nuti (-íbati) (se); **~sam** gìbak; **2ung** *f* ȍkuka, krivìna
Biene *f* pčèla; **~n-** pčèlin, pčèlinjī
Bienen|stock *m* kȏšnica, pčèlinjāk; **~zucht** *f* pčelárstvo
Bier *n* (**dunkles, helles** cȑnō, svìjetlō) pȋvo; **~deckel** *m* podmètāč za pȋvo; **~krug** *m*, **~seidel** *n* krígla, vȑč
Biest F *n* bèštija
bieten [pò]nūditi
Bild *n* slika; **2en** čìniti, prȁviti; *Geist*: òbrazovati; **sich 2en** (*entstehen*) stvárati se
Bilder|buch *n* slikōvnica; **~galerie** *f* gàlērija slìkā
Bild|hauer *m* kìpār, vàjār; **2lich** slikòvit; **~schirm** *m* (televìzījskī) èkrān
Bildung *f* òbrazovānje, (*Schul2*) nàobrazba
Billard *n* bilijār; **~stock** *m* tȃk
billig jȅftin, jȅvtin; **~en** odòbr|iti (-ávati); **2keit** *f* jeftinòća; **2ung** *f* odobrávānje
Bimsstein *m* plávac
Binde *f* závōj, póvōj; **~haut** *f* véžnjača; **2n** véz(ív)ati; *Buch*: uvéz(ív)ati; *fig.* obavéz(ív)ati; **2nd** ȍbavezan; **~r** *m s.* **Krawatte; ~wort** *n Gr.* vȇznīk
Bind|faden *m* kànāp, ȕžica; **~ung** *f* vȅza; (*Schi2*) vȅzovi *m/pl.*

binnen u ròku od (*G*); **2handel** *m* ùnutrašnjā tȑgovina; **2land** *n* kȍpno; **2schiffahrt** *f* rječnā i jēzērskā plòvidba
Birk|e *f* brēza; **~enholz** *n* brēzovina; **~enpilz** *m* brēzovača; **~hahn** *m* (mâlī) tētrijeb
Birne *f* krȕška; *s.* **Glühbirne**
bis (an, auf, nach *od.* **zu)** do (*G*); *cj.* dȍk ne; **~ jetzt** dò sad(a); **~ dahin** dȍtlē; **~ wohin** dȍklē; **acht ~ neun** ȍsam-dēvēt
Bischof *m* *kr.* bȉskup, *sb.* vlàdika *m*
bisher dòsad(a), dò sada; **~ig** dosàda(š)njī
Biß *m* ùjed, ùgriz(ak)
bißchen: ein ~ mȃlo
Bissen *m* zālogāj
bissig zajèdljiv
Bistum *n* biskùpija
bisweilen kàtkad(a)
Bitte *f* mòlba; **2** molīm; (*anbietend*) izvòli(te)!; **2n** [za]mòliti
bitter górak
Blähungen *pl.* nádim, vjētrovi *pl.*
Blam|age *f* brȕka; **2ieren** [ò]brȕkati (**sich** se)
blank blìstav; *fig.* čȉst
Blase *f* mjēhūr; (*Haut2*) plȋk; **~balg** *m* mȉjeh
blas|en *v/i.* púhati, *kr.* dúhati, *sb.* dúvati; *v/t.* *Mus.* trúbiti; **2instrument** *n* dùhāčkī (*sb.* dùvāčkī) instrùmen(a)t
blaß blȉjed; **~ werden** problijèditi *pf.*, blijēdnuti (*im*)*pf.*
Blässe *f* bljedòća
Blatt *n* lȋst
Blattern *pl.* bȍginje *f/pl.*
blättern lìstati
blau plȃv, mȍdar; *fig.* F pijan; **~er Fleck** mòdrica; **~äugig** plavòok; **2beere** *f* bòrovnica, cȑnica; **2säure** *f* cijànkālīj
Blech *n* lȋm; **~büchse** *f*, **~dose** *f* lìmenā kùtija, lìmenka; **~schere** *f* škȃre *f/pl.* (*od.* màkaze *f/pl.*) zà lim
Blei *n* ȍlovo; **~-** *in Zssgn* ȍlōvnī
bleiben òsta(ja)ti; **~d** trȃjan, stȃlan
bleich blȉjed; **~en** [po]blijèditi; **2sucht** *f* slabokŕvnōst *f*
Bleistift *m* òlōvka
Blende *f* *Fot.* dijàfragma, blȇnda; **2n** zaslijèpiti *pf.*; **~nd** zaslijèpljujūćī; *fig.* òdličan, sjájan
Blick *m* pȍglēd; **2en** [pò-]glēdati; **sich 2en lassen** pokáz(iv)ati se
blind slijep; **2darm** *m* slìjepō crijèvo; **2e(r)** *m* slijèpac; **2heit** *f* sljèp|ilo, -òća, -òta; **~lings** *adv.* (nā)slijepo
blink|en blistati; **2er** *m* *Kfz.* žmigavac; (*Köder*) blinker; **2leuchte** *f* lȃmpa sa trepèravīm svijètlom
blinzeln žmȉr|nuti (-kati)
Blitz *m* múnja; **~ableiter** *m* grȍmo|bran, -vōd; **2en**

sijèv|ati [-nuti], blijès|kati [-nuti]; **~gerät** *n Fot.* blic-apàrāt; **~licht** *n Fot.* flēš, blic; **♀schnell** munjèvit
Block *m* (*Holz♀*) klȁda; (*Stein♀*) gròmada; (*Häuser♀, Pol.*) blȍk; (*Notiz♀*) biljèžnica; **♀frei** *Pol.* nèsvrstan; **♀ieren** blokírati
blöd|(e) tȗp, bȅdast; **♀sinn** *m* bedastòća; bèsmislica; **~sinnig** bȅdast; bèsmislen
blond plȃv
bloß nȃg, gȏ(l); (*barfuß*) bȏs; *adv.* (*nur*) sámo; **~stellen** *sb.* kòmpromit|ovati, *kr.* -írati
Blue jeans *pl.* fȁrmērke, fȁrmerice *f/pl.*
blühen cvàsti
Blume *f* cvìje|t (*pl.* -će)
Blumen|geschäft *n* cvjèćara; **~kohl** *m* karfìōl, cvjètača; **~strauß** *m* kìta, bùkēt; **~topf** *m* sàksija
Bluse *f* blúza
Blut *n* krv *f*; **♀arm** slabòkr̄van; **~bild** *n Med.* kȓvnā slìka; **~druck** *m Med.* kȓvnī tlȃk (*od.* prìtisak)
Blüte *f* cvȃt; cvìjet
Blut|egel *m* pìjavica; **♀en** krvá|viti, -riti; **~erguß** *m* ìzljev kȓvi; **~gefäß** *n* kȓvnī sȗd; **~gruppe** *f* kȓvnā grȗpa; **♀ig** kȓvāv; **~probe** *f* analíza kȓvi; **~spender** *m* dávalac kȓvi; **~transfusion** *f* trànsfūzija kȓvi; **~ung** *f* kvárēnje; **~vergießen** *n* krvoprolíće; **~wurst** *f* kȓvavica
Bö *f* ȕdār vjȅtra
Bock *m* (*Ziegen♀*) jàrac; (*Schaf♀*) òvan; *Sp.* kȍzlić; F (*Fehler*) grȅška
Boden *m* tlȍ, tlȅ; (*Erd♀*) zèmlja; (*Gefäß♀*) dnȏ; (*Fuß♀*) pȏd, *sb.* pàtos; (*Dach♀*) tàvan; **♀los** bèzdan; *fig.* nȅizmjēran; **~schätze** *m/pl.* prírodnā bògatstva *n/pl.*
Bogen *m* lȗk; *Arch.* svȍd; (*Papier♀*) ȁrak, tàbak; **~schießen** *n* gáđānje lȗkom
Bohle *f* dàska
Bohne *f* bȍb; **grüne ~n** màhune *f/pl.*; **weiße ~n** *sb.* pàsūlj, *kr.* grȃh; **~nkaffee** *m* (prȃvā) kàfa (*kr.* kàva)
bohnern [na]vòštiti
bohr|en [pro]búšiti; **♀er** *m* svȓdao *m*, bùrgija; **♀maschine** *f* bùšilica
Boje *f Mar.* plùtača
Bollwerk *n* bȅdēm
Bolzen *m Tech.* zȁvōranj
Bombe *f* bȏmba
Bomben|angriff *m* bombàrdmān; **~flugzeug** *n* bombàrdēr
Bon *m* tàlōn
Bonbon *n od. m* bòmbōn, bombóna
Boot *n* čámac, čȗn
Boots|anhänger *m* prìkolica za čámac; **~fahrt** *f* ìzlēt čámcem
Bord *m* rȗb; *Mar.* pàluba; **an ~** na bròdu
Bordell *n* bùrdēlj, jȃvnā kȕća

Bord|stein *m* ivičnjāk; **~wand** *f* brȍdskī zîd
borgen pozájm|iti (-ljívati)
Bor|säure *f* bȏrnā kiselìna; **~wasser** *n* bȏrnā vòda
Börse *f Hdl.* bȗrza
Borste *f* čèkinja
bös·artig zão, ȍpāk, zlòćudan (*a. Med.*)
Böschung *f* nágib
böse zão, ȍpāk; (*ärgerlich*) sȑdit; **?wicht** *m* zlíkovac
bos|haft zlȍban, pākostan; **?heit** *f* zlȍba, pākōst *f*
Bosn|ien *n* Bȍsna; **~ier** *m* Bosánac; **~ierin** *f* Bòsānka; **?isch** bòsānskī
böswillig zlonámjeran
Bote *m* glȃsnīk, vjȇsnīk
Botschaft *f* vȉjest *f*; *Pol.* poslánstvo, ambasáda; **~er** *m* pòslānīk, ambàsādor
Bottich *m* kȁca
Bouillon *f s.* **Brühe**
Bowle *f* bóla
Box *f* odjelénje, bȍks
box|en bȍks(ov)ati (se); **?en** *n Sp.* bȍks; **?er** *m* bòksāč, šàkāč; **~kampf** *m* bȍks-mȇč
brach neòbrađen; **?feld** [*n* ȕgār]
Brand *m* pȍžār; *Med.* vúčac; **in ~ geraten** zapáliti se *pf.*
branden *Wellen*: ùdarati o ȍbalu
Brand|geruch *m* mȋris na izgòrjetinu; **~salbe** *f* mèlem (*od.* mȃst *f*) za opèkotine; **~stifter** *m* pàlikuća *m*; **?wunde** *f* òpeklina, opèkotina
Branntwein *m* ràkija
brat|en [is]pèći (*v/i.* se); **?en**[1] *n* pèčēnje; **?en**[2] *m* pečénje, pèčēnka; **?kartoffeln** *pl.* pȑžen (*od.* rȇstanī) krùmpīr (*sb.* kròmpīr); **?pfanne** *f* tàva, tèpsija; **?rost** *m* ròštīlj; **?spieß** *m* rážanj; **?wurst** *f* pečènica
Brauch *m* ȍbičāj; **?bar** upotrèbljiv; **?en** trȇbati, pòtrebovati; **nicht ?en** (*nicht müssen*) ne mórati
Braue *f* ȍbrva
brau|en váriti; **?erei** *f* pìv(ov)ara
braun smȇđ, mȓk; **von der Sonne ~ werden** pocŕnjeti *pf.* òd sȗnca
bräunen osmèđiti *pf.*; **sich ~ lassen** sȗnčati se
braun|gebrannt pocŕnio; **?kohle** *f* mȑkī ȕgalj (*od.* ȕgljēn), lìgnit
Brause *f* pŕskalica; tȗš; (pjenùšavā) limunáda; **?n** hújati; (*duschen*) tušírati (**sich** se)
Braut *f* nèvjesta; vjȇrenica
Bräutigam *m* žȅnīk, vjȇrenīk
brav dȍbar, vàljān
Brech|eisen *n* ćùskija, pòluga; **?en** [s]lòmiti (*v/i. od.* **sich** se); *Wort, Eid*: [pre-] kȑšiti; *Blumen, Obst*: [ù-] brȃti; *v/i.* (*erbrechen*) blj|ùvati [-ūnuti], pòvraćati; **~mittel** *n* srȇdstvo za pòvraćānje; **~reiz** *m* gȃđēnje
Brei *m* kȁša

breit širok; **≈e** *f* širìna; **≈wand** *f* širokō plátno
Bremsbelag *m* ōbloga za kóčnice
Bremse[1] *f Zo.* ōbād
Brems|e[2] *f* kóčnica; **≈en** [pri]kóčiti; **~flüssigkeit** *f* tēčnōst *f* za kóčnicu; **~licht** *n* svjētlōst *f* stōp-signála; **~weg** *m* pût kóčēnja
brenn|bar upàljiv; **~en** [po-, iz]gòrjeti; *Sonne, Wunde*: pèći; **≈essel** *f* kòpriva; **≈punkt** *m* žárište; **≈spiritus** *m* denaturírani špirit; **≈stoff** *m* gōrivo; **≈weite** *f* žìžnā daljina
Brett *n* dàska
Brezel *f* pèrēc, peréca
Brief *m* písmo, lîst; **~beschwerer** *m* pritìskāč (za písma); **~bogen** *m kr.* ārak papíra, *sb.* tàbak hàrtijē; **~kasten** *m* pōštanskī sànduk; **≈lich** pìsmen; **~marke** *f* pōštanskā mārka; **~markensammler** *m* filatèlist(a *m*); **~ordner** *m* sređìvāč písāmā; **~papier** *n sb.* pismènā hàrtija, *kr.* pismènī pàpīr; **~tasche** *f* lìsnica; **~träger** *m* pōštār, listò-, pismò|noša *m*; **~umschlag** *m* òmot, kòverat; **~wechsel** *m* prèpiska
Brikett *n* briket
Brille *f* nāočā|le *f/pl.*, -ri *[m/pl.]*
bringen dòn|ijeti (-òsiti); **in Ordnung ~** do|vèsti (-vòditi) ū rēd; *s.* **fahren, begleiten**
Brise *f* lāhōr
bröckeln mřviti (*v/i.* se)
Brocken *m* zālogāj
Brombeere *f* kùpina
Bronchitis *f* bronhítis
Brosche *f* brōš
Broschüre *f* brošúra
Brot *n sb.* hljēb, *kr.* krûh
Brötchen *n* zèmička
Brotschnitte *f* krìška
Bruch *m* lôm, prijèlom; *Med.* (*Leisten≈*) kìla; *Math.* rázlomak; *fig. jur.* narušénje; (*Zerwürfnis*) ráskid; *s.* **Abbruch**
brüchig křt, křhak, lòmljiv
Bruch|stelle *f* mjēsto prijelòma, lôm; **~stück** *n* òdlomak, párče
Brück|e *f* môst, ćùprija; **~engeländer** *n* mōstovnā ōgrada
Bruder *m* brât (*pl.* brāća)
brüderlich brātskī
Brüh|e *f* júha; **≈en** [pò-]pāriti
brüllen ríkati
brünett crnòmanjast
Brunnen *m* čèsma, bùnār, zdénac; mìnerālnā vòda; **~kur** *f* lijèčēnje mìnerālnōm vòdōm
Brust *f* grûdi *f/pl.*, přsa *n/pl.*, přsi *f/pl.*; (*Mutter≈*) sìsa, dôjka; **~fell** *n* pòrebrica; **~kasten** *m*, **~korb** *m* přsnī (*od.* grûdnī) kōš; **~schwimmen** *n* přsnō plìvānje; **~warze** *f* bràdavica
Brut *f* (*die Jungen*) léglo
brutal ȍkrutan, grûb, sûrov

brüt|en lèžati na jájima; *fig.* mòzgati; **2en** *n* léžēnje
brutto, Brutto- brûto
Bube *m* djèčāk, mòmak; (*Karte*) dèčko, žàndār
Buch *n* knjiga; **~binder** *m* knjigòveža *m*; **~deckel** *m* pòvez; **~druck(er, -erei)** *s.* **Druck(er, -erei)**
Buche *f* bûkva
buchen knjižiti; *Flug usw.*: rezervírati, *sb.* rezèrvisati
Bücher|ei *f* knjižnica; **~schrank** *m kr.* òrmār (*sb.* òrmān) za knjige
Buchfink *m Zo.* zēba
Buch|führung *f*, **~haltung** *f* knjigovòdstvo; **~halter** *m* knjigovođa *m*; **~händler** *m* knjižār; **~handlung** *f* knjižara
Büchlein *n* knjižica
Büchse *f* kùtija; (*Konserve*) lìmēnka; (*Gewehr*) pûška; **~n-öffner** *m* otvàrāč za lìmēnke
Buchstab|e *m* slȍvo; **2ieren** srícati
buchstäblich *adv.* doslòvcē, bûkvālno
Bucht *f* záliv
Buchung *f* rezervácija
Buck|el *m* gȑba; **2(e)lig** gȑbav
bücken: sich ~ sàg|nuti (-injati) se
Bückling *m Kochk.* dìmljenā hàringa
Bude *f* dàščara
Büfett *n* bifē *m*
Bug *m Mar., Flgw.* pràmac
Bügel *m* dȑžak; (*Kleider2*) vjěšalica; **~eisen** *n* pégla, glàčalo; **2frei** bez péglanja; **2n** péglati, glàčati
Bühne *f* pózornica
Bulgar|e *m* Bûgarin; **~ien** *n* Bûgarskā; **~in** *f* Bûgārka; **2isch** bûgarskī
Bulle *m* bîk
Bummel *m* šétnja; **~ei** F *f* javàšluk; **2n** (*schlendern*) šétati (se); F (*trödeln*) lijèno ráditi
Bund[1] *n* svèžanj, snōp
Bund[2] *m* sávez
Bündel *n* snôp, svèžanj
Bundes- sáveznī; **~genosse** *m* sáveznīk; **~republik** *f* sáveznā repùblika
Bündnis *n* sávez
Bungalow *m* kâmp-kûćica, bângalo *m*
bunt šàren; **2stift** *m* òlōvka u bòji
Burg *f* zâmak, grâd
Bürge *m* jâmac; **2n** jē-, jā|mčiti
Bürger *m* grâđanin; **~-** *in Zssgn* grâđanskī; **~in** *f* grâđānka; **~krieg** *m* grâđanskī rât; **2lich** grâđanskī; **~meister** *m* gradonáčelnīk; **~steig** *m* plòčnīk, trotòār
Bürgschaft *f* jē-, jā|mstvo
Büro *n* birō *m*, kancelàrija, ùred; **~klammer** *f* spájalica; **2kratisch** biròkratskī
Bursche *m* mòmak
Bürste *f* kèfa, čētka; **2n** kèfati, čētkati
Bus *m s.* **Auto-, Omnibus**

Busch *m* gȓm, žbûn
Büschel *n* čupérak, (*Haar*∻) prằmēn
Busen *m* njȅdra *n/pl.*; *s.* **Brust**; (*Meer*∻) záliv
Buße *f* pȍkora; (*Geld*∻) glȍba
büßen pò-, ò|kaj(áv)ati
Büste *f* pòpȑsje; **~nhalter** *m* grûdnjāk, pȑsluče
Butter *f* mȁslac, bûter (*kr. a.* pûtar); **~brot** *n sb.* hljȇb (*kr.* krûh) s mȁslacem; **~milch** *f* mlàćenica
byzantinisch *sb.* vizàntījskī, *kr.* bizàntījskī

C

(Siehe auch unter **K, Sch** und **Z**)

Café *n sb.* kafàna, *kr.* kavàna
Camping *n* kȁmping, kèmping; **~ausrüstung** *f* kȁmp--ōprema, kàmperskā ōprema; **~platz** *m* kȁmp-tèrēn; àuto-kȁmp
Cello *n Mus.* čȅlo
Champagner *m* šampánjac
Champignon *m* pèčūrka
Charakter *m* karàktēr, nárav *f*, znȁčāj; **∻istisch** karakterìstičan; **∻voll** kàrakteran
Chaussee *f* cȅsta
Chef *m* šȇf; **~-** *in Zssgn* glàvnī
Chem|ie *f sb.* hèmija, *kr.* kèmija; **~iker** *m* hèmičār, kèmičār; **∻isch** hèmijskī, kèmijskī
Chin|a *n* Kína; **~ese** *m* Kinȇz; **~esin** *f* Kinēskinja; **∻esisch** kìnēskī; **~in** *n sb.* hìnīn, *kr.* kìnīn
Chirurg *m sb.* hìrurg, *kr.* kìrurg
Chor *m sb.* hȏr, *kr.* kȏr, zbȏr
Christ *m sb.* hrìšć-, *kr.* kȑšć|anin; **~entum** *n sb.* hrišćá-, *kr.* kȑšćā|nstvo; **∻lich** *sb.* hrìšć-, *kr.* kȑšć|ānskī
Cockpit *n Flgw.* pilotskā [kabína]
Couch *f* kȁuč
Creme *f* krȇm

D

da *adv.* (*Ort*) tû, óvdje; (*Zeit*) tàda, ȍndā; *cj.* (*weil*) jȇr, pȍšto, bùdūći da; (*als*) kàda
dabei prì tom(e)
dableiben òsta(ja)ti tû
Dach *n* krȏv; **~boden** *m* tàvan; **~decker** *m* kròvār; **~geschoß** *n* pòtkrōvlje; **~pappe** *f* katrànisan pàpīr; **~rinne** *f* òluk
Dachs *m* jȁzavac; **~hund** *m s.* **Dackel**
Dach|stube *f* pòtkrōvnica; **~ziegel** *m* crijep
Dackel *m* jȁzavčār
dadurch tíme, tîm; **~, daß** tîm štȍ

dafür zàtō; **er kann nichts ~** ôn nije krîv
da|gegen protiv tōga, nāprotīv; **~heim** dòma, kōd kućē; **~her** òdātlē; *cj.* zàtō; **~hin** tāmo
dahint|en, ~er òdstrāg(a)
damal|ig tàd-, ōnd|ašnjī; **~s** tàdā, ōndā
Dame *f* gōspođa; (*Karte, Spiel*) dáma; **~n-** *in Zssgn oft* žēnskī
Damhirsch *m Zo.* lopàtār
damit (s) tîm; *cj.* dā
Damm *m* násip
dämmer|n svànuti, svítati; (*abends*) smřk|nuti (-ávati); **2ung** *f* ōsvīt, svanúće, zòra; (*Abend2*) sûmrāk, súton
Dampf *m* pàra; **~-** *in Zssgn* pârnī; **~bad** *n* pârnā kúpelj *f*; **2en** pûšiti, dimiti
dämpfen prigúš|iti (-ívati)
Dampf|er *m* pārobrōd, brôd; **~heizung** *f* pârnō grijānje; **~kessel** *m* pârnī kòtao *m*; **~maschine** *f* pârnā mašína, pārostrōj; **~schiff** *n s.* **Dampfer**
da|nach zàtīm, nakon tōga; prema tôme; **~neben** pored tōga
Dän|e *m* Dánac; **~emark** *n* Dânskā; **~in** *f* Dânkinja; **2isch** dânskī
Dank *m* hvála, zāhvala; **2** *prp.* zahvàljujūći (*D*)
dankbar zāhvālan; **2keit** *f* zahválnōst *f*
dank|en zahvá|liti (-ljívati) (**für** / na *L*); **~e (schön)!** hvála (lijèpa)!

dann ōndā, zàtīm, pā
dar|an nà tōm; (*darüber*) ò tōm; **nahe ~an** zàmalo; *s.* **daneben, davor; ~auf** nà tōm; nà tō; *s.* **danach; ~aus** iz tōga
dar|bieten prūžiti (prúžati); *Thea.* prikáz(iv)ati; **~in** ù tōm; **~legen** razl|òžiti (-ágati)
Darleh(e)n *n* zájam
Darm *m* crijèvo; **~katarrh** *m* kātār crijèva
darstell|en prèdstav|iti (-ljati); **2er** *m Thea.* prikazìvāč
dar|über ò tōm; (*örtlich*) nàd tīm; **~über hinaus** iznad tōga; **~um** zàto, stōgā; **~unter** pòd tīm; (*weniger*) nìže; *s. a.* **dazwischen**
das tō; **~ heißt (d. h.)** tō jēst (t. j.)
da|sein bìti tū, postòjati; prìsustvovati; **2sein** *n* (*Leben*) žìvot; (*Existenz*) bitisānje
dasjenige ōnō
daß *cj.* dā, štō; **so ~** tàko dā
dasselbe ìstō
datieren stâv|iti (-ljati) dátum
Dattel *f* dātula
Datum *n* dátum; **Daten** *pl.* dāta *n/pl.*, podáci *m/pl.*
Dauer *f* trājānje; **2haft** trâjan; **2n** trājati; **2nd** trâjan; **~welle** *f* trâjnā ondulácija
Daumen *m* pālac
davon òd togā; *s.* **darüber;**

~fliegen odlètjeti *pf.*; **~laufen** pòbjeći *pf.*; **~tragen** òdn|ijeti (-òsiti); *Sieg*: dòb|iti (-íjati)
davor prèd tîm; òd togā
dazu k tȍmē; (*zu diesem Zweck*) râdi tȍga; **~gehören** prìpadati; **~tun** dòd(á-v)ati
dazwischen između tȍgā; **~kommen** *fig.* naići *pf.*
Debatte *f* râsprava
Deck *n* pàluba
Deck|e *f* pokrìvāč, ćȅbe; (*Zimmer*~) tavànica, strȍp; **~el** *m* pòklopac; **~en** pòkr|iti (-ívati); *Tisch*: pròst|rijeti (-irati); **sich ~en** (*übereinstimmen*) podùdarati se; **~ung** *f* *Hdl.* pokríće; *Mil.* záklon
defekt: ... ist ~ ... je pòkvāren
Defizit *n* mánjak
Degen *m* mȃč
dehn|bar rastègljiv; **~en** rasté|gnuti (-zati) (**sich** se)
Deich *m* násip
Deichsel *f* rúdo
dein, ~ig tvȏj; **~erseits** s tvòjē stránē; **~etwegen** zbȏg (*od.* râdi) tèbe
Delikatesse *f* delikatèsa, pòslastica
Delphin *m* dùpin, plìskavica
dem|gemäß, -nach prema tȍmē, dȁkle; **~nächst** ùskoro
Demokrat|ie *f* demokrà|cija, -tija; **~isch** demòkratskī
de|molieren pòrušiti *pf.*, razòriti *pf.*; **~montieren** demontírati, dèmontovati
demütig pȍnizan; **~ung** *f* poniženje
denk|bar zamìsliv; **~en** mìsliti, pòm|isliti (-íšljati); **~mal** *n* spȍmenīk; **~würdig** znȁmenit
denn jêr; (*verstärkend*) pa, tȃ, zâr; **mehr ~ je** vìše nêgo ikad
dennoch (pa) ìpāk
deponieren deponírati, *sb.* dèponovati
der *pron.* tâj; (*relativ*) kòji; **~art** tàko
derb jédar; grûb
der|gleichen tàkav, slìčan; **~jenige** ònāj; **~selbe** ìsti
des|gleichen takóđe(r); **~halb** zàtō, stȍgā
des|infizieren *sb.* dèzinfi|kovati, *kr.* -círati, ràskuž|iti (-ávati); **~odorans** *n* srèdstvo za dezodorizáciju
Dessert *n* dèsert; **~- in** *Zssgn* dèsertan
destilliert: ~es Wasser dèstilovānā (*od.* destilirānā) vòda
desto tîm; **~ mehr** tîm vìše
deswegen *s.* **deshalb**
Detektiv *m* detèktīv
Detonation *f* detonácija, pûcanj
deut|en ukáz(ív)ati (**auf** *A* / na *A*); (*erklären*) [pro]tumáčiti; **~lich** jȁsan, rȁzgovijetan
deutsch njèmačkī; **~** *n* njèmačkī (jèzik); **~e** *f* Njè-

m|ica, -kinja; **2e(r)** *m* Nijèmac; **2land** *n* Njèmačkā
Deutung *f* tumáčēnje
Devisen *pl.* devíze *f/pl.*, inòzemnā valúta
Dezember *m* dècēmbar, *kr.* pròsinac [mālnī
Dezimal- *in Zssgn* dēci-
Dia *n s.* **Diapositiv**
Dia|betiker *m* dijabètičār; **~gnose** *f* dijagnóza; **~lekt** *m* nárječje, dijàlek(a)t; **~log** *m* dijàlog; **~mant** *m* dijàmant; **~positiv** *n* dijapōzitīv
Diät *f* dijéta
dicht gûst; (*kompakt*) zbíjen; **~ bei** tik
dicht|en[1] pjēvati; **~en**[2] *Tech.* zàpušiti *pf.*, zàptiti *pf.*; **2er** *m* pjēsnīk; **2ung**[1] *f* (*Poesie*) pjēsništvo; **2ung**[2] *Tech.* zàptivka, nàbivka
dick dèbeo; (*geschwollen*) nādūt; pòdbuo; *s.* **dicht; ~ werden** [u]dèbljati se; **2e** *f* debljìna; **2icht** *n* gūštara, čēsta; **2kopf** *m* tvrdòglavac; **2köpfig** tvrdòglav
die *pron.* tâ; (*relativ*) kòjā
Dieb *m* lópov, kràdljivac, tât; **~stahl** *m* krāđa
diejenige òna
Diele *f* (*Flur*) trijem; (*Boden*) pôd
dien|en slúžiti; **2er** *m* slúga *m*; **~lich** kōristan
Dienst *m* slùžba; (*Gefallen*) ūsluga; *s.* **Bereitschaftsdienst; ~-** *in Zssgn* slùžbenī
Dienstag *m* útorak, ùtōrnīk
Dienst|bote *m* slúga *m*; **2habend** dèžūran; **2lich** slùžben; **~mädchen** *n* slùžāvka, slùškinja; **~reise** *f* slùžbenō putòvānje; **~stelle** *f* ùred; **~vorschrift** *f* slùžbenī própis
dieselbe istā
Diesel|kraftstoff *m* díz(e)l-gōrivo; **~motor** *m* díz(e)l-môtor
dies|er, ~e, ~es òvāj, òvā, òvō; tâj, tâ, tô; **~jährig** ovogòdišnjī; **~mal** òvāj pût; **~seits** s òvē stránē
Dietrich *m* otpìrāč
Differenz *f* rázlika
Dikt|at *n* dìktāt; **2ieren** diktírati
Dill *m* kōpar
Dinar *m* dìnār
Ding *n* stvâr *f*; **vor allen ~en** prìje svèga
Diphtherie *f* diftērija
Diplom *n* diplóma; **~-** *in Zssgn* diplòmīrān
direkt dìrektan, nepòsredan; **2ion** *f* dirèkcija, ûprava; **2or** *m* dìrektor, ràvnatelj; **2übertragung** *f* *Rdf.* dìrektan prijènos
Dirigent *m* dirìgent, ràvnatelj
Diskuswerfen *n* bàcānje diska
Diskussion *f* diskúsija, râsprava
Distanz *f* distànca
Distel *f* stríčak
dividieren [po]dijèliti
doch tā, ipāk

Docht *m* stijènjak, fitīlj
Dock *n* *Mar.* dȍk
Dogge *f* dȍga
Dohle *f* čȃvka
Dokumentarfilm *m* dokumèntārnī film
Dolch *m* bòdež
Dolmetscher *m* tùmāč
Dom *m* katedrála
Donau *f* Dȕnav
Donner *m* gr̀mljavina, grȏm; **2n** gr̀mjeti
Donnerstag *m* četvŕtak
dopen *Sp.* dopírati
Doppel *n* *Sp.* ìgra u pārovima; **~-** *in Zssgn* dvòstruk; **~bett** *n* krèvet za dvȍje; **~fenster** *n* dvòstruk pròzor; **~gänger** *m* dvȏjnīk; **~punkt** *m* dvije tȁčke; **2sinnig** dvòsmislen; dvòličan; **2t** dvòstruk, dȕplī; *adv.* dȕplo; **das ~te** dvápūt vìše; **~zimmer** *n* dvòkrevetnā sȍba
Dorf *n* sèlo; **~-** *in Zssgn* sèoskī
Dorn *m* tȓn; **2ig** trnòvit
dörren [sa]súšiti
Dorsch *m* bakàlār
dort tȁmo; **von ~**, **~her** ȍtud(ā); **nach ~**, **~hin** ònamo
Dose *f* kùtija; *s.* **Büchse**
Dosis *f* dóza
Dotter *m* žumánjak, žumànce
Dragée *n* dražèja
Draht *m* žica; **~-** *in Zssgn* žičanī; **~auslöser** *m* *Fot.* žičanī òkidāč; **~bürste** *f* mètālna čȅtka; **~geflecht** *n* žičanā rèšētka; **2los** bèžičan; **~seil** *n* žičanō ùže; **~seilbahn** *f* žlčara
Drama *n* dráma; **2tisch** dramàtičan
dran *s.* **daran**
Drang *m* návala; (*Trieb*) [nágon]
drängen **(sich)** tis|nuti (-kati) (se); gúrati (se)
drastisch dràstičan
drauf *s.* **darauf**
draußen vȃni, nȁpolju; **von ~** spȍlja, ìzvana
drechseln strúgati
Dreck *m* blȁto; V gȍvno; **2ig** pȑljav, blȁtnjav
Dreh- òbrtni, ȍkrētan; **~bank** *f* strȗg, tȍkārski stȏ(l) *m*; **2bar** okrètljiv; **~buch** *n* scènārij; **2en** okré|nuti (-tati); obŕnuti, òbrtati; *Film*: sním|iti (-ati); *v/r.* **sich 2en** vr̀tjeti se; **~er** *m* strùgār, tòkār; **~scheibe** *f* *Esb.* òkretnica; **~ung** *f* ȍkret(āj), ȍbrt(āj); **~zahl** *f* brȏj ȍbrtājā
drei trȋ; **2** *f* trȍjka; **2eck** *n* trȍkūt, tròugao *m*; **~eckig** trȍkūtan, tròuglī; **~fach** trȍjāk, tròstruk; **2faltigkeit** *f* **(Heilige** Svètā) trȍjica *sb.*, (Svètō) trójstvo *kr.*; **2rad** *n* tricikl; **2sprung** *m* tròskok
dreist dȑzak
Dreizimmerwohnung *f* tròsobnī stȃn
dresch|en [po]mlátiti; **2maschine** *f* mlàtilica
drin *s.* **darin**
dringen pròd|rijeti (-irati);

~ auf (*A*) navá|liti (-ljívati) na (*A*), zahtijèvati; **~d** prìjek, hìtan
drinnen *s.* **innen**
dritt|e(r) trèćī; **2el** *n* trećina; **~ens** trèće
Drogerie *f* drogèrija
drohen prijètiti
dröhnen tùtnjiti, òriti se
Drohung *f* prijètnja
drollig smijèšan
Droschke *f* fijàker; tàksi *m*
Drossel *f Zo.* drôzd
drosseln dáviti; (*einschränken*) ogrànič|iti (-ávati); *Tech.* prigúš|iti (-ívati)
drüben *adv.* prìjeko
drüber *s.* **darüber**
Druck *m* prìtisak, tlâk; *Typ.* štâmpa, tîsak; **2en** štâmpati, tìskati
drücken *v/t.* prìtis|nuti (-kívati); *Hand*: stìsnuti *pf.*; *v/i. Schuh*: žúljiti; **sich ~ vor** (*D*) izbjegávati (*A*); **~d** téžak; *Hitze*: zagùšljiv
Druck|er *m* štàmpār, *kr.* tìskār; **~erei** *f* štampàrija, *kr.* tìskara; **~fehler** *m* štàmpārskā grêška; **~knopf** *m* prìtisnō dùgme; **~sache** *sb.* štâmpanā stvâr *f*, *kr.* tìskanica; **~taste** *f* prìtisnā dìrka
drum *s.* **darum**
drunter *s.* **darunter**
Drüse *f* žlijèzda
du tî
ducken sàg|nuti (-injati) [(**sich** se)]
Dudelsack *m* gâjde *f/pl.*
Duft *m* mìris; **2en** mirìsati; **2end, 2ig** mìrisan, mìrisav
duld|en tŕpjeti, podnòsiti; **~sam** trpèljiv
dumm glûp; **2heit** *f* glúp|ōst *f*, -àrija; **2kopf** *m* glùpāk
dumpf *Stimme*: tûp; *Klang*: múkao; *s.* **muffig**
Düne *f* (s)prûd
Dünger *m* gnōjivo, đùbrivo
dunkel táman, mráčan; **~ werden** smŕ|cati (-kávati)
Dunkel *n s.* **Dunkelheit**; **im ~n** po mrâku
Dünkel *m* nàdutōst *f*, nadùvenōst *f*
Dunkel|heit *f* táma, mrâk; **~kammer** *f Fot.* mráčnā kòmora
dünn tànak; *Haar, Suppe*: rijèdak
Dunst *m* pàra
dünsten *Kochk.* pìrjati
dunstig paròvit
Duplikat *n* duplìkāt
durch krōz (*A*); po (*L*); (*zeitlich*) tôkom (*G*); (*mittels*) prêko (*G*); *oft nur I ohne prp.*; **~arbeiten** ob-, raz|ráditi (-rađívati); *Buch*: proùč|iti (-ávati)
durchaus sàsvīm, pòsve; **~ nicht** nikàko
durch|beißen prògr|isti (-ízati); **~blättern** prolìstati *pf.*; **~bohren** prob|òsti (-ádati); **~braten** skrōz ispèći *pf.*; **~brechen** pròb|iti (-íjati); **~brennen** progòrjeti *pf.*; **2bruch** *m* pròlom, prōvala; **~drängen** progúrati *pf.* (**sich** se); **~dringen** *v/i.* pròd|rijeti

(-irati); *v/t.* pròž|ēti (-imati); **~drücken** pròtis|nuti (-kívati); *fig.* progúrati *pf.*
durcheinander *adv.* u nèrēdu; **♀** *n* nèrēd, dàrmar; **~kommen** [po]mijèšati se; **~werfen** [po]bŕkati
durch|fahren *Wagen*: prov|òziti [-èsti] (*v/i.* se); *Schiff*: preplòviti *pf.*; **♀fahrt** *f* pròlaz; pròlazak; **♀fall** *m Med.* próljev; **~fallen** pròpa|sti (-dati) (*a. fig.*); **~feilen** pro-, pre|píliti *pf.*; **~fließen** pròt|eći (-icati)
durchführ|bar sprovòdljiv, izvŕš(lj)iv; **~en** (s)prov|èsti (-òditi), izvŕš|iti (-ávati)
Durchgang *m* prólaz; hōdnik; **~sverkehr** *m* trànzīt, prólaznī sàobraćāj
durchgehen próći (pròlaziti); *Pferd*: òt|ēti (-imati) se; **~d** prólazan; *Esb. mst* direktan
durch|halten izdŕž(áv)ati; **~hauen** (*spalten*) pròsjeći *pf.*; **~kommen** próći (pròlaziti; prób|iti (-íjati) se; ùsp|jeti (-ijèvati); **~kreuzen** pre|križiti *pf.*, -kŕstiti *pf.*; *fig.* osujétiti *pf.*; **~lassen** prop|ùstiti (-úštati); **~laufen** protŕč(áv)ati; *Schule*: apsolvírati; **~lesen** pročitati *pf.*; **~leuchten** prosv|ijètliti (-jetljívati); *Med. sb.* rendgèniz|ovati, *kr.* -írati; **~löchern** probúšiti *pf.*; **♀messer** *m* prìječnīk, prómjer; **~nässen** smòčiti *pf.*; **~queren** préći (prèlaziti)
Durchreise *f* proputòvānje, pròlazak; **auf der ~** na pròlasku; **~visum** *n* trànzītnā víza
durch|reißen pro-, raz|dèrati *pf.*; **♀sage** *f Rdf.* ōbavijest *f*; **~sägen** prepíliti *pf.*, pretèsteriti *pf.*; **~schauen** pròz|reti (-irati); **~scheinen** svijètliti kroz (*A*)
Durchschlag *m* (*Sieb*) sīto; (*Kopie*) kòpija, prépis; **~skraft** *f* próbojnā snága
durch|schlüpfen šmũgnuti; prov|úći (-láčiti) se; **~schmuggeln** prokrijumčáriti *pf.*; **~schneiden** près|jeći (-ijècati); preréz(i-v)ati
Durchschnitt *m* pròsjek; **im ~** pròsječno; **♀lich** pròsječan
durch|schwimmen prèplivati *pf.*; **~sehen** pregléd(áv)ati; **~setzen** sprov|èsti (-òditi); *v/r.* pròd|rijeti (-irati)
Durchsicht *f* prégled; **♀ig** prōvidan
durch|sickern procúriti *pf.* (*a. fig.*); **~sieben** procijèditi *pf.*; **~sprechen** pretrés(a)ti; **~stechen** prob|òsti (-ádati); **~streichen** prècrt(áv)ati; **~suchen** pretráž|iti (-ívati), premètati; **♀suchung** *f* premetàčina,

prètres; **~trieben** prèfrigān, prèpreden; **~wandern** proputòvati *pf.* (pješicē); **~waten** prègaziti *pf.*; **~wählen** *Tel.* direktno bírati
durchweg *adv.* skrōz
dürfen smjēti
dürftig ùbog
dürr *sb.* sûh, *kr.* sûv; **Ωe** *f* sûša
Durst *m* žêđ(a) *f*; **Ωig** žédan
Dusche *f* tûš
Düse *f* mlâznica, dîzna
Düsen|antrieb *m* mlâznī (*od.* rèaktivnī) pógon; **~flugzeug** *n* mlàžnjāk
düster táman, mráčan
Dutzend *n* tùce
duzen tikati
D-Zug bȓzī *kr.* vlâk (*sb.* vôz)

E

Ebbe *f* ȍseka
eben *adj.* rávan; *adv.* bâš, tàmān; **~ erst** ȕprāvo (*od.* tèk) sàda; **Ωe** *f* rávan *f*, ravnica; **~falls** takóđe(r), isto (tàko)
Ebenholz *n* èbanovina
ebenso *s.* **ebenfalls; ~sehr, ~viel** isto tolikō
Eber *m* vêpar, kȑmak
Eberesche *f* òskoruša
ebnen izràvn(áv)ati; *Weg*: prokŕč|iti (-ívati)
Echo *n* jèka, òdjek (*a. fig.*)
echt prâv
Eck|ball *m* *Sp.* körner; **~e** *f* ȕgao *m*, ćòšak; **~haus** *n* kůća na ćòšku (*od.* ȕglu); **Ωig** ȕglast; **~platz** *m* mjȇsto u ȕglu
edel plȅmenit; *Metall*: dragòcjen; **Ωstein** *m* àlem, dràgūlj; **Ωweiß** *n* rȗnolīst
Efeu *m* bȑšljan
effektvoll efikasan; èfektan
egal *s.* **gleich**
Egge *f* dȑljača
ehe *cj.* prije n(ȅg)o štȏ
Ehe *f* brâk; **~-** *in Zssgn* brȃčnī; **~bruch** *m* prèljub, brakolómstvo; **~frau** *f* *s.* **Gattin; Ωlich** brȃčnī
ehemal|ig bìvšī; **~s** nèkad(a), nȅgda
Ehe|mann *m* muž; **~paar** *n* brȃčnī pâr
eher *adv.* (*Zeit*) prije; *fig.* ràdijē
Ehe|ring *m* bùrma; **~scheidung** *f* rázvod brȃka; **~schließung** *f* sklápānje brȃka
ehr|bar pȍšten, čȅstit; **Ωe** *f* čȃst *f*; **~en** [po]čàstiti, pȍštovati
Ehren- pȍčasnī; **~bezeigung** *f* pȍčast *f*; **~bürger** *m* pȍčasnī grȁđanin; **Ωhaft** čȅstit; **~mitglied** *n* pȍčasnī člȃn; **Ωvoll** čȃstan; **~wort** *n* čȃsnā rȉječ *f*
ehr|erbietig pûn pȍštovānja; **Ωfurcht** *f* strahopȍštovānje; **Ωgefühl** *n* ȍsjećānje čȃsti; **Ωgeiz** *m* àmbicija; **~geizig** slavòhlepan, ȃmbiciōzan

ehrlich pòšten, čàstan; **2keit** *f* pošténje
ehr|los bèščastan; **~wür-dig** (prè)čàstan
Ei *n* jáje
Eiche *f* hrâst, dûb
Eichel *f* žîr; *Anat.* glàvić
eichen *v/t.* bàždariti
Eich|enholz *n* hràstovina; **~hörnchen** *n* vjȅverica
Eid *m* zákletva, prìsega
Eidechse *f* gȕšter(ica)
Eidotter *m* žumánjak
Eier|becher *m* čàšica za jáje; **~kuchen** *m* palačínka
Eifer *m* révnōst *f*; **~sucht** *f* ljubòmora; **2süchtig** ljūbomōran
eifrig rèvan, révnos(t)an
Eigelb *n s.* **Eidotter**
eigen sòpstven, vlàstit; (*reflexiv*) svôj; **~artig** òsoben, òsobit; **2heim** *n* sòpstvenā kȕća; **~mächtig** sàmovōljan; **~nützig** sȅbičan
eigens *adv.* pòsebno
Eigen|schaft *f* òsobina, svójstvo; **2sinnig** tvrdòglav, jògunast; **2tlich** prâvī; *adv.* zàprāvo, u stvári; **~tum** *n* vlàsništvo; **~tümer** *m* vlȁsnīk, sòpstvenīk; **2tümlich** svòjstven, òsobit
eignen: sich ~ biti pȍgodan
Eil|bote *m* skorò-, brzò|teča *m*; **~brief** *m* hìtnō pismo; **~e** *f* hítnja, žùrba; **2en** [po]žúriti, hitati; **~gut** *n Esb.* bȑzovōznā rȍba; **2ig** hitan, žȕran; **~zug** *m Esb.* ȕbrzani *kr.* vlâk (*sb.* vôz)
Eimer *m* vèdro, kàbao *m*
ein, ~e, ~ jèdan, jèdna, jèdno; **~ander** jèdan drȗgōga, jèdan drȗgōme
einarbeiten: sich ~ úći (ùlaziti) u pòsao
ein|armig jednòruk; **~äschern** s-, po|páliti *pf.*; **~atmen** ùdisati *pf.*; **~äugig** ćòrav; **2bahnstraße** *f* jèdnosmjērnā ȕlica
Einband *m* ùvez
Einbauschrank *m* ùgrāđenī òrmār (*sb.* òrmān)
einberufen sàz(i)vati; *Mil.* pòz(i)vati u vôjsku
Einbettzimmer *n* jednòkrevetnā sòba
einbeulen ulúpiti *pf.*
einbild|en: sich ~en uobrá|ziti (-žávati), umíšljati se; **2ung** *f* uobràzilja, màšta; (*Dünkel*) uòbrāženōst *f*, ùmišljenōst *f*; **2ungskraft** *f* uobràzilja, màšta
Einblick *m* úvid
einbrech|en ùpa|sti (-dati); *Dieb*: provál|liti (-ljívati); **2er** *m* pròvālnīk
Ein|brenne *f* zâprška; **~bruch** *m* prȍvala (*a. Mil.*); (*der Nacht*) spúštānje (mrâka)
Ein|buße *f* gubítak, štȅta; **2büßen** [iz]gùbiti; **2deutig** nedvòsmislen, jàsan; **2dringen** pròd|rijeti (-irati); **~druck** *m* ȕtisak, *kr. a.* dójam; **2drucksvoll** ìzrazit, upečàtljiv; **2ebnen** poráv|niti (-njívati)
Einer *m* jedìnica; *Sp.* (*Boot*) jednòsjed, skif

einer|lei svejèdno; **~seits** s jèdnē stránē
einfach prōst, jēdnostāvan; *adv.* (nā)prōsto; **&heit** *f* prostòta, jèdnostāvnōst *f*
Einfahrt *f* ùlaz
Einfall *m Mil.* ùpad; *fig.* zāmīsao *f*; **&en** ùpa|sti (-dati); *Haus*: [s]rūšiti se; *fig.* pā|sti (-dati) nā ūm
einfältig prōst; prīglūp
Ein|familienhaus *n* jednopòrodičnā kūća; **&farbig** jednòbojan
ein|fassen *Kleid usw.*: òpš|iti (-ívati); *Edelsteine usw.*: okòvati *pf.*; *Grundstück*: ogrā|diti (-đívati); *Bild*: uokvír|iti (-ívati); **~fetten** nàmazati *pf.*
einfinden: sich ~ pojáv|iti (-ljívati) se
einflößen ùl|iti (-ijèvati); *fig.* zàd(áv)ati
Einfluß *m* ūticāj, ūtjecāj, *kr.* ùpliv; **&reich** ūticājan, ūtjecājan
ein|förmig jednòličan; **~fügen** ukl|òpiti (-ápati); **&fuhr** *f* ùvoz; **&fuhr-** *in Zssgn* ùvoznī; **~führen** uv|èsti (-òditi), ùn|ijeti (-òsiti); (*importieren*) uv|èsti (-òziti); **&fuhrgenehmigung** *f* ùvoznica; **&führung** *f* úvod; **&fuhrverbot** *n* zābrana ùvoza; **&fuhrzoll** *m* ùvoznina; **&gabe** *f* (pismènā) mòlba, žàlba; **&gang** *m* ùlaz
einge|ben *Med.* dāti; *fig.* nadàhnuti *pf.*; **~bildet** uòbrāžen, ùmišljen; **&borene(r)** *m* domoródac, urođènīk; **&bung** *f* nadahnúće; **~hen** *v/t. Vertrag*: skl|òpiti (-ápati); *v/i. Brief*: stī|ći, -gnuti (-zati); *Pflanzen, Tiere*: [ù]gīnuti; *Firma*: prèstati ráditi; **auf et. ~hen** odàz(í)vati se na (*A*); **&machte(s)** *n* ùkuhānō (*sb.* ùkuvānō) vōće *od.* (*Gemüse*) pòvrće
einge|schrieben *Brief*: prepòrūčen; **&ständnis** *n* priznánje; **~stehen** prìzn(áv)ati; **&weide** *n* ūtroba; drōb
ein|gießen ùliti (ulijèvati); **~gleisig** jednòtračan; **~graben** za-, u|kòp(áv)ati; *Tech.* ūrez(iv)ati; **~greifen** zàhva|titi (-ćati, -tati); **&griff** *m* zāhvāt; **~haken** zàkvačiti *pf.*
Einhalt *m*: prèkīd, ōbustava; **~ tun** zaùstav|iti (-ljati); **&en** *v/i.* zàsta(ja)ti; *v/t. Frist, Vertrag*: pridrž(áv)ati se (*D*)
einhändigen urúč|iti (-ívati)
einhängen: den Hörer ~ òbjesiti *pf.* slūšalicu
einheimisch dòmāćī; **&e(r)** *m* mjēštanin
Einheit *f* jedínstvo; *Phys., Math., Mil.* jedinica; **&lich** jedínstven, zājednički
ein|heizen [pod-, na]lòžiti; **~holen** dòsti|ći, -gnuti (-zati); (*einkaufen*) kupòvati; *Genehmigung, Rat*:

[po]trážiti; **~hüllen** u-, za|mòt(áv)ati
einig slȍžan; (*übereinstimmend*) sàglasan
einige (*mehrere*) nȇkoliko (*G / pl.*); (*manche*) nȇkī; **~mal** nȇkoliko pútā
einig|en: sich ~en slòžiti (slágati) se (**über** / u *L*); **~ermaßen** dòneklē; **~es** nȇšto; **&keit** *f* slȍga
einjährig jednogòdišnjī
Einkauf *m* kúpnja, kupòvina; **&en** kupòvati; **~stasche** *f* tórba za kupòvine
ein|kehren svr|átiti (-ácati); **~kerben** zàrezati *pf.*
Einkommen *n* dòhodak, príhod; **~steuer** *f* pȍrez na príhode, dohodàrina
ein|kleben ulijèpiti (uljepljívati); **~klemmen** prì|tisnuti (-tískati); **~klinken** zatv|òriti (-árati); **~kreisen** okrúž|iti (-ívati); *Mil.* opkò|liti (-ljávati); **~kremen** nàmazati krémōm; **~kuppeln** ukljúčiti *pf.*, zàkvačiti *pf.*; **~laden** pòz(i)vati; *Waren*: utòvar|iti (-ívati); **&ladung** *f* póziv; **&lage** *f* (*Spar&*) úlog; (*Schuh&*) ùložak; **&laß** *m* prìstup, ùlazak; **~lassen** pùstiti (púštati) unútra; **&laßkarte** *f* ùlaznica; **~laufen** *Schiff*: úći (ùlaziti); *Stoff*: skȕpiti (skúpljati) se
einleben: sich ~ užív|jeti (-ljávati) se
einlegen *Film*: ùmetnuti (umètati); *Obst*: konzèr|visati *sb.*, -vírati *kr.*
einleit|en uv|èsti (-òditi); *s.* **beginnen; &ung** *f* úvod
einliefer|n prèd(áv)ati; **&ungsschein** *m* pȍtvrda
ein|lösen ot-, is|kúpiti (-kupljívati); **~machen** *Obst*: *kr.* ùku|h(áv)ati, *sb.* -v(áv)ati
einmal jedànpūt, jèdnōm; **auf ~** na jedànpūt; **&eins** *n* tàblica mnòžēnja
einmisch|en um|ijèšati (-ješívati) (**sich** se); **&ung** *f* mijèšānje
einmütig jednòdušan
Ein|nahme *f Hdl.* príhod, ùtržak; **&nehmen** *Arznei*: ùz|ēti (-imati); *Platz, Mil.*: zaùz|ēti (-imati); *Hdl.* prímati; *Steuern*: pòb(i)rati
Einöde *f* pústinja
ein|ölen nàuljiti *pf.*, nàmazati *pf.*; **~ordnen** uvŕ|stiti (-šćívati); *Kfz.* prestròjiti *pf.*; **~packen** *sb.* [s-, u]pākovati, *kr.* [s-, u]pakírati; **~pflanzen** usá|diti (-đívati); **~prägen** ùtis|nuti (-skívati); *fig.* ùtuviti *pf.*; **~quartieren** ukònač|iti (-ívati); **~rahmen** uokvír|iti (-ívati), urám|iti (-ljívati); **~rammen** zàb|iti (-íjati); **~räumen** *Sachen*: smjȅstiti (smjéštati); (*zugeben*) ustúp|iti (-ati); **~reiben** *Öl, Salbe*: nàmazati *pf.*; **~reichen** pòdn|ijeti (-òsiti); **~reihen** uvŕ|stiti (-šćívati)

einreihig jednòred(an)
Einreise *f* ùlazak; **~visum** *n* ùlaznā víza
ein|reißen *v/t.* zàderati *pf.*; *Haus*: [s]rūšiti; *v/i. fig.* ùzēti māha; **~renken** ùča-š|iti (-ívati)
einricht|en urė́|diti (-đí-vati); *Wohnung*: nàmj|esti-ti (-ė́štati); **2ung** *f* (*Möbel*) nāmještāj; (*Institution*) ūstanova; *Tech.* ūređāj
Eins *f* jedìnica; *s. a.* **ein, Einer**
einsalzen u-, po|sòliti *pf.*
einsam òsāmljen, sāmotan; **2keit** *f* òsāmljenōst *f*, òsa-ma, samòća
ein|sammeln prik|upiti (-úpljati); **2satz** *m* ùmetak; (*Spiel2*) úlog; *fig.* zalá-gānje; **~schalten** ùm|et-nuti (-ètati); *Tech.* uključ-č|iti (-ívati) *Licht*: upáliti *pf.*; **~schätzen** proc|ijè-niti (-jenjívati); **~schen-ken** na-, u|tòčiti *pf.*; **~-schicken** pripòslati *pf.*
einschiffen: sich ~ ukr̀c(á-v)ati se
einschlafen ùsnuti *pf.*; zàspati *pf.*
Einschlag *m Blitz*: ūdār; **2en** *v/t. Nägel*: zàb|iti (-í-jati); *Fenster*: ràzb|iti (-í-jati); (*einwickeln*) zamòt(á-v)ati; *Weg*: krénuti *pf.* (pútem); *v/i. Blitz*: ùdar|iti (-ati); *fig.* ùspjeti *pf.*
einschleichen: sich ~ ušù-lj(áv)ati se
einschließ|en uključ́|iti (-í-vati); (*umzingeln*) opkò|liti (-ljávati); **~lich** *adv.* uklju-čivo, ùključno
einschmeicheln: sich ~ ulàg(ív)ati se
einschneiden ùrez(ív)ati **~d** vážan
Einschnitt *m* ùsjek, ùrez
einschränk|en ogrànič|iti (-ávati) (**sich** se); **2ung** *f* ograničénje
einschrauben uvŕnuti (ù-vrtati), ušaráf|iti (-ljívati)
Einschreibe|brief *m* pre-pòručenō písmo; **~gebühr** *f* ùpisnina; prèporučnina; **2n** upís(ív)ati; *Brief*: pre-pòruč|iti (-ívati); **~n!** pre-pòručeno!
ein|schüchtern zàstraš|iti (-ívati); **~sehen** ùvidjeti (uvíđati); **~seifen** nasapú-niti (**sich** se) *pf.*; **~seitig** jednòstran; **~senden** pri-pòslati *pf.*; **~setzen** umè-tati [ùmetnuti]; *fig.* nà-mj|estiti (-ė́štati); *v/i. s.* **beginnen; sich ~setzen für** zalágati se za (*A*)
Einsicht *f* úvid; *fig.* uviđá-vnōst *f*; **2ig, 2svoll** ūvi-đavan
Ein|siedler *m* pústinjāk; **2sinken** utònuti *pf.*; **2-spannen** uprégnuti *pf.*; **2sperren** zatv|òriti (-á-rati); **2spritzen** ùštrc(á-v)ati, ùbrizg(áv)ati (*a. Tech., Med.*)
Einspruch *m* prigovōr; **~ erheben** prigov|òriti (-á-rati)

einst nĕkada, nēgda; **~ig** nĕkadašnjī
ein|stechen ub|òsti (-ȁdati); **~steigen** úći (ùlaziti), ukȑc(ȁv)ati se
einstell|en (*beenden*) obùstav|iti (-ljati); *Arbeiter*: nàmj|estiti (-éštati); (*richten*) pòde|siti (-šavati) (*a. Fot., Rdf.*); (*unterstellen, -bringen*) smjȇ|stiti (-štati); **sich ~en auf** prìpraviti se *pf.* na (*A*); **2ung** *f* ōbustava; namješténje; (*Standpunkt*) glèdište
einstimmig jednòglasan
Ein|sturz *m* rūšēnje; **2stürzen** [s]rūšiti se
einstweil|en *adv.* prìvremeno, za sàda; **~ig** prìvremen
ein|tauchen zagnjúriti *pf.*, uròniti *pf.*; *s.* **eintunken; ~teilen** po-, raz|dijèliti (-djeljívati); **~teilig** iz jèdnog dijela, jednòdijelan; **~tönig** jednòličan; **2tracht** *f* slōga; **~trächtig** slōžan; **~tragen** ùn|ijeti (-òsiti); upís(ív)ati (*a. v/r.*); **~träglich** únosan; **2tragung** *f* úpis; **~träufeln** ù-, nà|kapati *pf.*; **~treffen** sti|ći, -gnuti (-zati); *Voraussage*: ìspuniti se *pf.*; **~treten** úći (ùlaziti); (*Geschehen*) dog|òditi (-ađati) se, dēsiti (dešávati) se; zalágati se (**für** *A* / za *A*)
Eintritt *m* ùlazak; prístup; **~sgeld** *n* ùlaznina; **~skarte** *f* ùlaznica
ein|trocknen súšiti (*v/i.* se); **~tunken** um|òčiti (-ákati)
einver|leiben pripòj|iti (-ávati); **~standen (sein** bìti) sàglasan, spōrazūman; **2ständnis** *n* sàglasnōst *f*, spōrazūm
Einwand *m* prigovōr
Einwander|er *m* u-, do|sèljenik; **2n** u-, do|sèliti (-seljávati) se
einwandfrei besprijèkōran
ein|weichen namòčiti *pf.*; **~weihen** posvé|titi (-ćívati); *in ein Geheimnis*: pòvjeriti *pf.* k-u (*A*); **~wenden** prigov|òriti (-árati); **~werfen** *Brief*: ubác|iti (-ívati); **~wickeln** u-, za|mòt(áv)ati; *Haar*: [u]kòvrčiti
einwillig|en prista(ja)ti; **2ung** *f* prìstanak
Ein|wirkung *f* ūticāj, djēlovānje; **~wohner** *m* stànōvnīk; **~wurf** *m* ūbačāj; (*Öffnung*) òtvor; *s. a.* **Einwand**
einzahl|en uplá|titi (-ćívati); **2ung** *f* ūplata
Einzäunung *f* zāgrada, ōgrada
Einzel- *in Zssgn* pojedinačan, pòseban; **~haft** *f* záseban zátvor; **~handel** *m* trgòvina nà malo; **~heit** *f* pojedínōst *f*; **~kabine** *f* kabína s jèdnīm krèvetom; **2n** pòjedinī, pojedinačan; *adv.* (*a.* **im 2nen**) pojedìncē; **~teil** *n* dètalj, elè-

men(a)t; **~zimmer** *n* jednòkrevetnā sȍba
einziehen *v/t.* uvúći (uvláčiti); *Geld:* ùtjer(iv)ati; **Erkundigungen ~ über** raspít(iv)ati se o (*L*); *v/i.* úći (ùlaziti); (*in e-e Wohnung*) usè|liti (-ljávati, -ljívati) se [nijèdan
einzig jèdinī; **kein ~er**
Einzug *m* ùlazak; (*Wohnung*) useljávānje
Eis *n* lȇd; (*Speise2*) slȁdoled; **~bahn** *f* klìzalīšte; **~bär** *m* bijelī mèdvjed; **~bein** *n* svìnjskā nòga; **~berg** *m* ledènjāk; **~brecher** *m* ledolómac; **~diele** *f* sladolèdārnica
Eisen *n sb.* gvȏžđe, *kr.* žèljezo
Eisenbahn *f* žèljeznica; **~-** *in Zssgn* žèljeznīčkī; **~anschluß** *m* prìključak za žèljeznicu; **~er** *m* žèljezničār; **~netz** *n* žèljeznīčkā mrèža; **~station** *f* žèljeznīčkā stànica; **~strecke** *f* žèljeznīčkā prúga; **~überführung** *f* nàdvožnjāk; **~unglück** *n* žèljeznīčkā nèsreća; **~unterführung** *f* pòdvožnjāk; **~wagen** *m* žèljeznīčkā kȍla *n/pl.*
Eisenwaren *pl.* željeznàrija, gvȍzdenā rȍba
eisern *sb.* gvȍzden, *kr.* žèljezan
eis|gekühlt lȇden; **2hockey** *n* hòkēj na lèdu; **~ig** lȇden; **2(kunst)lauf** *m* (ùmjetnō, vjȅštāčkō) klìzānje po lèdu; **2pickel** *m* planìnārskī pìjūk; **2scholle** *f* sânta lȇda; **2schrank** *m* hlȁdnjāk, hlàdionīk, frižìdēr; **2würfel** *m* kȍcka lȇda; **2zapfen** *m* ledènica
eitel tȁšt, sȕjetan; **2keit** *f* tȁština, sȕjeta
Eiter *m* gnȏj; **2n** gnòjiti (se)
Eiweiß *n* bjelánjak
Ekel *m* gȁđēnje, òdvratnōst *f*; **2haft** gȁdan, òdvratan; **2n: sich 2n** gȁditi se
Ekzem *n* èkcēm
elastisch elàstičan
Elbe *f* Lába
Elefant *m* slȍn
elegan|t elegàntan; **2z** *f* elegàncija
Elektr|iker *m* elèktričār; **2isch** elèktričan; **~izität** *f* elektricitēt; **~izitäts(kraft)werk** *n* elektràna; **2onisch** elèktrōnski
Element *n* elèmen(a)t; (*Naturkraft*) stìhija; **2ar** òsnōvan
Elend *n* bijèda, nèvolja; **2** bìjedan, nȅvōljan; **~sviertel** *n* slȁm
elf jedànaest; **2** *f* jedanaèstica; *Sp.* jedanaestòrica
Elfenbein *n* slònova kȏst *f*, slònovača
Elfmeter *m Sp.* jedanaestérac, pènāl
Ell(en)bogen *m* lȃkat
Elster *f* svrȁka
Eltern *pl.* ròditelji *m/pl.*
Email *n* èmajl, èmalj; **~-** *in Zssgn* = **2liert** emàjlirānī

Empfang *m* primānje, prijem (*a. Radio*); primítak; (*Begrüßung*) dòček; (*Hotel-*
2) recèpcija; **2en** prím|iti (-ati); dòček|ati (-ívati); *Frau*: zàčeti *pf.*

Empfäng|er *m* prìmalac; (*Radio*) prijemnik; **~nis** *f* začéće

Empfangs|bescheinigung *f* prìznanica; **~chef** *m* šêf recèpcijē; **~zimmer** *n* sōba za prímānje

empfehl|en preporúč|iti (-ívati) (**sich** se); **~enswert** preporùč(lj)iv; **2ung** *f* prēporuka

empfind|en òsje|titi (-ćati); **~lich** osjètljiv; **~sam** ōsjećājan; **2ung** *f* ōsjećāj, òsjećānje

empor ùvis

empör|en: sich ~en [po-]búniti se; *s.* **sich entrüsten; ~end** òdvratan, nepodnòšljiv; **~t** zgránut, ùzbūđen; **2ung** *f* (*Zorn*) gnjēv, nègodovānje

emsig màrljiv

End- *in Zssgn* krâjnjī, zàvršnī, kònačnī; **~e** *n* krâj, svršétak, kònac; **2en** svŕš|iti (-ávati), prèsta(ja)ti; **~ergebnis** *n* krâjnjī ùspjeh, rezùltāt; **2gültig** kònačan; **~kampf** *m Sp.* finále *m*; **2lich** *adv.* kònačno, nāpokōn, na kràju krajévā; **2los** bèskrājan, beskònačan; **~station** *f* krâjnjā stânica

Endung *f Gr.* nástavak

energisch enèrgičan

eng tijèsan, ūzak

Engel *m* ânđeo *m*

England *n* Ènglēskā

Engländer *m* Ènglēz; **~in** *f* Ènglēskinja

englisch ènglēskī

Engpaß *m* tjèsnac, klánac; *fig.* néstašica

Enkel(in *f*) *m* ùnuk(a)

Ensemble *n* ansàmbl

entbehr|en (*vermissen*) oskudijèvati, némati; **~lich** nèpotreban

entbind|en oslob|òditi (-áđati) (**von** *D* / od *G*); *Frau*: ròditi (ráđati); **2ung** *f* oslobođénje; pōrođāj

entblößen razgolítiti *pf.*

entdeck|en òtkr|iti (-ívati); **2er** *m* otkrìvāč; **2ung** *f* otkríće

Ente *f* pātka

ent|ehren obèšča|stiti (-šćávati); **~eignen** otúđ|iti (-ívati), *sb.* ekspròpr|isati, *kr.* -írati; **~erben** ràzbaštiniti *pf.*, líšiti násljedstva; **~fachen** raspá|liti (-ljívati); **~fallen** òtpa|sti (-dati); **~falten** ràzv|iti (-íjati) (**sich** se)

entfern|en *v/t.* odstrá|niti (-njívati); **sich ~en** událj|iti (-ívati) se; **~t** ùdāljen; **2ung** *f* ùdāljenōst *f*, daljina; **2ungsmesser** *m* daljinòmjer

ent|fliehen pòbje|ći, -gnuti *pf.*, utèći *pf.*; **~führen** ōt|ēti (-imati); **2führung** *f* ōtmica

entgegen *prp.* nasùprot (*D*);

adv. u súsret; **~gesetzt** sȕprotan; **~kommen** izíći (izlaziti) u súsret; **~kommend** predusrètljiv; **~nehmen** prím|iti (-ati); **sich ~stellen, ~treten** supròtstav|iti (-ljati) se
entgegn|en odvrátiti (òdvraćati); **2ung** *f* ȍdgovōr
ent|gehen utèći *pf.*, umà|ći, -knuti *pf.*; **~gleisen** iskòčiti *pf.* iz kȍlosijeka
Entgelt *n* nȁknada
enthalt|en sadȑž(áv)ati; **sich ~en** uzdȑž(áv)ati se (od *G*); **~sam** uzdȑžljiv
ent|hüllen òtkr|iti (-ívati) (*mst fig.*); **~kleiden** razgolítiti *pf.* (**sich** se); **~kommen** utèći *pf.*, pòbje|ći, -gnuti *pf.*; **~korken** *s.* **aufmachen; ~laden** istòvar|iti (-ívati); **sich ~laden** *El.* [is]prázniti se
entlang ȕzdūž (*G*)
entlass|en otp|ùstiti (-úštati); **2ung** *f* òtpust
ent|lasten rastère|titi (-ćívati); **~laufen** utèći *pf.*; **~leeren** [is]prázniti; **~legen** ùdāljen, zàbāčen; **~leihen** posú|diti (-đívati), pozájm|iti (-ljívati); **~lüften** ùkl|anjati (-òniti) zrȃk *od.* vázdūh; **~mutigen** obeshrábr|iti (-ívati); **~nehmen** ùz|ēti (-imati); *fig.* razàb(i)rati; **~rätseln** odgonét|nuti (-ati); **~reißen** òt|ēti (-imati); **~richten** plá|titi (-ćati); **~rinnen** *e-r Gefahr*: ìzbje|ći, -gnuti *pf.* (*G*); *den Verfolgern*: umà|ći, -knuti *pf.*
entrüst|en: sich ~en razljú|titi (-ćívati) se, nègodovati; **~et** ljȗt; **2ung** *f* nègodovānje
entschädig|en nà(dò)kna|diti (-đívati), òdšte|titi (-ćívati); **2ung** *f* nȁknada, ȍdšteta
entscheid|en odlúč|iti (-ívati) (**sich** se); *Streit*: presúditi *pf.*; **2ung** *f* ȍdluka
entschließen: sich ~ odlúč|iti (-ívati) se
entschlossen òdlučan; **2heit** *f* òdlučnōst *f*
entschlüpfen izmà|ći, -knuti (izmicati) se
Entschluß *m* ȍdluka
entschuldig|en izví|niti (-njávati) (**sich** se); **~en Sie!** izvínite!, opròstite!; **2ung** *f* izvinjénje, ìsprika
entsenden odà-, izà|slati *pf.*
entsetz|en: sich ~en užá-s|nuti (-ávati) se; **2en** *n* ȕžās; **~lich** ȕžāsan; **~t** zaprèpāšćen [(-ćati) se (*G*)]
entsinnen: sich ~ sjȅ|titi
ent|spannen op|ùstiti (-úštati) (**sich** se); **~sprechen** odgovárati; **~sprechend** príkladan, odgòvarājūći; **~springen** *Fluß*: ìzvirati; (*hervorgehen*) pòtjecati; **~stehen** násta(ja)ti; **2stehung** *f* pòstanak; **~stellen** nagŕditi *pf.*
enttäusch|en razočár(áv)ati; **~t** razòčārān; **2ung** *f* razočarénje

ent|waffnen razorùž(áv)ati; **~wässern** odvòd|niti (-njávati)
entweder: ~ ... oder ili ... ili
ent|weichen *Luft, Gas:* nèsta(ja)ti (*G*); *s.* **entfliehen; ~wenden** [ù]krāsti; **~werfen** nàcrtati *pf.*; **~werten** obezvr|ijèditi (-eđívati)
entwick|eln ràzv|iti (-íjati) (*a. Fot.*); **2lung** *f* razvítak, rázvoj; **2lungs-** rázvojnī; **2lungsland** *n* zèmlja u rázvoju
ent|wischen utèći *pf.*, umàk|ći, -knuti *pf.*; **2wurf** *m* nácrt, plân; **~ziehen** odùz|eti (-imati), uskrá|titi (-ćívati); **sich ~ziehen** (*D*) klòniti se (*G*); **~ziffern** odgonét|nuti (-ati)
entzück|end dîvan, prèkrāsan; **~t** ùshićen, zanèsen
entzünd|en zapá|liti (-ljívati); **2ung** *f Med.* zapaljénje, ȕpala
entzwei slȍmljen, ràzbijen; **~en** razdv|òjiti (-ájati)
Enzian *m* gencijána, gòrčica
Epidemie *f* epidèmija, rédnja
Epoche *f* epóha
er ȏn
Er|barmen *n* mȉlōst *f*, milòsrđe; **2bärmlich** žàlostan, bijedan; **2barmungslos** nèmilosrdan, nèmilostiv; **2bauen** sagrá|diti (-đívati), pòdi|ći, -gnuti (-zati); *fig.* [o]krijèpiti
Erbe[1] *n kr.* bàština, *sb.* násljedstvo; **~**[2] *m kr.* bàštinik, *sb.* násljednīk; **2n** *kr.* bàštiniti, *sb.* nas|lijèditi (-ljeđívati)
erbeuten [za]plijèniti
erbieten: sich ~ [pò]nùditi se
erbitter|t ògōrčen, ozlòjēđen; **2ung** *f* ogorčénje
erblich násljedan
er|blicken ùgledati *pf.*; **~blinden** oslijèpjeti *pf.*
erbrech|en òbiti (obíjati); **sich ~en** pòvr|aćati [-átiti]; **2en** *n* pòvraćānje
Erbschaft *f kr.* bàština, *sb.* násljedstvo
Erbse *f* grȁšak; **~nsuppe** *f* grȁškova júha, grȁhova čórba
Erd|beben *n* zȅmljotrēs, pòtres; **~beere** *f* jȁgoda; **~boden** *m* tlȍ, zèmlja; **~e** *f* zèmlja; **2en** uzèmlj|iti (-ívati)
erdenklich zamìšljiv
Erd|geschoß *n* prìzemlje; **~kugel** *f* zemàljskā kúgla; **~kunde** *f* zȅmljopis; **~nuß** *f* kikìriki *m*; **~öl** *n* petròlēj, nȁfta
erdrosseln u-, za|gúšiti *pf.*
Erd|rutsch *m* klìzānje tlȁ; **~stoß** *m* pòtres; **~teil** *m* kontìnen(a)t
ereign|en: sich ~en dog|òditi (-áđati) se, dèsiti (dešávati) se; **2nis** *n* dȍgađāj
erfahr|en *v/t.* sà-, dò|zn(áv)ati; (*erleben*) iskú|siti (-šávati); *adj.* ìskusan, vješt; **2ung** *f* iskústvo

erfind|en pron|áći (-àlaziti), izùm|jeti (-ijèvati); **2er** *m* pronalàzāč, izùmitelj; **2ung** *f* pronàlazak, ìzūm; (*Lüge*) izmišljotina
Erfolg *m* ùspjeh; **2en** us|lijèditi (-ljeđívati); **2los** bez-, ne|ùspješan; **2reich** ùspješan
erforder|lich pȍtreban; **~n** zahtijèvati
erforschen istráž|iti (-ívati)
erfreu|en razvesèliti *pf.*, òbradovati *pf.*; **~lich** rȁdostan; **~t: ich bin (sehr) ~t** drȃgo (*od.* mȋlo) mi je
erfrieren smŕz|nuti (-ávati) se
erfrisch|en òsvjež|iti (-ívati); **2ung** *f* osvježénje; (*Getränk*) osvjèžujūćē píće; **2ungsraum** *m* bȉfē *m*
erfüllen ìspu|niti (-njávati)
ergänz|en dò-, pò|puniti (-punjávati); **2ung** *f* dȍpuna
ergeb|en pokáz(iv)ati; **sich ~en** prèd(áv)ati se; (*folgen aus*) sljȅdovati; *adj.* ȍdan; **2nis** *n* rezùltāt; **~nislos** bezùspješan, ȕzalūdan
ergiebig ìzdašan, bògat
ergießen: sich ~ ìzli|ti (-jèvati) se
er|grauen posijèdjeti *pf.*; **~greifen** pri-, u|hvátiti (hvȁtati), [z]grȁbiti; *fig.* lȁ|titi (-ćati) se (*G*); **~gründen** ìzmjeriti *pf.*; dokúčiti *pf.*; **~haben** ìspupčen, ìzbočen; *fig.* ùzvišen
erhalten (*bewahren*) uzdŕž(áv)ati (**sich** se); (*bekommen*) prím|iti (-ati), dòb|iti (-ívati); **gut ~** u dòbrōm stánju
erheb|en pò-, ùz|dići, -dignuti (-dizati) (**sich** se); *Steuer*: ùb(í)rati; **~lich** znȁtan, ȍsjetan; **2ung** *f* (*Umfrage*) ankèta; (*Berg*) ùzvišica
er|heitern razvesèliti *pf.*; **~hellen** o-, ra|svijètliti *pf.*; **~hitzen** ùgrij(áv)ati
erhöh|en povísiti *pf.*; **2ung** *f* povišénje, pòvišica; *Geogr.* ùzvišica
erhol|en: sich ~en odm|òriti (-árati) se; (*genesen*) opòrav|iti (-ljati) se; **2ung** *f* òdmor; opòravak
Erholungs|heim *n* odmàralište; **~urlaub** *m* gòdišnjī òdmor
erinner|n: j-n an et. ~n pòdsje|titi (-ćati) k-a na (*A*); **sich ~n an** sjȅ|titi (-ćati) se (*G*); **2ung** *f* sjèćánje; (*Andenken*) ȕspomena
erkalten ohlá|diti (-đívati) se, ohlàdneti *pf.*
erkält|en *v/r.* **sich ~en** prehlá|diti (-đívati) se, nazépsti *pf.*; **~et: ich bin** (*od.* **habe mich**) **~et** jȃ sam nàzēbao (*f* nazébla); **2ung** *f* prȅhlada, názeb
erkenn|en prepòzn(áv)ati; **~tlich** zȃhvālan, háran; **2tnis** *f sb.* saznánje, *kr.* spȍznaja

erklär|en objá|sniti (-šnjávati); (*äußern*) izjáv|iti (-ljívati); *Krieg*: objáv|iti (-ljívati); *v/r.* **sich ~en** izjá|sniti (-šnjávati) se; **~lich** razjàšnjiv; **2ung** *f* objašnjénje; (*Äußerung*) izjava
erkranken obò|ljeti (-lijèvati), razbò|ljeti (-lijèvati) se
erkundig|en: sich ~en pro-, ras|pít(áv)ati se, obav|ijèstiti (-ješćívati, -ještávati) se (**nach** / za *A*, o *L*); **2ung** *f* ōbavještāj, raspitávānje
erlangen pòsti|ći, -gnuti (-závati)
Er|laß *m* náredba; **2lassen** *Gesetz*, *Befehl*: ìzd(áv)ati; *Strafe*: opròstiti *pf.*
erlaub|en dozvò|liti (-ljávati), dop|ùstiti (-úštati); **2nis** *f* dōzvola
erläuter|n rastumáč|iti (-ívati); **2ung** *f* tumáčēnje
erleb|en dožív|jeti (-ljávati); **2nis** *n* dōživljāj
er|ledigen òbav|ljati [-iti]; **~legen** *Wild*: ùb|iti (-íjati), ustrijèliti *pf.*; **~leichtern** olàkš(áv)ati; **~leiden** pretŕpjeti *pf.*; **~lernen** naùčiti *pf.*
Erlös *m* ùtržak, príhod
er|löschen [u]gásiti se; **~mächtigen** ovlá|stiti (-šćívati); **~mahnen** opoménuti (opòminjati); **2mahnung** *f* ōpomena
ermäßig|en snì|ziti (-zívati, -žávati), pop|ùstiti(-úštati); **~t** snîžen, smânjen; **2ung** *f* snižénje, pópust
Ermessen *n* nahòđēnje
ermitt|eln *s.* **errechnen;** (*finden*) pro|náci (-nàlaziti); *jur.* pro|vèsti (-vòditi) īstragu; **2lung** *f jur.* īstraga
er|möglichen omogúć|iti (-ávati); **~morden** ùb|iti (-íjati), umòriti *pf.*; **~müden** za-, u|mòriti (-márati) (*v/i.* se); **~muntern** obòdr|iti (-ávati); **~mutigen** ohrábr|iti (-ívati)
ernähr|en [is-, pre]hrániti; **2ung** *f* īs-, prē|hrana; **2ungs-** prèhrambenī
ernenn|en [nà]īmenovati; **2ung** *f* (na)imenovánje
er|neuern obn|òviti (-ávljati); **~neut** pōnōvan; *adv.* pōnōvno; **~niedrigen** poníz|iti (-ívati)
Ernst *m* ozbíljnōst *f*; **2**, **2haft, 2lich** ōzbiljan
Ernte *f* ljētina; (*Getreide2*) žētva; (*Obst2*) bérba; **2n** žēti [pòžnjeti]; *Obst*: brāti
erober|n osv|òjiti (-ájati), zavojèvati, zaùz|ēti (-imati); **2ung** *f* osvajánje, zauzéće
eröffn|en otv|òriti (-árati); (*beginnen*) pòč|ēti (-injati); *s. a.* **mitteilen; 2ung** *f* otvárānje
erörtern ràsprav|iti (-ljati), pretrés(a)ti
erpress|en ucijèniti (ucjenjívati); **2er** *m* ucjenjìvāč; **2ung** *f* ūcjena
erproben ispròb(áv)ati
erraten pog|òditi (-ađati)

erreg|en uzbú|diti (-đívati) (**sich** se); (*erwecken*) pobú|diti (-đívati); **Ձung** *f* uzbuđénje; pȍbuda
er|reichen dosé|ći, -gnuti (-zati); *Zug*: dòsti|ći, -gnuti (-zati); *j-n*: dòsp|jeti (-ijèvati) do (*G*); **˷richten** pòdi|ći, -gnuti (-zati); (*aufstellen*) pòstav|iti (-ljati); **˷ringen** *Sieg*: izbòriti *pf.*; **˷röten** pocrvènjeti *pf.*
Errungenschaft *f* dostignúće
Ersatz *m* nȃknada, zȃmjena, *kr.* nadòmjestak; **˷teil** *n* rèzērvnī dio *m*
erschein|en [u]činiti se; (*auftauchen*) pojáv|iti (-ljívati) se; *Buch*: izáći (izlaziti); **Ձung** *f* pȍjava, pȍjāv
er|schießen ustrijèliti *pf.*; **˷schlagen** ùbiti *pf.*
erschöpf|en iscŕpsti *pf.*; **˷t** ìscrp(lj)en, ìznuren; **Ձung** *f* iscŕp(lj)enōst *f*, ìznurenōst *f*
erschrecken [ù]plàšiti, prèstraš|iti (-ívati) (*v/i.* se)
erschütter|n potrés|ti (-ati), ùzdrmati *pf.*; **˷nd** pòtresan; **Ձung** *f* potrésānje; *Geogr.*, *Med.* pòtres
erschwer|en otèž(áv)ati; **Ձniszulage** *f* dodátak za têžī rȃd
ersetzen za|mijèniti (-mjenjívati); *Schaden*: nadòkna|diti (-đívati)
erspar|en u-, pri|štédjeti (-šteđívati); **Ձnis** *f* za-, u|štèđevina, ȗšteda
erst tȇk, pȑvo
er|starken ojàčati *pf.*; **˷starren** ščvȑ|snuti (-šćívati) se; *Glieder*: obàmrijeti *pf.*, utŕnuti *pf.*; **˷statten** vrátiti (vrȁćati), povrátiti (pòvraćati); *Bericht*: pòdn|ijeti (-òsiti); *s.* **ersetzen, Anzeige**
Erstaufführung *f* premijéra
Erstaun|en *n* zaprepašćénje; **Ձlich** zadìvljiv; **Ձt** zaprèpāšćen, zàdīvljen
erst|e(r) pȑvī; **˷e Hilfe** pȑvā pȍmōć; **˷er Klasse** pȑvōg rázreda; **das ˷e** (*od.* **zum ˷en**) **Mal** pȑvī pût; **˷ens** pȑvo
ersticken ugúš|iti (-ívati) (*v/i.* se)
erstklassig prvò|klasan, -rázredan
erstrecken: sich ˷ pròstirati se; **sich ˷ auf** (*A*) odnòsiti se na (*A*)
ersuchen zatrážiti *pf.*, zamòliti *pf.*; **Ձ** *n* mòlba
er|tappen ùhvatiti *pf.*; **˷teilen** ìzd(áv)ati; **˷tönen** zvúčiti, òriti se
Ertrag *m* príhod, dòhodak, dobítak; **Ձen** pòdn|ijeti (-òsiti), [pre]tŕpjeti, izdrž(áv)ati
er|träglich pod-, s|nòšljiv; **˷trinken** utòpiti se *pf.*; **˷wachen** [pro]búditi se; **˷wachsen** *adj.* òdrāstao
erwäg|en prò-, ràz|misliti (-míšljati); **Ձung** *f* pro-, raz|míšljānje; **in Ձung zie-**

hen ùzēti (ùzimati) u ōbzīr
er|wähnen sp|oménuti (-ò-minjati); **~wärmen** [ù-, zà]grījati
erwart|en očekívati; **2ung** *f* očekívānje
er|wecken [raz-, pro]bú-diti; **~weichen** o-, u|mèk-š(áv)ati
erweisen iskáz(ív)ati; òd(á-v)ati; *Dienst*: ukáz(ív)ati; **sich ~** pokáz(ív)ati se
erweitern raširiti (-ívati)
Erwerb *m* stìcānje; (*Gewinn*) zārada; **2en** st|èći (-ìcati, -jècati); (*erstehen, kaufen*) nàbav|iti (-ljati), kúpiti *pf.*; **2slos** nezàposlen; **~szweig** *m* prīvrednā grána
erwider|n *Besuch, Gruß*: òd-, ùz|vraćati [-vrátiti]; (*antworten*) odgov|òriti (-á-rati); **2ung** *f* vrāćānje; ōdgovōr
er|wirken isposlòvati *pf.*; **~wischen** uhvátiti *pf.*, ùgrabiti *pf.*; **~wünscht** pōžēljan, trāžen; **~würgen** [u-, za]dáviti
Erz *n* rúda, rùdača
erzähl|en [is]príčati, pri|-pòvjediti (-povijèdati); **2ung** *f* prīča, prīpovijest *f*
Erzbischof *m* nādbiskup
erzeug|en proizv|èsti (-ò-diti); *fig.* stv|òriti (-árati); **2er** *m* proizvòđāč; **2nis** *n* proìzvod; **2ung** *f* proiz-vódnja
erzieh|en odg|òjiti (-ájati), *sb.* vaspít(áv)ati; **2er** *m kr.* odgòjitelj, *sb.* vaspìtāč; **2ung** *f* òdgoj, *sb.* vaspí-tānje
er|zielen pòsti|ći, -gnuti (-zati); **~zürnen** rasŕditi *pf.* (**sich** se); **~zwingen** ìznu|diti (-đívati)
es ȍno; tȏ
Esche *f* jàsēn
Esel *m* màgarac
Espe *f* jàsika
eßbar jèstiv
essen [pò]jèsti; **zu Abend ~** vèčer(áv)ati; **zu Mittag ~** rúč(áv)ati, òbjedovati; **2** *n* jèdēnje; (*Nahrung*) jèlo; (*Mahlzeit*) òbrok
Essig *m* òcat, sìrće; **~gurke** *f* kìselī krāstavac
Eß|löffel *m kr.* žlica, *sb.* kàšika; **~waren** *pl.* živežnē námirnice *f/pl.*; **~zimmer** *n kr.* blagòvaonica, *sb.* trpezàrija
Etage *f s.* **Geschoß, Stockwerk**
Etikett *n* nátpis, etikéta
etliche nèkoliko
Etui *n* futróla, kȍrice *f/pl.*
etwa *adv.* otprílikē; mȍžda; *cj.* zâr
etwas nȅšto; (*irgend ~*) štògod
euer vàš
Eule *f* sȍva
Europ|a *n* Evrópa; **2äisch** èvrōpskī
Euter *n* vime
evangeli|sch evangèličkī; **2um** *n* (*sb.* j)evànđēlje
eventuell èventuālan

ewig vječan; **≗keit** *f* vječnōst *f*
Examen *n* ìspīt
Exemplar *n* prímjerak
Exil *n* prognánstvo, progónstvo
Existenz *f* egzistèncija, postòjānje
Exkursion *f* izlēt
explo|dieren ràspu|ći, -knuti (-cati) (se); ràspr-s|nuti (-kávati) (se); **≗sion** *f* èksplōzija
Export *m* ìzvoz
Expreß *m* èkspresnī vlâk (*od. sb.* vôz), èkspres
Extra- pòsebnī
Exzeß *m* ìstup, ìzgrēd

F

Fabel *f* bāsna; **≗haft** bāsnoslōvan
Fabrik *f* tvórnica, fàbrika; **~arbeiter** *m* tvórnički rādnīk; **~at** *n* proìzvod; **~marke** *f* fàbrički znâk
fabrizieren proizvòditi
Fach *n* prètinac, pòlica; *fig.* strûka; **~-** *in Zssgn* strûčnī; **~arbeiter** *m* kvalificirānī rādnīk; **~arzt** *m* specijàlist(a *m*)
Fächer *m* lepéza
Fach|mann *m* strûčnjāk; **≗männisch** strûčnjāčkī
Fackel *f* bāklja, bùktinja
fade blûtav
Faden *m* nīt *f*, kònac
fähig spòsoban, kádar; **≗keit** *f* sposóbnōst *f*
fahl blìjed
Fahndung *f* tràgānje
Fahne *f* zâstava, bàrjak
Fahr|bahn *f* kôlnīk, *sb.* kolòvoz; **≗bar** vôzan; **~dienstleiter** *m* *Esb.* òtprāvnīk vlākōvā (*od. sb.* vōzōvā)
Fähre *f* skēla; *s.* **Fährschiff**
fahren vòziti (*v/i.* se); *Schiff*: plòviti; (*lenken*) ùpravljati (*I*)
Fahrer *m* vòzāč, šòfēr; **~flucht** *f* bìjeg vozáča (pōslije sāobraćājnōg ùdesa)
Fahr|gast *m* pûtnīk; **~gastschiff** *n* pûtnički brôd; **~geld** *n* vozàrina; **~gestell** *n* šàsija; **~karte** *f* pûtnā (*od.* vôznā) kârta
fahrlässig nèhājan, nèmāran; **≗keit** *f* nèhāj, nèmār
Fahrlehrer *m* vòzāč-instruktor
Fahrplan *m* vôznī rêd, rêd vòžnjē; **≗mäßig** po vôznōm rédu
Fahr|preis *m* vozàrina; **~rad** *n* bicìkl; **~schein** *m* *s.* **Fahrkarte**
Fährschiff *n* brôd-skēla, tràjekt
Fahr|schule *f* àuto-škōla; **~schüler** *m* kandìdāt za vozáča; **~spur** *f*, **~streifen** *m* sāobraćājnā trāka; **~stuhl** *m* lift, dìzalica, dìzalo
Fahrt *f* vòžnja; (*Reise*) putòvānje; (*Geschwindigkeit*) brzìna; **~richtung** *f* pràvac

krétānja; **~unterbrechung** *f* prékid vòžnjē
Fahr|werk *n Flgw.* slijètnī trâp; **~zeit** *f* vrijème vòžnjē; **~zeug** *n* vòzilo
Fakultät *f* fakùltēt
Falke *m* sòkō(l) *m*
Fall *m* pâd; (*Angelegenheit*) slûčāj; *Gr.* pádež; **auf jeden ~** ù svakōm slučáju; **auf keinen ~** nì u kojem slučáju; **~e** *f* klōpka, zâmka; **2en** pā|sti (-dati)
fäll|en ob|òriti (-árati), [pò-] sjèći; *Urteil:* dòn|ijeti (-òsiti); **~ig** dòspio, plàtiv
falls *cj.* ako, u slučáju da
Fallschirm *m* pādobran; **~springer** *m* padobránac
falsch pògrešan; (*unecht*) lāžan; (*unrichtig*) krîv, nètačan; *fig.* nèiskren
fälsch|en krivotvòriti, *sb.* falsìfi|kovati, *kr.* -círati; **~lich** krîv; **2ung** *f* krivotvòrina, falsifikāt
Falt|boot *n* prèklopnī čámac, kājak; **~e** *f* nábor; (*Runzel*) bóra; **2en** sàv|iti (-íjati); *Stoff:* nàbrati *pf.*; *Hände:* skl|òpiti (-ápati); **~er** *m* lèptīr; **2ig** nābran; *Gesicht:* s bórama
Familie *f* pòrodica, obítelj *f*; **~n-** *in Zssgn* pòrodičnī obíteljskī; **~nname** *m* prèzime
Fang *m* lòvina, úlov; **2en** hvätati [ùhvatiti], [u]lòviti
Farb|band *n* trāka, vřpca (s bòjōm); **~e** *f* bója
färben bojàdisati, [o]bòjiti
Farb|fernsehen *n* telèvīzija u bòji; **~film** *m* film u bòji; **2ig** šāren; **2los** bèzbōjan; **~stift** *m s.* **Buntstift; ~stoff** *m* bòja
Farm *f* fârma
Farnkraut *n* pāprāt *f*
Fasan *m* gnjètao *m*, fàzān
Fasching *m* pòklade *f/pl.*
Faser *f* vlákno; **2ig** vláknast
Faß *n* bûre, bāčva
Fassade *f* pròčēlje
fass|en hvätati [ùhvatiti], [z]grâbiti; (*Raum bieten*) obùhvatati, prímati; (*begreifen*) shvâ|titi (-ćati, -tati); **sich ~en** prìb(i)rati se; **2ung** *f* (*Ein2*) òkov; (*Text*) vèrzija; *Tech., El.* grlo; *fig.* prìbrānōst *f*
fast zàmalo, gòtovo, skòro
fast|en pòstiti; **2enzeit** *f* kòrizma, pôst; **2nacht** *f* pòklade *f/pl.*
faul (*träge*) lijen; (*verfault*) gnjìo, trûo
faulen gnjiti, gnjíliti, trûnuti, trûliti
faulenz|en ljenčáriti; **2er** *m* lijènština *m/f*
Faulheit *f* lijènōst *f*
Fäulnis *f* trúlež, gnjílōst *f*
Faust *f* pésnica, pêst *f*, šāka; **~handschuh** *m* rukàvica bez přstijū; **~schlag** *m* ùdarac pésnicōm
Februar *m* fèbruār, *kr.* vèljača
fecht|en mačèvati; **2er** *m* mačèvalac; **2kunst** *f*, **2sport** *m* mačèvānje
Feder *f* pèro; *Tech.* ōpruga;

~ball *m* pèrnatā lõptica; (*Spiel*) bēdminton; **~bett** *n* pērina; **~halter** *m* ũvlaka, držālja
federn *Tech.* oprúžati *pf.*
Fee *f* víla
fegen [po]mèsti
Fehl|betrag *m* mánjak; **2en** némati, nedòsta(ja)ti, fâliti; (*abwesend sein*) òdsustvovati; **was 2t Ihnen?** štā Vam je?; *s.* **verfehlen**
Fehler *m* pògreška, grijèška; (*Gebrechen*) mána; **e-n ~ machen** [po]grijèšiti; **2frei** bez pògreškē; **2haft** pògrešan, mànjkav
Fehl|geburt *f* pōbačāj; **~schlag** *m* nèuspjeh, prõmašāj; **2schlagen** ne ùsp|jeti (-ijèvati); **~start** *m Sp.* pògrešan stārt; **~zündung** *f* kàsnijē páljēnje
Feier *f* prõslava; **~abend** *m* òdmor, pòčinak; **2lich** svèčan; **2n** pròslav|iti (-ljati), svētkovati; **~tag** *m* prâznīk, svētkovina
feig(e) stràšljiv, kũkavan; *s.* **Feigling**
Feige *f* smõkva
Feig|heit *f* kukavìčluk; **~ling** *m* kũkavica
Feile *f* tùrpija, *sb. a.* píla; **2n** píliti; *fig.* dòtjer(ív)ati
feilschen cjēnjkati se
fein fīn; (*dünn*) tânak; (**~körnig**) sìtan
Feind *m* nèprijatelj; **2lich** neprijatèljskī; **~schaft** *f* neprijatéljstvo
fein|fühlig tankòćutan; **2heit** *f* finòća; **2kost** *f* delikatèsa; **2schmecker** *m* sladokúsac
Feld *n* põlje; **~-** *in Zssgn* põljskī; **~flasche** *f* čùtura; **~weg** *m* põljskī pût
Felge *f* nàplatak
Fell *n* kõža
Fels|(en) *m* stijèna, hrîd *f*; **2ig** kršan, hridòvit; **~wand** *f* vrlēt *f*
Fenchel *m* komòrač
Fenster *n* prózor; **~brett** *n* prózorskā dàska; **~laden** *m* kàpak; **~rahmen** *m* prózorskī òkvīr; **~scheibe** *f* òkno
Ferien *pl.* ráspust, prâznici *m/pl.*; **~heim** *n* dôm ferijālācā; **~lager** *n* òmladinskī lôgor, ljètovalište
Ferkel *n* prâse, *kr. a.* òdojak
fern dàlek, dâljnjī; **2amt** *n* (međùgradskā) telèfōnskā centrála; **2e** *f* daljìna; **~er** *adj.* dāljī, bùdūćī; *adv.* (nā)dāljē; **2gespräch** *n* međùgradskī (*od.* međunárodnī) râzgovōr; **2glas** *n* dalekòzor, dùrbīn; **2licht** *n Kfz.* vèlika svjètla; **~mündlich** telefónom; **2schreiber** *m* teleprìnter, tēletajp
Fernseh|apparat *m*, **~gerät** *n* telèvīzor; **~en** *n* telèvīzija; **~programm** *n* televìzijskī prògram; **~spiel** *n* teledráma
Fernsprech|amt *n* telèfōnskā centrála; **~anschluß** *m* telèfōnskī prìključak; **~er**

m telèfōn; **~gebühr** *f* tȃksa za telèfōnskī rȃzgovōr; **~netz** *n* telèfōnskā mrȅža; **~zelle** *f* telèfōnskā gòvōrnica
Fernverkehr *m* dàljīnskī sȁobraćāj (*od.* pròmet); **~sstraße** *f* magistrála
Fernzug *m* vlȃk (*sb.* vȏz) za dàlekē relácije
Ferse *f* péta
fertig gòtov, sprȅman; **~** *in Zssgn a.* zàvršnī; **⁓ung** *f* ìzrada
Fessel *f* òkovi *m/pl.*; (*~gelenk*) (*Pferd*) pȕtište; **⁓n** spȗt(áv)ati; okòvati *pf.*; *s.* **festbinden;** *fig.* pri|vúči (-vláčiti), zanímati
fest čvȓst; (*dauerhaft*) stȃlan; *fig. mst* krȇpak
Fest *n* (*Feier*) svèčanōst *f*; (*Feiertag*) prȃznīk, svȅtkovina
fest|binden privéz(ív)ati (**an** *D* / za *A*); **~halten** zadŕž(áv)ati; (**sich**) **an** *et.* **~halten** pridŕž(áv)ati se (*G*); **⁓igkeit** *f* čvrstòća; **⁓land** *n* kȍpno; **~legen** *s.* **festsetzen**
festlich svèčan
fest|machen *v/t.* pričvŕ|stiti (-šćívati); **~nehmen** [ù]hȃpsiti; **~setzen** utvŕ|diti (-đívati), odré|diti (-đívati); **⁓spiele** *pl.* festivȃl; **~stehen** biti ùtvrđen(o); **~stellen** ustanòv|iti (-ljávati); **⁓tag** *m* prȃznīk
Festung *f* tvȑđava
Festzug *m* svèčanā pòvōrka
fett mástan; prȅtio
Fett *n* mȃst *f*, sȃlo; *Tech.* čvȓstō màzilo (*od.* mȁzivo); **⁓ig** mástan, zàmazān
Fetzen *m* kȓpa, drónjak
feucht vlȃžan; **⁓igkeit** *f* vlȃga
Feuer *n* vȃtra; (*Brand*) pȍžār; *Mil.* pàljba; **⁓fest** neupàljiv; **⁓gefährlich** lȃko zapàljiv; **~löscher** *m* sprȃva za gášēnje pȍžāra; **~melder** *m* jàvljāč pȍžāra
feuern [na]lòžiti; *Mil.* pȕcati, [o]páliti
Feuer|spritze *f* vatrògasnī šmȓk; **~stein** *m* krȇmēn; **~versicherung** *f* osigurȃnje od pȍžāra; **~wehr** *f* vatrogásci *m/pl.*; **~wehrmann** *m* vatrogásac; **~wehrwache** *f* vatrògasnā strȃža; **~werk** *n* vȃtromet; **~zeug** *n* upàljāč
Fez *m* fȇs
Fibel *f* pòčētnica, bȗkvar
Fichte *f* omòrika, smrȇka
Fieber *n* gròznica; **⁓haft** gròzničav; **~mittel** *n* antipirètik
Figur *f* figúra, lȋk, ȍblīk
Filet *n Kochk.* filȇ *m*, bùbrežnjāk
Filiale *f* filijála, pòdružnica
Film *m* film; **~** *in Zssgn* filmskī; **⁓en** sním|ati [-iti]; **~festspiele** *pl.* filmskī festivȃl; **~kamera** *f* filmskā kȁmera; **~schauspieler** *m* filmskī glúmac; **~vorführer** *m* kíno-operàtōr; **~**

vorführung *f* prikazívānje filma
Filter *m* filtar; **2n** [pro]cijèditi; **~zigarette** *f* cigarèta s filtrom
Filz *m* pûst *f*
Finale *n* finále *m*
Finanz|amt *n* pòreskā ûprava; **~en** *pl.* finàncije *f/pl.*
find|en náći (nàlaziti); **2er** *m* nàlaznīk, nalàzāč; **2erlohn** *m* nalaznìna; **~ig** domišljat, pronicljiv
Finger *m* pr̂st; **~hut** *m* nàprstak; *Bot.* bjȅsnīk; **~nagel** *m* nȍkat
Fink *m* zēba
Finn|e *m* Fínac; **~in** *f* Fìnkinja; **2isch** fînski; **~land** *n* Fînskā
finster *s.* **dunkel;** *fig.* mr̂k; **2nis** *f* *s.* **Dunkelheit, Mond-, Sonnenfinsternis**
Firma *f* fîrma, *kr.* tvȑtka
Fisch *m* riba; **~-** *in Zssgn* ribljī; **~besteck** *n* príbor za rību; **2en** rībati, lòviti ribu; **~er** *m* rībār; **~erboot** *n* rībārski čámac (*od. größer:* brȍd); **~erei** *f*, **~fang** *m* ribolōv; **~dampfer** *m* ribolóvac; **~halle** *f* rībārnica; **~suppe** *f* rībljā čórba
Fiume *n* Rijèka
flach pl(j)ȍsnat, rávan; (*seicht*) plítak
Fläche *f* površìna; (*Ebene*) plȍha; **~n-** pòvršinskī
Flachland *n* ravnìca, râvan *f*
Flachs *m* lān, kùdelja
flackern tȉtrati, svjetlomŕcati
Fladen *m* pògač(ic)a
Flamme *f* plȁmēn
Flanell *m* flànēl
Flanke *f* bôk
Fläschchen *n* bȍčica, flȁšica
Flasche *f* bȍca, stàklēnka, flȁša; **~n-öffner** *m* otvàrāč (za flȁše); **~nzug** *m* *Tech.* kotùrača, kolòtur
flattern lepr̀šati
flau mlitav
Flaum *m* pahùljice *f/pl.*
Flaute *f* tišìna (nā mōru), bònaca
Flechte *f* lišāj (*Bot. u. Med.*); **2n** [s]plȅsti
Fleck *m* (*Stelle*) mjȅsto; (*Schmutz2*) mȑlja; (*Flicken*) zàkrpa; *fig.* ljȃga
Flecken *m* *s.* **Fleck; ~entferner** *m*, **~wasser** *n* srèdstvo za odstranjívānje mŕljā
fleckig zàmazān; (*gefleckt*) pjȅgav
Fledermaus *f* šìšmiš, slijepi miš
Flegel *m* (*Grobian*) pròstāk, klipan; **~ei** *f* prostàkluk
flehen prèklinjati
Fleisch *n* mêso; *fig.* pūt *f*; **~brühe** *f* (gòveđā) júha
Fleischer *m* mèsar, kàsapin; **~ei** *f*, **~laden** *m* mèsārnica, mésnica
Fleisch|gericht *n* mȑsnō jȅlo; **~klößchen** *n* ćúfte *f/pl.*; **~konserve** *f* mèsnā kònzērva; **~spießchen** *n* rȁžnjić; **~vergiftung** *f* otrovánje mêsom

fleißig màrljiv, râdin, prìlježan
Flicken *m s.* **Fleck**
flicken kȓpati, kȓpiti
Flieder *m* jorgòvān
Fliege *f kr.* mùha, *sb.* mùva, mùšica; (*Schleife*) lēptīr màšna (*od.* kravàta); **2n** [po]lètjeti, lijètati; **~nfänger** *m* muhò-, *sb.* muvò|mor, ljèpilo za mùhe (*sb.* mùve); **~npilz** *m* mùhara
Flieger *m* lètāč, avijàtičār
fliehen pòbjeći (bjèžati)
Fliese *f* plōča
Fließ|band *n* konvèjer, (mòntāžnā) prenòsilica; **2en** tèći; **2end** tèkūćī; *adv.* (*sprechen*) tēčno
flimmern trepèriti
flink hìtar, bȓz
Flinte *f* pūška
flirten flȇrtovati, ljubákati
Flitterwochen *pl.* mēdenī mjȇsēc
Flocke *f* pahùljica
Floh *m kr.* bùha, *sb.* bùva
Floß *m, n* splâv
Flosse *f* peràja
Flöte *f* frūla, svìrala
flott (*lustig*) vȇseo; (*leichtsinnig*) bèzbrižan; (*flink*) hìtar; *Kleid*: šik, elegàntan
Flotte *f* bròdōvlje, flòta
Flöz *n Bgb.* slȏj
Fluch *m* proklétstvo, klȇtva; **2en** [pro]kléti
Flucht *f* bijeg, bjèkstvo
flücht|en pòbjeći (bjèžati), utjèći (ùticati, ùtjecati); **~ig** (*von kurzer Dauer*) pròlazan; (*oberflächlich*) lètimičan; *Chem.* ishlàpljiv; **2ling** *m* bjegúnac, *Pol.* izbjeglica *m*
Flug *m* lêt; **~blatt** *n* lȇtak; **~boot** *n* hidroaviōn
Flügel *m* krílo; *Mus.* (kòncertnī) klàvīr
Flug|gast *m* (aviōnskī) pûtnīk; **~gesellschaft** *f* aviōnskā kompànija; **~hafen** *m* āerodrom; **~karte** *f* aviōnskā kârta; **~linie** *f* zrȃčnā línija; **~plan** *m* rêd lètēnja; **~platz** *m* ùzletište; **~verbindung** *f* aviōnskā vȅza; **~verkehr** *m* zrȃčnī sàobraćāj; **~zeit** *f* vrijème lètēnja
Flugzeug *n* aviōn; **~-** *in Zssgn* aviōnskī; **~führer** *m* pìlot; **~träger** *m* (brôd) nòsāč aviónā
Flunder *f* ivérak
Flur *m* (*Haus2*) trȉjem, hȍdnīk
Fluß *m* rijèka; **~-** *in Zssgn* rjȇčnī; **2ab(wärts)** nīz rijeku; **2auf(wärts)** ūz rijeku; **~bett** *n* kòrito
flüssig tȇčan, tèkūćī; **2keit** *f* tȇčnōst *f*, tekùćina
flüstern šàp|nuti (-[ù]tati); **2** *n* šȃpāt
Flut *f* plima; *fig.* bujìca
föderativ fȇderatīvan
Fohlen *n* ždrijebe
Föhn *m* jūžnī vjȅtar; *s.* **Fön**
Föhre *f* bȏr
Folge *f* pòsljedica; (*Reihe*) rêd, nîz; sèrija; (*Fortsetzung*) nástavak; **2n** slijèditi; (*gehorchen*) [pò]slušati;

≈n aus sljēdovati; **≈nd** slijèdēći, náredan; (*so*) ovàkav; **≈richtig** dòsljedan; **≈rn** zakljúč|iti (-ívati); **~rung** *f* zàključak
folg|lich dākle, prema tōme; **~sam** pōslūšan
Folie *f* fōlija
Folter *f* mūka; mūčilo; **≈n** mūčiti
Fön *m* fēn, apàrāt za súšēnje kòsē
förder|lich kōristan; **~n** unapr|ijèditi (-eđívati); *Bgb.* vāditi
forder|n zahtijèvati, [za-]tráži̇ti; **≈ung** *f* záhtjev; (*Geld≈*) potražívānje
Forelle *f* pāstr̄|m(k)a, -v(k)a
Form *f* ōblīk; (*Gieß≈*) kàlup; **≈al** fōrmālan; **~alität** *f* formálnōst *f*; **~at** *n* fòrmāt
Formel *f* fōrmula
formen òblikovati, uoblíčiti *pf.*
förmlich fōrmālan; **≈keit** *f* formálnōst *f*
Formular *n* obrázac
forsch|en istráž|iti (-ívati), ispít(ív)ati; **≈er** *m* istraživ|āč, -alac, ispitivāč; **≈ung** *f* istražívānje
Forst *m* šūma
Förster *m* šūmār; **~ei** *f*, **Forsthaus** *n* šumàrija
fort (*weg*) òdsutan; prōč; **in einem ~** neprèstano; **und so ~** i tàko dāljē; **~bestehen** dāljē postòjati; **~bewegen** mà|ći, -knuti (micati) dāljē; *v/r.* nàpredovati; **~bringen** *s.* **fortschaffen; ~fahren** otputòvati *pf.*; (*weitermachen*) nàstav|iti (-ljati); **~laufend** neprékidan
fortpflanz|en: sich ~en rasplò|diti (-đívati) se; **≈ung** *f* rasplođívanje
fort|schaffen òd|nijeti (-nòsiti); (*wegfahren*) od|vèsti (-vòziti); **~schicken** *s.* **wegschicken**
fortschreiten nàpredovati; **~d** pòstepen
Fortschritt *m* nàpredak; **≈lich** nàpredan
fortsetz|en nàstav|iti (-ljati); **≈ung** *f* nástavak
fort|während stālan; **~ziehen** *v/i.* odsè|liti (-ljávati) se; *v/t.* odv|úći (-láčiti)
Foto- *s.* **Photo-; ~kopie** *f* fōto-kōpija; **~montage** *f* fōto-montáža
Foul *n Sp.* fāul
Foyer *n* foàjē *m*
Fracht *f* tòvar, tèret; (*Gebühr*) vozàrina; **~brief** *m* tòvārnī līst; **~gut** *n s.* **Fracht; ~schiff** *n* tèretnī brôd
Frage *f* pítānje; **~bogen** *m* ùpitn|īk, -ica; **≈n** [u]pítati (**j-n nach** *D* / k-a za *A*); **~zeichen** *n* ùpitnīk, znâk pítānja
fraglich (*zweifelhaft*) nēizvjestan
frankieren plá|titi (-ćati) poštàrinu; prilijèpiti *pf.* mārku
Frankreich *n* Fràncūskā

Franse *f* rèsa
Franzose *m* Fràncūz
Französi|n *f* Fràncūskinja; **&sch** fràncūskī
fräs|en glòdati, obráditi *pf.* glòdānjem; **&er** *m* (*Werkzeug*) glòdalo; **&maschine** *f* glōdalica
Frau *f* žèna; (*Anrede*) gōspođa; (*Ehe&*) sùpruga; **~enarzt** *m* ginekòlog
Fräulein *n* gōspođica
frech dřzak; **&heit** *f* dřskōst *f*
frei slōbodan; (*kostenlos*) bèsplatan; **&bad** *n* ljētnjē kùpalīšte; **&e** *n*: **im &en** pod òtvorenīm (*od.* vēdrīm) nēbom; **~gebig** darèžljiv, izdāšan; **&gepäck** *n* bèsplatnī pr̀tljāg; **~halten** [po]čàstiti
Freiheit *f* slobòda; **&lich** slobòdārski; **~sstrafe** *f* zátvor
Frei|karte *f* bèsplatnā ùlaznica; **~körperkultur** *f* nudìzam; **&lassen** pùstiti *pf.* na slobòdu, oslobòditi *pf.*; **&lich** dakàko, dabò(g)me; **~lichtbühne** *f* ljētnjā pózornica; **&machen** *Brief*: *s.* **frankieren;** *v/r.* **sich &machen** (*ausziehen*) sv|úći (-láčiti) se; **~maurer** *m* màsōn; **&mütig** ìskren, òtvoren; **&sprechen** oslob|òditi (-áđati) (ōptužbē, krivìcē); **~spruch** *m* oslobođénje; **~stoß** *m* *Sp.* slōbodnī ùdarac
Freitag *m* pétak
frei|werden oslob|òditi (-áđati) se; **~willig** dōbrovōljan; svōjevōljan; **&willige(r)** *m* dobrovóljac; **&zeit** *f* dòkolica
fremd strān, tûđ; **&e** *f* tuđina; (*Frau*) strānkinja
Fremden|buch *n* knjiga (za upisívānje) strânācā; **~führer** *m* vòdič; **~verkehr** *m* turìzam; **~verkehrsverein** *m* turìstičkō drúštvo; **~zimmer** *n* gòstinskā sòba
Fremd|e(r) *m*, **~ling** *m* tuđinac, stránac; **~sprache** *f* strānī jèzik; **~wort** *n* strānā rijèč *f*, tùđica
Frequenz *f* frekvèncija
fressen [po]žděrati
Freud|e *f* rādōst *f*, vesélje; **&ig** rādostan, vèseo
freuen: sich ~ über (*A*) [òb]rādovati se (*D*); **es freut mich** drâgo mi je
Freund *m* prìjatelj; **~in** *f* prijatèljica; **&lich** prìjatan, prìjāzan; **~schaft** *f* prijatéljstvo; **&schaftlich** prijatèljskī
Frevel *m* nèdjelo, zlòčin
Friede(n) *m* mîr
Friedens- mìrōvnī; **~vertrag** *m* mìrōvnī ūgovōr
Fried|hof *m* grōblje; **&lich** míran; (*gütlich*) pomirljiv; **&liebend** miroljùbiv
frier|en zépsti, mřznuti; **es ~t** smřzāvā se; **mich ~t** zíma mi je
Frikassee *n* frikàsē *m*

frisch svjȅž; **$\mathfrak{L}$e** *f* svježìna; **$\mathfrak{L}$haltebeutel** *m* vrèćica od plàstikē
Friseu|r *m* frìzēr; **~se** *f* frìzērka
frisier|en [o-, po]čèšljati; **$\mathfrak{L}$salon** *m* frìzērskī sàlōn (za dáme)
Frist *f* rȏk; **$\mathfrak{L}$los** *Entlassung*: bȇz roka
Frisur *f* frizúra
froh rȁdostan (**über** *A*/ zbog *G*)
fröhlich rȁdostan, vȅseo
fromm pȍbožan
Fronleichnam(sfest *n*) *m* Tijelovo, *sb. a.* Brašánčevo
Front *f* frȍnt(a); fasáda; **~antrieb** *m* prȅdnjī pógon
Frosch *m* žȁba
Frost *m* mrȃz
frösteln zépsti
Frostschutzmittel *n* zȃštitnō srèdstvo od mrȃza, ȁntifrīz
Frot|teetuch *n*, **~tier(hand)tuch** *n* fròtīr, čȕpav rȕčnīk (*sb.* pèškīr)
Frucht *f* plȏd; **~-** *in Zssgn* vȍćnī; **$\mathfrak{L}$bar** plȍdan, rȍdan; **~saft** *m* vȍćnī sȏk
früh *adj.* rȃnī; *adv.* rȃno; (**morgen**) **~** (sȕtra) ȕjutro; **heute ~** jȕtrōs; **$\mathfrak{L}$aufsteher** *m* rȃnobūdnīk; **$\mathfrak{L}$e** *f* zòra, jȕtro; **~er** *adv.* rànije; (*einst*) nȇkada, nȇgda; *adj.* rànijī; (*vorherig*) prèđašnjī, nȇkadašnjī, nȇgdašnjī; (*ehemalig*) bȋvšī
Früh|jahr *n*, **~ling** *m* pròljeće

Frühstück *n* dòručak; **$\mathfrak{L}$en** dòručkovati
frühzeitig blagòvremen(o *adv.*)
Fuchs *m* lìsica
Fuge *f* spȏj, sástavak; *Mus.* fúga
fügen: sich ~ (*gehorchen*) pokòr|iti (-ávati) se
fühl|bar opìpljiv; òsjetan; **~en** òsje|titi (-ćati) (*v*/*r.* se); **$\mathfrak{L}$ung** *f* dódir
führ|en vòditi (*a. v*/*i. Weg*); (*leiten, steuern*) ùpravljati (*I*); *Waren*: dŕžati; **$\mathfrak{L}$er** *m* vȏđ(a *m*); (*Leiter*) rukovòdilac; (*Buch*) vòdič; **$\mathfrak{L}$erschein** *m* vòzāčkā dȍzvola; **$\mathfrak{L}$ung** *f* (ruko)vòdstvo; (*Rundgang*) vòđēnje; *s.* **Benehmen**
Fuhrwerk *n* kȍla *n*/*pl.*, vȍz
Fülle *f* (iz)òbilje
Füllen *n* ždrijebe
füll|en [nà-, ìs-, pò-]pȗniti (se); **$\mathfrak{L}$(feder)halter** *m* náliv-pèro; **$\mathfrak{L}$ung** *f* pȕnjēnje; (*Zahn$\mathfrak{L}$*) plȏmba; *Kochk.* nádjev(ak)
Fund *m* nàlaz(ak)
Fundament *n* tèmelj
Fund|büro *n* nàlaznī úred; **~sache** *f* nȃđenā stvȃr *f*
fünf pȇt; **$\mathfrak{L}$** *f*, **$\mathfrak{L}$er** *m* pètica; **~mal** pȇt pútā; **$\mathfrak{L}$tel** *n* pètina; **~te(r)** pȇtī
Funk *m* rȃdio *m*; **~amateur** *m* rȃdio-amàtēr; **$\mathfrak{L}$eln** svjetlùcati; **~e(n)** *m* ȉskra, várnica; **$\mathfrak{L}$en** *sb.* rȃdio-telegràf|isati, *kr.* -írati; **~er** *m* rȃdio-telegràfist(a *m*); **~-**

sprechverkehr *m* râdio-telèfōnskā vèza; **~spruch** *m* râdio-telègram; **~station** *f* râdio-telègrafskā stȃnica; **~(streifen)wagen** *m* milicijskā kȍla *n/pl.*
für za (*A*); (*zeitlich*) na (*A*); **~ immer** zàuvijek
Furche *f* brázda
Furcht *f* strȃh, bȍjāzan *f*; **⁓bar** strášan
fürchten: et. ~, sich ~ vor (*D*) bòjati se (*G*)
fürchterlich strášan, strahòvit
furcht|los neustrȁšljiv; **~sam** *s.* **ängstlich**
Fürsorge *f* brìga, skŕb *f*; **soziale ~** sȍcijālnō obezbjeđénje
Fürsprache *f* zalágānje
Fürst *m* knȇz; **~entum** *n* knèževina; **~in** *f* knèginja
Furt *f* gȃz, plìćāk
Furunkel *m* čȉr
Fürwort *n Gr.* zȃmjenica
Fuß *m* nòga; stòpalo; (*Maß*) stòpa; (*Berg⁓*) pȍdnōžje; **zu ~** pjȅš|icē, -kē
Fußball *m* (nȍgometnā) lȍpta; (*Sportart*) nȍgomet, *sb. a.* fȕdbal; **~spiel** *n* nȍgometnā (*od.* fȕdbalskā) ùtakmica; **~spieler** *m* nogomètāš, fudbàlēr
Fuß|boden *m* pȏd, *sb. a.* pàtos; **~bremse** *f* nȏžnā kóčnica; **~gänger** *m* pjèšāk; **~gängerüberweg** *m* pjèšāčkī prijèlaz; **~note** *f* nàpomena, ȍpaska; **~sohle** *f* tàban; **~spur** *f* trȃg; **~tritt** *m* ùdarac nògōm; **~weg** *m* stàza
Futter *n* stȍčnā hrána, kŕma; (*Kleider⁓*) pȍdstava
Futteral *n* futróla, kȍrice *f/pl.*
füttern hrániti; *Kleid*: pòdstav|iti (-ljati), obl|óžiti (-ágati)

G

Gabe *f* pȍklōn, dȃr (*a. fig.*); (*Dosis*) dóza, òbrok
Gabel *f* viljuška; (*Heu⁓*) vīle *f/pl.*; (*Ast⁓*) rȁčva; **⁓förmig** rȁkljast, rȁčvast; **⁓n: sich ⁓n** ràčvati se; **~stapler** *m* viljuškār; **~ung** *f* rȁčvānje
gähnen zijèvati
galant galàntan; **⁓eriewaren** *f/pl.* galantèrija
Galerie *f* gàlērija
Galgen *m* vjȅšala
Galle *f* žȗč *f*; **~nstein** *m* žȕčnī kāmēn
Galopp *m* gàlōp; **⁓ieren** galopírati
Gammler *m* frȃjer, mùktāš, hìpij
Gang *m* (*Gehen*) hȏd; (*Flur*) hȍdnīk; *Kfz.* brzìna; (*Verlauf*) tȍk; (*Durch⁓*) prólaz; *Tech.* rȃd; (*Speise*) jȅlo; **im ~ sein** biti u tóku; **⁓bar** pròhodan; **~schaltung** *f* mjènjāč(kī ȕređāj)

Ganove *m s.* **Gauner**
Gans *f* gȗska
Gänse|braten *m* pečènā gȗska; **~haut** *f* žmárci *m/pl.*; **~rich** *m* gúsak, gùsan
ganz (*gesamt*) sȁv (svȁ *f*, svȅ *n*); (*unbeschädigt*) cijel, cio, čìtav; *adv.* sàsvīm, pòsve; (*knapp*) tik; **~ und gar** sàsvīm, pòtpuno
gänzlich *adv.* pòtpuno
gar *adj.* (*gebraten*) pèčen; (*gekocht*) *kr.* kȕhān, *sb.* kȕvān; *adv.* vr̂lo; **~ nicht** nìmalo
Garage *f* garáža
Garantie *f* garàncija; **~frist** *f* gàrantnī rȏk; **~schein** *m* gàrantnī lȋst, gàrantnō [písmo]
Garbe *f* snȍp
Garderobe *f* garderóba
Gardine *f* závjes(a), zástor
gären kípjeti, vrȅti
Garn *n* prȇđa, kònac; *fig.* mrȇža
Garnele *f* kòzica
Garnitur *f* (*Satz*) garnitúra; (*Wäsche a.*) kòmplet
Garten *m* vȑt, bȃš|ča, -ta; **~bau** *m* vr̀tlārstvo; **~haus** *n* vȑtnā kȕća; **~laube** *f* sjȅnica; **~restaurant** *n* vȑtnī restòrān
Gärtner *m* vr̀tlār, baštòvān; **~ei** *f* vrtlàrija
Gärung *f* vrénje
Gas *n* plȋn; *Phys.*, *Kfz.* gȃs; **~-** *in Zssgn* plȋnskī; gȃsnī; **~anstalt** *f s.* **Gaswerk**; **~hahn** *m* plȋnskā pípa; **~hebel** *m s.* **Gaspedal**; **~heizung** *f* plȋnskō grijānje; **~herd** *m* (plȋnskī) štȇdnjāk; **~kammer** *f* plȋnskā kòmora; **~kocher** *m* plȋnskō kȕhalo; **~leitung** *f* plinovȏd; **~pedal** *n* pèdāl za gȃs
Gasse *f* sòkāk; *öst.* ȕlica
Gast *m* gȏst; *s.* **Besucher**; **~arbeiter** *m* strȃnī rȃdnīk, pèčālbār
Gäste|buch *n* knjiga gòstījū; **~zimmer** *n* gòstinskā sòba
gast|frei, ~freundlich gostoljùbiv; **≗freundschaft** *f* gostoljùbivōst *f*, gostoprímstvo; **≗geber** *m* domàćin; **≗haus** *n*, **≗hof** *m* gòstionica; **≗spiel** *n* gȏstovānje; **≗stätte** *f* gòstionica, restòrān; **≗wirt** *m* gòstioničār
Gas|uhr *f s.* **Gaszähler**; **~vergiftung** *f* tròvānje plinom; **~werk** *n* plìnara; **~zähler** *m* plȋnskī bròjāč, plinomjȅr
Gatt|e *m* mȗž, sùprug; **~en** *pl.* sùpruzi *m/pl.*; **~in** *f* sùpruga, žȅna
Gattung *f* vȓst *f*, vŕsta; *Zo.*, *Bot.*, *fig.* rȏd
Gaul *m* kljúse
Gaumen *m* nèpce
Gauner *m* (*Dieb*) lópov; (*Betrüger*) vȃralica *m/f*; **~sprache** *f* šȃtrovačkī (jèzik)
Gaze *f* gáza
Gebäck *n* pȅcivo
gebacken pèčen
Gebärde *f* pȍkrēt, gȅsta

gebär|en ròditi (rádati); **2mutter** *f* mäterica
Gebäude *n* zgrȁda
Gebell *n* lávež
geben dȁti (dávati); **es gibt** ìmā; **es gibt nicht** nêmā; **was gibt es?** štȁ je?
Gebet *n* mòlitva
Gebiet *n* pòdrūčje, ōblāst *f*, zóna
gebieten raspolágati, vládati (**über** *A/I*); (*befehlen*) naré|diti (-đivati)
gebildet òbrazovān
Gebirg|e *n* planìna, gȏrje, gȍra; **2ig** brdòvit, goròvit; **~sbewohner** *m* gòrštāk; **~skamm** *m* bȉlo, grēbēn; **~s·paß** *m* klìsura, prijèvōj
Gebiß *n* zȗbalo
Gebläse *n* dùvāljka
ge|blümt *Stoff*: sa cvjèti-ćima; **~bogen** svȋnut, savìjen; **~boren** rȏđen; **~boren werden** ròditi (rádati) se
Gebot *n* zȁpovijed *f*, zȁpovijest *f*; **~szeichen** *n* zȁpovjednī znȃk
gebraten pȓžen, pèčen
Gebrauch *m* ȕpotreba, pòraba; **2en** upotr|ijèbiti (-ebljávati, -ebljívati), rábiti
gebräuchlich uobìčājen
Gebrauchs|anweisung *f* ùputstvo (za ȕpotrebu); **2fertig** sprèman za ȕpotrebu
gebraucht pȍlovan; **2wagen** *m* pȍlovnā (*od.* rábljenā) kȍla *n/pl.*
Gebrech|en *n* mána; **2lich** lȍman; kȓhak; (*schwach*) slȁb
gebrochen ìzlomljen, polòmljen; **~ deutsch sprechen** natúcati njèmačkī
Gebühr *f* tȁksa, prìstōjba; **2end** dúžan; **2enfrei** bez dȁžbīnā, bèsplatan; **~enmarke** *f* tȁksenā mȁrka
Geburt *f* ròđénje; *Med.* pȍrođāj
Geburts|helfer *m* akùšēr; **~ort** *m* rȍdnō mjȅsto; **~tag** *m* rȍđendān; **~urkunde** *f* rȍdnī lȋst
Gebüsch *n* gȓmlje, žbȗn
Gedächtnis *n* pȃmćēnje; **aus dem ~** po pȃmćēnju
gedämpft prìgūšen; *Kochk.* pìrjān
Gedanke *m* mȉsao *f*; **2nlos** nepròmišljen
Gedärm(e) *n* crijèva *n/pl.*
Gedeck *n* príbor za jȅlo; (*Menü*) mèni *m*
gedeihen ùsp|jeti (-ijèvati)
gedenk|en (*G*) sjȇ|titi (-ćati) se (*G*); (*vorhaben*) mìsliti; **2tafel** *f* spȍmēn-plȍča; **2tag** *m* spȍmēn-dȃn
Gedicht *n* pjȅsma
Gedräng|e *n* stìska, gȗžva; **2t** stìsnūt; (*knapp*) sȁžēt
Geduld *f* strpljénje, stȑpljivōst *f*; **2en: sich 2en** stȑpjeti se; **2ig** stȑpljiv
geeignet spòsoban, prìkladan
Gefahr *f* opásnōst *f*; **außer ~** ìzvan opásnosti; **bei ~** u slučáju opásnosti; **auf eigene ~** nȁ svōj rìzik

ge|fährden izl|òžiti (-ágati) opásnosti, ugrò|ziti (-žávati); **~fährlich** ȍpāsan; **~fahrlos** bȅzopāsan, bèzbjedan
Gefälle *n* nágib, nìzbrdica
gefallen *v/i.* dòpa|dati [-sti] se, svíđati [svìdjeti] se
Gefallen[1] *m* (*Dienst*) ȕsluga
Gefallen[2] *n*: **~ finden an** (*D*) svìdjeti se *pf.*, dòpasti se *pf.*
Gefallene(r) *m Mil.* pȃlī (bórac)
gefällig ȕslūžan; **Żkeit** *f s.* **Gefallen**[1]
gefaltet nȁbrān
Gefangen|e(r) *m* zatvorènīk; *Mil.* zarobljènīk; **Żnehmen** zaròb|iti (-ljávati); **~schaft** *f* zarobljeníštvo
Ge|fängnis *n* zátvor; **~fäß** *n* pȍsuda, sȗd; **Żfaßt** (*ruhig*) pri-, sȁ|brān; **~fecht** *n* ȍkršāj, bòrba; **~fieder** *n* pȇrje; **~flecht** *n* plèter, plȅtivo; **Żfleckt** pjègav
Geflügel *n* pȅrād *f*, žȉvad *f*; **~zucht** *f* peradárstvo
Geflüster *n* šȃpāt
gefräßig proždȑljiv
gefrier|en *v/i.* sm|rzávati [-řznuti] se; **Żfleisch** *n* zàleđenō mȇso; **Żpunkt** *m* lèdište
gefroren smȑzao; **Że(s)** *n* [slȁdoled]
Gefüg|e *n* sklȍp, sȃstav; **Żig** pȍslūšan; prilagòdljiv
Gefühl *n* ȍsjećāj, òsjećānje; **Żlos** bȅzosjećājan; **Żvoll** ȍsjećājan, čȕvstven

gefüllt *Kochk.* pȕnjen
gegen (*wider*) prȍtīv (*G*); (*Richtung*) prema (*D*), naspram(a) (*G*) (*a. fig. gegenüber*); *s.* **bar, etwa**
Gegend *f* prédeo *m*, krȃj; (*Umgebung*) òkolica
gegen|einander jèdan prȍtiv drȕgōga; **Żgewicht** *n* protivtéža, prȍtutēža; **Żgift** *n* protivòtrov; **Żmittel** *n* prȍtivlijek; **Żpartei** *f* prȍtīvnā strȃnka; **Żsatz** *m* sȕprotnōst *f*; **Żseite** *f* sùprotnā strána; **~seitig** međùsoban; ùzajamnī; **Żseitigkeit** *f* ùzajamnōst *f*; **Żstand** *m* prèdmet; **Żstück** *n* sȕprotnōst *f*, protívnōst *f*; **Żteil** *n* sȕprotno, prȍtīvno; **im Żteil** nȁprotiv
gegenüber nasùprot; **~liegend** sùprotan; **~stellen** supròtstav|iti (-ljati), suòč|iti (-ávati); **Żstellung** *f* suočénje
Gegen|wart *f* sàdašnj|ica, -ōst *f*; (*Anwesenheit*) prìsu|stvo, -tnōst *f*; **Żwärtig** sàdašnjī; **~wert** *m* protivuvrijèdnōst *f*; **~wind** *m* prȍtivan vjȅtar; **~wirkung** *f* protivdjéjstvo
Gegner *m* pròtīvnīk
Gehalt[1] *m* sȁdržāj, sàdržina
Gehalt[2] *n kr.* pláća, *sb.* pláta; **~s·erhöhung** *f* povišénje pláćē (*od.* plátē)
gehärtet òkāljen
gehässig pȁkōs(t)an
Gehäuse *n* kùtija; *Zo.* ljȕštura, čȁhura, kȕćica

geheim tâjnī; **≈nis** *n* tâjna; **~nisvoll** tajànstven; **≈polizei** *f* tâjnā polìcija; **≈schrift** *f* tâjnō písmo
gehen ìći; hódati; **wie geht es Ihnen?** kăko ste?
Gehilfe *m* pomòćnīk
Gehirn *n* mȍzak; **~erschütterung** *f* pòtres mȍzga; **~schlag** *m* mȍždanā kăp *f*
Gehöft *n* sèljāčkā kŭća, [sălāš]
Gehör *n* slûh
gehorchen [pò]slūšati (*D*/*G*)
gehör|en prìpadati, spādati; **sich ~en** trêbati; **~ig** kòjī prìpadā, kòji spădā; *fig.* kăo što trêbā
gehorsam pȍslūšan; **≈** *m* poslúšnōst *f*
Gehsteig *m s.* **Bürgersteig**
Geier *m* sûp, orlùšina
Geige *f* violína; gûsle *f*/*pl.*; **≈nbogen** *m* gùdalo; **~r** *m* violìnist(a *m*), gùdāč
Geisel *m*/*f* tălac
Geiß *f* kòza
Geißel *f* bič, kàndžija
Geist *m* dûh; (*Verstand*) răzūm
geistes|abwesend ràstrojen, neprísebān; **≈gegenwart** *f* prísebnōst *f*, prisutnōst *f* dùha; **~krank** dùsēvno bȍlestan, ūmobȍlan; **~schwach** slabòuman
geistig dùhōvnī; *Getränke*: ălkoholnī
geistlich dùhōvnī; **≈e(r)** *m* dùhōvnīk, *kr.* svèćenīk, *sb.* svèštenīk
geistreich duhòvit

Geiz *m* škȑtōst *f*; **~hals** *m* tvr̀dica *m*, *f*, škr̀tac; **≈ig** škȑt
Ge|klapper *n* klȇpēt; **~knatter** *n* trìjesak, pùcnjava; **≈kocht** *kr.* kūhan, *sb.* kūvan; **≈koppelt** sprégnūt; spȍjen; **≈kreuzt** unákrsnī; **≈künstelt** neprírodan; **~lächter** *n* smìjeh, grȍhot; **≈laden** *Waffe*, *El.*: nàpunjen; **~lage** *n* gòzba, pìjānka, terèvēnka; **≈lähmt** ūzēt, ùkōčen
Gelände *n* tèrēn; krâj; **~lauf** *m* *Sp.* krȍs(-kōntri *m*)
Geländer *n* ȍgrada, náslon
gelangen dòsp|jeti (-ijèvati), stì|ći, -gnuti (-zati)
gelassen míran, hlădnokȑvan
geläufig (*vertraut*) pȍznat
gelaunt: gut ~ raspòložen; **schlecht ~** neraspòložen
Geläut(e) *n* zvònjava
gelb žût; **~ werden** požútjeti *pf.*; **≈filter** *m* žūtī filtar; **≈sucht** *f* *Med.* žùtica
Geld *n* nòvac; **~-** *in Zssgn* nòvčanī; **~beutel** *m*, **~börse** *f* novčànīk; **~brief** *m* nòvčanō písmo; **~einwurf** *m* (*Öffnung*) òtvor za ubacívānje nóvca; **~mittel** *pl.* nòvčanā srȅdstva *n*/*pl.*; **~schrank** *m* gvȍzdenā kăsa; **~strafe** *f* nòvčanā kâzna, glȍba; **~stück** *n* (kòvān) nòvac; **~wechsel** *m* mijènjānje nóvca; (*Büro*) mjènjāčnica
gelegen polòžen; (*passend*) pȍgodan, príkladan

Gelegen|heit *f* prílika, prigoda; **~heitskauf** *m* prigodnā kupòvina, F prílika; **2tlich** prigodan; *adv.* slūčājno, prílikōm, prigodōm
gelehr|ig poùč(lj)iv; **~t** ūčen; **2te(r)** *m* učènjāk, nàučnīk
Geleise *n Esb.* kōlosijek, kolòtečina
Geleit *n* spróvod; (*Begleitung*) pràtnja; **2en** sprov|èsti (-òditi); **~zug** *m Mar.* kònvōj
Gelenk *n* zglâvak, zglōb; **2ig** gibak
gelernt (*Arbeiter*) *s.* **Fach-**
Geliebt|e *f* drâgā, ljùbāvnica; **~e(r)** *m* drâgī, ljùbāvnīk
gelingen ùsp|jeti (-ijèvati)
gellend pródoran, grōhotan
geloben závjetovati se
gelten vážiti, vrijèditi; **~ als** (*od.* **für**) vážiti kao (*od.* za *A*); **~ lassen** dop|ùstiti (-úštati), prìzn(áv)ati
Geltung *f* vážnōst *f*, znāčāj
gemächlich ùdoban, lāgan; *adv.* poláko
Gemahl(in *f*) *m s.* **Gatte, Gattin**
Gemälde *n* slìka; **~ausstellung** *f* ìzložba slīkā
gemäß *prp.* prema (*D*)
Gemäuer *n* zìdine *f/pl.*
gemein (*gewöhnlich*) òbičan, prōst; (*niedrig*) pōdao, nìzak; (*grob, vulgär*) pròstāčkī
Gemeinde *f kr.* ōpćina, *sb.* ōpština; **~haus** *n* ōp|ćinskā (*od.* -štinskā) kūća; **~rat** *m* ōp|ćinskō (*od.* -štinskō) vijèće; **~vorsteher** *m* prèdsjednīk ōp|ćinē (*od.* -štinē)
Gemein|heit *f* pōdlōst *f*, nìskōst *f*; prostàkluk; **2nützig** *kr.* opće-, *sb.* opšte|kōristān; **2sam** zājednički; **~schaft** *f* zājednica; **2schaftlich** zājednički; **~wohl** *n kr.* ōpćē (*sb.* ōpštē) dòbro
gemessen òdrēđen, òdmjeren
Gemisch *n* mjèšavina; **2t** mješòvit; **2twaren** *pl.* mješòvitā rōba
Gemse *f* divokoza
Gemurmel *n* žâmor
Gemüse *n* pòvrće; **~garten** *m* pòvrtnjāk; **~händler** *m* povȑt(lj)ār, pìljār; **~suppe** *f* júha od pòvrća
gemütlich ùgodan, lágodan; **2keit** *f* ùgodnōst *f*, lágodnōst *f*
gemütskrank dùšēvno bōlestan
genannt rèčen, zvân
genau tāčan; isprāvan; **2igkeit** *f* tāčnōst *f*, isprávnōst *f*
genehmig|en odòbr|iti (-ávati), dop|ùstiti (-úštati); **2ung** *f* odobrénje
geneigt nāgnūt; (*willig*) sklōn
General *m* genèrāl; **~-** *in Zssgn* gènerālnī; **~probe** *f* gènerālnā (*od.* glàvnā) próba; **~stab** *m* generàlštāb; **~versammlung** *f* gènerālnā (*od.* glàvnā) skūpština

Generation *f* pokoljénje
genes|en òzdrav|iti (-ljati); **＿ung** *f* ozdravljénje
Genick *n* zàtiljak
Genie *n* gênije *m*
genieren: sich ～ ustručávati se
genieß|bar podnòšljiv, snòšljiv; (*eßbar*) jêstiv; **～en** užívati; *Speisen*: jêsti
Genoss|e *m* drûg; **～enschaft** *f* zádruga; **～in** *f* drugàrica
genug dȍsta
genüg|en dòst(aj)ati; **＿end** dȍvōljan; *adv.* dȍsta, dȍvōljno; **～sam** skrȍman; (*mäßig*) ùmjeren
Genugtuung *f* zadovóljstvo; zadovóljština
Genuß *m* užítak, užívānje; **mit ～** s užítkom
Geo|graphie *f* geogràfija; **～logie** *f* geològija; **～metrie** *f* geomètrija
Gepäck *n* pȉtljāg; **～annahme** prìjēm prtljága; **～aufbewahrung** *f* garderóba; **～ausgabe** *f* izdávānje prtljága; **～kontrolle** *f* prégled prtljága; **～netz** *n* mrȇža za pȉtljāg; **～raum** *m* pȉtljāžnīk; **～schein** *m* ȍstavnica; **～stück** *n* kòmād prtljága; **～träger** *m* nòsāč; **～versicherung** *f* osigurânje prtljága; **～wagen** *m* pȉtljāžnā kȍla *n/pl.*
ge|panzert òklopljen; àrmirān; **～pfeffert** pȁpren, zàbiberen; *Preis*: prȅvisok; **～pflegt** njȇgovān; **～pökelt** ùsoljen
gerade prȃv; *fig.* òtvoren, pȍšten; *Zahl*: pȃran; *adv.* rávno; (*soeben*) bȁš, ȕprāvo; **＿** *f* prȃva; **～aus** rávno; **～biegen, ～richten** poràvn(áv)ati; **～heraus** òtvoreno, prȃvo; **～(n)wegs** prȃvo; **～zu** ȕprāvo
Gerät *n* sprȃva; príbor; (*Haus＿*) kȕćnī príbor
geraten *v/i.* (*gelangen*) ùpa|sti (-dati); (*gelingen*) ùsp|jeti (-ijèvati); **in Schwierigkeiten ～** nàbasati *pf.* na teškòće; *s.a.* **Brand;** *adj.* (*gelungen*) ùspio
Geratewohl *n*: **aufs ～** nàsumcē
ge|räuchert dȉmljen; **～räumig** pròstran
Geräusch *n* šȗm; **＿los** bèšūman, nèčūjan; **＿voll** bȕčan
gerben stròjiti
gerecht prȃvedan; **～fertigt** òprāvdān; **＿igkeit** *f* prȃvda, prȃvednōst *f*
Gerede *n* gòvorkānje, ogovárānje
gereinigt òčišćen
gereizt ràzdrāžen
Gericht *n jur.* sȗd; *Kochk.* jȅlo; **＿lich** sȕdskī
Gerichts- sȕdskī; **～barkeit** *f* pravòsūđe; **～saal** *m* súdnica; **～verhandlung** *f* sȕdbenā rȃsprava; **～vollzieher** *m* sȕdskī izvr̀šitelj
gering, ～fügig mȁlen; **～schätzig** préziran, prèzriv;

2schätzung *f* prézir, prèzirānje; omalovažávānje
gerinnen [z]grùšati se, [ù]sìriti
Gerippe *n* kȍstur
gern(e) *adv.* rȁdo
Geröll *n* šljúnak, kàmēnje
geröstet pȑžen
Gerste *f* jèčam; **~nkorn** *n* *Med.* ječm|énac, -íčak
Gerte *f* šiba, prȗt; (*Reit*2) bȉč
Geruch *m* njȗh; (*übler*) zȃdāh; (*Duft*) mìrīs
Gerücht *n* glàsina
gerührt gȃnūt
Gerümpel *n* ropotàrija, starùdija
Gerüst *n* skȅla, skȅle *f/pl.*; tribína
gesalzen sȍljen, ùsoljen
gesamt ùkupnī, cjelòkupan; (*ganz*) čìtav, sȃv; **2betrag** *m* ùkupnī ìznos; **2gewicht** *n* ùkupnā težìna; **2heit** *f* cjelìna, cjelòkupnōst *f*; **2zahl** *f* ùkupnī brȏj
Gesandt|e(r) *m* pòslānīk, poklisār; **~schaft** *f* pòslānstvo
Gesang *m* pjȅvānje; pjȅsma; **~verein** *m* pjèvāčkō drúštvo
Gesäß *n* zȁdnjica, strȁžnjica
Geschäft *n* pòsao *m*; (*Laden*) dùćān, rádnja, tȑgovina; (*Angelegenheit*) stvȃr *f*; F nȕžda; **2ig** zàposlen; pròmućūran; **2lich** pȍslovan
Geschäfts|brief *m* pȍslovnō písmo; **~freund** *m* pȍslovnī prìjatelj; **~führer** *m* pȍslovođa *m*; **~mann** *m* pȍslovan čòvjek; **~ordnung** *f* pòslōvnīk; **~reise** *f* pȍslovnō putòvānje; **~stelle** *f* pòslōvnica; **~verkehr** *m* pȍslovnī prómet; **~zeit** *f* rȃdnō vrijème; **~zentrum** *n* tȑgovačkī cèntar
gescheh|en dog|òditi (-áđati) se, dȇsiti (dešávati) se; **2nis** *n* dȍgađāj
gescheit pȃmetan, ràzborit
Geschenk *n* dȃr, pȍklōn; **~artikel** *m/pl.* pȍkloni *m/pl.*, suveníri *m/pl.*
Geschicht|e *f* (h)istȍrija, *kr.* pȍvijest *f*; (*Erzählung*) prìpovijest(ka) *f*; **2lich** (h)istòrījskī, *kr.* pȍvjesnī
Geschick|lichkeit *f* vještìna; **2t** vjȇšt
geschieden razvèden, ràstavljen
Geschirr *n* sȗđe, pòsuđe; (*Pferde*2) hȃm
Geschlecht *n* rȏd; (*Generation*) nȁraštāj; (*natürliches*) *kr.* spȏl, *sb.* pȏl; **2lich** (s)pȏlnī
Geschlechts|akt *m* (s)pȏlnī ȃkt, snȍšāj; **~krankheit** *f* venèričnā bȍlēst *f*; **~teil** *n* spolòvilo; **~verkehr** *m* (s)pȏlnō òpćēnje (*sb.* òpštēnje)
geschlossen zàtvoren
Geschmack *m* ȕkūs; **2los** nȅukūsan; **2voll** ȕkūsan
ge|schmeidig savìtljiv; *Körper*: gìbak; **~schmückt** kíćen

Ge|schöpf *n* stvôr, stvorénje; **~schoß** *n* táne; *Arch.* sprāt, kāt; **~schrei** *n* vīka, drēka; vāpāj; **~schütz** *n* tōp; **~schwader** *n* èskādra
Geschwätz *n* bȑbljānje, ćáskānje; **ˆig** bȑbljav
geschweige denn *cj.* (a) kāmoli
Geschwindigkeit *f* brzìna; **~sbegrenzung** *f* ograničénje brzìnē; **~smesser** *m* brzinòmjer, tàhometar; **~süberschreitung** *f* prekoráčēnje brzìnē
Geschwister *pl.* brȁća i sèstre
ge|schwollen òtekao, nadùven; **ˆschwulst** *f* ȍtōk, òteklina; **ˆschwür** *n* čȉr
Geselle *m* (*Handwerksˆ*) kȃlfa *m*
gesellig druželjùbiv, drȕštven; **ˆkeit** *f* drȕštvenōst *f*
Gesellschaft *f* drúštvo; *Hdl. a.* kompànija; **~ leisten** prȃviti drúštvo; **~er** *m Hdl.* òrtāk, kompànjōn; **ˆlich** drȕštven; zȁjednički
Gesellschafts|anzug *m* svèčanō odijèlo; **~ordnung** *f* drȕštvenī rȇd (*od.* pòredak); **~reise** *f* drȕštvenō putòvānje; **~spiel** *n* drȕštvenā ìgra
Gesenk *n* kàlup za kòvānje
Gesetz *n* zákon; **~buch** *n* zákonīk; **~es-** zákonskī; **~gebung** *f* zakonodávstvo; **ˆlich, ˆmäßig** zákonit; **~mäßigkeit** *f* zákonitōst *f*
gesetzt stáložen, smȋren
gesetzwidrig protivzákonit
Gesicht *n* líce; **gut zu ~ stehen** lijepo stàjati, prìstajati
Gesichts|farbe *f* pȗt *f*, tȇn; **~feld** *n* vȋdnō pȍlje; **~kreis** *m* òbzor; vìdīk; **~punkt** *m* glȅdīste; **~zug** *m* cȓta líca
Gesims *n* kȍrnīž, pȅrvāz
Gesinnung *f* ubeđénje, pomišljénje
gesittet ùljudan, ùglađen
gesondert záseban
Gespann *n* zȃprega
gespannt nàtēgnūt; *fig.* nȁpēt [blȃst *f*]
Gespenst *n* ȃvēt *f*, sȁ-
Gespräch *n* rȁzgovōr; **ˆig** rȁzgov|ōran, -òrljiv
Gestalt *f* ȍblīk; (*Person*) līk; (*Wuchs*) stȃs; **ˆen** (*formen*) uoblíč|iti (-ávati), òblikovati; (*machen*) [nà]prȃviti, nač|initi (-ínjati); *fig.* ràzv|iti (-íjati) (**sich** se); **~ung** *f* uobličénje; rázvoj
Geständnis *n* priznánje
Gestänge *n* sìstēm pȍlūgā
Gestank *m* smrȃd
gestatten dozvò|liti (-ljávati), dop|ùstiti (-úštati)
Geste *f* gȇst, pȍkrēt
gestehen prìzn(áv)ati
Gestehungskosten *pl.* proìzvodnī tróškovi *m/pl.*
Gestein *n* kàmēnje
Gestell *n* pòstōlje, stálak; (*Bücherˆ*) pòlica
gestern jȕčē(r); **~ abend** sìnōć; **~ nacht** nòćas

Gestirn *n* zvijèzda
ge|storben ȕmro (*f* ȕmrla); **~stört** porèmećen, ométen; **~streift** prȗgast, prȗgav
Gestrüpp *n* šikara, tȓnje
Gestüt *n* ergèla
Gesuch *n* mòlba, záhtjev
gesund zdrȃv; **~ werden, ~en** òzdrav|iti (-ljati)
Gesundheit *f* zdrȃvlje; **⁀lich, ~s-** zdràvstven; **⁀sschädlich** štètan po zdrȃvlje; **~szustand** *m* zdràvstvenō stánje
geteilt pò-, ràz|dijeljen
Getöse *n* štrȍpot
Getränk *n* píće, napítak; **~e·karte** *f* kȃrta s píćima
Getreide *n* žito, žitarice *f*/*pl*.
getrennt ràzdvojen, òdvojen
Getriebe *n Tech*. (zȕpčasti) prijènosnīk; *Kfz*. pógon; **~kasten** *m Kfz*. mjènjāčkā kùtija
getrocknet sȗšen
Getümmel *n* gȗžva
Gewächs *n* rástinje, bȋlje; **~haus** *n* staklènīk
gewagt riskàntan
Gewähr *f* jȁmstvo
gewähren udijèliti (udjeljívati); *Bitte*: ùslišati *pf*.
gewährleisten obez|bijèditi (-bjedívati)
Gewalt *f* (*Zwang*) sila, násīlje; (*Macht*) mȏć *f*; **mit ~** násilno, nàsilu; **⁀ig** silan; (*sehr groß*) ògrōman; **⁀sam, ⁀tätig** násilan; **~täter** *m* siledžija *m*

gewandt sprȇtan, ȍkrētan; **⁀heit** *f* sprȇtnōst *f*, ȍkrētnōst *f*
Gewässer *n* vȍde *f*/*pl*.
Gewebe *n* tkȁnina; *Anat*., *fig*. tkȋvo
Gewehr *n* pȕška; **~kolben** *m* kùndak
Geweih *n* rȍgovi *m*/*pl*.
Gewerbe *n* ȍbȓt, zànāt; **~treibende(r)** *m* òbrtnīk
gewerblich zànātskī, òbrtnī
Gewerkschaft *f* sindìkāt; *Bgb*. rùdārskā zȃjednica; **~ler** *m* sindikàlist(a *m*)
Gewicht *n* težìna; *Waage*, *a*. *Sp*. ȕtēg; *fig*. ȕglēd; **~heber** *m Sp*. dìzāč (ȕtēgā)
Gewimmel *n* vrȇva
Gewinde *n Tech*. závoj(ak); **~bohrer** *m* ùreznīk; **~schneidkopf** *m* gláva za rȇzānje závoja
Gewinn *m* dȍbīt; (*Treffer*) dobítak, zgodítak; **⁀bringend** kȍristan, pròbitačan; **⁀en** dòb|iti (-íjati, -ívati); zadòb|iti (-íjati, -ívati); *Sp*. osvòjiti *pf*.; **~er** *m* dòbītnīk; **~ung** *f* dobíjānje, dobívānje
gewiß sigȕran; *adv*. zacijèlo; **ein gewisser** nȇkī
Gewissen *n* sávjest *f*; **⁀haft** sávjestan; **⁀los** nesávjestan; **~sbisse** *pl*. griža sávjesti
Gewißheit *f* sigúrnōst *f*
Gewitter *n* olúja
gewöhnen prìvi|ći, -knuti (-kávati); **sich ~ an** (*A*) nàvik|nuti (-ávati) se na (*A*) [vika-
Gewohnheit *f* ȍbičāj, nà-

gewöhnlich òbičan; *fig.* prȍst; **wie ~** kão i òbično
gewohnt nàviknūt (**an**/ na *A*)
Gewölbe *n* svȏd
Gewühl *n* vrȇva, gungúla
gewunden vìjugav
Gewürz *n* miròdija, záčin; **≈t** zàčinjen
gezahnt zȕpčast
Gezeiten *pl.* plȉma i ȍsjeka
ge|ziert kìćēn, ùsiljen; **~zwungen** prisiljen, nàtēgnūt
gibt: *s.* **geben**
Gicht *f* úlozi *m/pl.*, kostòbolja
Giebel *m* zábat, pròčēlje
Gier *f* pȍhlepa; **≈ig** pȍhlēpan, pȍžudan
Gieß- líven; lívačkī; **≈en** lijèvati; *Blumen*: pòli|ti (-jèvati); *Tech.* lȉti, sàli|ti (-jèvati); **es ≈t** pljúšti; **~er** *m* lívac; **~erei** *f* lívnica; **~form** *f* kàlup za lijèvānje; **~harz** *n* sintètičkā smòla; **~kanne** *f* kânta za polijèvānje
Gift *n* òtrov; **≈ig** òtrōvan
Ginster *m* žȕtilica
Gipfel *m* vȓh (*a. fig.*); **~konferenz** *f*, **~treffen** *n* *Pol.* sàstanak na vŕhu, sàmit
Gips *m* sȁdra, gȉps; **~verband** *m* gȉpsanī závoj
Giraffe *f* žiráfa
Girokonto *n* žȋrō-ràčūn
Gitter *n* rèšetka
Glanz *m* sjȃj
glänzen blìstati (se), sjȁti (se); **~d** blìstav, sjájan (*a. fig.*)
Glas *n* stàklo; (*Trink≈*) čȁša; **~-** *in Zssgn* stàklen; **~er** *m* staklorézac, stàklār; **~faser** *f* stàklenā vlákna *n/pl.*; **~papier** *n* brȗsnī pàpīr, brȗsnā hàrtija; **~scheibe** *f* stàklo; **~tür** *f* stàklenā vráta *n/pl.*; **~waren** *pl.* staklàrija
glatt glȁdak; **≈eis** *n* pòledica
glätten glàčati, [u]glȁditi
Glatze *f* ćèla
Glaub|e *m* vjȅra; (**an** *A*/ u *A*); **≈en** vjȅrovati; (*meinen*) mȉsliti; **≈haft** vjerodóstōjan
Gläubig|e(r) *m* *Rel.* vjȇrnīk; **~er** *m* *Hdl.* vjeròvnīk
glaubwürdig vjerodóstōjan
gleich jȅdnāk, ȉstī; (*eben*) rávan; *adv.* jȅdnāko; (*sofort*) ȍdmāh; **~artig** istò-, jednò|vrstan; **~berechtigt** rȃvnoprāvan; **≈berechtigung** *f* ravnoprávnōst *f*; **~en** (*ähneln*) slȉčiti, bȉti slȉčan (*od.* jȅdnāk); **~falls** takóđe(r); **~förmig** jednòličan; **≈gewicht** *n* ravnotéža; **~gültig** ravnòdušan; **≈heit** *f* jednákōst *f*; **~machen** izjednáč|iti (-ívati); **~mäßig** rȃvnomjēran; **≈mut** *m* ravnòdušnōst *f*; **≈nis** *n* prȉspodoba, paràbola; **≈schaltung** *f* *fig.* izjednáčēnje; **~stellen** izjednáč|iti (-ívati); **≈strom** *m* *El.* jȅdnosmjērnā strúja;

∼ung *f sb.* jednàčina, *kr.* jèdnadžba; **∼wertig** jednakovrijèdan; **∼zeitig** istodòban, istòvremen
Gleis *n s.* **Geleise**
Gleit- klìznī; **∼en** klíziti; **∼flug** *m* klìznī lêt
Gletscher *m* glèčēr, ledènjāk
Glied *n* (*Körper∼*) ûd *m*; (*Penis*) spôlni ûd, kíta; (*Finger∼*) člának; (*Ketten∼*) kàrika; *Tech.* člân; **∼ern** raščlá|niti (-njívati); **∼maßen** *pl.* údovi *m/pl.*
glimm|en tìnjati; **∼er** *m* lìskūn
glitzern blìstati (se)
Glöckchen *n* zvónce
Glock|e *f* zvōno; **∼enförmig** zvōnast; **∼engeläut(e)** *n* zvònjava; **∼enturm** *m* zvònīk
Glück *n* srēća; **zum ∼** svā srēća; **j-m ∼ wünschen** čestítati k-u; **∼en** ùspjeti *pf.*; **∼lich** *kr.* srē|tan, *sb.* -ćan; **∼licherweise** *adv.* srēćōm; **∼selig** blážen; **∼sspiel** *n* hàzardnā ìgra, ìgra na srēću
Glückwunsch *m* čèstitka; **herzlichen ∼!** čèstitām iz sveg sȑca!
Glüh|birne *f kr.* žàrulja, *sb.* sìjalica; **∼en** žáriti se; **∼end** ùžaren, ûsijān; **∼lampe** *f s.* **Glühbirne;** **∼wein** *m kr.* kûhānō (*sb.* várenō) víno; **∼würmchen** *n* krijèsnica, svítac
Glut *f* žèr|āvka -avica, žâr
Gnade *f* mìlōst *f*
gnädig mìlostiv
Gold zlâto; **∼-** *in Zssgn,* **∼en** zlâtnī; **∼fisch** *m* zlâtnā rìbica; **∼ig** zlâtast; *fig.* zgȍdan; **∼makrele** *f* lòkārda; **∼schmied** *m* zlàtār; **∼stück** *n* zlâtnīk; **∼währung** *f* zlâtnā vrijèdnōst *f* (valúta)
Gondel *f* gôndola
gönn|en priúš|titi (-ćívati); **∼er** *m* pokròvitelj
Gott *m* bôg; (*christl. Rel.*) Bôg
Gottesdienst *m* slȕžba bȍžjā, bogoslužénje
Gött|in *f* bòžica, bòginja; **∼lich** božànstven
gottlos bèzbožan
Götze(nbild *n*) *m* idol, kûmīr
Grab *n* grȏb, rāka; **∼en** kòpati, kȍpkati; **∼en** *m* (*Straßen∼*) jârak; (*Schützen∼*) rôv; **∼hügel** *m* grȍb; **∼mal** *n* grȍbnica; **∼platte** *f* nàdgrobnā plȍča; **∼schrift** *f* nàdgrobnī nátpis; **∼stein** *m* nàdgrobnī kāmēn
Grad *m* stēpen, stûpanj; **∼einteilung** *f* pȍdjela na stēpene
Graf *m* grȍf
Gräfin *f* gròfica
grämen: sich ∼ [o]žalòstiti se
Gramm *n* grâm
Grammatik *f* gramàtika
Granatapfel *m* nâr
Granate *f* granáta
Grapefruit *f* grèjpfrūt

Graphiker *m* gràfičār
Graphit *m* gràfīt
Gras *n* tráva; **⁓en** pāsti; **⁓halm** *m* vlât, trâvka
gräßlich strášan, ǔžāsan
Grat *m* sljȅme
Gräte *f* rȉbljā kôst *f*
Gratul|ation *f* čèstitka; **⁓ieren** čestítati
grau sȋv; *Haare*: sȉjed
grauen 1. *Morgen*: svȉtati (se); 2. **mir graut vor** (*D*) hvȁtā me gróza (*od.* jéza) od (*G*)
Grauen *n* gróza, jéza; **⁓haft, ⁓voll** grȍzan, jezòvit
grauhaarig sȉjed
Graup|e *f* prȅkrupa; **⁓eln: es ⁓elt** pȁdā krúpa
grausam ȍkrutan; **⁓keit** *f* ȍkrutnōst *f*
greif|en posé|ći, -gnuti (pòsezati) (**nach** *D* / za *I*); *Tech.* zàhva|titi (-ćati, -tati); **um sich ⁓en** [ra]šíriti se, ùzēti māha; **⁓vorrichtung** *f* stȇznī (*od.* zàhvatnī) ȕređāj
Greis *m* stȁrac; **⁓enhaft** stȁrački; **⁓in** *f* stȁrica
grell *Ton*: ȍštar; *Licht*: bljȇštav; *Farbe*: prȅsvijetao
Grenz- gràničnī, pogràničnī; **⁓e** *f* grànica; (*Rain*) mèđa; **⁓en** gràničiti (**an** *A* / sa *I*); **⁓enlos** bezgràničan, bèskrajan; **⁓er** *m* gràničār; **⁓gebiet** *n* gràničnā zóna; **⁓pfahl** *m* mèđašnjī stûp; **⁓posten** *m*, **⁓station** *f* (po)gràničnā stȁnica (pòstaja); **⁓stein** *m* kȁmēn mèđāš; **⁓übergang** *m* gràničnī prȅlazak; **⁓verkehr** *m* pogràničnī sàobraćāj; **⁓verletzung** *f* pȍvreda grànicē
Greuel *m*, **⁓tat** *f* grozòta
Griech|e *m* Gȑk; **⁓enland** *n* Gȑčkā; **⁓in** *f* Gȑkinja; **⁓isch** gȑčkī
Grieß *m* krùpica, grȉz
Griff *m* rȕčica, dȑžak; (*Zupacken*) zȁhvāt; (*Art des Greifens*) hvȁtāj
Griffel *m* pìsāljka
Grill *m* rȍštilj
Grille *f* cvȑčak; *fig.* hȋr
Grimassen *f/pl.* cȇrēnje, krevéljēnje
grimmig ljȗt, sȑdit
grinsen cȇriti se, kèsiti se
Grippe *f* grȉpa
grob grûb; (*⁓körnig*) krúpan; **⁓heit** *f* grúbōst *f*
grölen dèrati se, vȉkati
Groll *m* mȑžnja; **⁓en** sȑditi se; *Donner*: gȑmjeti
Groschen *m* grȍš
groß vȇlik; **⁓artig** veličànstven
Größe *f* veličina; (*Körper⁓*) rȃst
Groß|eltern *pl.* djȇd i báka; **⁓handel** *m* veletȑgovina; **⁓macht** *f* vȅlesila; **⁓mütig** velikòdušan; **⁓mutter** *f* báka; **⁓stadt** *f* vȅlegrād
größtenteils vȅćīm dijèlom, većìnōm, mȃhom
Groß|vater *m* djȇd; **⁓zügig** širokògrud(an); *s. a.* **großmütig**

Grube *f* jāma; *Bgb.* rûdnīk
grübeln pre-, raz|míšljati
Gruft *f* grȍbnica, rȃka
grün zèlen; **~ werden** [za-] zelènjeti; **＄anlage** *f* trȃvnjāk
Grund *m* (*Boden*) dnȏ; (*Erde*) zȅmljište; (*Tal*) dolìna; *Arch.* tèmelj; (*Ursache*) rázlog; **~-** *in Zssgn* ȍsnōvnī; **~besitz** *m* imánje, pòsjed
gründe|n osn|ȍvati, -ívati; utemèljiti *pf.*; **＄r** *m* osnìvāč, utemèlj|āč, -itelj
Grund|fläche *f* báza, ȍsnova; **~gesetz** *n* ùstav; **~lage** *f* ȍsnova, tèmelj
gründlich temèljit; **＄keit** *f* temèljitōst *f*
Grund|linie *f Math.* ȍsnovica; **~lohn** *m* ȍsnōvnā zârada; **＄los** nȅosnovān
Gründonnerstag *m* Vȅlikī četvŕtak
Grund|riß *m* hȍrizontālna projèkcija, pȍglēd odòzgō; **~satz** *m* načélo; **＄sätzlich** náčelan; **~stein** *m* kȁmēn teméljac; **~stück** *n* zȅmljište
Gründung *f* osnútak
Grundwasser *n* pòdzemnā vòda
Grün|e(s) *n*: **im ~en** u zelènilu; **ins ~e** vȃn grâda; **＄en** [po]zelènjeti
grunzen ròktati
Gruppe *f* skȕpina, grȗpa; **~n-** grȗpnī
Gruß *m* pȍzdrāv
grüßen pòzdrav|iti (-ljati)
Grütze *f* prȅkrupa, kȁša
Gulasch *n* gȕlāš
gültig vàljān; pȗnovāžan; **~ sein** vážiti; **＄keit** *f* valjánōst *f*, pȗnovāžnōst *f*
Gummi *n* (*m*) gȕma; **~-** *in Zssgn* gùmen; **~ball** *m* gùmenā lȍpta; **~band** *n* gùmenā vȑpca, F làstika; **~knüppel** *m* pèndrek; **~mantel** *m* kìšnī ogȑtāč; **~schuh** *m* gùmenā cìpela; (*Galosche*) kàljača; **~sohle** *f* gùmenī đȍn; **~stiefel** *m* gùmenā čìzma
günstig pȍvōljan
Gurgel *f* gȑkljān; **＄n** gȑgotati
Gurke *f* krȁstavac; **saure ~** kìselī krȁstavac; **~nsalat** *m* salàta od krȁstavācā
Gurt *m* rȅmēn
Gürtel *m* pȍjas (*a. Geogr.*), pâs, rȅmēn
Guß *m* (iz)lîv, mlâz; (*Regen*＄) pljȕsak; **~eisen** *n* livenō žȅljezo (*od.* gvȍžđe); **~stahl** *m* livenī čȅlik
Gut *n* (*Habe*) dòbro, imánje; (*Land*＄) (poljoprivrednō) dòbro; *Hdl.*, *Esb.* rȏba
gut dȍbar; **＄achten** *n* strȕčnō mišljȇnje; **＄achter** *m* vjȅštāk; **~artig** dobròćudan; *Med.* bènignī
Güte *f* dobròta; (*Qualität*) kakvòća, kvalìtēt
Güter|bahnhof *m* tèretnī kȍlodvor; **~wagen** *m* tèretnā kȍla *n/pl.*; **~zug** *m* terètnjāk
Gut|haben *n Hdl.* potra-

žívānje; ≗heißen odòbr|iti (-ávati)
gütig dȍbar; (*freundlich*) ljùbazan
gut|machen pòprav|iti (-ljati), ìsprav|iti (-ljati); **~mütig** dobròdušan; ≗-**schein** *m* bôn, blȍk, pȍtvrda; **~schreiben** *Hdl.* knjižiti u kȍrist, otpís(iv)ati; ≗**schrift** *f* knjižēnje u kȍrist
Gymnastik *f* gimnàstika
Gynäkologe *m* ginekòlog

H

Haar *n* kòsa, vlâs *f*; (*Körper*≗, *Tier*≗) dlȁka; **~bürste** *f* čȅtka za kòsu; **~farbe** *f* bòja kòsē; **~färbemittel** *n* srèdstvo za bòjēnje (*od.* bojàdisānje) kòsē; ≗**ig** dlȁkav; kòsmat; **~nadel** *f* ùkosnica; **~netz** *n* mrȅža za kòsu; **~schneiden** *n* šíšānje; **~schnitt** *m* náčin šíšānja kòsē; **~spray** *n* lȃk za kòsu; ≗**sträubend** ùžāsan; **~waschmittel** *n* šàmpōn; **~wasser** *n* losiōn zà kosu; **~wild** *n* dlȁkavā dìvljāč *f*
Hab|e *f* imétak, ìmānje; ≗**en** ìmati; **ich** ≗**e nicht** (*od.* **kein**[**e**]) nêmām
Habgier *f* lȁkomōst *f*; ≗**ig** } [lȁkom
Habicht *m* jȁstrēb
Hack|e *f Agr.* mòtika, trnòkop; ≗**en** *Fleisch*: sjȅckati; *Holz*: [po]cijèpati; *Agr.* kòpati; **~fleisch** *n* sjȅckānō mêso
Hafen *m* lúka, prìstanīšte; **~amt** *n* lȗčkā ȗprava (*od.* kapetànija); **~gebühr** *f* lȗčkā prìstōjba; **~polizei** *f* lȗčkā mìlicija; **~zoll** *m* prìstanišnā cȁrina
Hafer *m* zȏb *f*, òvas; **~flokken** *f/pl.* òvsenē pahùljice
Haft *f* hȁps, zátvor; ≗**bar** ȍdgovōran; **~befehl** *m* nálog za hȁpšēnje; ≗**en** pri|òнuti (-ánjati) (**an** *D* / za *A*); ≗**en für** (*A*) jȁmčiti za (*A*)
Häftling *m* zatvorènīk
Haftpflicht *f* odgovórnōst *f*, jȁmčēnje
Hagel *m* tȕča, grȃd; ≗**n**: **es** ≗**t** tȕča pȁdā; **~schauer** *m* pljûsak s tȕčōm
hager mȑšav, *kr.* sȗh, *sb.* sȗv
Hahn *m* pijè|tao *m*, -vac, kȍkōt; *Tech.* slàvina; (*Gewehr*≗) ȍroz
Hai *m* mòrskī pȁs, àjkula
Hain *m* gȃj
häkeln kȁčkati, kukìčati, vésti
Haken *m* kȗka; *fig.* mána; **~kreuz** *n* svàstika
halb pȏ, pȍl(a); *in Zssgn* pȍlu-; (*Zahlwort*) polòvina; *adv.* nȁpola; **~automatisch** pȍluautomatskī; **~ieren** prepolòv|iti (-ljívati), raspolòv|iti (-ljívati); ≗**insel** *f sb.* pȍlu|ostrvo, *kr.* -otok; ≗**kreis** *m* pȍlukrūg; ≗**kugel** *f* polukúgla; ≗-

messer *m* põlumjēr; **2mond** *m* põlumjesēc; **~rund** põlukrūžan, poluòkrūgao; **2schlaf** *m* põlusan; **2schuh** *m* plîtkā cìpela, põlucipela; **2tagsarbeit** *f* põludnēvnī râd; **2zeit** *f Sp.* põluvrijeme
Halde *f* kūpīšte
Hälfte *f* polòvica, polòvina
Halle *f* dvoràna, hâl
hallen razlijègati se, òriti se
Hallenbad *n* nàtkritī bàzēn
Halm *m* vlât
Hals *m* vrât; (*Kehle*) gȓlo; **~band** *n* ògrlica; (*Hunde2*) ogȑljak; **~entzündung** *f* ûpala (*od.* zapaljénje) gȓla; **~kette** *f* ògrlica; **~schlagader** *f* vrátnā àrtērija; **~schmerzen** *pl.* vratòbolja; **~tuch** *n* màrama (za vrât); **~weite** *f* debljìna vrâta
halt! stôj!; (*genug*) dòsta!
Halt *m* zadržávānje, zaùstavljānje; **2bar** trâjan; **~barkeit** *f* trájnōst *f*; **2en** *v/t.* dȑžati; *Wort*: [o]dȑžati; *v/i.* zàst|ati (-àjati), zaùstav|iti (-ljati) se; (*stehen*) stàjati; (*fest sein*) izdȑž(áv)ati; **~estelle** *f* stȁnica, stàjalīšte; **~everbot** *n* zābrana parkírānja i zaùstavljānja; **2machen** *s.* **halten** (*v/i.*); **~ung** *f* (*Körper2*) dȑžānje; *fig.* stȃv
Hammel *m* brâv, òvan; **~fleisch** *n* bràvetina
Hammer *m* čèkić; (*Schmiede2*) mȃlj; **~werfen** *n Sp.* bàcānje klȃdīva
Hamster *m* hȑčak
Hand *f* rúka; **~-** *in Zssgn* rūčnī; **~arbeit** *f* rūčnī rȃd; rukòtvorina; **~ball** *m* (*Spiel*) rūkomet; **~bremse** *f* rūčnā kóčnica; **~buch** *n* prìručnīk
Händedruck *m* sτîsak rúkē
Handel *m* tȑgovina; **2n** ráditi, postúpati; *Hdl.* trgòvati; **es 2t sich um** rȃdī se o (*L*)
Handels- tȑgovinskī, tȑgovačkī; **~abkommen** *n* tȑgovinskī ùgovōr; **~gesellschaft** *f* tȑgovačkō drúštvo; **~kammer** *f* prìvrednā kòmora; **~marine** *f* tȑgovačkā mornàrica; **~mission** *f* tȑgovinskā mìsija; **~vertrag** *m s.* **Handelsabkommen; ~vertretung** *f* tȑgovačkō zástupnīštvo
Hand|fläche *f* dlȃn; **~gelenk** *n* člȁnak, zglȃvak na rúci; **~gepäck** *n* rūčnī pȑtljāg, rūčnā prtljága; **~griff** *m* zȃhvāt; **2haben** rukòvati; **~habung** *f* rukòvānje; **~karren** *m* rūčnā kolíca *n/pl.*; **~koffer** *m* rūčnī kòvčežić
Händler *m* tȑgovac
handlich lȃk, sprȇtan (zā rūku)
Handlung *f* rádnja; *Hdl.* tȑgovina
Handlungsreisende(r) *m* tȑgovačkī pûtnīk
Hand|schellen *f/pl.* lìsice *f/pl.*; **~schrift** *f* rūkopis; **~schuh** *m* rukàvica; **~ta-**

sche *f* rȕčnā tòrbica; **~tuch** *n* rȕčnīk, *sb.* pèškīr; **~voll** *f* prȅgršt *f*; **~werk** *n* ȍbrt, zànāt; **~werker** *m* zanàtlija *m*, *kr.* òbrtnīk; **~werkszeug** *n* àlāt, òrūđe
Hanf *m* kònoplja
Hang *m* òbronak, nágib; *fig.* sklȍnōst *f*
Hänge|brücke *f* vìsēćī mȏst; **~matte** *f* mrèža za lèžānje
hängen *v/i.* vìsiti; *v/t.* vjȅšati [òbjesiti]; **~bleiben** zàpēti *pf.*, zàkačiti se *pf.* (**an** *D*/ na *A*)
hantieren *s.* **handhaben;** (*arbeiten*) ráditi
Härchen *n* dlàčica
Harfe *f* hȃrfa
Harke *f* grȃblje; **2n** gràbljati
harmlos bezàzlen
Harn *m* mòkraća; **~blase** *f* mjȅhūr; **2en** mòkriti; **~röhre** *f* mòkraćnā cìjev *f*
Harpune *f* ȍstve *f/pl.*
hart tvȓd; **~ werden** òtvrdnuti *pf.*
Härte *f* tvrdòća; **2n** *Tech.* [o]káliti; **~r** *m* kàlioničār; **~rei** *f* kàlionica
Hart|gummi *m* tvȓdā gȕma; **2herzig** ȍkrutan; **2näckig** tvrdòkōran, ȕpōran
Harz *n* smòla; **2ig** smȍlast
Hasardspiel *n* hàzardnā ìgra
haschen lòviti, hvàtati
Hase *m* zȇc
Hasel|nuß *f* ljȇsnjāk; **~strauch** *m* lijèska
Hasen- zȅč(i)jī
Haß *m* mŕžnja
hassen mŕziti
häßlich rúžan, gȓd(an); **2keit** *f* rugòba
Hast *f* žùrba; **2ig** ȕžurbān
Haube *f* kȁpa; *Kfz.* pòklopac
Hauch *m* dȃh
hau|en túći, ùdarati; (*mähen*) kòsiti; *Holz*: [pò-]sjȅći; **2er** *m* *Bgb.* rùdār
Haufe(n) *m* hȑpa, gòmila; (*Menschenmenge*) rȕlja
häuf|en [na]gomilati (**sich** se); **~ig** ȕčestān, čȇst
Haupt *n* gláva; (*Anführer*) gláva, vȍđa *m*; **~-** *in Zssgn* glávnī; **~bahnhof** *m* glávnī kȍlodvor; **~darsteller** *m* protagònist(a *m*); **~eingang** *m* glávnī ùlaz; **~mann** *m* kapétān; **~post** *f* glávnā pȍšta; **~quartier** *n* *Mil.* glávnī stȃn; **~sache** *f* glávnā stvȃr *f*; **2sächlich** *adv.* uglàvnōm; **~stadt** *f* glávnī grȃd, prijèstō(l)nica; **~straße** *f* glávnā ȕlica; **~verkehrszeit** *f* vrijème nȃjvećēg prómeta, F špica; **~verwaltung** *f* glávnā ȕprava
Haus *n* kȕća; **~-** *in Zssgn* kȕćnī; dòmāćī; **nach ~(e)** kȕći; **zu ~(e)** kòd kućē; **~angestellte** *f* kȕćnā pomòćnica; **~arzt** *m* kȕćnī *kr.* liječnīk (*sb.* ljèkār); **~besitzer** *m* kućèvlasnīk; **~bewohner** *m* ùkućanin
Häuschen *n* kȕćica

hausen stanòvati
Häuserblock *m* blôk kûćā
Haus|flur *m* trìjem, hôdnīk; **~frau** *f* domàćica, kūćanica; **2gemacht** dòmāćī; **~genosse** *m* ùkućanin; **~halt** *m* kūćānstvo; **~hälterin** *f* gāzdarica; **~herr** *m* domàćin; (*Wirt*) gāzda *m*
Hausierer *m* tòrbār; pokućárac
häuslich kūćnī
Haus|mädchen *n* kūćnā pomòćnica; **~mannskost** *f* dòmaćā hrána; **~meister** *m* nástōjnīk, pàzikuća *m*; **~nummer** *f* kūćnī brôj; **~ordnung** *f* kūćnī rêd; **~schlüssel** *m* ključ od kūćē; **~schuh** *m* pàpuča; **~suchung** *f* premetàčina; **~tier** *n* dòmaćā živòtinja; **~tür** *f* kūćnā vráta *n/pl.*; **~wart** *m s.* **Hausmeister**
Haut *f* kōža, pūt *f*; (*dünne*) òpna; **~ausschlag** *m* òsip; **~farbe** *f* bòja kōžē; **~krankheit** *f* kōžnā bōlest *f*; **~pflege** *f* njēga kōžē
Hebamme *f* bābica, prìmalja
Heb|el *m* pōluga; **2en** dì|ći, -gnuti (-zati) (**sich** se)
Hecht *m* štūka
Heck *n Mar.* kŕma
Hecke *f* živìca; **~nrose** *f* dìvljā rúža, šípak
Heckscheibe *f Kfz.* zādnjī (*od.* strāžnjī) pròzor
Heer *n* vójska
Hefe *f* kvásac
Heft *n* knjižica, svēska; (*Schul2*) pìsānka, téka; (*Griff*) dŕžak, rùčica; (*Messer2*, *Degen2*) kōrice *f/pl.*; **2en** pričvŕ|stiti (-šćívati); (*nähen*) pròš|iti (-ívati); *Augen*: ùprav|iti (-ljati)
heftig nâgao, žèstok; **~keit** *f* nāglōst *f*, žestina
Heft|klammer *f* spájalica; **~pflaster** *n* flāster, leukòplast; **~zwecke** *f* čāvlić
Hehler *m* jātak, utajìvāč
Heide[1] *m* pòganin, neznàbožac [*n* vrìjesak]
Heide[2] *f* pùstara; **~kraut**
Heidelbeere *f* bòrovnica
heikel *Frage usw.*: škàkljiv
Heil *n* spâs
heil *adj.* zdrāv; čìtav
Heiland *m* Spàsitelj
Heil|anstalt *f* lječìlište, sanàtōrij; **2bar** izljèčiv; **2en** *v/t.* izlijèčiti *pf.*; *v/i.* (*Wunde*) zacijèljeti *pf.*
heilig svêt; **2abend** *m* Bādnjāk, Bādnjē vēče; **~en** posvètiti *pf.*; **2enbild** *n* ìkona; **2e(r)** *m* svétac; **2tum** *n* svêtište, svétinja
Heil|kraft *f* ljekòvitōst *f*; **~mittel** *n* lìjek; **~quelle** *f* ljekòvit ìzvor; **2sam** ljekòvit; *fig.* kōristan; **2ung** *f* ozdravljénje
heim *adv.* kūći, dòma
Heim *n* dôm; **~arbeiter** *m* kūćnī râdnīk
Heimat *f* dòmovina, zàvičāj; **2lich** zàvičajan; **2los** bèzavičajan, bez dòmovinē; **~vertriebene(r)** *m* ìzbjeglica *m*

heim|gehen ići kući; **~isch** dòmāćī; **2kehr** *f* pòvratak (kūći)
heimlich pōtājan
Heimreise *f* pòvratak kūći
heim|suchen zàdesiti *pf.*, stići *pf.*; **~tückisch** pòdmūkao
Heim|weg *m* pût kūći; **~weh** *n* túga za zāvičajem, nostàlgija
Heirat *f* žènidba, vjènčānje; (*der Frau*) ȕdaja; **2en** *von Männern*: [o]žèniti se; *von Frauen*: ùd(āv)ati se; **~surkunde** *f* vjenčànica
heiser pròmūkao; **2keit** *f* pròmuklōst *f*
heiß vrûć; *fig.* vātren
heiß|en zvâti se; glásiti; (*bedeuten*) znáčiti; **das ~t** tô je(st); **wie ~t das auf ...?** kàko se tô zòve na ...?
heiter vēdar; **2keit** *f* vedrìna
heiz|bar lòžljiv, (za)grìjljiv; **~en** grìjati, lòžiti; **2er** *m* lòžāč; **2kissen** *n El.* (elèktrični) termòfōr; **2körper** *m* radijātor, grijāč; **2material** *n* ògrjev, gòrivo; **2ung** *f* lòžēnje, grìjānje
Held *m* jùnak; **~entum** *n* jùnāštvo
helfe|n pom|òći (-ágati); **2r** *m* pomòćnīk
hell vēdar, svijetao; *fig.* bìstar; **~blau** svijètloplâv; **2igkeit** *f* bistrìna, vedrìna
Helm *m* šljēm, kàciga
Hemd *n* kòšulja; **~hose** *f* kombinèzōn
hemm|en [s]prijèčiti; kóčiti, zadr̀ž(áv)ati; **2ung** *f fig.* smétnja
Hengst *m kr.* pàstūh, *sb.* pàstūv
Henkel *m* rȕčka
Henne *f* kȍkōš *f*
her (òv)âmo; *s.* **hin**
herab dȍlje; **~fließen** tèći nànižē; **~hängen** vìsiti dȍlje; **~lassen** spùstiti (spúštati); **~lassend** snishòdljiv; *adv.* svisòka; **~setzen** omalovâž|iti (-ávati); *Preis*: snìziti (snižávati); **~steigen** sìći (silàziti); **~stürzen** strmogláviti, sunovrátiti se *pf.*
heran (òv)âmo; bliže; **~holen** priblìž|iti (-ávati); **~kommen, ~nahen** príći (prìlaziti); **~rücken** primà|ci, -knuti (prìmicati); **~treten** pristúp|iti, (-ati); **~wachsen** rásti, razvíjati se; **~ziehen** priv|úći (-láčiti)
herauf gȍre, nȁviše; **~beschwören** izàz(i)vati, proùzrokovati; **~ziehen** *v/t.* dići (dìzati); *v/i.* (*Gewitter*) dizati se
heraus vân, ìzvan; **~bekommen** ìzvaditi *pf.*, izvúci *pf.*; (*erraten*) pogòditi *pf.*; *Geld*: dòbiti *pf.* nȁtrāg; **~drücken** ìstis|nuti (-kívati); **~fallen** ìspa|sti (-dati); **~finden** dòsjetiti se *pf.*; **~fordern** izàz(i)vati; **~geben** ìzd|ati (-ávati); **2geber** *m* izdàvāč; **~kommen**

izíći (ìzlaziti); **~lassen** isp|ùstiti (-úštati); **~nehmen** [iz]vàditi; **~reißen** iščùpati *pf.*, ìstrg|nuti (-ati); **~schneiden** ìzrez(ív)ati; **~schrauben** odvŕnuti (òdvrtati), odšaráf|iti (-ljívati); **~stellen: sich ~stellen** ispòstaviti se *pf.*; **~strekken** ìsplaziti *pf.*; **~ziehen** izv|úći (-láčiti)

herb tȓpak, ȍpor

herbei (òv)âmo; **~eilen** dòhit|ati [-jeti]; **~fahren** dov|èsti (-òziti); **~holen** (*et.*) dò|nijeti (-nòsiti); (*j-n*) ìći [otići] po kòga; (*rufen lassen*) pòz(í)vati; **~schaffen** dòstav|iti (-ljati); **~schwimmen** dòpliv(áv)ati; **~winken** domáh|nuti (-ívati)

Herberge *f* kònačište

Herbst *m* jȅsēn *f*; **im ~** ù jesēn; **2lich** jȅsēnjī, jèsēnskī

Herd *m* štȇdnjāk; *fig.* ȍgnjište; žàrište

Herde *f* stȁdo, kȓdo

herein unútra; **~!** nàprijed!; **~brechen** *Nacht*: spùstiti (spúštati) se; **~bringen** unòsiti (unášati); **~fahren** *v/t.* uv|èsti (-òziti); *v/i.* uv|èsti (-òziti) se; **~fallen** *fig.* nasamáriti se *pf.*; **~kommen** úći (ùlaziti); **~lassen** pùstiti (púštati) unútra

her|führen dov|èsti, (-òditi); **~geben** dȁti (dávati); **2gang** *m* (*Ablauf*) tȏk

Hering *m* hàringa, slȇđ

her|kommen dóći (dòlaziti); **2kunft** *f* porijèklo, rȏd; **~leiten** izv|èsti (-òditi); **~nach** zàtīm

Heroin *n* heròīn

Herr *m* gospòdin; **~engòspodskī**; mȕškī; **~in** *f* gȍspođa; **2isch** òhol; **2lich** dȉvan, krȃsan

Herrsch|aft *f* vlȃst *f*; (*Personen*) gospòda; **2en** vládati; (*sein*) bìti; **~er** *m* vlàdār; gospòdār

her|rühren pòtjecati; **~sagen** kazívati; **~stellen** (*fertigen*) proizv|òditi [-èsti]; **2stellung** *f* proizvódnja

herüber (òv)âmo

herum ȍkolo; **rings ~** svùdā ȍkolo; **~drehen** òkretati; **~fahren** obilaziti (**um** *A* / *A*); **~führen** vòditi (**in** *D* / po *L*); *Weg*: obilaziti (um *A* / *A*); **~reichen** predávati (jèdan drȕgōme); *s.* **anbieten**

herunter dȍlje; **~bringen** dòn|ijeti (-òsiti) dȍlje; **~fallen** òpa|sti (-dati); **~nehmen** skinuti (skídati); **~reißen** srȕšiti *pf.*; **~rutschen** sróz(áv)ati se; **~werfen** zbác|iti (-ívati)

hervor vȃn; **~bringen** proizv|èsti (-òditi); **~gehen** proiz|áći, -ići (proìzlaziti); **~heben** istà|ći, -knuti (ìsticati); **~ragend** òdličan; **~rufen** izàz(í)vati

Herweg *m*: **auf dem ~** na dòlasku

Herz *n* sȑce; **~anfall** *m* sȑčanī nápad; **~beklemmung** *f* stézānje sȑca; **~fehler** *m* sȑčanā grȇška; **~infarkt** *m* sȑčanī ìnfarkt; **~klopfen** *n* lúpānje sȑca; **~leiden** *n* srcòbolja; **2lich** sȑdačan; **2los** bèzdušan; **~muskel** *m* sȑčanī mìšić

Herzogtum *n* vȍjvodina

Herzschlag *m* lúpānje sȑca; *Med.* sȑčanā kâp (*a.* kȃplja)

Hetz|e *f* hȃjka; *fig.* progònjēnje; **2en** gòniti; *fig.* [nà]hȗškati; **~jagd** *f* hȃjka

Heu *n* sìjeno; **~boden** *m* sjènara, sjènīk

Heuchel|ei *f* licèmjērje; **2n** híniti, licèmjeriti

Heuernte *f* sjenòkos, sjenòkoša

heulen jaùkati, zavíjati; *Wind*: húјati

Heu|schnupfen *m* sìjenskā bȍlēst *f*; **~schrecke** *f* skȁkavac

heut|e dànas; **~ig** dànašnjī; **~zutage** dān-dànas

Hexe *f* vjȅštica; **~nschuß** *m* lumbágo *m*, ùsjed

Hieb *m* ùdarac

hier òvdje, tû; **von ~** ȍtudā, òdāvdje; **~auf** zàtīm, ȍndā; **~durch** tîm, tíme; **~für** za tô; **~her** (òv)âmo, ovùdā; **~mit** tîm, tíme; **~über** o tòme; (*örtlich*) nad tîm; **~unter** (*örtlich*) óvdje dȍlje; pod tîm; **~von** od tȍga; o tòmē; **~zu** k tȍmē

hiesig ȍvdašnjī

Hilf|e *f* pȍmōć *f*; **zu ~e!** u pȍmōć!; **~eruf** *m* zapomágānje; **2los** bèspomoćan

Hilfs- pȍmoćnī; **~arbeiter** *m* pȍmoćnī râdnīk; **2bedürftig** pȍtreban pȍmoći; **~mittel** *n* pomàgalo; **~quelle** *f* ìzvor pȍmoći

Himbeer|e *f* màlina; **~saft** *m* malìnovac

Himmel *m* nȅbo; **~fahrt** *f* *Rel.* Spȃsovo; **~skörper** *m* nèbeskō tìjelo; **~srichtung** *f* strána svìjeta

himmlisch nèbeskī

hin tȁmo, ònamo; (*verloren*) pròpalo; **~ und her** tàmo-âmo; **~und wieder** kàtkad, tû i tȁmo; **~ und zurück** tȁmo i nȁtrāg

hinab nìzbrdo, dȍlje; **~fahren, ~gehen, ~steigen** síći (silaziti)

hinauf ùzbrdo, gȍre; **~fahren, ~gehen, ~steigen** uzíći (ùzlaziti); **~tragen** nòsiti [zànijeti] gȍre

hinaus nȁpolje, vȃn; **~gehen** iz|íći, -áći (izlaziti); **~laufen** istȑč|ati (-ávati); **~schieben** odg|òditi (-áđati); **~schwimmen** òtplivati od ȍbalē; **~tragen** ìzn|ijeti (-nósiti); **~werfen** izbác|iti (-ívati); **~ziehen** izv|úći (-láčiti); (*verzögern*) odvláčiti, odugovláčiti

Hinblick *m*: **im ~ auf** (*A*) s ȍbzirom na (*A*)

hinbringen dòn|ijeti (-òsiti); *Zeit*: prov|èsti (-òditi)

hinderlich: ~ sein smétati

hinder|n smétati, zapriječiti; **&nis** *n* zâpreka, prēpreka; **&nisrennen** *n* kõnjskē tȑke sa prēponama
hindurch skrôz
hinein unútra; **~gehen, ~kommen** úći (ùlaziti); **~legen** ùklasti *pf.*, ulòžiti (ulágati); **~stecken** zab|òsti (-ádati); **~stopfen** ùtis|nuti (-kívati); **~tragen** ùn|ijeti (-òsiti); **~werfen** ubác|iti (-ívati); **~ziehen** zav|úći (-láčiti)
hin|fahren *v/t.* odv|èsti (-òziti) (se *v/i.*); **&fahrt** *f* vòžnja; òdlazak; **~fällig** trōšan; **~führen** *v/t.* od|vèsti (-vòditi); *v/i. Weg*: vòditi; **~gehen** otíći (òdlaziti); **~geraten** dòsp|jeti (-ijèvati); **~gerissen** zanèsen; **~halten** prūžiti (prúžati); *fig.* zadȑž(áv)ati
hinken hrámati, šēpati; **~d** šēpav
hin|kommen otíći (òdlaziti); *fig.* snáći (snàlaziti) se; **~länglich** dōvōljan; **~legen** pol|òžiti (-ágati); **sich ~legen** lèći *pf.*; **&reise** *f* òdlazak, pût ònamo; *s.* **Hinweg**; **~reißend** zánosan; **~richten** smàknuti *pf.*
hinsetzen: sich ~ sjēsti *pf.*
Hinsicht *f* pōglēd; **in dieser ~** u òvōm poglédu; **&lich** (*G*) u poglédu na (*A*)
hinstellen pòstav|iti (-ljati)
hinten (òd)strāga; **nach ~** nātrāg, nàzād
hinter (*wo?*) iza (*G*), za (*I*); (*wohin?*) za (*A*)
Hinter-, &e zādnjī, strāžnjī; **&einander** jèdan za drūgīm; **~grund** *m* pòzadina; **~halt** *m* zāsjeda; **&her** (*später*) zàtīm; **~kopf** *m* pòtiljak; **&legen** deponírati, *sb.* dèponovati; **&listig** hìmben; **~n** F *m* strāžnjica, zādnjica; **~seite** *f* strāžnjā strána; *fig.* nálīčje; **~tür** *f* strāžnjā vráta *n/pl.*
hintun mèt|nuti (-ati)
hinüber prijeko, na drūgū strānu; **~fahren** *v/t.* prev|èsti (-òziti) (se *v/i.*; **über** *A* / prījeko *G*); **~gehen** préći (prèlaziti); **~reichen** prèd(áv)ati; **~werfen** prebác|iti (-ívati)
hinunter dōlje; nìzbrdo; **~fallen** spā|sti (-dati); **~führen** *v/i.* vòditi nìzbrdo; **~gehen** síći (sìlaziti); **~schlucken** progùtati *pf.*; **~tragen** nòsiti dōlje
Hinweg *m*: **auf dem ~** na òdlasku
Hinweis *m* ūputa; **&en** ukáz(iv)ati, upú|titi (-ćivati) (**auf** *A* / na *A*)
hin|werfen báciti *pf.*; **~ziehen** *fig.* zavláčiti; odugovláčiti; **sich ~ziehen** (*räumlich*) protézati se, šíriti se; (*zeitlich*) vúći se
hinzu k tōmē, ùz tō; **~fügen** dòd(áv)ati, prìd(áv)ati; **~kommen** pri|dóći (-dòlaziti); **~zählen** pribr|òjiti (-ájati)

Hirn *n* mȍzak
Hirsch *m* jèlen; **~kuh** *f* kòšuta
Hirse *f* prȍso
Hirt *m* pàstīr, čȍban(in)
hissen *Fahne*: istà|ći, -knuti (isticati)
historisch (h)istòrījskī
Hitz|e *f* vrućìna; *fig.* vȁtra, sr̀džba; **2ig** vȁtren; **~schlag** *m* tȍplotnī ȕdār; sunčànica
Hobby *n* hȍbi *m*
Hobel *m* strȗg, rènde; **~maschine** *f* rendìsāljka; **2n** strúgati, rèndisati
hoch visok; (*nach oben*) gȍre; **auf hoher See** na dèbelōm mȏru; **2achtung** *f* pȍštovānje; **2druck** *m* vìsokī tlȃk (*od.* prìtisak); **2ebene** *f* visorāvan *f*; **2haus** *n* *kr.* nebòder, *sb.* oblakòder; **~kant** nȁ bōk; **2leistungs**-vìsokōg kapacitéta, vȅlikē snágē; **~mütig** òhol; **2ofen** *m* vìsokā pȇć *f*; **2saison** *f* glàvnā sezóna; **2schule** *f* višā škȍla; **2spannung** *f* *El.* vìsokī nápon; **2sprung** *m* skȏk ȕvis
höchst *adv.* vȑlo; prȇ-
Hochstapler *m* pustòlov, hȍhštapler
Höchst|belastung *f* màksimālnō optereććénje; **2ens** nȃjviše; **~geschwindigkeit** *f* nȃjveća brzìna; **~gewicht** *n* nȃjveća težìna; **~preis** *m* nȃjvišā cijèna
Hoch|verrat *m* vèleizdaja; **~wasser** *n* pȍplava; **2wer**-**tig** vìsokē vrijèdnosti; **~zeit** *f* svȁdba, pȋr; **~zeits**-svȁdben; **~zeitsreise** *f* svȁdbenō putòvānje
Höcker *m* gr̀ba
Hode *f*, **~(n)** *m* múdo, jáje
Hof *m* àvlija, dvȍrište; (*Königs2*) dvȏr
hoff|en nádati se, ȕfati se; **~entlich** *adv.* po svȏj prílici, nȃdām(o) se; **2nung** *f* náda; **~nungslos** bèznadan
höflich ùljudan; **2keit** *f* ùljudnōst *f*
Höhe *f* visina; *fig.* vrhúnac; **~nkurort** *m* plànīnskō klìmātskō lječìlište (*od.* mjȇsto); **~nsonne** *f* *Med.* kvȁrc-lȃmpa; **~punkt** *m* vrhúnac
hohl šúpalj; kȍnkāvan, ìzdūbljen; *fig.* prázan
Höhle *f* spìlja, pèćina; (*Tier*-**2**, *Spelunke*) jȁzbina
Hohl|maß *n* mjèra za zȃpreminu; **~raum** *m* šupljìna; **~spiegel** *m* kȍnkāvnō zr̀calo (*od.* oglèdalo); **~weg** *m* tjèsnac, klánac
Hohn *m* sprdnja, pȍruga
höhnisch podrùgljiv, pòsprdan
holen pòći (pòlaziti) po (*A*); **~ lassen** [pò]slāti po (*A*)
Holland *n* Nizòzemskā, Hòlāndija
Holländ|er *m* Nizòzemac, Holàndēz; **~erin** *f* Nizòzēmka, Holàndēskinja; **2isch** nizòzemski, hòlandskī
Höll|e *f* pàkao *m*; **~enma**-

schine *f* pàklenī strôj; ⁓isch pàklen
holp(e)rig nĕrāvan, kvȑgast
Holz *n* dȑvo; *koll.* dȑva; **⁓-, hölzern** dȑven; **⁓fäller** *m* drvòsječa *m*; **⁓kohle** *f* dȑvenī *kr.* ȕgljēn (*sb.* ȕgalj); **⁓schnitt** *m* dȑvorēz; **⁓schnitzer** *m* rĕzbār, drvorézac; **⁓schuhe** *pl.* drvènjaci *m/pl.*, nànule *f/pl.*; **⁓wolle** *f* dȑvenā vȕna
Honig *m* mêd
Honorar *n* honòrār
Hopfen *m* hmȅlj
Hör|apparat *m* slȕšnī apàrāt; **⁓bar** čȕjan
horchen (*hören*) slȕšati; (*lauschen*) pri-, o|sluškívati
Horde *f* čȍpōr, hôrda
hör|en čȕti, slȕšati; **⁓er** *m* slȗšāc, slùšalac; *Telef.* slùšalica; **⁓erschaft** *f* slȕšaoci *m/pl.*
Horizont *m* òbzor, vìdīk, [horizont]
Horn *n* rôg
Hörnchen *n* ròžić, kìfla
Hornhaut *f* (*Auge*) róžnjaca; (*Schwiele*) žȕlj
Hornisse *f* stȑšljēn
Hör|saal *m* predàvaonica; **⁓spiel** *n* râdio-dráma; **⁓weite** *f* dòmet (glâsa)
Hose *f* hlǎče *f/pl.*, *sb.* pantalóne *f/pl.*; **⁓nträger** *pl.* pòramenice *f/pl.*, nàramnici *m/pl.*
Hotel *n* hòtēl; **⁓-** *in Zssgn* hòtēlskī
Hubraum *m* râdnā zâpremina
hübsch zgȍdan, prìstao
Hubschrauber *m* helikòpter [pòtkova]
Huf *m* kòpito; **⁓eisen** *n*
Hüft|e *f* kȗk, bôk; **⁓gürtel** *m* stêznīk
Hügel *m* brežúljak, brìjeg; **⁓ig** bregòvit
Huhn *n* kȍkōš *f*
Hühner|auge *n* kùrjē ȍko; **⁓brühe** pìlećā júha; **⁓fleisch** *n* pìletina
Hülle *f* òmot
Hülse *f* (*Schale*) ljȕska; (*Schote*) màhuna; (*Patronen*⁓; *Tech.*) čàhura; (*Zigaretten*⁓) túljak; **⁓nfrucht** *f* màhunica
Hummel *f* bȕmbār
Hummer *m* jȁstog, mòrskī rāk
Humor *m* hûmor
humpeln šépati
Hund *m* pȁs, psèto; **⁓e-** pȁsjī, psèćī
Hunde|futter *n* psèćā hrána; **⁓leine** *f* pòvodac, ȕzica; **⁓marke** *f* mārka za psȁ
Hundert|jahrfeier *f* stogòdišnjica; **⁓stel** *n* stòtinito, stòtīnka
Hündin *f* kȕja, kȕčka
Hundstage *pl.* psèćī dâni *m/pl.*
Hunger *m* glâd *f/m*; **⁓n** gladòvati; **⁓snot** *f* glâd *f/m*
hungrig gládan
Hupe *f* *Kfz.* trúba; **⁓n** [za]trúbiti
hüpfen skakùtati
Hürde *f* (*Zaun*) tȏr, òbor; *Sp.* prèpona; **⁓nlauf** *m* tȑka s prȅponama
Hure V *f* blȕdnica, kȗrva

husten [za]kàšljati
Husten *m* kàšalj
Hut *m* šèšir
hüte|n [sa]čúvati; **sich ~n vor** (*D*) čúvati se od (*G*); **2r** *m* čùvār
Hütte *f* kòliba; (*Bretter2*) dàščara; (*Erd2*) zemùnica; *Tech.* tòpionica, tàlionica
Hyazinthe *f* zùmbul
hydraulisch hidràuličan
hygienisch higìjēnskī
hysterisch histèričan, histèrički

I

ich jâ
ideal ìdeālan
Idee *f* idéja
identi|fizieren *jur.* ustanòviti *pf.* identitēt, identificírati, *sb.* idèntifikovati; [**~sch** istòvetan]
Igel *m* jêž
ihm njèmu, mu
ihn njèga, ga
ihnen njīma; **2** Vâm(a)
ihr (*D*) njôj, joj; (*pl. v.* **du**) vî; (*possessiv*) *sg. f* njézin, njên; *pl.* njìhov; **2** Vâš; [*refl.* svôj]
Iltis *m* tvȍr
Imbiß *m* zákuska; **~stube** [*f* bifē *m*]
Imker *m* pčèlār
immer ȕvijek, vȁzda; **~fort** neprèstano; **~hin** ipāk; **~zu** stâlno
impf|en cijèpiti; **2stoff** *m* cjȅpīvo, vakcína; **2ung** *f* [cijèpljēnje]
Import *m* ȕvoz
imprägniert imprègnīrān
imstande u stánju
in (*wo? D; wohin? A*) u
Inbegriff *m* zbîr; **2en** uračùnāvši
indem tíme štō; *bei gleichem Subjekt: Gerund. Präs.*
Inder *m* Indíjac
indes(sen) međùtim
Indianer *m* Indijánac
Individuum *n* pojedínac
Industrie *f* indùstrija; **~-** *in Zssgn* indùstrījskī
ineinander jèdno u drȕgo
Infanterie *f* pješàdija
Infektion *f* zâraza; **~skrankheit** *f* zârazna bȍlēst *f*
infizieren zará|ziti (-žávati)
infolge (*G*) ȕslijed
Ingenieur *m* inžènjēr
Inhaber *m* vlȁsnīk
inhalieren inhalírati
Inhalt *m* sàdržāj; **~sverzeichnis** *n* kázalo
Injektion *f* injèkcija
In|land *n* túzemstvo; **2ländisch** túzeman; **2liegend** prìložen; **2mitten** (*G*) usred
innen unútra; **von ~** iznútra; **2-** *in Zssgn* ùnut|rašnjī, -arnjī
inner|e ùnut|arnjī, -rašnjī; **2e(s)** ùnutrašnjōst *f*; **~halb** (*Ort*) unútar; (*Zeit*) u ròku od; **~lich** ùnutarnjī; *adv.* iznútra
innig prîsnī
Innung *f* cȅh, èsnāf
Insasse *m* stànōvnīk; (*Passagier*) pûtnīk

insbesondere òsobito, náročito
Inschrift *f* nátpis
Insekt *n* kúkac
Insel *f kr.* ōtōk, *sb.* ōstrvo; (*Fluß*2) áda
Inser|at *n* ōglās; **2ieren** oglá|siti (-šávati)
insgesamt ùkupno
insofern utoliko
Installateur *m* instalàtēr
instand: ~ halten uzdržávati; **~ setzen** uré|diti (-đívati), òprav|iti (-ljati); **2setzung** *f* òpravak, rèmont
Instru|ktion *f* ȗputa, instrùkcija; **~ment** *n* instrùmen(a)t
interess|ant zanìmljiv, interesàntan; **2e** *n* zanímānje, interes; **~ieren** zanímati (**sich für** / se za)
inter|kontinental ìnterkontinentālan; **~national** međunárodnī; **2view** *n* intèrvjū *m*
In|valide *m* invàlīd; **~ventur** *f* inventarizácija; **2wendig** ùnutarnjī; **2zwischen** međùtīm
ird|en zèmljan; **~isch** zemàljskī
irgend|ein nēkī; **~ etwas** ìšta; **~wann** nēkad(a), ìkad(a); **~welche(r)** nēkakav, ìkakav; **~wer** nē(t)ko, ì(t)ko; **~wie** nēkako, ìkāko; **~wo** nēgdje, ìgdje; **~woher** òdneklē, òdnekud(ā); **~wohin** nēkamo, nēkud(ā)
irre lûd; **2(r)** *m* (*f*) lùđ|āk (-àkinja); **~führen** zav|èsti (-òditi); **~gehen** [za]lútati, zabàsati *pf.*; (**sich**) **~n** várati se; **2nanstalt** *f*, **2nhaus** *n* lúdnica
irrig lȃžan, zȃbludan
Irrsinn *m* lùdilo
Irrt|um *m* zȃbluda; **2ümlich** zȃbludan
Isolier|band *n* ìzolacionā tràka, F izolìrband; **2en** izolírati, *sb.* ìzolovati; **~ung** *f* izolírānje; izolácija
Israel|i *m* Izraélac; **2isch** ìzraelskī
Italien *n* Ȉtālija; **~er(in** *f*)*m* Talìjān(ka); **2isch** talìjānskī

J

ja dā, jē(ste)
Jacht *f* jàhta
Jacke *f* kàpūt, haljétak
Jackett *n* žàkēt
Jagd *f* lôv; **~flugzeug** *n* lòvačkī avìōn; **~hund** *m* kêr; **~hütte** *f* lòvačkī dôm; **~revier** *n* lòvīšte; **~schein** *m* lòvačkā dȍzvola
jagen [u]lòviti
Jäger *m* lòvac
Jahr *n* gȍdina; **~buch** *n* gòdišnjāk
Jahres- gòdišnjī; **~ausgleich** *m* gòdišnjē izravnánje; **~tag** *m* gòdišnjica, òbljetnica; **~zeit** *f* gòdišnjē dȍba *n*

Jahr|gang *m* gòdište; **~hundert** *n* vijek, stòljeće
jährlich gòdišnjī
Jahrmarkt *m* sájam, vášar
jähzornig nàprasit
jämmerlich jādan, bijedan
jammern jàdikovati
Januar *m* jānuār, *kr.* siječanj
Japan|er *m* Japánac; **&isch** jàpānskī
jäten plijèviti
jauchzen klìcati
Jause *f* ūžina
Jazz *m* džēz
je ìkada; (*vor Zahlen*) po; **~ nachdem** kāko kàda; **~ ... desto ...** štō ... tō ...
jedenfalls svàkāko
jeder svākī; **~mann** svā(t)ko; **~zeit** u svākō dōba
jedesmal svākī pût
jedoch ìpāk
jeher: von (seit) ~ od vâjkada
jemals ìkadā
jener ònāj
jenseits (*G*) s ònē strânē
Jersey *m* džèrsej
Jet *m* mlàžnjāk
jetzt sād(a)
Jodtinktur *f* jôdnā tinktúra
Joghurt *m* jògurt
Johannisbeere *f* rìbiz(la)
Jolle *f Sp.* jôla
Journalist *m* nòvinār
Jubel *m* vesélje, klìcānje; **&n** klìcati
Jubiläum *n* jubìlēj
juck|en svrbjeti; **&reiz** *m* svŕbljēnje, svrâb
Jude *m* Žìdov, Jèvrej(in)
jüdisch jèvrejskī
Jugend *f* mlâdōst *f*; (*junge Leute*) mládež, ōmladina; **~herberge** *f* òmladinskī turìstičkī dôm; **&lich** mlâdenačkī; **~liche(r)** *m* mladòljetnī *m*, mòmak; **~organisation** *f* òmladinskā organizácija
Jugoslaw|e *m*, **~in** *f* Jugosl|àvēn(ka), *sb.* -òvēn(ka); **~ien** *n* Jugòslavija; **&isch** jugosl|àvēnskī, *sb.* -òvēnskī
Juli *m* jûli *m*, *kr.* sȑpanj
jung mlâd; **&e** *m* mòmče, djèčāk; **&e(s)** mlâdo, mlâde; **&frau** *f* djèvica; **&geselle** *m* nèženja *m*; **&gesellin** *f* neudàvača
Juni *m* jûni *m*, *kr.* lîpanj
Jurist *m* prâvnīk
justieren baždáriti; pòdesiti *pf.*
Justiz *f* pravòsūđe
Juwel|en *n/pl.* dràgulje *f/pl.*; **~ier** *m* dragùljār, kujùndžija *m*
Jux *m* šála

K

Kabarett *n* kabàrēt
Kabel *n* káb(e)l
Kabeljau *m* bakàlār
Kabine *f* kabína, kajìta
Kachel *f* kālj
Käfer *m* kúkac, bûba
Kaffee *m sb.* kàfa, *kr.* kàva; **~haus** *n* ka|fàna, -vàna;

~kanne *f* kânta za kàfu (*od.* kàvu); **~mühle** *f* mlìnac (za kàvu); **~tasse** *f sb.* šólja za kàfu, *kr.* šàlica za kàvu
Käfig *m* kàvez, kr̀lētka
kahl gô(l), nâg; *Kopf*: ćẽlav
Kahn *m* čámac
Kai *m* kêj
Kaiser|(in *f*) *m* câr(ica); **2lich** câr̄skī; **~reich** *n* cârstvo, cārevina
Kajüte *f* kajìta
Kalb *n* tèle; **~fleisch** *n* tèletina; **~sbraten** *m* tèleće pečénje; **~sschnitzel** *n* tèlećī òdrezak, tèlećā šnicla
Kalender *m* kalèndār
Kalk *m* vápno, krẽč; **~stein** *m* krẽčnjāk
kalt hládan, stùden; **~ werden** [o]hláditi se; **~blütig** hlādnokr̄van
Kälte *f* hladnòća, stũdēn *f*, zíma
Kamel *n* dèva, kàmila
Kamerad *m* drûg, drùgār
Kamille *f* kàmilica
Kamin *m* dìmnjāk, òdžak
Kamm *m* čẽšalj
kämmen [po]čẽšljati (**sich** se)
Kammer *f* sõbica; *Tech.*, *Hdl.*, *Pol.* kòmora; **~musik** *f* kòmornā mùzika (*kr. a.* glàzba)
Kampf *m* bòrba, bôj; **~** *in Zssgn* bôrnī, bôjnī
kämpf|en bòriti se; **2er** *m* bórac
Kampfer *m* kâmfor
kampf|los bez bòrbē; **2richter** *m Sp.* sùdija *m*, súdac; **~unfähig** nèsposoban za bòrbu
kampieren kampírati, lõgorovati
Kanalisation *f* kanalizácija
Kanarienvogel *m* kanarínac
Kaninchen *n* kùnić
Kanister *m* bènzīnskā kânta
Kanne *f* kânta
Kanone *f* tõp
Kante *f* ìvica, brîd
Kantine *f* kantína
Kanu *n* kànādskī čámac
Kanzel *f* propovjèdaonica
Kanzl|ei *f* kancelàrija; **~er** *m* kancèlār
Kapaun *m* kõpūn
Kapell|e *f* cr̃kvica; *Mus.* kapéla; **~meister** *m* kàpēlnīk, dirìgent
Kapital *n* glavnìna, glàvnica, kapìtāl
Kapitän *m* kapètān
Kapitel *n* pòglāvlje
Kappe *f* kãpa
Kapsel *f* čàhura; kùtija
kaputt F pòkvāren, slõmljen; (*müde*) ũmōran; **~machen** pokváriti *pf.*, slòmiti (slámati)
Kapuze *f* kapùljača
Kardanwelle *f* kàrdānskō vràtilo
Karfreitag *m* Vẽlikī pétak
kariert kàrīrān
Karies *f* karióza, kostòjedina
Karneval *m* pòklade *f*/*pl.*, karnèvāl
Karosserie *f* karosèrija
Karotte *f* mr̀kva, šargarépa
Karpfen *m* šãran

Karre(n *m*) *f* kolica *n/pl.*, tàljige *f/pl.*
Karst *m* krš, krȃs
Karte *f* kȃrta; *Geogr.* mȁpa; **~n spielen** kȃrtati se
Kartoffel *f sb.* krò-, *kr.* krù|mpīr; **~brei** *m* kròmpīr- (*od.* krùmpīr-)pìrē
Karussell *n* vrtúljak
Käse *m* sȋr; **~kuchen** *m* savìjača òd sira, sȋrnica
Kaserne *f* kȁsārna, vòjārna
Kaskoversicherung *f* osiguránje sȁobraćājnōg srèdstva [**~nzettel** *m* bôn}
Kasse *f* kȁsa, blàgājna;}
Kassette *f* kasèta, kazèta
Kassierer *m*, **~in** *f* blàgājn|ik, -ica
Kastanie *f* kèstēn
Kasten *m* škrȉnja, kòvčeg
Katalog *m* katàlōg, spȉsak
Kater *m* máčak; *fig.* mamùrluk
Kathed|er *n* kàtedra; **~rale** *f* katedrála, sábornā cȑkva
katholisch kàtolički
Kätzchen *n* mȁčkica, mȁče; *Bot.* máca
Katze *f* mȁčka; **~njammer** *m* mamùrluk
kauen žvákati
Kauf *m* kupòvina, kúpnja; **²en** kúp|iti (-òvati)
Käufer *m* kúpac
Kauf|haus *n* rȏbnā kȕća; **~mann** *m* tr̀govac; **²männisch** tr̀govačkī; **~preis** *m* kùpōvnā cijèna; **~vertrag** *m* ȕgovōr o kupoprȍdaji
Kaugummi *m* gȕma za žvákānje

kaum jèdva, tȇk
Kaution *f* kàucija
keck dȑzak
Kegel *m* čȗnj, stòžac; (*Spiel*²) kégla; **~-** *in Zssgn* kòničnī, kónusnī; **~bahn** *f* kuglàna; **²n** kùglati se; **~n** *n* kùglānje
Kehl|e *f* gȑlo; **~kopf** *m* gȑkljān
kehr|en (*fegen*) [po]mèsti; (*wenden*) okrénuti (òkretati); **²icht** *m* smèće; **²seite** *f* náličje [(òkretati) se}
kehrtmachen okrénuti}
Keil *m* klȋn; **~riemen** *m* klȋnastī rȇmēn
Keim *m* klica; **²en** kli|cati, -jati, nȉ|ći, -knuti (-cati); **²frei** stèrilan
kein nijèdan; **~erlei** nìkakav
keines|falls, ~wegs nìkāko
Kelch *m* čȁša; *Bot.* čȁšica
Kelle *f* (*Maurer*²) (zìdārskā) žlica; (*Löffel*) vàrjača, kùhača
Keller *m* pȍdrum, kònoba
Kellner(in *f*) *m sb.* kèlner(ica), *kr.* kònob|ār (-arica)
Kelter *f* prȅša, tìjesak
kennen pòzn(áv)ati, znȁti; **~lernen** upòzn(áv)ati
Kenner *m* poznàvalac
kennt|lich uòčljiv, primjètljiv; **²nis** *f* znánje, poznávānje
Kennzeich|en *n* ȍznaka, obìlježje; **²nen** obìljež|iti (-ívati), oznáč|iti (-ávati)
kentern prevŕnuti (prèvrtati) se

Kerbe *f* zárez
Kerker *m* tàmnica, zátvor
Kerl *m* čòvjek, mòmak
Kern *m* jézgra; (*Obst*2) kòštica; **~kraftwerk** *n* nûkleārnā elektràna
Kerze *f* svijèća
Kessel *m* kòtao *m*, kàzan; (*Tal*2) kòtlina; **~stein** *m* kàzanski kaménac
Kette *f* lánac; vèriga; **~nglied** *n* kàrika
keuch|en dàhtati; **2husten** *m* hrípavac
Keule *f* buzdòvān, tóljaga; *Kochk.* bătāk
keusch čědan
Kiefer[1] *m Anat.* čěljūst *f*
Kiefer[2] *f* bôr
Kiel *m Mar.* glàvnā gréda lâđē; **~wasser** *n* brázda (*od.* trâg) brōda
Kieme *f* škȑga
Kies *m* šljúnak
Kilo|(gramm) *n* kìla; **~meter** *m* kilometar; **~wattstunde** *f* kilovat-|sât, -čās
Kind *n* čědo, dijète (*pl.* djèca)
Kinder|arzt *m* dječji lìječnīk (*sb.* ljèkār); **~bett** *n* dječji krèvet, pòsteljica; **~fahrkarte** *f* dječjā vôznā kârta; **~geld** *n* dječjī dodátak; **~garten** *m* dječji vȑtić; **~lähmung** *f* pōlio *m*; **2los** bèzdjetan; **~spielplatz** *m* dječjē ìgralište; **~wagen** *m* dječjā kolíca; **~zimmer** *n* dječjā sōba
Kind|heit *f* djètīn(j)stvo; **2isch** djètinjast; **2lich** djètinjskī
Kinn *n* bráda, pòdbradak; **~haken** *m* ùdarac u brâdu
Kino *n kr.* kíno *m*/*n*, *sb.* bioskop; **~vorstellung** *f* kíno-prēdstava
kippen (*um~*) *v*/*t.* prè|vrtati [-vŕnuti] (se *v*/*i.*)
Kirch|e *f* cȓkva; **~ensteuer** *f* cȓkvenī pōrez; **~hof** *m* grôblje; **2lich** cȓkven; **~turm** *m* zvònīk
Kirmes *f* vàšar, sájam
Kirsch|e *f* trěšnja; **~wasser** *n* trěsnj|evica, -ovača
Kissen *n* jàstuk
Kiste *f* sànduk
Kitt *m* lijèpak
Kittel *m* haljétak
kitzeln škàkljati, golicati
klaffen zjāti, zjápiti
Klage *f* tùžba; **2n** túžiti (se); jàdikovati; *jur.* [op]túžiti
Kläger *m* tùži|lac, -telj
Klammer *f* spōna; (*Wäsche*2) štìpāljka, kvāčica; *Typ.*, *Gr.* zāgrada; **in ~n** u zāgradi
Klang *m* zvûk, tôn
Klapp- prèklopnī; **~e** *f* pò-, zà|klopac
Klapper *f* čegȑtāljka, zvèčka; **2n** čegȑtati, klopòtati; **mit den Zähnen 2n** cvokòtati
Klapp|sitz *m*, **~stuhl** *m* prèklopn|ā stòlica, -ō sjèdište; **~verdeck** *n Kfz.* prèklopnī krôv
klar jàsan; vèdar; *Wasser:* bistar

klären razjà|sniti (-šnjavati); **sich ~** (*Wetter*) [raz-] vèdriti (se)
Klarheit *f* jasnòća, bistrìna
Klasse *f* rázred, klȃsa; **~nlehrer(in** *f*) *m* rázredn|ik (-ica)
Klatsch *m* ogovárānje; **2en** pȕc(k)ati; *Regen*: pljúštati; (*tratschen*) ogovárati; br̀bljati; *Beifall*: pljȇskati
Klaue *f* pápak
Klavier *n* klàvīr, *kr.* glȃsovīr
kleb|en *v/t.* [na]lijèpiti; *v/i.* (*haften*) pri|jònuti (-ánjati); **~rig** ljèpljiv, kèljiv; **2stoff** *m* lijèpak, ljèpilo
Klecks *m* mȑlja
Klee *m* djȅtelina
Kleid *n* hàljina; **2en** odijèvati (**sich** se), obláčiti (se); **~erbügel** *m*, **~erhaken** *m* vjȅšalica; **~erschrank** *m* òrmār za odijèla
Kleidung *f* òdjeća; **~sstück** *n* òdjēvnī prédmet
klein mȃlī, màlen; (*Wuchs*) nȉzak; **2bildkamera** *f* kȁmera za ùskī fìlm; **2geld** *n* sìtan nòvac, sìtnīž
Klein|igkeit *f* sitnìca; malénkōst *f*; **~kind** *n* djètēnce; **2lich** sìtan; **~stadt** *f* pàlānka
Kleister *m* lijèpak
Klemm|e *f* stézāljka; *fig.* škrípac; **2en** stȉsnuti (stískati); (**sich**) uštínuti (štípati) (se)
Klempner *m* lìmār; vodoinstalàtēr
Klette *f* čȉčak
kletter|n pènjati [pòpēti] se; **2pflanze** *f* povìjuša; **2tour** *f s.* **Bergtour**
Klima *n* klíma
Klinge *f* òštrica
Klingel *f* zvónce; **2n** [po-, za]zvòniti
klingen zvúčati, zvòniti
Klinke *f* kvȁka
Klippe *f* grèbēn, lȉtica
Klipps *m/pl.* klȉpsi *m/pl.*
klirren zvéčati, zvekètati
klopfen lúpati, kȕcati (**an** *A* / na *A*)
Klops *m* mésnī vàljušak
Klosett *n* záhod, nȗžnīk
Kloß *m* *Kochk.* vàljušak, knédla
Kloster *n* mȁnastīr, sȃmostān
Klotz *m* klȃda, pȃnj
klug pȁmetan, ràzborit; **2heit** *f* pȁmēt *f*, rázbor
Klumpen *m* grȕd(v)a
Knabe *m* djèčāk, dȅčko *m*
knacken *v/i.* pùcati; *v/t.* *Nüsse*: [o]ljúštiti; *Safe*: òb|iti (-íjati)
Knall *m* prȃsak; **2en** prȁskati, puckètati
knapp (*eng*) tijèsan, ȕzak; (*spärlich*) òskudan, mȃlī; *Stil*: zbìjen, sȃžēt
knarren škríp|ati, -iti
Knäuel *m* klȕpko
Knecht *m* slúga; kmȅt
kneif|en uštínuti (štípati); **2zange** *f* ȍštrā klijèšta *n/pl.*
Kneipe *f* kȑčma
Kneippkur *f* knȃjpovskā kúra, lijèčēnje vòdōm
kneten [u]mijèsiti; [za]gnjáviti

Knick *m* zavijútak, zálom; **&en** sàv|iti (-íjati)
Knie *n* kòljeno; **&frei** do kōljēnā; **&n** klécati; **~strumpf** *m* pòt-, dò|kolјēnka
Kniff *m* ùštip; *fig.* smicalica
knipsen *Fahrkarte*: [pro-] búšiti; F *Fot.* škljōc|nuti (-cati)
knirschen škrip|ati, -iti; *mit den Zähnen*: škrgútati
knistern prāskati, puckètati
knitterfrei kòjī se ne gùzvā
Knoblauch *m* čèšnjāk, bijelī lùk
Knöchel *m* glèžanj
Knochen *m* kôst *f*; **~bruch** *m* prijèlom kōsti
knöchern kōštan
knochig kostùnjav
Knödel *m* knédla, vàljušak, òkrūglica
Knolle *f* kvřga; *Bot.* gòmolj
Knopf *m* dùgme; **~loch** *n* rūpica za dùgme; zàpučak
Knorpel *m* hřskavica
Knospe *f* pūpoljak; **&n** púpati
Knoten *m* ūzao *m*, čvôr; **~punkt** *m* čvòrište
knüpfen [s]vézati
Knüppel *m* bàtina, tóljaga
knurren réžati
knusp(e)rig hřskav
Koch *m kr.* kūhār, *sb.* kūvār; **~buch** *n* kūhār, kūvār; **&en** *v/t. kr.* kūhati, *sb.* kūvati; *v/i. s.* **sieden; ~er** *m* rèšō *m*, kūhalo
Köcher *m* tòbolac
Köchin *f kr.* kūharica, *sb.* kūvarica
Köder *m* mámac, mèka
Koffer *m* kòvčeg, kùfer
Kohl *m* kùpus, zēlje
Kohle *f* ūgalj, ūgljēn; **~nūgljenī**; **~nbergwerk** *n* ugljènīk; **~nsäure** *f* ùgljična kiselina; **~nstoff** *m* ùgljīk; **~papier** *n* kàrbōn-pàpīr
Kohl|kopf *m* gláva kùpusa; **~rabi** *m* koleràba
Kokerei *f* kòksara
Kolben *m Tech.* klīp; (*Gewehr&*) kùndak; **~ring** *m* klīpnī přstēn; **~stange** *f* klīpnjača
Kolleg|e *m* koléga *m*; **~in** *f* koléġ(in)ica
Kölnischwasser *n* kòlōnjskā vòda
Kolonialwaren *pl.* kōlonijālnā rōba
Kolonne *f* kolóna
Kombi|nation *f* kombinácija; **~wagen** *m* kōmbi *m*, kōmbić
Komfort *m* kòmfōr; **&abel** kòmfōran
komisch kòmičan, smijèšan
Komma *n* zárez
Kommand|eur *m* komàndīr; **~o** *n* kòmānda; zāpovijest *f*; zapovjedníštvo; **~obrücke** *f* kòmāndnī mōst
kommen dóći (dòlaziti); (*nahen*) prìmicati se, nastúpati; *s.* **passieren**
Kommentar *m* komèntār
Kommiss|ar *m* komèsār; **~ion** *f* komìsija; **~ionsgeschäft** *n* komìsīōn

Kommunion *f* príčest *f*
kommunistisch komunìstički
Komödie *f* kòmēdija
Kompanie *f Mil.* čěta; *Hdl.* kompànija
Kompaß *m* busòla, kòmpas
Kompetenz *f* pòdrūčje; djēlokrug
kompo|nieren *sb.* kòmpon|ovati, *kr.* -írati, sklàdati; **ℒnist** *m* kompòzītor, sklàdatelj
Kompott *n* kòmpōt
Kompresse *f* òblog, kòmpres
Konditor *m* (pò)slàstičār; **~ei** *f* (pò)slàstičarn(ic)a
Konfekt *n* slàtkiš
Konfektion *f* gòtovo odijèlo, konfèkcija
Konfession *f s.* **Bekenntnis**
Konfirmation *f* konfirmácija
Konfitüre *f* konfitīr, slãtkō
Konflikt *m* súkob
König|(in *f*) *m* krâlj (králjica); **~reich** *n* králjevina
Konjunktur *f* konjunktúra
Konkurrenz *f* konkurèncija
können (*vermögen*) mòći; (*wissen*) znãti; (*gelernt haben*) ùmjeti
Konserve *f* kònzērva
Konsul *m* kònzul; **~at** *n* konzùlāt
Konsum|genossenschaft *f* potròšāčkā zâdruga; **~güter** *n/pl.* rōba širokē potróšnjē
Kontakt *m* kòntakt, dódir
Konto *n* ràčūn; **laufendes ~** tèkūćī ràčūn; **~auszug** *m* ìzvadak račúna
Kontrollampe *f* kòntrōlnā lâmpa
Kontroll|e *f* kontróla, prégled; **ℒieren** pregléd(á-v)ati, *sb.* kòntrol|ovati, *kr.* -írati
Konzert *n* kòncer(a)t
Kopf *m* gláva; **~bedeckung** *f* pokrìv|āč, -alo glávē; **~hörer** *m* slùšalice *f/pl.*; **~kissen** *n* ùzgl|avak, -āvlje; **~salat** *m* (saláta) glàvatica; **~schmerz** *m* glavòbolja; **~sprung** *m* skôk naglàvcē; **~tuch** *n* màrama zā glāvu
Kopie *f* kópija; (*Durchschlag*) prépis
Kopierstift *m* mastiljava òlōvka (*od.* pisāljka)
koppeln skòpč(áv)ati, sp|òjiti (-ájati)
Koralle *f* kòrālj
Korb *m* kórpa, kõš, kòšara; (*Rohr*ℒ) rògožār; **~ball** *m* (*Spiel*) kòšārka; **~flasche** *f* opletènā bōca, demìžōn
Korken *m* čēp; **~zieher** *m* vàdičep
Korn *n* zr̄no; (*Getreide*) žìto; râž *f*; **~(branntwein)** *m* ràkija; **~blume** *f* različak
körnig zr̄nast
Körper *m* tìjelo; **~behinderte(r)** *m* invàlīd; **~kraft** *f* tjèlesnā snága; **ℒlich** tjèlesnī, fìzički; **~pflege** *f* njēga tijela; **~schaft** *f* tìjelo, drúštvo, udružénje

Korresponden|t *m* dópisnīk; **~z** *f* prépiska
Kost *f* hrána
kost|bar dragò-, skupò|cjen; **~en** *v/t.* (*schmecken*) [pò]kūšati, òku|siti (-šati), próbati; *v/i.* (*wert sein*) stàjati, kóštati; **2en** *pl.* tròškovi *m/pl.*; **~enlos** bèsplatan; *adv.* (za)badàva, mūkte; **~spielig** skûp
Kostüm *n* kòstīm
Kot *m* blȁto, glîb; ìzmetine *f/pl.*
Kotelett *n* kòtlet, krmenádla
Kotflügel *m* blȁtobran
Krabbe *f* ȍbalnī rȁk, rȁčić
Krach *m* (*Lärm*) prâsak, F galáma; (*Zank*) kâvga; *fig.* slȍm; **~ machen** galámiti; **2en** prȁskati, pȕc(k)ati
Kraft *f* sila, snága; **~droschke** *f* tȁksi *m*
Kraftfahr|er *m* šòfēr, vòzāč; **~zeug** *n* môtornō vòzilo; **~zeugschein** *m* sàobraćàjnā dȍzvola za môtornō vòzilo
kräftig jâk, snážan
Kraft|stoff *m* (pógonskō) gȍrivo; **~wagen** *m s.* **Kraftfahrzeug; ~werk** *n* (termo- *od.* hidro-)centrála, elektràna
Kragen *m* (ok)òvratnīk; **~weite** *f* brȏj okòvratnīka
Krähe *f* vrȁna
krähen kukurijèkati
Krake *m* hòbotnica
Kralle *f* kândža, pândža
Kram *m* trȉce *f/pl.*
Krampf *m* gȑč; **~adern** *f/pl.* pròšīrenē véne; **2haft** grčèvit
Kran *m* krân, dìzalica
Kranich *m* ždrâl
krank bȍlestan; **~ sein** bolòvati; **~ werden** obò|ljeti (-lijèvati), razbò|ljeti (-ijèvati) se
kränken vréđati [uvrijèditi]
Kranken|geld *n* bolèsnički dodátak; **~haus** *n* bólnica; **~kasse** *f* bolèsničkā blȁgājna; **~pfleger** *m* bólničār; **~schein** *m* bolèsničkā ùputnica; **~schwester** *f* bólničārka; **~wagen** *m* bólničkā kȍla *n/pl.*
Krank|e(r) *m/f* bolèsn|īk, -ica; **2haft** bȍlestan, *Med. a.* patòloški; *adv.* bȍlesno; **~heit** *f* bȍlēst *f*
kränklich bolè|šljiv, -žljiv
Kranz *m* vijènac
Krapfen *m* ùštipak
Krätze *f* svrâb
kratzen [o]grèpsti, [po-] čèsati (**sich** se)
kraus kòvrčast, kȕdrav
Kraut *n* kùpus, zêlje
Kräuter *pl.* tráve *f/pl.*; **~schnaps** *m* travàrica
Krawall *m* bȕka, gungúla
Krawatte *f* kravàta
Krebs *m* rȁk
Kredit *m* verèsija, krèdit
Kreide *f* kréda
Kreis *m* krûg; (*Um2*) ȍkrūg; (*Bezirk*) srêz; **~el** *m* zvȓk,

čigra; ♀en krúžiti; kólati; ♀förmig krûžan; ~lauf *m* ȍpticāj; (*Blut*♀) kȑvotōk; ~linie *f* krûžnica; ~säge *f* krûžnā píla (*od.* testèra); ~verkehr *m* krûžnī tȏk sȁobraćāja
Krem *f s.* **Creme**
Krempe *f* ȍbōd
Kreuz *n kr.* krîž, *sb.* kȓst; ♀en [u-, pre]kr̀stiti (**sich** se), [pre]krížiti; *Mar.* krstáriti; ~er *m Mar.* krstàrica; ~fahrt *f* krstárēnje, krûžnō putòvānje môrem; ~otter *f* hrìdōvka; ~schmerzen *m/pl.* krstòbolja; ~ung *f kr.* krížanje, *sb.* ukŕštānje; (*Straßen*♀) ráskršće, ràskrsnica; ~worträtsel *n kr.* križāljka, *sb.* ùkrštenē rȉječi *f/pl.*
kriech|en gmìzati, pȕzati; ♀tier *n* gmìzavavac, pȕzavac
Krieg *m* rât
kriegen *s.* **bekommen**
kriegerisch rȁtobōran
Kriegs- rȁtnī, vȏjnī; ~gefangene(r) *m* rȁtnī zarobljènīk; ~marine *f* rȁtnā mornàrica; ~versehrte(r) *m* rȁtnī invàlid
Kriminal|beamte(r) *m* slûžbenīk krivičnōg odjeljénja; ~film *m* krìminālnī film
kriminell krìminālan; ♀e(r) *m* kriminálac
Krippe *f* jȁsle *f/pl.*
kritisch krìtičkī
Kroat|e *m* Hȓvāt; ~ien *n* Hȓvātskā; ~in *f* Hrvàtica; ♀isch hȓvātskī
Kron|e *f* krûna; ~leuchter *m* lùster
Kröte *f* (žȁba) kràstača
Krücke *f* štȁka
Krug *m* vȓč, kȑčāg, tèstija
Krume *f* mȑvica
krumm krȋv
krümmen s(à)v|iti (-íjati)
Krüppel *m* bȍgālj, sàkat
Kruste *f* krȁsta; (*Brot*♀) kȍra
Kruzifix *n* raspéće, raspélo
Kübel *m* kàbao *m*
Kubikmeter *m* kûbnī (*od.* kùbičnī) mȇtar [kûjna} *kr.*
Küche *f kr.* kûhinja, *sb.*}
Kuchen *m* kòlāč
Küchenschrank *m* kùhinjskī òrmār
Kuckuck *m* kûkavica
Kugel *f* kúgla; (*Geschoß*) táne, mȅtak; ♀förmig kȕglast; ~lager *n* kùglični lȅžāj; ~schreiber *m* kèmījskā (*sb.* hèmījskā) òlōvka; ~stoßen *n* bàcānje kúglē
Kuh *f* krȃva
kühl hládan; ♀- *in Zssgn* ràshlādnī; ♀e *f* hlȃd; ~en [o-, za]hláditi; ♀er *m Kfz.* hlȁdnjāk; ♀erhaube *f* pòklopac hlȁdnjāka; ♀schrank *m* hlàdionik, frižìdēr; ♀ung *f* hlađēnje
kühn smio(n), smjȇl(an); ♀heit *f* smionōst *f*, smjȅlōst *f*
Küken *n* pìle
Kultur *f* kultúra; ~- *in Zssgn*

kùltūrnī; **~film** *m* dokùmentārnī film, dokumentárac
Kümmel *m* kīm, kòmīn
Kummer *m* jȁd, brīga
kümmern: sich ~ um (*A*) máriti za, brīnuti se o
Kunde *m* muštèrija
Kundendienst *m* sèrvīs; **~werkstatt** *f* sèrvisnā stȁnica
Kundgebung *f* manifestácija
kündig|en otkáz(iv)ati; **2ung** *f* òtkaz
Kund|in *f* muštèrija; **~schaft** *f* muštèrije *f/pl.*
künftig bùdūćī
Kunst *f* ùmjetnōst *f*; **~-** *in Zssgn* ùmjetnīčkī; *s.* **künstlich; ~ausstellung** *f* (ùmjetnīčkā) izložba; **~dünger** *m* ùmjetnō (*od.* vjȅštāčkō) gnjōjivo; **~faser** *f* sintètičkō vlákno; **~fertigkeit** *f* vještìna; **~gewerbe** *n* (národnā) ùmjetnīčkā rȁdinōst *f*; **~handlung** *f* tr̀govina ùmjetninama; **~leder** *n* sintètičkā kōža
Künstl|er(in *f*) *m* ùmjetn|īk, (-ica); **2erisch** ùmjetnīčkī; **2ich** *kr.* ùmjetnī, *sb.* vjȅštāčkī
Kunst|sammlung *f* ùmjetnīčkā zbȉrka; **~seide** *f* ùmjetnā (vjȅštāčkā) svíla; **~stoff** *m* (plàstičnā) mȁsa, plàstik(a); **~stück** *n* majstòrija; **2voll** znȁlačkī; **~werk** *n* ùmjetnīčkō djȅlo

Kupfer *n* bȁkar; **2n** bȁkren; **~stich** *m* bȁkrorēz
Kuppel *f* kūbe, kùpōla
Kupplung *f Kfz.* spôjka, kvȁčilo
Kur *f* lijèčēnje, kúra
Kurbel *f* rùčica; **~welle** *f* rȁdilica
Kürbis *m* bȕča, bùndeva, tȉkva
Kurort *m* ljèčilište
Kurs *m* kȕrs, tȇčāj; **~buch** *n Esb.* rȇd vóžnje
Kürschner *m* kȑznār
Kursus *m* kȕrs, tȇčāj
Kurswagen *m* dirèktnā kȍla *n/pl.*
Kurtaxe *f* ljèčilišnā (*od.* bòravišnā) tȁksa
Kurve *f* (*Straßen2*) závoj, krivìna; *Math.* krìvulja
kurz krátak; **~ und gut** ùkrātko; **vor~em** nȅdāvno; **~ärmelig** krátkīh rukávā; **~gefaßt** sȁžēt
Kürz|e *f* kratkòća; **in ~e** *s.* **bald; 2en** skrá|titi (-ćivati)
Kurz|schluß *m* kràtkī spȏj; **2sichtig** kratkòvid(an); **~waren** *pl.* krȁtkā rȍba
Kusine *f* rođàkinja, kuzína
Kuß *m* pòljubac
küssen [po]ljúbiti (**sich** se)
Küste *f* (mòrskā) ȍbala; **~n-** ȍbalskī, ȍbālnī; **~nland** *n*, **~nstrich** *m* prìmōrje
Küster *m* crkvènjāk, zvònār
Kutte *f* màntija
kyrillisch: ~e Schrift ćìrilica

L

Labor *n* labòrātōrija
Lache *f* lȍkva
lächeln [na]smiјèšiti se; **♀** *n* smiјèšak
lachen smìјati se; **♀** *n* smȉјeh
lächerlich smiјèšan
Lachs *m* lȍsos
Lack *m* lȃk; **♀ieren** *kr.* lakírati, *sb.* lȁkovati; **~schuhe** *pl.* lȃk-cìpele *f/pl.*
laden *s.* **auf-, be-, einladen;** *Waffe:* pȕniti
Laden *m* dùćān, rádnja; *s.* **Fensterladen; ~tisch** *m* tȅzga
Ladung *f* tèret, tòvar; *El.*, *Mil.* nábōj
Lage *f* pȍložāj, stánje; (*Schicht*) slȏj; **in der ~ sein** biti u stánju
Lager *n Tech.* lȇžāj, lȇžište; *Mil.*, *Pol.* lȏgor, tȃbor; (*Waren♀*) skládište, sprȅmište; **♀n** tȃboriti se, lȏgorovati; *Waren:* uskládišt|iti (-ávati)
lahm hrȍm, šȅpav
lähm|en *sb.* paràliz|ovati, *kr.* -írati; [od]ùz|ēti (-imati); **♀ung** *f* ȕzētōst *f*, paralíza
laichen mrijèstiti se
Laie *m* làik
Laken *n sb.* čàršav, *kr.* plȁhta
Lamm *n* jȁgnje; **~braten** *m* jàgnjećē (pečénje)
Lampe *f* lȃmpa, svjètiljka
Land *n* zèmlja; (*Fest♀*) kȍpno; (*Ggs. Stadt*) sèlo; **~arbeiter** *m* tèžāk; **♀en** *Mar.* prìsta(ja)ti; *Flgw.* spùstiti (spúštati) se; **~gericht** *n* zemàljskī sȗd; **~karte** *f* zȅmljopisnā kȃrta (*od.* mȃpa)
ländlich sȇoskī
Land|schaft *f* pòkrajina; prèd|io *m*, -jel; krȃjolik; **~smann** *m* zèmljāk; **~spitze** *f* ȓt; **~straße** *f* cȇsta; **~streicher** *m* skít|alica *m*, -nica *m*
Landung *f Mar.* iskrcávānje, prìstajānje; *Flgw.* spúštānje; **~sbrücke** *f* mȏst za iskrcávānje; **~splatz** *m* prìstanište
Landwirt *m* poljo-, zemljo|djélac; **~schaft** *f* polјo|prìvreda, -djélstvo; **♀schaftlich** poljoprìvrednī
lang dȕg, dȕgačak; **~e** *adv.* dȗgo; **~e her, seit ~em** dávno
Länge *f* du|ljìna, *sb.* -žìna
länger dȕ|ljī, -žī; *adv.* (*zeitlich*) dȕlje (*od.* dȗže) vrȅmena
Langeweile *f* dȍsada
lang|haarig dugòkos; **~jährig** dugogòdišnjī
läng|lich dugùljast; **~s** (*G*) dȗž, ȕzdūž
langsam polàgān, spȍr; *adv.* poláko, làgāno
Langspielplatte *f* lȍngplȇj-plȍča
Languste *f* jȁstog, mòrskī [rȃk]

langweil|en dosá|diti (-đívati) (**sich** se); **~ig** dōsadan
Lappen *m* kȓpa
Lärm *m* bȗka, brȗka, galáma; **2en** búc|ati, -iti, galámiti
Larve *f* òbrazina, krȋnka
lassen pùstiti (púštati), òstav|iti (-ljati); (*modal*) dāti
lässig nēmāran
Last *f* tèret, brȇme, tòvar; **~auto** *n s.* **Lastkraftwagen; 2en** tíšt|ati, -iti, tèretiti
Laster[1] *n* pòrok
Laster[2] F *m s.* **Lastkraftwagen**
lästern ogovárati, [o]klevètati; gȓditi, psòvati
lästig dōsadan
Last|kahn *m* tèretnī čámac; **~(kraft)wagen** *m* kamiōn, tèretnī àuto *m*, terètnjāk
lateinisch làtinskī; **~e Schrift** latìnica
Laterne *f* svjètīljka, fènjer; **~npfahl** *m* bandéra (za fènjer)
Latte *f* lètva
lau mláčan; *fig.* mlȉtav
Laub *n* lȉšće; **~e** *f* sjȇnica; **~säge** *f* rēzbarskā píla (*od.* testèra); **~wald** *m* bjelogòrica
Lauch *m* lȗk
lauern vrébati
Lauf *m* tôk, tēčāj; *Sp.* tȓk, tȓka; (*Gewehr2*) cȉjev *f*; (*Gang*) hȏd; **im ~e** u tòku; **~bahn** *f* (*Beruf*) karijéra; *Astr.* putànja; **2en** (*rennen*) tȓčati; *Maschine*: ȉći; (*gehen*) hódati
Läufer(in *f*) *m* tȓkāč (tȓkàčica); (*Schach*) làufer; (*Teppich*) ćȉlim
Lauge *f* lùžina, lȗg
Laun|e *f* raspoložénje; hȋr, ćȗd *f*; **2isch** hiròvit, ćùdljiv
Laus *f kr.* ȗš *f*, *sb.* vȃš *f*, vȃška
lauschen prisluškívati
laut *adj.* glȃsan, bȗčan; **2** *m* zvȗk, glȃs; **~en** glásiti
läuten [po]zvòniti
lauter čist; bȉstar
laut|los bèzvučan, bèšūman; **2sprecher** *m* zvȗčnīk; **2stärke** *f* jačina zvȗka
lauwarm mlȃk, mláčan
Lavendel *m* dȇspić, dèspik
Lawine *f* lavína, ȕsōv
leben žívjeti; **2** *n* žȉvot; **~d(ig)** žȋv
Lebens|alter *n* dȏb *f*; **~gefahr** *f* opásnōst *f* po žȉvot; **2länglich** dòživotan; **~lauf** *m* tȏk živòta; krȃtkā biogràfija; **~mittel** *pl.* žíveždnē námirnice *f/pl.*; **~standard** *m* životnī stȃndard; **~unterhalt** *m* održávānje živòta; **~versicherung** *f* osigurānje živòta; **~wandel** *m*, **~weise** *f* žívljēnje, náčin živòta
Leber *f* jètra, *sb. a.* džigerica; **~pastete** *f* jètrenā paštéta; **~wurst** *f* jètrenica, džigernjača
Lebe|wesen *n* žȉvō bíće;

≈wohl! zbȍgom!, zdrȃvo!
leb|haft žȋv, žȋvahan; **≈kuchen** *m* medènjāk; **~los** bez živòta
Leck *n* pùkotina, rȕpa (na brȍdu)
lecken *v/t.* [po]lízati; *v/i.* cúriti
Leckerbissen *m* pòslastica
Leder *n* kȍža; **~-** *in Zssgn* kȍžnī; **~waren** *pl.* kȍžnā galantèrija
ledig *Frau*: nèudā|na, -ta; *Mann*: neòženjen
leer prázan; **≈e** *f* praznìna; **~en** [is]prázniti (**sich** se); **≈lauf** *m* prázan hȏd
legen pol|òžiti (-ágati), stȁv|iti (-ljati); *Eier*: sn|ijèti (-òsiti); **sich ~** lèći (lijègati); *Wind*: s-, u|tìš(áv)ati
Legierung *f* slȉtina
Lehm *m* ȉlovača, glína
Lehn|e *f* náslon; **≈en** na-, pri|slòniti (nà-, prì|slanjati) (**sich** se); **~sessel** *m*, **~stuhl** *m* naslònjāč
Lehr|buch *n* ȕdžbenīk; **~e** *f* ùčēnje; nàuka; (*Belehrung*) pȍuka; (*handwerkliche*) nàuk, šègrstvo; **≈en** poùč|iti (-ávati); [na]ùčiti; predávati; **~er(in** *f*) *m* ùčitelj(ica); **~gang** *m* kȕrs, tèčāj; **~ling** *m* šègrt, *kr. a.* nàučnīk; **≈reich** pȍučan; **~stuhl** *m* kàtedra; **~zeit** *f* vrijème ùčēnja
Leib *m* tijelo; **~binde** *f* pȍjās, pȃs; **~chen** *n* pr̀sluk, jèlek; **~esübung** *f* tjèlovježba; **~schmerzen** *pl.* bólovi *m/pl.* tr̀buha; **~wächter** *m* tjelohrànitelj
Leiche *f* lȇš, lèšina; **~n(schau)haus** *n* mr̀tvačnica; **~nwagen** *m* mr̀tvačkā kȍla *n/pl.*
Leichnam *m* mr̀tvac
leicht lȁk, lȁgan; **≈athletik** *f* lȁkā atlètika; **~fertig** lakòuman; **~gläubig** lȁkovjēran; **~hin** *adv.* ȍlako; **≈igkeit** *f* lakòća; **≈sinn** *m* lakòūmnōst *f*, lakòmislenōst *f*; **~sinnig** lakò|uman, -mislen
leid: es tut mir ~ žȁo mi je; **≈** *n* túga, žȃlōst *f*; **~en** tȑpjeti, pȁtiti; strȁdati; **≈en** *n* pàtnja; (*Krankheit*) bȍlēst *f*; **~end** bȍlestan
Leidenschaft *f* strȃst *f*; **≈lich** str|ȁstan, -ȁstven
leider nàžalōst
Leierkasten *m* vȅrgl
leih|en pozájm|iti (-ljívati), posú|diti (-đívati); **≈gebühr** *f* pozajmnìna; **~weise** *adv.* pòzajmicē
Leim *m* lijèpak, kȅljilo
Leine *f* ȕzica, kònopac
Lein|en *n* plátno; **~wand** *f* (*Film≈*) èkrān
leise tȉh; lȁgan
Leiste *f* dàščica, lȅtva; *Anat.* slabìna, prȅpone *f/pl.*
Leisten *m* kàlup
leisten (*tun*) [u]čìniti; *Hilfe*: ukáz(iv)ati; *Gesellschaft*: prȁviti; *Widerstand*: prȕžiti; **sich et. ~** priúštiti sèbi (*A*)

Leistung *f* râd, ùčinak; ùspjeh; **≈sfähig** spȍsoban, mȍćan; **~szulage** *f* dodátak za ùčinak

Leit|artikel *m* ùvodnīk; **≈en** (ruko)vòditi; (*lenken*) ùpra-v|iti (-ljati); **~er**[1] *f* ljȇstv(i-c)e *f/pl.*, mȇrdevine *f/pl.*; **~er**[2] *m* vođ(a *m*); rukovòdilac; *Phys.* spróvodnīk; **~erwagen** *m* tárnice *f/pl.*; **~faden** *m* (*Instruktion*) ùputstvo; (*Buch*) priručnīk

Leitung *f* (ruko)vòdstvo, rukovòđenje; **elektrische ~** elèktrični vȏd; **~sdraht** *m* spróvodnā žica; **~s-wasser** *n* vȍdovodnā vòda

Lektion *f* lèkcija, čȃs

Lektüre *f* čìtānje; (*Lesestoff*) štȋvo

Lende *f* kȕk, bèdro, stègno; *pl.* slabìne *f/pl.*

lenk|bar uprȁvljiv; **~en** ùpravljati (*A/I*); **≈rad** *n Kfz.* uprȁvljāč, vòlān; **≈-stange** *f* uprȁvljāčkā spȍna

Lerche *f* šéva

lernen [na]ùčiti (se)

les|bar *s.* **leserlich; ~en** [pro]čìtati; *Trauben*: brȁti; **≈er** *m* čit|ȁč, -alac; **~erlich** čitak, čìtljiv

letzt- zȁdnjī, pòtonjī

Leucht|e *f* svjètīljka; **≈en** svijètliti; **≈end** svȉjetao; **~er** *m* svȉjećnjāk, svjètiljka; **~gas** *n* rȁsvjetnī plȋn; **~-stoffröhre** *f* fluorescèntna (*od.* nèōnskā) cijev *f*; **~-turm** *m* svjètionīk

leugnen po|rèći (-rícati), nijèkati

Leute *pl.* ljȗdi *m/pl.*

Leutnant *m* pòručnīk

Licht *n kr.* svjètlo, *sb.* svjȅtlōst *f*; **~bild** *n* fotogrȁfija

lichten *Wald*: prokŕč|iti (-ivati); *Anker*: dȉći (dizati); **sich ~** [raz]vèdriti se

Licht|maschine *f* genèrātor, dȋnamo(-strȏj) *m*; **~-reklame** *f* svjȅtlosnā (nèōnskā) rekláma; **~stärke** *f* jačina svjȅtla (*od.* svjȅtlosti); **~ung** *f* prȍplanak, čistìna

Lid *n* vjȅđa

lieb drȃg, mìo; **≈e** *f* ljúbav *f*; **~en** vòljeti, ljúbiti

liebenswürdig ljùbazan; **≈keit** *f* ljùbaznōst *f*

lieber *adv.* rȁdijē

Liebes- ljùbāvnī; **~brief** *m* ljùbāvnō pismo; **~paar** *n* ljùbāvnī pȃr; **~roman** *m* ljùbāvnī ròmān

liebevoll pȕn ljúbavi, sȑdačan

Lieb|haber(in *f*) *m* ljùbāvn|ik (-ica); (*Amateur*) ljùbitelj(ka); **≈kosen** milovati; **≈lich** ùmiljat, ljȕbak; **~ling** *m* ljubímac, miljenīk; **≈los** bez ljúbavi; **~-schaft** *f* ljùbāvnā vȅza

Lied *n* pjȅsma

liederlich nȅmāran; neùredan

Liefer|ant *m* na-, do|bȁvljāč; **≈bar** isporȕčljiv; **≈n** dòbav|iti (-ljati), dòstav|iti

(-ljati); **~schein** *m* spróvodnī līst; **~ung** *f* dȍbava, dȍstava; **~wagen** *m* dȍstāvnā kȍla *n/pl.*
Liege *f* počìvāljka; **Ωn** lèžati; *fig.* nàlaziti se; **~stuhl** *m* lèžāljka; **~wagen** *m Esb.* kùšet-kȍla *n/pl.*
Lift *m* līft, dìzalica
Likör *m* likēr
Lilie *f* ljìljan
Limonade *f* limunáda
Linde *f* līpa; **~nblütentee** *m* līpov čāj
linder|n ublāž|iti (-ívati); **Ωung** *f* ublažénje
Lineal *n* rȁvnalo, lènjīr
Linie *f* cȑta; *Mar.*, *Esb.*, *Flgw.* relácija, prúga; **~nrichter** *m* mèđašnjī sùdija *m*
link- lijevī; **Ωe** *f* ljèvica; **~isch** nèspretan; **~s** lijevo; **von ~s** slijeva; **Ωs·abbieger** *m* vȍzilo kòjē skrèćē nàlijevo; **~sgerichtet** *Pol.* ljèvičārskī; **Ωsgewinde** *n* lijevī hȏd; **Ωshänder** *m* ljèvāk
Linse *f* léća
Lippe *f* ȕsna; **~nstift** *m* rȗž
List *f* lȕkavōst *f*
Liste *f* pópis, spīsak
listig lȕkav
Liter *n od. m* lītra, lītār
Litfaßsäule *f* ȍglasnī stûb (*od.* stûp)
Litze *f* gájtan
Lob *n* hvála, pȍhvala; **Ωen** [po]hváliti; **Ωenswert** pȍhvalan
Loch *n* rȕpa; **Ωen** [pro]bȕšiti; **~karte** *f* perfòriranā kârta
Locke *f* ùvojak
locken mámiti
Lockenwickel *m* vìkler
locker lābav; **~n** [o]labáviti
lockig kòvrčast, kȕdrav
Löffel *m sb.* kàšika, *kr.* žlica
Loge *f* lóža
Lohn *m* nȃdnica, pláća, pláta; **~büro** *n* úred za pláće
lohnen: sich ~ isplátiti se; **~d** prínosan
Lohn|erhöhung *f* povišénje nȃdnicā (*od.* pláćā); **~gruppe** *f* kategòrija zâradē; **~steuer** *f* pȍrez(a) na pláće; **~steuerkarte** *f* pòreskā kârta
Lokal *n* restòrān, gostiònica
Lok|führer *m* mašinovòđa *m*; **~omotive** *f* lokomotíva
Lorbeer *m* lòvor
Los *n* (*LotterieΩ*) srèćka; (*Schicksal*) sudbìna
los (*lose*) slȍbodan, òdriješen; **was ist ~?** štā je?; *Int.* **~!** hȃjde!
lösbar rjèš(lj)iv
losbinden odvéz(iv)ati, odrijèš|iti (-ívati)
Lösch|blatt *n* bùgačica, upìjāč; **Ωen** *Feuer, Licht*: [u]gásiti; *Mar.* iskȑc(áv)ati
losdrehen odvŕnuti (òdvrtati)
lose *s.* **los;** (*unverpackt*) *sb.* neùpakovān, *kr.* neupàkirān
losen ždrèbati
lösen *Aufgabe*: **rijèšiti** (rje-

šávati); *Fahrkarte*: kúp|iti (-òvati); *Vertrag*: ràski|nuti (-dati); (*in Wasser*) rastv|òriti (-árati)
los|gehen *s.* **beginnen**; **~kommen** oslob|òditi (-áđati) se; **~lassen** pùstiti (púštati); **~lösen**, **~machen** odv|òjiti (-ájati), ràstav|iti (-ljati); **~reißen** òtr|gnuti (-zati), òtk|inuti (-ídati) (**sich** se)
Losung *f* lòzīnka, gèslo
Lösung *f* rješénje; (*Flüssigkeit*) rástvor
loswerden rijèšiti (rješávati) se (*A* / *G*)
Lot *n* òkomica; (*Senkblei*) vísak
löt|en lòtovati, [zà]lēmiti; **≗kolben** *m* lèmilo; **≗lampe** *f* lâmpa za lēmljēnje
lotrecht òkomit, vèrtikālan
Lotse *m* pìlot
Lott|erie *f* lùtrija; **~o** *n* lōto *m*
Löw|e *m* lāv; **~in** *f* lāvica
Lücke *f* rûpa, šupljìna, praznìna; **≗nhaft** nepòtpun
Luft *f sb.* vàzdūh, *kr.* zrâk; **~angriff** *m* vàzdušnī (*od.* zrâčnī) nápad; **~ballon** *m* (vàzdušnī *od.* zrâčnī) bàlōn; **≗dicht** nèprodušan; **~druck** *m* vàzdušnī prìtisak, zrâčnī tlâk
lüften pròvjetr|iti (-ívati)
Luft|fahrt *f sb.* vazduhoplóvstvo, *kr.* zrakoplóvstvo; **~kissen** *n* vàzdušnī (*od.* zrâčnī) jàstuk; **≗leer** bèzvazdušnī; **~linie** *f* vàzdušnā (*od.* zrâčnā) lìnija; **~matratze** *f* dùšek za nadúhānje; **~post** *f* aviònskā pōšta; **~pumpe** *f* vàzdušnā (*od.* zrâčnā) pûmpa; **~röhre** *f* dùšnīk; **~schutz** *m* protuavìōnskā zâštita
Lüftung *f* ventilácija
Luft|ventil *n* vàzdušnī (*od.* zrâčnī) vèntīl; **~verkehr** *m* vàzdušnī (*od.* zrâčnī) sàobraćāj (*od.* pròmet); **~waffe** *f* avijácija; **~zug** *m* pròpuh, prōma|ha, -ja
Lüg|e *f* lâž *f*; **≗en** [s]làgati; **~ner** *m* làž|ac, -ov
Luke *f* òkno, prozòrčić
Lump *m* lópov, lúpež
Lumpen *m* drónjak
Lunge *f* plûća; **~n·entzündung** *f sb.* zapaljénje (*kr.* ùpala) plûćā; **~ntuberkulose** *f* sùšica, tuberkulóza plûćā
Lupe *f* lūpa, léća
Lust *f* užítak; vōlja; **~ haben** ìmati vōljē; **~ bekommen** pròht|jeti (-ijèvati); **~barkeit** *f* zábava
lüstern pōhotan; **≗heit** *f* pōhota
lustig vèseo; **sich ~ machen über** (*A*) [na]rúgati se (*D*)
Lustspiel *n* komédija, vèselā ìgra
lutschen dūćkati, sìsati
luxu|riös lùksuriōzan, ráskošan; **≗s** *m* ráskoš; **≗s-**lùksusan
Lymphknoten *m* lìmfnā žlijèzda

M

machen [na-, u]čìniti, [nà-] prȁviti, [u]ráditi; **sich ~ an** lȁ|titi (-ćati) se (*G*); **das macht nichts** nȇmā vȇzē, nȉje vážno
Macht *f* mȏć *f*, sȉla; vlȃst *f*; **~haber** *m* vlastodŕžac
mächtig mȍćan [mȍćan
macht|los nèmoćan; **~voll**
Mädchen *n* djèvōjka, djevòjčica; **~name** *m* djèvojačkō (*od.* ròđenō) ime
Made *f* ličinka, cȑvić
mag *s.* **mögen**
Magen *m* stòmāk, žèludac; **~geschwür** *n* čȉr u stomáku (*od.* žèlucu); **~schmerzen** *m/pl.* žèlučanī bólovi
mager mȑšav
Magnet *m* màgnēt; **~-** *in Zssgn* màgnētnī; **2isch** màgnētskī
Mäh|drescher *m* kȍmbajn; **2en** [po]kòsiti [gòzba
Mahl *n* òbrok; (*Gast2*)
mahlen [sà]mljèti
Mahlzeit *f* òbrok
Mähne *f* grȉva
mahn|en op|oménuti (-òminjati); **2ung** *f* ȍpomena
Mai *m* mȃj, *kr.* svȋbanj; **~glöckchen** *n* đurđ|ica, -évak; **~käfer** *m* hrȗšt
Mais *m* kukùruz
Makel *m* mȑlja; mána
Make-up *n*: **~ machen** šmȋnkati se, dòtjerati se *pf.*
Makler *m* mȁkler, tȑgovačkī pòsrednik
Makrele *f* skȗša
Mal *n* (*Zeichen*) znȃk, biljeg(a); pȗt; **zum ersten ~e** po pȑvī púta; pȑvī pȗt
-mal ... pútā
male|n [nà]slȉkati; (*anstreichen*) *kr.* lȉčiti, *sb.* mȍlovati; **2r** *m* slȉkār; (*Anstreicher*) *kr.* sȍboslikār, *sb.* mȍler; **2rei** *f* slikàrija; slikārstvo; **~risch** slikòvit
Malz|bier *n* slȃdnō pȋvo; **~kaffee** *m* slȃdnā (F bijelā) kà|fa (*kr.* kàva)
man: ~ sagt gòvorī se; **~ muß** trȇbā
manch (pò)nȇkī, gdjèkojī; mnȍgī; **~erlei** svȃkojāk; štȍšta; **~mal** kàtkad(a)
Mandel *f* bádem; mȁndula (*a. Anat.*); *Anat.* **~n** *pl.* krajníci *m/pl.*; **~entzündung** *f* ȕpala (*od.* zapaljénje) krajníkā
Mandoline *f* tàmburica
Mangel *m* pomanjkánje, nedostátak (*a. Fehler*); **aus ~ an** (*D*) *s.* **mangels; 2haft** mànjkav; nepòtpun; **2n** (**an** *D*) nedòstajati, némati (*G*); *Wäsche*: róljati (rȗblje); **2s** (*G*) zbog (*od.* iz) nedostátka (*G*); **~ware** *f* dȇficitārnā rȏba
Mangold *m* blȉtva
Maniküre *f* manikȋr; (*Person*) manikȇrka
Mann *m* muškárac; (*Ehe-*) mûž
Männchen *n* (*Tier*) mùžjāk

Mannequin *n* manèkēnka
Männer- mȕškī
mannig|fach, ~faltig raznòlik
männlich mȕškī
Mannschaft *f* mȍmčād *f*, ekìpa
Manometer *n* tlȁkomjēr
Manschette *f* manšèta; **~nknopf** *m* dȕgme za manšètu
Mantel *m* ogr̀tāč, kàpūt; (*Sommer*2) kabànica, màntil; *Tech.* omòtāč; (*Reifen*2) spȍljnā gȕma
Manuskript *n* rȕkopīs
Mappe *f* tórba, mȃpa
Märchen *n* bȃjka; **2haft** bȃjan
Marder *m* kúna
Margarine *f* margàrīn
Marine *f* mornàrica
mariniert marìnīrān
Mark[1] *n* mòždina, sr̄ž *f*
Mark[2] *f* (*Münze*) mȃrka
Marke *f* (*Brief*2, *Fabrikat*) mȃrka; **~n·artikel** *m* rȍba pȍznatē mȃrkē
markier|en označ|iti (-ívati); **2ung** *f* označávānje; ȍznaka, znȃk
Markt *m* tr̀žište; (*Platz*) tȓg, pàzār, sȃjmīšte; **~halle** *f* tr̀žnica; **~platz** *m* s. **Markt**; **~tag** *m* pàzārnī dȃn
Marmelade *f* pèkmez, džȇm
Marmor *m* mrȃmōr
Marone *f* kēstēn
Marsch *m* pešáčēnje; *Mus.* mȃrš, kòrāčnica
Marschall *m* màršāl
marsch|ieren mȃrš|ovati, *kr.* -írati; **2route** *f* mȃršrūta
Märtyrer *m* mȕčenīk
März *m* mȃrt, *kr.* ȍžujak; **~enbier** *n* ȍžūjskō pȋvo
Masche *f* pȇtlja, ȍčica
Maschine *f* mašína, strȏj; **~n-** màšīnskī, stròjēvnī
Maschinen|bau *m* mašino-, strojo|grádnja; **~gewehr** *n* mitràljēz; **~pistole** *f* strȏjnica, màšinka; **~raum** *m* màšīnskō odjeljénje; **~schaden** *m* kvȃr na mašíni; **~schlosser** *m* strȍjobravār
Maschinist *m* stròjār, mašinòvođa *m*
Masern *pl.* ȍspice *f/pl.*
Maske *f* mȃska, kràbulja
Maß *n* mjȅra; **nach ~** po mjȅri
Massage *f* masáža
Masse *f* màsa
Maßeinheit *f* jedìnica mjȇrē
Massen|artikel *m* prédmet màsōvnē proìzvodnjē; **~grab** *n* zȁjedničkī grȍb
maßgeb|end, ~lich mjȅrodāvan
massieren masírati
mäßig ùmjeren; **~en** ùmjer|iti (-ávati); **2keit** *f* ùmjerenōst *f*
massiv mȁsivan
maß|los bèzmjērān; **2nahme** *f*, **2regel** *f* mjȅra; **2stab** *m* mjȅrilo; **~voll** ùmjeren
Mast[1] *m* jȃrbol, kàtarka; stȗb, stȗp
Mast[2] *f* tòvljēnje

Mastdarm *m* gûznō (*od.* gûžnjē) crijèvo
mästen [u]gòjiti, [u]tòviti; *Geflügel*: kljûkati
Materi|al *n* materìjāl, grâdivo, grâđa; **~e** *f* tvâr *f*, màtērija
Mathematik *f* matematìka
Matratze *f* dùšek, strûnjača
Matrose *m* mòrnār
matt māt, bēz sjāja; (*kraftlos*) malàksao, ùmōran
Matte *f* prostìrāč, hàsura
Mauer *f* zîd; **≗n** zídati
Maul *n* gûbica; **~beerbaum** *m*, **~beere** *f* mûrva, dûd; **~esel** *m* mûla, màzga; **~korb** *m* bȑnjica; **~tier** *n* màzga, mûla; **~wurf** *m* kȑtica
Maurer *m* zìdār
Maus *f* mîš
Mausefalle *f* mišòlōvka
Mayonnaise *f* majonéza
Mazedoni|en *n* Makèdonija; **~er(in** *f***)** *m* Makedónac (Makèdōnka); **≗sch** makèdōnskī
Mechani|ker *m* mehàničār; **≗sch** mehànič|an, -kī; **~sierung** *f* mehanizácija; **~smus** *m* mehanìzam
meckern mekètati; *fig.* zàmjer|iti (-ávati)
Medaille *f* mèdalja
Medizin *f* medicína; (*Arznei*) lìjek; **≗isch** medicìnskī
Meer *n* môre; **~-** *in Zssgn* mòrskī; **~busen** *m* záljev; **~enge** *f* morèuz; **~rettich** *m* hrên; **~schweinchen** *n* zámōrče
Mehl *n* brȁšno; **~speise** *f* jēlo od brȁšna
mehr više; **immer ~** svè više; **noch ~** jōš više; **um so ~** ùtoliko više; *s.* **weniger; ~deutig** višèznačan; **~ere** nēkoliko; **~fach** višèstruk; **≗heit** *f* većina; **~mals** više pútā; **≗zahl** *f* većina; *Gr.* množìna; **≗zweck-** ùniverzālan
meiden izbjegávati, klòniti se
Meile *f* mîlja
mein, ~e môj, mòja, mòje
Meineid *m* krivoklétstvo
meinen mìsliti
meine|rseits s mòjē strānē; **~twegen** radi mène
Meinung *f* mišljēnje, mnjénje; **~sforschung** *f* ispitívānje jâvnōg mnjénja
Meise *f* sjènica
Meißel *m* dlijèto; **≗n** [iz-] [dúpsti]
meistens većìnōm
Meister *m* mâjstor; *Sp.* pȑvāk, šampìōn; **≗haft** mâjstorskī; **~schaft** *f* mâjstorstvo; **~werk** *n* rèmek-djēlo
Meld|eamt *n* prìjavnī ùred; **≗en** jáv|iti (-ljati) (**sich** se); **~ung** *f* ìzvještāj, prìjava (*a. Anzeige*)
melken mûsti
Melone *f* (*Wasser≗*) lubènica; (*Zucker≗*) dìnja
Menge *f* količina, mnòštvo; (*Menschen≗*) svjètina; **~nlehre** *f* *Math.* tèōria skûpōvā
Mensch *m* čòvjek (*pl.* [ljûdi])
Menschen- čovječànskī,

ljùdskī; **~kenntnis** *f* poznávānje čòvjeka; **~rechte** *n/pl.* ljūdskō právo; **°scheu** nēdružēvan
Menschheit *f* čovječànstvo
menschlich čòvječan, ljūdskī; **°keit** *f* čòvječnōst *f*, ljūdskōst *f*
Menstruation *f* menstruácija, perióda
Merk|blatt *n* (pìsmenō) ùputstvo; **°en** [ò]pāziti; **sich °en** [zà]pâmtiti; **°lich** ōsjetan, vìdljiv; **~mal** *n* ōznaka; **°würdig** čūdnovat
Meß- mjērnī, mjèrāčkī, mjèraćī; **°bar** mjèrljiv
Messe *f Rel.* mìsa; *Hdl.* velèsajam
messen [pò-, ìz]mjēriti
Messer *n* nōž
Messing *n* mèsing, žūtā mjēd *f*
Metall *n* kōvina; **~-** *in Zssgn* mètālan; **~arbeiter** *m* metálac
meteorologisch meteoròlōškī
Meter *n*, **~maß** *n* mētar
Methode *f* metóda, mètōd
Metzger(ei) *s.* **Fleische-[r(ei)]**
Meuterei *f* pōbuna
mich mène, me; **für ~** za mène
Mieder *n* stēznik
Miene *f* ìzrāz lìca
Miete *f* nájam; (*Wohn°*) kìrija, stanàrina; **°n** iznájm|iti (-ljívati); **~r** *m* stànār
Mietwagen *m Kfz.* nájamnā kōla *n/pl.*
Mikro|phon *n* mikròfōn; **~skop** *n* mikròskop
Milch *f* mlijèko; **~flasche** *f* bōca za mlijèko; **~laden** *m* mljèkara; **°ig** mliječan; **~mischgetränk** *n* mliječnī kòktel; **~reis** *m* sutlijāš; **~zahn** *m* mliječnjāk
mild blāg, dōbar; **~ern** ublāž|iti (-ívati); **°erung** *f* ublažénje
Militär *n* vójska; **~dienst** *m* vōjnā slùžba
Milli|arde *f* milijārda; **~meter** *n od. m* milimetar; **~on** *f* milijūn, miliōn
Milz *f* slezèna
Minarett *n* mináre *m*
minder mānjī; **°heit** *f* manjìna; **~jährig** malò-, nepunò|ljetan; **~wertig** mālovrijedan
mindest- nâjmanjī; **~ens** *adv.* nâjmanje; **°lohn** *m* nâjnižā pláta (*od.* pláća)
Mine *f* mīna; (*Kugelschreiber°*) mína
Mineral- mìnerālan; **~wasser** *n* mìnerālnā (*od.* kìselā) vòda
Minister *m* mìnistar; **~ium** *n* ministàrstvo
Minuspol *m* nēgativan pôl
Minute *f* minūt, minúta
mir mèni, mi; **mit ~** sā mnōm; **zu ~** do mène
misch|en [po]mijèšati; **°ling** *m* mješánac, mèlez; **°maschine** *f* mijèšalica, mjèšalo; **°ung** *f* mjèšavina, smjēsa

miß|achten omalováž|iti (-ávati); **؟bildung** *f* nákaza, grdòba; **؟brauch** *m* zlòupotreba; **~brauchen** zloupotr|ijèbiti (-ebljávati); *Frau:* sìlovati

Miß|erfolg *m* nȇuspjeh; **~ernte** *f* lòšā žȅtva, nèrodica; **؟fallen** ne svíđati se; **~geschick** *n* nèdaća; **؟gestimmt** neraspòložen; **؟glücken** ne ùsp|jeti (-ijèvati), ne póći za rúkōm; **؟handeln** zlostáviti (zlòstavljati); **~helligkeit** *f* nȇsporazum; **~klang** *m* nȇsklād; **؟lungen** pròmašen, zlòsretnī; **؟mutig** mr̀zovōljan; **~stand** *m* nȇzgoda, neprílika; **~trauen** *n* nepovjerénje; **؟trauisch** nepovjèrljiv, sùmnjičav; **؟vergnügt** nȇzadovōljan; **~verständnis** *n* nȇsporazum; **؟verstehen** krȋvo razùmjeti; **~wirtschaft** *f* lòšē gospodárstvo (*od.* poslòvānje)

Mist *m* đûbre, gnôj

Mistel *f* ìmela

mit (*D*) *prp.* s(a) (*I*); *bei Mittel, Werkzeug wird durch I ausgedrückt:* **~ der Bahn** žèljeznicōm; **~ der Hand** rúkōm; **؟arbeiter** *m* sà-, sù|rādnīk; **~bringen** dòn|ijeti (-òsiti) sā sobōm; **~einander** skùpa, zājedno; **~fahren** prātiti; **~führen** pov|èsti (-òditi) (sā sobōm); **؟gefühl** *n* sā-, sū|osjećāj, sùćūt *f*; **~gehen** prātiti; **؟gift** *f* mìrāz; **؟glied** *n* člân; **؟gliedsbeitrag** *m* člaǹarina; **~kommen** ìći [póći] zājedno (s *I*), prātiti (*A*); **؟leid** *n* sažaljénje; **~leidig** sažàljiv; **~machen** sùdjelovati; **~nehmen** ùz|ē-ti (-imati) sā sobōm; **؟reisende(r)** *m* sà-, sù|putnīk; **؟schüler** *m* škōlskī drûg

Mittag *m* pódne; **~essen** *n* rúčak, òbjed; **؟s** u pódne; **~s.pause** *f* prékid (râda) za rúčak

Mitte *f* sredìna

mitteil|en *sb.* saòpšt|iti, *kr.* saòpć|iti (-ávati); **؟ung** *f* saop|ćénje, -šténje

Mittel *n* srèdstvo (**gegen** *A* / za *A*); **~-** *in Zssgn* srȇdnjī; **؟alterlich** srednjovjèkōvan; **؟bar** pòsredan; **~meer** *n* Sredòzemnō môre; **~punkt** *m* srȇdište; **~schule** *f* srȇdnjā škòla

mitten: **~ in** ȕsred (*G*)

Mitternacht *f* pónoć *f*

mittlere srȇdnjī

Mittwoch *m* srijèda

mit|unter pònekad; **~wirken** sùdjelovati; **~zählen** ubr|òjiti (-ájati)

Möbel *n/pl.* nāmještāj, pòkućstvo; **~wagen** *m* kòla *n/pl.* za trànsport nāmještaja

möblier|en nàmje|stiti (-štati); **~tes Zimmer** nàmještena sòba

möchte *s.* **mögen**

Mode *f* móda; **~nschau** *f* môdnā rèvija

Modell *n* mòdel; **~bauer** *m* modèlār
modern[1] *adj.* mȍdēran
modern[2] *v/i.* trùljeti
modisch mȏdnī
mögen vòljeti; **ich möchte ...** htio (*f* htjȅla) bih ...; **ich mag nicht ...** mèni se ne ...; **mag sein** mȍžē bìti
möglich mògūć, mȍgūćan; **&keit** *f* mogúćnōst *f*
Mohn *m* mȃk; **~kuchen** *m* makóvnjača
Möhre *f*, **Mohrrübe** *f* *sb.* šargarépa, *kr.* mȑkv(ic)a
Mole *f* gȃt
Molkerei *f* mljȅkar(n)a
Moment *n* trenútak, čȃs, čásak, mòmen(a)t
Monat *m* mjȇsēc; **e-n ~ (lang)** mjȇsēc dána; **&elang** mjesécima; **&lich, ~s-** mjȇsečnī; **~skarte** *f* mjȇsečnā vȍznā kȃrta; **~srate** *f* mjȇsečnā ȍtplata
Mönch *m* redòvnīk, kàluđer, frȃtar
Mond *m* mjȇsēc; **~schein** *m* mjȇsečina
Montag *m* ponèdjelj|ak, -nik
Montage *f* montáža; **~-** *in Zssgn* mòntāžnī
Montenegro *n* Cȓnā Gòra
Montiereisen *n* *Kfz.* pȍluga za montírānje gȗme
Moor *n* mòčvara; **~bad** *n* blȁtnā kȗpka
Moos *n* mȁhovina
Moped *n* mòtorbicikl
Moral *f* mòrāl; pȍuka
Morast *m* blȁto
Mord *m* umórstvo, *sb.* ubí(j)stvo, *kr.* ubójstvo; **&en** ùb|iti (-íjati)
Mörder *m* *sb.* ubíca *m*, *kr.* ùbojica *m*
Morgen *m* jȕtro; **guten ~!** dȍbro jȕtro!; **&** *adv.* sȕtra; **heute &** jȕtrōs; **~dämmerung** *f* ȍsvit; **~rock** *m* jȕtarnjī màntil; **&s** ùjutro
Morphium *n* mòrfij, mòrfin
morsch trȕlī
Mörser *m* àvan, stȗpa, mȕžār
Mörtel *m* màlter, žbȗka
Moschee *f* džámija
Moslem *m* musliman
Most *m* mȍšt
Mostrich *m* *s.* **Senf**
Motor *m* mȍtor; **~boot** *n* mȍtornī čámac; **~öl** *n* mȍtornō ȕlje; **~panne** *f* kvȃr na mȍtoru; **~rad** *n* motocìkl; **~radfahrer** *m* motocìklist(a *m*); **~roller** *m* skúter; **~schiff** *n* mȍtornī brȏd; **~sport** *m* motorìstika
Motte *f* móljac
Möwe *f* gȁlēb
Mücke *f* komárac
müd|e ȕmōran; **&igkeit** *f* ùmor
muffig zagùšljiv
Mühe *f* mȗka, tegòba, trȗd; **&los** bèz mukē; **&n: sich &n** [po]trúditi se
Mühl|e *f* mlȉn; **~stein** *m* žȓvanj
müh|sam, ~selig mȗčan, trúdan
Mulde *f* ȍluk; *Geogr.* kòtlina

Müll *m* smȅće; **~abfuhr** *f* ȍdvōz smȅća
Mullbinde *f* závōj od gázē
Mülleimer *m* kânta za smȅće
Müller *m* mlînār
Mülltonne *f* smèćara
multiplizieren mnòžiti
Mumps *m* zàuške *f/pl.*
Mund *m* ústa *n/pl.*; **~art** *f* nárječje, dijàlek(a)t
Mündel *n* štîćenīk
münden ùt|icati, -jecati
mündig punòljetan
mündlich ȕsmen
Mundstück *n* pîsak
Mündung *f* ȕšće [dan
munter bȍdar; (*wach*) bú-
Münz|e kȏvān nòvac; monéta; **~fernsprecher** *m* jâvnī telèfōn
mürbe mȇk
murmel|n mȑmljati; **~tier** *n* svízac
murren [pro]gùnđati
mürrisch čangrízav, mrzòvoljan
Mus *n* pèkmez
Muschel *f* škôljka; (*Telefon~*) slùšalica
Museum *n* mùzēj
Musik *f* mùzika, *kr.* glàzba; **~alisch** mȕzikālan, *kr.* glàzben; **~er** *m* mùzičār, *kr.* glàzbenīk
Musk|el *m* mȉšić; **~el-** mìšićnī; **~ulös** mìšičav, mìšićast
müssen mórati
müßig dȍkōn, bèsposlen
Muster *n* obrázac, ùzorak; (*Vorbild*) ȕzor; **~gültig, ~haft** ùzoran
mustern pregléd(áv)ati
Mut *m* hrábrōst *f*, ȍdvažnōst *f*; **~ig** hrábar, ȍdvāžan; **~los** plàšljiv
Mutter *f* mâjka, mȁti *f*; *Tech.* mȁtica
mütterlich mâjčinskī, mȁterinskī
Mutter|mal *n* m(l)àdež; **~schaft** *f* mâjčinstvo; **~sprache** *f* mȁterinjī jèzik
mutwillig nȅstašan
Mütze *f* kȁpa

N

Nabe *f* glàvčina
Nabel *m* pȕpak; **~schnur** *f* pupčànica
nach (*D*) nakon, pȍslije; **~ Belgrad** za Beògrad; **~ und ~** mȁlo-pòmalo
nachahm|en oponášati; **~ung** *f* oponášānje
Nachbar|(in *f*) *m* kòmšija *m*, sȕsjed(a); **~schaft** *f* sȕsjedstvo, komšìluk
nachbilden prècrt(áv)ati, kopírati
nachdem *cj.* pȍšto, kȁd; **je ~** (*wer*) kako (t)kȍ; (*wann*) kako kȁd
nachdenk|en ràzmi|sliti (-šljávati); **~lich** zàmišljen
Nach|druck *m* čvrstìna, jačìna; **~drücklich** snážan, čvȓst; **~einander** uzastòpcē; **~folger** *m* násljed-

nīk; **≈forschen** raspít(i-v)ati se; **~frage** *f* potrážnja; **≈füllen** dòpu|niti (-njávati); **≈geben** po|pùstiti (-púštati); **≈gehen** (*D*) slijèditi (za *I*); *Uhr*: zaòstajati; **≈giebig** savìtljiv, gìbak; **≈haltig** trâjan; **≈helfen** pripom|òći (-ágati)
nachher *adv.* pȍslije, zàtīm
Nach|hilfeunterricht *m* poučávānje kòd kućē, instrùkcije *f/pl.*; **≈holen** nadòkna|diti (-đívati); **~komme** *m* potómak; **≈kommen** (*später kommen*) dòlaziti nȁknadno; *fig.* (*D*) ìspu|niti (-njávati) (*A*); **~kriegszeit** *f* pòratnō dȍba *n*; **~laß** *m* ostávština; (*Ermäßigung*) pópust; **≈lassen** po|pùstiti (-púštati), jénjati; **≈lässig** nȅmāran; **~lässigkeit** *f* nȅmār; **≈laufen** (*D*) tr̀čati za (*I*); **≈machen** podražávati; **≈messen** prèmjer|iti (-ávati)
Nachmittag *m* popódne; **am ~, ≈s** popódne
Nach|nahme *f* pouzéće; **≈prüfen** pròvjer|iti (-ávati); **≈rechnen** proračù-n(áv)ati
Nachricht *f* vijest *f*; *pl.* *Rdf.* vijesti *f/pl.*; **~endienst** *m* ȍbavjestājnā agèncija (*od.* slùžba)
Nachruf *m* nekròlog
nachschicken [pò]slāti za (*I*)
nachschlage|n *im Buch*: pògledati *pf.*; **≈werk** *n* prìručnīk
Nach|schlüssel *m* kalàuz; **≈sehen** (*nachprüfen*) pògledati *pf.*; *fig.* (*j-m et. A*) glȅdati kroz pr̀ste (za *A*); **≈senden** *s.* **nachschicken**; **~sicht** *f* popùstljivōst *f*; **~spiel** *n* krȃj, završétak; **≈spüren** tràgati (*D* / za *I*)
nächst- nȃjbližī; **am ~en** nȃjbliže; **~e(r)** (*folgende*) ìdūćī, slijèdēćī
nachstellen (*regulieren*) *Uhr*: dotjerívati unàzād; *fig.* lòviti, hvȁtati (*D* / *A*)
nächstens ùskoro
Nacht *f* nȏć *f*; **~-** *in Zssgn* nȍćnī; **~arbeit** *f* nȍćnī rȃd; **~dienst** *m* nȍćnā slùžba, nȍćnō dežúrstvo
Nachteil *m* ùštrb, štȅta; **≈ig** štȅtan, škòdljiv
Nacht|falter *m* nȍćnī lȅptīr; **~geschirr** *n* nȍćnā pȍsuda; **~hemd** *n* spavàćica
Nachtigall *f* slàvūj
Nach|tisch *m* dèsert; **~trag** *m* dȍpuna, dodátak; **≈träglich** *adv.* nȁknadno, unàtrāg
Nacht|tisch *m* nȍćnī stòlić; **~tischlampe** *f* nȍćnā lȃmpa; **~topf** *m s.* **Nachtgeschirr**; **~schicht** *f* nȍćnā smjȅna; **~wache** *f* nȍćnā strȃža
Nach|weis *m* dòkaz; **≈wirken** (nȁknadno) djȅlovati; **~wuchs** *m* pò(d)mladak;

⁓zahlen doplá|titi (-ćívati); **⁓zählen** prebr|òjiti (-ájati); **⁓zahlung** *f* dȍplata
Nacken *m* šija
nackt nâg, gô(l); **⁓badestrand** *m* nudìstičkā pláža, F nàjlon-pláža
Nadel *f* ìgla; (*Steck*⁓) čìoda; **⁓wald** *m* crnògorica
Nagel *m* čȃv|ao *m*, -lić; èkser; (*Finger*⁓) nȍkat; **⁓bürste** *f* čȅtka za nȍkte; **⁓feile** *f* tùrpija (*od.* pila) za nȍkte; **⁓n** prikòvati *pf.*; **⁓neu** nȏv nȍvcāt; **⁓schere** *f* màkaz(ic)e *f/pl.* za nȍkte
nagel|n [o]glòdati; **⁓tier** *n* glȍd|ār, -avac
nah blìzak; **⁓-** *in Zssgn a.* lòkālan; **⁓e** *adv.*, *prp.* (*G*) blízu
Nähe *f* blizìna; **aus der** ⁓ ìzblīza; **in der** ⁓ u blizìni
nähe|n šìti, šìvati; **⁓rin** *f* švélja
nähern: sich ⁓ priblíž|iti [(-ávati) se]
Näh|garn *n* šivaći kònac; **⁓maschine** *f* šivaći strȏj; **⁓nadel** *f* šivaćā ìgla
nahr|haft hrànjiv; **⁓ung** *f* hrána
Nahrungsmittel *n/pl.* námirnice *f/pl.*
Naht *f* šȃv; **⁓los** bèšāvan
naiv nȁivan
Name *m* ìme; **im ⁓n** ù ime; **⁓ns** ìmenom; **⁓nstag** *m* ìmendān; **⁓nsverzeichnis** *n* ìmenīk; **⁓nsvetter** *m* ìmenjāk; **⁓ntlich** *adv.* poimèncē

namhaft glasòvit, čùven
nämlich nàime
Napf *m* lónčić
Narbe *f* ȍžiljak, bràzgotina
Narkose *f* narkóza
Narr *m* lȕda, budàla
närrisch sùlud, lȗd
naschen sláditi se
Nase *f* nȏs
Nasen|bluten *n* krvárēnje iz nȍsa; **⁓loch** *n* nȍsnica, nȍzdrva; **⁓spitze** *f* vȓh nȍsa
Nashorn *n* nosòrog
naß mȍkar
Nässe *f* mokrìna, vlȃga
Nation *f* nâcija, národ; **⁓al** nâcionālan; **⁓algericht** *n* *Kochk.* národnō jȅlo
Nationalität *f* národnōst *f*; **⁓skennzeichen** *n Kfz.* međunárodnā ȍznaka zèmljē registrácijē
Natron *n* sóda bìkarbōna
Natter *f* *Zo.* bjelòuška; *fig.* zmija, gúja
Natur *f* príroda; nárav *f*; **⁓forscher** *m* prirodoslóvac; prírodnjāk; **⁓katastrophe** *f* prírodnā prȍpāst *f* (*od.* katastrófa)
natürlich náravan, prírodan; *adv.* (*gewiß*) nárav|no, -ski
Natur|schutzgebiet *n* prírodnī rezèrvāt; **⁓wissenschaften** *f/pl.* prírodnē nàuke
Nebel *m* màgla; **⁓scheinwerfer** *m* (pòsebnō) svjètlo za mȁglu
neben (*A, D*) kraj, pokraj,

pored, uz (*A, G*); **⁓ausgang** *m* spȍrednī ìzlaz; **⁓bei** (*beiläufig*) ȕzgrēd; **⁓beschäftigung** *f* spȍrednō zanímānje, F tȅzga; **⁓buhler** *m* tàkmac; sùparnīk; **⁓ein·ander** jèdan do drȕgōga; **⁓fluß** *m* prítok, prìtoka; **⁓geräusch** *n* prìzvuk; **⁓produkt** *n* nȕzproizvod; **⁓raum** *m* nȕzprostorija; **⁓sache** *f* spȍrednā stvȃr *f*; **⁓sächlich** ȕzgrēdan, spȍredan; **⁓satz** *m Gr.* spȍrednā rečènica; **⁓straße** *f* spȍrednā ȕlica; **⁓verdienst** *m* nȕzzārada
neblig maglòvit
neck|en dìrkati, zadirkívati; **⁓isch** nȅstāšan
Neffe *m* sinòvac, nȅćāk
Neger *m* cŕnac; **⁓-** *in Zssgn* cȑnačkī; **⁓in** *f* cȑnkinja
nehmen ȕz|ēti (-imati)
Neid *m* závist *f*, jálnōst *f*; **⁓isch** závidan, jálan
neig|en nàg|nuti (-injati) (**sich** se); **⁓ung** *f* náklonōst *f*; (*Abhang*) nágib
nein nȇ
Nelke *f* karànfil, klìnčić
nenn|en nàz(i)vati; **⁓er** *m Math.* názivnīk, imènilac; **⁓wert** *m Hdl.* nȍminālnā vrijèdnōst *f*
Nerv *m* žívac, nȇrv; **⁓en-** žìvčanī; **⁓enzusammenbruch** *m* slȍm žívācā; **⁓lich** žìvčan; **⁓ös** nȇrvōzan; **⁓osität** *f* nervóza
Nerz *m* nȇrc
Nessel *f* kòpriva

Nest *n* gnijèzdo
nett zgȍdan, ùmiljat
Netz *n* mrȅža; **⁓-** *in Zssgn* mrȇž|an, -ast; **⁓haut** *f* mréžnjača
neu nȏv; **von ⁓em** pȍnova; **⁓bau** *m* novògradnja; **⁓erung** *f* novotàrija; **⁓e(s)** *n* nȍvo; **⁓gier(de)** *f* radòznalōst *f*, znȃtižēlja; **⁓gierig** radòznao, znȃtižēljan; **⁓heit** *f*, **⁓igkeit** *f* nóvōst *f*; **⁓jahr** *n* Nȍvā gȍdina; **⁓lich** *adv.* nȅdāvno; **⁓ling** *m* novàjlija *m*; **⁓mond** *m* mlȃdī mjȇsēc
Neun *f* dȅvētka, devètica
neutral nȅutrālan; **⁓isierung** *f* neutralizácija; **⁓ität** *f* neutrálnōst *f*
Neuzeit *f* nȍvō dȍba *n*
nicht nȇ; **⁓!** (*verneinter Imperativ*) nèmōj(te *pl.*)!; **ich auch ⁓** ni jâ; **gar ⁓** nìkāko
Nichte *f* nećàkinja
nichtig nȉštavan, bez vrijèdnosti; **⁓keitserklärung** *f* poništénje
Nichtraucher *m* nepùšāč
nichts nȉšta; **⁓ Neues** nȉšta nȍvo; **⁓destoweniger** ìpāk; **⁓nutz** *m* ništàrija; **⁓sagend** bȅznačājan
Nichtschwimmer *m* neplìvāč
nicken klìm|nuti (-ati), kím|nuti (-ati)
nie nìkad(ā)
nieder- nìzak, dȍnjī; **⁓brennen** spá|liti (-ljívati); **⁓drücken** prìtis|nuti (-kívati); *Preis*: obárati (cijè-

nu); **♀gang** *m fig.* pâd; **~gehen** *Regen*: pȁdati; *Lawine*: [s]rȕšiti se; **~geschlagen** pòkūnjen, klònuo; **~knien** klȅ|knuti, -ći; **♀lage** *f Mil.* pȍrāz; **♀lande** *pl.* Nizòzemskā, Holàndija; **~legen** pol|òžiti (-ágati); *Amt*: odr|èći (-ícati) se (*G*); **sich ~legen** lèći (lijègati); **~reißen** [s]rȕšiti; **♀schläge** *m/pl.* obòrine *f/pl.*; **~schlagen** (*j-n*) svá|liti (-ljívati) s nógā; **~trächtig** pȍdao; **♀ung** *f* nizìna

niedlich mìo, ȕbav

niedrig nìzak [nì(t)ko

niema|ls nìkad(ā); **~nd**

Niere *f* bùbreg; **~nbraten** *m* bubrèžnjāk

niesen kíh|ati [-nuti]

Niet *m Tech.* zákivak, zȁkovica; **~e** *f* (*Los*) nìštica; **~maschine** *f* mašína za zakívānje

nirgend|s, **~wo** nìgdje; **~woher** nìotkud(ā); **~wohin** nìkud(ā)

Nische *f* udubljénje (u zídu), níša

nisten gnijèzditi se

Nobelpreis *m* Nȏbelova nȃgrada

noch jȍš; **weder ... ~ ...**, ni ... ni ..., nìti ... nìti ...; **~mals** jȍš jèdnōm

Nockenwelle *f* brȇgastō vrȁtilo, brȇgastā osòvina

Nonne *f* čȁsnā sèstra, kàluđerica

Nonstopflug *m* bespréki-dan lȇt

Nord(en) *m* sjȅvēr

nördlich sjȅvērnī

Nord|ost(en) *m* sjeveroìstok; **~pol** *m* sjȅvērnī pȏl; **~see** *f* Sjȅvērnō mȏre; **~west(en)** *m* sjeverozápad; **~wind** *m* sjevèrnjāk

Norm *f* nȏrma, prȁvilo; **~-** *in Zssgn* stàndardan, nòrmirān

Norwege|n *n* Nòrvēškā; **~r(in** *f*) *m* Norvéž|anin (-ānka)

Not *f* nèvolja, nȕžda

Notar *m* bilježnīk, nàtāroš

Not|ausgang *m* ìzlaz za nȕždu; **~bremse** *f* rèzērvnā kóčnica; **♀dürftig** *adv.* kojekàko

Note *f* nóta; (*Zensur*) ȍcjena

Notfall *m* slȕčāj pȍtrebē; **♀s** u krȃjnjēm slučáju

notieren zabìljež|iti (-ávati)

nötig pȍtreban, nȕžan; **~en** prìnu|diti (-đívati, -đávati), primór(áv)ati; **~enfalls** ȁko je nȕžno, u slučaju nȕzdē

Notiz *f* zà- prì|bilješka; **~buch** *n* bilježnica, nótes

Not|landung *f* prísilnō spúštānje; **~signal** *n* znȃk za ȕzbunu; **~wehr** *f* ȍdbrana u nȕždi; **♀wendig** pȍtreban; **~wendigkeit** *f* pȍtreba; **~zucht** *f* silovȃnje

Novelle *f* novèla

November *m* nòvēmbar, *kr.* stȕdenī

nüchtern trëzven, trijèzan; **auf ~en Magen** na prázan žèludac, nàtašte
Nudeln *f/pl.* rezánci *m/pl.*
Null *f* nìštica, nûla
numerieren označ|iti (-ávati) brõjevima
Nummer *f* brôj; **~nschild** *n Kfz.* règistarskā tàblica
nun sād, sàdā, tād, tádā; **von ~ an** òdsad(ā)
nur sāmo
Nuß(baum *m*) *f* òrah; (*Holz*) òrahovina
Nut *f Tech.* žlijeb
nutzen kòristiti
Nutz- kõristan; **~en** *m* kõrīst *f*
nütz|en kòristiti; **~lich** kõrīstan
nutzlos nēkorīstan
Nylon *n* nàjlon; **~-** *in Zssgn* nàjlõnskī; **~strümpfe** *m/pl.* nàjlõnke *f/pl.*

O

ob *cj.* dā li
Obacht *f*: **~ geben** pāziti
Obdach *n* záklon
oben gõre; **von ~** odòzgō(r)
Ober *m s.* **(Ober-)Kellner**
ober|e(r) gôrnjī; **²fläche** *f* površìna; **~flächlich** põvršan; **~halb** (*G*) pòvrh; **²haupt** *n* pòglavica; **²hemd** *n* kòšulja; **²kellner** *m* nātkonobār; **²kiefer** *m* gôrnjā čēljūst *f*; **²lippe** *f* gôrnjā ūsna; **²schenkel** *m* bèdro
oberst- vr̀hōvni
Oberst *m* pùkōvnīk; **~leutnant** *m* põtpukōvnīk
obgleich iako, prēmda
Obhut *f* zâštita
Obst *n* vȍće; **~-** *in Zssgn* vȍćnī; **~baum** *m* vȍćka; **~garten** *m* vȍćnjāk; **~händler** *m* vȍćār; **~saft** *m* vȍćnī sôk
Obus *m* tròlējbus
obwohl māda
Ochse *m* vô(l) *m*
öde pûst
oder ìli
Ofen *m* pêć *f*; **~rohr** *n* pēćnica; **~setzer** *m* pèćār
offen òtvoren; *fig.* ìskren; **~bar** očìgledan; **~baren** òčitovati; **²heit** *f* ìskrenōst *f*; **~kundig** ōčit
Offensive *f* ofanzíva
öffentlich jâvan; **²keit** *f* jávnōst *f*
Offerte *f* õglās
offiziell slùžben, zvàničan
Offizier *m* ofìcīr, čàsnīk
öffn|en otv|òriti (-árati); **²er** *m* otvàrāč; **²ung** *f* òtvor; otváranje
oft *adv.* čēsto
öfter(s) *adv.* čēšće
ohne (*A*) bēz (*A*)
Ohn|macht *f* nēsvijest *f*; **in ~macht fallen** onesv|i-jèstiti (-ješćívati, -ještávati) se; **²mächtig** onèsviješten; nēmoćan
Ohr *n kr.* ūho, *sb.* ūvo (*pl.* ūši)

Ohr *n* ùšice *f/pl.*, ùška
Ohrenarzt *m sb.* ljèkār (*kr.* liječnik) za ȕšnē bȍlesti
Ohr|feige *f* šàmār, ćȕška, pljȕska; **⁓feigen** pljȕs|kati [-nuti], [iš]ćȕškati; **⁓läppchen** *n* (ȕšnā) rèsica; **⁓ring** *m* nàušnica, mìnđuša
Oktober *m* ȍktōbar, *kr.* listopād
Öl *n* ȕlje; **⁓baum** *m* màslina; **⁓en** [nà]ȕljiti; **⁓farbe** *f* uljànā bòja; **⁓gemälde** *n* slika na ȕlje; **⁓ig** ȕljast
Olive *f* màslina; **⁓n·öl** *n* màslinovo ȕlje
Öl|kanne *f* uljàrica; **⁓sardinen** *f/pl.* sardíne *f/pl.*; **⁓stand** *m* nivo *m* ȕlja; **⁓wechsel** *m* zāmjena ȕlja
Olymp|iade *f* olimpijáda; **⁓isch** olìmpijskī; **⁓ische Spiele** *pl.* Olìmpījskē ìgre
Oma F *f* báka
Omnibus *m s.* **Autobus**
Onkel *m* (*mütterlicherseits*) ȕjāk; (*väterlicherseits*) stric, čȉka *m*
Opa F *m* djȅdica *m*, djédo *m*
Oper *f* ȍpera
Operation *f* operácija
Operette *f* operèta
operieren *kr.* operírati, *sb.* opèrisati
Opern|glas *n* (pòzorišnī *od.* kàzališnī) dȍglēd; **⁓haus** *n s.* **Oper** *f*
Opfer *n* žȑtva; **⁓n** žȑtvovati
Opium *n* ȍpijum *m*
Optiker *m* òptičār
Orange *f* nàrān|ča, -dža; **⁓(farben)** nàran|čast, -džast
Orchester *n* ȍrkestar
Orden *m* ȍrden, odlikovánje; *Rel.* rêd
ordentlich rèdōvan, redòvit; (*sauber*) ụredan
ordinär òbičan; pròstāčkī
ordn|en sré- uré|diti (-đívati); **⁓ung** *f* rêd; *Pol.* pòredak; **in ⁓ung** u rédu; **⁓ungszahl** *f* rêdnī brȏj
Organ *n* ȍrgān; **⁓isation** *f* organizácija; **⁓isieren** *kr.* organ|izírati, *sb.* -ìzovati
Orgel *f* ȍrgulje *f/pl.*
orientalisch ìstočnjāčkī
orientieren: sich ⁓ sn|áći (-àlaziti) se
Origin|al-, ⁓ell ȍriginālan
Ort *m* mjȇsto
Orthographie *f* prȁvopis
örtlich, Orts- mjȇsnī
Ortschaft *f* mjȇsto, sèlo
Ortsgespräch *n* mjȇsnī rȁzgovor
Öse *f* ȍmča, ȕšica
Ost- ìstočnī; **⁓(en)** *m* ìstok
Osterfest *n*, **Ostern** *n/pl.* Ȕskrs
Österreich *n* Àustrija; **⁓er(in** *f*) *m* Austr|ijánac (-ijánka); **⁓isch** àustrijskī
östlich ìstočnī
Ostsee *f* Bàltičkō mȏre
oval ȍvālan
Overall *m* kombinèzōn, ovèrōl
Ozean *m* ocèān, okèān

P

Paar *n* pâr; **ein** 2 nèkoliko
Pacht *f* zákup; **2en** zakúp|iti (-ljívati)
Pächter *m* zàkupnīk
Pachtvertrag *m* zàkupnī ūgovōr
Päckchen *n* pakètić
pack|en (*greifen*) [z]grābiti, šćèpati; *Koffer*: pākovati, zamòt(áv)ati; **2er** *m* ambalàžer, pāker; **2papier** *n* pākpapir; **2ung** *f* òmot
Paddel|boot *n* kājak; **2n** vèslati
Paket *n* zámotak; (pōštanskī) pàkēt; **~annahme** *f* prímānje pakétā; **~ausgabe** *f* izdávānje pakétā; **~karte** *f* spróvodnica
Pakt *m* ūgovōr, spōrazūm
Palast *m* pàla|ča, -ta
Palm|e *f* pâlma; **~sonntag** *m* Cvjètnica
paniert pōhānī
Panne *f s.* **Fehler, Mißgeschick;** *Tech.* kvâr
Pantoffel *m* pàpuča
Panzer *m* òklop; (*Fahrzeug*) tēnk, tānk
Papa *m* tāta
Papagei *m* pàpiga, papàgāj
Papier *n* hàrtija, pàpīr; **~geld** *n* pāpīrnat nòvac *m*; **~geschäft** *n*, **~handlung** *f* pàpīrnica; **~korb** *m* kòšara za pàpīr
Pappe *f* kàrtōn, ljèpēnka
Pappel *f* jāblān, topòla
Paprika *n* pàprika; **~schnitzel** *m* pàprikāš; **~schote** *f s.* **Paprika**
Papst *m* pápa
Parade *f* smōtra
parallel ūsporedan, paràlelan
Parfüm *n* pàrfēm
Park *m* pārk, pèrivōj
park|en parkírati; **2en** *n* parkírānje, pārking; **2haus** *n*, **2platz** *m* parkíralište; **2verbot** *n* zâbrana parkírānja
Partei *f* strânka, pàrtija; **2isch** prīstran; **~mitglied** *n* člân pàrtijē, partíjac
Partie *f* pàrtija
Partisanen- partìzānski
Partner *m* pàrtner, sùigrāč
Paß *m* (*Gebirgs2*) prijèvōj, prólaz; (*Reise2*) pâsoš
Passagier *m* pûtnīk
Passant *m* pròlaznīk
Paßbild *n* pâsoškā slīka
passen dòlikovati, prìstajati; **~d** dòličan, ūmjestan
passier|en *Weg, Grenze*: próći (pròlaziti); (*geschehen*) dog|òditi (-áđati) se, dè|siti (-šávati) se; **2schein** *m* própusnica
Paßkontrolle *f* pâsoškā kontróla
Pastete *f* paštéta
Pastor *m* protèstantski svèćenik, pāstor
Pate *m* kûm
Patent *n* pàtent; **2ieren** patentírati

Patient(in *f*) *m* bolèsn|īk (-ica)
Patin *f* kúma
Patriot *m* ròdoljub
Patrone *f* patróna
Pauke *f* bûbanj
Pauschal|e *f*, **~summe** *f* pàušāl
Pause *f* pàuza, òdmor, stânka; prékid
Pauspapier *n* prècrtnī pàpīr
Pech *n* smòla; *fig.* nèsreća
Pedal *n* pèdāl, pòluga
peinlich mūčan; neùgodan
Peitsche *f* bič
Pelle *f* ljūska
Pelz *m* kŕzno; **~mantel** *m* bûnda; **~mütze** *f* šùbara
Pendel *n* klátno, njíhalo
Pension *f* pénzija, miròvina; (*Unterkunft, Kost*) pansiōn, penziōn; **ˆiert** u pénziji, umìrōvljen
Perl|e *f* bìser; **ˆen** *Wein*: pjenùšati se; **~muschel** *f* bìsernica; **~mutter** *f* sèdef
Person *f* òsoba
Personal *n* òsōblje; **~ausweis** *m* līčnā kârta, legitimácija; **~beschreibung** *f* līčnī ópis; **~ien** *pl.* līčnī podáci *m/pl.*
Personen|wagen *m* òsobnā kōla *n/pl.*; **~zug** *m* pûtnički vlâk (*od. sb.* vôz)
persönlich līčnī; **ˆkeit** *f* līčnōst *f*
Perücke *f* vlàsulja, pèrika
Pest *f* kūga
Petersilie *f* péršun
Petroleum *n* petròlēj; **~kocher** *m* kūhalo na petròlēj; **~lampe** *f* petròlējka
Pfad *m* stàza
Pfahl *m* kòlac
Pfand *n* jàmčevina; zálog; **~schein** *m* záložnica
Pfann|e *f* tàva, tìgānj; **~kuchen** *m* ùštipak
Pfarrer *m* žûpnīk; pōp
Pfau *m* pàun
Pfeffer *m* bìber, pàpar; **~kuchen** *m* medènjāk; **~minze** *f* mētvica, nána; **ˆn** [zà]pāpriti
Pfeife *f* (*Tabaksˆ*) lūla; *Mus.* zviždāljka; **ˆn** zvíždati, fūćkati; **~ntabak** *m* dùhān (*sb.* dùvān) za lùlu
Pfeil *m* strijèla
Pfeiler *m* stûb, stûp
Pferd *n* kōnj
Pferde- kōnjski; **~bohne** *f* bōb; **~rennen** *n* kōnjskā (ù)tŕka; **~stärke** *f* kōnjskā snága (*od.* sìla)
Pfiff *m* zviždūk
pfiffig prèpreden, domìšljat
Pfingsten *n* Dùhovi *m/pl.*
Pfirsich *m* brēskva
Pflanze *f* bìljka; **ˆn** [po-] sáditi; **~nschutzmittel** *n* srèdstvo za zāštitu bìlja
Pflaster *n* (*Straßenˆ*) kàldrma; *Med.* mèlem, flāster; **ˆn** poplòč(āv)ati
Pflaume *f*, **~nbaum** *m* šljīva; **~nbranntwein** *m* šljìvovica
Pfleg|e *f* njēga; **ˆen** njēgovati; (*häufig tun*) običávati; **~er(in** *f*) *m* bólničār(ka)

Pflicht *f* dúžnōst *f*; ōbaveza; **~-** *in Zssgn* ōbavezan; **²gemäß** po dúžnosti
Pflock *m* kòlac
pflücken [pò-, ù]brȁti
Pflug *m* plȗg; (*Haken²*) rȁlo
pflügen òrati
Pförtner *m* vràtār, pòrtīr
Pfosten *m* dìrek, stȗb, stȗp
Pfote *f* šápa
Pfriem *m* šilo
Pfropfen *m* čēp
Pfund *n* fúnta
pfuschen pr̀tljati, [s]pr̄čkati
Pfütze *f* bȁra, lȍkva
Phantas|ie *f* mȁšta, fàntazija; **²tisch** fantàstičan
Philosoph|ie *f* filozòfija; **²isch** filòzofskī
Photo|apparat *m* fȍtoapàrāt; **~graphie** *f* fotogràfija; (*Bild*) slika, fȍto *m*; **²graphieren** *kr.* fotogr|afírati, *sb.* -àfisati, slȉkati; **~zelle** *f* fȍto|ćelija, -stanica
Physik *f* fìzika
Pickel *m* prìštić, bubùljica
picken kljȕcati, kljùvati
Pik *n* (*Kartenfarbe*) pik(ovi *pl.*)
Pilgerfahrt *f* hodòčašće
Pille *f* pilula
Pilz *m* gljiva, pèčūrka; **~-** *in Zssgn* gljīvnī; **~vergiftung** *f* otrovánje gljivama
Pinsel *m* kīst, čētkica
Pinzette *f* pincèta
Pionier *m* piònīr
pissen V pìšati
Pistazie *f* pìstak, pìstać
Piste *f* *Flgw.* pìsta; *Sp.* spûst
Pistole *f* pištōlj, kùbura
Plage *f* mȗka; **²n** [nà]mȕčiti (**sich** se)
Plakat *n* ȍglās, plàkāt
Plakette *f* znȁčka
Plan *m* plân; *Arch.* nácrt; (*Einteilung*) rásporēd; (*Absicht*) námjera
Plane *f* plátno
planen namjerávati; planírati
Planet *m* planéta
Planke *f* dàska
plan|los bez plâna; **~mäßig** plânskī; po plânu
Planschbecken *n* plítak bàzēn (za djècu)
Plantage *f* násad(a), plantáža
Planwirtschaft *f* plânskā privreda
Plastik|beutel *m*, **~tüte** *f* plàstičnā kȇsica
platt plȍsnat
Platte *f* plȍča
plätten *s.* **bügeln**
Platt|enspieler *m* gramòfōn; **~form** *f* plàtforma
Plattfuß *m* spȗštenō stòpalo, *sb.* dȗstaban
Platz *m* mjȇsto; (*Sitz²*) sjȅdište; (*Markt²*) tȓg; **~-anweiserin** *f* rázvodnica
Plätzchen *n* *Kochk.* kolàčić, kȇks
platzen ràsprs|nuti (-kávati), pȕ|knuti (-cati)
Platz|karte *f* rezervácija (mjȇsta); **~regen** *m* pljȗsak

Plauder|ei *f* ćàskānje, kòzērija; **2n** ćàskati, bȑbljati
Pleite F *f* bànkrōt, prōpāst *f*
Plomb|e *f* plômba; **2ieren** plombírati
plötzlich iznenádan, nāgao; *adv.* iznenáda, nâglo
plump zdēpast
Plunder *m* starùdija, trice *f/pl.*
plünder|n [ò]pljàčkati, hárati; **2ung** *f* pljàčka
Plus|pol *m El.* pōzitīvnī pôl; **~zeichen** *n* znâk plûs
Plüsch *m* pliš
Pöbel *m* òloš, svjètina
pochen kȕcati
Pocken *pl.* bòginje *f/pl.*; **~schutzimpfung** *f* cijèpljēnje protiv bȍginjā
Podium *n* pôdīj
Pokal *m* pèhār, bòkāl; **~spiel** *n Sp.* ùtakmica za kȗp
Pökel|fleisch *n* ùsoljenō mêso; **2n** [u]sòliti
Pol *m* pôl, stȍžēr
Polar|kreis *m* pòlārnī krûg; **~stern** *m* Pòlārnā Zvijèzda
Pol|e *m* Pòljāk; **~en** *n* Pȍljskā; **~in** *f* Poljàkinja
Police *f* polica
polieren [u]glàćati, [is]polírati
Poli|tik *f* polìtika; **~tiker** *m* polìtičār; **2tisch** polìtičkī
Polizei *f* milìcija, polìcija; **~dienststelle** *f* milìcījskā (*od.* polìcījskā) ȕprava; **~revier** *n* milìcījskā (*od.* polìcījskā) stȁnica
Polizist *m* milicìonēr, policájac
polnisch pȍljskī
Polster *n* jàstuk; **~möbel** *n/pl.* tapècīrānō (*od.* pòstavljenō) pòkućstvo
poltern ròndati
Pommes frites *pl.* pòmfrī *m*
populär pōpulāran, vȍljen
Pore *f* póra
porös pòrozan
Porree *m* pòriluk
Portier *m* vràtār, pòrtīr
Portion *f* pòrcija
Porto *n* poštàrina; **2frei** oslòbođen od poštàrinē
Porträt *n* pòrtrēt
portugiesisch portùgālskī
Porzellan *n* porcùlān
Posaune *f* trúba
Posse *f* lakȑdija, šála
Post *f* pȍšta; **~-** *in Zssgn* pȍštanskī; **per ~** pȍštōm; **~amt** *n* pȍštanskī ùred; **~anweisung** *f* (pȍštanskā) ùputnica; **~auto** *n* pȍštanskī àuto *m*; **~beamte(r)** *m* pȍštanskī čìnōvnīk; **~bote** *m* pȍštār
Posten *m* (*Amt*) mjȅsto, dúžnōst *f*; *Mil.* strâža; stràžār; *Hdl.* stâvka
Post|fach *n* pȍštanskī prètinac; **~karte** *f* dópisnica; **2lagernd** pȍstrestānt; **~leitzahl** *f* brȏj pȍštanskē vȅzē; **~scheckkonto** *n* pȍštanskī čȅkovnī ràčūn; **~sparbuch** *n* pȍštanskā štȇdnā knjìžica; **~stempel** *m* pȍštanskī žȋg; **2wendend** ȍbratnōm pȍštōm
Pracht *f* sjȃj, ráskoš
prächtig sjájan, dȉvotan

prägen [s]kòvati
prahlen hvàlisati se, hvãstati se
Prakti|kant *m* vjěžbenīk; **~kum** *n* vjěžba, pràktikum; **⁰sch** pràktičan
Praline *f* pralìnē *m*
prall pũn, jédar
Prämie *f* prêmija, nãgrada
Präparat *n* prepàrāt; srèdstvo
Präsident *m* prèdsjednīk
prasseln prãskati
Praxis *f* prãksa
Präzisions- prêciziōnī
predig|en propòv|jediti (-ijèdati); **⁰er** *m* propovjèdnīk; **⁰t** *f* prõpovijed *f*
Preis *m* cijèna; (*Prämie*) nâgrada; **~ausschreiben** *n* nâgradnī nãtječāj (*od.* kònkurs)
Preiselbeere *f* brûsnica
Preis|erhöhung *f* povišénje cijènā; **~ermäßigung** *f* sniženje cijènā; **⁰geben** òstav|iti (-ljati), nap|ùstiti (-úštati); **⁰gekrönt** nàgrāđen; **~liste** *f* cjènōvnīk; **~richter** *m* súdac (u nãtječāju); **~träger** *m* dòbītnīk nâgradē; **⁰wert** *Hdl.* jěftin, jèvtin
Premiere *f* premijéra
Presse *f Tech.* prěša, presa; (*Zeitungen*) prêsa, štâmpa; nõvinstvo; **~freiheit** *f* slobòda štâmpē; **~konferenz** *f* konferèncija za štâmpu
press|en stìsnuti (stískati); prěšati, prěsovati; **⁰er** *m* prèsāč
Preßkopf *m* tlãčenica
Preßluft *f* sabìjenī zrãk (*od.* vàzdūh); **~bohrer** *m* pneumàtičnī svr̃dao *m*; **~hammer** *m* pneumàtičnī čèkić
prickelnd rēzak
Priester *m kr.* svè|ćenīk, *sb.* -štenīk
Primel *f* jàglac
primitiv prìmitīvan
Prinz *m* prînc; **~essin** *f* princéza [čelan}
Prinzip *n* načélo; **⁰iell** ná-}
privat prìvātan; **⁰zimmer** *n* prìvātnā sõba
Prob|e *f* próba, kúšnja; (*Versuch*) pòkus, õgled; (*Muster*) ùzorak; **~e-** pòkusnī; **~e·fahrt** *f* pòkusnā vòžnja; **⁰ieren** [ò]kūšati, próbati
Produk|t *n* proìzvod; **~tion** *f* proizvódnja; **~tions-** prõdukciōnī; **~tivität** *f* proìzvodnōst *f*
produzieren producírati, pròdukovati; *s.* **herstellen**
Pro|fessor *m* pròfesor; **~fi** F *m Sp.* profesiònāl; **~gramm** *n* prògram; **~jektor** *m* pròjektor; **~menade** *f* šétalište; **~mille** *n* pròmil
Propangas *n* pròpān; **~flasche** *f* bõca za pròpān; **~kocher** *m* rèšō *m* zā plin
Pro|peller *m Flgw.* èlisa; **⁰phezeihen** pror|èći (-ícati), prórokovati; **⁰sit!** nàzdrāvlje!; **~spekt** *m* pròspek(a)t; **~stituierte** *f* prostìtūtka

Protest *m* pròtest; **~-** *in Zssgn* pròtestnī; **2ieren** *sb.* pròtest|ovati, *kr.* -írati
Pro|these *f* protéza; **~tokoll** *n* zápisnīk; **~viant** *m* hrána; **~vinz** *f* pòkrajina; **2visorisch** prõvizōran; **~vokation** *f* provokácija
Prozent *n* põstō, õdstō; **~satz** *m* pòstotak, pròcen(a)t
Prozeß *m* párnica, pròces
prüf|en ispít(ív)ati; **2ung** *f* ìspit
Prügel *m/pl.* bàtine *f/pl.*; **2n** batìnati
Prunk *m* sjâj
Psychiater *m* psihijātar
psychologisch psihòloškī
Publikum *n* pùblika
Pudding *m* pûding
Pudel *m* púdl(ic)a
Puder *m* pûder; **~dose** *f* kùtija za pûder; **2n** [na-]púdrati
Pullover *m* pulóver
Puls *m* bīlo; **~ader** *f* žīla kũcavica; **~schlag** *m* kũcānje bīla
Pulver *n* prášak; (*Schieß2*) bárut
Pumpe *f* sìsāljka, cr̂pka, pûmpa
Punkt *m* tačka; *Sp.* bôd, pòēn; **nach ~en siegen** dòbiti *pf.* na bódove
pünktlich tāčan
Punsch *m* pûnč
Pupille *f* zjènica
Puppe *f* lũtka
Püree *n* pìrē *m*
Purzelbaum *m* prẽmẽt
Pustel *f* bubùljica
Pute *f* *sb.* ćũrka, *kr.* pũra; **~r** *m s.* **Truthahn**
Putsch *m* pûč
Putz *m* nákit; *Arch.* žbũka; **2en** [ò]čìstiti; (*schmücken*) [nà]kìtiti, [u]krásiti; **~macherin** *f* mòdistkinja
Pyjama *m* pidžáma

Q

Quadrat *n* kvàdrāt, četvòrina; **~meter** *m* čètvōrnī (*od.* kvàdrātnī) mètar
quaken krekètati
Qual *f* mũka, pàtnja
quälen [nà]mũčiti
Qualität *f* kakvòća, kvalìtēt
Qualle *f* medúza, klòbūk
Qualm *m* dîm; **2en** dímiti; **2ig** zàdimljen
Quarantäne *f* karanténa, karàntīn
Quark *m* (bìjelī) sîr
Quartal *n* tròmjesēčje
Quartett *n* kvàrtēt
Quaste *f* kìta
Quatsch F *m* koještàrije *f/pl.*; **2en** F bṙbljati
Quecksilber *n* žíva
Quell|e *f* vrēlo, ìzvor; **2en** izvir(ív)ati; [na]bùjati, [na-]bréknuti
quer *adv.* põprijeko; **2-** *in Zssgn* põprečan; **2balken** *m* prijèčnica; **2schnitt** *m* (põprečnī) présjek; **2stra-**

ße *f* pōprečnā ȕlica; ♀-**strich** *m* pōprečnā cȑta
quetsch|en [z]gnjéčiti; ♀**ung** *f* zgnječénje, náboj
quietschen píštati
quitt izmíren, izràvnat
Quitte *f* dȕnja
quitt|ieren dāti námiru *od.* prìznanicu; ♀**ung** *f* námira, prìznanica
Quiz *n* kvîz
Quotient *m* *Math.* kòličnīk

R

Rabatt *m* pópust, rȃbat
Rabe *m* gȁvrān
Rache *f* ȍsveta
Rachen *m* ždrijèlo
rächen osvé|titi (-ćívati) (**sich** se)
Rad *n* *kr.* kòtāč, *sb.* tòčak; (*Fahr*♀) bìcikl
Radau F *m* galáma, džùmbus
Rädelsführer *m* kȍlovođa *m*
radfahr|en vòziti se na biciklu, tjȇrati bicikl; ♀**er** *m* biciklist(a *m*); ♀**weg** *m* biciklìstičkā stàza
radier|en [ìz]brìsati; ♀**gummi** *m* gȕma za brìsānje; ♀**ung** *f* bȁkrorēz
Radieschen *n* rȍtkvica
Radio *n*, **~apparat** *m*, **~gerät** *n* rȃdio(-apàrāt) *m*; *s. a.* **Rundfunk; ~röhre** *f* rȃdio-cijev *f*; **~sendung** *f* rȃdio-emìsija
Radius *m* pȍlumjēr, rȃdijus
Rad|kappe *f* osòvinskī kàpak; **~rennen** *n* biciklìstičkā tȑka
raffen [prì]grȁbiti
Ragout *n* ràgū *m*
Rahm *m* vȑhnje, skȍrup, kàjmak
Rahmen *m* ȍkvīr
rahmen uokvír|iti (-ávati), urám|iti (-ljívati)
Rakete *f* rakèta
rammen *v/t.* *Fahrzeug usw.*: na|lètjeti (-lijètati) (na *A*), sùdar|iti (-ati) se (s *I*)
Rampe *f* rȃmpa, plàtfōrma
Ramsch *m* bàzārskā rȍba
Rand *m* rȗb, krȃj; (*Kante*) ȉvica; (*Brot*) okrájak; **am ~e** nakraj (*G*), na rúbu; (*nebenbei*) ȕzgrēd; **~bemerkung** *f* prìmjedba (sa strànē); ♀**los** bez okvíra, bez ȉvicē
Rang *m* čȉn; rȇd; *Thea.* gàlērija
rangieren *Esb.* *sb.* manèvr|isati, *kr.* -írati
Rank|e *f* vȉtica; ♀**en: sich** ♀**en** vȉti se, vȇrati se
Ranzen *m* rának, telèćāk
ranzig užègnut, užèzen
Rappe *m* (kȍnj) vránac
Rarität *f* rijètkōst *f*
rasch bȑz, hȉtar
rascheln šȕškati
Rasen *m* trȃvnīk, trȁtina
rase|n bjèsnjeti; (*schnell fahren*) júriti; **~nd** bijèsan
Rasier|apparat *m* apàrāt

za brìjānje, žìlēt; **≗en** [ò-] brìjati (**sich** se); **~klinge** *f* brìtvica, žìlet; **~messer** *n* brìtva, brìjāč; **~pinsel** *m* čētkica (*od.* kèfica) za brìjānje; **~seife** *f* sàpūn za brìjānje; **~wasser** *n* vòda poslije brìjānja; **~zeug** *n* prìbor za brìjānje

Raspel *f* tùrpija; **≗n** turpìjati

Rasse *f* rāsa, pàsmina

rasseln zvekètati

Rast *f* òdmor; **≗en** odm|òriti (-árati) se; **~haus** *n*, **~stätte** *f* restòrān (na àuto--pútu), mòtēl

Rasur *f* brìjānje

Rat *m* sávjet; (*Person*) sávjetnīk; (*Gremium*) vijèće

Rate *f* òbrok, ōtplata, rāta; **in ~n (be)zahlen** otplá|titi (-ćivati)

raten pog|òditi (-áđati); (*mutmaßen*) nagáđati; (*Rat geben*) sávjetovati

Rat|geber *m* savjetodávac; **~haus** *n* vìjećnica, grādskā kūća; **≗los** besávjetan, bèspomoćan; **≗sam** sávjetan, zgōdan, kōrīstan, preporùčljiv; **~schlag** *m* sávjet

Rätsel *n* zāgonetka; **≗haft** zāgonetan

Ratte *f* štākor, pá(r)cōv

Raub *m* grábež, otimàčina; *s.* **Entführung; ≗en** [ù-, z]grābiti, òt|ēti (-imati)

Räuber *m* rázbōjnīk; *va.* hàjdūk

Raub|gier *f* grabèžljivōst *f*; **≗gierig** grabèžljiv; **~tier** *n* zvìjer *f*, gràbljivica; **~überfall** *m* rázbōjnīčkī prépad; **~vogel** *m* ptica gràbljivica

Rauch *m* dīm; **≗en** *v/i.* dìmiti se; *v/t. Tabak*: [pò-, zà]pūšiti; **~en** *n* pūšēnje

Raucher *m* pùšāč; **~abteil** *n Esb.* òdio (*od.* òdjel) *m* za pušáče

Räucherlachs *m* dìmljenī (*od.* sûšenī) lôsos

rauch|ig zàdimljen; **≗verbot** *n* zâbrana pūšēnja

Räude *f* gûba, šûga

Rauf|bold *m* svàdljivac, kâvgadžija *m*; **≗en** čùpati; **sich** (*od.* **miteinander**) **≗en** túći se, kâvžiti se; **~erei** *f* tùčnjava, kâvga

rauh hrāpav; *fig.* ōsōran; **≗heit** *f* hrāpavōst *f*; ōsōrnōst *f*; **≗reif** *m* ìnje

Raum *m* próstor; (*Zimmer*) prostòrija, sòba

räumen (*auf~*) [u]réditi; (*beseitigen*) odstrá|niti (-njívati), uklòniti (ùklanjati); (*leeren*) isprá|zniti (-žnjávati); *Mil.* na|pùstiti (-púštati)

Rauminhalt *m* zâpremina

räum|lich próstoran; **≗ung** *f* odstranjivánje, ùklanjānje; ispražnjénje; *Mil.* napúštānje

Raupe *f* gùsjenica (*a. Tech.*); **~nschlepper** *m* tèglāč na gùsjenice

Rausch *m* zános; (*Alkohol≗*) pijánstvo

rauschen šúmiti, šûškati

Rauschgift *n* narkòtik, òpōjnō srèdstvo
Razzia *f* policījskā hâjka, rácija
real rèālan, stvāran; **\~ität** *f* stvārnōst *f*; **\~schule** *f* rèālka
Rebe *f* lòza
Rebell *m* bùntōvnīk; **\~ieren** búniti se; **\~isch** bùntōvan
Rebhuhn *n* jarèbica
rechen grābljati
Rechen *m* grâblje *f/pl.*
Rechen|fehler *m* ràčūnskā (pò)grēška; **\~maschine** *f* račùnār, ràčūnskā mašína; **\~schaft** *f* ràčūn
rechn|en račùnati, račúniti; **\~ung** *f* ràčūn; *fig.* računica
recht (*Ggs. links*) dēsnī; (*richtig*) prâvī; *adv.* bāš, veòma
Recht *n* prâvo; **\~e** *f* (*a. Pol.*) dèsnica
Rechteck *n* pravò|kutnīk, -ugàōnīk; **\~ig** pravò|kutan, -uglast
rechtfertig|en òprāvd(á-v)ati; **\~ung** *f* opravdánje
recht|lich prâvan, zákonit; **\~los** bèsprāvan; **\~mäßig** zákonit
rechts dēsno
Rechts|anwalt *m* advòkāt, *kr.* òdvjetnīk; **\~außen** *m Sp.* dēsnō krílo
recht|schaffen čēstit, pōšten; **\~schreibung** *f* prāvopis
rechts|gültig, \~kräftig pravò|moćan, -vàljān; **\~mittel** *n* prâvnō srèdstvo; **\~radikal** dèsničārskī; **\~widrig** protuzákonit; **\~wissenschaft** *f* prâvnā nàuka (*od.* znānōst *f*)
recht|winklig *s.* **rechteckig**; **\~zeitig** blagò-, pravò|vremen
Reck *n* prēčka, vràtilo
Redakt|eur *m* ùrednīk; **\~ion** *f* ùrednīštvo, redàkcija
Rede *f* gȍvōr; bèsjeda
reden govòriti; bèsjediti; **miteinander \~** razgovárati
Redensart *f* ìzrāz, fráza
redlich pōšten; **\~keit** *f* pošténje
Redner *m* gòvōrnīk
redselig govòrljiv, bȑbljav
Reederei *f* bròdārskō drúštvo
Refer|at *n* ìzvještāj, refèrāt; **\~ent** *m* izvjèsti|lac, -telj, refèrent [òdsjev} *Phys.*
Reflex *m* rèfleks; *Phys.*}
Refrain *m* prípjev, rèfrēn
Regal *n* pòlica
Regatta *f* regàta
rege žîv
Regel *f* prâvilo; **\~mäßig** prâvilan; (*regulär*) redòvit, rēdōvan; **\~n** uré|diti (-đí-vati); *Verkehr*: *sb.* regù|lisati, *kr.* -lírati; **\~ung** *f* uređénje
regen mìcati [màknuti], gíbati (**sich** se)
Regen *m* kìša; **\~bogen** *m* dúga; **\~mantel** *m* kìšnā kabànica; **\~schauer** *m* pljûsak; **\~schirm** *m* kìšobran; **\~tag** *m* kišòvit dân;

~wasser *n* klšnica; **~wurm** *m* (kišnā) glista
Regie *f* rèžija
regier|en vládati (*I*), ùpravljati (*I*); **2ung** *f* vláda
Regisseur *m* režìsēr, *kr.* rèdatelj
registrieren registrírati, zabìlježiti *pf.*
Regler *m* regùlātor
regn|en kíšiti, dàždjeti; **es ~et** kiša pādā; **~erisch** kišòvit, kišan
regulieren *s.* **regeln**
regungslos nēpokrētan
Reh *n* sŕna; **~bock** *m* sŕndāć; **~kitz** *n* làne
Reib|eisen *n* ríbež; **2en** tr̀ljati, tr̀ti; *Kochk.* ríbati; *v/i. Schuh*: žúljiti; **~fläche** *f* površina trénja; **~ung** *f* trénje, tŕljānje; *fig.* ràzmirica
reich bògat
Reich *n* cârstvo
reich|en pr|úžiti (-úžati), d(áv)āti; (*sich erstrecken*) dòp|rijeti (-irati), sèzati (**bis** *D*/ do *G*); (*aus~*) dòstajati; **~haltig** òbilan; **~lich** òbilan, dōvōljan; *adv.* (*ziemlich*) prílično; (*sehr*) veòma, obìlato; **2tum** *m* bògatstvo; **2weite** *f* dóseg, dòmak, dòmet
reif zrēo; **~ werden** sàzr|eti (-ijèvati)
Reif *m* (*Niederschlag*) slána; *s. a.* **Rauhreif, Reifen**
Reife *f* zrēlōst *f*; **mittlere ~** mâlā matúra
reifen [sà-, zà]zrēti
Reifen *m* ōbrūč; *Kfz.* spôljnā gûma, àuto-gûma; **~panne** *f* kvâr na gûmi
Reifeprüfung *f* ìspit zrēlosti, matúra
Reigen *m* kōlo; **~führer** *m* kōlovođa *m*
Reihe *f* rêd; sérija; **der ~ nach** po rédu; **an der ~** na rédu
reihen [na]réđati, [na]nízati (**sich** se); **2folge** *f* rêd, rēdoslijed; **2haus** *n* kūća u nízu
Reiher *m* čāplja
Reim *m* srôk, slīk; **sich 2en** slīkovati se
rein čist; *fig.* pûki, sūštī
Rein|emachefrau *f* čistàčica; **~heit** *f* čistòća; **2igen** [pò]čīstiti; **~igung** *f* čišćēnje
reinlich čist; **2keit** čistòća
Reis *m sb.* pìrinač, *kr.* ríža; **~brei** *m* sutlìjāš
Reise *f* pût, putòvānje; **~büro** *n* pûtnički ùred, turìstički bìrō *m*; **2fertig** sprēman za pût; **~fieber** *n* pûtnā gròznica; **~führer** *m* vòdič, putòvođa *m*; **~gesellschaft** *f* sà-, sù|pūtnīci *m/pl.*; **~gepäck** *n* pûtnički pr̀tljāg; **~gepäckversicherung** *f* osigurānje pûtničkōg prtljága; **~kosten** *pl.* pûtnī trōškovi *m/pl.*; **2n** putòvati; **~nde(r)** *m* (*Hdl.* tr̀govački) pûtnīk; **~paß** *m* pâsoš, pûtnica; **~route** *f* pràvac pûta,

mārš-rúta; **~scheck** *m* pûtnī (*od.* turističkī) čĕk; **~tasche** *f* pûtnīčkā tórba; **~verkehr** *m* pûtnīčkī sàobraćāj; turìzam; **~ziel** *n* cîlj púta

Reisfleisch *n* pìlāv, đûveč

Reisig *n* grânje

Reißbrett *n* cr̀taćā táblа

reißen *v/t.* tȓg|nuti (-ati), [pò]kìdati, [iš]čùpati; (*zer~*) [po]dèrati; *v/i. s.* **abreißen; an sich ~** prisv|òjiti (-ájati) sèbi; **~d** *Strömung*: bȓz

Reiß|feder *f* pèro za cȑtānje; **2fest** nekìdljiv; **~verschluß** *m* òkidnī (*od.* pàtentnī) zatvàrāč, F cìp; **~zwecke** *f* pribàdāc, čàvljić

Reit|anzug *m* jàhaćē odijèlo; **~bahn** *f* jahaònica; **2en** jȁhati; **~en** *n* jȁhānje; **~er** *m* jàhāč, kònjanīk; **~peitsche** *f* bìč, kòrbāč; **~pferd** *n* jàhaćī kȍnj; **~sport** *m* jàhaćī spȍrt; **~stiefel** *m/pl.* jàhaćē čizme *f/pl.*

Reiz *m* drâž *f*, čâr; milìna; *Med.* nȁdražāj; **2bar** razdràžljiv; **2en** [raz]drážiti; **2end** drȃžestan; **2los** bèzdražan; **~ung** *f Med.* nȁdražāj

Reklamation *f* reklamácija, žȁlba

Reklame *f* rekláma; *s.* **Werbung**

reklamieren potražívati, prigovárati

Rekord *m* rèkord; **~zeit** *f* rèkordnō vrijème

Rekrut *m Mil.* nòvāk

Religion *f* rèligija, vjȅra

Reliquien *pl.* mȍšti *f/pl.*

Rendezvous *n* sàstanak, F rèndez

Renn|bahn *f* tr̀kalīšte; **~boot** *n* tr̀kāčkī čámac; **2en** tr̀čati, júriti; **~en** *n* tr̀ka, ȕtrka; **~pferd** *n* tr̀kāčkī kȍnj; **~wagen** *m* tr̀kāčkā kȍla *n/pl.*

Rente *f* pénzija

Rentier *n* sȏb, ìrvas

Rentner *m* penziònēr

Reorganis|ation *f* preustrójstvo; **2ieren** preustr|òjiti (-ojávati)

Reparatur *f* pòpravak, pòprāvka; **~kosten** *pl.* trȍškovi *m/pl.* pòprāvkē; **~werkstatt** *f* rèmontnā ràdionica

reparieren pòprav|iti (-ljati)

Reportage *f* reportáža

Republik *f* repùblika

Reserve *f* rèzērva, prìčuva; **~rad** *n* rèzērvnī tòčak (*kr.* kòtāč)

reservieren *sb.* rezèr|visati, *kr.* -vírati

Rest *m* ostátak; **~-** *in Zssgn* preòstao

Restaurant *n* restòrān, gòstionica

Rest|geld *n* kȕsur; **2los** pòtpun

rett|en spás|iti (-ávati); **2er** *m* spàsi|lac, -telj

Rettich *m* rȍtkva

Rettung *f* spâs, spasávānje; **~sboot** *n* čámac za spasávānje; **~smannschaft** *f* spàsilačkā ekìpa; **~sring** *m* pōjās za spasávānje; **~swagen** *m* kōla *n/pl.* za hìtnū pōmōć
Reue *f* (pò)kājānje, pōkora
Revier *n* ōkrūg, srèz
Rezept *n* rècept; **²frei** bez recèpta
Rhein *m* Rȃjna; **~wein** *m* rȃjnskō víno
Rheuma *n* rèuma; **²tisch** reumàtičan
Rhythmus *m* rìtam
richten (*gerade machen*) ìsprav|iti (-ljati); (*in e-e Richtung bringen*) ùsmjer|iti (-ávati); *Blick*: ùper|iti (-ívati); *s.* **reparieren;** **~ an** (*A*) upú|titi (-ćívati) (*D*); **~ auf** (*A*) ùprav|iti (-ljati) na (*A*); **sich ~ nach** (*D*) rávnati se po (*L*)
Richter *m* súdac, sùdija *m*
richtig tȃčan, ìsprāvan; **²keit** *f* tȃčnōst *f*, ìsprāvnōst *f*; **~stellen** ìsprav|iti (-ljati)
Richt|linie *f* smjérnica; **~schnur** *f fig.* mjèrilo; **~ung** *f* právac, smjȇr
riechen *v/i.* mirìsati, vònjati; *v/t.* òsje|titi (-ćati) miris (*G*)
Ried *n* rȋt
Riegel *m* zápor, závor
Riemen *m* rȇmēn, kàiš; *Mar.* vèslo
Riese *m* dȋv, džȋn; *fig.* [velikān]
rieseln cúriti
riesenhaft džȋnovskī, ògrōman [*tien*) sika]
Riff *n* grȇbēn; (*in Dalma-*
Rille *f* žlijeb
Rind *n* gòvedo
Rinde *f* kōra
Rind|erbraten *m* gòveđē pečénje; **~fleisch** *n* gòvedina
Ring *m* pȓstēn; (*Kreis*) krûg; (*Scheibe*) kȍlūt; (*Box²*) rȋng; **²en** ȑvati se; *fig.* bòriti se; **~en** *n* *Sp.* ȑvānje; **~er** *m* ȑvāč; **~finger** *m* prstènjāk; **~kampf** *m* ȑvānje
rings(her)um ōkolo
Rinn|e *f* òluk, žlijeb; **²en** cúriti, tèći
Rippe *f* rèbro; **~nfellentzündung** *f* ȗpala pòrebricē
Risiko *n* rìzik
risk|ant ōpāsan, rìzičan; **~ieren** *kr.* riskírati, *sb.* rìzikovati
Riß *m* p(r)óder, pòdrtina; (*Sprung*) púkotina; *fig.* ráscjep
rissig ìs-, ràs|pucān
Ritt *m* jȁhānje
Ritter *m* vìtēz; **²lich** vìtēškī
Ritze *f* pùkotina
ritzen grèpsti, pàrati
Rivale *m* sùparnīk
Rizinusöl *n* rìcinus|ovo (*od.* -nō) ȕlje
Roastbeef *n* rȍzbif, rȍstbif
röcheln kȑkljati
Rock *m* sȕknja; (*Jacke*) kàpūt

Rodel|bahn *f* pìsta za sȁnjke, sȁnjkalište; **$\mathfrak{L}$n** sȁnjkati se; **~schlitten** *m* sȁnjke *f/pl.*
roden [is]kŕčiti
Rogen *m* ikra [rȁžen]
Roggen *m* rȃž *f*; ~- *in Zssgn*
roh sirov; *fig.* sȕrov; **$\mathfrak{L}$heit** *f* sȕrovōst *f*; **$\mathfrak{L}$material** *n* siròvina; **$\mathfrak{L}$öl** *n* petròlēj
Rohr *n* cȉjev *f*; *Bot.* tȑska; **~bruch** *m* pȑskānje cijevi
Röhre *f* cȉjev *f*
Rohr|leitung *f* cjȅvovōd; **~post** *f* cȉjevnā pȍšta
Rohstoff *m* siròvina
Rolladen *m* rȍlō *m*, kàpak
Roll|bahn *f Flgw.* pìsta; **~e** *f* kȍtūr; (*Papier*$\mathfrak{L}$) svítak; *Thea.*, *fig.* ȕloga; **$\mathfrak{L}$en** kotrljati, váljati; **~er** *m* (*Kinder*$\mathfrak{L}$) ro(lo)mòbīl; **~film** *m* film u kotúru; **~schinken** *m* rȍlšūnka, ȕvijenā šȕnka; **~schuhe** *pl.* kotùrāljke *f/pl.*; **~stuhl** *m* stȍlica na kòtāče; **~treppe** *f* eskàlatōr, pòmičnē stepènice *f/pl.*
Rom *n* Rîm
Roman *m* ròmān
römisch rîmskī
röntgen pregléd(áv)ati rèndgenom; **$\mathfrak{L}$aufnahme** *f* rendgenògram; **$\mathfrak{L}$untersuchung** *f* rèndgenskī prȅglēd
rosa rȕžičast
Rose *f* rúža
Rosen|kohl *m* kȅlj pùpčār; **~kranz** *m Rel.* brojànice *f/pl.*
rosig rùmen, rȕžičast
Rosinen *pl. kr.* sȗhō (*sb.* sȗvō) grȏžđe
Rösselsprung *m* skȍk kȍnja
Rost[1] *m* ȑđa
Rost[2] *m* rȍštilj; **vom ~** *Kochk.* na žáru; **~braten** *m* pòpečak
rosten [za]ȑđati
röst|en pȑžiti; **$\mathfrak{L}$er** *m* (*Brot*$\mathfrak{L}$) pȑžilica (zà kruh *od.* hljeb)
Rost|fleck *m* mȑlja od ȑđē; **$\mathfrak{L}$frei** bèzrđan; **$\mathfrak{L}$ig** zaȑđao; **~schutzmittel** *n* prȍtivkoroziōnō srȅdstvo
rot cȓven; *Wange*: rùmen
Röte *f* crvènilo, rȕmēn *f*; **~ln** *pl. Med.* ȍspice *f/pl.*; **$\mathfrak{L}$n** *v/t.* [po]crvèniti, [po-]rumèniti; **sich $\mathfrak{L}$n** [po-]crvènjeti, [po]rumènjeti
rotieren kólati
Rotkohl *m* cȓvenī kùpus
rötlich crvènkast
Rot|stift *m* crvènā ȍlōvka; **~wein** *m* cȓnō víno
Rowdy *m* rȃudi *m*, razbìjāč
Rübe *f* rȇpa; **rote ~** *kr.* cikla, *sb.* cvèkla
Ruck *m* tȑzāj
Rück|antwort *f* ȍdgovōr; **$\mathfrak{L}$bezüglich** *Gr.* pòvratan; **~blick** *m* ȍsvȑt
rücken *v/t.* màknuti (mìcati), pomà|knuti, -ći (pòmicati) (*v/i.* se); **näher ~** prim|icati [-àknuti, -àći] (*v/i.* se)
Rücken *m* léđa *n/pl.*; hȑbat; **~mark** *n* mȍždina; **~schwimmen** *n* lȇđnō pli-

vānje; **~wind** *m* vjētar s léđā

Rück|fahrkarte *f* pòvratnā kârta; **~fahrt** *f* pòvratak; **⁓fällig** pòvratan; **~flug** *m* pòvratnī lêt; **~gabe** *f* vrā-ćānje; **~gang** *m* nàzadak; ȍpadānje; **⁓gängig machen** pòništ|iti (-ávati); **~grat** *n* kȉčma, hrptènica; **~halt** *m* pȍtpora; **~kauf** *m* ȍtkup; **~kehr** *f* pòvratak; **⁓läufig** unàzadan; **~nahme** *f* ùzimānje nātrāg (*od.* nàzād); **~porto** *n* pòvratnā poštàrina

Rucksack *m* nàprtnjača, telèćāk

Rück|schritt *m* nàzadak; **~seite** *f* strāžnjā strána, nálīčje; **~sendung** *f* vrā́ćānje, šīljānje nātrāg (*od.* nàzād); **~sicht** *f* ȍbzīr; **~sicht nehmen auf** ȍbzirati se na (*A*); **⁓sichtslos** bèzobzīran; **~spiegel** *m* retrovìzēr; **~sprache** *f* râzgovōr; **~stand** *m* zaostátak; **⁓ständig** zaòstao; **~stoß** *m* ȍdboj; **~tritt** *m* ȍdstup; **~trittbremse** *f* nȍžnā kóčnica (za bicikl), F torpédo; **⁓wärts** nātrāg, nàzād; **~wärtsgang** *m* *Kfz.* unàzadnī hôd; **~weg** *m* pòvratak; **~wirkung** *f* pòvratnō djéjstvo, reàkcija; (*Folge*) pòsljedica; **~zahlung** *f* vrā́ćānje nóvca; **~zug** *m* *Mil.* povláčēnje, ùzmak

Rudel *n* čȍpōr

Ruder *n* vèslo; *s.* **Steuer**[1]; **~-** *in Zssgn* vèslāčkī; **~boot** *n* vèslāčkī čámac; **~er** *m* vèslāč; **~klub** *m* vèslāčkī klûb; **⁓n** vèslati; **~n** *n*, **~sport** *m* vèslānje

Ruf *m* pȍvīk, pȍklīk; (*Berufung*) póziv; (*Ansehen*) glâs; **⁓en** [dò-, pò]zvāti

Rüge *f* úkor, prijèkor; **⁓n** ukòr|iti (-ávati)

Ruh|e *f* mîr, tišìna, pòčinak; **⁓en** pòč|inuti (-ívati), miròvati; **~estand** *m* mîr, ȍstāvka; **~estörung** *f* narušávānje míra; **~etag** *m* slȍbodnī dân; **⁓ig** míran, tîh

Ruhm *m* slâva

rühmen slȁviti, velìčati; **sich ~** hváliti se, hvàlisati se

ruhmreich slâvan

Rühr|ei *n* kàjgana; **⁓en** (*bewegen*) tàknuti (ticati), dír|nuti (-ati); (*um~*) [pro-] mijèšati; **⁓end** dìrljiv, ganùtljiv; **~ung** *f* ganúće

Ruine *f* rȁzvalina, rùševina

rülpsen rìgati [rìgnuti], pòdrig|nuti (-ívati)

Rumän|ien *n* Rùmūnija; **⁓isch** rùmūn(j)skī

Rummel *m* džȕmbus; *a.* = **~platz** *m* vášar

Rumpelkammer *f* ropòtārnica

Rumpf *m* trûp

rund ȍkrūgao, ȍbao; **⁓e** *f* krûg, ȍphod; *Sp.* kȍlo; (*Boxen*) rûnda; **die ⁓e machen** obilaziti [obíći]; **e-e ⁓e ausgeben** F plátiti

rûndu; **≗fahrt** *f* krûžnō putòvānje, krûžnī ìzlēt
Rundfunk *m* râdio *m*; **~empfänger** *m* râdio-prìjemnīk; **~sender** *m* râdio-stânica; **~übertragung** *f* râdio-prijènos
Rund|gang *m* obìlazak; **~reise** *f* krûžnō putòvānje; **~schreiben** *n* òkružnica; **~ung** *f* oblina
Runzel *f* bóra; **≗ig** bórav; **≗n** nàmrštiti *pf.*
Rüpel *m* klìpan, drípac
rupfen [iš]čùpati
Ruß *m* čađa
Russe *m* Rûs
Rüssel *m* rȉlo, sûrla
rußig čađav
Russi|n *f* Rûskinja; **≗sch** rûskī
Rußland *n* Rùsija
rüst|en (sich) sprémati (se); *Mil.* [na]orùžati (se); **~ig** krêpak, čio; **≗ung** *f* (na-) oružánje
Rute *f* šiba, prût; (*Schwanz*) rêp
rutschen klìzati, pûzati
rütteln [s]trésti, [ùz]dřmati

S

Saal *m* dvoràna, sála
Saat *f* ùsjev; sjȇme; **~gut** *n* sjèmēnje
Säbel *m* sȁblja
Sach|bearbeiter *m* refèrent; **~e** *f* stvâr *f*; pòsao *m*; **≗gemäß** *s.* **angemessen**; *a.* = **≗kundig** strûčan; **≗lich** stvâran; **~schaden** *m* mȁterijālnā štȅta; **~verhalt** *m* stánje stvâri; **~verständige(r)** *m* strûčnjāk, vjȇštāk
Sack *m* vrȅća, džâk; **~gasse** *f* ćorsòkāk
säen [pò]sījati
Saft *m* sôk; **≗ig** sȍčan
Sage *f* prìča, lègēnda
Säge *f* píla, *sb.* testèra; **~mehl** *n* pìlotina, pìljevina; **~mühle** *f* pilàna
sagen kázati [rèći]
säge|n píliti, testèrati; **≗späne** *pl.* pìlotina, pìljevina; **≗werk** *n* pilàna
Sahne *f* skȍrūp, vȑhnje, kàjmak
Saison *f* sezóna; **~-** *in Zssgn* sèzōnskī
Saite *f* strȕna, žȉca
Sakko *m* sàkō *m*, kàpūt
Salat *m* saláta
Salbe *f* (pō)mast *f*
Saline *f* solàna
Salmiak *m* amònijak, nišàdor; **~geist** *m* amòniačnī rástvor
Salpeter *m* sàlitra; **~säure** *f* àzōtnā kiselina
Salz *n* sô(l) *f*; **≗en** [po]sòliti; **~faß** *n* sòlnjāk, sòlēnka; **≗ig** slân; **~kartoffeln** *f/pl.* slânī krùmpīr (*sb.* krȍmpīr); **~säure** *f* sô(l)nā kiselina
Same *m* sjȇme; **~nkorn** *n* sjèmēnka
Sammel|becken *n* rezervòār; **≗n** sk|ûpiti (-úpljati),

sàb(ĭ)rati (**sich** se); **~platz** *m*, **~punkt** *m* zbôrīšte; **~werk** *n* (*Buch*) zbôrnīk
Samml|er *m* skùpljāč, sabìrāč; **~ung** *f* zbîrka, kolèkcija
Samstag *m* sùbota
Samt *m* bàršūn
Sand *m* pijèsak; **~bank** *f* (s)prûd; **⁓ig** pjèščan; **~papier** *n kr.* brûsn|i pàpīr, *sb.* -ā hàrtija; **~stein** *m* pjèščār; **~strahlgebläse** *n* postrojénje za pjeskirānje; **~uhr** *f* pjèščanā ūra
sanft, ~mütig blâg
Sänger *m* pjèvāč; **~in** *f* pjevàčica
Saphir *m* sàfīr
Sard|elle *f* sr̀djela; **~ine** *f* sardína
Sarg *m* lijes, mr̀tvački sànduk
satt sît; **et. ~ haben** biti sît č-a; **~ werden** nàsititi se *pf.*; **sich ~ essen** nàjesti se; *pf.*
Sattel *m* sèdlo; **~decke** *f* pokrìvāč (na kònju); **~gurt** *m* kòlan; **⁓n** osèdl(áv)ati
Sattler *m* sèdlār
Satz *m* (*Sprung*) skôk; (*Kaffee⁓*, *Boden⁓*) tálog; *Gr.* rečènica; *Math.* teoréma; garnitúra; sérija; *Mus.* stàvak; *Sp.* (*Tennis*) sêt; (*Fracht⁓*) tȁksa; (*Zins⁓*) stòpa; *Typ.* slôg; **~ung** *f* prȁvilo, ùredba
Sau *f* kr̀mača
sauber čist; **⁓keit** *f* čistòća
säubern [ò-, pò]čȉstiti
sauer kȉseo; **~ werden** ùkisnuti *pf.*; **⁓kraut** *n* kìsel|i kùpus, -ō zêlje; **⁓stoff** *m* kìsīk, kiseònīk
saufen lòkati
Säufer *m* pijánac, pìjanica *m*
Saufgelage *n* terèvēnka
saug|en sȉsati; **⁓er** *m* (*Schnuller*) dūdica, cūcla
Säug|etier *n* sìs|ār, -avac; **~ling** *m kr.* dòjēnče, *sb.* òdōjče
Säule *f* stûp, stûb
Saum *m* rûb, pòrub, okrájak; (*am Kleid*) skût
säumen *v/t. Kleid*: obrúb|iti (-ljívati)
Sauna *f* pârnō kùpatilo
Säure *f* kiselìna
sausen hú|jati, -čati
Schabe *f Zo.* bȕba švába
schaben strúgati
schäbig òtr̄cān, òdrpān; *fig.* šūgav
Schablone *f* kàlup, šablóna
Schach *n* šâh; **~brett** *n* šȁhovskā dȁska; **~figur** *f* šȁhovskā figúra; **~spieler** *m* šȁhist(a *m*)
Schacht *m* rôv; *Bgb.* òkno
Schachtel *f* kùtija
schade: es ist ~ štȇta je; **~, daß** štȇta štō
Schädel *m* lùbanja
schaden [nà]škōditi; **⁓** *m* štȇta, škōda; (*Panne*) kvâr; **⁓ersatz** *m* òdšteta, nàknada štȇtē; **⁓freude** *f* zlùradōst *f*; **~froh** zlùrad
schadhaft òštećen, pòkvāren

schäd|igen òšte|titi (-ćívati); **˜igung** *f* štêta, pȍvreda; **~lich** štètan, škȍdan, škòdljiv; **˜ling** *m* štētočina
Schaf *n* óvca; **~bock** *m* óvan
Schäfer *m* òvčār; **~hund** *m* òvčārskī pȁs, òvčār
schaffen stv|òriti (-árati); (*arbeiten*) [u]ráditi; (*machen*) [nà]prȁviti
Schaffleisch *n* òvčetina
Schaffner *m* kondùktēr
Schafskäse *m* kačkàvālj
Schaft *m* dȑžak, dȑška; (*Gewehr˜*) òkas, ùsadnīk; **~stiefel** *m* čizma
schal bljȗtav
Schal *m* šȃl
Schale *f* ljȕska, lùpina; (*Gehäuse*) ljùštura; (*Gefäß*) zdjȅla; (*Waag˜*) tèzulja
schälen [o]ljúštiti, [o]gúliti
Schall *m* zvȗk; **~-** *in Zssgn* zvȕčnī; **~mauer** *f* zvȕčnī zȋd; **~platte** *f* gramòfōnskā plȍča
schalt|en *El., Tech.* ukl|òpiti (-ápati), ukljúč|iti (-ívati), sp|òjiti (-ájati); **˜er** *m* prozòrčić, šȁlter; *El., Tech.* prekìdāč, prèklopnīk; **˜hebel** *m* prè-, ù|klopnā pȍluga; **˜jahr** *n* prijèstupnā gȍdina; **˜schema** *n* mòntāžnā šéma; **˜vorrichtung** *f* prèklopnī ȕređaj
Scham *f* stȋd, srȃm
schämen: sich ~ stídjeti se, srámiti se
scham|haft stidljiv, sramèžljiv; **~los** bèsrāman
Schande *f* sramòta
schänd|en oskvŕ|nuti (-njívati), obèšča|stiti (-šćívati); **~lich** srȃmotan
Schand|mal *n* žȋg, ljȃga; **~tat** *f* srȃmnō djȅlo
Schanktisch *m* šȃnk, bìfē *m*
Schanze *f* šȁnac, òpkop; (*Sprung˜*) skakaònica
Schar *f* čȅta
scharf ȍštar; *Klinge*: brìdak; *Speise*: ljȗt, pȁpren; **˜blick** *m* pronìcljivōst *f*
Schärfe *f* oštrina; **˜n** [na]òštriti
Scharfsinn *m* oštròumnōst *f*
Scharlach *m* šȁrlah
Scharnier *n* šȃrka
Schärpe *f* tkȁnica, lȇnta
scharren čeprkati
Scharte *f* skȓb(in)a
Schaschlik *m* ràžnjići *m/pl.*
Schatten *m* sjȅna, hlȃd
schattig sjenòvit
Schatz *m* blȃgo; *fig.* drȃgī; drȃgā
schätz|en (pr)oc|ijèniti (-jenjívati); (*achten*) pȍštovati; **˜ung** *f* (pr)ȍcjena
Schatzkammer *f* rìznica
Schau *f* ìzložba; rèvija; *fig.* prízor
schauderhaft grózan, jèziv, ȕžāsan
schauen [pò]glèdati
Schauer *m* (*Regen˜*) pljȗsak
Schaufel *f* lòpata; **˜n** lopàtati
Schaufenster *n* ìzlog

Schaukel *f* ljùljāška, njíhālјka; **≗n** ljúljati, njíhati (**sich** se); **~stuhl** *m* stòlica za njíhānje
Schaum *m* pjèna
schäumen pjèniti se
Schaum|gummi *m* sùnđerastā (*od.* spūžvastā) gūma; **≗ig** pjènast; (*schäumend*) pjenùšav; **~wein** *m* pjenùšavō víno
Schau|platz *m* pózornica; **~spiel** *n* prízor, dráma; (*Kunst*) glúma; **~spieler** *m* glúmac; **~spielerin** *f* glùmica
Scheck *m* čèk; **~buch** *n* čèkovnā knjižica; **~karte** *f* čèkovnā iskaznica
Scheibe *f* kōlūt; (*Fenster≗*) stàklo, òkno; (*Brot≗*) krìška; **~nwaschanlage** *f* pèrāč vjètrobrāna; **~nwischer** *m* *Kfz.* brisāč
Scheid|e *f* (*Hülle*) kōrice *f/pl.*; *Anat.* sára, ùsmina; **≗en** *v/i.* otíći (òdlaziti); *v/t.* razdv|òjiti (-ájati); *Ehe*: ràstav|iti (-ljati), razv|èsti (-òditi); **sich ≗en lassen** razv|èsti (-òditi) se; **~ung** *f* rāstava, rázvod brâka
Schein *m* (*Licht≗*) blìjesak, *kr.* svjètlo, *sb.* svjètlōst *f*; (*Aussehen*) ìzglēd; (*An≗*) prívidnōst *f*; (*Bescheinigung*) pōtvrda, prìznanica; **zum ~** prívidno; **~-** *in Zssgn* prìtvornī, tòbožnjī; **≗bar** prívidan; **≗en** svijètljeti, sìjati, sjâti; *fig.* čìniti se, ìzgledati; **≗heilig** licemjēran; **~werfer** *m* rèflektor; *Kfz.* fâr
Scheiße V *f* góvno; **≗n** V [pò]srāti
Scheitel *m* tjème; (*Haar≗*) rázdeljak, stàza
scheitern ràzbiti se *pf.*; *fig.* pròpa|sti (-dati)
Schelle *f* prāporac, zvónce; *s.* **Ohrfeige; ≗n** [za]zvòniti
Schelm *m* lópōv, lúpež
schelten kárati, gŕditi, psòvati
Schema *n* shéma, šéma, obrázac; **≗tisch** she-, še|màtičan
Schemel *m* šàmla
Schenke *f* kr̀čma, pívnica
Schenkel *m* (*Ober≗*) stègno, bèdro; (*Unter≗*) gnjât, goljènica; *Math.* krâk
schenken dar|ívati, -òvati, poklòniti (pòklanjati)
Scherbe *f* crìjep, kr̀hotina
Schere *f* škāre *f/pl.*, màkaze *f/pl.*; **≗n** [po]šíšati, [pò-] strići
Scherereien *f/pl.* neprílike *f/pl.*
Scherz *m* šála; **≗en** šāliti se; **≗haft** šāljiv
scheu plāh, plahòvit
Scheu *f* zázor, bōjāzan *f*
scheuchen [ò]tjèrati
scheuen (*a.* **sich ~**) zàz|reti (-irati) (*v/t.* *A* / od *G*); *v/i.* *a.* plāšiti se
Scheuer|lappen *m* kr̀pa za pránje pàtosa (*od.* pōda); **≗n** ríbati, čìstiti, prāti
Scheuklappe *f* nàočnjāk

Scheune *f* štāgalj, ȁmbār
Scheu|sal *n* nȅmān *f*, nákaza; **2ßlich** gnȕsan, gȁdan
Schi *m* skȋ *m*, smȕčka; **~ fahren (laufen)** skíjati se, smúčati se; **~aufzug** *m* uspìnjača za skìjāše; **~ausrüstung** *f* skijāškā ōprema
Schicht *f* slȏj, nȃslaga; (*Arbeits2*) smjȅna; **~arbeit** *f* rȃd na smjȇnu
schick elegàntan, P šȉk
schicken [pò]slāti
schicklich prístojan
Schicksal *n* sudbìna, ùdes; (*Verhängnis*) kȏb *f*; **2haft** kȏban
Schieb|edach *n Kfz.* pòmičnī krȏv; **2en** gúrati [gùrnuti], túrati [tȗriti]; *Schuld*: svá|liti (-ljívati); **~er** *m* zásov; *fig.* F švȅrcer; **~etür** *f* pòmičnā vráta *n/pl.*; **~karre** *f s.* **Schubkarre; ~ung** *f Hdl.* prijèvarnī pòslovi *m/pl.*, F švȅrc
Schieds|gericht *n* ȁrbitrāžnī sȗd; **~richter** *m Sp.* sùdija *m*, súdac; **~spruch** *m* (ȁrbitrāžnā) prȅsuda
schief kȍs; *fig.* krȋv
Schiefer *m* škrìljac; krìžulj; **~tafel** *f* tȁblica (od krìžulja)
schielen škíljiti
Schien|bein *n Anat.* cjevànica, goljènica; **~e** *f Esb.* tráčnica; *Med.* ȕloga; **2en** mèt|nuti (-ati) u ȕlogu
schieß|en pȕcati, strijèljati; **2pulver** *n* bárut; **2scheibe** *f* nìšan; **2stand** *m* strȅlište, streljàna
Schiff *n* brȏd, lȃđa
Schiffahrt *f* plòvidba
schiff|bar plȏvan; **2bau** *m* brodográdnja; **2bruch** *m* brȍdolom; **2brüchige(r)** *m* brodolómac; **2er** *m* bròdār, làđār
Schiffs|agentur *f* brȍdskā agèncija; **~junge** *m* brȍdskī mòmak; **~kapitän** *m* brȍdskī kapètān; **~ladung** *f* brȍdskī tòvar; **~papiere** *n/pl.* brȍdskā ìsprava; **~schraube** *f* víjak
Schigelände *n* skìjāškī tèrēn
Schikane *f* šikána, prȁvljēnje neprílīkā
Schi|lauf *m* smúčānje, skíjānje; **~läufer** *m* smùčār, skìjāš
Schild[1] *m* štȋt
Schild[2] *n* nàtpis, tȁblica
Schild|drüse *f* štítnjača, štìtulja; **2ern** opís(ív)ati; **~erung** *f* ópis; **~kröte** *f* kórnjača
Schilf *n* tȑska, rògoz; **~matte** *f* hàsura
Schilift *m s.* **Schiaufzug**
schillern prelijèvati se
Schilling *m* šìlīng
Schimmel[1] *m* kȍnj bjèlāš (bijèlac)
Schimmel[2] *m* plȉjesan *f*; **2ig** pljȇsniv; **2n** pljȅsniviti (se)
Schimmer *m* blȉjesak; sjȃj; *fig.* trȗnka; **2n** blijèskati, trèptati

schimpf|en gŕditi, psòvati; **~lich** pȍgrdan, uvrèdljiv; **⁓wort** *n* psȏvka
Schinken *m* šȗnka
Schippe *f* lòpata
Schirm *m* (*Regen⁓*) kišobran; (*Sonnen⁓*) sȗncobran; (*Lampen⁓*) sjènilo, abàžūr; (*Mützen⁓*) štȋt, záslon; **~ständer** *m* pòstōlje za kišobrane
Schi|sport *m* smúčānje, skíjānje; **~wachs** *n* vȍsak za skije
Schlacht *f* bȉtka, bȏj; **⁓en** [zà]klāti
Schlächter *m* mèsār, *sb.* kàsapin
Schlacht|feld *n* bȍjište, bȏjnō pȍlje; **~haus** *n* klaónica, klànica
Schlacke *f* zgũra, trȍsk(v)a
Schlaf *m* sȃn; **~-** *in Zssgn* spàvaćī
Schläfe *f* sljepòoč(n)ica
schlafen spávati, spȃti
schlaff mlȍhav, mlȉtav
Schlaf|losigkeit *f* bèsanica; **~mittel** *n* srèdstvo za spávānje; **~raum** *m* spàvaonica
schläfrig pȍspān
Schlaf|rock *m* kȗćnā hàljina; **~sack** *m* vrȇća za spávānje; **~wagen** *m* spàvaćā kȍla *n/pl.*; **~zimmer** *n* spàvaćā sȍba, spàvaonica
Schlag *m* ùdarac, ȕdār; *Med.* kȃp, kȃplja; *fig.* (*Rasse*) sȏj; **~ader** *f* (*žila*) kȕcavica; **⁓artig** munjèvit; **~baum** *m* brána, brànīk, bȑklja; **⁓en** *v/t.* ùdar|iti (-ati); (*prügeln*) bȉti, túći; *Münze*: kòvati; *Brücke*: [sa]grȁditi; (*besiegen*) pobijèditi *pf.*; *v/i.* (*Herz*) lúpati, kȕcati; (*Uhr*) kȕcati; **~er** *m* *Mus.* šláger
Schläger *m* *Sp.* pȃlica, štȃp; rèket; **~ei** *f* tùčnjava
schlag|fertig prìseban; **⁓loch** *n* rȕpa (nà cesti); **⁓ring** *m* bȍks(er); **⁓sahne** *f* túčenō vȑhnje, F šlȃg; **⁓wetter** *n* *Bgb.* prȁskav plȋn u rudníku; **⁓wort** *n* gèslo; **⁓zeile** *f* glȃvnī náslov; **⁓zeug** *n* *Mus.* udàrāljka
Schlamm *m* glȋb, blȁto; **⁓ig** blȁtan
schlampig ȁljkav
Schlange *f* zmìja, gúja; F (*Menschen⁓*) rȇd, rȇp; **~ stehen** stàjati u répu
schlängeln: sich ~ vijùgati se
Schlangenlinie *f* vìjugastā cȑta
schlank vȉtak; **⁓heitskur** *f* *s.* **Abmagerungskur**
Schlappe F *f* pȍrāz
schlau lȕkav, pȁmetan
Schlauch *m* mȉjeh; (*Gummi⁓*) (gùmenā) cȉjev *f*; *Kfz.* ùnutrašnjā gũma; **~boot** *n* gùmenī čámac
schlecht lȍš, zȁo, ȑđav; (*verdorben*) pòkvāren; **~ und recht** *adv.* čèstito; **~erdings** prȍsto, jèdnostāvno; **~hin** nȁprosto; **⁓igkeit** *f* zlóća, ȑđāvština
schleich|en šȕljati se, šù-

njati se; ≈**handel** *m* krijumčārēnje
Schleier *m* vȅo *m*, kòprena; ≈**haft** nějasan
Schleife *f* pȅtlja; (*Hals*≈) màšna; (*Kurve*) závoj
schleif|en [iz]brúsiti, [na-] òštriti; (*glätten*) [iz]glàčati; ≈**er** *m* brùsāč; ≈**maschine** *f* brùsilica; ≈**scheibe** *f* brȗsnā plȍča; ≈**stein** *m* brȗs, tȍčilj
Schleim *m* slȗz; žȉtkā kȁša; ∼**haut** *f* slúznica; ≈**ig** slȕzan, slȕzav
schlemmen bȃnčiti, klȍpati
schlendern: (**umher**)∼ lútati, šétati
Schlendrian *m* javàšluk
schlenkern mlàtati
Schlepp|e *f* skȗt; ≈**en** vúći, tȅgliti; ∼**er** *m* tègljāč; *Mar.* remòrkēr; ∼**kahn** *m* šlȇp, teglјènica; ∼**tau** *n* vúčnō ȕže, teglјènīk
Schleuder *f* prȁćka; *Tech.* (*a. Wäsche*≈) centrifúga; ≈**n** hȉt|nuti (-ati); *v/i. Auto*: zaošínuti *pf.*
schleunigst *adv.* bȑže-bȍlje
Schleuse *f* brána, gȃt, ȕstava
schlicht jȅdnostāvan, prȉprost
schlichten *Streit*: izràvn(á-v)ati
schließ|en zatv|òriti (-árati), zakljúč|iti (-ívati); (*beenden*) svȓš|iti (-ávati); *Vertrag, Ehe*: skl|òpiti (-ápati); (*folgern*) zakljúč|iti (-ívati); ≈**fach** *n* pȍštanskī prètinac; ∼**lich** nȁpokōn, nȃjzad; ≈**ung** *f* zatvárānje; zàključak
schlimm zȁo, zlȍčest
Schling|e *f* ȕzao *m*, pȅtlja; *s.* **Falle**; ≈**en** ȍ(b)v|iti (-íjati); ≈**ern** *Schiff*: ljúljati se, váljati; ∼**pflanze** *f* povijuša, pȕzavica
Schlips *m* kravàta, màšna
Schlitten *m* saònice *f/pl.*, sȃnjke *f/pl.*; ∼ **fahren** sȃnjkati se
Schlittschuh *m* klȉzāljka; ∼ **laufen** klȉzati; ∼**lauf(en** *n*) *m* klȉzānje po lèdu; ∼**läufer(in** *f*) *m* klȉz|āč (-āčica)
Schlitz *m* prȍ-, rȃz|rez, [òtvor]
Schloß *n* dvórac, zȃmak; (*Tür*≈) brȁva
Schlosser *m* brȁvār; ∼**ei** *f* brȁvārnica, brȁvārskā ràdionica
schlottern dȑhtati, trésti se
Schlucht *f* klisura, klánac, kȁnjōn
schluchzen jècati
Schluck *m* gȕtljāj, sȑčak; **auf einen** ∼ na dúšak, na ȉskap; ∼**auf** *m Med.* štȕcavica; ≈**en** [pro]gùtati; ∼**impfung** *f* òrāln|a vakcinácija, -ō cijèpljēnje
Schlummer *m* drijèmānje; ≈**n** drijèmati
Schlund *m* ždrijèlo, gȑlo; *fig.* pònor
schlüpf|en klȉznuti *pf.*, šȕljati se; ≈**er** *m* (žȅnskē) gȁćice *f/pl.*; ∼**rig** klȉzav sklȉzak; *fig.* neprístōjan

Schlupfwinkel *m* skrȍvište
schlürfen sŕkati
Schluß *m* krȃj, kònac; za-, s|vršétak; (*Folgerung*) zàključak; ~ **machen** učìniti *pf.* krȃj (**mit** *D* / *D*); **zum** ~ na kràju (krajévā)
Schlüssel *m* ključ̂; ~**bein** *n Anat.* ključànica, ključ̂nā kȏst *f*; ~**bund** *n* svèžanj (ključ́ēvā); ~**loch** *n* ključ̀ča(o)nica
Schlußlicht *n* zȃdnjē svjȅtlo, strȁžnjā svjȅtiljka
Schmach *f* sramòta
schmächtig tȁnak, vȉtak, slȁb
schmachvoll srȁmotan
schmackhaft tȅčan, ȕkusan
schmäh|en rúžiti, gŕditi, psòvati; ~**lich** srȁmotan
schmal ȕzak, ùskī
schmälern sú|ziti (-žávati), smánj|iti (-ívati); *Rechte*: okŕnj|iti (-ívati)
Schmal|film *m* ùskī fìlm; ~**filmkamera** *f* kȁmera za ùski film; ~**spurbahn** *f* ȕskotrȁčnā prúga
Schmalz *n* (svìnjskā) mȃst *f*
Schmarotzer *m* nàmetnīk, paràzit
schmatzen mljàckati, mljȁskati
Schmaus *m* gòzba; 2**en** čȁstiti se, gòstiti se
schmecken *v/t.* òku|siti (-šati); *v/i.* prìjati, ìmati ȕkūs (**nach** *D* / po *L*)
Schmeichel|ei *f* lȁskānje; ulagívānje; 2**haft** lȁskav; 2**n** [pò]lȁskati, ulagívati se
schmelz|en[ras]tȁliti,[ras-] tòpiti; *v/i. Schnee*: [o]tòpiti se; 2**punkt** *m* tȁlište
Schmerz *m* bȏl *f od. m*; 2**en** bòljeti; ~**ensgeld** *n* nàknada za pretŕpljenī bȏl; 2**frei** bèzbōlan; 2**haft,** 2**lich** bȏlan; 2**lindernd,** 2**stillend** *Med.* za ublažénje bólōvā
Schmetterling *m* lèptīr
schmettern (*werfen*) trȇsnuti
Schmied *m* kòvāč; ~**e** *f f* kòvāčnica; 2**en** kòvati
schmieg|en: sich ~**en** prilјúb|iti (-ljívati) se; ~**sam** savìtljiv, gìbak
Schmier|e *f* (*Wagen*2) kȍlomāz; 2**en** [nà-, pȍd]mȁzati; (*schlecht schreiben*) [na]dŕljati; 2**ig** zàmazān, pȑljav; ~**öl** *n* ȕlje za podmazívānje
Schminke *f* šmȋnka; 2**n** [nà]šmȋnkati (**sich** se)
Schmirgelpapier *n* ljùtičn|ī pàpīr, -ā hàrtija, F šmȉrgl-pàpīr
schmollen mŕgoditi se
schmoren *Fleisch*: pirjániti
Schmuck *m* ȕrēs, ȕkrās; (*Juwelen*) nákit
schmücken [u]résiti, [nà-] kìtiti
schmuck|los bez nákita, jèdnostāvan; 2**sachen** *pl.* nákit
Schmuggel *m* krijumčárēnje; 2**n** krijumčáriti; ~**ware** *f* krijùmčārskā rȍba

Schmuggler *m* krijùmčār
Schmutz *m* prljávština, nečistòća; (*Dreck*) blȁto; **⁀ig** pȑljav, nèčist, blȁtan; (*beschmutzt*) ùprljān
Schnabel *m* kljȗn
Schnake *f* komárac
Schnalle *f* kȍpča
schnalzen: (mit der Zunge) ~ puckètati
schnapp|en šćȁpiti *pf.*; **nach Luft ~en** jȃko (*od.* tȇško) dísati; **⁀schuß** *m* mòment-snȋmka
Schnaps *m* ràkija
schnarchen hŕkati
schnarren čegr̀tati; brújati
schnattern *Gänse*: gákati; *fig.* br̀bljati
schnauben púhati; *Pferd*: dàhtati; **sich die Nase ~** *s.* **schneuzen**
Schnauz|bart *m* bȑkovi *m/pl.*; **~e** *f* njúška, gȗbica
Schnecke *f* pȗž; **~n-** *Tech.* púžnī; **~nlinie** *f* závoj(n)ica, spirála; **~ntempo** *n fig.* pȗškī hȏd
Schnee *m* snȉjeg; **⁀frei** bèz snijega; **~gestöber** *n* mèćava; **~glöckchen** *n* visibaba; **~mann** *m* snjègović, snjȅško *m*; **~treiben** *n s.* **Schneegestöber**; **~wehe** *f* smȇt, zápuh; **⁀weiß** bȉjel kao snijeg
Schneid|brenner *m* gòrionīk sjèkāč, plȃmnīk za rȅzānje; **~e** *f* òštrica; **⁀en** [nà-, òd]rȅzati; (*zu~*, *zurecht~*) krȍjiti; **⁀end** rȇzak, brȉdak
Schneider *m* krȍjāč; **~in** *f* krojàčica; **~werkstatt** *f* krȍjāčkā ràdionica, krȍjāčnica
schneidig ȍdlučan, ȏran
schnei|en: es ~t pȃdā snȉjeg
Schneise *f* prȍsjeka (u šùmi)
schnell bȓz, hìtar; *adv. a.* nȁbrzo; **so ~ wie möglich** bȑže-bȍlje; **⁀boot** *n* bȓzī čámac; **⁀igkeit** *f* brzìna, hitròća; **⁀straße** *f* àuto-pȗt; **⁀zug** *m Esb.* bȓzī vlȃk (*sb.* vȏz)
Schnepfe *f* šljȗka
schneuzen (sich) usèk-, osék|nuti (-njívati)
Schnitt *m* rȇz; rèzotina; (*Kleider⁀*) krȏj; **~blumen** *f/pl.* sjȅčenō cvijeće; **~e** *f* krȉška; **~fläche** *f* pòvršina rȅzānja; **~lauch** *m* vlásac, dròbnjāk; **~punkt** *m* sjȅcište; **~wunde** *f* pòsjekotina
Schnitz|el *n* **(Wiener** bȇčkī) òdrezak, *sb.* (bȇčkā) šnìcla; *pl.* obrèzotine *f/pl.*, òdresci *m/pl.*
schnitze|n djȅljati, rȅzati; **⁀r** *m* rȅzbār; F *fig.* (pò-) grȅška; **⁀rei** *f* rezbàrija
Schnorchel *m* respìrātor
Schnörkel *m* šára, cìfra
schnüffeln njúšiti
Schnuller F *m s.* **Sauger**
Schnupfen *m* názeb, kìh-, kìj|avica; **~ bekommen** nazépsti *pf.*
schnuppern njúšiti
Schnur *f* vȓpca, ȕzica, gájtan

schnüren vézati
Schnurr|bart *m* bȑkovi *m/pl.*; **≗en** *Katze*: prêsti
Schnür|riemen *m*, **~senkel** *m* rèmēn, vèzica, *sb.* pêrtla
Schober *m* hȓpa; (*Heu≗*, *Stroh≗*) stôg, plâst
Schock *m* *Med.* šòk, ȕdār
Schöffe *m* pȍrotnīk
Schokolade *f* čokoláda
Scholle *f* (*Erd≗*) grȕda; (*Fisch*) lîst
schon vȅć
schön lijep, krâsan
schonen [sa]čúvati, [po-] stédjeti (**sich** se); **~d** blâg, ȍbzīran
Schönheit *f* ljepòta; (*Frau*) ljepòtica
Schon|ung *f* čúvānje; ȍbzīr; (*Wald*) brànjevina, zábran; **~zeit** *f* lȍvostāj
schöpf|en [is]cŕpsti; **≗er** *m* stvàralac, stvòritelj; **≗ung** *f* stvárānje; tvȍr|ba, -evina
Schoppen *m* čȁša (vína)
Schornstein *m* dȉmnjāk, òdžak; **~feger** *m* dȉmnjačār, òdžačār
Schoß *m* krílo; (*Rock≗*) skût; **auf dem ~** na (*od.* u) krílu
Schößling *m* *Agr.* ìzdanak, mlàdica
Schote *f* màhuna
Schott *n* *Mar.* prègrada
Schotte *m* Škȍt
Schotter *m* šljúnak
Schott|in *f* Škȍtkinja; **≗isch** škȍtskī; **~land** *n* Škȍtskā
schräg kȍs
Schramme *f* (o)grèbotina; bràzgotina
Schrank *m* *sb.* ȍrmān, *kr.* ȍrmār
Schranke *f* prègrada, brána; *fig.* mèđa
Schraube *f* zȃvȑtanj, šàrāf; *Mar.* vȉjak; **≗n** [za]šaráfiti, zavŕnuti (zàvrtati)
Schrauben|mutter *f* nȁvrtanj, nàvrtka; **~schlüssel** *m* zavrtnjȁnī kljûč; **~zieher** *m* iz-, od|vȉjāč, odvȉtāč
Schraubstock *m* mèngele *f/pl.*, stȇge *f/pl.*
Schreck *m* strâh; **~en** *m* ȕžās, strahòta; **≗lich** strášan, ȕžāsan
Schrei *m* krȋk, pȍvīk, vȃpāj
schreib|en [na]písati; **≗en** *n* písmo, lîst; **≗er** *m* pìsār; (*e-s Briefes*) písac; **≗feder** *f* (pìsaćē) pèro; **≗fehler** *m* pìsārskā pògreška; **≗heft** *n* pìsānka, téka; **≗mappe** *f* (pìsaćā) mȃpa; **≗maschine** *f* pìsa|ćā mašína, -ći strȏj; **≗warenhandlung** *f* pàpirnica; **≗zeug** *n* príbor za písānje
schreien vík|ati [-nuti], vápiti, krí|knuti (-čati)
Schreiner *m* stȍlār
schreiten stúp|ati [-iti]
Schrift *f* písmo; **≗lich** pìsmen; **~steller** *m* písac, književnīk; **~stück** *n* spȉs; **~tum** *n* književnōst *f*; **~wechsel** *m* prépiska
schrill pìskav, ȍštar
Schritt *m* kȍrāk

schroff hrâpav; (*steil*) strm; *fig.* õsõran
Schrot *n* sàčma; (*Getreide*) járma, prèkrupa; **~flinte** *f* lòvačkā pũška
Schrott *m* stârõ gvȏžđe (*od.* žèljezo)
schrubbe|n ríbati; **2r** *m* čẽtka (*od.* mètla) za ríbānje
schrumpfen sk|ũpiti (-ú-pljati) se
Schub|karre *f* (rùčnā) ko-líca *n*/*pl.*, tãčke *f*/*pl.*; **~lade** *f* fióka, ládica
schüchtern stìdljiv, sra-mèžljiv; **2heit** *f* stìdljivōst *f*, sramèžljivōst *f*
Schuft *m* hũlja, nìtkōv
Schuh *m* cìpela; **~bürste** *f* čẽtka (*od.* kèfa) za cìpele; **~einlage** *f* ùložak; **~geschäft** *n* tȑgovina cìpēlā; **~größe** *f* veličina cìpēlā; **~krem** *f* kréma za cìpele
Schuhmacher *m* obùćār, cìpelār, postòlār; **~werkstatt** *f* obùćārskā (*od.* pò-stolārskā) ràdionica
Schuh|putzer *m* čìstāč (*od.* cìstilac) cìpēlā; **~sohle** *f* đȏn, pȍtplat(a); **~werk** *n* òbuća
Schul- škȍlskī; **~bank** *f* škȍlskā klúpa
Schuld *f* krívnja, krivìca; (*Geld2*) dȗg; **2 sein** bìti krîv (**an** *D* / za *A*); **2en** dugòvati; **2ig** dúžan; krîv; **2los** nẽvin; **~ner** *m* dùž-nīk; **~schein** *m* zàdužnica, òbveznica
Schule *f* škȍla; **2n** škȍlovati
Schüler *m* ùčenīk, đâk; **~in** *f* ùčenica
schul|isch škȍlski; **2jugend** *f* škȍlskā ȍmladina; **2pflicht** *f* škȍlskā ȍbaveza
Schulter *f* râme, plȅći *f*/*pl.*, plèća *n*/*pl.*
Schul|ung *f* škȍlovānje; **~wesen** *n* škȍlstvo
Schund *m fig.* đùbre, trìce *f*/*pl.*
Schupo *m* policájac
Schuppen[1] *f*/*pl.* ljũske *f*/*pl.*; (*Kopf2*) pèrūt
Schuppen[2] *m* sũša, šũpa
Schür|eisen *n*, **~haken** *m* žàrāč, òžeg
schürfen *Bgb.* kòpati
Schurke *m* hũlja, nìtkōv
Schürze *f* prègača, kècelja; **~njäger** *m* žȅnskār
Schuß *m* hìtac; (*Knall*) pûcanj; (*kleine Menge*) ùsip, gȕtljāj
Schüssel *f* zdjèla
Schußwaffe *f* vãtrenō òrū-žje
Schuster *m s.* **Schuhmacher**
Schutt *m* rùševine *f*/*pl.*, rãzvaline *f*/*pl.*; **~abladeplatz** *m* (jâvnō) smètīšte
Schüttel|frost *m* jéza, gròznica; **2n** [ùz]dȓmati, [s]trésti; **die Hand 2n** rũkovati se (*D* / s *I*)
schütten sìpati, lijèvati
schütter *Haar*: rijèdak
Schutz *m* zãštita; **~-** *in Zssgn* zãštitnī; **~anzug** *m* zãštitnō odijèlo; **~brille** *f* zãštitnē nàočāle *f*/*pl.*

Schütze *m* strijèlac
schützen zašti|titi (-ćivati); zaklòniti (zàklanjati); **sich ~** čúvati se (**vor** *D*/*A*), štititi se (od *G*)
Schutz|engel *m* ânđeo *m* čùvār; **~heilige(r)** *m* svétac záštitnīk, pokròvitelj; **~impfung** *f* prēventīvnō (*od.* zâštitnō) cijèpljēnje
Schützling *m* štîćenīk
Schutz|mann *m* milicájac, rèdār; **~marke** *f* zâštitnī znâk; **~mittel** *n* zâštitnō srèdstvo; **~vorrichtung** *f* zâštit|nā nâprava, -nī ûređāj
schwäbisch švâpskī
schwach slâb; (*krank*) nèmoćan
Schwäch|e *f* slābōst *f*; nèmōć *f*; **2en** [ò]slābiti; **~ling** *m* slàbić
schwach|sinnig slabòuman; **2strom** strúja nìskōg nápona
Schwager *m* djēvēr, šógor, šùr(j)āk
Schwägerin *f* šogòrica, šùr(j)akinja, svàstika
Schwalbe *f* lâstavica
Schwamm *m* sùnđer, spûžva; *s.* **Pilz; 2ig** spûžvast
Schwan *m* lâbūd
schwanger *Frau*: trúdna, nòsēća; **2e** *f* trûdnica; **2schaft** *f* trudnòća; **2schaftsunterbrechung** *f* prekidánje trudnòćē
schwanken tetùrati, kolèbati (se); *Preise*: mijènjati se; **~d** kolèbljiv

Schwanz *m* rêp; **~flosse** *f* rêpnā peràja
Schwarm *m* (*Insekten2*) rôj; (*Vogel2*) jâto; *fig.* ìdol
schwärmen ròjiti se; *fig.* obožávati (**für** *A*/*A*)
Schwärmer *m* zanesènjāk; **~ei** *f* zános; **2isch** zanèsen
Schwarte *f* kožùr(ic)a
schwarz cȑn
Schwärze *f* crnìna; **2n** [na-, o-, po]cȑniti
schwatz|en bȑbljati, ćáskati; **~haft** bȑblj|av, -iv
Schwebe|bahn *f* vìsēćā žèljeznica, žìčara; **~balken** *m Sp.* hōrizontālnā grêda; **2n** lèbdjeti; (*in Gefahr*) nàlaziti se
Schwed|en *n* Švēdskā; **2isch** švēdskī
Schwefel *m* sûmpor; **~säure** *f* sûmpornā kiselìna
schweig|en *sb.* [za]ćútati, *kr.* [za]šútjeti; **2en** *n* ćútānje, šútnja; **~end** *adv.* ćùt|imicē, -kē, šutèćkē; **~sam** ćùtljiv, šùtljiv
Schwein *n* svínja; F *fig.* srèća
Schweine|braten *m* svìnjskō pečénje; **~fleisch** *n* svìnjetina
Schweinerei *f* svinjàrija
Schwein|estall *m* svínjac; **2isch, ~s-** svìnjskī
Schweiß *m* znôj; **~-** *in Zssgn Tech.* za zavarívānje; **2en** *v/t.* [s-, za]váriti; **~en** *n* zavarívānje; **~er** *m* zavarìvāč
Schweiz *f sb.* Švàjcārskā,

kr. Švìcārskā; **~er** *m* Švajcárac, Švìcarac; **~erin** *f* Švàjcārka, Švìcārka; **2erisch** švàjcārskī, švìcārskī
Schwelle *f* prâg (*a. Esb.*)
Schwellung *f* òteklina
Schwenk- okrètljiv, ȍbr̄tan; **2en** *v/t.* máhati; *v/i.* skré|nuti (-tati); **~kran** *m* ȍbr̄tnā dìzalica
schwer téžak; *fig.* mȕčan, trûdan; **2beschädigte(r)** *m* invàlīd; **2e** *f* težìna; *fig.* tegòba; **~elos** bèstežinskī; *adv.* bez težìnē; **~fällig** trȍm; **2gewicht** *n Sp.* têškā kategòrija; **~hörig** nágluh, *sb.* nágluv; **2kraft** *f* sila têža; **~lich** *adv.* téško, jèdva; **~mütig** sjȅtan; **2punkt** *m* tȅžište
Schwert *n* mȁč
Schwester *f* sèstra
Schwieger|eltern *pl.* tâst i svȅkrva; **~mutter** *f* svȅkrva, pȕnica; **~sohn** *m* zȅt; **~tochter** *f* snàha; **~vater** *m* tâst, svȅkar
Schwiele *f* žȕlj
schwierig téžak; **2keit** *f* (po)teškòća
Schwimm- plòvēći; plìvāčkī; **~bad** *n* plìvalište, plivaonica; **~becken** *n* bàsēn (*od.* bàzēn) za plìvānje
Schwimmeister *m* ùčitelj plìvānja
schwimm|en plìvati; *Schiff*: plòviti; **2en** *n* plìvānje; **2er** *m* plìvāč; *Tech.* plóvak; **2erin** *f* plivàčica; **2flosse** *f* gùmenā peràja; **2sport** *m* plìvānje; **2weste** *f* pr̀sluk za spasávānje
Schwind|el *m* vrtòglavica; (*Betrug*) prévara, lâž *f*; **2eln** (*lügen*) [prè]vāràti, [s]làgati; **es 2elt mir** vr̀ti mi se gláva
schwinden nèsta(ja)ti, [iz-]gùbiti se
Schwindler *m* vāralica *m/f*
Schwindsucht *f* sùšica
schwing|en *v/t.* máhati, vìtlati (*A/I*); *v/i.* njíhati, tìtrati; **2ung(en** *pl.*) *f* trèptānje, tìtrāj, njìhāj
Schwips F *m*: **e-n ~ haben** biti pòdnapit
schwirren zújati
schwitzen znòjiti se
schwören zàkl|ēti (-injati) se, prisé|ći, -gnuti (-zati)
schwül spâran; **2e** *f* sparìna
Schwung *m* (zà)māh; (*Elan*) pȍlēt; **~kraft** *f* zàmah; **~rad** *n* zàmajac; **2voll** pȍlētan
Schwur *m* zákletva, prìsega; **~gericht** *n* pȍrota, pȍrotnī sûd
Sechs *f* šèstica; **~tel** *n* šèstina
See[1] *m* jȅzero
See[2] *f* môre; **~-** *in Zssgn* mòrskī, pòmorskī; **die hohe ~** pȕčina; **rauhe ~** ùzburkānō môre; **~bad** *n* mòrskō kùpalište; **~fahrt** *f* plòvidba; **~fisch** *m* mòrskā rȉba; **~gang** *m* talàsānje; **~hund** *m* fȍka; **~igel** *m* mòrskī jȇž; **~krankheit** *f* mòrskā bȍlēst *f*

Seel|e *f* dúša; **²isch** dûšēvan; **~sorger** *m* dušòbrižnīk
See|mann *m* pòmorac, mòrnār; **~not** *f* nèsreća na móru; **~pferdchen** *n* mòrskī kònj; **~räuber** *m* gûsār; **~reise** *f* pût po môru; **~wasser** *n* mòrskā vòda; **~zunge** *f* (*Fisch*) lîst
Segel *n* jèdro; **~boot** *n* jèdrilica; **~flugzeug** *n* (*kr.* zrâčnā, *sb.* vâzdušnā) jèdrilica; **~klub** *m* jèdriličārskī klûb; **²n** jèdriti; **~schiff** *n* jedrènjāk; **~sport** *m* jèdrēnje, jèdriličārstvo; **~sportler** *m* jèdriličār
Segen *m* blâgoslov
Segler *m* jèdriličār; *s.* **Segelschiff**
segnen blagoslòviti
sehen vìdjeti, glèdati; (*öfter* ~) viđati; **vom ²** iz vìđēnja
Sehenswürdigkeit *f* znàmenitōst *f*
Sehne *f* tetíva, tètīvo
sehnen: sich ~ nach (*D*) čèznuti, téžiti za (*I*)
Sehn|sucht *f* čéžnja; **²süchtig** čeznùtljiv
sehr vr̀lo, veòma, jâko, mnȍgo
seicht plítak
Seid|e *f* svíla; **~en-, ²en** svìlen; **²ig** svilènkast
Seife *f* sàpūn; **~nblase** *f* sapùnica; **~npulver** *n s.* **Waschpulver**
seihen [pro]cijèditi
Seil *n* ùže, kònop(ac); **~(schwebe)bahn** *f* žičara
sein¹ bìti; (*zu ~ pflegen*) bívati; **ich bin ...** (jè)sam; **wir sind ...** (jè)smo
sein², **~e** njègov, -a, -o; *refl.* svȏj, svòj|a, -e
seiner|seits s njègovē stránē; **~zeit** u svòjē vrijème
seit *prp.* (*D*) (pòčēvši) od (*G*); *cj.* (*seitdem*) òtkad, òtkako; **~ wann?** otkàda?; **~dem** òtad(a); *cj. s.* **seit**
Seite *f* strána; bȏk
Seiten- spȍrednī, pȍbočnī; **~flügel** *m* (*Haus*) krílo, trâkt; **~straße** *f* spȍrednā (*od.* pȍbočnā) ûlica; **~tür** *f* spȍrednā vráta *n/pl.*
seit|her òtad(a); **~lich** bȍčnī, sa stránē; **~wärts** sa stránē, postràncē
Sekretär *m* sekrètār, *kr.* tâjnīk
Sekt *m* šampánjac
Sekunde *f* sekùnda
selbst sâm, sám|a, -o
selbständig sȁmostālan
Selbst|auslöser *m* samookidâč, autoknips; **~bedienung** *f* samoposluživánje; **~bestimmung** *f* samoopredjeljénje; **²bewußt** sȁmosvjestan; **~kosten** *pl.* proìzvodnī trȍškovi *m/pl.*; **²kritisch** samokritičan; **~laut** *m Gr.* samòglasnīk; **²los** nesèbičan; **~mord** *m sb.* samoub|ístvo, *kr.* -ójstvo; **²tätig** autòmatskī, automàtičan; **~tor** *n Sp.* àutogōl; **~unterricht** *m* samoòbrazovānje; **~verpflegung** *f* individuālnā

ishrana; **≈verständlich** *adv.* razùmijē se; **~vertrauen** *n* samopouzdánje; **~verwaltung** *f* samòuprava
Sellerie *f* cèler
selten rijèdak; *adv.* rijètko kād; **≈heit** *f* rijètkōst *f*
seltsam neòbičan; (*absonderlich*) čudnòvat
Semmel *f* zèmička
send|en [pò]slāti; *Rdf.* emitírati, *sb.* èmitovati; **≈er** *m Rdf.* rādio-stānica; **≈ung** *f* (*Post≈*) pòšiljka; *Rdf.* emìsija
Senf *m* gorùšica, slàčica
sengen páliti
Senk|blei *n* vísak; **≈en** sp|ùstiti (-úštati) (**sich** se); **≈recht** ȕprāvan, òkomit; **~rechte** *f* òkomica
Sense *f* kòsa
September *m* sèptēmbar, *kr.* rûjan
Serb|e *m* Sȑbin, Srbijánac; **~ien** *n* Sȑbija; **~in** *f* Sȑpkinja, Srbìjānka; **≈isch** sȑpskī; **≈okroatisch** srpskohȑvātskī
Serie *f* nîz, sérija; **~nproduktion** *f* sérījskā proizvódnja
Serpentine *f* závojica; **~n** *pl.* pût na závojice
Serviette *f* ùbrus(ac), servijèta, salvéta
Sessel *m* nàslonjača, fòtēlj; **~lift** *m* žìčara (sa sjēdalima)
setz|en (*hin~*) posáditi *pf.*; *Agr.* [po]sáditi; *Typ.* sl|òžiti (-ágati); **sich ~en** sjȇsti (sjēdati); *s.* **stellen, (sich) absetzen; ≈er** *m* (slovo-)slàgāč, slàgār
Seuche *f* pȍšāst *f*, rédnja
seufze|n uzdàhnuti (ùzdisati); **≈r** *m* ȕzdāh
Sex *m* sȇks; **≈uell** sēksuālan
Shorts *pl.* šorc *m*, kràtkē hlāče *f*/*pl.*
sich (*D*) s(èb)i; (*A*) s(èb)e
Sichel *f* sȓp
sicher sìgūran; *adv.* (*gewiß*) sìgūrno; **≈heit** *f* sigúrnōst *f*
Sicherheits- sigúrnosnī; **~gurt** *m* sigúrnosnī pȍjās; **~nadel** *f* (igla) osigùrača; **~schloß** *n* vȇrtajmo|vica, -vača; **~ventil** *n* sigúrnosnī vèntīl
sicher|n osigùr(áv)ati; **≈ung** *f El.* osigùrāč
Sicht *f* vîd, viđēnje; vìdljivōst *f*; **in ~** na pȍmolu; **≈bar** vìdljiv; **~weite** *f* dȍglēd, dòmet vîda
sie *3. Pers. Sg.* òna (*A* njû, *enkl.* ju, je); *3. Pers. Pl.* òni (*n* òna, *f* òne; *A* njîh, *enkl.* ih); **≈** Vî (*A* Vâs, *enkl.* Vas)
Sieb *n* sìto, rešèto; (*Seiher*) cjèdilo
Sieben *f* sèdmica; **~tel** *n* [sèdmina]
siede|n kljùčati, vrȅti, kípjeti; **≈punkt** *m* vrèlīšte
Siedl|er *m* naseljènīk; **~ung** *f* nàse|lje, -obina
Sieg *m* pȍbjeda
Siegel *n* pèčat; **~lack** *m* pèčatnī vȍsak; **~ring** *m* pèčatnī pȓstēn
sieg|en pob|ijèditi (-jeđívati); **≈er** *m* pòbjednīk,

dòbītnīk; **~reich** pobjedònosan
Silbe *f* slȏg
Silber *n* srèbro; **~münze** *f* srȅbrnīk; **&n** srȅbrn
Silvester *n* dȍček Nȍvē gȍdinē
sing|en pjȅvati; **&vogel** *m* ptȉca pjèvica
sinken pȁ|sti (-dati); (*abnehmen*) òpa|sti (-dati); *Schiff*: [po]tònuti
Sinn *m* (*Bewußtsein*) svȉjest *f*; ćúvstvo; (*Bedeutung*) smȉsao *m*, znáčēnje; **~bild** *n* znȃmen, sìmbōl
Sinnesorgan *n* ćùtilo, ćúlo, osjètilo
sinn|lich čȗlan, pȗten; **~los** bèsmislen
Sitte *f* ȍbičāj
sittlich mòrālan, *kr.* ćudòredan; **&keit** *f* mòrāl, *kr.* ćudòrēđe; **&keitsverbrechen** *n* sȅksuālnī zlòčin
Sitz *m* sjȅdalo, sjȅdište (*a. fig.*); **&en** sjèditi; *Kleid*: prìstajati; **~platz** *m s.* **Sitz**; **~ung** *f* sjȅdnica
Skala *f* ljȅstvica, skála
Skandal *m* sȁblāzan *f*, brȕka
Skelett *n* kȍstūr, skèlet
skeptisch skèptičan
Ski *usw. s.* **Schi** *usw.*
Skizz|e *f* skȉca, nácrt; **&ieren** [nà]cȑtati, [na]čìniti skȉcu
Sklav|e *m* rȍb; **~erei** *f* ròpstvo; **~in** *f* rȍbinja
Skulptur *f* (*Statue*) kȋp
Slaw|e *m kr.* Slà-, *sb.* Slò|vēn; **~in** *f* Slà-, Slò|vēnka; **&isch** slà-, slò|vēnskī
Slowen|e *m* Slovénac; **~ien** *n* Slòvēnija; **~in** *f* Slòvēnka; **&isch** *kr.* slòvēnskī, *sb.* slòvenačkī
so tàko, ovàkō; **~ daß** táko da, tē; **~bald** *cj.* čȉm
Socke *f* (krátkā) čàrapa
Sod|a *f* sóda; **~brennen** *n* žgàravica, ljutìna
so|eben bȁš sȁd, mȁlo prìje; **~fern** *cj.* ùkoliko; **~fort** ȍdmāh; **~gar** čȁk, pȁče; **~genannt** takòzvānī
Sohle *f s.* **Fuß-, Schuh|-sohle** *f*
Sohn *m* sȋn
solange dȍk
solch tàkav, ovàkav
Sole *f* slȃnā vòda
Soldat *m* vòjnīk; **&isch** vòjničkī
Söldner *m* nàjamnīk, plȁćenīk
Soll *n* plȃnskī zadátak; **~-** *in Zssgn* zȃdān, trȃžen, pȍtreban; **&en** trȇbati, mórati; *s.* **müssen**
Sommer *m* ljȅto; **~frische** *f* ljȅtovalište; **~schlußverkauf** *m* ljȅtnjā rȁsprodaja; **~sprossen** *f/pl.* sunčànē pjȅge *f/pl.*
Sonder- spȅcijālan, pòseban; **~angebot** *n* pȍnuda rȍbē po spȗštēnōj cijèni; **&bar** čudnòvat; **~fall** *m* pòseban slȕčāj; **~genehmigung** *f* pòsebnā dȍzvola; **~ling** *m* osobènjāk, čùdāk

sondern nègo, vềć
Sonderzug *m Esb.* pòsebnī vlâk (*sb.* vôz)
Sonn|abend *m* sùbota; **~e** *f* sûnce; **≗en: sich ≗en** sûnčati se
Sonnen- sunčànī; **~aufgang** *m* ìzlazak sûnca; **~bad** *n* sûnčānje; **~blende** *f Fot.* záklon od zasjenjívānja; **~blume** *f* sûncokrēt; **~brand** *m* sunčànā òpeklina (*od.* opèkotina); **≗gebräunt** òpāljen, pocŕnio (ôd sûnca); **~öl** *n* ûlje za sûnčānje; **~schein** *m* sunčànī sjâj; **~schirm** *m* sûncobran; **~stich** *m* sunčànica; **~uhr** *f* sunčànīk, sunčànī sât; **~untergang** *m* zàlazak sûnca; **≗verbrannt** *s.* **sonnengebräunt**
sonn|ig sùnčan; **≗tag** *m* [nèdjelja]
sonst (*anders*) inàče; **~ noch etwas?** jôš nềšto?; **~ nichts** nìšta vìšē; **~ noch jemand?** i (t)kô jôš?
Sorg|e *f* brìga; **≗en: sich ≗en um, ≗en für** [pò]brinuti se, skŕbiti se za (*A*); **~falt** *f* brìžljivōst *f*, pòmnja; **≗fältig** brìžljiv, pòmnjiv; **≗los** bèzbrižan; **~losigkeit** *f* nèbriga; **≗sam** brìžljiv
Sort|e *f* vŕsta, vȓst *f*; **≗ieren** razvȓst(áv)ati
Soße *f* sôs, ȕmāk
so|viel tòliko; *cj.* kòliko; **~weit** *cj.* ùkoliko; **~wie** kāo i; **~wieso** ionàko

Sowjetunion *f* Sóvjetskī Sâvez
sowohl: ~ ... als auch ... i ... i ..., kàko ... tàko i ...
Sozial|ismus *m* socijalìzam; **~versicherung** *f* sȍcijālnō osigurānje
sozusagen tàko rèći
Spalt *m* pùkotina
Spalte *f Typ.* stúbac
spalt|en [ras]cijèpati, ràscjepkati *pf.* (*a. fig.*); **sich ~en** [po]dijèliti se; **≗ung** *f* cijèpānje; ráscjep, ráskol
Span *m* (*Holz≗*) trijèska; (*Hobel≗*) strùgotina
Späne *m/pl.* (*Säge≗, Feil≗*) òpīljci *m/pl.*
Spange *f* kȍpča
Spani|en *n* Špânija, Špànjōlskā; **~er** *m* Špánac, Španjólac; **≗sch** špânskī, špànjōlskī
spann|en nàp|ēti (-injati), na-, po-, za|tégnuti (-tézati); **~end** nāpēt; **≗futter** *n* stêznā gláva; **≗kraft** *f* izdr̀žljivōst *f*; **≗ung** *f El.* nápon; *fig.* nāpētōst *f*; **~weite** *f* ráspon
Spar|buch *n* štêdnā knjìžica; **~büchse** *f* kàsica; **≗en** [u]štédjeti; **~er** *m* štèdiša *m*
Spargel *m* špàrg(l)a, špàroga
Spar|kasse *f* štèdionica; **≗sam** štèdljiv
Spaß *m* šála; **≗haft, ≗ig** šàljiv, smijèšan; **~macher** *m* šàljivac
spät kâsan, pȍznī; *adv.* kâsno, dòckan; **zu ~** prē-

kasno; **wie ~ ist es?** kȍliko je sátī?
Spaten *m* ášōv, lòpata
späte|r *adv.* kāsnije; **~stens** *adv.* nȃjkasnije
Spatz *m* vrábac
spazier|en(gehen) [pro]šétati se; **2gang** *m* šétnja; **2stock** *m* štȃp
Specht *m* djȅt|ao *m*, -lić
Speck *m* slànina
Spediteur *m* òtpremnīk, špedìtēr
Speer *m* kȍplje; **~werfen** *n* *Sp.* bàcānje kȍplja
Speiche *f* žbica
Speichel *m* slina, pljùvačka
Speicher *m* ȃmbār, žȉtnica, sprȅmište
speien blj|ùnuti (-ùvati)
Speise *f* jȅlo; **~eis** *n* slādoled; **~kammer** *f* smȍčnica; **~karte** *f* jèlōvnīk; **2n** rúč(á-v)ati, òbjedovati; *Tech.* napájati, snabdijèvati; **~saal** *m* trpezàrija, blagòvaonica; **~wagen** *m* kȍla *n/pl.* za ručávānje, vàgōn-restòrān
Spektrum *n* spȅktar
Spende *f* prílog, milostínja; **2n** dȃti (dávati), daròvati, pril|òžiti (-ágati)
Sperber *m* kòbac
Sperling *m* vrábac
Sperr|e *f* prȉječnica, brána; (*Verbot*) zȃbrana; (*Bahnsteig2*) ùlaz na pèrōn; **2en** zatv|òriti (-árati); *Gas, Licht, Kredit*: prèk|inuti (-ídati), obùstav|iti (-ljati); blokírati; **~gebiet** *n* zàbrānjenā zóna; **~gut** *n* kȁbastā rȍba; **~holz** *n* špȇrovānō dȓvo, špȇrploča; **~mauer** *f* bàrāžnī zîd
Spesen *pl.* tròškovi *m/pl.*
Spezi|alität *f* specijalìtēt; **2ell** pòseban
Spiegel *m* oglèdalo, zȓcalo; **~bild** *n* slika, ȍdrāz; **~ei** *n* jáje na ȍko; **2n: sich 2n** ogléd(áv)ati se
Spiel *n* ìgra; **2en** ìgrati (se); *Thea.* glúmiti; *Mus.* svírati; **~er** *m Sp.* ìgrāč; **~feld** *n* ìgralište; **~karte** *f* ìgraćā kȃrta; **~plan** *m Thea.* repertòār, rȁspored; **~platz** *m* ìgralište; **~raum** *m fig.* slobòda; **~regel** *f* prȃvilo ìgrē; **~zeug** *n* ìgrāčka
Spieß *m* (*Brat2*) rážanj; **am ~** *Kochk.* na rážnju
Spinat *m* špìnāt, *sb.* spànāć
Spindel *f* vretèno
Spinn|e *f* pȁūk; **2en** prȇsti; **~(en)gewebe** *n* pàučina; **~rad** *n* kȍlovrāt
Spion *m* špijūn, ùhoda *m*; **~age** *f* špijunáža
Spirale *f* spirála, závōjnica
Spirituosen *pl.* ȃlkohōlnā píća *n/pl.*
Spiritus *m* špìrit, žȅsta; **~kocher** *m* kùhalo na špìrit
spitz šiljast, ȍštar; **2e** *f* vȓh, vrhúnac, šiljak; (*Gewebe*) čìpka; **2en-** rèkordan, vȓšnī, vȓhūnskī; (*best-*) nȃjbolji; **~en** [za]šíljiti, [na]òštriti; *Ohren*: naćúliti *pf.*; **2hacke** *f* pȉjūk; **2name** *m* nàdimak
Splitter *m* ìvēr, trijèska,

kȑhotina; **⁀n** lòmiti se, kȑšiti se
Sporen *m/pl.* òstruge *f/pl.*, màmuze *f/pl.*
Sport *m* spȏrt; **⁓ler** *m* spòrt|āš, -ist(a *m*); **⁓lerin** *f* spòrt|istkinja, -àšica; **⁀lich** spȍrtskī; **⁓verein** *m* spȍrtskō drúštvo; **⁓wagen** *m* spȍrtskā kȍla *n/pl.*
Spott *m* pȍruga, rúglo; **⁀en** rúgati se (**über** *A/D*)
spöttisch podrùgljiv
Sprach|e *f* jèzik; **⁓führer** *m* prìručnīk konverzácijē na strānōm jèziku; **⁓kenntnisse** *f/pl.* znánje strānīh jèzikā; **⁀lich** jèzičnī; **⁀los** nìjem; *fig.* zaprepášćen
sprech|en govòriti; (*sich unterhalten*) razgovárati; **⁀er** *m Rdf.* spìker; **⁀funk** *m* râdio-telefònija; **⁀funkgerät** *n* râdio-telèfōn; **⁀stunde** *f* sât prìmānja; **⁀zimmer** *n* (*beim Arzt*) ordinácija
spreng|en ràsprs|nuti (-kati), dì|gnuti (-zati), báciti (bàcati) u zrâk(*od.* vàzdūh); *Garten*: po-, za|lijèvati; **⁀stoff** *m* eksplòzīv; **⁀wagen** *m* kȍla *n/pl.* za polijèvānje ùlicā
Sprich|wort *n* pòslovica; **⁀wörtlich** pòslovičan
Spring|brunnen *m* vȍdoskok, šèdrvān; **⁀en** sk|òčiti (-ákati); *Glas*: pù|ći, -knuti (-cati); **⁓er** *m Sp.* skàkāč; (*Schach*) kȍnjic
Spritz|e *f* štřcāljka, šmȓk; **⁀en** štřc|ati [-nuti], pȑs|kati [-nuti]; **⁓pistole** *f Tech.* pištōlj za rasprašívānje
spröde kȑhak, lȍman, kȓt; *fig.* prèzriv
Sprosse *f* prèčka
Sprößling *m fig.* potómak
Spruch *m* ìzreka; *jur.* prȇsuda, ȍdluka
Sprudel *m* kiselā vòda; **⁀n** vrȇti, kljùčati
Sprüh|dose *f* raspràšīvāč; **⁀en** vȑcati; rasprašívati
Sprung *m* skȏk; (*Riß*) pùkotina; **⁓brett** *n* òdskočnā dàska, òdskočnica; **⁓schanze** *f*, **⁓turm** *m* skakàonica
spucken plj|ùnuti (-ùvati)
Spuk *m* sȁblāst *f*, ȁvēt *f*
Spule *f* kàlem
spül|en [o]plákati, ìsp(í)rati; **⁀ung** *f* ispírānje
Spur *f* trâg
spüren (*empfinden*) òsje|titi (-ćati)
spurlos *adv.* bez trâga
Spurt *m* fìniš
Staat *m* dȑžava; **⁀lich, ⁓s-** dȑžāvnī
Staats|angehörigkeit *f* dr̀žavljanstvo; **⁓anwalt** *m* (jȃvnī) tùži|lac, -telj; **⁓bürger** *m* dr̀žavljanin; **⁓mann** *m* dȑžāvnīk
Stab *m* štȃp; *Mil.* štȃb; **⁓hochsprung** *m* skȏk s mȍtkōm
Stachel *m* žȃlac, žȃoka; třn; bòdljika; **⁓beere** *f* ògrozd; **⁓draht** *m* bòdljikavā žȉca
Stadion *n* stȃdion

Stadt *f* grâd, vároš; **~-** *in Zssgn* grȁdskī; **~bezirk** *m kr.* ȍp|ćina, *sb.* -ština
städtisch grȁdskī
Stadt|plan *m* plân grȃda; **~rundfahrt** *f* krûžnā vòžnja kroz grâd; **~teil** *m s.* **Stadtviertel**; **~verordnetenversammlung** *f* grȁdskō vijèće; **~viertel** *n* kvȁrt, grȁdskā čȅtvrt *f*
Staffel *f* stȅpen, stûpanj; *Flgw.* eskadrìla
Staffelei *f* slikārskī stálak
Staffel|lauf *m* štàfetnā tȑka; **~n** raspòre|diti (-đívati) stupnjèvito
Stahl *m* čèlik; **~-** *in Zssgn* čèličan; **~werk** *n* čeličàna, tvórnica čèlika
Stall *m* stȁja, štȁla
Stamm *m* (*Baum~*) stáblo, déblo; (*Volks~*) plȇme; *Gr.* òsnova
stammen pòtjecati
Stamm|gast *m* stȃlan gôst; **~halter** *m* mȕškī potómak; **~kunde** *m* stȃlnā muštèrija
stampfen gȁziti, tȁpkati; *Schiff*: ljúljati se ȕzdūž
Stand *m* (*Lage*, *Standort*) stàjalište, pȍložāj; (*Zustand*) stánje; nìvō *m*; *Hdl.* (*Messe~*) štȃnd
Ständer *m* stálak
Standesamt *n* mȁtičnī úred
stand|haft ìstrājan, pȍstojān; **~halten** odò|ljeti (-lijèvati), odùp|rēti (-irati) se
ständig stȃlan; neprékidan
Stand|ort *m s.* **Stand**; **~punkt** *m* stànovīšte
Stange *f* mȍtka, šȉpka
stänkern F mútiti
Stanz|e *f* prȇsa za utiskívānje; **~en** ùtis|nuti (-kívati)
Stapel *m* hȑpa; **vom ~ laufen** *Mar.* pòrinuti *pf.*; **~lauf** *m Mar.* porinúće; **~n** [na]gomilati; **~platz** *m* stòvarīšte
Star *m Zo.* čvórak; (*Film~*) zvijèzda; *Med.* **grauer ~** mrȇna
stark jâk, snážan; *s.* **dick**
Stärke[1] *f* jákōst *f*, jačìna, snága; (*Anzahl*) brójnōst *f*
Stärke[2] *f*, **~mehl** *n* skrȍb, škrȍb; (*Wäsche~*) štȉrka, štȉrak
stärken [o]jàčati; *Wäsche*: [nà]štȉrkati
Starkstrom *m* jȃkā strúja
Stärkung *f* jàčānje; okrepljénje, ȍkrepa
starr krût, ùkočen; **~en** píljiti, ùkočeno glȅdati; **~köpfig**, **~sinnig** tvrdòglav, ȕpōran; **~krampf** *m Med.* tȅtanus
Start *m* stȁrt; *Flgw.* uzlijètānje; **~en** *v/i.* stȁrtovati; *Flgw.* uzlètjeti (uzlijètati); *v/t. Motor*: *s.* **anlassen**; **~zeichen** *n Sp.* znâk za stȁrt
Station *f* stȁnica, *kr. a.* stàjalište; (*Krankenhaus~*) odjeljénje; **~svorsteher** *m* šef stȁnicē
Statist *m* stàtist(a *m*); **~ik** *f* statìstika
Stativ *n* stálak

statt *prp.* (ù)mjësto (*G*); *cj.* ~ **zu** (ù)mjësto da
Stätte *f* mjësto
statt|finden bìti, òbaviti (òbavljati) se, odřž(áv)ati se; **~haft** dòpušten, dopùstiv; **~lich** stàsit, nàočit
Statue *f* kîp
Statu|r *f* stâs, rûst; **~s** *m* stánje, pölōžāj
Staub *m* pràšina; prâh; **⁀ig** prášan; **~lappen** *m* křpa za brìsānje pràšinē; **~sauger** *m* usisàvāč
Stau|damm *m* ȕstava, brána; **⁀en** skȕpiti (skúpljati) (**sich** se); *Wasser*: ùstav|iti (-ljati)
staunen [zà]čȕditi se (**über** *A*/*D*)
Stech|dorn *m* drāč(a); **⁀en** [u]bòsti; (*Sonne*) pèći; *Karte*: ùbiti *pf.*; **~fliege** *f* ȍbād
Steck|brief *m* pòtjērnica, tjèralica; **~dose** *f* príključnica; **⁀en** *v/t.* mèt|nuti (-ati), tȕriti (túrati), natà|ći, -knuti (nàticati); *v/i.* bìti, nàlaziti se; **⁀enbleiben** zàp|ēti (-injati); **~enpferd** *n fig.* hȍbi *m*; **~er** *m* *El.* utìkāč, prìključak; **~nadel** *f* pribàdača; **~schlüssel** *m* *Tech.* kljȕč natìkāč
Steg *m* bŕvno, ùskī môst; (*Weg*) stàza
stehen stàjati, stòjati; **~bleiben** stā(ja)ti, zaùstav|iti (-ljati) se; **~lassen** ȍstav|iti (-ljati)
Stehlampe *f* lâmpa na stálku
stehlen [ò-, ù]krȁsti
Stehplatz *m* mjësto za stàjānje
steif krût, ùkočen; tvȑd
Steig|bügel *m* strëmēn; **⁀en** pènjati [pòpēti] se, dì|ći, -gnuti (-zati) se, uzíći (uzìlaziti); *Fluß*: nad|óći (-òlaziti); **⁀ern** povèć(á-v)ati; **~ung** *f* úspon
steil stȑm, -enit; **⁀wand** *f* vřlēt *f*
Stein *m* kȁmēn; **~bruch** *m* kamenòlom; **⁀ig** kamènit; **~kohle** *f* kȁmenī ȕgalj (*od.* ȕgljēn); **~metz** *m* klèsār; **~pilz** *m* vr̀gānj; **~schlag** *m* odronjávānje kàmēnja
Stelldichein *n* sàstanak, rèndēz
Stelle *f* mjësto; **auf der ~** ȍdmāh, smjësta
stellen stâv|iti, pòstav|iti (-ljati), mèt|nuti (-ati); *Uhr*: nàmjestiti *pf.*
Stellen|angebot *n* pȍnuda namješténja; **~gesuch** *n* mòlba za namješténje
Stell|ung *f* pȍložāj; **~vertreter** *m* zâmjenīk; **~werk** *n* pòstavnica
Stemm|eisen *n* dlijèto; **⁀en** ùp|rijeti (-irati); *v/r.* odùp|rijeti (-irati) se
Stempel *m* žig, pèčat; **⁀n** žigosati, žigòvati, ùdar|iti (-ati) žîg; **~uhr** *f* kȍntrōlnī sât
Stengel *m* stàbljika, strûk
Steno|graphie *f* stenogràfija; **~typistin** *f* daktilògrafkinja, tipkàčica

Steppdecke *f* jòrgan
Steppe *f* stȇpa
sterb|en ùm|rijeti (-irati), premínuti *pf.*; **im** ⁲**en liegen** ùmirati; ⁲**e·urkunde** *f* ȕmrlica, smȑtnī lȋst; ⁓**lich** smȑtan
stereo|phon(isch) stereòfonskī; ⁲**platte** *f* stȅreoploča; ⁲**sendung** *f* stereoemìsija
Sterlet *m* kèčiga
Stern *m* zvijèzda; ⁲**förmig** zvjȅzdast, zvjezdòlik; ⁓**schnuppe** *f* zvijèzda pȁdalica; ⁓**warte** *f* opservàtōrij, zvjèzdārnica
stetig stȃlan, pȍstojān
stets ȕvijek, vȁzda, svȃgda
Steuer[1] *n Mar.* kòrmilo; *s.* **Lenkrad**
Steuer[2] *f* pȍrez; ⁓**berater** *m* pòreskī sávjetnīk
Steuerbord *n Mar.* dȇsnī bȏk brȍda
Steuer|erklärung *f* pòreskā prȉjava; ⁲**frei** oslòbođen pȍreza; ⁓**gruppe** *f* pòreskā kategòrija
Steuer|knüppel *m* pòluga za ùpravljānje; ⁓**mann** *m* kormìlār; ⁲**n** ùpravljati (*I*); ⁓**rad** *n s.* **Lenkrad;** ⁓**ung** *f* ùpravljānje
Steuerzahler *m* porezòvnīk, pòreskī òbveznīk
Steward *m* stjȕard, kònobār na bródu; ⁓**ess** *f* stjuardèsa, pràtīljka
Stich *m* ùbod; (*Näh*⁲) bȏd; (*Karten*) štȉh; **im** ⁓ **lassen** òstav|iti (-ljati) na cjèdilu; *s. a.* **Kupferstich;** ⁲**eln** bȍckati, zadijèvati; ⁓**flamme** *f* šiljat plȃmēn; ⁲**haltig** ubjèdljiv, òsnōvan; ⁓**probe** *f* próba nàsumcē; ⁓**wort** *n* nàtuknica, pòdsjetnica
Stickerei *f* vȇzivo
stickig zagùšljiv
Stickstoff *m* dùšīk, àzōt
Stiefbruder *m* polùbrat
Stiefel *m* čizma
Stief|kind *n* pȁstōrče; ⁓**mutter** *f* mȁćeha; ⁓**mütterchen** *n Bot.* mȁćuhica; ⁓**schwester** *f* polusèstra; ⁓**vater** *m* ȍčūh
Stiel *m* dȑžak, rùčica; (*Stengel*) pètēljka, strȗk
Stier *m* bȋk
Stift[1] *m* (*Nagel*) čȃvlić, klȋn; *s.* **Blei-, Buntstift;** *fig.* (*Lehrling*) šègrt
Stift[2] *n* sȃmostān, mȃnastīr; ⁲**en** osn|òvati (-ívati); *Frieden*: načiniti *pf.*; ⁓**ung** *f* osnìvānje; (*fromme*) zàklada, zàdužbina
Stil *m* stȋl
still míran, tȉh; ⁲**e** *f* tȉšina, mȋr
Stilleben *n* mȑtvā prȉroda
stillegen obùstav|iti (-ljati); (*schließen*) zatv|òriti (-árati)
stillen *Kind*: dòjiti; (*besänftigen*) [u]míriti; *Schmerz, Durst*: ùtažiti *pf.*; *Blutung*: obùstav|iti (-ljati)
still|halten *v/i.* stàjati mȋrno; *s.* **anhalten;** ⁲**stand** *m* stàjānje; *fig.* zástoj, zátišje; ⁓**stehen** zaùstav|iti (-ljati) se, ne ráditi

Stimm|abgabe *f* glàsānje; **~band** *n* glāsnica; **~e** *f* glâs; **2en** glàsati; *Mus.* usklà|diti (-đívati); ugáđati; **~engewirr** *n* žâgor; **~ung** *f* raspoložénje; ūgođāj
stinken smr̀djeti
Stipendi|at *m* stipèndist(a *m*); **~um** *n* stipèndija
Stirn *f* čèlo; **~-** *in Zssgn* čēonī, čēlnī
stochern *in den Zähnen*: čāčkati (*A*)
Stock *m* štāp, pàlica; (*Etage*) kât, sprât; **2en** zàp|ēti (-i-njati), [zà]stāti; **~fisch** *m* bakàlār; **~ung** *f* zástōj; **~werk** *n s.* **Stock**
Stoff *m* grâđa, grādivo; (*Gewebe*) tkànina, štōf; *Chem.* tvâr *f*
stöhnen stènjati, jēcati
Stollen *m Bgb.* pòtkop, ōkno
stolpern posŕnuti (pòsrtati), spotà|ći *pf.*, -knuti (spòticati) se
stolz pònosan, gôrd
Stolz *m* pònos
stopf|en (*füllen*) [nà]pūniti; *Loch*: začèp|iti (-ljívati); *Strumpf*: [zà]kr̄piti; **2garn** *n* kònac za kr̄pljēnje (*od.* čikmljēnje)
Stoppelfeld *n* str̀nīšte
stoppen zaùstav|iti (-ljati)
Stöpsel *m* čēp, zapùšāč
Storch *m* róda
stören smétati (*A* / *A od. D*), ométati, porèmetiti *pf.*; **~d** dōsadan
störrisch jògunast
Störung *f* smétnja, pōremećāj
Stoß *m* ùdarac; (*Stapel*) hr̄pa; **~-** *in Zssgn mst* ùdārnī; **~dämpfer** *m* prigušivāč, amortizēr
Stößel *m* tūčak, tūcalo
stoß|en gūrnuti (gúrati), rīnuti (rìvati); (*hinein~*) tūriti (túrati); *s. a.* **schlagen, zerstoßen; ~en auf** (*A*) naíći (nailaziti) na (*A*); **sich ~en an** (*D*) ùdariti se o (*A*); **2stange** *f* brànīk
stottern mūcati
Straf|anstalt *f* kàznenī závod; **~anzeige** *f* prijava; **2bar** kažnjiv; **~e** *f* kâzna; (*Geldbuße*) glōba; **2en** kāzniti (kažnjávati)
straff nà-, zà|tēgnūt, nàpēt; **~en** na-, za|tégnuti (-tézati) [ūznīk
Sträfling *m* kažnjènīk,
Straf|gesetzbuch *n* kàznenī (*od.* krìvičnī) zákonīk; **2los** nèkažnjen; **~porto** *n* dōplata poštàrinē; **~punkt** *m Sp.* kàznenī bôd; **~raum** *m Sp.* kàznenī próstor; **~recht** *n* kàznenō (*od.* krìvičnō) právo; **~stoß** *m Sp.* kàznenī ùdarac; **~tat** *f* zlòčin, zločínstvo
Strahl *m* lūča, *kr.* zrāka, *sb.* zrâk; (*Wasser2*) mlâz; **~antrieb** *m* mlâznī pógon; **2en** sjāti, sìjati; *Tech.* zráčiti; **2enförmig** zrākast; **~triebwerk** *n* mlâznī pógonskī ūređāj; **~ung** *f* zrāčēnje

Strähne *f* prâmēn
stramm *s.* **straff** *fig.* kršan
Strampel|höschen *n* štràmplice *f/pl.*; **⁓n** kopr̀cati se, r̀itati se
Strand *m* žâl, ȍbala; (*Bade*⁓) plȁža; **⁓anzug** *m* odijèlo za plȁžu; **⁓en** nasúkati se *pf.*; **⁓wächter** *m* pàzitelj plȁžē
Strapaze *f* nápor, mȕka
Straße *f* ȕlica, cèsta; (*Land*⁓) drûm
Straßen- ȕlični; **⁓bahn** *f* trȁmvaj; **⁓bahnhaltestelle** *f* tràmvājskā stȁnica; **⁓bau** *m* gráđēnje pútēvā; **⁓beleuchtung** *f kr.* ȕličnā rȁsvjeta, *sb.* ȕličnō osvjetljénje; **⁓graben** *m* jârak uz cèstu; **⁓karte** *f* mȃpa (*od.* kârta) s pûtnōm mrȅžōm; **⁓kreuzung** *f* ràskrsnica, ráskr̄šće; **⁓mädchen** *n* ȕličārka; **⁓reinigung** *f* čišćénje ȕlicā; **⁓schild** *n* tábla s názivom ȕlice; **⁓verkehr** *m* ȕlični pròmet (*od.* sȁobraćāj); **⁓verkehrsordnung** *f* prȁvilnīk o prȁvilima sȁobraćāja na pútevima
sträuben: sich ⁓ *Haar*: [na]kostréšiti se; *fig.* protíviti se
Strauch *m* džbûn, gr̂m
Strauß *m Zo.* nôj; (*Blumen*⁓) kìta, bùkēt
Strebe *f* podupìrāč, pȍtpōranj
streb|en téžiti (**nach** *D* / za *I*); **⁓sam** rèvan
Strecke *f Esb.* prúga; *Math.* dûž *f*
strecken prȕžiti (prúžati) (**sich** se); *Arme, Beine*: rastézati; (*verlängern*) razv|úći (-láčiti)
Streich *m* ùdarac; **dummer** ⁓ glúpōst *f*, budaláština
streich|eln [pò]glȁditi, mìlovati; **⁓en** [pò]glȁditi; (*auftragen*) [nà]mȁzati; (*an*⁓) [na]líčiti; (*aus*⁓) [iz]brìsati; *Segel, Flagge*: spùstiti *pf.*; **⁓holz** *n* šibica, žigica
Streif|e *f* patróla; **⁓en** *m* prúga, trâk, trȁka; òstrižak, strijèka; **⁓en** (*berühren*) dotà|ći, -knuti (dòticati), òkrznuti *pf.*; **⁓enwagen** *m* polìcijskā (*od.* milìcijskā) kȍla *n/pl.*
Streik *m* štrȃjk; **⁓en** štrȃjkovati; **⁓ende(r)** *m* štràjkāš
Streit *m* prépirka, svȁđa, spȍr; **⁓en** prèpirati se, svádati se; (*kämpfen*) bòriti se; **⁓kräfte** *f/pl.* ȍružānē snáge *f/pl.*; **⁓süchtig** svàdljiv
streng strȍg; **⁓e** *f* strȍgōst *f*
streu|en sìpati, pòs|ūti (-ipati); **⁓nen** skítati se, lúnjati (se)
Strich *m* cr̂ta; pȍtez
Strick *m* kònop(ac), ùže; **⁓en** plèsti; **⁓erei** *f* plètivo; **⁓jacke** *f* pletènā blúza; **⁓maschine** *f* plètaći strôj; **⁓waren** *f/pl.* pletènā rȍba, trikotáža
Strieme *f* másnica

Strippe F *f s.* **Schnur**
Strip-tease *n* striptīz
strittig spôran, prijèporan
Stroh *n* slȃma; **~dach** *n* slȃmnatī krôv; **~halm** *m* slâm|čica, -ka; **~hut** *m* slȃmnatī šèšīr; **~sack** *m* slȃmnjača
Strolch *m* skítnica *m* (*f*), bìtānga *m*
Strom *m* (vȅlikā) rijèka; strúja (*a. El.*)
strömen strújati; tèći
Strom|kabel *n* elèktričnī kábl; **~kreis** *m El.* strûjnō kȍlo; **~spannung** *f s.* **Spannung**; **~schnelle** *f* bȑzica; **~stärke** *f* jačina strújē
Strömung *f* strújānje, strúja (*a. fig.*)
Strudel *m* vîr, vȉtlōg; (*Kuchen*) savìjača
Strumpf *m* čàrapa; **~haltegürtel** *m* pȍjās za čàrapē; **~halter** *m* pȍdvezica, F hàlter; **~hose** *f* trìkō(-čàrape)
Strunk *m* strûk, kòčānj
struppig čȕpav, razbàrūšen
Stube *f* sȍba; **~nmädchen** *n* sȍbarica
Stück *n* kòmād; **~chen** *n* komàdić; **~lohn** *m* pláta (*od.* pláća) po komádu; **~preis** *m* cijèna po komádu
Student *m* stùdent, đâk; **~enheim** *n* stùdentskī dôm; **~in** *f* stùdentkinja; **♀isch** stùdentskī
Studie *f* stûdija
studieren studírati; proùč|iti (-ávati)
Studium *n* stûd|ij, -ije *f/pl.*
Stufe *f* stȇpen, stûpanj; (*Treppen♀*) stȇpenica; **♀nlos** kȍntinuālan
Stuhl *m* stòl|ac, -ica (*a.* **~gang**); **~verstopfung** *f* zápek, zátvor
stumm nȉjem
Stummel *m* òdlomak, òkrnjak; (*Zigaretten♀*) pìkavac, čik
Stumpf *m* pânj
stumpf tûp; **~sinnig** tȕpav
Stunde *f* sât, čȃs, ȕra; **♀n** odg|òditi (-áđati) plȁćānje
Stunden|lohn *m* sátnina, pláta na čȃs; **~plan** *m* sâtnica
stündlich svȁkōg(a) sâta; svakòčasnī
stur tvrdòglav; *adv. a.* ȕpōrno
Sturm *m* bȕra, olúja; *Mil.* jȕrīš; *Sp.* nápad, nȃvala
stürm|en *Mil.* jurìšati; *Sp.* nàpadati; **♀er** *m Sp.* napàdāč; **~isch** bûran
Sturm|warnung *f* nájava bȕrē; **~wind** *m* bȕra, olúja
Sturz *m* pâd; **~bach** *m* bujìca, bȑzac
stürzen *v/i.* pȁ|sti (-dati); *v/t.* ob|òriti (-árati)
Stute *f* kòbila
Stütze *f* pȍtpora, òslon(ac)
stutzen *v/t.* pòdrez(ív)ati; pòdstrići *pf.*, potkrèsati *pf.*; *v/i.* zapánjiti (*od.* zaprepástiti) se *pf.*
stützen podùp|rijeti (-irati); **sich ~** oslòniti (óslanjati) se

stutzig iznènađen, zabèzeknut
Stützpunkt *m* òslonac, ùporište; *Mil. mst.* báza
Such|e *f* pȍtraga; **2en** [po-] trážiti; **~er** *m Fot.* vìzīr
Sucht *f* (*Rauschgift2*) narkomànija
süchtig: **~ sein** gìnuti za ȕpotrebōm narkòtika
Süd|en *m* jȕg; **2lich** jȕžnī; **~ost(en)** *m* jugoìstok; **~pol** *m* jȕžnī pôl (*od.* stȍžēr); **~slawe** *m s.* **Jugoslawe;** **~west(en)** *m* jȕgozápad; **~wind** *m* jȕgovina, jȕžnjāk
Sühne *f* ispáštānje, òkajānje
Sülze *f* hlàdetina, *sb.* pìktije *f/pl.*
Summe *f* svȍta, zbrȏj
summen zújati
Sumpf *m* mȍčvara, bȁra; **2ig** mȍčvaran, baròvit
Sünde *f* grijeh
Supermarkt *m* sȕpermarket
Suppe *f* sȗpa, júha, čórba
Suppen|grün *n* zȇlēn *f*, zelèniš; **~schüssel** *f* zdjȇla za júhu; **~teller** *m kr.* tànj|ūr (*sb.* -īr) za júhu
surren zújati
süß slȁdak; **~en** sláditi; **2igkeiten** *f/pl.* slàtkīši *m/pl.*, pòslastice *f/pl.*; **~lich** slȁtkast; sladùnjav; **2speise** *f* pòslastica; **2wasser-** slatkòvodnī
symmetrisch simètričan
Syphilis *f* sìfilis
Syrmien *n* Srijem
System *n* sistem, *kr.* sùstav
Szene *f* prízor, scȇna

T

Tabak *m kr.* dùhān, *sb.* dùvān; **~laden** *m* tràfika; **~(s)pfeife** *f* lȕla
Tabelle *f* tȁblica
Tablett *n* slùžāvnīk; **~e** *f* tablèta
Tadel *m* prijèkor, úkor; **2los** besprijèkōran; **2n** [pre-, u]kòriti, [pò]kȕditi
Tafel *f* tábla; plȍča
Täfelung *f* pàrkēt
Tag *m* dȃn; **am ~e, bei ~** po dánu, za dȃna; **~ für ~** dȃn po dȃn; **guten ~!** dȍbar dȃn!
Tage|buch *n* dnȇvnīk; **~geld** *n* dnȇvnica; **2lang** dánima
Tages|anbruch *m* svanúće, ȍsvit, zòra; **~ausflug** *m* jednòdnēvnī izlēt; **~licht** *n* dȃnjē svjètlo; *fig.* vidjelo; **~ordnung** *f* dnȇvnī rȇd; **~zeitung** *f* dnȇvnīk
täglich dnȇvnī, svȁgda(š)njī, svakida(š)njī; *adv.* svakòdnēvno, svȁkī dȃn
Tagung *f* zàsjedānje
Taille *f* strȗk
Takel|ung *f*, **~werk** *n Mar.* brȍdskā ȍprema
Takt *m* tȁkt; **2los** netàktičan, bèstaktan; **2voll** tàktičan
Tal *n* dȏ(l) *m*, dolina
Talent *n* tàlen(a)t

Talg *m* lôj
Talsperre *f* vodòjaža
Tang *m* mòrskā tráva
Tank *m* cìstērna; rezervòār, tȁnk; **2en** ùz|ēti (-imati) gȍrivo, nap|òjiti (-ájati) gȍrivom; **~schiff** *n* tȁnker, brȏd-cìstērna; **~stelle** *f* bènzīnskā stȁnica; **~wagen** *m Esb.* vàgōn-cìstērna; *Kfz.* àuto-cìstērna; **~wart** *m* rukòvalac bènzīnskē stȁnicē
Tanne *f* jéla
Tannen|nadel *f* čètina; **~zapfen** *m* šišàrica
Tante *f* tȅtka, strȋna, ȗjna
Tanz *m sb.* ìgra, *kr.* plȇs; **~-** *in Zssgn* plȇsnī, za plȇs, za ìgrānje; **2en** ìgrati, plèsati
Tänzer *m sb.* ìgrāč, *kr.* plèsāč; **~in** *f* igràčica, plesàčica
Tanzvergnügen *n kr.* plȇs, *sb.* ìgrānka
Tapete *f* tàpēt
tapfer hrábar; **2keit** *f* hrábrōst *f*
Tarif *m* tarífa
tarn|en maskírati, kamuflírati; **2ung** *f* kamufláža
Tasche *f* tórba, tȁška; (*Hosen*2) džȅp
Taschen|dieb *m* džèpār, džèpāroš; **~geld** *n* džepárac; **~lampe** *f* džȅpnā lȃmpa; **~messer** *n* (džȅpnī) nòžić; **~radio** *n* džȅpnī rȃdio *m*; **~tuch** *n* màramica, rùpčić; **~uhr** *f* džȅpnī sȃt
Tasse *f sb.* šólja, *kr.* šàlica
Taste *f* tȉpka, dȋrka

Tat *f* djȅlo; čȋn; (*Helden*2) pȍdvīg; **in der ~** *s.* **tatsächlich; ~bestand** *m* čìnjeničnō stánje; **2enlos** nèdjelatan
Täter *m* počìnitelj; krívac
tätig rȃdan, ràdin, djèlatan; (*berufs~*) ù-, zà|poslen; **2keit** *f* djèlatnōst *f*; zàposlenōst *f*
Tat|kraft *f* enèrgija; **2kräftig** enèrgičan; **~sache** *f* čìnjenica, fȃkat; **2sächlich** stvȃran; *adv.* u stvári, zàista
Tatze *f* šápa
Tau[1] *m* ròsa
Tau[2] *n* ȕže, kònop(ac)
taub *kr.* glȗh, *sb.* glȗv
Taube *f* gȍlūb, golùbica; **~nschlag** *m* golùb|injāk, -arnīk
taubstumm *kr.* glȗho-, *sb.* glȗvo|nijem
tauch|en [za]ròniti, [za-] gnjúriti; **2er** *m* rònilac, gnjúrac; **2sieder** *m* (cjȅvastī) elèktričkī grìjāč; **2sport** *m* rònilaštvo
tau|en *Schnee*: [o]kòpnjeti, kráviti se; **es ~t** krȃvī se
Tauf|e *f* kȑštēnje; **2en** kȑstiti
taug|en vrijèditi, vàljati (**zu** *D*/ za *A*); **das ~t nichts** tȏ ne vàljā; **~lich** vàljān, spòsoban
taumeln [za]tetùrati (se)
Tausch *m* ȉz-, rȃz|mjena; **2en** mijènjati, razm|ijèniti (-jenjívati)
täusch|en obmá|nuti (-njí-

vati), [prè]vàriti (**sich** se); **2ung** *f* ȍbmana, prévara
tausend hìljada, *kr.* tìsuća; **2stel** *n* hìljaditī dìo, tìsućina
Tauwetter *n* jȕgovina
Taxi *n* tȁksi *m*; **~fahrer** *m* šòfēr tȁksija; **~stand** *m* stàjalīšte tȁksījā
Techni|k *f* tèhnika; **~ker** *m* tèhničār; **2sch** tèhničkī
Tee *m* (**schwarzer** rȕskī) čȃj; **~kanne** *f* čàjnīk; **~löffel** *m* žlìčica, kàšičica
Teenager *m* tìne(j)džer
Teer *m* kàtran
Teich *m* rìbnjāk, jȅzērce
Teig *m* tijesto; **~waren** *f/pl.* tjestenìne *f/pl.*
Teil *m od. n* dìo *m*; (*An*2) ùdio *m*; **~-** *in Zssgn* djèlimičan; **~chen** *n* čȅstica; **2en** [po]dijèliti; **2haben** ìmati ùdjela; **~haber** *m* ȍrtāk; (sà)ùčesnīk; **~nahme** *f* sùdjelovānje, ùčēšćē; *s.* **Anteilnahme**
teilnehm|en sùdjelovati, ùčestvovati (**an** *D*/ u *L*); **2er** *m* ùčesnīk; *Telef.* prètplatnīk
Teil|ung *f* (rȃz)diòba; **2weise** *adv.* djèlomīcē
Telefon *s.* **Telephon**
Telegramm *n* telègram, bȑzojāv(ka); **~adresse** *f* telègrafskā adrèsa, bȑzojāvnī nàslov; **~formular** *n* formùlar (*od.* obrázac) za telègram
telegraphieren *sb.* telegràf|isati, *kr.* -írati
Teleobjektiv *n* teleobjèktiv
Telephon *n* telèfōn; **~-** *in Zssgn* telèfōnskī; *s. a.* **Fernsprech-**; **~buch** *n* telèfōnskī ìmenīk; **~gespräch** *n* telèfōnskī rȃzgovōr; **2ieren** telef|onírati, *sb. a.* -ònisati; **2isch** telèfōnskī; **~nummer** *f* telèfōnskī brȏj; **~verbindung** *f* telèfōnskā vȅza
Teller *m* tànjīr, tànjūr
Tempel *m* hrȃm
temperamentvoll temperamèntan
Temperatur *f* temperatúra
Tempo *n* tèmpo *m*, brzìna
Tennis *n* tènis; **~platz** *m* tènīskō ìgralīšte; **~schläger** *m* rȁkēt; **~spieler** *m* tenìsāč
Teppich *m* ćìlim, sȃg, tèpih
Termin *m* rȏk, tèrmīn; **~kalender** *m* agènda, pòdsjetnīk
Territorialgewässer *n/pl.* tèritorijālnē vȍde *f/pl.*
Test *m* tȇst, próba; **~-** *in Zssgn* ȍpitnī, prȍbnī
Testament *n* ȍporuka, testàmen(a)t
teuer skȗp; (*lieb*) drȃg
Teuf|el *m* vrȃg, đȁvō *m*; **2lisch** vrȃž(i)jī, đavòlskī
Text *m* tȇkst
Textilien *f/pl.* tȇkstīlnā rȍba
Theater *n kr.* kàzalīšte, *sb.* pózorīšte; **~kasse** *f* kàzalīšnā (*od.* pózorīšnā) blàgājna; **~stück** *n* (kàzalīšnī *od.* pózorīšnī) kòmād
Theke *f* tȅzga

Thema *n* téma; prédmet
theor|etisch teòretskī; **2ie** *f* tèōrija
Ther|malquelle *f* tòplica; **~mometer** *n* tòplomjēr, tèrmomētar; **~mosflasche** *f* tèrmos(-bōca), F tèrmosica
Thrombose *f* trombóza
Thunfisch *m* tùnina
ticken kūcati
tief dùbok; **2(druckgebiet)** *n* zóna nīzkōg (atmòsfērskōg) prītiska; **2e** *f* dubìna; **2ebene** *f* nizìna; **2gang** *m Mar.* dubìna gāžēnja (brōda); **~gefroren** dùboko zàleđen; **2kühltruhe** *f* hladiònīk za dùbokō zamrzávānje; **2schlag** *m* nìskī ùdarac
Tier *n* živòtinja; (*Haus2*) živìna; (*Raub2*) zvìjer *f*; **~arzt** *m* veterìnār; **2isch** živòtīnskī; *fig.* zvjèrskī
Tiger *m* tìgar
tilgen (*auslöschen*) pòništ|iti (-ávati); [iz]brìsati; *Schuld:* otplá|titi (-ćivati)
Tinktur *f* tinktúra
Tinte *f* tînta, màstilo
Tinten|faß *n* màstionica; **~fisch** *m* sìpa, lìgnja; **~stift** *m s.* **Kopierstift**
tipp|en tìpkati; (*im Lotto usw.*) tìpovati
Tisch *m* stô(l) *m*, tr̀peza; **~** *in Zssgn* stô(l)nī; **am ~, bei ~** za stòlom; **~decke** *f* stôlnjāk; **~ler** *m* stòlār; **~tennis** *n* stô(l)nī tènis; **~tuch** *n* stôlnjāk; **~wein** *m* stô(l)nō víno; **~zeit** *f* vrijème za rúčak
Titel *m* nàslov, náziv
Toast[1] *m sb.* hljêb (*kr.* krûh) prepečénac
Toast[2] *m s.* **Trinkspruch**
toben bjèsnjeti
Tochter *f* kćérka, kćî *f*; **~gesellschaft** *f Hdl.* pòdružnica
Tod *m* smȓt *f*
Todes|anzeige *f* òsmrtnica; **~gefahr** *f* smȓtnā opásnōst *f* (*od.* pògibelj *f*); **~strafe** *f* smȓtnā kâzna; **~urteil** *n* smȓtnā ōsuda
tödlich smrtònosan, smȓtan
Toilette *f* toalèta; (*Abort*) záhod, nûžnīk
toll màhnit, lûd; P *fig.* dîvan; **2wut** *f* bjesnòća
Tölpel *m* tìkvān
Tomate *f* râjčica, paràdajz
Ton[1] *m* glína, ìlovača; **~** *in Zssgn* glìnenī
Ton[2] *m* (*Laut*) tôn, glâs, zvûk; *s.* **Akzent; ~** *in Zssgn* zvûčnī; **~abnehmer** *m* tônskā gláva; **~band** *n* magnetòfōnskā trȁka; **~bandgerät** *n* magnetòfōn
tönen *v/i.* zvúčati; *v/t. Haar:* (lȁko) bòjiti
Tonerde *f*: **essigsaure ~** glìnenī acètāt
Ton|film *m* zvûčnī (*od.* tônskī) film; **~leiter** *f* tônskā ljȅstvica, skála
Tonn|age *f* tonáža; **~e** *f* tȍna; (*Faß*) bȁčva, bȕre
Topf *m* lònac

Töpfer *m* lònčār
Tor[1] *m* budàla, lùđāk
Tor[2] *n* kàpija, vráta *n/pl.*; *Sp.* (*Torschuß*) gôl; **das Eiserne ~** Đèrdāp
Torf *m* trēsēt
Torheit *f* budalàština, lúdōst *f*
Torhüter *m Sp.* vràtār, gôlman
töricht lûd, bùdalast
Tor|lauf *m Sp.* slālom; **~linie** *f Sp.* lìnija gôla; **~schütze** *m* gôlgeter; **~stand** *m* gôl-diferèncija
Torte *f* tôrta
Tor|wart *m Sp. s.* **Torhüter**; **~weg** *m* véža
tosen šúmjeti
tot mr̀tav
töten ùb|iti (-íjati)
Toten- mr̀tvāčkī; **~schein** *m* smrtòvnica
Tote(r) *m* mr̀tvac
Toto *m* tōto *m*
Totschlag *m kr.* ubójstvo, *sb.* ubístvo
Toup|et *n* tùpē *m*, polupèrika; **~ieren** tapírati
Tour *f* ìzlēt, túra; *Tech.* ōbrtāj; **~enzähler** *m* bròjāč ōbrtājā
Tourist *m* tùrist(a *m*); **~en-** turìstičkī; **~envisum** *n* turìstičkā víza; **~in** *f* tùristkinja; **~isch** turìstičkī
Trab *m* kâs; **~rennen** *n* kàsāčkē tȑke *f/pl.*
Tracht *f* nòšnja
trachten téžiti (**nach** *D*/ za *I*); [pò]stārati se, nástoj(áv)ati
Tradition *f* tràdīcija
Trafo *m* transfòrmātor
Trag|bahre *f* nòsila *n/pl.*, nòsiljka; **~bar** nòšljiv, nòsiv
träge trȍm
tragen nòsiti; *Folgen, Kosten*: sn|ijèti (-òsiti)
Träger *m* nòsāč; *fig.* nòsilac; *Arch.* podupìrāč
Tragfläche *f Flgw.* nòsēća površìna, krílo; **~nboot** *n* aliskaf, hidrokrílac
Trägheit *f* trȍmōst *f*
trag|isch tràgičan; **~ödie** *f* tràgēdija
Tragweite *f* dȍhvāt, dōmašāj, dòmet
train|ieren trenírati, vjȇžbati; **~ing** *n* trȇning, vjȇžbānje; **~ingsanzug** *m* trènirka
Traminer(wein) *m* tramínac
trampeln tâpkati, topòtati
trampen putòvati (pješicē, àuto-stōpom)
Tran *m* rìbljē ȕlje
Träne *f* sùza; **~n** sȕziti; **~ngas** *n* sȕzavac
Trank *m* píće
tränken *Tiere*: [na]pòjiti; *Papier usw.*: nat|òpiti (-ápati)
Transistor(radio *n*) *m* [trànzistor]
Transitvisum *n* trànzītnā víza
Transport *m* prénos, prévoz; **~ieren** *sb.* trànsport|ovati, *kr.* -írati; **~mittel** *n* prévoznō srèdstvo, vòzilo
Traube *f* grȍzd; **~n** *pl.*

grôžđe; **~nsaft** *m* sôk od grôžđa
trauen *v/i.* vjèrovati; *v/t.* (*Brautpaar*) vjènčati; **sich ~** usuđívati se
Trauer *f* žälōst *f*, túga; **~feier** *f* pòsmrtnā svèčanōst *f*; **~kleidung** *f* crnìna; **~marsch** *m* pòsmrtnī mârš; **2n** žäl|iti, -ovati, tugòvati (**um** *A* / za *I*); **~spiel** *n* trȁgēdija
träufeln [nà-, pò]kâpati
Traum *m* sȁn
träume|n sánjati; **~risch** sànjalačkī
traurig tûžan, žälostan; ožalòšćen; **2keit** *f* túga, žälōst *f*
Trau|ring *m* bùrma, vjènčanī pȑstēn; **~ung** *f* vjènčānje; **~zeuge** *m* vjènčanī kûm
Treff *n* (*Kartenfarbe*) trȇf
treff|en *Ziel*: pog|òditi (-áđati); (*j-n*) *Unglück, zu Hause*: zàde|siti (-šavati); (*begegnen*) srȇ|sti (-tati), na|ći (-ilaziti) na (*A*); *Maßnahmen*: pred-, pod|-ùzēti (-ùzimati); **2en** *n* sàstanak; súsret; **~end** tȁčan, zgȍdan, ȗmjestan; **2er** *m* (*Schuß*) pògodak; *im Spiel*: dobítak, zgodítak; **2punkt** *m* sàstanak, mjȇsto súsreta
treib|en *v/t.* tjȅrati, gòniti; *Sport, Handel usw.*: bâviti se (*I*); (*tun*) ráditi, čìniti; *s.* **antreiben, vertreiben;** *v/i.* *Gewächs*: klì|cati, -jati; (*auf dem Wasser*) plòviti, plùtati; **2haus** *n* staklènīk; **2riemen** *m* pógonskī rȅmēn; **2stoff** *m* gȏrivo, pògonskō srèdstvo
trenn|en (sich) ràstav|iti (-ljati) (se), odv|òjiti (-ájati) (se); *Ehe*: razv|èsti (-òditi); *Genähtes*: ràšiti *pf.*; **sich ~en** ràsta(ja)ti se; **2ung** *f* rȁstava; ràstanak
Treppe *f* stèpenice *f/pl.*, stûbe *f/pl.*; **~ngeländer** *n* rȗkohvāt, prìrūčje; **~nhaus** *n* stȅpenīšte, stùbīšte
Tresor *m* trèzōr, sȇf
Tresterbranntwein *m* kòmovica
treten *v/t.* [ù-, z]gȁziti; *v/i.* (*auf et.*) stúp|iti (-ati); (*hin~*) stȁti; **über die Ufer ~** popláviti *pf.*, ràzliti se *pf.*
treu vjȇran; **2e** *f* vjérnōst *f*; **~herzig** prostòdušan; **~los** nèvjeran
Tribüne *f* tribína
Trichter *m* lijevak, tòčīr
Trick *m* trȉk, majstòrija, smìcalica
Trieb *m* nágon; *Bot.* ìzdanak, mlàdica; **~kraft** *f* pógonskā sila; **~rad** *n* pógonski kòtāč (*sb.* tòčak); **~wagen** *m* *Esb.* mȏtornā kȍla *n/pl.*; **~werk** *n* pógon; strȏj, mašína
triftig òprāvdān, ȍsnōvan
trillern ćurlíkati
trink|bar pìtak; **2becher** *m* čȁša; **~en** [pò]piti; **auf j-s Gesundheit ~en** nàzdrav|iti (-ljati) u čȉjē

zdrâvlje; ≈er *m* pijánac, pìjanica; ≈geld *n* nápōj-nica; ≈spruch *m* zdrâvica; ≈wasser *n* pìtkā vòda
Tritt *m* kòrāk; (*Stoß*) ùdarac nògōm; **~brett** *n* pôdnožnīk, nogòstup
Triumphbogen *m* slâvolūk
trocken *kr.* sûh, *sb.* sûv; *fig.* sûho-, sûvo|pāran; ≈**haube** *f* hàuba, kāpa kod trâjnē ondulácijē; ≈**heit** *f* sûša; **~legen** *Kind*: pòviti *pf.*; *Sumpf*: osúšiti *pf.*; ≈**milch** *f* mlijèko u pràhu; ≈**rasierer** *m* elèktrični apàrāt za brìjānje
trocknen *v/t.* [o-, po]súšiti; *v/i.* [o]súšiti se
Tröd|el *m* stárež *f*, starùdija; ≈**eln** zatézati (se)
Trog *m* kòrito
Trommel *f* bûbanj, dôboš; **~-** *in Zssgn* dobòšnī; **~fell** *n Anat.* bûbnā ōpna; ≈**n** bùbnjati, dobòvati
Trompete *f* trúba
Tropen *pl. Geogr.* trôpskī krâjevi *m/pl.*; ≈**fest** ōtpōran na trôpskū klímu
tropf|en kāpati; ≈**en** *m* kàplja, kâp *f*; ≈**steinhöhle** *f* sigastā pèćina (*od.* spilja)
tropisch trôpskī
Trost *m* ûtjeha
trösten [ù]tjēšiti
trost|los bez-, ne|ùtješan; ≈**preis** *m* ûtješnā nāgrada
Trottel *m* blēsavac, nesprètuj|ak, -áković
trotz *prp.* (*G*) u(s)pìkos (*G*, *D*), pored (*G*), unátoč (*D*)
Trotz *m* pìkos, ìnāt; **zum ~** za ìnāt; ≈**dem** (pa) ìpāk, i pored tòga; ≈**ig** pìkosan
trüb(e) *Wasser*: mútan; *Himmel*: tmúran
Trubel *m* zbřka, métež; gûžva
trübsinnig tûžan, jādan; sjètan
Trüffel *f* gòmoljica
trügerisch vàrljiv, prévaran
Trugschluß *m* krîvī zàključak
Truhe *f* kòvčeg, sànduk
Trümmer *pl.* râzvaline *f/pl.*, rùševine *f/pl.*
Trumpf *m* àdūt
Trunk|enheit *f* pijánstvo, nāpitōst *f*; **~sucht** *f* pijánstvo, alkoholìzam
Trupp *m* čēta; gòmila; **~e** *f* trûpa (*a. Thea.*); *Mil.* (vôjnā) jedìnica; **~enübungsplatz** *m* trûpnō vjèžbalište
Trut|hahn *m sb.* ćùrān, *kr.* pùrān; **~henne** *f* ćûrka, pûrica
Tschech|e *m* Čēh; **~in** *f* Čèškinja; ≈**isch** čèškī; **~oslowakei** *f* Čehoslòvāčkā
Tube *f* tûba
Tuch *n* (*Stoff*) súkno; *s.* **Kopf-, Taschentuch**
tüchtig vàljān, màrljiv
tückisch pākostan, pòdmūkao, hìmben
Tugend *f* vrlìna, krèpōst *f*
Tulpe *f* tulìpān, lála
tummel|n: sich ~n poigrávati; (*sich beeilen*) [po]žúriti; ≈**platz** *m* pōprìšte
Tümmler *m Zo.* pliskavica
Tümpel *m* lōkva, bāra

Tumult *m* gungúla, bȕka
tun *s.* **machen;** (*setzen, legen, stellen*) mȅt|nuti (-ati);
so ~ als ob prȁviti se kȁo;
zu ~ haben ìmati pòsla
Tünche *f* mâz
Tunke *f* ȕmāk, sȏs; **2n** u-, za|mòčiti (-mákati)
Tunnel *m* tùnēl
Tupfen *m* pjȇga
Tür *f* vráta *n/pl.*; **~angel** *f* šȃrka, baglàma
Turban *m* tùrbān, čȃlma
Turbine *f* turbína; **~n-** tùrbīnskī
Türk|e *m* Tùrčin (*pl.* Tȗrci); **~ei** *f* Tȗrskā; **~in** *f* Tȗrkinja; **2isch** tȗrskī
Türklinke *f* kvȁka
Turm *m* kúla, tóranj; (*Panzer2*) kȕpola; *s.* **Glockenturm**
turn|en vjȅžbati, gimnasticírati; **2en** *n* tjȅlovježba, gimnàstika; **2er** *m* gimnàstičār; **2halle** *f* gimnàstičkā dvoràna
Tür|pfosten *m* dòvrat|ak, -nīk; **~schloß** *n* brȁva
Tusche *f* tȗš
Tüte *f* kȅsica, vrȅćica
Typ *m* tȋp; **2isch** tìpičan

U

U-Bahn *f s.* **Untergrundbahn**
übel zȃo, zlȍban; (*schlecht*) lȍš, ȑđav; **mir wird ~** mȕka mi je, mèni je zlȍ
Übel *n* zlȍ; **~keit** *f* mȕka, gȁđēnje; **2nehmen** zàmjer|iti (-ávati); **~stand** *m* nȅzgoda, neprílika; **~täter** *m* zlȍtvor
üben vjȅžbati (**sich** se); (*aus~*) vŕšiti; *Gewalt*: upotr|ijèbiti (-ebljávati)
über nad (*A*/*A*; *D*/*I*); (*mehr als, während*) preko (*G*); (*oberhalb*) iznad (*G*); (*von*) o (*L*); **~all** svùdā, svȃgdje
überanstrengen: sich ~ prenapré|gnuti (-zati) se
überarbeiten prerá|diti (-đívati); **sich ~** premòriti se *pf.* rȃdom
über|aus veòma, pòsve; **~belasten** preoptère|titi (-ćívati); **~bieten** nadmáš|iti (-ívati), prevaz|íci (-ìlaziti); **2bleibsel** *n* (pre-) ostátak; **2blick** *m* prégled; **~blicken** pregléd(áv)ati
überbringe|n dòn|ijeti (-òsiti), dòstav|iti (-ljati); **2r** *m* donòsilac, predàvalac
über|brücken premò|stiti (-šćívati); **~dachen** prèkriti *pf.*; **~dauern** nad-, pre|žívjeti *pf.*; **~dies** ȍsim tòga; **2druck** *m* nàtpritīsak; **2druß** *m* dȍsada, dòdijalōst *f*; **~eilt** prènāgao
überein|ander jèdno preko (*od.* povrh) drȕgōga; **~kommen** sporazùm|jeti (-ijèvati) se; dogov|òriti (-árati) se; **2kommen** *n*,

ꝰkunft *f* spòrazūm, pògodba
übereinstimm|en podùdarati se, slágati se; **₋end** sàglasan, sklădan; **ꝰung** *f* slágānje, slŏga
überfahr|en *Fluß*: pr|éći (-èlaziti), prev|èsti (-òziti); (*j-n*) prègaziti *pf.*; **ꝰt** *f* prévoz, prijèvoz
Überfall *m* prépad, prijèpad; **ꝰen** (iznenāda) nàp|asti (-adati)
überfällig zàkasnio, zadòcnio
über|fliegen prel|ètjeti (-ijètati); **₋fließen** ràzli|ti (-jèvati) se; **₋flügeln** natkrí|liti (-ljívati); **ꝰfluß** *m* òbīlje, prètek; **₋flüssig** sūvišan, ìzlišan; **₋fluten** prè-, pò|plaviti (-plavljati); **₋führen** prev|èsti (-òditi); *Verbrecher*: dokázati *pf.* krívnju; **ꝰführung** *f* (*Straßenꝰ*) nadvòžnjāk; **₋füllt** prēpun, kr̀cāt; **ꝰgabe** *f* prēdaja
Übergang *m* pré-, prijè|laz; **₋s-** prélaznī; **₋szeit** *f* prélaznō dōba *n*
über|geben prèd(áv)ati; *v/r.* blj|ùnuti (-ùvati), povrátiti (pòvraćati); **₋gehen** pr|éći (-èlaziti); **ꝰgewicht** *n* prētega, prēvaga; *fig.* prēmōć *f*; **₋gießen** pòli|ti (-jèvati); **ꝰgriff** *m* prēhvāt, presézānje; **₋handnehmen** ùz|ēti (-imati) māha; **₋haupt** *kr.* ùop|će, *sb.* -šte; **₋holen** prèsti|ći, -gnuti (-zati), prèt|eći (-jecati); (*ausbessern*) obn|òviti (-ávljati); **ꝰholverbot** *n* zâbrana prètjecānja; **₋hören** prèčuti *pf.*; **₋laden** preoptère|titi (-ćívati); **₋lassen** prep|ùstiti (-úštati); **ꝰlastung** *f* preopterećénje; **₋laufen** *Wasser*: prekípjeti *pf.*, prèli|ti (-jèvati) se; *Mil.* prèbje|ći, -gnuti (-gávati); **ꝰläufer** *m* prèbjeg; **₋leben** pre-, nad|žívjeti (-življávati); **₋legen** *v/t.*, *v/i.* (*nachdenken*) prò-, ràz|misliti (-míšljati); *adj.* nàdmoćan; **ꝰlegenheit** *f* nādmōć *f*; **ꝰlegung** *f* razmíšljānje; **₋listen** nadmúdr|iti (-ivati); **ꝰmaß** *n* víšak; **₋mäßig** prēkomjēran; **₋mitteln** dòstav|iti (-ljati); **₋morgen** prēk(o)sutra; **ꝰmüdung** *f* prèmorenōst *f*; **ꝰmut** *m* ōbijest *f*; **₋mütig** ōbijestan
übernacht|en prenòć|iti (-ívati); **ꝰung** *f* nòćēnje
Über|nahme *f* preùzimānje; **ꝰnehmen** preùz|ēti (-imati); **ꝰprüfen** pròvjer|iti (-ávati); **ꝰragen** nadvís|iti (-ívati); *fig.* prevaz|íći (-ilaziti)
überrasch|en iznená|diti (-đívati); **₋end** iznenādan; **ꝰung** *f* iznenađénje
über|reden nagov|òriti (-árati); **₋reichen** prèd(áv)ati, pòdn|ijeti (-òsiti); **ꝰrest** *m* preostátak; **₋rumpeln** zaskòčiti *pf.*; ꝰ-

schallgeschwindigkeit *f* nàdzvučnā brzìna; **~schätzen** prec|ijèniti (-jenjívati)
Überschlag *m* prõračũn; **2en** *Tuch, Beine*: prebác|iti (-ívati); (*berechnen*) proračùn(áv)ati; **sich 2en** prevá|liti (-ljívati) se, prèv|rtati [-ŕnuti] se
überschneiden: sich ~ ukȑstiti (ukŕštati) se
über|schreiten prekoráč|iti (-ívati), pr|éći (-èlaziti); **2schrift** *f* nàtpis, náslov; **2schuß** *m* víšak; **~schüssig** sũvišan, ìzlišan; **~schütten** obàs|ūti (-ipati) (**mit** *D/I*)
überschwemm|en pòplaviti *pf.*; **2ung** *f* põplava, pòtop
über|seeisch prekòmorskī; **~sehen** pregléd(áv)ati; (*ignorieren*) prèv|idjeti (-íđati); **~senden** [pò]slàti, òtprav|iti (-ljati)
übersetz|en *über d. Fluß*: pr|éći (-èlaziti), prebác|iti (-ívati) se; *Sprache*: prev|èsti (-òditi); **2ung** *f* pré-, prijè|vod; **2er** *m* prevòdilac
Übersicht *f* prégled; **2lich** prégledan
über|siedeln presè|liti (-ljávati) se; **~spannen** prenàpeti *pf.*; *fig.* prètjer(ív)ati; **~spannt** prètjerān, prēnapēt; **~springen** presk|òčiti (-ákati); **~stehen** pòdn|ijeti (-òsiti), izdȑž(áv)ati; **~steigen** pr|éći (-èlaziti); nadmáš|iti (-ívati); **~stimmen** nadglàsati *pf.*; **~streichen** prèmaz(ív)ati; **2stunden** *f/pl.* prekòvremenī râd; **~stürzt** prēnāgao; **~tragen** prèn|ijeti (-òsiti); prèd(áv)ati; *s.* **übersetzen; 2tragung** *f* pré-, prijè|nos; prēdaja; **~treffen** nadmáš|iti (-ívati, -ávati); **~treiben** prètjer(ív)ati; **~treten** *v/i.*, *v/t. Gesetz*: prekȑš|iti (-ívati); **2tretung** *f* prēkršāj; **~trieben** prètjerān; **2tritt** *m* pré-, prijè|laz; **~übermorgen** F nâk(o)sutra; **~völkert** prenàpūčen; **~voll** prēpun; **~vorteilen** prèvar|iti (-ívati)
überwach|en nàdzir(áv)ati; **2ung** *f* nádzor
über|wältigen nad-, sa|vlád(áv)ati; **~weisen** doznáč|iti (-ívati, -ávati); **2weisung** *f* doznač|ávānje, -ívānje; (*konkret*) dòznačnica, dõznaka; **~wiegen** pretė|ći, -gnuti (-zati), prevág|nuti (-ati); **~wiegend** prétežan; *adv.* māhom; **~winden** nad-, sa|vlád(áv)ati; **~zählig** prēkobrōjan
überzeug|en ùvjer|iti (-ávati) (**sich** se); **~t** ùvjeren; **2ung** *f* uvjerénje
über|ziehen (**mit** *A*) prèkr|iti (-ívati), prev|úći (-láčiti) (*I*); **2zug** *m* nā-, prē|vlaka
üblich uobičājen
U-Boot *n s.* **Unterseeboot**

übrig preòstalī; ~ **sein,** ~**bleiben** preòsta(ja)ti; ~**ens** uòstālōm; ~**lassen** òstav|iti (-ljati)

Übung *f* vjȅžba; (*Geschicklichkeit*) sprȅtnōst *f*; ~**s-** za vjȅžbu; ~**splatz** *m* vjȅžbalište

Ufer *n* ȍbala; ~- *in Zssgn* ȍbalskī, ȍbālnī; **am** ~ na ȍbali; **ans** ~ na ȍbalu

Uhr *f* sȃt, ȗra, čȁsōvnīk; *vgl.* **spät;** ~**macher** *m* ùrār, čāsōvničār; ~**werk** *n* mehanizam sȃta; ~**zeiger** *m* (s)kàzāljka

Uhu *m* jèjina, bùljina

Ulk *m* šála; ꝋ**ig** šàljiv, smijèšan

Ultrakurzwelle *f* ȕltrakratkī tàlās (*od.* vȃl)

um *prp.* (*A*) (*örtlich*) oko (*G*) (*a.* ~ *et.* **herum**); po (*A*); (*Grund, Zweck, Preis*) za (*A*); (*zeitlich*) u (*A*); *cj.* (~ **zu**) da; ~ **so** tîm

um|arbeiten prerá|diti(-đívati); ~**armen** zàgrliti *pf.*; ꝋ**armung** *f* zȁgrljāj; ~**bauen** pregrá|diti (-đívati); ~**biegen** prèviti *pf.*; ~**bilden** pretv|òriti (-árati); ~**bringen** ùbiti *pf.*, pogùbiti *pf.*; ~**drehen** *v/t.* prevȑnuti (prèvrtati); okrénuti (òkretati) (**sich** se); ꝋ**drehung** *f* *Tech.* ȍbrtāj; ~**fallen** prevá|liti (-ljívati) se

Umfang *m* ȍpsēg; ꝋ**reich** ȍpsēžan

umfass|en obùhvat|iti (-ati), obùz|ēti (-imati); ~**end** ȍbuhvātan, ȍpsēžan

um|formen preoblíč|iti(-ávati), preuré|diti (-đívati); ꝋ**frage** *f* ankèta; ~**füllen** pre|tòčiti (-tákati)

Umgang *m* (*geselliger Verkehr*) *kr.* òp|ćēnje, *sb.* -štēnje; ~ **pflegen** òp|ćiti, -štiti (**mit** *D* / s *I*); ~**sformen** *f/pl.* bòntōn; ~**ssprache** *f* gȍvōrnī jèzik

umgeb|en opkò|liti (-ljávati) (**mit** *D* / *I*); ꝋ**ung** *f* òkolica, òkolina

umgeh|en *v/t.* zaob|ići (-ilaziti); *v/i.* (*umhergehen*) krúžiti, òptjecati; (**mit** *D*) *s.* **behandeln, handhaben;** ~**end** ȍbratnī; *adv.* ȍdmāh; ꝋ**ungsstraße** *f* (za)obilaznā cȇsta

umge|kehrt ȍbratan, òbȑnut; nȁopāk; *adv.* *a.* sùprotno; ~**stalten** preiná|č|iti (-ívati); *s.* **umformen**

um|gießen *s.* **umfüllen;** ~**graben** *Boden*: prekòp(á)v)ati; ~**haben** F ìmati na sèbi, bìti zaògȑnut (*A* / *I*); nòsiti; ꝋ**hang** *m* ogȑtāč, pelerína; ~**hängen** prebá|c|iti (-ívati) (preko rȁmēnā)

umher nȁokolo, tȁmo-ȃmo

umhüll|en ogȑnuti (ògrtati), zamòt(áv)ati; ꝋ**ung** *f* òmot; ȍbloga

Umkehr *f* pòvratak; ꝋ**en** *v/t.* obȑnuti (òbrtati), okrénuti (òkretati); *v/i.* okrénuti (òkretati) se, vr|átiti

(-āćati) se; **~film** *m* dijafilm

um|kippen *v/t.* prevŕnuti (prèvrtati) (se *v/i.*); **~klammern** obùhva|titi (-ćati); **~klappen** prekl|òpiti (-ápati)

Umkleide|kabine *f* kabína za preoblāčēnje; **2n: sich 2n** *s.* **sich umziehen**

um|kommen [pò]gìnuti, skāp(áv)ati; **2kreis** *m* krûg; **~laden** pretòv|ariti (-árati), prekr̀c(áv)ati

Umlauf *m* ōpticāj; **~bahn** *f* *Astr.* òrbita, putànja

umleit|en od|vèsti (-vòditi) zaobìlazno; **2ung** *f* zaobìlazak

um|liegend ōkōlnī; **~packen** prèpakovati *pf.*; **~pflanzen** presá|diti (-đívati); **~quartieren** presè|liti (-ljávati); **~rechnen** preračùn(áv)ati; **2rechnungskurs** *m* ōbračūnskī kûrs; **~ringen** opkò|liti (-ljávati); **2risse** *m/pl.* òbris; **~rühren** [pro]mijèšati

Umsatz *m* ōbr̄t, pròmet, prōđa; **~steuer** *f* ōbr̄tnī pōrez

umsäumen òpšiti *pf.*, obrúbiti *pf.*

umschalte|n prekl|òpiti (-ápati), prebác|iti (-ívati); **2r** *m* prèklopnīk

Umschau *f* òbzor, prégled; **2en: sich 2en** *s.* **umsehen**

Umschlag *m* prēokrēt, prōmjena; *Hdl.* pròmet; (*Buch2*) òmot; *Med.* òblog, ōbloga; *s. a.* **Briefumschlag; 2en** *v/i. s.* **umkippen;** *Wetter*: promijèniti (mijènjati) se; *v/t.* *Ärmel*: zasúk(iv)ati; (*umblättern*) okré|nuti (-tati)

um|schlingen obàv|iti (-íjati) (**sich** se); **~schnallen** prìpas(ív)ati; **~schütten** près|ūti (-ipati); **2schwung** *m* prēokrēt

umsehen: sich ~ osvŕnuti (òsvrtati) se, obàz|reti (-irati) se; (*besichtigen*) ràzgled(áv)ati

Umsicht *f* ōprēz; **2ig** ōprēzan

Umsiedler *m* preseljènīk

umsonst (za)badàvā

Umstand *m* okólnōst *f*, prílika

Umständ|e *pl.*: **ohne ~e** prōsto, bez okolíšēnja; **in anderen ~en** u drūgōm stánju; **2lich** pòdroban; *fig.* pipav

Umstands|kleid *n* trúdničkā hàljina; **~wort** *n* *Gr.* prílog

Umsteige|karte *f* prélaznā kârta; **2n** pr|éći (-èlaziti), prè|sjesti (-sjèdati); prekr̀c(áv)ati se

um|stellen (*woandershin stellen*) prèmj|estiti (-éštati); (*reorganisieren*) preustròjiti *pf.*; **~stoßen** ob|òriti (-árati); prevá|liti (-ljívati); **2sturz** *m* prèvrāt; **~stürzen** *v/t.* ob|òriti (-árati), [s]rūšiti (se *v/i.*)

Umtausch *m* iz-, rȁz|mjena; **≈en** iz-, raz|mijèniti (mijènjati)
umwand|eln preùde|siti (-šávati), preuré|diti (-đívati), pretv|òriti (-árati); **≈lung** *f* pretváránje, prȅobražȁj
umwechseln razm|ijèniti (-jenjívati)
Umweg *m* ȍbilaznī pût, zaobìlazak
um|wenden *v/t.* zaokré|nuti (-tati) (*v/i.* se); **~werfen** *s.* **umstoßen, umstürzen; ~wickeln** obmòt(áv)ati; obàv|iti (-íjati); (*neu wickeln*) premòt(áv)ati; *s.* **einwickeln; ~zäunen** ográ|diti (-đívati); **~ziehen** *v/i.* [pre]séliti se; *v/t.* preob|úći (-láčiti), presv|úći (-láčiti) (**sich** se); **~zingeln** opkò|liti (-ljavati); **≈zug** *m* sèlidba, seòba; (*Festzug*) òphod, pȍvōrka
unab|hängig nezávisan; **~kömmlich** nezamjènljiv; **~lässig** neprékidan, neprèstan; **~sichtlich** nenámjeran; **~wendbar** neìzbježan, neotklònljiv
unachtsam nepàžljiv
unähnlich nèsličan
unan|fechtbar neospòriv; **~gebracht** neùmjestan; **~genehm** neùgodan, nȅprijātan; **≈nehmlichkeit** *f* neprijátnōst *f*, neprílika; **~ständig** nepristōjan, zázoran
un|appetitlich òdvratan; **~artig** neprístōjan, neùljudan
unauf|fällig neupàdljiv; **~findbar** nepronalàžljiv; **~haltsam** nezadȑživ; **~hörlich** bes-, ne|prèstan; **~merksam** nepàžljiv; **~richtig** nȇiskren
unaus|führbar neizvèd(lj)iv, neostvàrljiv; **~stehlich** nepodnòšljiv
unbarmherzig nèmilosȓdan, nèsmiljen
unbe|achtet nezàpažen; **~arbeitet** neòbrāđen; **~dacht(sam)** nèsmotren, nepròmišljen; **~denklich** nesùmnjiv; **~deutend** nèznatan; **~dingt** bȅzuslōvan, bezùvjetan; **~fahrbar** neprólazan (pût); **~fangen** nepristrastan; **~fugt** neòvlāšten; **~greiflich** neshvàtljiv, nerazùmljiv; **~grenzt** neogràničen; **~gründet** neòprāvdān
Unbehag|en *n* nèlagodnōst *f*, neùgodnōst *f*; **≈lich** nȅlagodan, neùgodan
unbe|holfen nèspretan, nȅzgrāpan; **~kannt** nȇpoznāt; **~mannt** bez pȍsadē; **~merkt** neò-, nezà|pažen; **~quem** neùdoban; **~rechtigt** neòprāvdān; **~rührt** nètaknūt; **~schädigt** neòštećen; **~schränkt** neògraničen; **~schreiblich** neopìsiv, neópisan; **~sonnen** nèsmotren, nepròmišljen; **~ständig** nȇposto-

jän; **~stechlich** nepodmìtljiv; **~stimmt** neòdrēđen; nējasan; **~streitbar** nēospōran
unbeugsam nepokolèb(lj)iv
unbe|teiligt bez ùčēšća, neùmiješān (**an** *D* / u *A*); *fig.* ravnòdušan; **~waffnet** golòruk; **~wandert** neùpūćen; **~weglich** nēpo|mičan, -krētan; **~wußt** nèsvjestan; **~zahlt** nèplāćen
unbrauchbar neupo|trèb(lj)iv, -ràb(lj)iv
und i, tē; *s. a.* **weiter**
un|dankbar nēzahvālan; **~deutlich** nējasan; **~dicht** propùstljiv; (*wasserdurchlässig*) promòčiv
undurch|dringlich nepróbōjan, nēprodiran; **~lässig** nepropùstljiv; **~sichtig** nēproziran, nēprovidan
un|eben nērāvan; **~echt** nèprav, lāžan; **~ehelich** vānbračan, nezákonit; **~eigennützig** nesèbičan; **~eingeschränkt** neogràničen
uneinig nèsložan, nesùglasan; **2keit** *f* nèsloga, nesùglasica
un|eins nèsložan; **~empfindlich** neosjètljiv; **~endlich** beskònačan, bèskrājan
unent|behrlich nēophōdan; **~geltlich** *s.* **kostenlos; ~schieden, ~schlossen** nēodlučan; **~wickelt** nerazvijen
uner|bittlich neumòljiv; **~fahren** nèvješt, neìskusan; **~freulich** nēprijatan, neùgodan; **~giebig** neprínosan; nèplodan; **~heblich** nēznatan; **~hört** nečùven; **~klärlich** neobjàšnjiv, nerazjàšnjiv; **~läßlich** nēophōdan, nèminōvan; **~laubt** nedòp|ušten, -ùstiv; **~müdlich** nēumōran; **~reichbar** nedòst|ižan, -ìž(lj)iv, nedòstupan; **~sättlich** nezásitan; **~schöpflich** neìsc|rpan, -ŕpljiv; **~schrocken** neustrāš(lj)iv; **~setzlich** nenado|knàdiv, -mjèstiv; **~träglich** nepodnòšljiv, nēsnosan; **~wartet** neočèkivān; **~wünscht** nēpožēljan
unfähig nēsposoban; **2keit** *f* nesposóbnōst *f*
unfair nēpošten
Unfall *m* nèzgoda, ùdes; **~station** *f* stānica za hitnū pōmōć; **~verhütungsvorschriften** *f/pl.* pròpisi *m/pl.* za sprečávānje nèzgōdā; **~versicherung** *f* osiguránje za slūčāj nèsrećē
un|fertig nedòvŕšen; **~flätig** pŕljav, pògan; **~frankiert** nèplāćen; **~freiwillig** *adv.* nēhoticē; **~freundlich** nèljubazan; **~fruchtbar** nèplodan, jālov
Unfug *m* nepodópština; **grober ~** *jur.* tēžī ispad
Ungar *m* Màdžār; **2isch** màdžārskī, ùgarskī; **~n** *n* Màdžarskā, Ùgarskā
unge|bildet neòbrazovān;

~bräuchlich izvan ȕpotrebē; neuobičājen; **~bührlich** neprìličan, nepřistōjan
Ungeduld *f* nestȑpljivōst *f*; **2ig** nestȑpljiv
unge|eignet neprìkladan, nȅpodesan; **~fähr** prìbližan; *adv.* otprílikē, ȍko; **~fährlich** nȅopāsan; **~heuer** ògrōman, nȅizmjēran; **2heuer** *n* nȅmān *f*, čudòvište; **~hörig** nedòličan; **~horsam** nȅposlūšan; **~legen** nȅzgodan; **~mein** *s.* **sehr**; **~mütlich** neùdoban
ungenau nètačan; **2igkeit** *f* nètačnōst *f*
unge|niert bez ustručávānja; **~nießbar** *Speise*: nejèstiv; *Getränk*: nèpitak; **~nügend** nȅdovōljan; **~rade** nȅprav; nȅrāvan; *Math.* nȅprāvan
ungerecht nȅpravedan; **2igkeit** *f* nèprāvda
ungern nèrado
unge|salzen nȅslān; **~schickt** nȅspretan, nèvješt; **~schützt** nezàštićen; **~sellig** nedruželjùbiv; **~setzlich** nezákonit; **~stört** nèsmētān; **~sund** nèzdrav
Ungetüm *n* grdò|ba, -sija
unge|waschen nȅoprān; **~wiß** nȅizvjestan; **~wöhnlich** neòbičan; **2ziefer** *n* gȁmād *f*; **~zogen** ràspušten, neòdgojen; **~zwungen** neù-, neprì|siljen, nenàmješten
un|giftig nȅotrōvan; **~gläubig** nèvjēran; **~glaublich** *kr.* nevjerò|jatan, *sb.* -vatan; **~gleich** nȅjednāk; **~gleichmäßig** nȅravnomjēran
Unglück *n* nèsreća; **2lich** *sb.* nèsre|ćan, *kr.* -tan; **2licherweise** *adv.* na nèsreću; **~sfall** *m sb.* nèsre|ćan (*kr.* -tan) slȕčāj
ungültig nevážēći, nevàljao; **für ~ erklären, ~ machen** pòništ|iti (-ávati)
un|günstig nȅpovōljan; **~haltbar** neodȑživ; **~handlich** neprìkladan
Unheil *n* zlȍ, nèsreća; **2bar** neizljèč(lj)iv
un|heimlich neùgodan, strášan; **~höflich** neùljudan, neùčtiv; **~hörbar** nȅčūjan; **~hygienisch** nehigijēnskī
Uni|form *f* ùniforma, ȍdora; **~on** *f* sávez, ùnija; **~versität** *f* univerzitēt, univèrza, *kr.* sveùčilište
unkennt|lich: ~lich machen unàkaziti *pf.*, unakaráditi *pf.*; **2nis** *f* neznánje
un|klar nèjasan; **~klug** nerázborit; **2kosten** *pl.* tròškovi *m/pl.*; **2kraut** *n* kórov; **~kultiviert** nȅkultūran; **~längst** nȅdāvno; **~lauter** nèčist; nȅplemenit; **~leserlich** nečìtljiv; **~lösbar** nerazrjèšiv; **~löslich** nerastòpljiv; **~mäßig** neùmjeren; **~merklich** nȅprimjetan; **~mittelbar** ne-

pòsredan; **~modern** nèmodēran; zàstario; **~möglich** nēmogūć(an); **~mündig** *s.* **minderjährig; ~nachgiebig** nepopùstljiv; **~natürlich** neprírodan; **~nötig, ~nütz** nēpotreban
unord|entlich neùredan; **2nung** *f* nērēd
un|parteiisch nepristra(sta)n; **~passend** neùmjestan, neprílіčan, nēzgodan; **~päßlich** neraspòložen, nèlagodan; **~politisch** apolitičan; **~praktisch** nepràktičan; **~produktiv** neprōduktivan; **~pünktlich** nètačan; **~rasiert** neòbrijān
Unrat *m* smēće
Unrecht *n* nèprāvda; **~ haben** imati krīvo; **2mäßig** nezákonit
un|regelmäßig nēpravilan; **~reif** nèzreo; **~rein** nèčist
Unruh|e *f* nēmir; **2ig** nēmiran
uns (*D* / *pl.*) nàma (*enkl.* nam); (*A* / *pl.*) nās (*enkl.* nas)
un|sauber nèčist; *fig.* pògan; **~schädlich** neškòdljiv; **~scharf** *Fot.* nēoštar; **~schätzbar** neprocjènjiv; **~scheinbar** nèznatan, nēuglēdan; **~schicklich** *s.* **unpassend; ~schlüssig** neòdlučan
Unschuld *f* nēvinōst *f*; **2ig** nēvin
unselbständig nēsamostālan
unser nāš; **~thalben, ~t- [wegen** radi nâs]
unsicher nēsigūran; **2heit** *f* nesigúrnōst *f*
unsichtbar nevìdljiv
Unsinn *m* bèsmislica, lūdōst *f*, P brûs; **2ig** bèsmislen, lûd
Unsitt|e *f* lōš ōbičāj; **2lich** nēmorālan
un|solide nēsolīdan; **~statthaft** nedòp|ušten, -ùstiv; **~sterblich** bèsmrtan; **~stet** nēstālan; **2stimmigkeit** *f* nesùglasica; **~streitig** nēospōran; **~sympathisch** nesimpàtičan; **~tätig** nèdjelatan; (*müßig*) dōkōn; **~tauglich** nēsposoban; **~teilbar** nedjèljiv
unten dōlje; **von ~** odòzdō
unter (*wo?*, *D*) pod (*I*), ispod (*G*); (*zwischen*) među (*I*); (*wohin?*, *A*) pod (*A*); **~ vier Augen** nāsāmo, u čètiri ōka; **2-, ~-** *in Zssgn* dônjī; **2arm** *m* pòdlaktica; **2bau** *m Esb.*, *Arch.* tèmelj; **2bewußtsein** *n* pōdsvijest *f*
unterbrech|en prèk|inuti (-ídati), obùstav|iti (-ljati); **2er** *m Tech.* prekìdāč; **2ung** *f* prēkid, ōbustava
unterbring|en smj|ēstiti (-éštati); **2ung** *f* smjēštāj
unterdessen u međùvremenu
Unterdruck *m* pòtpritīsak
unterdrück|en pòtlač|iti (-ívati), pòtištitì *pf.*; (*knechten a.*) ugnjetávati; **2ung** *f* tláčēnje, ugnjetávānje
unter|e(r) dônjī; **~einan-**

der međù sobōm; ùzajamno; **~entwickelt** nerazvìjen; **2führung** *f* podvòžnjāk; **2gang** *m* prōpāst *f*; *Astr.* zàlazak; **2gebene(r)** *m* pòdrēđenī, pòtčinjenī; **~gehen** pròpa|sti (-dati), záći (zàlaziti); *Schiff*: [po]tònuti; **~geordnet** pòdrēđen; **~graben** potkòp(áv)ati; **2grundbahn** *f* pòdzemnā žèljeznica; **~halb** ispod (*G*)

Unterhalt *m* uzdržávānje; **2en** iz-, po-, uz|drž(áv)ati; (*vergnügen*) zàbav|iti(-ljati); **sich 2en** (*reden*) razgovárati se; **2end** zàbavan

Unterhaltung *f* rāzgovōr; (*Vergnügen*) zábava; **~skosten** *pl.* trōškovi *m/pl.* uzdržávānja; **~smusik** *f* zàbavnā mùzika (*od.* glàzba)

Unter|hemd *n* potkòšulja; **2höhlen** potkòp(áv)ati; **~holz** *n* šumàrica, šìblje; **~hose** *f* gáce *f/pl.*; **2irdisch** pòdzemnī; **~kiefer** *m* dōnjā čēljūst *f*; **2kommen** smj|èstiti (-éštati) se; **~kunft** *f* smjèštāj; záklon; **~lage** *f* pōdloga; **2lassen** prop|ùstiti (-úštati); **~lassung** *f* própust; **2legen¹** *adj.* slàbijī; **2legen²** *v/t.* pòdm|etnuti (-ètati); **~leib** *m* trbuh; **2liegen** podl|èći, -ègnuti (-ijègati); **~lippe** *f* dōnjā ūsna; **~mieter** *m* pōdstanār

unternehm|en pod-, pred|ùzēti (-ùzimati); **2en** *n* pōduhvat; (*Betrieb*) pod-, pred|uzéće; **2er** *m* pod-, pred|ùzetnīk *od.* -uzìmāč; **~ungslustig** pōd-, prēd|uzetan *od.* -uzìmljiv

Unter|offizier *m* podofìcīr, pōtčasnīk; **~redung** *f* rāzgovōr

Unterricht *m* nâstava, ōbuka; **2en** poùč|iti (-ávati); (*informieren*) obav|ijèstiti (-ještávati)

Unter|rock *m* dōnjā sūknja, kombìnē *m*; **2sagen** zabrá|niti (-njívati); **2schätzen** potc|ijèniti (-jenjívati); **2scheiden** rázlikovati, raz|àbrati (-bírati); **~schenkel** *m* cjevànica, gnjât; **~schied** *m* rázlika; **2schlagen** *Geld*: utájiti *pf.*, pronèvjeriti *pf.*; **~schlagung** *f* ūtaja, prōnevjera; **~schrift** *f* pòtpis

Untersee|boot *n* pòdmornica; **2isch** pòdmorskī

unter|stellen pòstav|iti (-ljati) pod (*A*); *fig.* (*annehmen*) prepòstav|iti (-ljati); **~streichen** podv|úći (-láčiti), pòtcrt(áv)ati; **~stützen** podùp|rijeti (-irati), potpòm|oći (-ágati), podrž(áv)ati; **2stützung** *f* pōtpora, pòdrška; **~suchen** istrāž|iti (-ívati); *Med.* preglèd(áv)ati; **2suchung** *f* istražívānje; istraga; *Med.* prègled

Untersuchungs|haft *f* prítvor, istražnī zátvor; **~-**

richter *m* istražni súdac (*od.* sùdija *m*)
Unter|tasse *f* tanjirče, tanjirić; **⁀tauchen** *v/t.* zaròniti *pf.*, zagnjúriti *pf.*; *v/i. fig.* izgùbiti se *pf.*; **~teil** *m* dõnjī dìo *m*; **~titel** *m* (*Film*) pòtpis; **~wäsche** *f* (dõnjē) rûblje
Unterwasser|fischerei *f*, **~jagd** *f* pòdvodnī rìbolōv; **~photographie** *f* fotogràfija pod vòdōm
unterwegs na pútu, ùspūt
unter|weisen poùč|iti (-ávati); **~würfig** pōkōran, pòdložan; **~zeichnen** potpís(ív)ati
Un|tiefe *f* plìčina; **⁀trennbar** nedjèljiv, nerazlùč(lj)iv; **⁀treu** nèvjeran; **~treue** *f* nèvjera; **~tröstlich** neùtješan, neutjèš(lj)iv; **⁀trüglich** nevàrljiv, nesùmnjiv
unüber|legt nèsmišljen, nepròmišljen; **~sichtlich** nēpreglēdan, zàmršen; **~troffen** nenàdmašan; **~windlich** nepobjèdiv
unum|gänglich nèminōvan; **~schränkt** neogrànīčen; **~stößlich** neopovŕgljiv, nēpobitan; **~wunden** *adv.* bez okolíšānja
ununterbrochen neprékidan, neprèkinut, neprèstan
unver|änderlich nepromjènljiv; **~antwortlich** nēodgovōran; **~besserlich** nepopràv(lj)iv; **~bindlich** *adv.* nēobavezno; **~einbar** neslòžljiv, nesàglasan; **~gänglich** neprólazan; **~geßlich** nēzaborāvan; **~gleichlich** neuporèd(lj)iv, nesràvnjiv; **~heiratet** *Frau:* nèudāta; *Mann:* neòženjen; **~käuflich** nēprodajan; **~letzt** nepòvrijeđen; **~meidlich** neiz|bježan, -bjèživ; **~mutet** neočèkīvān; **~nünftig** nērazūman; **~packt** *s.* **lose**
unverschämt bezòbrazan, bèzočan; **⁀heit** *f* bezobràzlūk, bèzočnōst *f*
unver|schlossen nèzaključān, nezàtvoren; **~sehens** *adv.* neočèkīvāno, iznenāda; **~sehrt** *s.* **unverletzt**; **~ständlich** nerazùmljiv; **~züglich** bezòdvlačan, nēodlōžan
unvoll|endet nedòvršen; **~kommen** nesàvršen; **~ständig** nepòtpun
unvor|bereitet nēpriprāvan; **~hersehbar** nepredvìdljiv; **~sichtig** nèoprēzan; **~stellbar** nezamìšljiv; **~teilhaft** neprobitačan
unwahr nèistinit; **⁀heit** *f* nèistina; **~scheinlich** *kr.* nevjerò|jatan, *sb.* -vatan
un|wegsam nepròhodan; **~weit** nēdaleko; **~wesentlich** nēbitan, ūzgrēdan, spōredan; **⁀wetter** *n* nèvrijeme, būra; **~wichtig** nēvāžan, bèznačājan; **~widerstehlich** neodòljiv
Unwill|e *m* nègodovānje; **⁀ig** (*verstimmt*) nēzadovō-

ljan; **⁓kürlich** nēvōljan; *adv.* nēhoti(mi)cē
un|wirksam nèdjelatan, neùspješan; **⁓wissend** nèvješt; **⁓wissenheit** *f* neznánje
unwohl nèlagodan, bōlestan; **⁓sein** *n* nèlagodnōst *f*, (lākā) bōlēst *f*
un|würdig nedóstōjan; **⁓zählig** bèzbrojan, nebròjljiv, nèbrojen
Unzeit *f*: **zur ⁓** u nēzgodnō vrijème, unèdoba
unzer|brechlich neslòm(lj)iv; **⁓reißbar** nepodèrljiv; **⁓störbar** neraz|òrljiv, -rùšljiv; **⁓trennlich** nerazdrùživ, nerazdvòjljiv
Un|zucht *f* rázvrāt; **⁓züchtig** blûdan; *s.* **unsittlich**
unzufrieden nēzadovōljan; **⁓heit** *f* nezadovóljstvo
unzu|gänglich nepristupačan; **⁓länglich** nēdovōljan; **⁓lässig** nedòp|ušten, -ùstiv; **⁓rechnungsfähig** neuračùnljiv; **⁓verlässig** nēpouzdān
un|zweckmäßig neprikladan, nesvrsishodan; **⁓zweideutig** nedvòsmislen; **⁓zweifelhaft** nesùmnjiv
üppig bûjan; (*luxuriös*) ráskošan
Ur- prā-; **⁓alt** prāstār; **⁓aufführung** *f* prāizvedba; **⁓enkel** *m* prāunūk
Urgroß|mutter *f* prābāka; **⁓vater** *m* prādjed(a *m*)
Urheber *m* zàčetnīk, tvórac; **⁓recht** *n* àutorskō právo
Urin *m* mòkraća; **⁓ieren** mòkriti
Urkunde *f* pòvelja; isprava
Urlaub *m* dópust *m*, òdsustvo; (*Erholungs⁓*) (gòdišnjī) òdmor; **⁓er** *m* tùrist(a *m*), ferijálac
Urne *f* žāra
Ur|sache *f* ùzrok; **⁓sprung** *m kr.* podrijètlo, *sb.* porijèklo; **⁓sprünglich** prvòbitan
Urteil *n* sûd; *jur.* ō-, prē|suda; **⁓en** [o]súditi; ocjèniti (ocjenjívati) (**über** *A* / *A*)
Urwald *m* prāšuma, džùngla
Utensilien *pl.* pribor, pōtrebnē stvâri *f/pl.*

V

Vagabund *m* skítnica *m*
Valuta *f* valúta
Vanille *f* vaníla; **⁓n-** vànilskī
Vase *f* váza
Vater *m* òtac, ròditelj; **⁓land** *n* òtadžbina, dòmovina
väterlich òčinskī
Vater|schaft *f* òčinstvo; **⁓unser** *n* očènāš
Vegeta|rier *m* vegetarijánac; **⁓risch** vegetarijānskī
Veilchen *n* ljūbica
Vene *f* véna; **⁓n·entzündung** *f* ūpala vénā

Venedig *n* Mlè|ci *m/pl.* (*G* -tákā)
Ventil *n* vèntīl; **~ation** *f* ventilácija; **~ator** *m* ventìlātor
verabred|en ugov|òriti (-árati), dogov|òriti (-árati) se; **2ung** *f* dōgovōr; sàstanak, randèvū *m*
verabschieden otp|ùstiti (-úštati); **sich ~** opr|òstiti (-áštati) se
ver|achten prèz|reti (-írati); **~ächtlich** prēzīran; **2achtung** *f* prēzir, prèzirānje; **~allgemeinern** generalizírati
veralte|n zàstarjeti *pf.*; **~t** zàstario
veränder|lich promjènljiv; **~n** prom|ijèniti (-jenjívati); **2ung** *f* prōmjena
veran|lassen nav|èsti (-òditi), dāti pòvoda; **2lassung** *f* pòvod; **~schaulichen** predòč|iti (-ávati)
veranstalt|en priré|diti (-đívati); **2ung** *f* prìredba
verantwort|en odgovárati; **sich ~en** òpravd(áv)ati se; **~lich** ōdgovōran; **2ung** *f* odgovórnōst *f*; **~ungslos** nēodgovōran
verarbeit|en prerá|diti (-đívati); **2ung** *f* prērada, prèradba
Verband *m* sávez; sâstav; *Med.* závoj; **~kasten** *m* sànduk (*od.* kùtija) za závoje; **~zeug** *n* závojnī materìjāl
verbann|en izà-, prò|gnati *pf.*; **2ung** *f* izgnánstvo, progónstvo
ver|bauen zagrá|diti (-đívati); **~bergen** [sà]kriti, skr|iti (-ívati); **~bessern** pobòljš(áv)ati, pòprav|iti (-ljati); **2besserung** *f* pobòljšānje; pòpravak
verbeug|en: sich ~en po-, na|klòniti (klānjati) se; **2ung** *f* náklon, pōklōn
ver|biegen pregíbati; prèv|iti (-íjati); **~bieten** zabrá|niti (-njívati); **~billigt** po snīženōj cijèni
verbind|en sp|òjiti (-ájati); zavèz(ív)ati; (*vereinigen*) sjedí|niti (-njávati) (**sich** se); *Med.* prèv|iti (-íjati); **~lich** ōb(a)vezan; **2lichkeit** *f* ōbaveza, dûg; *fig.* ùslužnōst *f*; **2ung** *f* (s)vèza, spôj (*a. Chem.*); **2ungsspôjnī**, za vèzu
ver|bittern ogórč|iti (-ávati); **~blassen** [iz-, po-] blijèdjeti; **~blüffen** z(a)bú|niti (-njívati), zapánj|iti (-ívati); **~blühen** [pò-, ù]vēnuti; **~bluten** iskrváriti *pf.*, [iz]gùbiti kȓv; **~borgen** s(a)krìven, skrōvit
Verbot *n* zābrana; **2en** zàbrānjen
Verbotsschild *n* znâk zābranē
verbrannt sagòrio; *v. d. Sonne*: pocŕnio
Verbrauch *m* pòtrošak, potróšnja; **2en** [po]tròšiti; **~er** *m* potròšāc

Verbrech|en *n* zlòčin; **~er** *m* zločínac; **2erisch** zlòčinački
verbreit|en raspròstra|niti (-njívati) (**sich** se); pròšír|iti (-ívati) (se); *Gerücht:* ràzn|ijeti (-òsiti); **~ern** [pro-, ra]šíriti; **2ung** *f* raspròstranjenōst *f*; šírēnje
verbrenn|en iz-, sa|gòrjeti (-gorijèvati); **2ung** *f* sagorijèvānje; (*e-s Toten*) spaljívānje; *Med.* òpeklina, opèkotina
ver|bringen prov|èsti (-òditi); **~brühen** òpar|iti (-ívati) (**sich** se); **~buchen** pròknjiž|iti (-ívati); **~bünden** udrúž|iti (-ívati) (**sich** se); **sich ~bünden** *Pol.* skl|òpiti (-ápati) sávez
Verdacht *m* súmnja; **~schöpfen** posúmnjati *pf.*
verdächtig sùmnjiv, podòzriv; **~en** [o]sùmnjičiti
ver|dammen pròkl|ēti (-injati); osú|diti (-đívati); **~dampfen** [is]hlápiti, ispar|iti (-ívati); **~danken** zahvá|liti (-ljívati)
verdau|en pròbav|iti (-ljati), [s]váriti; **~lich** probàvljiv; **2ung** *f* prōbava
Verdeck *n Kfz.* krôv; **2en** prìkr|iti (-ívati)
ver|derben *v/t.* [po]kváriti; *v/i.* pròpa|sti (-dati); *Speisen:* [po]kváriti se; **~derblich** pokvàrljiv; *fig.* pōguban; **~dichten** zgùsnuti (se) *pf.*; sàb|iti (-íjati) (se)
verdien|en zaslúž|iti (-ivati); *Geld:* zará|diti (-đívati); **2st¹** *n* zâsluga; **2st²** *m* zārada; **~t** záslužan
ver|doppeln po-, u|dvòstručiti *pf.*; **~dorben** pòkvaren; ōpāk; **~drängen** ìstis-, pòtis|nuti (-kívati); **~drehen** ìzv|rtati [-ŕnuti]; **~dreifachen** potròstruč|iti (-ívati); **~drießlich** mřzovōljan; **2druß** *m* dōsada, jâd, mrzòvolja; **~dunkeln** zamráč|iti (-ívati), potám|niti (-njívati); **~dünnen** razbláž|iti (-ívati), razr|ijèditi (-jeđívati); *mit Wasser a.:* razvòd|niti (-njávati, -njívati); **~dunsten** [is-] hlápjeti, vjētriti; **~dursten** pòginuti *pf.* od žêđi; **~dutzt** zabèzēknūt, zàpānjen; **~edeln** oplème|niti (-njívati)
verehr|en pošt|òvati, -ívati, obožávati; (*schenken*) pòkl|anjati [-òniti]; **2er** *m* poštòvalac, obožàvalac; (*Liebhaber*) udvàrāč; **2ung** *f* poštovánje, obožávānje
vereidig|en zàkl|ēti (-injati); **~t** zāklēt [njeʃ]
Verein *m* drúštvo, udružé-
vereinbar|en ugov|òriti (-árati), ugláv|iti (-ljívati); **2ung** *f* spōrazūm, dōgovōr
verein|fachen pojednostáv|niti (-njívati); **~heitlichen** unificírati, izjednáč|iti (-ívati)
vereinig|en s-, u|jedíniti (-jedinjávati); (*zusammensetzen*) sl|òžiti (-ágati),

sp|òjiti (-ájati); 2te **Staaten** *pl.* **von Amerika** Sjèdīnjenē Amèričkē Dȑžave *f/pl.*; 2ung *f* s-, u|jedinjénje; *s.* **Verein**
Vereinte Nationen *pl.* Ujèdīnjenē nácije *f/pl.*, Ujèdīnjenī národi *m/pl.*
ver|einzelt pojèdīnī; **~eiteln** osujé|titi (-ćívati), onemogúć|iti (-ávati); **~engen** sú|ziti (-žávati); **~erben** òstav|iti (-ljati) u násljedstvo; **~ewigen** ovjekòvječ|iti (-ívati); **~fahren** postúp|iti (-ati); 2**fahren** *n* pòstupak
Verfall *m* pròpadānje; rāspad; 2**en** *v/i.* pròpa|sti (-dati) (*a. Hdl.*); ràspa|sti (-dati); *adj.* ōdan
verfälschen pàtvoriti
verfass|en sàstav|iti (-ljati), [na]písati; 2**er** *m* písac, àutor; 2**ung** *f* ùstav; (*Zustand*) stánje; 2**ungs-** ūstāvnī
verfaul|en sàgnj|iti (-ívati); **~t** sāgnjilī
ver|fechten (*A*) bòriti se za (*A*); **~fehlen** pròmaš|iti (-ívati); *Zug*: zàkasniti *pf.* (*A* / na *A*); **einander ~fehlen** mimoići se *pf.* s (*I*), ne zatèći *pf.* (*A*); **~filmen** ekranizírati; **~finstern** smráč|iti (-ívati) (**sich** se); **~flechten** splèsti *pf.*; **~fließen** pròt|eći (-jecati), pr|óći (-òlaziti); **~flossen** prōšlī; **~fluchen** pròkl|ēti (-injati)
verfolg|en prog|òniti (-ánjati), [prò]tjērati; *Ziel, Ereignisse*: slijèditi; 2**er** *m* progòni|lac, -telj; 2**ung** *f* prògon, progónstvo; gònjēnje
ver|formen *sb.* defòr|misati, *kr.* -mírati; **~früht** prèran, preùranjen
verfüg|bar raspolòživ; **~en** *v/i.* raspolágati (**über** *A* / *I*); *v/t.* (*anordnen*) odré|diti (-đívati), odlúč|iti (-ívati); 2**ung** *f* òdredba; **zur** 2**ung stehen** stàjati na raspolāgānju
verführ|en zav|èsti (-òditi), zamám|iti (-ljívati); **~erisch** zavòdljiv, závodnīčkī
vergangen prōšlī; 2**heit** *f* prōšlōst *f*; *Gr.* prōšlō vrijème
vergänglich prólazan
Vergaser *m Kfz.* rasplìnjāč
vergeb|en dod|ijèliti (-jeljívati); (*verzeihen*) opr|òstiti (-áštati); **~ens** ūzalūd, zabadàvā; **~lich** ūzalūdan; 2**ung** *f* ōproštāj
vergehen pr|óći (-òlaziti); **sich ~** [o]grijèšiti se (**an** *D* / o *A*); 2 *n jur.* prēkršāj
vergelt|en ùzvr|aćati [-átiti], naplá|titi (-ćívati); 2**ung** *f* ùzvraćānje; ōdmazda
ver|gessen zabòr|aviti (-ávljati); **~geßlich** zaboràvljiv; **~geuden** ràs|ūti (-ípati); **~gewaltigen** silovati

vergewissern: sich ~ ùvjer|iti (-ávati) se
ver|gießen pròli|ti(-jèvati); **~giften** [o]tròvati; **℮giftung** *f* otròvānje; **℮gißmeinnicht** *n Bot.* spoménak, pòtočnica; **~gittern** zagráditi *pf.* rèšētkama
Vergleich *m* sravnjénje, ū(s)poredba; *jur.* nàgodba; *Pol.* spòrazūm; **~s-** ū(s)poredan; **℮bar** sràvnjiv, u(s)porèdiv; **℮en** sráv|niti(-njívati), u(s)pòre|diti (-đívati); **sich ℮en** *jur.* nagòditi se *pf.*
verglühen izgòr|jeti (-ijèvati), gásiti se
vergnüg|en: sich ~en zàbav|iti (-ljati) se; **℮en** *n* zadovóljstvo; (*Veranstaltung*) zábava; **~t** vèseo; **℮ung** *f* zábava; **℮ungsdampfer** *m* izletnički brôd
ver|golden pozlá|titi (-ćívati); **~graben** zakòp(áv)ati
vergreifen: sich ~ an (*D*) ogrijèšiti se *pf.* o (*A*)
vergriffen rȁsprodān, rȁspačān
vergrößer|n povèć(áv)ati; **℮ung** *f* povećávānje; **℮ungsglas** *n* povèćalo, lūpa
Vergünstigung *f* pòvlastica
vergüten nàkna-, nadòkna|diti (-đívati)
verhaft|en [ù]hāpsiti; **℮ung** *f* hāpšēnje
verhalten zadrž(áv)ati; **sich ~** biti; (*sich betragen*) vládati se, ponášati se; **sich ~ zu** (*D*) odnòsiti se k (*D*); **℮** *n* vládanje, ponášānje
Verhältnis *n* òdnos; (s)rázmjer; *pl.* prílike *f/pl.*; **℮mäßig** (s)rázmjeran
verhand|eln pregovárati; ràspravljati; **℮lung** *f* rȁsprava; *jur.* prètres; *pl.* prēgovōri *m/pl.*
ver|hängnisvoll kȍban, sudbònosan; **~haßt** òmražen, mȑzak; **~heimlichen** [za]tájiti; **~heiraten** vjènčati (**sich** se); **~heiratet** vjènčān; *Mann*: òženjen; *Frau*: ùdāta; **~herrlichen** veličati, slȁviti; **~hindern** [s-, za]prijèčiti; **~höhnen** rúgati se; izrugívati se
Verhör *n* prèslušānje; **℮en** prè-, sà|sluš(áv)ati; **sich ℮en** krȋvo razùmijeti
ver|hüllen zàst|rijeti (-irati); pòkr|iti (-ívati); **~hungern** ùmrijeti *pf.* od glȃdi; **~hüten** spr|ijèčiti (-ečávati)
verirren: sich ~ zalútati *pf.*
ver|jagen pròtjer(áv)ati; **~jähren** zàstarjeti *pf.*; **℮jährung** *f* zàstarjelōst *f*; **~jüngen** pomlá|diti (-đívati) (**sich** se); **~katert** māmūran
Verkauf *m* prȍdaja; **℮en** pròd(áv)ati, raspàč(áv)ati; **zu ℮en** na prȍdaju
Verkäuf|er *m* prodàvāč; **~erin** *f* prodavàčica; **℮lich** prȍdajan, na prȍdaju

Verkaufsstelle *f* prodàvaonica
Verkehr *m* sàobraćaj, pròmet; **2en** *kr.* òp|ćiti, *sb.* -štiti; *Zug, Bus*: saòbraćati
Verkehrs- sàobraćajnī, pròmetnī; **~ader** *f* sàobraćajnica; **~ampel** *f s.* **Ampel**; **~mittel** *n* sàobraćajnō srèdstvo; **~polizist** *m* saobraćajac; **~schild** *n* sàobraćajnī znâk; **~sicherheit** *f* bèzbjednōst (*od.* sigúrnōst) *f* sàobraćaja; **~stockung** *f* zástoj sàobraćaja (pròmeta); **~teilnehmer** *m* ùčesnīk u sàobraćaju; **~unfall** *m* sàobraćajnā nèzgoda (*od.* nèsreća)
ver|kehrt nàopāk, ìzvrnūt; (*falsch*) krîv; **~kennen** krîvo shvā|titi (-ćati, -tati), ne pòzn(áv)ati; **~klagen** [op]túžiti; **~kleben** ob-, za|lijèpiti (-ljepljívati); **~kleiden** (**sich**) preob|úći (-láčiti) (se), prèruš|iti (-ávati) (se); **~kleinern** smánj-, umánj|iti (-ívati); **~knüpfen** vézati, sp|òjiti (-ájati); **~kommen** pròpa|sti (-dati); **~körpern** utjelòv|iti (-ljívati); otjelotvòr|iti (-ávati); **~krüppelt** sàkat, osàkaćen, kržljav; **~kümmern** zàkržlj(áv)ati; **~künden** objáv|iti (-ljívati), proglá|siti (-šávati); **~kürzen** po-, s|krátiti (-ćívati); **~laden** ukrc(áv)ati, utòvar|iti (-ívati)
Verlag *m* nâklada; izdàvačkō poduzéće
verlang|en [po]tràžiti, zahtijèvati; **2en** *n* záhtjev
verlänger|n prodúž|iti (-ívati), prodúlj|iti (-ívati); **2ung** *f* produžétak; **2ungskabel** *n* pródužnī kâb(e)l
verlangsamen uspòr|iti (-ávati)
verlassen *v/t.* òstav|iti (-ljati), nap|ùstiti (-úštati); *v/r.* **sich ~ auf** (*A*) òsl|anjati [-òniti] se na (*A*); *adj.* ù-, ò|sāmljen
Verlauf *m* tȍk; rázvoj; **2en** pr|óći (-òlaziti); **sich 2en** zalútati *pf.*
ver|lauten pròčuti se *pf.*; **~leben** sprov|ésti (-òditi)
verlege|n *v/t.* *Wohnsitz usw.*: prèmj|estiti (-éštati); *Termin*: odg|òditi (-áđati); *Buch*: ìzd(áv)ati; *adj.* zbûnjen, sméten; **2nheit** *f* zbûnjenōst *f*; neprílika; **2r** *m* izdàvāč, nâkladnīk
Ver|leih *m* pozajmljívānje; **2leihen** pozájm|iti (-ljívati); *Sachen*: d(áv)āti nā poslugu; *Preis, Orden*: do|dijèliti (-djeljívati); **2leiten** zav|ésti (-òditi), nav|ésti (-òditi) (**zu** *D*/ da ...); **2lernen** zabòrav|iti (-ljati)
verletz|en ozlijèditi *pf.*, povrijèditi *pf.*; (*beleidigen*) uvrijèditi *pf.*; **2te(r)** *m* ozljeđènīk, pòvrijeđen; **2ung** *f* ȍzljeda, pȍvreda; ȕvreda

verleumd|en [o]klevètati, ogovárati; **ﾂung** *f* klȇveta
verlieb|en: sich ~en zaljúb|iti (-ljívati) se; **~t** zàljūbljen
verlieren [iz]gùbiti
verlob|en: sich ~en zarúč|iti (-ívati) se, vjȅriti se; **ﾂte** *f* vjȅrenica, zàručnica; **ﾂte(r)** *m* vjȅrenīk, zàručnīk; **ﾂung** *f* zàruke *f/pl.*, vjèridba
verlocken na-, za|mámiti (-mamljívati); **~d** zamàmljiv
ver|logen làžljiv; **~lorengehen** [iz]gùbiti se; **~löschen** u-, po|gásiti se *pf.*; **~losen** [i]ždrijèbiti; **~löten** svár|iti (-ívati)
Ver|lust *m* gubítak; **ﾂmachen** oporúč|iti (-ívati), òstav|iti (-ljati) u násljedstvo; **~mächtnis** *n* ȍporuka; **~mählung** *f* vjènčānje; **ﾂmauern** zazí|dati (-đívati); **ﾂmehren** umnòž|iti (-ávati) (**sich** se); (*fortpflanzen*) mnòžiti (se); rasplò|diti (-đívati) (se); **ﾂmeiden** ìzbje|ći (-gávati); **ﾂmengen** pomijèšati *pf.*
Vermerk *m* zābilješka, bìlješka, ȍpaska
vermiete|n iznájm|iti (-ljívati); **ﾂr** *m* stanodávac
ver|mindern s-, u|mánjiti (-manjívati); **~mischen** [po]mijèšati; **~missen** primijètiti *pf.* da nȇmā; **~mißt** nèstao
vermitt|eln pòsredovati; **ﾂler** *m* pòsrednīk; **ﾂlung** *f* pòsredovānje; *Telef.* telèfōnskā centrála
vermögen mòći; **ﾂ** *n* imétak, ìmovina, imánje
vermut|en pretpòstav|iti (-ljati); **ﾂung** *f* prȇtpostāvka; **~lich** vàljda, po svȏj prílici
ver|nachlässigen zanemár|iti (-ívati), zap|ùstiti (-úštati); **~narben** zarásti *pf.*; **~nehmen** [dò]čūti, sàzn(áv)ati; **ﾂnehmung** *f s.* **Verhör**
verneig|en: sich ~en po-, na|klòniti (klānjati) se; **ﾂung** *f sb.* pȍklōn, *kr.* náklon
ver|neinen [za]nijèkati, por|èći (-ícati); **~nichten** ùništ|iti (-ávati); **ﾂnichtung** *f* uništénje; **~nickeln** [pò]niklovati; **~nieten** zakòvati *pf.*
Vernunft *f* ȗm, rȁzūm, pȁmēt *f*; **zur ~ bringen** urazúm|iti (-ljívati); **~ annehmen** opamé|titi (-ćívati) se
vernünftig rȁzūman, rásudan
veröffentlich|en objelodá|niti (-njívati), objáv|iti (-ljívati); ìzd(áv)ati; **ﾂung** *f* publikácija
verordn|en naré|diti (-đívati); **ﾂung** *f* ù-, ná|redba; *Med.* rècept
verpack|en *sb.* [s-, ù]pāk|ovati, *kr.* -írati, zamòt(áv)ati; **ﾂung** *f* ȍmot

ver|passen prop|ùstiti (-ú-štati); *Ohrfeige*: dãti; **~pfänden** zal|òžiti (-ágati); **~pflanzen** presá|diti (-đívati)
verpfleg|en hrániti, izdržávati; **2ung** *f* hrána, ìshrana; õpskrba
verpflicht|en ob-, oba|véz(ív)ati (**sich** se); **~et sein** (*müssen*) bìti dúžan; **2ung** *f* õb(a)veza
ver|pfuschen P [s]přčkati; **~prügeln** premlá|titi (-ćívati), izlúpati *pf*.
Verputz *m* žbùka
verrammeln zakŕč|iti (-ívati)
Verrat *m* ìzdaja; **2en** ìzd(áv)ati
Ver|räter *m* ìzd|ajica *m*, -ājnīk; **2rechnen** ob-, u|račùn(áv)ati; **sich 2rechnen** zaračùn(áv)ati; **2recken** cřk|nuti (-ávati); **2reisen** [ot]putòvati; bìti na pútu; **2renken** ìščašiti *pf*., prevínuti *pf*.; **2riegeln** zasúnuti *pf*., zatv|òriti (-árati); **2ringern** s-, u|mánjiti (-manjívati); **2rosten** [za]ŕđati; **2rückt** lûd; šẽnūt, šàšāv; **2rufen** zlòglasan
Vers *m* stìh; P (*Strophe*) kìtica
ver|sagen *v/t*. otkáz(ív)ati, òdb|iti (-íjati); (*entziehen*) uskrá|titi (-ćívati); *v/i*. zatájiti *pf*.; **~salzen** presòliti *pf*.
versamm|eln ò-, s|kûpiti (-kúpljati); sàb(í)rati; **2lung** *f* skûp, zbõr; skûpština
Versand *m* õtprema; **~haus** *n* òtpremičkā (rõbnā) kûća; **~kosten** *pl*. õtpremnī trõškovi *m/pl*.
versäum|en prop|ùstiti (-úštati), zanemár|iti (-ívati); **2nis** *n* própust
ver|schaffen prìbav|iti (-ljati), priskŕb|iti (-ljívati); **~schämt** stìdljiv, sramèžljiv; **~schärfen** po-, za|-òštriti (-oštrávati); **~schenken** pòkl|anjati [-òniti], dar|òvati (-ívati); **~scherzen** proìgr(áv)ati; **~scheuchen** ò-, ràs|tjer(ív- *od*. -áv)ati; **~schicken** razà|-slati (-šiljati), slàti; **~schieben** pòm|icati [-àći, -àknuti]; *Termin*: odg|òditi (-áđati)
verschieden rázlič|an, -it, râzan; **~artig** raznò|lik, -rodan; **2heit** *f* rázličnōst *f*, rázlika
ver|schiffen natòvariti *pf*. nà brõd; **~schimmeln** ùpljesnjiviti (se) *pf*.; **~schlafen** prèspati *pf*., prespávati; *adj*. põspān; **~schlechtern** pogòrš(áv)ati (**sich** se); **~schleiern** prìkr|iti (-ívati); zàst|rijeti (-irati); **~schleppen** *Krankheit*: ràzn|ijeti (-òsiti); (*in die Länge ziehen*) razv|úći (-láčiti); **~schließen** zakljùč(áv)ati; **~schlimmern** pogòrš(áv)ati; **~schlingen**

[pro]gùtati; **~schlossen** zàtvoren, zàkljūčen
verschlucken [pro]gùtati; **sich ~** zàgrcnuti se *pf.*
Verschluß *m* zatvàrāč; zápor; **unter ~** pod kljúčem
ver|schmähen prèz|reti(-irati); òdb|iti (-íjati); **~schmelzen** stòpiti (stápati), sliti (slívati); **~schmieren** ràzmaz(ív)ati; **~schmutzen** [u-, za]pŕljati; **~schneit** zàvijān snijegom; **~schnüren** svéz(ív)ati; **~schollen** pròpao bez vijesti; **~schonen** pošté|djeti (-đívati); **~schönern** poljèpš(áv)ati; **2-schraubung** *f* zavrtnjànī spôj; **~schreiben** prepís(iv)ati; **sich ~schreiben** pògrešno [na]písati; **~schrotten** pretvòriti u stārō gvôžđe (*od.* žèljezo); **~schulden** *Unfall usw.*: skríviti *pf.*; **~schütten** pròs|ūti (-ipati), pròl|iti (-ijèvati); **~schweigen** *sb.* [za]ćútati, *kr.* prešú|tjeti (-ćívati); **~schweißen** svár|iti (-ívati)
verschwend|en ràs|ūti (-ipati); **~erisch** rásipan, izdāšan; **2ung** *f* rásipnōst *f*, izdāšnōst *f*
verschwiegen mučàljiv, *sb.* ćùtljiv, *kr.* šùtljiv; **2heit** *f* mučàljivōst *f*, *sb.* ćùtljivōst *f*, *kr.* šùtljivōst *f*
ver|schwinden nèsta(ja)ti, [iz]gùbiti se; **~schwitzen** F *fig.* zabòrav|iti (-ljati); **~schwommen** nèjasan
Verschwör|er *m* ùrotnīk, zavjerènīk; **~ung** *f* ȕrota, závjera
versehen (*mit et.*) *s.* **versorgen; sich ~** prèvariti se *pf.*; **2** *n* zâbuna, ȍmaška; **aus 2, ~tlich** ȍmaškōm, zâbunōm
ver|senden razà|slati (-šiljati), raspò|slati (-šiljati); **~senken** *Schiff*: pot|òpiti (-ápati); **~setzen** prèmj|estiti (-éštati); *Schlag*: zàd(áv)ati; (*verpfänden*) zal|òžiti (-ágati); F *fig.* (*j-n*) ne dóći *pf.* na sàstanak; **2setzung** *f* prēmještāj
verseucht zàrāžen
versicher|n osigùr(áv)ati; (*beteuern*) ùvjer|iti (-ávati); **2er** *m* osigùrāč; **2te(r)** *m* osiguràník; **2ung** *f* osigurānje; uvjerávānje; **2ungsgesellschaft** *f* osiguràvajūćē drúštvo
ver|siegeln [za]pèčatiti; **~siegen** presàhnuti *pf.*, presúšiti *pf.*; **~silbert** pòsrebren; **~sinken** [po]tònuti, pròpa|sti (-dati); **~söhnen** pomír|iti (-ívati); **2söhnung** *f* pomirénje; **~sorgen** opskŕb|iti (-ljívati), snàbd|jeti (-ijèvati)
verspät|en: sich ~en kȁsniti, zàka|sniti (-šnjávati); **2ung** *f* zakašnjénje
ver|speisen pòjesti *pf.*; **~sperren** zatv|òriti (-árati); *Weg*: zaprijèčiti *pf.*; **~spotten** podrúg(ív)ati se (**j-n/k-u**)

versprech|en obèć(áv)ati; **sich ~en** zar|èći (-ícati) se; **2en** *n* obećánje
ver|sprühen raspŕsk(áv)ati; **~spüren** *s.* **spüren**; **~staatlichen** *kr.* nacion|alizírati, *sb.* -àlizovati
Verstand *m* pāmēt *f*, ûm, rȁzūm
verständ|ig rȁzūman, pāmetan; **~igen** obav|ijèstiti (-ještávati); **sich ~igen** sporazùm|jeti (-ijèvati) se; **2igung** *f* spȍrazūm; **~lich** razùmljiv, shvàtljiv; **2nis** *n* razumijèvānje
verstärk|en pojàč(áv)ati; **2ung** *f* pojačánje
verstauchen: sich den Fuß ~ ugànuti *pf.* (*od.* izvínuti *pf.*) nȍgu
Versteck *n* skrȍvište; **2en** [sà]kriti, skr|iti (-ívati) (**sich** se)
verstehen razùm|jeti (-ijèvati), razà|brati (-bírati)
Versteigerung *f* dràžba
verstell|bar pȍkretan, pòmičan; **~en** pòmj|eriti (-érati); **sich ~en** pretv|òriti (-árati) se
ver|stimmt ozlòvoljen, neraspòložen; **~stohlen** *s.* **heimlich**; **~stopfen** začèp|iti (-ljávati); **~storben** pȍkōjnī
Verstoß *m* pògreska, ȍmaška; **2en** *v/t.* ìs-, ò|tjerati *pf.*; *v/i.* ogriјèšiti se *pf.* (**gegen** *A* / o *A*)
ver|streuen ràzn|ijeti (-òsiti); **~stümmeln** [o]kŕnjiti, osàka|titi (-ćívati); **~stummen** ùmu|ći, -knuti *pf.*, o-, za|nijèmiti *pf.*
Versuch *m* pòkus, pȍkušāj; **2en** pòkuš(áv)ati; *Glück, Kräfte*: òkuš(áv)ati; **sich 2en** ogléd(áv)ati; **~s-** pòkusnī, prȍbnī; **~ung** *f* iskušénje, nápast *f*
ver|süßen [za]sláditi; **~tagen** odg|òditi (-áđati); **~tauschen** zam|ijèniti (-jenjívati)
verteidig|en [o]brániti; **2er** *m* brȁni|lac, -telj (*a. jur.*); *Sp.* brànič, bēk; **2ung** *f* ȍbrana
verteil|en dijèliti, po(raz)dijèliti *pf.*; razmjè|stiti (-štávati), rasporé|diti (-đívati); **2ung** *f* pȍdjela, rȁsporēd
verteuern poskúp|iti (-ljívati)
vertief|en prodúb|iti (-ljívati); *fig.* **sich ~en** zadúpsti se *pf.*, udúbiti se *pf.*; **2ung** *f* ȕdubina; zadubljénje
vertilgen istr|ijèbiti (-ebljívati), utamá|niti (-njívati)
Vertrag *m* ȕgovōr; **2en** podn|ijèti (-òsiti), izdŕž(áv)ati; **sich 2en** slágati se; **~s-** ȕgovōrnī
vertrau|en pòuzd(áv)ati se (**auf** *A* / u *A*); **2en** *n* pouzdánje, povjerénje; **2ensmann** *m* povjerènīk; **~lich** povjèrljiv, tȃjnī; **~t** pȍuzdān
vertreiben pòtjer(ív)ati, iz-, prò|gnati *pf.*; *Waren*: prò-

d(áv)ati; *Zeit*: prikrá|titi (-ćívati)
vertret|en zastúp|iti (-ati); *Meinung*: brániti; **2er** *m* zástupnīk, prèdstavnīk; (*Stellvertreter*) zȁmjenīk; **2ung** *f* zástupništvo, prèdstavništvo
Vertrieb *m* distribúcija; prȍdaja
ver|trocknen osúšiti se *pf.*, usàhnuti *pf.*; **~üben** učìniti *pf.*
verun|glücken [na-, po-] strádati; **~reinigen** zàma-z(ív)ati, [u]pŕljati; **~stalten** nagŕ|diti (-đívati); **~treuen** pronèvjer|iti (-ávati); **2treuung** *f* prȍnevjera
verur|sachen proùzroč|iti (-ívati); **~teilen** osú|diti (-đívati); **2teilung** *f* ȍsuda
vervielfältigen umnòž|iti (-ávati)
vervoll|kommnen usavŕš|iti (-ávati); **~ständigen** upotpú|niti (-njávati)
verwachs|en *v/i.* zarásti *pf.*; **2ung** *f Med.* prìraslica
verwahr|en [sa]čúvati, [po]hrániti; **~losen** zap|ù-stiti (-úštati); **~lost** zàpušten; **2ung** *f* pròsvjed
verwalt|en ùpravljati (*A*/*I*); **2er** *m* upràvitelj, ȕprāvnīk; **2ung** *f* ȕprava; **2ungs-** ȕprāvnī
verwand|eln pretv|òriti (-árati), prom|ijèniti (-jenjívati); **2lung** *f* prèobražāj; prȍmjena
verwandt srȍdan, u ròdu; **2e** *f* rȍđaka, rođàkinja; **2e(r)** *m* rȍđāk; **2schaft** *f* ròdbina, svȏjta; **~schaftlich** ròdbinski
Ver|warnung *f* ȍpomena; **2wässern** razvòd|niti (-njávati, -njívati)
verwechs|eln [po]bŕkati, zam|ijèniti (-jenjívati); **2lung** *f* bŕkānje; zȃbuna
ver|wegen smio(n), smjȇl, ȍdvāžan; **~weigern** uskrá|titi (-ćívati), òdb|iti (-íjati); **~weilen** bòraviti
Verweis *m* úkor; **2en** upú|titi (-ćívati) (**an** *A*/*A*); (*vertreiben*) prògnati *pf.*
ver|welken [pò-, ù]vēnuti; **~wenden** upotr|ijèbiti (-ebljávati), uporáb|iti (-ljívati); **2wendung** *f* ȕpotreba, ȕporaba; **~werten** iskòri|stiti (-šćívati), upotr|ijèbiti (-ebljávati); **~wesen** [ìs]trȗnuti; **~wikkeln** zàpl|etati [-èsti] (**sich** se); **~wirklichen** ostvá-r|iti (-ívati); **~wirren** (*j-n*) zbú|niti (-njívati), smésti *pf.*; po-, za|mŕsiti *pf.*, porèmetiti; **~wischen** [ìz]brī-sati; *Farben*: rastŕlj(ív)ati; **~witwet** obùdovljen; **~worren** zbȗnjen, zàmršēn
verwund|en rȃ|niti (-njávati); **2ung** *f* rȃna
verwunder|n: sich ~n [zà]čùditi se, zadív|iti (-ljívati) se; **2ung** *f* čȕđēnje
Ver|wundete(r) *m* rȃnjenīk; **2wünschen** pròkl|ēti (-injati); *s.* **verzaubern;**

≗wüsten [o]pùstošiti, [pò-]hărati
verzählen: sich ~ zabr|òjiti (-ájati) se
ver|zaubern začár(áv)ati, opči|niti (-njávati); **~zehren** [pò]jēsti; *fig.* [po]ždèrati; **≗zeichnis** *n* pópis, spisak
verzeih|en opr|òstiti (-áštati); **≗ung** *f* (o)prošténje, ōproštāj
verzerrt ìskrīvljen
Verzicht *m* ōdreka; odrícānje; **≗en** odr|èći (-ícati) se (**auf** *A* / *G*), odùsta(ja)ti (od *G*)
ver|ziehen *v/t.* razv|úći (-láčiti), [is]kríviti; *v/i.* od-, pre|sèliti se *pf.*; **~zieren** *s.* **schmücken; ~zinken**[pò-] cinkovati, [po]cinčati; **~zinnen** [po]kàlajiti, [o]kalàjisati; **~zögern** o-, za|tézati, uspòr|iti (-ávati); **≗zögerung** *f* otézānje; **~zollen** òcariniti *pf.*; **~zuckern** zašèćeriti *pf.*
verzweif|eln očáj(áv)ati; **~elt** ōčājan, òčājnīčkī; **≗lung** *f* ōčāj, očajánje
verzweigen: sich ~ razgràn(áv)ati se, ràčvati se
Vetter *m* brătić, brătučed; **~nwirtschaft** *f* nepotizam
Vieh *n* stōka, mârva, blâgo; **~-** *in Zssgn* stōčnī; **~markt** *m* stōčni sájam; **~zucht** *f* stōčārstvo
viel mnōgo (*G*), pūno (*G*); **~ zu** prē-, sū|više; **~deutig** dvòsmislen; **~fach, ~fältig** mnogòstruk; *adv.* čêsto; **≗fraß** *m* poždèrūh; **~leicht** mōžda, vàljda; **~mals** mnōgo (*od.* stō) púta; **~mehr** pāče, nāprotīv; **~seitig** mnogòstran; **≗zahl** *f* mnòštvo
Vier *f* čètvōrka; **~eck** *n* čètvor|okūt, -òugao *m*; **≗eckig** četvorò|kutan, -ugaonī; **≗fach** četvoròstruk
Viertel *n* čètvrt *f*; čètvrtina; F frtālj; (*Stadt*≗) kvârt, čètvrt *f*; **~finale** *n* čètvrt-finále *m*; **~jahr** *n* čètvrt *f* gōdinē; **~stunde** *f* četvrt *f* sâta
violett ljūbičast
Violine *f* violína
Visitenkarte *f* pòsjetnica
Visum *n* víza
Vize|kanzler *m* potkancèlār; **~präsident** *m* pōtpredsjednīk
Vogel *m* ptica; **~beere** *f* ōskoruša; **~scheuche** *f* strašilo
Voka|bel *f* riječ *f*; **~l** *m* samòglasnīk
Volk *n* národ, pûk
Völker|kunde *f* etnològija; **~recht** *n* međunárodnō právo
volkreich nàseljen, mnogòljud
Volks- národnī; **~befreiungsarmee** *f* Národnooslobòdilačkā vojska; **≗eigen** národnī; **~fest** *n* národnō veséljе; **~kunst** *f* národnā ùmjetnōst *f*; **~lied**

n národnā pjȅsma; **~republik** *f* národnā repùblika; **~schule** *f* pȗčkā škȍla; **~tracht** *f* národnā nòšnja; **2tümlich** pȗčkī, (prosto)národan; **~wirtschaft** *f* národnā prìvreda; **~zählung** *f* pópis stànōvnīštva
voll pȕn; (*ganz*) pòtpun, cìjel; *Haar*: gȗst; **~automatisch** pòtpuno autòmatskī (*od.* automàtičan); **2belastung** *f* pȕnō opterećénje; **2beschäftigung** *f* pȕnō zaposlénje; **2dampf** *m* pȕnā pȁra; **~enden** zavřš|iti (-ávati); **~ends** sàsvīm, pòtpuno, pòsve, dòkraja; **2endung** *f* savršénstvo
Volleyball *m* òdbōjka
voll|fett *Käse*: pȕnomastan; **2gas** *n* pȕn gȃs; **~gepfropft** kȑcāt; **~gießen** dòli|ti (-jèvati)
völlig pȕn, pòtpun, čìtav; *adv.* sàsvīm
voll|jährig punòljetan; **~kommen** sàvršen; *s. a.* **völlig; 2macht** *f* pȕnomōć *f*; **2milch** *f* nȅobrānō mlijèko; **2mond** *m* pȕn mjȅsēc, ùštap; **2pension** *f* pȕnī pansiōn; **~ständig** pòtpun; **~stopfen** natȑpati *pf.*; **~strecken** izvŕš|iti (-ávati); **2streckung** *f* izvršávānje; **~tanken** nàpuniti *pf.* rezervòār; **~trunken** pìjan; **2versammlung** *f* plénum *m*, gènerālnā skȕpština; **2waise** *f* pòtpunō siròče; **~zählig** pȕnobrōjan
Volumen *n* zȃpremina
von (*D*) od (*G*); (*aus*) s(a) (*G*); (*über*) o (*L*); **~ außen** spȍlja; **~ drüben** ìsprijeko
vor *örtlich*: (*wohin?*) pred (*A*); (*wo?*) pred (*I*); ispred (*G*); *zeitlich*: prìje (*G*); (**am Tage**) **~** ȕoči (*G*); (*Ursache, z. B. Angst, Schmerz*) od (*G*)
Vorabend *m*: **am ~** u prȅdvečērje
voran nàprijed; **~gehen** prethòditi, prednjáčiti
Vor|anmeldung *f Telef.* (prèthodnā) nájava; **~anschlag** *m* prȍračūn; **~arbeiter** *m* brigàdīr
voraus nàprijed; **im ~** unàprijed; **~sagen** pror|èći (-ícati); **~setzen** pretpòstav|iti (-ljati); **2setzung** *f* prètpostāvka; **~sichtlich** *kr.* vjeròj|atan, *sb.* -vatan; **2zahlung** *f* prèthodnō pláćānje, akontácija
Vorbau *m* prȅdnjā zgrȁda
Vorbedacht *m*: **mit ~** s prȅdumišljājem
Vorbedingung *f* predúvjet
Vorbehalt *m* ȍgrada, ograničénje; **ohne ~** bez ȍgradē; **2en** pridȑž(áv)ati
vorbei mìmo (**an** *D*/*A*); (*vergangen*) prȍšao; **~fahren, ~gehen** mimoì|ći (-laziti); (*vergehen*) pr|óći (-òlaziti); **~lassen** prop|ùstiti (-úštati)

vorbereit|en priprém-, sprém|iti (-ati), prigotòv|iti (-ljívati); **2ung** *f* prìprema
vorbestraft (rànije) kàžnjāvān
vorbeug|en zapriječiti *pf.*, doskòčiti *pf.*; **sich ~en** nàg|nuti (-injati) se nàprijed; **2ung** *f* *Med.* prēdohrana [ran}
Vorbild *n* ùzor; **2lich** ùzo-}
Vordach *n* strēha
vorder, 2- prēdnjī; **2grund** *m* prēdnjī (*od.* pȑvī) plân; **2rad** *n* prēdnjī *kr.* kòtāč (*sb.* tòčak); **2seite** *f* prēdnjā strána
vor|dringen pròd|rijeti (-irati); **2druck** *m s.* **Formular; ~eilig** brzòplet; **~eingenommen** prìstran, preokùpīrān; **~enthalten** uskrá|titi (-ćívati)
Vorfahr|en *pl.* prēci *m/pl.*; **~t** *f* prēdnōst *f*, prvénstvo prólaza
Vorfall *m* dōgađāj; **2en** dog|òditi (-áđati) se, dēsiti (dešávati) se
vorfristig prèvremen
vorführ|en *Person*: predv|èsti (-òditi); (*zeigen*) pokáz(ív)ati; **2dame** *f* manèkēnka; **2ung** *f* prikazívānje
Vor|gang *m* (*Fall*) dōgađāj; (*Ablauf*) pòstupak, pròces; **~gänger** *m* prèthodnīk; **2gehen** ići nàprijed (*a. Uhr*); prednjáčiti, prethòditi; (*verfahren*) postúp|iti (-ati); *Mil.*, *fig.* nàpredovati; **~gesetzte(r)** *m* pretpòstavljenī, starjèšina *m*; **2gestern** prēk(o)jučē(r); **2greifen** riješiti (rješávati) unàprijed; **2haben** namjerávati, kàniti; **~haben** *n* námjera, nákana; **~halle** *f* trìjem, prèdvorje
vorhanden postòjēćī, prisutan; **~ sein** postòjati, bìti; **es ist ~** imā
Vor|hang *m* závjesa, zástor; **~hängeschloß** *n* kàtanac, lȍkot
vorher prìje (tȍgā); **~gehend** prèthodnī
vor|herrschen prevlád(á-v)ati; **~hersagen** pror|èći (-ícati)
vorhin mālo prìje, māločas; (**im**) **~ein** unàprijed
vorig pròšlī; **~es Jahr** lâni
vor|jährig lànjskī; **2kämpfer** *m* pòbōrnīk; **~kommen** dog|òditi (-áđati) se, bívati; **2kommen** *n* pȍjava; *Bgb.* nàlazīšte; **2-kriegs-** prèdratnī; **~laden** pòz(í)vati; **2lage** *f* (*Muster*) obrázac, ùzorak; **~lassen** pùstiti *pf.* nàprijed; **~läufig** prèthodan; *adv.* zàsad(a)
vorlege|n pòdn|ijeti (-òsiti), ìzn|ijeti (-òsiti); **2r** *m* sâg
vorles|en pročìt(áv)ati; (*vortragen*) predávati; **2ung** *f* predávānje
vorletzt- pretpòsljednjī
Vorliebe *f* sklȍnōst *f*, naklónōst *f*, preokupácija; **mit ~** ȍsobito rādo

vor|mals nĕkada, nĕkōć, nĕgda; **~merken** pribilježiti (-ívati)
vormilitärisch: ~e Ausbildung *f* prĕdvojničkā ōbuka
Vormittag *m* prijepódne; **≗s** prije pódne
Vormund *m* skȑbnīk, stàra|lac, -telj
vorn sprijed(a), nàprijed; **von ~** iz počétka, iz-, nā|novo
Vorname *m* ȉme
vornehm ōtmjen
vornehmen pod-, pred|ùzēti (-ùzimati); **sich ~** nakániti *pf.*, nàumiti *pf.*
vornherein: von ~ iz počétka
Vor|ort *m* prèdgrāđe; **~rang** *m* prēdnōst *f*, prvénstvo; **~rat** *m* záliha; **≗rätig** u zálihi, na sklādištu; **~raum** *m* prèdsōblje; **~recht** *n* pòvlastica; prēdnōst *f*; **~richtung** *f* nâprava, ȕređāj; **≗rücken** nàpredovati; **≗sagen** došà(p)nuti *pf.*; **~satz** *m* námjera, nákana; **≗sätzlich** námjeran, hōtimičan
Vorschein *m*: **zum ~ kommen** izići *pf.* na vidjelo
vor|schießen *Geld*: pozájm|iti (-ljívati), dāti kāo prèdujam; **≗schiff** *n* pràmac; **≗schlag** *m* prédlog, prijèdlog; **~schlagen** predl|òžiti (-ágati); **~schreiben** propís(ív)ati
Vorschrift *f* própis, instrùkcija; **≗smäßig** própisan; **≗swidrig** neprópisan
Vorschub *m* pōmōć *f*; **~ leisten** ìći nà rūku, potpomágati
Vorschuß *m* prèdujam
vorschützen izgovárati se
vorseh|en prèd|vidjeti (-víđati); **sich ~en** čúvati se, pāziti se; **≗ung** *f* pròvidnōst *f*, promisao *m*
vorsetzen stāv|iti (-ljati) nàprijed; *Speise*: [pò]nūditi
Vorsicht *f* ōprēz; **~!** pāzi!; **≗ig** ōprēzan
Vorsitz *m* prèdsjedništvo; **~ende(r)** *m*, **~er** *m* prèdsjednīk
Vor|sorge *f* predostróžnōst *f*, briga; **~speise** *f* prēdjelo; **~spiel** *n* prēdigra; **~sprung** *m* prēdnōst *f*; **~stadt** *f* prèdgrāđe; **~stand** *m* ȕprava, prèdsjedništvo; *s.* **Vorsteher**
vorstehe|n stŕšiti; **≗r** *m* prèdstōjnīk, ùprāvnīk, starješina *m*
vor|stellen prèdstav|iti (-ljati) (**sich** *A* se, *D* sèbi); *Uhr*: pomà|ći *pf.*, -knuti *pf.* nàprijed; **≗stellung** *f* prèdodžba, prēdstava (*a. Thea.*); **~stoßen** nàpa|sti (-dati); **~strecken** ìspružiti *pf.*; *Geld*: pozájm|iti (-ljívati)
Vorteil *m* probítak, kōrist *f*; **≗haft** pròbitačan, kòristan
Vortrag *m* predávānje; **≗en** *Bitte*: pòdn|ijeti (-òsiti);

Vortrag: predávati; *Musikstück*: izv|èsti (-òditi); *Lied*: pjȇvati
vor|trefflich *s.* **vorzüglich**; **~treten** stúp|iti (-ati) nàprijed; **Ƨtritt** *m* prȇdnōst *f*, prvénstvo
vorüber *s.* **vorbei**; **~gehen** próći (pròlaziti); **~gehend** pròlazan
Vor|urteil *n* prȇdrāsuda; **~verkauf** *m* prètprodaja; **~wählnummer** *f* prèthodnī tèlēfonskī brȏj (za grȃd); **~wand** *m* ìzlika, izgovōr
vorwärts nàprijed; **~kommen** nàpredovati
vorweg unàprijed
vor|weisen prikáz(ív)ati; **~werfen** predbác|iti (-ívati), ukòr|iti (-ávati); **~wiegend** prétežan; **~witzig** drzòvit, bezòbrazan; **Ƨwort** *n* prȇdgovōr
Vorwurf *m* prijè-, ù|kor; **Ƨsvoll** pȗn prijèkora
Vor|zeichen *n* znȃmēnje; *Math.* prȇdznāk; **Ƨzeigen** po-, pri|káz(ív)ati; **Ƨzeitig** prèran, preùranjen; **Ƨziehen** pretpòstav|iti (-ljati), više vòljeti; **~zimmer** *n* prèdsōblje; **~zug** *m* prȇdnōst *f*, ȍdlika; **Ƨzüglich** ȍdličan, izvrstan
vulkanisieren *sb.* vulkàni|sati, *kr.* -zírati

W

Waage *f* vága, terázije *f/pl.*; **Ƨrecht** vȍdorāvan
wach búdan; **~ werden** [pro]búditi se; **Ƨboot** *n* stràžārskī brȍdić; **Ƨe** *f* strȃža; **~en** bdjèti; **Ƨmann** *m* stràžār
Wacholder *m* klȇka; (*Schnaps*) klȇkovača
Wachs *n* vȍsak; **~-** *in Zssgn* vòštan
wachsam búdan, ȍprēzan
wachsen[1] *v/i.* [na-, po]rásti
wachsen[2] *v/t.* [na]vòštiti
wächsern vòštan
Wachskerze *f* voštànica
Wachstum *n* rȃst, pȍrāst
Wachtel *f Zo.* prèpelica
Wächter *m* stràžār, čùvār
Wachtposten *m* stràžār
wack|(e)lig rȁsklimān, klimav; **~eln** klìmati (se)
Wade *f* lȋst (na nòzi)
Waffe *f* òrūžje
Waffel *f* vàfel, kòlāč
Waffenschein *m* ìsprava o slȍbodnōm nòšēnju òrūžja
wagen usú|diti (-đívati) se, odvàž|iti (-ívati) se
Wagen *m* kȍla *n/pl.*; (*Pferde*Ƨ) tàljige *f/pl.*; *Esb.* vàgōn
wägen [iz]mjèriti
Wagen|heber *m* (kȍlskā) dizalica; **~schlag** *m* (kȍlskā) vráta *n/pl.*; **~schmiere** *f* kȍlomāz
Waggon *m* vàgōn, (žèljeznìčkā) kȍla *n/pl.*
Wahl *f* ìzbor; **~bezirk** *m* ìzbornī ȍkrūg

wähl|bar birljiv; **~en** izà-b(i)rati; *Pol.* bírati; **2er** *m* biràč; **~erisch** iz-, pro|-birljiv; **2erscheibe** *f* broj-čànik
Wahl|lokal *n* biràčkō mjè-sto; **~recht** *n* izbōrnō prá-vo; **~versammlung** *f* bì-ràčkī skûp
Wahnsinn *m* lùdilo, màhni-tōst *f*; **2ig** lûd, màhnit; **~ige(r)** *m* lùđāk, manijak
wahr istinit, prâvī, stvâran; **das ist ~** tô je istina; **nicht ~?** zâr nē?; **~en** [sa]čúvati
während *prp.* za vrijème (*G*); *cj.* dòk
wahr|(haftig) istinit, prâvī; *adv.* zàista, ùistinu; **2heit** *f* istina
wahrnehm|bar primjèt-ljiv, primjetan; **~en** òpa|-ziti (-žati), prim|ijètiti (-je-ćivati); *Rechte*: kòristiti se (*I*); *Geschäfte*: glēdati; **2ung** *f* òpažānje; ōpaska, primjedba
wahrsag|en pror|èći (-í-cati), gátati; **2erin** *f* vrà-čara, gátalica
wahrscheinlich *kr.* vjerò|-jatan, *sb.* -vatan; **2keit** *f* vjerò|jatnōst *f*, -vatnōst *f*
Währung *f* valúta
Wahrzeichen *n* znâmēnje, znâk
Waise *f* siròta; **~nhaus** *n* sirotište
Wal *m* kît
Wald *m* šūma; **~-** *in Zssgn* šûmskī; **~brand** *m* šûmskī pōžār; **2ig** šumòvit; **~lich-tung** *f* prōplanak; **~weg** *m* šûmskā stàza
Walfisch *m* kît
Wall *m* bēdēm, násip, zì-dina; **2en** talàsati se; (*sie-den*) vrēti, ključati
Wallfahrt *f* hodòčāšće, proštènje
Walnuß *f* òrah
Walze *f* váljak; **2n** váljati
wälzen váljati (**sich** se); **von sich ~** sváliti *pf.* sa sèbe
Walzer *m* vàlcer
Walzwerk *n* vàljaonica
Wand *f* zîd; (*Fels2*) stijèna, vȑlēt *f*
Wandel *m* prōmjena; (*Le-bens2*) život, vládānje; **2-bar** promjènljiv; **~gang** *m*, **~halle** *f* kuloári *m*/*pl.*
Wander- (*nicht ortsfest*) pō-krētan; **~er** *m* pûtnīk, pjè-šāk; **~karte** *f* izlétničkā (pûtnā) kârta; **2n** hódati, pješáčiti, putòvati; **~schaft** *f* strânstvovānje; **~ung** *f* izlēt, putòvānje
Wandlung *f* prōmjena
Wand|schrank *m* zîdnī òrmār; **~teppich** *m* zîdnī sâg, gòblēn
Wange *f* òbraz
wank|elmütig nēpostojān; **~en** [po]kolèbati (se)
wann kād, kàda; **~ immer** kàdgod; **dann und ~** kàtkad(a)
Wanne *f* káda
Wanze *f* stjènica
Wappen *n* gȓb
Ware *f* ròba

Waren- rȍbnī; **~automat** *m* autòmāt za vàđēnje rȍbē; **~haus** *n* rȍbnā kȕća; **~lager** *n* sklȁdīšte, stòvarīšte; **~zeichen** *n* (tvórnički) znȃk, mȃrka
warm tȍpao
Wärm|e *f* toplìna; **2en** grìjati; **~flasche** *f* grijalica, termòfōr
Warn|dreieck *n* upozòravājūćī trȍkūt; **2en** upòzor|iti (-ávati), opoménuti (opòminjati); **~lampe** *f* sìgnālnā lȃmpa; **~ung** *f* ȍpomena, upozorénje
Warte *f* (pr)omàtrāčnica; **~halle** *f* čèkaonica; **2n** čȇkati, prìček(iv)ati; (*pflegen*) njȇgovati
Wärter *m* čùvār; (*Kranken*2) bólničār
Warte|saal *m*, **~zimmer** *n* čèkaonica
warum zȁšto; **~ nicht?** zȁšto nȇ?
Warze *f* bràdavica
was štȁ, štȍ; **~ für (ein)** kàkav; **~ auch immer** ma štȃ
Wasch|anstalt *f s.* **Wäscherei; ~becken** *n* làvōr, umivaon|īk, -ica
Wäsche *f* rȗblje, vȇš; (*Waschen*) pránje
wasch|echt kòjī ne pȗštā bòju; **~en** [ò]prȃti; **sich ~en** ùmiti (umívati) se, [ò]prȃti se
Wäscherei *f* pràonica, pèrionica
Wasch|küche *f* pràonica, pèrionica; **~lappen** *m* kȓpa za pránje; *fig.* mlákonja *m*; **~maschine** *f* mašína (*od.* strȏj) za pránje rȗblja; **~pulver** *n* prášak za pránje; **~raum** *m* umìvaonica
Wasser *n* vòda; **~-** *in Zssgn* vòdenī; **~ball** *m Sp.* vàterpolo *m*; **2dicht** nepròmočan; **2durchlässig** promòčiv; **~enthärter** *m* omekšìvāč vòdē; **~fall** *m* slȃp, vȍdopād; **~flugzeug** *n* hìdroplān, hidroavìōn; **~glas** *n* čȁša za vȍdu; *Chem.* tȅčno stàklo; **~hahn** *m* pípa, slàvina; **~kraftwerk** *n* hidrocentrála; **~kühlung** *f* hláđēnje vòdōm; **~leitung** *f* vȍdovod; **~(leitungs)rohr** *n* vȍdovodnā cìjev *f*; **~melone** *f* lubènica; **~spiegel** *m* površìna vòdē; **~sport** *m* spȏrt na vòdi; **~stand** *m* vȍdostāj; **~stoff** *m Chem.* vòd(òn)īk; **~strahl** *m* mlȃz; **~tropfen** *m* kȃp *f* (*od.* kȃplja) vòdē; **~turm** *m* rezervòār vȍdovoda; **~zeichen** *n* vòdenī znȃk
waten [prè]gāziti
Watte *f* vȁta; **~bausch** *m* tàmpōn, smotúljak vȁtē
web|en tkȁti; **2stuhl** *m* rázbōj, stȃn
Wechsel *m* pròmjena, mijèna; *Hdl.* mjȇnica; **~geld** *n* sitnìna, sìtnīž; **~kurs** *m* mjènjāčkī kȗrs; **2n** mijènjati; razm|ijèniti (-jenjí-

vati); **≗seitig** ùzajaman; **~strom** *m* *El.* izmjenična strúja; **~stube** *f* mjènjāčnica; **~wirkung** *f* ùzajamnō djèlovānje (*od.* djéjstvo)
weck|en [pro]búditi; **≗er** *m* bùdilnīk, bùdilica
weder: ~ ... **noch** ni ... ni, nìti ... nìti
weg nèstao; **~!** prōč!
Weg *m* pût
wegbringen òdn|ijeti (-òsiti), ùkl|anjati [-òniti]
wegen zbōg (*G*), râdi (*G*)
weg|fahren *v/i.* otputòvati *pf.*, odv|èsti (-òziti) se; *v/t.* odv|èsti (-òziti); **~fallen** òtpa|sti (-dati), izòsta(ja)ti; **~fliegen** odlètjeti *pf.*; **~führen** odv|èsti (-òditi); **~geben** dāti (dávati) (od sèbe); **~gehen, ~laufen** otíći (òdlaziti); **~legen** odl|òžiti (-ágati); **~nehmen** òdn|ijeti (-òsiti), odùz|ēti (-imati); **~räumen** ùkl|anjati [-òniti]; pòčistiti *pf.*; **~rennen** odjúriti *pf.*; **~schaffen** *s.* **wegbringen, wegfahren** (*v/t.*); **~schicken** [pò]slāti (prōč); **~schütten** pròli|ti (-jèvati); **~sehen** odvrátiti *pf.* pōglēd; **~stellen, ~tun** mèt|nuti (-ati) nā strānu
Wegweiser *m* pūtokāz
weg|werfen odbác|iti (-ívati), hìtati; **~wischen** ìz-, òb|risati *pf.*; **~ziehen** *v/t.* odv|úći (-láčiti); *v/i.* odséliti se *pf.*

Weh *n* bôl; *s. a.* **wehtun**
wehen púhati, *kr.* dú|hati, *sb.* -vati
Wehen *f/pl.* *Med.* trúdovi *m/pl.*
Wehmut *f* sjēta
Wehr *n* brána, ūstava; **~dienst** *m* vōjnī rôk; **~dienstverweigerung** *f* ūskrata slúžēnja vójskē; **≗en** [o]bràniti (**sich** se); **≗los** bez òrūžja, golòruk; **~pflicht** *f* vōjnā ōbaveza
wehtun (*D*) nàn|ijeti (-òsiti) bôl; (*schmerzen*) bòljeti
Weib *n* žèna, P žènskā; (*altes*) bāba; **~chen** *n* *Zo.* žênka; **≗lich** žènski; žènskast
weich mēk(an); *Ei*: rōvit
Weiche *f* *Esb.* skrétnica
weichen kvâsiti; *s.* **zurückweichen**
Weichensteller *m* skrétničār
Weichsel(kirsche) *f* vìšnja
Weide[1] *f* *Bot.* vŕba, ìva
Weide[2] *f* (*Vieh≗*) pāša, pāšnjāk; **≗n** pāsti (*präs.* pásēm)
weiger|n: sich ~n òdb|iti (-íjati), odr|èći (-ícati) se, ne htjēti; **≗ung** *f* odbíjānje
Weihe *f* pōsveta; **≗n** posvé|titi (-ćivati) (**sich** se)
Weiher *m* rìbnjāk
Weihnachten *pl.* Bòžić, Bādnjī dân
Weihnachts|abend *m* *s.* **Heiligabend; ~baum** *m* Bòžićnō dȑvce; **~geld** *n**

bòžićnī dodátak; **~mann** *m* Bòžić-báta *m*
Weih|rauch *m* tàmjan; **~-wasser** *n* blagoslòvljenā (*od.* òsvéćēnā) vòda
weil jēr, zàtō štō
Weile *f* vrijème, čásak; **ⴰn** bòraviti, prebívati, zadržávati se
Wein *m* víno; **~-** *in Zssgn* vīnskī; **~bau** *m* vinogradárstvo; **~berg** *m* vìnogrād; **~brand** *m* vīnjak, kōnjak
wein|en [zà-, ò]plākati; **ⴰen** *n* plāč
Wein|ernte *f* bérba, jèmatva; **~faß** *n* vīnskā bāčva; **~flasche** *f* vīnskā flāša (*od.* bōca); **~karte** *f* kârta (*od.* spisak) vínā; **~keller** *m* vînskī pōdrum; **~lese** *f s.* **Weinernte; ~-rebe** *f* vìnova lòza; **~stock** *m* čōkot, tŗs; **~stube** *f* vìnara, kŗčma; **~trauben** *pl.* grōžđe
weise múdar
Weise *f* náčin; *Mus.* mèlodija
weisen pokáz(ív)ati, upú|titi (-ćívati)
Weisheit *f* mūdrōst *f*
weiß bijel, bìo
weissagen *s.* **wahrsagen**
Weiß|brot *n* bijelī *kr.* krūh (*sb.* hljēb); **~e(r)** *m* bijèlac; **~wein** *m* bijelō víno
Weisung *f* naređénje, náredba; nálog
weit širok, pròstran; (*entfernt*) dàlek; **so ~** dōvlē; **~ und breit** šírōm; **von ~em** izdalèka; **ⴰe** *f* širìna; (*Entfernung*) daljìna; (*Maß*) pròmjer; **~en** [ra]šíriti (**sich** se)
weiter dāljī; *adv.* (nā)dālje; **und so ~** i tāko dālje; **~führen** nàstav|iti (-ljati); **~hin** nàdalje; **~machen** nàstav|iti (-ljati)
weit|läufig ōbiman; dàlek; **~sichtig** dalekòvid(an); **ⴰ-sprung** *m Sp.* skōk ūdālj
Weizen *m* pšènica
welch kòjī; kàkav; koliki
welk ùveo
Well|blech *n* tālasastī līm; **~e** *f* tālās, vâl; *Tech.* vràtilo; **ⴰ(enförm)ig** valòvit, tālasast
Wellen|gang *m* talàsānje; **~länge** *f* dužìna (*od.* duljìna) tālāsā (*od.* vàlōvā); **~-linie** *f* valòvitā cŗta; **~-sittich** *m* pàpigica
wellig *s.* **wellenförmig**
Wels *m Zo.* sōm
Welt *f* svijet; **~-** *in Zssgn* svjētskī; **~all** *n* svēmir, vasiona; **~anschauung** *f* pōglēd (*od.* názor) na svijet; **~karte** *f* kârta svijeta; **~krieg** *m* svjētskī rât; **ⴰlich** svjètōvnī; **~macht** *f* svjētskā sila; **~markt** *m* svjētskō tŗžište; **~meister** *m* svjētskī pŗvāk; **~meisterschaft** *f* svjētskō prvénstvo; **~raum** *m s.* **Weltall; ~raumschiff** *n* kòzmički brôd; **~rekord** *m* svjētskī rèkord; **~stadt** *f*

svjȅtskī grâd; **~teil** *m* dio *m* svijeta
wem kòme, kòmu
wen kòga
Wend|ekreis *m Geogr.* òbratnīk; (*e-s Fahrzeugs*) krûg zaòkretānja; **~eltreppe** *f* zàvojitē stȅpenice *f/pl.*; **Ձen** obȑnuti (òbrtati) (se); (*umkehren*) zaokré|nuti (-tati) (se); **~epunkt** *m* prékretnica; **~ung** *f* ȍkrēt
wenig, ein ~ mȁlo; **zu ~** prèmalo; **~er** mȁnje; **mehr oder ~er** mȁnje-vȉše; **~stens** bȁr, bârem
wenn àko; (*zeitlich*) kȁd, kàda; **(jedesmal) ~** kàdgod; **~ auch** iako; **selbst ~** (čȁk) àko
wer (*kr.* t)kȍ; **~ (auch) immer** (t)kȍ gȏd
werb|en reklamírati (**für** *A*/*A*); *v/t. Leute*: vȅrb(òv)ati, ná|jmiti (-imati); **Ձung** *f Hdl.* rekláma; **Ձungskosten** *pl.* rèžijskī trȍškovi *m/pl.*
werden (*entstehen*) pòsta(ja)ti; (*Hilfsverb*) bívati [bȉti], htjȇti; (*sich verwandeln*) pretv|òriti (-árati) se (**zu** *D*/ u *A*); **alt ~** òstarjeti (stȃrjeti); *s. a.* **gesund, satt**
werfen báciti (bàcati); *Zo.* [o]kòtiti
Werft *f* brodogràdilište
Werk *n* djȅlo; (*Arbeit*) pòsao *m*, rȃd; (*Fabrik*) tvórnica; (*Uhr*Ձ) strȏj; **~meister** *m* pȍslovođa *m*; **~statt** *f* ràdionica; **~stoff** *m* grȃđa, materijāl; **~stück** *n* rȃdnī prédmet; **~tag** *m* rȃdnī dȃn; **~zeug** *n* ȁlāt, òrūđe; **~zeugmacher** *m* ȁlātničār
Wermut *m* pèlen; (*Getränk*) pèlinkovac, vèrmut
wert vrijèdan; **~ sein** vrijèditi, vàljati
Wert *m* vrijèdnōst *f*; **~ legen auf** polágati na (*A*); **~brief** *m* vrijèdnosnō písmo; **~gegenstand** *m* vrijèdnosnī prédmet; **Ձlos** bèzvrijedan; *pop.* pìšljiv; **~minderung** *f* smanjívānje vrijèdnosti; **~papier** *n* vrijèdnosnī pàpīr; **Ձvoll** vrijèdan, dragòcjen; **~zeichen** *n* vrednòta
Wesen *n* (*Geschöpf*) bíće; (*Kern e-r Sache*) sùština, bȉt *f*, bȉtnōst *f*; (*Charakter*) znȁčāj, nárav *f*; **Ձtlich** bȉtan; **im Ձtlichen** uglàvnōm
weshalb zȁšto
Wespe *f* òsa; **~nnest** *n* [òsinjāk]
wessen čìjī
Weste *f* pr̀sluk
West|(en) *m* zȃpād; **Ձlich** zȃpadnī; **~wind** *m* zȃpadnjāk
Wett|bewerb *m* nàtječāj, tàkmičēnje; *Sp. mst.* ùtakmica; *Hdl.* konkurèncija; **~e** *f* ȍ(p)klada; **Ձeifern** nàtjecati se, tàkmičiti se; **Ձen** [ò-, òp]klȁditi se
Wetter *n* vrijȇme; **~bericht**

m meteoròloškī ìzvještāj; **~dienst** *m* meteoròloškā slùžba; **~lage** *f* stánje vrēmena; **~leuchten** *n* sijèvānje; **~vorhersage** *f* prognóza vrēmena

Wett|kampf *m* ùtakmica, tàkmičēnje; **~kämpfer** *m* tàkmičār; **~lauf** *m*, **~rennen** *n* (ū)tȑka; **~streit** *m* tàkmičēnje, nadmètānje

wetzen brúsiti, òštriti

wichtig vážan; **&keit** *f* vážnōst *f*

Wick|elgamasche *f* zavìjāč; **&eln** mòtati; *Kind:* pòv|iti (-íjati); *s.* **auf-, ein-, umwickeln; ~lung** *f* nāmotāj

Widder *m* òvan

wider *prp.* prōtīv (*G*); **~fahren** dēsiti (dešávati) se (*D*), dog|òditi (-áđati) se (*D*); **&haken** *m* kūka; **&hall** *m* òdjek; **~legen** pòb|iti (-íjati), opòvrg|nuti (-ávati); **~lich** òdvratan, gādan, ōdūran; **~natürlich** protiv(u)prírodan; **~rechtlich** prōtiv(u)prāvan; nezákonit; **&ruf** *m* òpoziv; **~rufen** opòz(i)vati; **&schein** *m* òdsjev, ōdrāz; **~setzen: sich ~setzen** [us]protíviti se, odùp|rijeti (-irati) se; **~spenstig** jògunast, nēpokoran; **~spiegeln** odrá|ziti (-zívati, -žávati) (**sich** se); **~sprechen** protivrječiti, protuslòviti; **&spruch** *m* protivrječnōst *f*, protuslóvnōst *f*; **~sprüchlich** protivrječan, prōtuslōvan; **&stand** *m* òtpor; *El.* òtpōrnīk; **~standsfähig** ōtpōran; **~stehen** odò|ljeti (-lijèvati); **~strebend** *adv.* nērado, ùsiljeno; **~wärtig** òdvratan, mȑzak; **&wille** *m* mȑžnja, gāđēnje; **~willig** *s.* **widerstrebend**

widm|en posvé|titi (-ćívati); **&ung** *f* pōsveta

widrig prōtivan, neùgodan

wie (*Frage*) kȁko; (*Vergleich*) kȁo; *cj.* kȁo što, kȁko

wieder òpēt, pōnovo; **&aufbau** *m* pōnovnā izgrádnja; **&aufnahme** *f* obnávljānje; **~bekommen** *s.* **zurückbekommen; ~bringen** povrátiti *pf.*; **~erkennen** prepòzn(áv)ati; **~erstatten** povrátiti *pf.*; **~erzählen** prepríč(áv)ati; **&gabe** *f* vrāćānje; (*Ton&*) reprodùkcija; **~geben** vr|átiti (-āćati)

wiedergutmach|en pòpraviti *pf.*; **&ung** *f* nȁknada, ōtšteta

wiederherstell|en (pōnovo) uspòstav|iti (-ljati); **&ung** *f* ùspostava

wiederhol|en pon|òviti (-ávljati); **~t, zu ~ten Malen** òpetovāno; **&ung** *f* ponávljānje

Wieder|kehr *f* pòvratak; **&kommen** vr|átiti (-āćati) se; **&sehen** ópēt vìdjeti; **auf ~sehen!** do viđénja; **&verkauf** *m* prēprodaja

Wiege *f* kòlijevka; **♀n**[1] *Kind*: ljúljati, njíhati
wiegen[2] *v/i.* (*Gewicht haben*) vágati, téžiti
wiehern ȑzati
Wien *n* Bêč; **~er** *m* Bèčlija *m*; *adj.* bêčkī; **~erin** *f* Bèčlijka
Wiese *f* livada
Wiesel *n* lȁsica
wieviel kȍliko
wild dìvljī
Wild *n* dȉvljāč; **~ente** *f* ȕtva; **~e(r)** *m* dȉvljāk; **~erer** *m* zvjeròkradica *m*; **~leder** *n* jèlēnskā kȍža; **~nis** *f* pȕstōš *f*; **~schwein** *n* dìvljā svínja; **~westfilm** *m* vȇstern
Will|e *m* vȍlja; žèlja; **um ... ♀en** rȃdi (*G*); **♀ig** vȍljan; **♀kommen** dobrodòšao
Willkür *f* samòvolja; **♀lich** samòvoljan
wimmeln vŕvjeti
wimmern jȅcati
Wimpel *m* zȃstavica
Wimper *f* trȇpavica
Wind *m* vjȅtar; **~beutel** *m* *Kochk.* princes-kràfna; *fig.* vjetrògonja *m*
Wind|e *f* *Tech.* vȉtao *m*, čèkrk; *Bot.* pòponac; **~el** *f* póvōj, pȅlen(ic)a; **♀en** [sà-] viti; zavŕnuti (zàvrtati); **sich ♀en** *Bach*: vijùgati se
Wind|hauch *m* povjetárac, ȕzdūh; **♀ig** vjetròvit; **~jacke** *f* vjètrōvka; **~mühle** *f* vjȅtrenjača; **~pocken** *f/pl.* mâlē bòginje *f/pl.*; **~schutzscheibe** *f* vjȅtrobrān; **~stärke** *f* jačina vjȅtra; **~stille** *f* zátišje; **~stoß** *m* ùdarac vjȅtra
Windung *f* návojak; (*Kurve*) závoj
Wink *m* mîg; (*Tip*) znâk
Winkel *m* kût, ȕgao *m* (*a. Math.*); ćȍšak; **~messer** *m* ȕglomjēr
winke|n dȁti (dávati) znâk; máh|nuti (-ati) (**mit** *D/I*); **♀r** *m* *Kfz.* žmìgavac
winseln cvíljeti
Winter *m* zíma; **~-** *in Zssgn* zȋmskī; **im ~** zȋmi; **♀lich** zȋmskī; **~mantel** *m* zȋmski kàpūt; **~schlußverkauf** *m* zȋmskā rȁsprodaja; **~sport** *m* zȋmskī spȍrt
Winzer *m* vinogràdār
winzig sìtan, sìćušan
Wipfel *m* vȓh, krȍšnja
wir mî
Wirbel *m* vȑtlog; (*Luft♀*) vȉhor; (*Trommel♀*) tȗtanj; (*Haar♀*) cvȉjet; **~säule** *f* kȉčma, hrptènica; **~sturm** *m*, **~wind** *m* vȉhor
wirken *v/i.* (*Wirkung zeigen*) djȅlovati; (*tätig sein*) ráditi; *v/t.* *Wirkwaren*: plȅsti
wirklich stvâran; prâvī, ȉstinit; *adv.* dò-, zà|ista, zbìlja; **♀keit** *f* stvárnōst *f*, zbìlja; (*Ggs. Traum*) jáva
wirksam djȅlotvōran, efìkasan; ùspješan; **♀keit** *f* djelotvórnōst *f*, efikasnōst *f*
Wirkung *f* djéjstvo, djȅlovānje; ùčin(ak); (*Erfolg*) ùspjeh; **~skreis** *m* djȅlokrūg;

²slos bezùspješan; **²svoll** efikasan; *Mode*: èfektan
wirr zbûnjen, sméten; **²warr** *m* zbȑka, nȅrēd
Wirsing(kohl *m*) *m* kȅlj
Wirt *m* kȑčmār, gòstioničār; (*Haus²*) dòmāćin, gȁzda *m*; **~in** *f* gòstioničārica; domàćica, gȁzdarica
Wirtschaft *f* prȉvreda, *kr. a.* gospodárstvo; (*Gast²*) gòstionica; (*Haus²*) domaćínstvo; **²en** privređívati, gȁzdovati; **²lich, ~s-** prȉvrednī, ekònomskī
Wirtshaus *n* kȑčma, mehàna
wisch|en òt|rti (-irati), [ò]brìsati; **²er** *m* brìsāč (*a. Kfz.*); **²lappen** *m* kȑpa, otìrāč
wissen znȁti; (*können*) ùmjeti; **²** *n* znánje
Wissenschaft *f* nàuka, *kr. mst.* znȁnōst *f*; **~ler** *m* nàučnīk, (na)učènjāk; **²lich** nàučan
witter|n òsjećati; **²ung** *f* (*b. Tier*) njȕh; *s.* **Wetter**
Witwe *f* udòvica; **~r** *m* udòvac
Witz *m* dòsjetka, dòskočica; vȉc, šála; **²ig** šàljiv, dosjètljiv, duhòvit
wo gdjȅ; **~ (auch) immer** gdje gȍd
Woche *f* sèdmica, *sb.* nèdjelja, *kr.* tjȅdan; **e-e ~ (lang)** nèdjelja (*od.* tjȅdan) dánā
Wochen- nèdjēljnī, sèdmičnī; **~bett** *n* bȁbinje *f/pl.*; **~blatt** *n sb.* nèdjelnīk, *kr.* tjȅdnīk; **~ende** *n* vȉkend; **~endhaus** *n* vikendica, vikend-kȕćica; **~schau** *f* filmskī žùrnāl; **~tag** *m* râdnī dân
wöchentlich sèdmičnī, *sb.* nèdjeljnī, *kr.* tjȅdnī
wo|durch čîm, kòjīm; **~für** zàšto
Woge *f* vâl, talȁs
wogegen prȍtiv čèga
wogen talàsati se, komèšati se
wo|her òdāklē; **~hin** kùdā, kȁmo
wohl *adv.* dòbro; (*zwar*) dàkako, ȉstina; (*in Fragen*) zbȉlja, zàista
Wohl *n* dòbro; srȅća; **auf dein (Ihr) ~!** na (*od.* u) tvòje (Vȃše) zdrâvlje!; **²auf** zdrȃv; **~befinden** *n* zdrâvlje; **~behagen** *n* zadovóljstvo; **²behalten** zdrȃv, čio; **~fahrt** *f* blagostánje, dȍbrobīt *f*; sȍcijālnā pȍmōć *f*; **~geschmack** *m* slȃst *f*; **²habend** imȕćan; **²riechend** mȉrisan, mirìsav; **~stand** *m* blagostánje; **~tat** *f* dobročínstvo; **²tätig** dòbrotvōran, mȉlostiv; **~tätigkeit** *f* dobrotvórnōst *f*, milòsr̄đe; **²tuend** ùgodan, prȉjātan
Wohlwollen *n* blagonáklonōst *f*; **²d** blagonáklon, dobròhotan
Wohn- stàmbenī; **²en** stanòvati, prebívati; **²haft** nàstānjen; **~haus** *n* stàm-

benā zgrȁda; **~ort** *m*, **~sitz** *m* mjȇsto stanòvānja, prebìvalište
Wohnung *f* stȃn; **~s-** stàmbenī; **~swechsel** *m* prȍmjena stȃna, sèlidba
Wohn|wagen *m* stàmbenā prìkolica; **~zimmer** *n* dnȇvnā sȍba
wölb|en zasvò|diti (-đávati) (**sich** se); **ⵈung** *f* ìspupčenōst *f*
Wolf *m* vȗk, kȕrjāk
Wolke *f* ȍblāk
Wolken|bruch *m* prȍlom oblákā; **~kratzer** *m* *kr.* neb-, *sb.* oblak|òder; **ⵈlos** bez oblákā, vȅdar
wolkig ȍblāčan
Woll- vȗnen; **~e** *f* vȗna; **ⵈen**[1] vȗnen
wollen[2] htjȅti
Wollust *f* (čȗlnā) nȃslada, slȃst *f*
wo|mit (s) čīm; **~nach** po čèmu; (*zeitlich*) nákon (*od.* pȍslije) čèga
Wonne *f* slȃst *f*, užítak
wor|an na čèmu; **~auf** na čèmu; (*zeitlich*) nákon (*od.* pȍslije) čèga; **~aus** iz čèga; **~in** u čèmu
Wort *n* rȉječ *f*; **in ~en** (u) slȍvima
Wörterbuch *n* rjȅčnīk
wörtlich dòslōvan; *adv.* doslòvcē
wort|los *adv.* bez rȉječi; bez pȍgovōra; **ⵈspiel** *n* ìgra rijèči (*od.* rijèčima); **ⵈwechsel** *m* prèpirānje, prèpīrka
wor|über o čèmu; (*örtlich*) nȁd čīm; **~um** o čèmu; **~unter** pòd čīm
wo|von od čèga; **~vor** prèd čīm; od čèga; **~zu** zȁšto
Wrack *n* *Mar.* òlupine *f/pl.*
wringen *Wäsche*: [is]cijèditi, ižmíkati *pf.*
Wucher *m* lȉhva; **ⵈn** lihváriti; *Pflanze*: bùjati
Wuchs *m* rȃst, ȕzrāst; (*Gestalt*) stȃs, strȗk
Wucht *f* snága, sìla; **ⵈig** snážan, sìlan
wühlen ròvati, kòpati; *fig.* trážiti; *Pol.* búniti
Wulst *m* gȕka [rȃna]
wund rȃnjen, rȃnjav; **ⵈe** *f*
Wunder *n* čȕdo; **ⵈbar** dìvan; **ⵈlich** čȕdan, čudnòvat; **~ling** *m* čùdāk; **ⵈn:** **sich ⵈn** [zà]čȕditi se (**über** *A/D*); **ⵈvoll** dȋvan
Wunsch *m* žèlja; **auf ~** po žèlji
wünschen [za]žèljeti; **~swert** pȍžēljan
Würd|e *f* dostojánstvo; **ⵈig** dòstōjan; **ⵈigen** udostòj|iti (-ávati); [pro]cijèniti
Wurf *m* hȉtac
Würfel *m* kȍcka; **ⵈn** kȍckati (se); **~spiel** *n* kȍckānje; **~zucker** *m* šèćer u kȍckama
Wurfweite *f* dòmet
Wurm *m* cȓv; (*Regen*ⵈ) glísta; **ⵈstichig** crvòtočan
Wurst *f* kobàsica, saláma
Würstchen *n* (*Siede*ⵈ, *Wiener*) hrènōvka
Würze *f* záčin

Wurzel *f* kõrijen
würz|en zači|niti (-njávati); **~ig** mìrisan, zàčinjen
wüst (*leer*) pûst; (*unordentlich*) zbȑkān; **~e** *f* pústinja; **~ling** *m* ràzvratnīk
Wut *f* bijes
wüten bjèsnjeti; **~d** bijèsan

X

X-|Beine *pl.* P ìkserice *f/pl.*; **~beinig** krȋvih nȍgū
x-beliebig ma kòjī
x-mal stȏ (F ìks) pútā
Xylophon *n* ksilòfōn

Z

Zack|e *f*, **~en** *m* zúbac, pārožak; (*Kerbe*; *am Kleid*) rȅcka, zárez, ùrez; (*Berg*) vȓh; (*Spitze*) šíljak; **~ig** zȗpčast, rȅckav; *fig.* ȍštar
zaghaft plàšljiv, bojàžljiv
zäh(e) tvȓd, žìlav
Zahl *f* brȏj; (*Ziffer*) brȏjka; **~bar** plàtiv; **~en** plá|titi (-ćati)
zählen bròjiti (*v/i. a.* iznòsiti)
zahlenmäßig [brȏjnī] bròjčan,
Zahler *m* plátac
Zähler *m* *Tech.* bròjāč; *Math.* brȏjnīk
Zahl|karte *f* uplátnica; **~los** bèzbrōjan; **~reich** brȏjan; **~tag** *m* dân isplatē; **~ung** *f* pláćānje; *s.* **Aus-, Einzahlung**
Zählung *f* bròjēnje; (*Volks~*) pópis
Zahlungs|auftrag *m* isplatnī nálog; **~frist** *f* rȏk pláćānja; **~mittel** *n/pl.* srèdstva pláćānja
Zählwerk *n* bròjilo, bròjāč
zahm pìtom
zähmen pripitòm|iti (-ljívati), ukrò|titi (-ćávati)
Zahn *m* zȗb; *Tech.* zúbac; **~arzt** *m* zùbār; **~brasse** *f* *Zo.* zùbatac; **~bürste** *f* čētka za zȗbe; **~ersatz** *m* zȗbnā protéza, ùmjetnī zȗbi *m/pl.*; **~fleisch** *n* dȇsni *f/pl.*, zȗbnō mȇso; **~geschwür** *n* zàzubica; **~los** krèzub; **~paste** *f* pàsta za zȗbe; **~plombe** *f* (zȗbnā) plȏmba; **~rad** *n* zupčànīk; **~radbahn** *f* zȗpčastā žèljeznica; **~schmerzen** *pl.* zubòbolja; **~stein** *m* zȗbnī kaménac; **~stocher** *m* čàčkalica; **~techniker** *m* zubotèhničār, dèntist(a *m*)
Zander *m* *Zo.* smȗđ
Zange *f* kliјèšta *n/pl.*, klijèšte *f/pl.*
Zank *m* svȃđa, kȃvga; **~en** (**sich**) svȃđati se, prèpirati se
zänkisch svàdljiv, nasŕtljiv
Zäpfchen *n* *Anat.* résa, rèsica; *Med.* čèpić

zapfen *Bier*: tòčiti
Zapfen *m* čêp, zapùšāč; (*Bolzen*) klîn, zȁvōranj; *s.* **Tannen-, Eiszapfen**
zart njȇžan; **2gefühl** *n* tȁkt
zärtlich njȇžan; **2keit** *f* njȇžnōst *f*
Zauber *m* čȃr *f*; **~-** *in Zssgn* čȃrōbnī; **~ei** *f* čaròlija; **2haft** čarōban, bȃjan; **~künstler** *m* mađiòničār, iluziònist(a *m*)
zaudern oklijèvati
Zaum *m* ùzda
zäumen za-, ob|ùzd(áv)ati
Zaun *m* ȍgrada, plȍt
Zebrastreifen *m* (*im Verkehr*) zȅbre *f/pl.*, pjèšāčkī prélaz
Zeche *f* ràčun (u gòstionici); *Bgb.* rûdnīk; **2n** pìjānčiti, lȕmpati
Zehe *f* nȍžnī pȑst; **große ~** nȍžnī pȃlac
Zehn *f* dèsētka, desètica; **~-** *in Zssgn* deseto-; **~kampf** *m* desetòboj; **~tel** *n* desetina
Zeichen *n* znȃk; **~papier** *n* cȑtaćā hàrtija, cȑtaćī pàpīr
zeichn|en [nà]cȑtati, [nà]rìsati; (*brandmarken*) [o]žìgosati; *s.* **bezeichnen; 2en** *n* cȑtānje; **2er** *m* cȑtāč; **2ung** *f* cȑtež, nácrt
Zeige|finger *m* kàžiprst; **2n** pokáz(iv)ati; *Film*: prikáz(iv)ati; **~r** *m* jèzičac, (*Uhr2*) (s)kàzāljka
Zeile *f* rédak
Zeit *f* vrijème, dȍba *n*; **längere ~** dȕlje (*od.* dȕže) vrȇmena; **~-** *in Zssgn* vrȇmenskī; **~abschnitt** *m* rázdoblje; **~alter** *n* dȍba *n*, epóha; **~ansage** *f* dávānje tȁčnōg vrȇmena; **2gemäß, 2genössisch** *sb.* sà-, *kr.* sù|vremen; **2ig** rȃnī; **2lich** vrȇmenskī; (*vergänglich*) prólazan; **~lohn** *m* pláća (*sb.* pláta) nā sȃt; **~punkt** *m* trenútak, čȃs; **~raum** *m* rázdoblje; **~schrift** *f* čȁsopis
Zeitung *f* nȍvine *f/pl.*
Zeitungs|artikel *m* nȍvinskī člȃnak; **~papier** *n* nȍvinskī pàpīr; **~verkäufer** *m* prodàvāč nȍvīnā
Zeit|unterschied *m* vrȇmenskā rázlika; **~verlust** *m* gubítak vrȇmena; **~vertreib** *m* zábava, ràzonoda; **2weilig** prìvremen; **2weise** *adv.* nèkō vrijème, prìvremeno; **~wort** *n* *Gr.* glágol
Zell|e *f* ćèlija; *Bot.* stȁnica; *s.* **Fernsprechzelle; ~stoff** *m* celulóza
Zelt *n* šàtor, čàdor; (*Zigeuner2*) čȇrga; **~bahn** *f* šàtorskō plátno (*od.* krílo); **2en** šàtorovati; **~lager** *n* lȏgor pod šàtorima, šàtōrje; **~platz** *m* šatòrište
Zement *m* cèment; **2ieren** cementírati
Zensur *f* cenzúra; (*Note*) ȍcjena
Zentimeter *n* cèntimetar
Zentner *m* cȇnta
zentral cèntrālan; **2e** *f*

centrála; ꝯ**heizung** *f* cèntrālnō grìjānje
Zentrum *n* cêntar, srèdīšte
zer|beißen ràzgr|isti (-ízati); ~**brechen** *v/t.* pre-, s|lòmiti *pf.*, ràzb|iti (-íjati) (*v/i.* se); ~**brechlich** kȑt, kȑhak, lȍman; ~**drücken** [z]gnjéčiti, [s]mȑviti
Zerfall *m* ráspad, rasúlo; ꝯ**en** ràspa|sti (-dati)
zer|fetzen razdèrati *pf.*, [is]cjȇpkati; ~**fließen** ràzli|ti (-jèvati) se, ràspli|nuti (-njívati) se; ~**fressen** ìzgr|isti (-ízati); ~**kleinern** [i]sìtniti, [raz]dròbiti; ~**knautschen**, ~**knittern**, ~**knüllen** [iz-, z]gùžvati; ~**kratzen** izgrèpsti *pf.*; ~**legen** ràzm|etnuti (-ètati), ràstav|iti (-ljati); ~**lumpt** òdrpān, drȍnjav; ~**malmen** smȑviti *pf.*; smŕskati *pf.*; ~**quetschen** [z]gnjéčiti; ~**reiben** sàtrti *pf.*; ~**reißen** *v/t.* [po]dèrati, ràsk|inuti (-ídati), ràstr|gnuti (-zati); *Faden*: prèk|inuti (-ídati); *v/i.* ràsk|inuti (-ídati) se
zerren vúći (**an** *D* / za *A*)
zer|rinnen *s.* **zerfließen;** *fig.* nèsta(ja)ti; ~**rissen** ràskidān
Zerrung *f* rastézānje
zer|rütten rastròj|iti (-ávati), upropá|stiti (-šćívati); ~**schellen** ràzbiti se *pf.*; ~**schlagen** ràzb|iti (-íjati), razlúpati *pf.*; ~**schmettern** raz-, s|mŕskati *pf.*; ~**schneiden** ràzrez(ív)ati, ràs|jeći (-ijècati); ~**setzen** rastv|òriti (-árati) (**sich** se); ~**splittern** ràs|prsnuti (-prskávati) (*v/i.* se); ~**springen** pū- *od.* ràspu|ći, -knuti (-cati); ~**stampfen** st|úći (-ūcati); *s.* **zertreten**
zerstäube|n ràsprš|iti (-ívati); ꝯ**r** *m* pŕskalica, raspršìvāč
zerstör|en [ràz]rūšiti, ùništ|iti (-ávati), raz|òriti (-árati); ꝯ**er** *m Mar.* razàrāč; ꝯ**ung** *f* rūšēnje, razárānje
zerstreu|en ràst|uriti (-úrati), raspŕš|iti (-ívati) (*a. v/r.* se); (*unterhalten*) razòno|diti (-đávati) (**sich** se); ~**t** rastrésen, ràsijān; ꝯ**theit** *f* rastrésenōst *f*, ràsijānōst *f*; ꝯ**ung** *f* ràzonoda
zer|stückeln raskomàdati *pf.*; ~**teilen** razd|ijèliti (-jeljívati), ràstav|iti (-ljati); ~**treten** pò-, z|gāziti *pf.*; ~**trümmern** *s.* **zerschmettern, zerschlagen, zerstören;** ~**zaust** *Haar*: razbārūšen
Zettel *m* cèdulja
Zeug *n* (*Gerät*) òrūđe; (*Stoff*) tkānina; F stvâri *f/pl.*; *fig.* **dummes** ~ glúposti *f/pl.*, trice *f/pl.*
Zeug|e *m* svjèdok; ꝯ**en**[1] *v/i.* [o]svjedòčiti; ꝯ**en**[2] *v/t.* ròditi (rađati); ~**in** *f* svjedòkinja; ~**nis** *n* svjèdo|džba, -čánstvo; ~**ung** *f* rađānje
Ziege *f* kòza

Ziegel *m* cígla, ȍpeka; **~ei** *f* ciglàna
Ziegen|bock *m* jàrac; **~peter** *m* zàuš|ke *f/pl.*, -nice *f/pl.*
Zieh|brunnen *m* bùnār; **⁓en** *v/t.* [po]vúći, [pò]tēgliti (**an** *D* / za *A*); *Hut*: sk|inuti (-ídati); *Zahn*: izvaditi *pf.*; *Linie*: po|vláčiti [-vúći]; *v/i. Tee, Ofen*: vúći; *s.* **umziehen; sich in die Länge ⁓en** prodúlj|iti (-ívati) se; **es ⁓t hier** óvdje je prȍma|ha *od.* -ja, óvdje pûšē
Ziel *n* cîlj; (*Zweck*) svȑha; **⁓en** cíljati, gáđati, [na]nìšaniti; **⁓los** bèscīljan; **~scheibe** *f* nìšan, méta
ziemlich príličan; *adv.* dȍsta
zier|en krásiti, ukrašávati, résiti, urešávati; **sich ~en** prenávljati se, ustručávati se; **~lich** njëžan, fîn
Ziffer *f* brȏjka; **~blatt** *n* brojčànīk
Zigarette *f* cigarèta
Zigaretten|etui *n* kùtija za cigarète; **~papier** *n* cigarètnī pàpīr; **~spitze** *f* mȕštikla; **~stummel** *m* pìkavac, òpušak, čik
Zigarre *f* cigára
Zigeuner *m* Ciganin; **~in** *f* Cigànka
Zikade *f* cikáda, cvŕčak
Zimmer *n* sȍba, prostòrija; **~mädchen** *n* sȍbarica; **~mann** *m* tèsā|č, -r
zimperlich preosjètljiv
Zimt *m* cìmet
Zink *n* cînk, tùtija
Zinke *f* zúbac, pȁrožak
Zinn *n* kòsiter, kàlāj
Zins *m* kȁmata; *mst. pl.* ìnteres; (*Miet⁓*) stanàrina, kìrija; **~fuß** *m* kȁmatnā stòpa, kȁmatnjāk
Zipfel *m* okrájak
zirk|a otprílikē; **⁓el** *m* šȅstār, šèstilo; *fig.* krûg; **⁓us** *m* cìrkus
zirpen cvŕčati
zischen pìštati
Zisterne *f* cìstērna
Zitat *n* cìtāt
Zitrone *f* limûn
zitter|n dȑhtati, trepètati; *fig.* trésti se; **⁓n** *n* dȑhtānje, trȅpēt
Zitze *f* sìsa, dȍjka
zivil cìvīlan; **in ⁓** u civílu
zögern oklijèvati
Zögling *m* pitómac, vaspitànīk
Zoll¹ *m* cȏl
Zoll² *m* cȁrina; **~abfertigung** *f* cȁrinjēnje; **~amt** *n* cȁrinārnica; **~beamte(r)** *m* cȁrinār; **~erklärung** *f* cȁrinskā deklarácija; **⁓frei** oslòbođen cȁrinē; **~gebiet** *n* cȁrinskō pȍdrūčje; **~kontrolle** *f* cȁrinsk|ī prégled, -ā kontróla; **⁓pflichtig** pòdložan cȁrini; **~tarif** *m* cȁrinskā tarífa
Zone *f* pȍjās, zóna; **~ngrenze** *f* zónskā grànica
Zoo *m* zoòloškī vȑt
Zopf *m* pleténica, *sb.* kìka
Zorn *m* sȑdžba, gnjêv, ljùtina; **⁓ig** sȑdit, gnjȇvan, ljût

Zot|e *f* másnā (*od.* bèsrām-nā) rïječ *f*, svinjàrija; **꞉ig** mástan, bèsrāman
zottig čùpav
zu *prp.* k, ka (*D*); u (*A*); **~m Bahnhof** na kȍlodvor; **~ Boden** nà zemlju; **~ Bett** u krèvet; *adv.* prē-, sū|više; *s.* **essen, Hilfe, Anfang, Glück** *usw.*
Zubehör *n* príbor
Zuber *m* čàbar, kàbao *m*
zubereit|en pri-, s|prémiti (-prémati), prigòtov|iti (-ljávati); **꞉ung** *f* priprema, sprémānje
zubinden zavéz(ív)ati
zubring|en sprov|èsti (-òditi); **꞉er** *m* (*Straße*) prílaznā cēsta; **꞉er(auto)bus** *m* autóbus za dòvožēnje pûtnīkā
Zucht *f* (*Tier꞉*) rásplod; *Bot.* ùzgōj; (*Rasse*) pāsmina, sôj; (*Disziplin*) stēga, disciplína; **~bulle** *m* rásplodnī bîk
züchten gòjiti, gájiti
Zuchthaus *n* kàznenī závod; (*Strafe*) strȍgī zátvor
zucken tȑ|gnuti (-zati); *Blitz*: sínuti *pf.*; **mit den Achseln ~** slè|ći, -gnuti (slijègati) ramènima
Zucker *m* šèćer; **~-** *in Zssgn* šèćernī; **~dose** *f* šèćernica; **~fabrik** *f* šećeràna; **~-kranke(r)** *m* šećèrāš; **~-krankheit** *f* šèćernā bȍlēst *f*; **~melone** *f* dìnja; **꞉n** [za]sláditi, [za]šèćeriti
Zuckungen *f/pl.* tȑzāj(i *pl.*)
zu|decken pòkr|iti (-ívati); **~drehen** zatv|òriti (-árati), zavŕ|nuti (-tati); **~dring-lich** namètljiv
zuerst pȓvo, nâjprije
Zufall *m* slȕčāj
zufällig slȕčājan
Zuflucht *f* sklȍnište, ùtočište
Zufluß *m* prítok, prìtoka
zufrieden zȃdovōljan; **꞉heit** *f* zadovóljstvo; **~stellen** zadovòlj|iti (-ávati); **~stellend** zadovòljavājūći
zu|frieren zàmrz|nuti (-ávati); **~fügen** priči|niti (-njávati), zàd(áv)ati
Zufuhr *f* dóvoz
Zug *m* (**~***kraft*) vȕčnā snága; (*Schluck*) gȕtljāj; (*beim Rauchen*) uvláčēnje, dim; *Esb. kr.* vlâk, *sb.* vôz; (*Feder꞉, Schach꞉*) pȍtez; *Mil.* vôd; *s. a.* **Luftzug; e-n ~ tun** poté|gnuti (-zati); **auf e-n ~** na dúšak, nàiskap; *s.* **Fest-, Umzug**
Zu|gabe *f* dodátak; **~gang** *m* prílaz, prìstup; **꞉gäng-lich** prìstupačan; **꞉geben** dòd(áv)ati; (*gestehen*) prìzn(áv)ati; **꞉gegen sein** prìsustvovati; **꞉gehen** *Tür usw.*: zatv|òriti (-árati) se; (*vor sich gehen*) zbívati se
Zügel *m* ùzda; **꞉los** rȃzuzdān; **꞉n** za-, ob|ùzd(á-v)ati
zuge|sellen pridrúž|iti (-ívati) (**sich** se); **꞉ständnis** *n* ùstupak; **~stehen** pri-

zn(áv)ati, ustúp|iti (-ati); **~tan** privržen
Zugführer *m Esb. kr.* vlăko-, *sb.* vōzo|vođa *m*; *Mil.* vōdnīk
zugießen dòli|ti (-jèvati)
Zug|kraft *f* vūčnā snága; *fig.* privlàč(lj)ivōst *f*; **≈kräftig** privlàč(lj)iv
zugleich istò|vremeno, -dobno; ūjedno
Zug|luft *f*, **~wind** *m s.* **Luftzug; ~maschine** *f* tègljāč
zugreifen prihvatiti se *pf.* (*G*)
zugrunde: ~ gehen pròpa|sti (-dati); **~ legen** ùz|ēti (-imati) za òsnov(u); **~ liegen** biti òsnov(a), temèljiti se; **~ richten** upropá|stiti (-šćívati)
zugunsten (*G*) u prílog (*D*)
Zug|verkehr *m* žèljeznički sàobraćāj; **~vogel** *m* ptica sèlica
zu|haken zakòpč(áv)ati; **~halten** dr̀žati zàtvoreno; **≈hälter** *m* podvòdāč; **~heilen** zarásti *pf.*, zacijèliti *pf.*
zuhöre|n slūšati; **≈r** *m* slūša|lac, -telj
zu|klappen zaklòpiti *pf.*; **~kleben** zalijèpiti *pf.*; **~knallen** zàlupiti *pf.*; **~knöpfen** zakòpč(áv)ati
zukommen: auf j-n ~ pr|ići (-ìlaziti), ìći k-u usùsret; (*gebühren*) **j-m ~** prìpa|sti (-dati); **~ lassen** [pò]slāti
zukorken začèp|iti (-ljávati) [**in ~** ubùdúće]
Zukunft *f* budúćnōst *f*;
zu|künftig bùdūći; **≈lage** *f* dòplatak, dodátak; **~lassen** prip-, dop|ùstiti (-úštati); (*aufnehmen*) prím|iti (-ati); **~lässig** dòpušten, dopùstljiv; **≈lassung** *f* pri-, do|púštānje; prímānje; *Kfz.* sàobraćājnā dōzvola; **~legen** (pri)dòd(áv)ati; **≈leitung** *f* dóvod
zuletzt nâjzad, nāpokōn
zuliebe: j-m ~ kòme za ljùbav
zu|machen zatv|òriti (-árati); **~mal** *cj.* ùtoliko vìše štō; **~meist** *s.* **meistens; ~messen** òdmjer|iti (-ávati); **~mindest** nâjmanje, bār, bârem
zumut|en trážiti, zahtijèvati (*D*/ od *G*); **≈ung** *f* (čūdan) záhtjev
zu|nächst nâjprije, prije svèga; **~nageln** zakòvati *pf.*, zàkucati *pf.*; **~nähen** zàš|iti (-ívati); **≈nahme** *f* povećánje, pōrāst; **≈name** *m* prézime
zünd|en [za]páliti (se); **≈er** *m* upàljāč; **≈holz** *n* žigica, šibica; **≈kerze** *f Kfz.* svjèćica; **≈spule** *f Kfz.* bōbina; **≈ung** *f* páljēnje; **≈verteiler** *m* rázvodnīk páljēnja
zu|nehmen [po]rásti, povèć(áv)ati se; (*an Gewicht*) dòb|iti (-ívati) (u težìni); **≈neigung** *f* sklōnōst *f*, privrženōst *f*

Zunft *f* cēh, èsnāf
zünftig *fig.* kāko trēbā
Zunge *f* jèzik
zunichte: ~ machen osujé|titi (-ćívati)
zunutze: ~ machen iskòri|stiti (-šćávati)
zupacken *s.* **zugreifen**
zupfen [iš]čùpati
zu|pfropfen *s.* **zukorken; ~rechnungsfähig** uračùnljiv
zurecht|finden: sich ~finden sn|áći (-àlaziti) se; **~kommen** (*erreichen*) prìsp|jeti (-ijèvati); *fig.* iz|íći *pf.* na krāj; **~legen, ~machen** udè|siti (-šávati), uré|diti (-đívati); **~weisen** ùkor|iti (-ávati)
zu|reden nagovárati, obodrávati (*D*/*A*); **~richten** *s.* (**zu**)**bereiten; verprügeln; ~riegeln** zasúnuti *pf.*, zašípiti *pf.*
zürnen sŕditi se, ljútiti se (*D*/ na *A*)
zurück nātrāg, nāzād; **~behalten** zadŕž(áv)ati; **~bekommen** dòb|iti (-íjati) nātrāg; **~bleiben** zaòsta(ja)ti; **~bringen** *s.* **zurückgeben; ~drängen** pòtis|nuti (-kívati); **~drehen** obŕnuti (òbrtati) nātrāg; **~erstatten** *s.* **zurückgeben; ~fahren** vòziti se nātrāg; putòvati nātrāg; **~geben** vr|átiti (-āćati); **~gehen** vr|átiti (-āćati) se; (*sich vermindern*) òpa|sti (-dati); **~gezogen** povúčen; **~halten** zadŕž(áv)ati; **sich ~halten** uzdŕž(áv)ati se; **~haltend** uzdŕžljiv, zākopčān; **~kehren, ~kommen** pòvr|aćati [-átiti] se, vr|átiti (-āćati) se; **~lassen** òstav|iti (-ljati) (zā sobōm); pùstiti (púštati) nātrāg; **~legen** mèt|nuti (-ati) nā strānu; *Strecke*: prevá|liti (-ljívati); **~nehmen** ùz|ēti (-imati) nātrāg; *fig.* opòz(i)vati; **~prallen** *s.* **abprallen; ~rufen** pòz(i)vati nātrāg, opòz(i)vati; **~schicken** [pò]slāti nātrāg, vr|átiti (-āćati); **~schlagen** sùzb|iti (-íjati); *Angriff*: òdb|iti (-íjati); **~schrecken** *v/t.* zastrāš|iti (-ívati); *v/i.* uzmà|ći, -knuti *pf.* (**vor** *D*/ pred *I*); **~senden** *s.* **zurückschicken; ~setzen** (*j-n*) zapòstav|iti (-ljati); **~stellen** *Uhr*: pomà|ći, -knuti *pf.* nātrāg; **~stoßen** òdb|iti (-íjati), òdg|urnuti (-úrati); **~treiben** [ò]tjērati nātrāg; **~treten** odstúp|iti (-ati); **~weichen** uzmà|ći, -knuti (ùzmicati); **~weisen** òdb|iti (-íjati); **~werfen** báciti (bàcati) nātrāg, òdb|iti (-íjati); **~zahlen** vr|átiti (-āćati) nòvac; **~ziehen** *v/t.* pov|úći (-láčiti) (**sich** se) [klik]
Zuruf *m* dōvik, pōklič, pō-|
Zusage *f* (*Einverständnis*) prìstanak; (*Versprechen*) obećánje; **2n** *v/t.* prista(ja)ti; obèć(áv)ati; *v/i.* (*gefallen*)

dòpa|sti (-dati) se, bìti po võlji; *Speise*: prìjati
zusammen zäjedno, skũpa; ũjedno; **2arbeit** *f sb.* sa-, *kr.* su|rádnja; **~bauen** skl|òpiti (-ápati); **~binden** svéz(ív)ati; **~brechen** [s]rũšiti se; **2bruch** *m* slõm, pâd, rasúlo; **~drängen, ~drücken** stìs|nuti (-kívati); **~fallen** [s]rũšiti se; (*zeitlich*) pokl|òpiti (-ápati) se, podùdarati se; **~fassen** ùkratko (*od.* sãžēto) pon|òviti (-ávljati); **~fließen** slí|ti (-jèvati) se; **~fügen** sàstav|iti (-ljati), skl|òpiti (-ápati); spòjiti (spájati); **2halt** *m* pòvēzānōst *f*, sùvislōst *f*; *fig.* čvrstòća; **~halten** dȑžati (*v/i.* se) skũpa; *Geld*: čúvati, štédjeti; **2hang** *m* vèza, òdnos; **im 2hang mit** u vèzi (*G*); **~hauen** sàsjeći *pf.*; **~kitten** *s.* **zusammenkleben; ~klappen** *v/t.* prekl|òpiti (-ápati); *v/i. fig.* [s]rũšiti se; **~kleben** slijèpiti (sljepljívati); **~knüpfen** svéz(ív)ati, sp|òjiti (-ájati); **~kommen** skùpiti (skúpljati) se, sàsta(ja)ti se; **2kunft** *f* sàstanak; **~nähen** sàš|iti (-ívati); **2prall** *m* sũdār; **~prallen** sùdar|iti (-ati) se; **~rechnen** zbr|òjiti (-ájati); **~rollen** smòt(áv)ati; **~rücken** primà|ći, -knuti (prìmicati) (*v/i.* se); **~rufen** sàz(i)vati; **~schlagen** ràzb|iti (-íjati); **~schließen** sje|díniti (-dinjávati) (**sich** se); **~setzen** sàstav|iti (-ljati); **2setzung** *f* sâstav; **~stellen** sàstav|iti (-ljati); *s.* **zusammenfügen, -bauen; 2stellung** *f* spisak, pópis; **2stoß** *m* sũdār; *fig.* súkob; **~stoßen** sùdar|iti (-ati) se; *fig.* sukòb|iti (-ljávati); *s.* **angrenzen; ~stürzen** [s]rũšiti se, stropòšt(áv)ati se; **~suchen** pò-, s|kũpiti (-kúpljati); **~treffen** sàsta(ja)ti se; *zeitl. s.* **zusammenfallen; 2treffen** *n* sàstanak; **~wirken** doprì|n|ijeti (-òsiti); *sb.* sa-, *kr.* su|rađívati; **~zählen** zbr|òjiti (-ájati); **~ziehen** stég|nuti (-zati); sk|ũpiti (-úpljati) se
Zusatz *m* dodátak, dòmetak; **~-** *in Zssgn*, **zusätzlich** dõdātan, dõpunski
zuschauen glẽdati (*D/A*, na *A*)
Zuschauer *m* glèdalac; **~raum** *m* glèdālīšte
zu|schicken [pò]slãti; **2schlag** *m* dòplatak, dodátak; **~schließen** zaključ(áv)ati; **~schneiden** [s]kròjiti; **2schnitt** *m* krõj; **~schnüren** svéz(ív)ati, stég|nuti (-zati); **~schrauben** zàv|rtati [-ŕnuti], zàv|iti (-íjati); **~schreiben** pripís(iv)ati; **2schrift** *f* dópis; **2schuß** *m* dodátak; (*Geld2*) põtpora, pripomõć *f*

zusehen glȅdati (*D*, **bei** *D* / *A*, na *A*); **˷ds** očèvidno, prìmjetno
zu|senden pripòslati *pf.*; **˷setzen** *v/t.* dòd(áv)ati; *v/i.* (*bedrängen*) dosá|diti (-đívati); **˷sichern** obèć(áv)ati; **&sicherung** *f* obećánje; **&speise** *f* vȁrīvo; **˷spitzen** zaòštr|iti (-ávati) (**sich** se)
Zustand *m* stánje; **&e: &e bringen** ostvár|iti (-ívati); **&e kommen** ostvár|iti (-ívati) se
zuständig nádležan; **&keit** *f* nádležnōst *f*
zustell|en dòstav|iti (-ljati), isporúč|iti (-ívati); **&ung** *f* dȍstava, ìsporuka
zustimm|en prìsta(ja)ti (*D* / na *A*, uz *G*); **&ung** *f* prìstanak
zu|stopfen začèp|iti (-ljívati); **˷stoßen** (*D*) dȇsiti (dešávati) se, dog|òditi (-áđati) se (*D*), zàdesiti *pf.* (*A*)
zutage: ˷ treten izíći (ìzlaziti) na vìdjelo
Zutaten *f/pl.* dodáci *m/pl.*
zuteil|en dod|ijèliti (-jeljívati); **&ung** *f* dodjeljívānje, pȍdjela
zutragen: sich ˷ dog|òditi (-áđati) se, dȇsiti (dešávati) se
Zuträg|er *m* dòušnīk; **&lich** kòristan, pròbitačan
zutrau|en: j-m et. ˷ smátrati k-a spȍsobnīm (za *A*); **&en** *n* pouzdánje, povjerénje
zutreffen pokáz(ív)ati se tȁčnīm (*od.* òprȁvdānīm); **˷d** tȃčan, òprȁvdān
zu|trinken (*D*) nàzdrav|iti (-ljati) (*D*); **&tritt** *m* prístup; **&tun** *n* sùdjelovānje, ùčēšće; **˷ungunsten** na štȇtu, na ȕštrb; **˷unterst** nà dnu
zuverlässig pȍuzdān; **&keit** *f* pȍuzdānōst *f*
Zuversicht *f* pòuzdānje; **&lich** pȗn pòuzdānja
zuviel prȇ-, ȍd-, sȕ|više
zuvor prìje
zuvorkommen prèt|jecati [-èći]; **˷d** predusrètljiv, ȕslužan
Zu|wachs *m* pȍrāst, priraštȃj; **&wandern** dosé|liti (-ljívati) se; **&wege: &wege bringen** ostvár|iti (-ívati); **&weilen** kàtkad(a); **&weisen** doznáč|iti (-ívati); upú|titi (-ćívati); **&wenig** prȅmalo
zuwider prȍtivan; **˷handeln** prekȑš|iti (-ívati), [us]protíviti se
zuziehen *v/t. Vorhang usw.*: poté|gnuti (-zati); dòz(í)vati; *v/i.* *s.* **zuwandern; sich** *et.* **˷** navúći *pf.* (ná se)
zuzüglich uz dodátak
Zwang *m* sìla, prìnuda; **&los** neù-, neprì|siljen
Zwangs|arbeit *f* ròbija; **&weise** prìnudno, prìsiljeno
zwar dodúšē, ìstina; **und ˷** i tȏ
Zweck *m* svȑha, cîlj
Zwecke *f* čàvlić

zweck|entsprechend svȑsishodan; **~los** bez svȑhē, bèsmislen; **~mäßig** svȑsishodan, pȍdesan
Zwei *f* (*Ziffer*) dvȍjka; **~bettzimmer** *n* dvokrèvetnā sȍba; **⁲deutig** dvòsmislen; **~er** *m* (*Boot*) dvójac; **⁲erlei** dvȍjāk; **⁲fach** dvòstruk, dvȍjnī
Zweifel *m* súmnja, dvòumica; **⁲haft** sùmnjiv, dvòjben; **⁲los** nesùmnjiv, nedvòjben; **⁲n** súmnjati, dvòumiti se
Zweig *m* grána; **~geschäft** *n*, **~stelle** *f* pòdružnica, filijála
zwei|händig *adv*. dvòručno; **~mal** dvâ púta, dvápût(a); **~reihig** dvòredan; **~seitig** dvòstran; **~stöckig** dvò|katan, -spratan; **~teilig** dvòdijelan
zweit: zu ~ ȕdvoje; **~ens** drȕgo; **~klassig, ~rangig** drugorázredan
Zwerg *m* patúljak
Zwetsch|(g)e, ~ke *f* šljìva; **~enwasser** *n* šljìvovica
zwicken štìpati [uštípnuti], pȅc|ati [-nuti]
Zwieback *m* dvòpek
Zwiebel *f* (cȓnī) lȗk, kȃpula
Zwie|gespräch *n* rȃzgovōr (ȕdvoje); **~licht** *n* sȕmrāk; **~spalt** *m* ràzdor; **~tracht** *f* nèsloga
Zwillinge *m/pl*. blizànci *m/pl*.
zwingen [prì]sìliti, prìnu|diti (-đávati, -đívati); **~d** prìnudan, prísilan
zwinkern mìg|ati [-nuti], žm|íriti [-ìrnuti]
Zwirn *m* kònac
zwischen (*A*, *D*) među (*wo? I*; *wohin? A*), između (*G*); **⁲deck** *n* međupàluba; **~durch** kàtkad(a), pònekad; **⁲fall** *m* dȍgađāj; upàdica; **⁲geschoß** *n* međù|sprat, -kat; **⁲handel** *m* pòsrednā tȑgovina; **⁲landung** *f Flgw*. ȕzgrēdnō spúštānje; **⁲raum** *m* međupróstor, rázmak; **⁲ruf** *m* pȍvīk, upàdica; **⁲spiel** *n* mȇđuigra; **~staatlich** međunárodnī; **⁲stück** *n* mȇđudio *m*, ùmetak; **⁲wand** *f* prȇgradnī zȋd; **⁲zeit** *f* međuvrijème; **in der ⁲zeit** u međùvremenu
Zwist *m* nèsloga, ràzmirica
zwitschern cvrkùtati
Zwitter *m* dvòspolac
Zylinder *m* cìlindar; *Math. a.* váljak; **⁲förmig** cilìndričan, vȃljkast; **~kopf** *m* gláva cilìndra
Zypresse *f* čèmpres

Kako se treba služiti ovim rječnikom

Abecedni redoslijed zadržan je u cijelom rječniku.

Znakovi ~, ♀ zovu se „tilda", a njihova je funkcija da se uštedi prostor, tj. da se u složenicama ili izvedenicama ne ponovi osnovna riječ ili korijen:

adres|a ... ~ar ... = adresar

Ako se početno slovo mijenja, tj. malo slovo treba da postane veliko ili obrnuto upotrijebljen je znak ♀:

ausrüst|en ...; ♀ung ... = Ausrüstung

O njemačkom izgovoru

U njemačkom jeziku postoje neki glasovi, kojih u hrvatskom nema. To su: **ä, ö, ü, ei, eu, äu, au.**

ä izgovara se kao glas „e": **Träne** = tren[e].

ö izgovaramo tako da se pripremimo za izgovor glasa „e", ali onda jako zaokružimo i ispupčimo usnice: **zwölf** = cvölf.

ü izgovaramo tako da se pripremimo za izgovor glasa „i", ali onda jako zaokružimo i ispupčimo usnice: **fünf.**

ei = **ai** je dvojglasnik (diftong) u kojemu se jasno izgovara prvi njegov dio (a), dok se drugi dio (i) izgovara slabo i nejasno: **Ei** = ai, **eins** = ains.

eu, äu = **oi** je dvoglasnik u kojemu se jasno izgovara prvi njegov dio (o), dok se drugi dio (i) izgovara slabo i nejasno: **neun** = noin, **häuslich** = hoizlih.

au je dvoglasnik koji se izgovara kao jedan glas, u jednom predahu, jednom slogu. Naglasak je uvijek na prvom dijelu: **blau, Auge.**

e izgovara se na kraju riječi i u nenaglašenim slogovima slabo i nejasno: **danke** = dank[e], **Theater** = teat[er].

b, d, g izgovaraju se na kraju riječi i sloga kao **p, t, k:**

ab = ap, **Bad** = bat, **Tag** = tak.

ch odgovara hrvatskom glasu „h".

ck izgovara se kao „k": **backen** = bak^{e}n.

h izgovara se na početku riječi kao „h", ali se inače uopće ne izgovara: **Hose** = hooz^{e}, **Haus** = haus, ali:
zehn = ceen, **sehen** = zeen.

r njemačko **r** razlikuje se od hrvatskoga glasa „r" po tome što vrh jezika ne vibrira kao kod izgovora našega glasa „r". Na kraju riječi izgovara se slabo i nejasno:

Lehrer = leer^{er}.

s izgovara se na početku riječi kao „z": **sagen** = zaag^{e}n, **sieben** = ziib^{e}n; tako se izgovara i usred riječi:
Besen = beez^{e}n; ali na kraju riječi ili sloga **s** odgovara našem glasu „s": **das** = das, **Los** = loos.
ß, ss izgovara se uvijek kao „s": **Wasser** = vas^{er}, **Fuß** = fuus.

sp, st izgovaraju se na početku riječi kao „šp", „št": **Spaten** = špat^{e}n, **Stunde** = štund^{e}. Usred riječi **sp, st** izgovaraju se „sp", „st": **husten** = huust^{e}n, ali ne pred nastavcima **ab-, an-, be-, ent-, ver-, zer-** itd.

sch odgovara našem glasu „š".

tsch odgovara našem glasu „č".

tz, z odgovaraju našem glasu „c".

v izgovara se kao „f": **vier** = fii^{r}, **Vater** = faat^{er}.

w odgovara našem glasu „v".

x izgovara se kao „ks".

q izgovara se kao „kv".

Naglasak njemačkih riječi nije u ovom rječniku označen.

Njemačke riječi naglašavaju se u većini slučajeva na prvom slogu osnove: fínden, be-fínden, ge-fúnden.

Neke riječi, pogotovo tuđice, mogu imati naglasak na srednjem ili na posljednjem slogu: **Theáter, Parkétt.**

I u njemačkom jeziku izgovaraju se neki samoglasnici dugo, a neki kratko; **ie** = uvijek dugo „i", samoglasnik + **h** je također uvijek dug: **zehn** = ceen. Ispred udvostručenih suglasnika samoglasnici izgovaraju se uvijek kratko; udvostručeni samoglasnici izgovaraju se dugo. Dugi samoglasnici razlikuju se od kratkih po tome što su zatvoreniji nego kratki.

Zahlwörter — *Brojevi*

1. Grundzahlen — Glavni brojevi

0 nȕla *Null*
1 jèdan, jèdno, jèdna *ein(s)*
2 dvâ, dvije *zwei*
3 trî *drei*
4 čètiri *vier*
5 pêt *fünf*
6 šêst *sechs*
7 sêdam *sieben*
8 ôsam *acht*
9 dèvēt *neun*
10 dèsēt *zehn*
11 jedànaest *elf*
12 dvánaest *zwölf*
13 trínaest *dreizehn*
14 četr̀naest *vierzehn*
15 pètnaest *fünfzehn*
16 šèsnaest *sechzehn*
17 sedàmnaest *siebzehn*
18 osàmnaest *achtzehn*
19 devètnaest *neunzehn*
20 dvádesēt *zwanzig*
21 dvádesēt i jèdan *einundzwanzig*
22 dvádeset ȉ dvā (dvije) *zweiundzwanzig*
30 trídesēt *dreißig*
40 četrdèsēt *vierzig*
50 pedèsēt *fünfzig*
60 šezdèsēt *sechzig*
70 sedamdèsēt *siebzig*

2. Ordnungszahlen — Redni brojevi

1. pr̂vī *erste*
2. drȕgī *zweite*
3. trȇćī *dritte*
4. čètvr̄tī *vierte*
5. pêtī *fünfte*
6. šêstī *sechste*
7. sêdmī *siebente*
8. ôsmī *achte*
9. dèvētī *neunte*
10. dèsētī *zehnte*
11. jedànaestī *elfte*
12. dvánaestī *zwölfte*
13. trínaestī *dreizehnte*
14. četr̀naestī *vierzehnte*
15. pètnaestī *fünfzehnte*
16. šèsnaestī *sechzehnte*
17. sedàmnaestī *siebzehnte*
18. osàmnaestī *achtzehnte*
19. devètnaestī *neunzehnte*
20. dvádesētī *zwanzigste*
21. dvádesēt (i) pr̂vī *einundzwanzigste*
22. dvádesēt i drȕgī *zweiundzwanzigste*
30. trídesētī *dreißigste*
40. četrdèsētī *vierzigste*
50. pedèsētī *fünfzigste*
60. šezdèsētī *sechzigste*
70. sedamdèsētī *siebzigste*

80 osamdèsēt *achtzig*
90 devetdèsēt *neunzig*
100 stô, stȍtina *hundert*
101 stô (i) jèdan *hunderteins*
200 dvjȇsta, dvìje stȍtine *zweihundert*
300 trȉsta, trî stȍtine *dreihundert*
400 čètiri stȍtine *vierhundert*
500 pêt stȍtīnā *fünfhundert*
1 000 hiljada, tȉsuća *tausend*
2 000 dvìje hìljade *od.* tȉsuće *zweitausend*
5 000 pêt hìljādā *od.* tȉsūćā *fünftausend*
10 000 dèsēt hìljādā *od.* tȉsūćā *zehntausend*
100 000 stô hìljādā *od.* tȉsūćā *hunderttausend*
1 000 000 milìōn *od.* milìjūn *eine Million*

80. osamdèsētī *achtzigste*
90. devedèsētī *neunzigste*
100. stȏtī *hundertste*
101. stô (i) pȓvī *hunderterste*
200. dvjȇstōtī *zweihundertste*
300. trȉstōtī *dreihundertste*
700. sèdamstōtī *siebenhundertste*
1 000. hìljaditī, tȉsućī *tausendste*
2 000. dvìje hìljaditī (tȉsućī) *zweitausendste*
10 000. dèsēt hìljaditī (tȉsućī) *zehntausendste*
100 000. stô hìljaditī (tȉsućī) *hunderttausendste*
1 000 000. milìōntī *od.* milìjūntī *millionste*

Gebräuchliche Abkürzungen

Uobičajene kratice

I. Kroatisch-deutsch

br.	broj	*Nummer (No., Nr.)*
CA	Croatia Airlines	*Kroatische Fluggesellschaft*
dr	doktor	*Doktor (Dr.)*
g.	gospodin	*Herr(n)*
gđa	gospođa	*Frau*
gđica	gospođica	*Fräulein*
gl.	glavni	*Haupt-*
HINA	Hrvatska informativna agencija	*Kroatische Nachrichtenagentur*
HŽ	Hrvatska železnica	*Kroatische Eisenbahn*
itd.	i tako dalje	*und so weiter (usw.)*
KS	konjska sila	*Pferdestärke (PS)*
KUD	Kulturno-umjetničko društvo	*Laienkunstverein*
MIP	Ministarstvo inozemnjih poslova	*Ministerium für äußere Angelegenheiten*
MUP	Ministarstvo unutrašnjih poslova	*Ministerium für innere Angelegenheiten*
Paz	Protuavionska zaštita	*Luftschutz*
SAD	Sjedinjene Američke Države	*Vereinigte Staaten von Amerika (USA)*
SR Njemačka	Savezna Republika Njemačka	*Bundesrepublik Deutschland (BRD)*

str.	stran(ic)a	*Seite (S.)*
sv.	sveti	*heiliger (hl.)*
Tanjug	Telegrafska agentura nove Jugoslavije	*Telegraphenagentur des neuen Jugoslawien*
tj.	to jest	*das heißt (d. h.)*
tzv.	takozvani	*sogenannt (sog.)*
UKT, UKV	ultra-kratki talas (val)	*Ultrakurzwelle (UKW)*
v.	vidi	*siehe (s.)*
„VIP“	„veze i poznanstva“	scherzhaft für *„Beziehungen“*

II. Deutsch-kroatisch

AG	Aktiengesellschaft	*akcionarsko društvo*
APO	Außerparlamentarische Opposition	*vanparlamentarna opozicija*
BGB	Bürgerliches Gesetzbuch	*Građanski zakonik*
BRD	Bundesrepublik Deutschland	*Savezna Republika (SR) Njemačka*
d. h.	das heißt	*to jest (t. j.)*
DIN	Deutsche Industrienorm	*Njemačka industrijska norma*
Dr.	Doktor	*doktor (dr)*
D-Zug	Durchgangszug	*brzi vlak*
ev	evangelisch	*evangelički*
Fa	Firma	*tvrtka*
Kfz	Kraftfahrzeug	*motorno vozilo*
Lkw	Lastkraftwagen	*kamion*
No., Nr.	Nummer	*broj (br.)*
Pkw	Personenkraftwagen	*osobni automobil*
PS	Pferdestärke	*konjska sila (KS)*
s.	siehe	*vidi (v.)*
S.	Seite	*stran(ic)a (str.)*

sog.	sogenannt	*tako zvani (tzv.)*
UKW	Ultrakurzwelle	*ultra-kratki talas (UKT, UKV)*
USA	Vereinigte Staaten von Amerika	*Sjedinjene Američke Države (SAD)*
usw.	und so weiter	*i tako dalje (itd.)*

Aufschriften und Warnungen

Natpisi i upozorenja

Blagajna	*Kasse; Fahrkartenausgabe*
Čekaonica	*Warteraum, -saal*
Desno	*(Nach) rechts*
Dolazak	*Ankunft*
Garderoba	*Gepäckaufbewahrung*
Gore	*(Nach) oben*
Informacije	*Auskunft*
Izdavanje prtljaga	*Gepäckausgabe*
Izlaz	*Ausgang; Ausfahrt*
Kupanje zabranjeno!	*Baden verboten!*
Lijewo	*(Nach) links*
Mjenjačnica	*Wechselstube*
Mjesta za djecu	*Plätze für Kinder*
Muški	*Herren, Männer*
Ne doticati!	*Nicht berühren!*
Nepušači	*Nichtraucher*
Obilazak	*Umleitung*
Odlazak	*Abfahrt; Abflug*
Oglas	*Bekanntmachung*
Opasno po život!	*Lebensgefahr!*
Opomena	*Warnung*
Oprez!	*Vorsicht!, Achtung!*
Parking	*Parkplatz*
Parkiranje zabranjeno!	*Parken verboten!*

Pazi na vlak (voz)!	*Vorsicht, Zug!*
Pazi auto!	*Vorsicht, Auto!*
Pažnja, svježe obojeno!	*Vorsicht! Frisch gestrichen!*
Pitka voda	*Trinkwasser*
Pomoćna kočnica	*Notbremse*
Povući!	*Ziehen!*
Pravo	*geradeaus*
Pritisni!	*Drücken!*
Prolaz zabranjen!	*Durchgang (Durchfahrt) verboten!*
Prva pomoć	*Erste Hilfe*
Pušači	*Raucher*
Rasprodano	*Ausverkauft*
Rini!, Gurni!	*Stoßen!*
Sanitetska stanica	*Sanitätsstelle*
Slobodno	*Frei*
Sobe za iznajmiti	*Zimmer zu vermieten*
Stalne cijene	*Feste Preise*
Stajalište, Stanica	*Haltestelle*
Telefonski automat	*Öffentlicher Fernsprecher*
Trudnice i invalidi	*Für Schwangere und Schwerbeschädigte*
Ulaz	*Eingang; Einfahrt*
Zabranjen ulaz	*Zutritt (od. Einfahrt) verboten*
Zabranjeno je (da se ...)	*... ist untersagt*
Zabranjeno pušenje!	*Rauchen verboten!*
Zabranjeno zaustavljanje!	*Halten verboten!*
Zauzeto	*Besetzt*
Za muške	*Herren, Männer*
Za pješake	*(Für) Fußgänger*
Zatvoren(o)	*Geschlossen*
Za žene, Ženski	*Damen, Frauen*

Redewendungen — *Izrazi*

(Eine Auswahl aus den Sprachführern des Verlages Langenscheidt)

Guten Morgen (Tag, Abend)!	Dobro jutro (dobar dan, dobro veče)!
Gute Nacht!	Laku noć!
Danke (schön)!	Hvala (lijepa)!
Wie geht es Ihnen?	Kako ste?
Und wie geht es Ihnen?	A kako ste Vi?
Ich fühle mich nicht recht wohl.	Ne osjećam se sasvim dobro.
Ich heiße ...	Zovem se ...
Sehr erfreut!	Drago mi je!
Es tut mir sehr leid!	Žao mi je!
Ich bitte, mich zu entschuldigen.	Molim da me izvinite.
Alles Gute!	Sve najlijepše!
Gute Reise!	Sretan put!
Sprechen Sie Deutsch?	Govorite li njemački?
Verstehen Sie mich?	Razumijete li me?
Ich habe nicht alles verstanden.	Nisam razumio (*f* razumijela) sve.
Sprechen Sie bitte etwas langsamer.	Govorite molim malo polaganije.
Wie komme ich nach ...?	Kako da dođem za (k, do) ...?

Bin ich hier richtig nach ...?	Jesam li na pravom putu za ...?
Wo ist die nächste Tankstelle (Reparaturwerkstatt)?	Gdje je najbliža benzinska stanica (automehaničarska radnja)?
Wie weit ist es von hier bis ...	Koliko je daleko odavde do ...?
In welcher Richtung liegt ...?	U kojem pravcu je ...?
Ist es weit?	Je li daleko?
Wo ist der nächste Taxistand?	Gdje je najbliže stajalište taksija (najbliža taksi-stanica)?
Welche Straßenbahn fährt nach ...?	Koji tramvaj ide za ...?
Fährt dieses Schiff nach ...?	Ide li ovaj brod za ...?
Wann legt es ab?	Kada otpliva?
Wie oft geht die Autofähre nach ...?	Koliko puta saobraća trajekt za ...?
Wo liegt der Bahnhof?	Gdje je kolodvor (stanica)?
Wo ist die Gepäckausgabe?	Gdje se prtljaga izdaje?
Bitte eine (Rück-)Fahrkarte erster Klasse nach ...	Molim (povratnu) kartu prvog razreda za ...
Wann wird der Flug aufgerufen?	Kada se poziva za let?
Wo hält der Autobus nach ...?	Gdje je stanica autobusa za ...?
Wo muß ich umsteigen?	Gdje treba da pređem?
Wieviel kostet die Fahrt bis ...?	Kolika je vozarina do (za) ...?
Haben Sie Zimmer frei?	Imate li slobodnih soba?
Ich hatte bei Ihnen ein Zimmer bestellt.	Rezervisao sam kod Vas sobu.
Ich hätte gern ein Einzelzimmer (Doppelzimmer) mit Bad.	Želio (*f* Željela) bih jednokrevetnu (dvokrevetnu) sobu s kupatilom.

Wieviel kostet das Zimmer mit Frühstück?	Koliko košta soba s doručkom?
Ich suche den Campingplatz.	Tražim kamp-teren.
Kennen Sie ein gutes Restaurant in der Nähe?	Poznajete li dobar restoran u blizini?
Kann man noch etwas zu essen bekommen?	Imate li još nešto da jedem(o)?
Ist dieser Tisch frei?	Je li ovaj sto još slobodan?
Bringen Sie uns bitte ...	Donesite nam, molim, ...
Die Rechnung, bitte!	Račun, molim!
Ist Post für mich da?	Ima li pošte za mene?
Haben Sie Briefmarken (Ansichtskarten)?	Imate li poštanske marke (razglednice)?
Wieviel beträgt das Porto für ...?	Kolika je poštarina za ...?
Wo kann ich telefonieren?	Gdje mogu da telefoniram?
Ich möchte ein Ferngespräch nach ... anmelden.	Prijavio (*f* -vila) bih međugradski razgovor u ...
Geben Sie mir bitte ... Briefmarken zu ...	Dajte mi, molim, ... poštanske marke po ...
Wo kann man Geld wechseln?	Gdje mogu da mijenjam valute?
Können Sie mir diesen Scheck einlösen?	Možete li da mi isplatite ovaj ček?
Mir ist ... gestohlen worden.	Ukrali su mi ...
Ich habe ... verloren.	Izgubio (*f* -bila) sam ...
Bitte helfen Sie mir!	Pomozite mi, molim!
Rufen Sie sofort die Polizei!	Pozovite odmah miliciju!
Ich brauche dringend einen Arzt!	Treba mi hitno ljekar!
Ich habe eine Motorpanne.	Imam kvar na motoru.

Ich hatte einen Verkehrsunfall.	Desio mi se saobraćajni udes.
Können Sie mein Zeuge sein?	Da li možete da mi budete svjedok?
Geben Sie mir bitte Ihren Namen und Ihre Adresse.	Recite mi, molim, prezime i adresu.
Wo kann ich ... bekommen?	Gdje mogu da dobijem ...
Haben Sie ...?	Imate li ...?
Was kostet dies?	Pošto je?
Wieviel macht es zusammen?	Pošto svega?
Können Sie mir diesen Film entwickeln?	Možete li da mi razvijete ovaj film?
Kann ich es anprobieren?	Mogu li da probam?
Ich möchte ... mieten.	Iznajmio (*f* -mila) bih ...
Können Sie mir ... reparieren?	Možete li da mi popravite ...?
Wie wird das Wetter morgen sein?	Kako će vrijeme sjutra biti?
Es ist unerträglich heiß.	Nepodnošljivo je vruće.
Wieviel Grad haben wir?	Koliko stepeni imamo?
Es sieht nach Regen aus.	Izgleda, da će kiše biti.
Wir werden ein Gewitter bekommen.	Biće oluja.

Haltbarkeit – trajnost